国家社科基金后期资助项目

清至民国婺源县村落契约文书辑录

Contracts and Other Documents in Wuyuan County:
Qing Dynasty and Beyond

拾肆

段莘乡(三)

裔村·大秋岭村·阆山村

黄志繁 邵 鸿 彭志军 编

创于1897 商務印書館 The Commercial Press

2014年·北京

段莘乡畲村 A 1—38

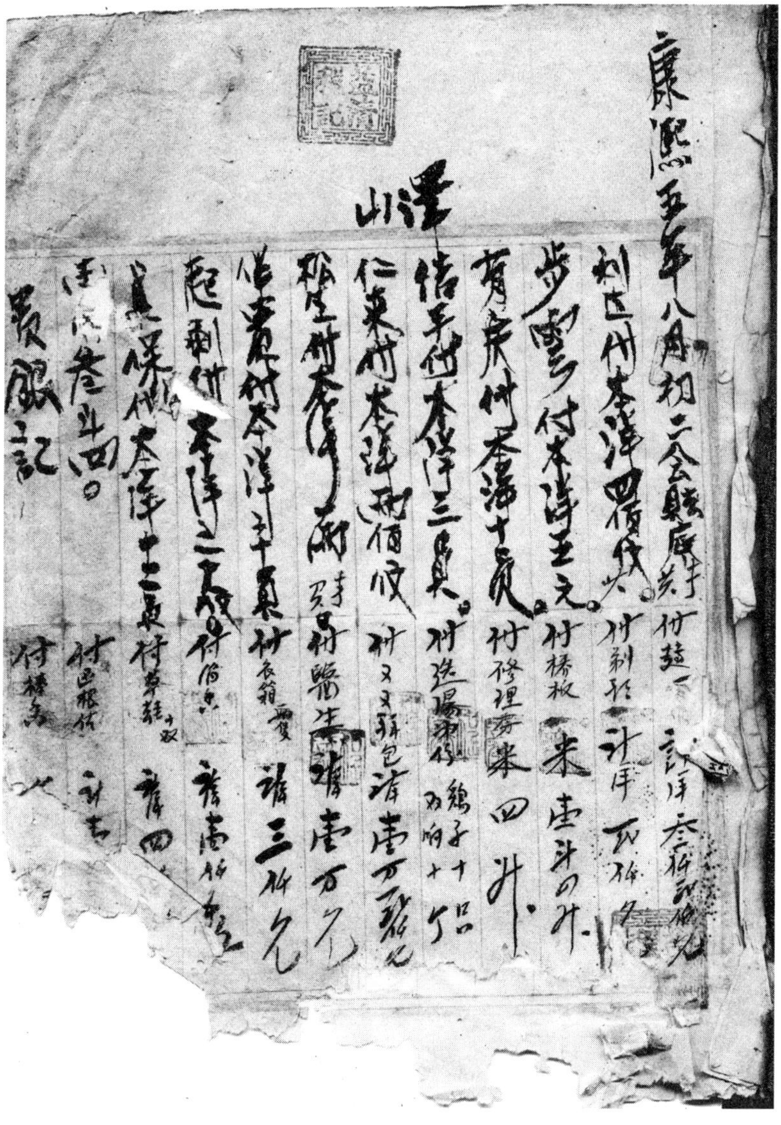

段莘乡畲村 A 37-1 · 康熙五年 · 流水账 · 八月初二会账底

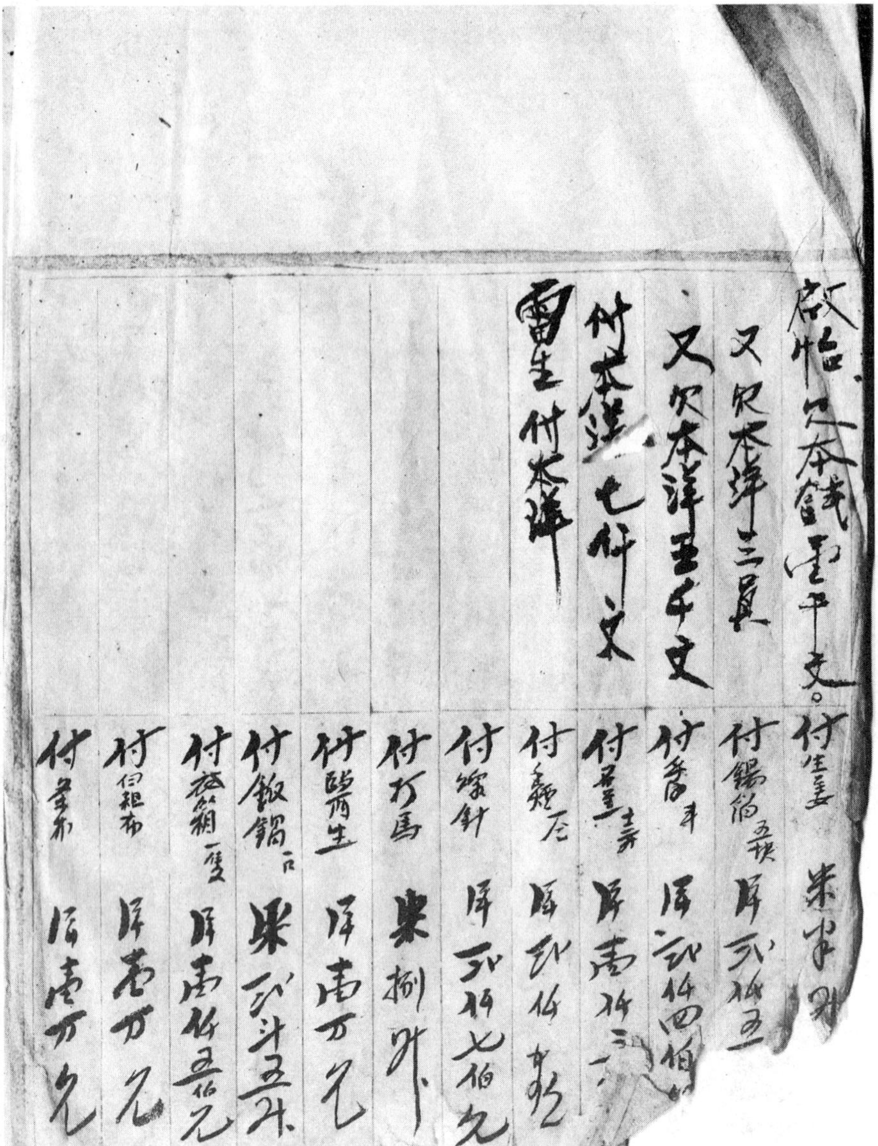

欧怡、欠本錢壹千文。
又欠本洋三員
又欠本洋五千文
付本洋 七仟文
雷生 付本洋

付生姜 米半升
付錫箔五块
付香
付燭
付麵
付線針
付打馬
付瞞生
付飯鍋一口
付夾綢一隻
付白粗布
付羊布

段莘乡裔村 A 37-2 · 康熙五年 · 流水账 · 八月初二会账底

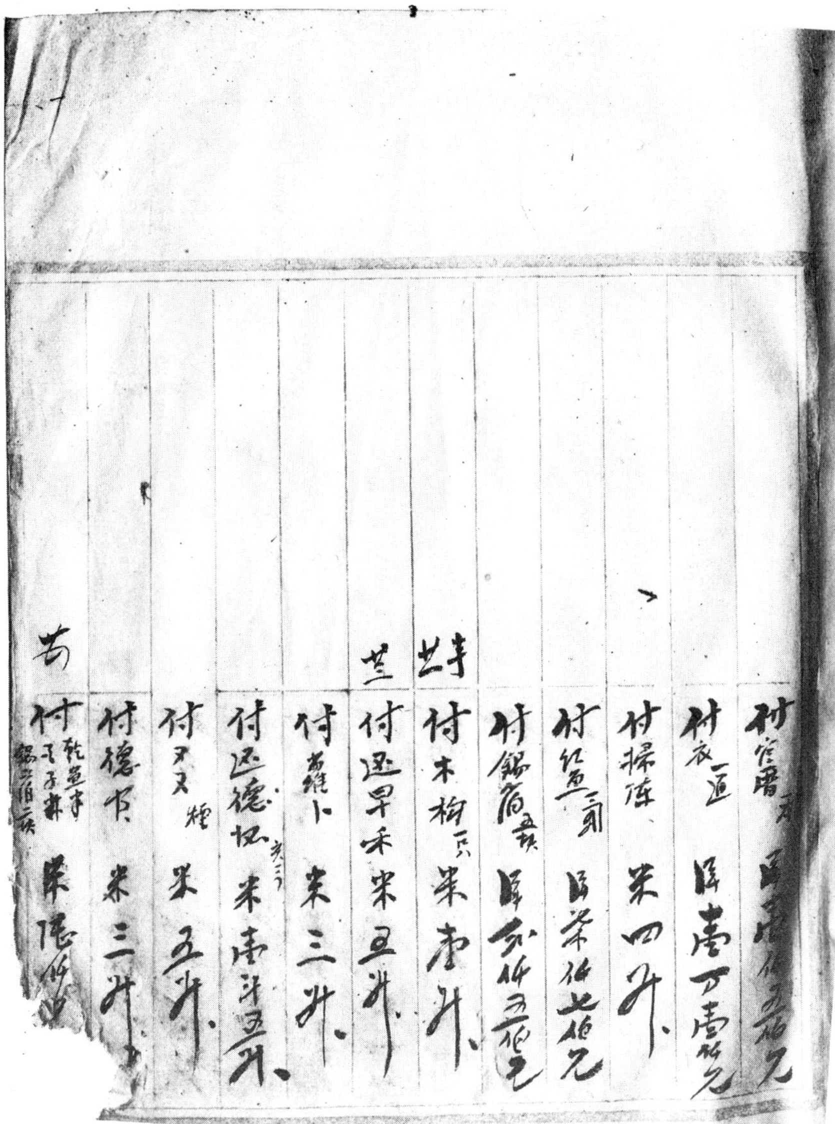

段莘乡裔村 A 37-3 · 康熙五年 · 流水账 · 八月初二会账底

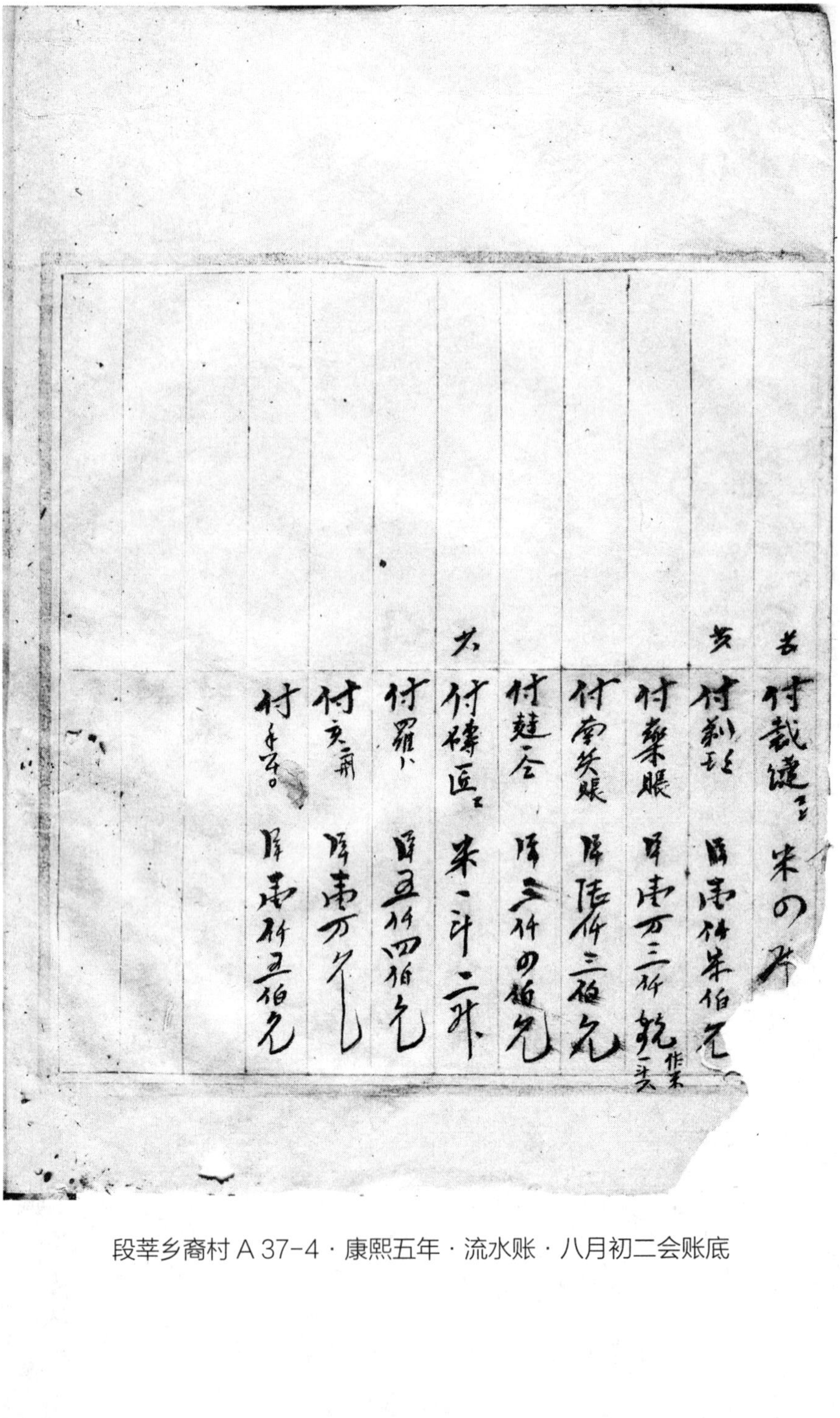

段莘乡裔村 A 37-4 · 康熙五年 · 流水账 · 八月初二会账底

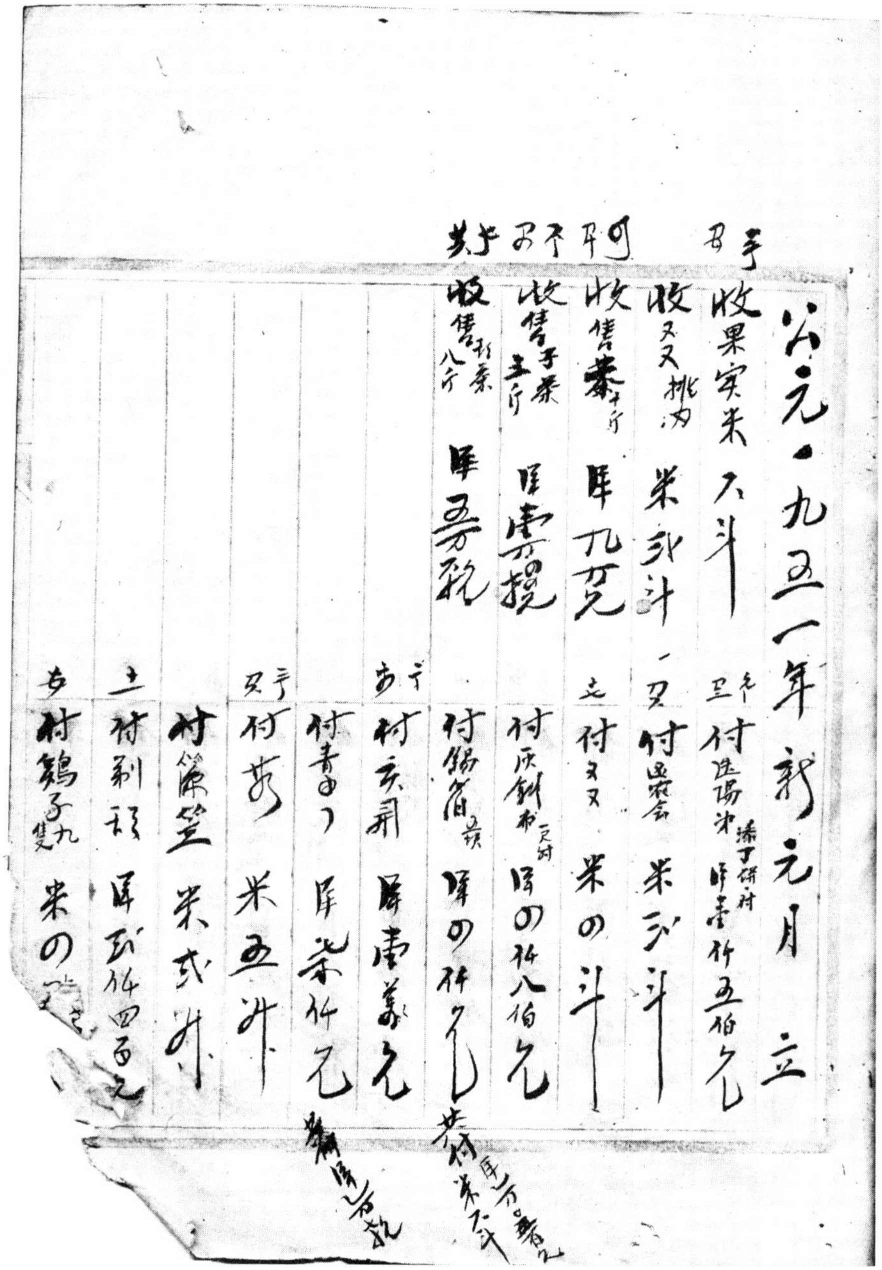

公元一九五一年新元月 立

段莘乡裔村 A 37-5 · 康熙五年 · 流水账 · 八月初二会账底

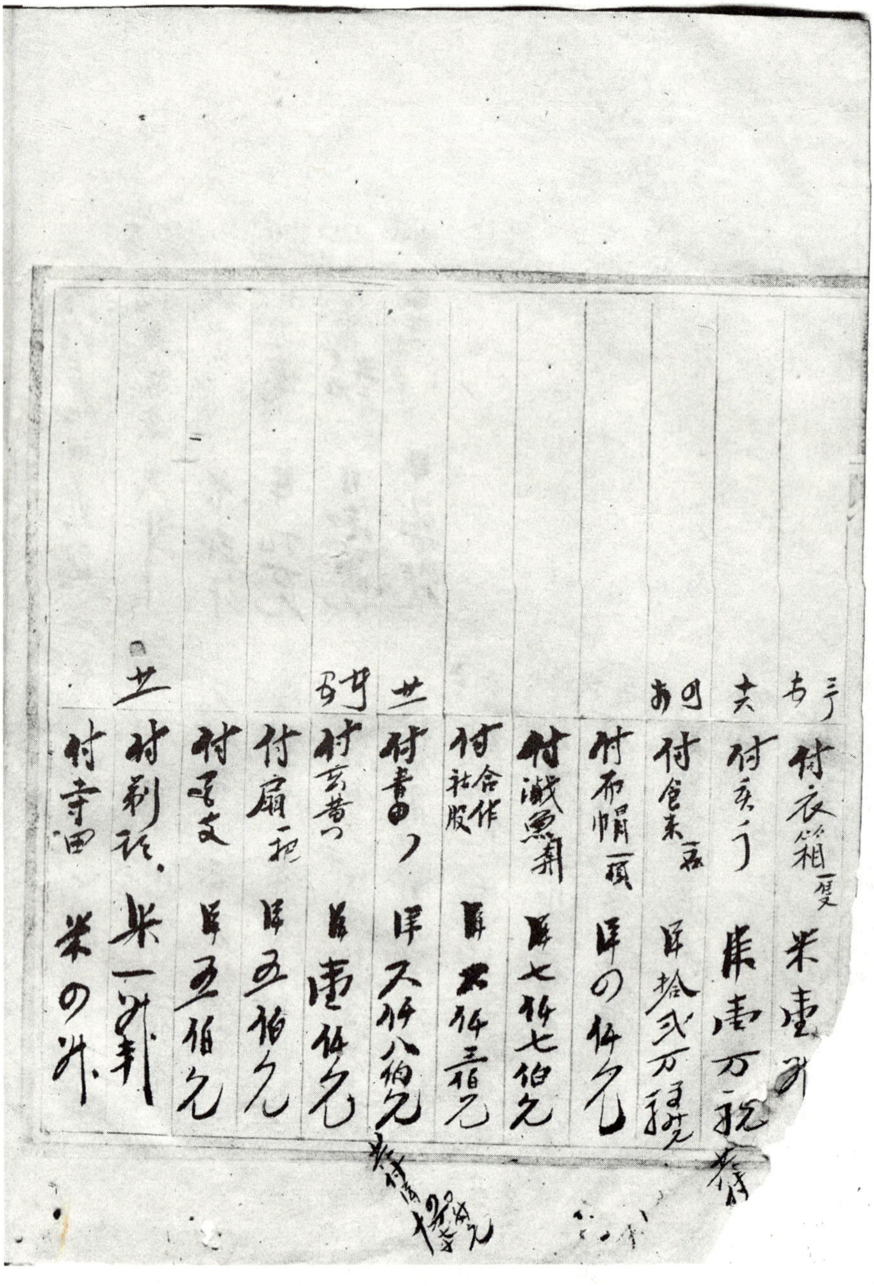

段莘乡裔村 A 37-6 · 康熙五年 · 流水账 · 八月初二会账底

廿 付糠麦 米贰斗

廿六 付皮肉 洋壹仟元

付参種 米一斗

付[illegible] 洋八佰元

付毛毛方 洋七佰元

廿九 付青布 洋三仟新

付[illegible] 洋陆仟[illegible]

付豆丈 洋壹仟元

付肥皂一条 洋三仟新

付菸一 洋壹仟元

大七 付煙 洋壹仟元

付剃頭 洋贰仟元

[illegible]

[illegible]

段莘乡裔村 A 37-7 · 康熙五年 · 流水账 · 八月初二会账底

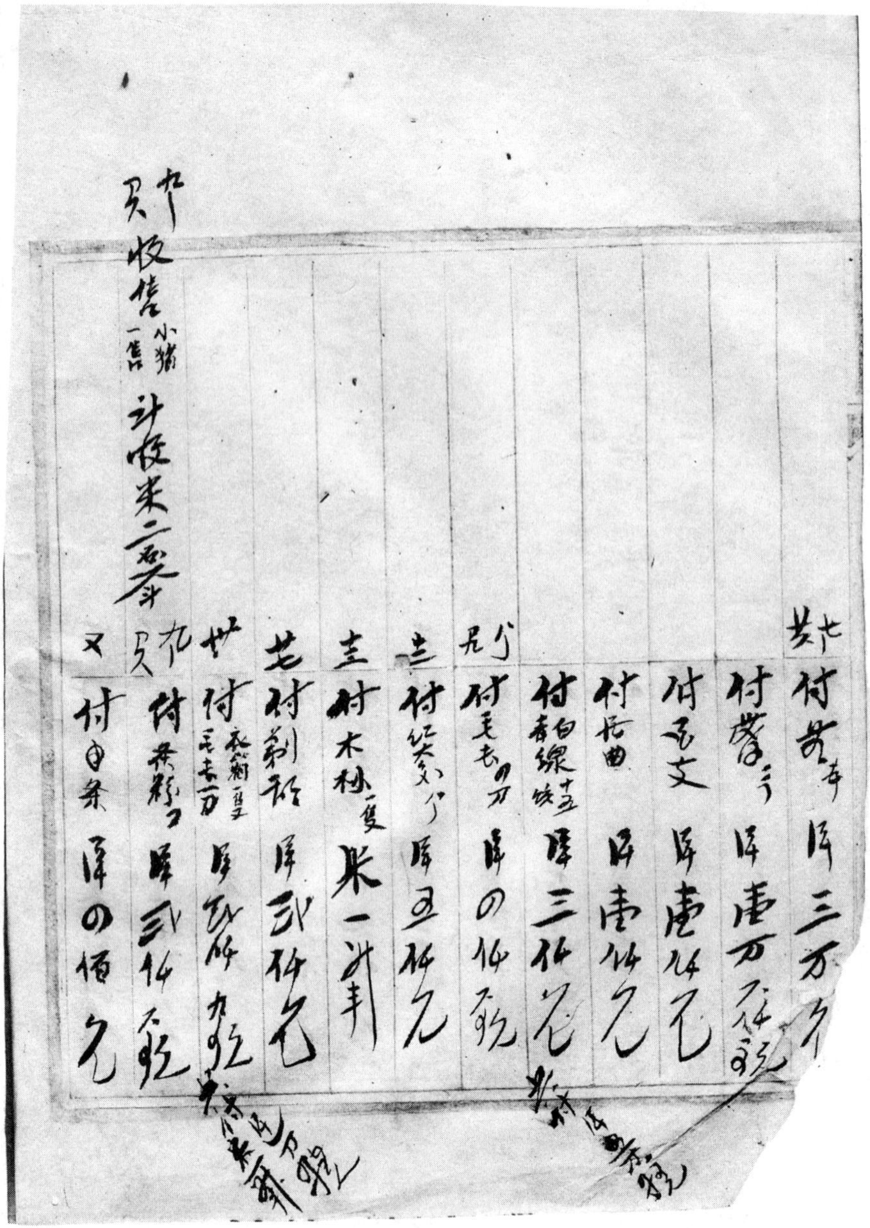

段莘乡裔村 A 37-8 · 康熙五年 · 流水账 · 八月初二会账底

十九 付巡檢村寿 米三斗

付坊宜了夫 米一斗五升

廿 付學金 米四升半

付學鞋簍 米壹升

廿一 付醬油 銀五分叁厘

付毛長方 銀八分乞

廿二 付秋糧劉米 米四升

付買食米三斗 銀二分叁乞

付黄烟 銀壹分乞

付牛租 谷壹佰叁四斤

段莘乡裔村 A 37-9 · 康熙五年 · 流水账 · 八月初二会账底

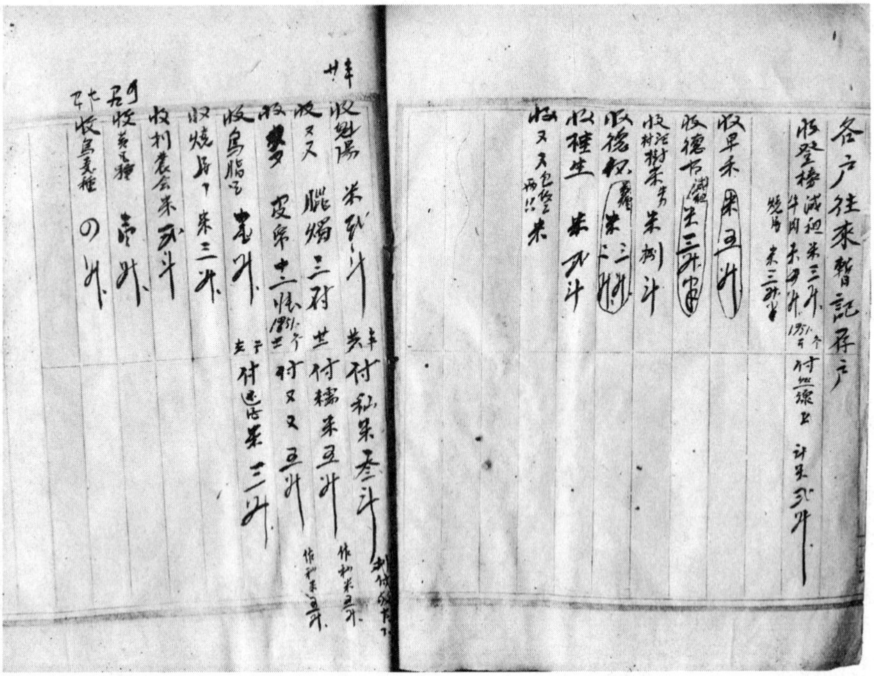

段莘乡裔村 A 37-10 · 康熙五年 · 流水账 · 八月初二会账底

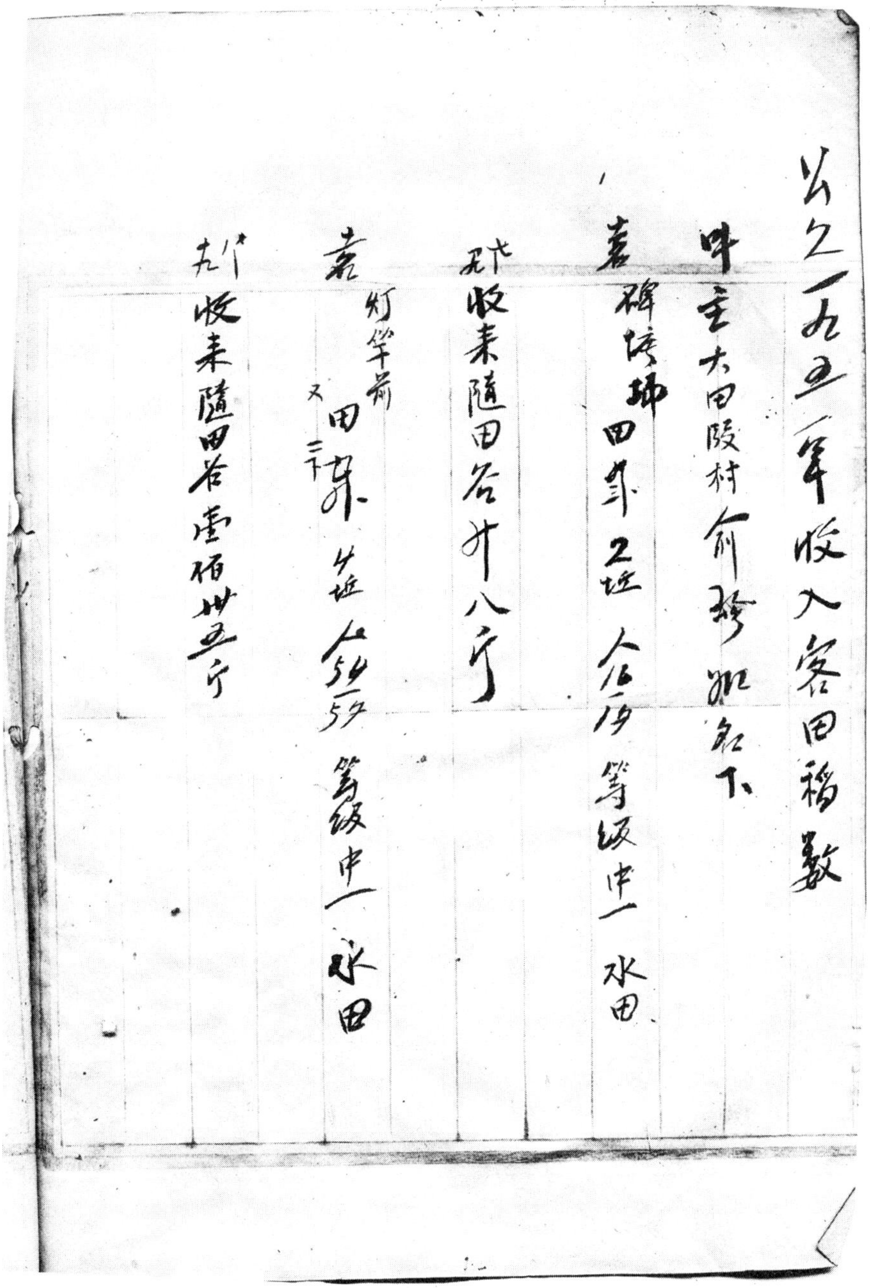

公元一九五一年收入客田稻数

业主 大田陂村 俞珍灿 名下

坐落 碑塘坞 田亩 2坵 合6分 等级中一 水田

弍 收来随田谷廿八斤

坐落 灯竿前 田亩 4坵 合5分 等级中一 水田 又二斤

九 收来随田谷壹佰卅五斤

段莘乡裔村 A 37-11 · 康熙五年 · 流水账 · 八月初二会账底

土名倉圩口　田五分一　五坵

八　有　收来随田谷四佰卅斤

土名黄泥陂　田八分　一坵

圤　十二　收来随田谷壹伯捌拾斤

土名东坑口　田五分不外　七坵

圤　支　收来随田谷叁伯陆拾斤

段莘乡裔村 A 37-12 · 康熙五年 · 流水账 · 八月初二会账底

1950·四家盤費雜支

付汽車票 洋五仟五佰元
付牙膏一支 洋五仟元
付香煙 洋捌仟玖佰元
付匯費 洋壹万八仟元
付瓜子 洋五佰元
付輪船票 洋壹萬陆仟元
付行李費 洋玖仟五佰元
付飯上 洋三仟五佰元
付香煙二包 洋五仟元
付日記簿一本 洋貳仟五佰元
付鋼筆一支 洋壹万八仟元
付燒餅 洋壹仟元

段莘乡裔村 A 37-13 · 康熙五年 · 流水账 · 八月初二会账底

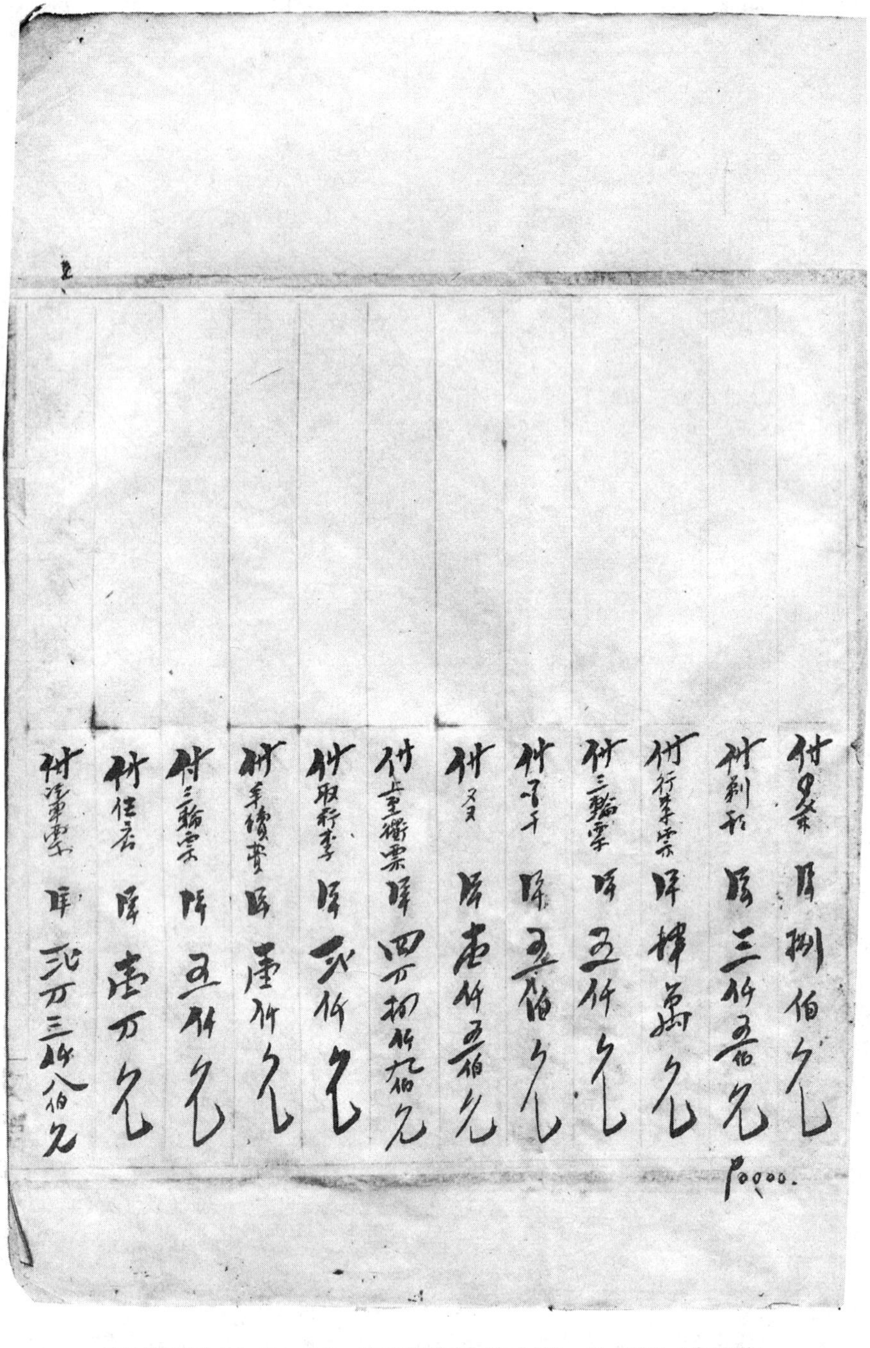

付[illegible]茶 除 捌伯文
付剃头 除 三仟五伯文
付行李票 除 肆萬文
40000.
付三輪票 除 五仟文
付丁千 除 五伯文
付又又 除 壹仟五伯文
付上衢票 除 四万捌仟九伯文
付取行李 除 貳仟文
付手續費 除 壹仟文
付三輪票 除 五仟文
付住店 除 壹万文
付汽車票 除 兆万三仟八伯文

段莘乡裔村 A 37-14 · 康熙五年 · 流水账 · 八月初二会账底

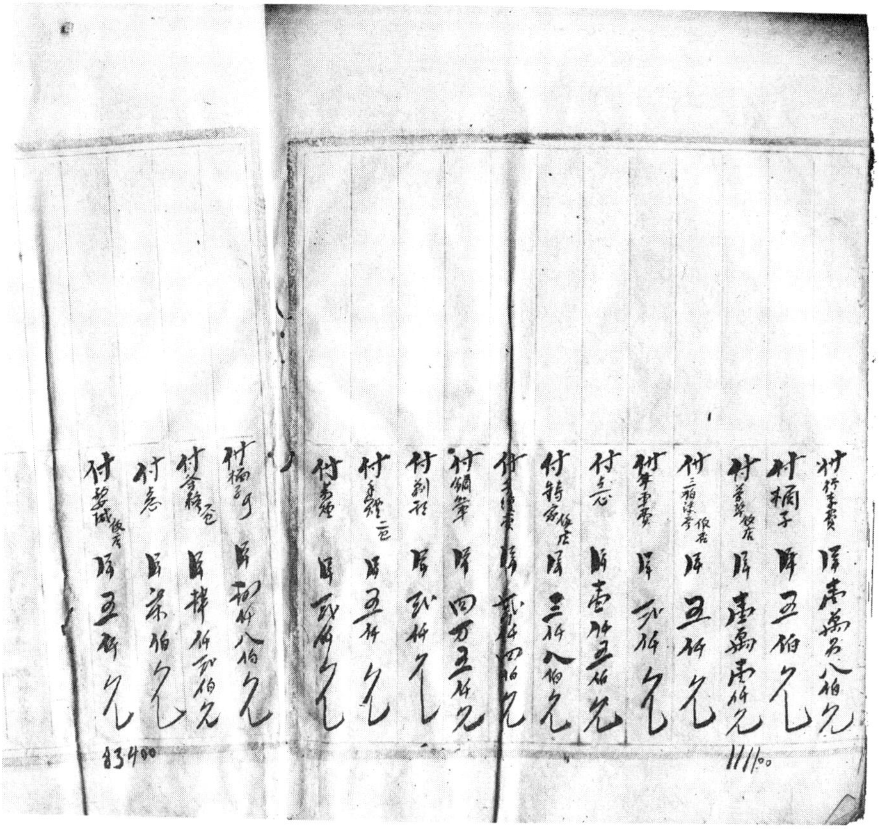

段莘乡裔村 A 37-15 · 康熙五年 · 流水账 · 八月初二会账底

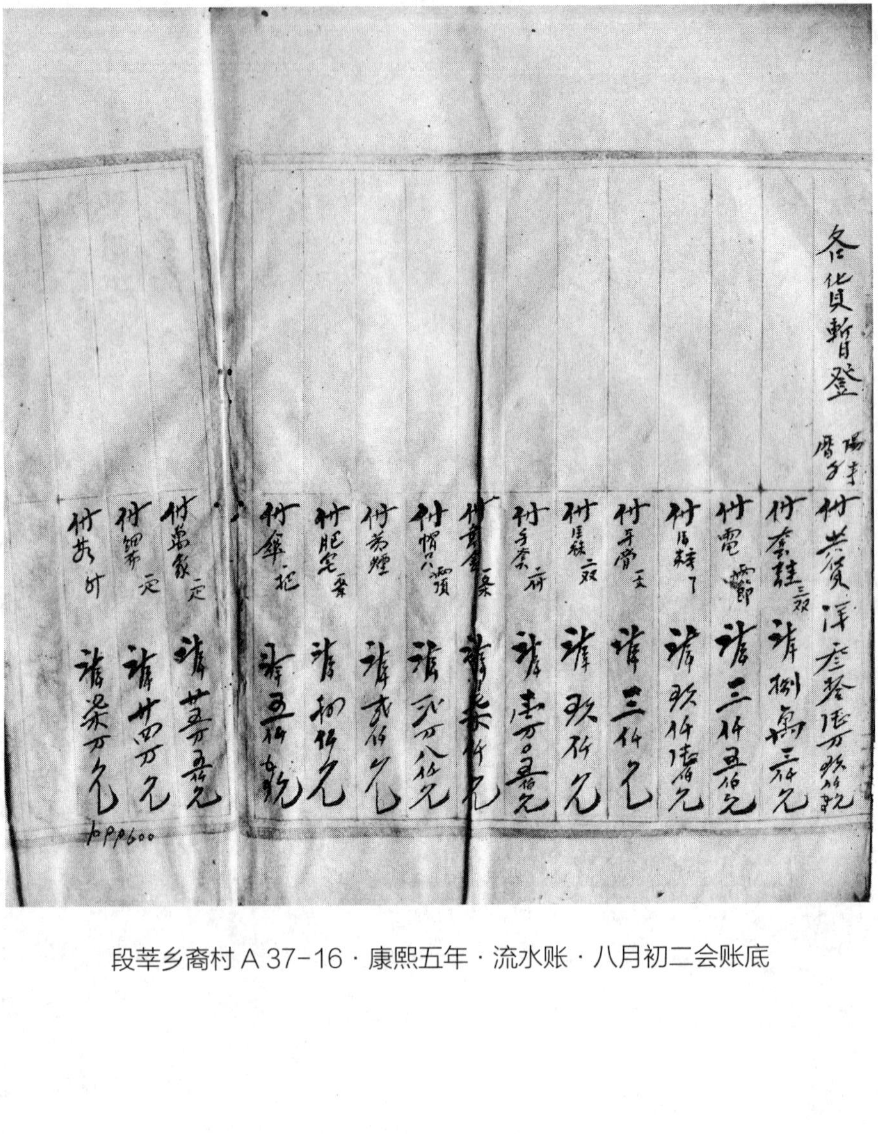

段莘乡裔村 A 37-16 · 康熙五年 · 流水账 · 八月初二会账底

一九五〇年十二月 二三

孫旺書 来衣箱壹隻

孙敬書 来衣偏壹隻

孙鵬宣 来衣偏壹隻

孙從宦 来衣偏壹隻

孙登榜 来衣箱壹隻

孙香榜 来衣偏壹隻

孙桃隆 来衣偏壹隻

孙坤生 来毛表三刀

孙啓珍 来衣偏貳隻

孙魁趣 来衣櫥壹隻

孫勸陽 来衣箱壹隻

段莘乡裔村 A 37-17・康熙五年・流水账・八月初二会账底

孫德彙　來　衣偏壹隻

孫桂生　來　衣偏壹隻

孫裕生　來　衣偏壹隻

孫桂榮　來　衣箱壹隻

孫樹華　來　衣偏壹隻

孫榣榮　來　衣箱壹隻

夏克欣　來　衣箱壹隻

俞秋蘭　來　衣箱壹隻

孫拓中　來　衣箱壹隻

孫多意　來　錫燈盞壹塊足斤帳　毛良三刀

衣箱貳隻　多意書

段莘乡裔村 A 37-18 · 康熙五年 · 流水账 · 八月初二会账底

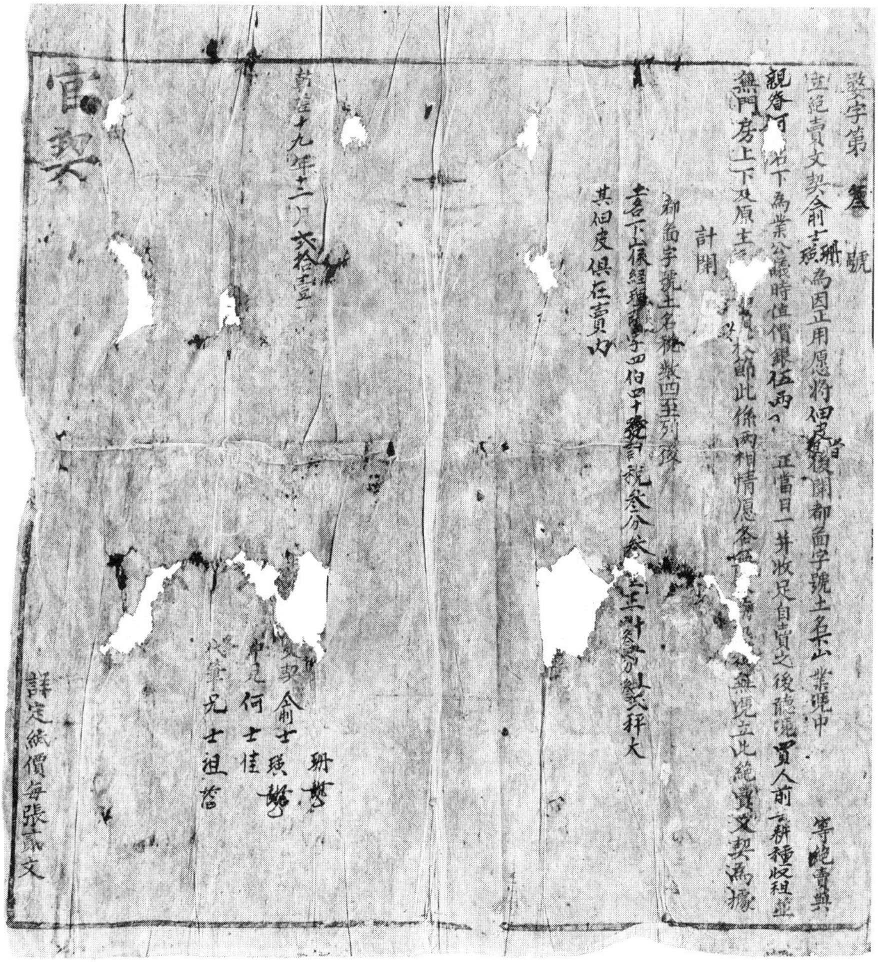

婺字第　號
立絕賣文契俞士珊士璜為因正用愿將佃皮首侵開都面字號土名朵山　業現中　等絕賣與
親眷何[illegible]名下為業公議時值價銀伍兩[illegible]正當日一并收足自賣之後聽憑買人前去耕種收租並
無門房上下及原主[illegible]節此係兩相情愿各無[illegible]無異立此絕賣文契為據
計開
都面字號土名[illegible]數四至列後
[illegible]下山保經理[illegible]字四伯四十[illegible]號計稅叁分[illegible]土叫叁分[illegible]貳拜大
其佃皮俱在賣內
乾隆十九年十二月　日立絕賣文契俞士珊
俞士璜
中見何士佳
代筆兄士祖
官契
詳定紙價每張貳文

段莘乡裔村 A 23 · 乾隆十九年 · 绝卖文契 · 俞士珊、俞士璜卖与亲眷何☐

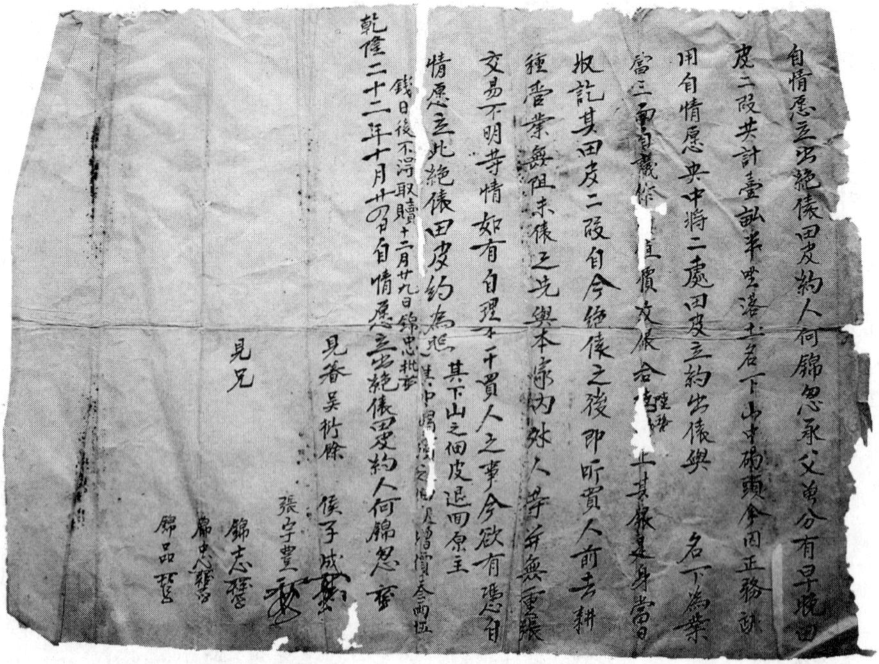

段莘乡裔村 A 18 · 乾隆二十二年 · 出绝俵田皮约 · 何锦忽俵与☒

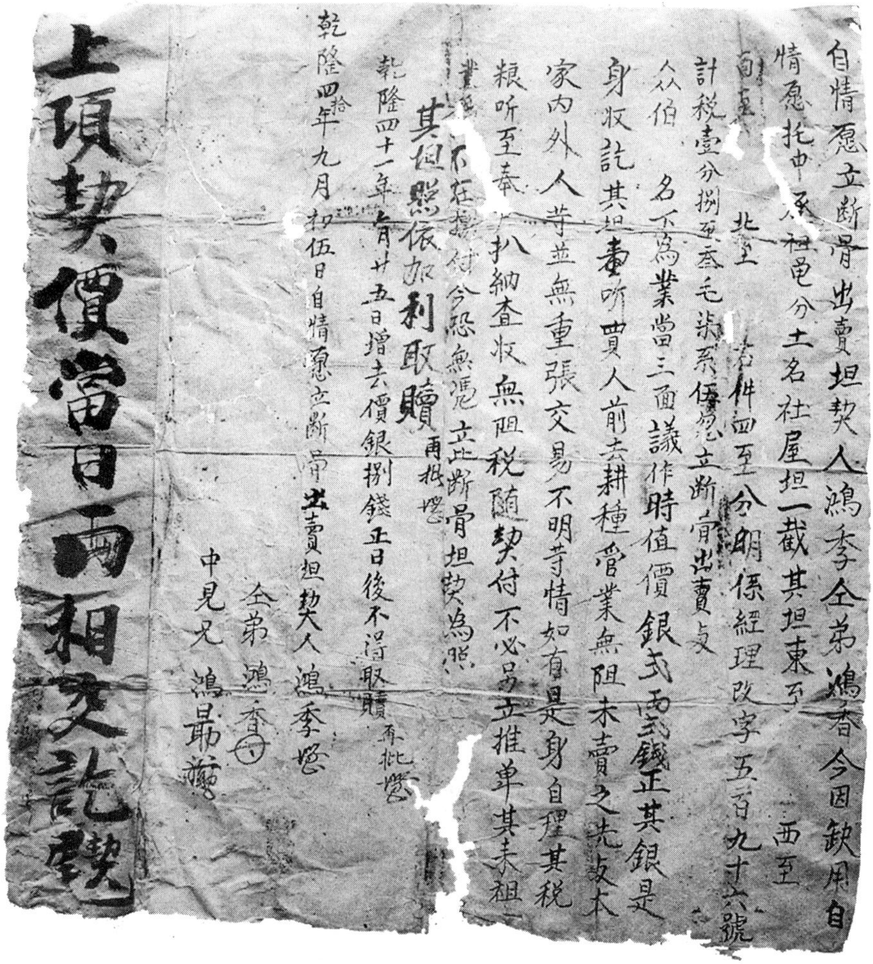

自情愿立断骨出賣坦契人鴻季仝弟鴻香今因缺用自
情愿托中将承祖邑分土名社屋坦一截其坦東至　西至
南至　北至　开列四至分明係經理改字五百九十六號
計税壹分捌厘叁毛柒系係憑立断骨出賣与
众伯　名下為業當三面議作時值價銀弍两弍錢正其銀是
身收訖其坦盡听買人前去耕種管業無阻未賣之先並本
家内外人等並無重張交易不明等情如有是身自理其税
粮听至奉户扒納查收無阻税隨契付不必另立推单其来祖
業□不在缴付分恐無憑立此断骨坦契為照
其坦照依加利取贖　再批
乾隆四十一年二月廿五日增去價銀捌錢正日後不得取贖　再批
乾隆四拾年九月初伍日自情愿立断骨出賣坦契人鴻季
仝弟　鴻香
中見兄　鴻鼎
上項契價當日兩相交訖

段莘乡裔村 A 26 · 乾隆四十年 · 断骨出卖坦契 · 鸿季同弟鸿香卖与众伯☑

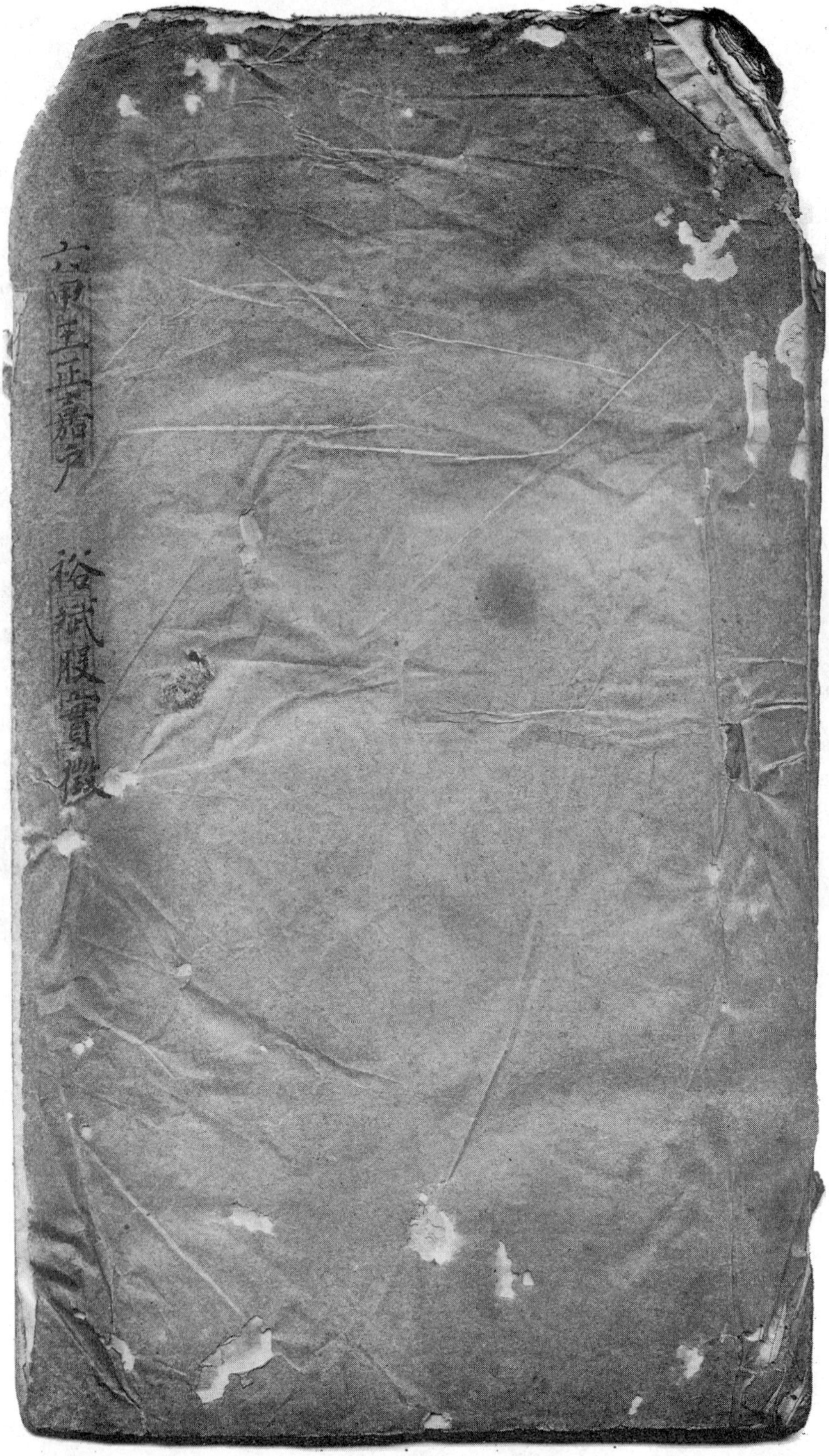

段莘乡裔村 A 35-1 · 乾隆五十二年 · 税粮实征册 · 王正嘉户裕斌股

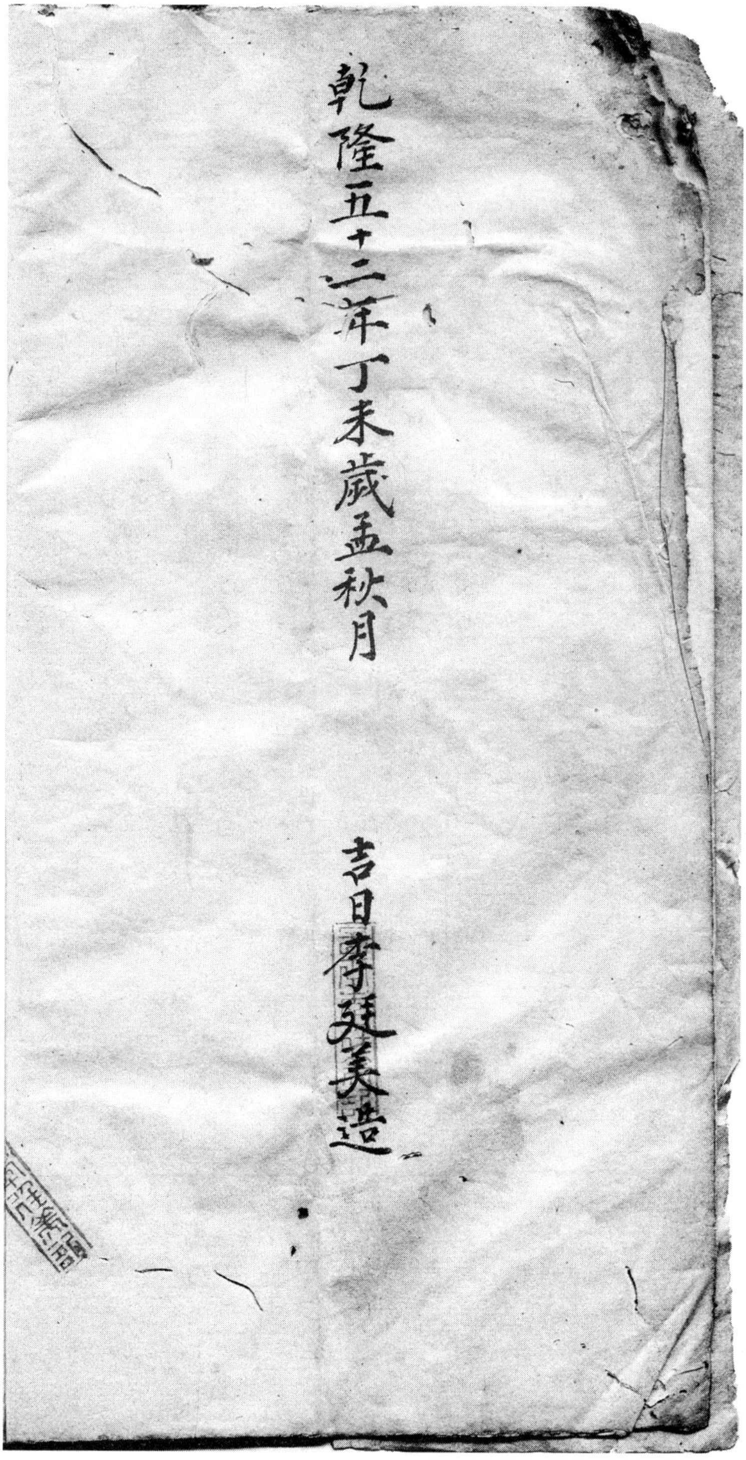
乾隆五十二年丁未歲孟秋月

吉日李廷美造

段莘乡裔村 A 35-2 · 乾隆五十二年 · 税粮实征册 · 王正嘉户裕斌股

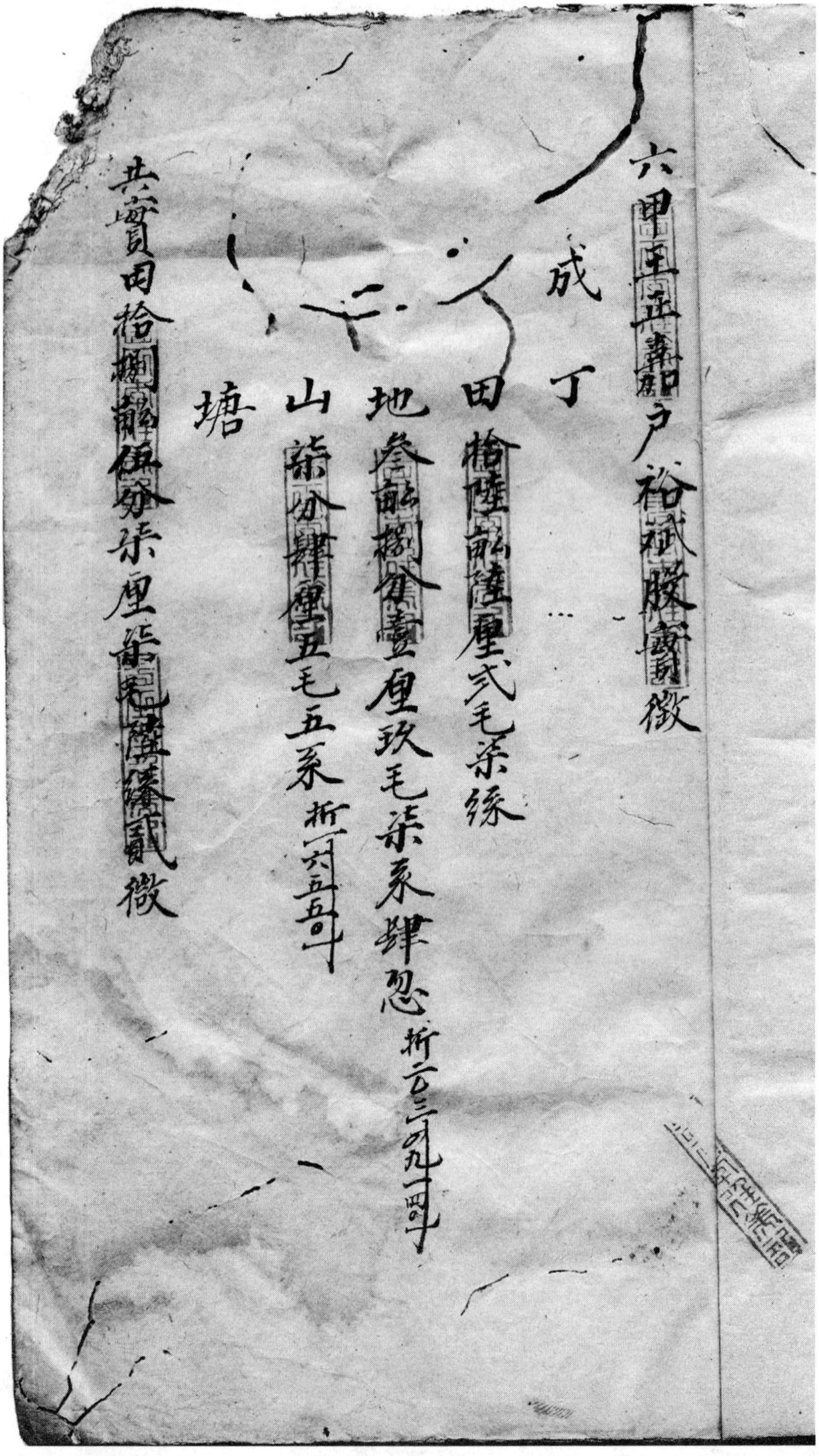

六甲王正嘉户裕斌股實徵

成丁

田拾陸畝陸厘弍毛柒絲

地叁畝捌分壹厘玖毛柒系肆忽 折六三〇九一四斗

山柒分肆厘五毛五系 折一六五五斗

塘

共實田拾捌畝伍分柒厘柒毛陸絲貳徵

段莘乡裔村 A 35-3 · 乾隆五十二年 · 税粮实征册 · 王正嘉户裕斌股

田

去字二百三十一號

○一千六百三十二號

乚千六百五十八號

○一千九百二號

○二千四百四十六號

乚千六百○一號

乚千[illegible]九十六號

許塢口　田壹畝伍分陸厘柒毛

石山塘○田貳畝貳分玖厘　已丞村本户百順户

孤山頭　田肆分捌厘伍毛

王村塘下○田壹畝陸分柒厘玖毛　郁村本户社全旻

庄坑口○田玖分捌厘弍毛

黄石塢　田壹畝伍分正

王村路下　田壹畝貳分捌厘捌毛

段莘乡裔村 A 35-4 · 乾隆五十二年 · 税粮实征册 · 王正嘉户裕斌股

□百八十號　○栗木段　○田柒分叁厘　付丈甫一是甲田继户

一千九百八十三號　王村垓下　田柒分柒厘

○一千叁百九十四號　查木隴　○田玖分叁厘柒毛　付本户圩全是

○一千九百□十號　印墩　○田叁分柒厘五毛　節付本□社全是

一千二百三十七號　馬坑口　田玖分伍厘　壬辰收本都三甲大濟全是

二千一百九十號　塘塢頭　田貳分壹厘壹毛五系　癸巳收本户寿良是

一千四百三十四號　車墩即茅坦　田陸分壹厘貳毛　甲午收本户逆是

一千六百六十三號　王村段即小溪　○田陸分捌厘五毛捌系　己巳收本户逆是　甲付本户炊是

段莘乡裔村 A 35-5 · 乾隆五十二年 · 税粮实征册 · 王正嘉户裕斌股

□字一百八十一號　己酉王新收　桃木源、　田伍分陸毛肆系　已巳收本户薛□支

去字一千九百三十四號　塘下　田壹畝壹厘八分柒厘　收本户道支

可字一百六十五號　横塢　田肆分肆毛　甲子收本户道支

去字一千四百□□號　岱山坑口裡碣　田柒分伍厘伍毛伍系　已巳冬收本啚九甲景□仝支

一千六百八十一號　桿木段　田捌分陸厘□□

一千七百四十四號　仝　處　田□分□□□位□一

三百九十四號　查木墊　田肆分陸厘□□位□　戊子收□□□□

段莘乡裔村 A 35-6 · 乾隆五十二年 · 税粮实征册 · 王正嘉户裕斌股

[illegible]十七號

汪坑段

田[illegible]壹[illegible]

戊子春[illegible]

段莘乡裔村 A 35-7 · 乾隆五十二年 · 税粮实征册 · 王正嘉户裕斌股

地

去字一千三百〇三號　湖坵一　地叁分柒厘

一千六百〇十號　横隴　地弍分叁厘伍毛

一千六百十二號　仝　地叁分陸厘弍毛五系

而字二十八號　琋珀岑　地弍分弍厘

〇三十一號　仝基　〇地玖分五厘弍貳毛　乾隆五十二年村本畝冊

弍十八號　仝　地叁分正

三十一號　仝処風水　地伍厘正

段莘乡裔村 A 35-8 · 乾隆五十二年 · 税粮实征册 · 王正嘉户裕斌股

三十一號

去字一千五百卒號

〇一千五百三十七號

一千五百三十六號

琊珀岺　地壹分正

伏峑山　地陸分伍厘捌毛

王村上边基　〇地壹厘陸毛貳系肆忽

乙卯春收取二八乙二

村本户錄寶叉

戊子归本户連叉

後塘　地壹分壹厘陸毛

塘壹分肆厘肆毛

段莘乡裔村 A 35-9 · 乾隆五十二年 · 税粮实征册 · 王正嘉户裕斌股

山

而字二十七號 琊珀岑 山柒厘五毛

三千三號 塘坑 山壹分壹厘陸毛

八千二號 峰兒墩 山肆厘貳毛五系

益字一千六百八十一號 廟前山 山肆分貳厘五毛

[illegible]三都三圖甲啟盛戶

去字一千五百五十五號 皂角樹下 山捌厘柒毛

一千三百九十七號 考坑 山貳畝壹厘貳系肆忽

[illegible]

段莘乡裔村 A 35-10 · 乾隆五十二年 · 税粮实征册 · 王正嘉户裕斌股

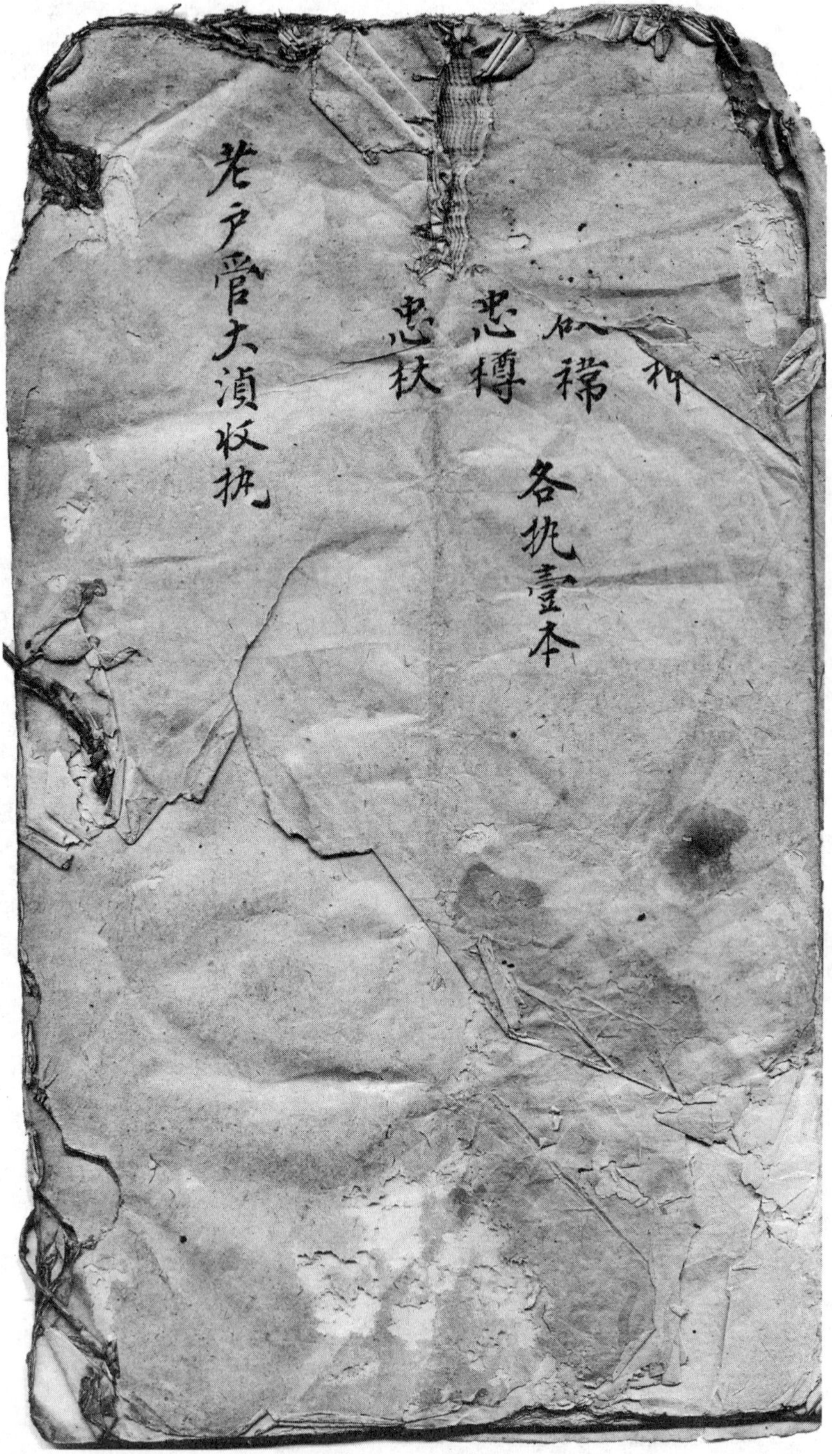

段莘乡裔村 A 35-11 · 乾隆五十二年 · 税粮实征册 · 王正嘉户裕斌股

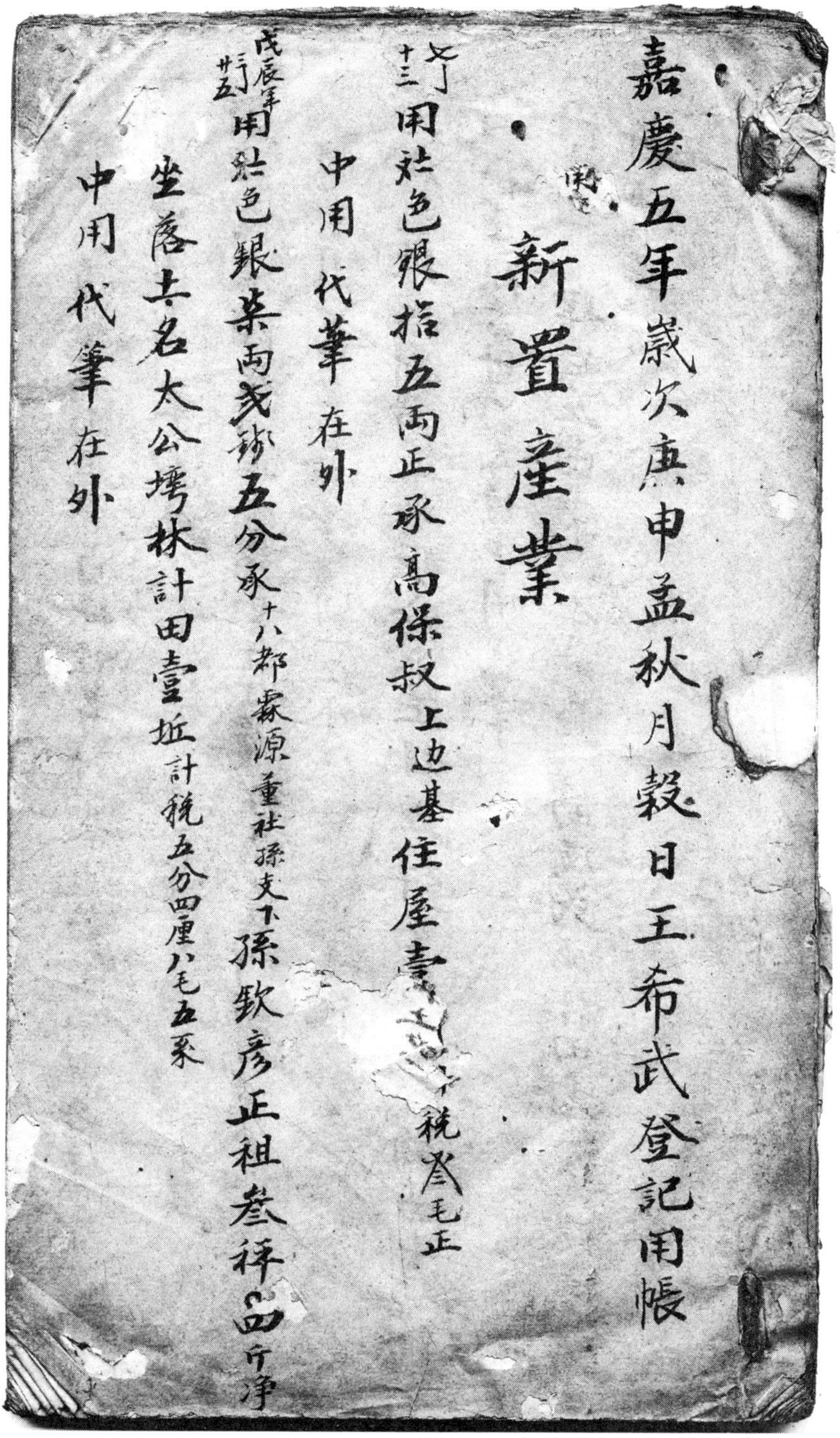
嘉慶五年歲次庚申孟秋月穀日王希武登記用帳

新置産業

七月十三日用社色銀指五兩正承高保叔上边基住屋壹[illegible]税叁毛正

中用代筆在外

戊辰年十一月廿五日用社色銀柒兩戈錢五分承十八都霧源董社孫支下孫欽彥正祖叁秤[illegible]斤淨

坐落長名太公塝林計田壹坵計税五分四厘八毛五系

中用代筆在外

段莘乡裔村 A 1-1 · 嘉庆五年 · 流水账、祭文 · 王希武

庚午年十月廿八用社色銀拾弍兩正承貞保姪萼上边基地壹片計税弍厘叁毛正

中用·代筆在外

辛未年八月三用社色銀陸拾兩正承妙喜姪上边基住屋壹所計税叁厘正

中用 代筆 搬移 俱已在外

丙子年十二月廿三用社色銀拾捌兩正承鉅公衆正租五秤坐落土名梘頭計田壹坵計税五分壹厘三毛

又用羊秋百卅六文付中用代筆 一

己卯年十一月廿八用社色銀肆拾五兩正承田言李戴氏名英田皮弍畝計田壹坵坐落土名塘下

計骨租十六秤

段莘乡裔村 A 1-2 · 嘉庆五年 · 流水账、祭文 · 王希武

辛巳二月用社邑银弍佰两正承慶煌棕姪上边基正屋壹堂计税八厘五毛

又用银拾两正付書中 出彦婿 中彦祥 彦娣 文光

又用银壹两〇五付貼時嫂

外付搬移不约弍拾千文 係还借项

合

用社邑银肆拾两正承王董氏名旺家上边基住屋壹所 计税五厘正

外付银陆肆两正 時保 進丁 二人收

又付書中银弍两正 出時保 中見 進丁 天丁 凤保 有渠

又付貼搬移银弍两正

壬午年 四十 用社邑银贰拾两承李旺田皮壹亩计田贰坵坐落土名考坑计骨租捌秤

乙酉年 十二 用社邑银叁拾叁两承应煌小名锡田皮壹亩半计田五坵坐落土名岱坑口计骨租十贰秤

三月 四三 用社邑银陆拾肆两承北乡十六都胡文时公正租拾德秤人计田壹坵坐落土名塘下

计税贰亩乙分五厘の毛

外付李敬占银叁两贰年正

又付书中银叁两二钱六分

丁亥年 十七 用社邑银玖拾五两正承许下田李正杰田皮壹段坐落土名横大坵计田壹坵计三亩计佃租拾贰秤

又计骨拾贰秤 外下言田李重光会有正租叁秤 计税壹亩又乙厘五毛六丝五忽

此田共计六亩分庄贰坝里坝系下言田李细凤安之子恭见佃

段莘乡裔村 A 1-4 · 嘉庆五年 · 流水账、祭文 · 王希武

又用银壹两正 ノ 中 李福嘉姐丈 殿元表兄 周興男 王淳順

又用钱壹千叁百文 付出中书 李殿元其代书包两正付李正傑收 内付李正傑收三百文 又付李正傑乙百文 係中見補伊銀色

外贴田皮酒水□□文 馀□文四个中人均分

戊午五月 用九色银玖两正 承启生伯父家竹坦正租贰秤 中用代华在内

九月廿日 用九半银捌两陆钱正 承春奕公正租贰秤 庆保佃 当时收租中用代华酒水一缴在内

十一月初六 用九色银叁拾陆两正 承言田李启瀓正租九秤 计田壹坵 坐落土名王村段 计税壹亩柒分壹厘叁系 係去字乙千四百八十四号 高德佃

又用银乙两捌钱 付书中 书亲华 中李敬书兄

十二月初三 用九色银贰拾壹两叁钱正 承良炳、炼兄弟田皮乙亩 计田一坵 坐落□

段莘乡裔村 A 1-5 · 嘉庆五年 · 流水账、祭文 · 王希武

名考坑计買租柒秤

乙丑十二月十四 用九色银叁拾伍两正承應爖兄弟考坑口正租九秤计税壹畝零玖厘肆毛

计田壹坵係經理去字壹千四百壹十六號 又贴银贰两零四钱 中用代筆左内 另中李敬書 係侠伯佃

庚寅年係埒兄八年置今付與身家 用九色银贰拾肆两正承李振起 葉村段 双溪口 租陆秤计田贰坵计税柒分四厘

係經理去字山千八百廿二五號 又贴银壹两贰钱正 中用李啟榜 代筆李從楷 共计買租十八秤半 共業 税贰畝贰分玖厘 敬公五存 朱日祥文秤半

六月 用九色银四拾四两正承忠樱三處正租

東墩早正叁秤 计田山坵 计税三分三厘九毛四系 自佃 共计買租四秤半 信安公清明山秤半 係經理去字山千四百卅九號

又 塘坑口早正四秤 计田山坵 计税六分六厘七毛三系 自佃 係經理去字山千三百十九號

段莘乡裔村 A 1-6 · 嘉庆五年 · 流水账、祭文 · 王希武

岩嶺下早丘四秤　计田贰坵　计税四分正　负慶佃　係經理圭字一千三百十弍號
共贴銀壹两伍錢正　中用代筆
補平用紋色銀拾两正當啟圻、表坑口晚佃仵畝　各计骨租四秤半係與穿保共分　屋名年　自種　中　啟垚　代筆　啟根
辛卯年平　又千找去紋色銀肆两正當五斛骨佃約一道　中見　書森保　接才叔
吐用紋色銀叁拾肆两弍錢　買李從根庄坑口骨租玖秤　佃李福春
計田壹坵　經理係去字弍千五百五十三號　計稅山畝四八分　内塟地一所　其田原骨租拾秤內存租壹秤　存稅一分八毛　保基一所
外用銀弍分五厘　中用代筆　依水
廿四日用紋色銀壹拾弍两弍錢五分　買湖山張延安　漂泉　篤於　新嶺脚骨租叁秤半　計田壹坵　經理係而字弍百五十四號　計稅弍分又厘七毛

段莘乡裔村 A 1-7 · 嘉庆五年 · 流水账、祭文 · 王希武

十二月廿八日用兆色銀陸拾肆両伍錢正買下田言李王氏德英親家母二處骨租

宅背後塘塢口計田壹坵計骨租肆秤 經理係去字乙千乙百四十九號 計稅○分八厘八毛

又腰第山計田壹坵計骨租壹拾叁秤 經理係去字弍千四百二十八號 計稅弍畝○七厘五毛

外貼代筆銀壹両 又貼中用錢壹千文 中見乳名李進良 代筆乳名李殿元

辛卯正月廿一日用兆色銀壹拾玖両正買啟堦四壩田皮壹段計田壹坵計正租肆秤係滸公業 中見啟圻乳名東保 代筆良烜乳名樣才

廿一日用紋大錢弍拾叁千文正買一林塘坑口田皮壹段計田弍坵計正租捌秤 係裕房閭王會業 中見聖保 從保 森保 東保 代筆興接

月廿三日用兆色銀貳拾柒両正買湖山張楊沁黃土坵正租九秤五毛 計田壹坵計稅壹畝壹分七厘 係經理两字九百卅五号

又用兆色銀拾玖両正買湖山張楊沁黃土坵田皮壹畝 計田壹坵計骨租九秤 全業

段莘乡裔村 A 1-8 · 嘉庆五年 · 流水账、祭文 · 王希武

十一月十三日　用九色银伍拾弍两捌钱正買田李發榜石牛骨祖九拜　计田壹坵计税壹畝零叁厘叁毛　去字弍百四十五号

洋錢每元作九色艮七钱六分

二共计艮四拾陸正外　中用代筆银弍两叁钱　付　中見張揚楠　張都贊　代筆張拱昭

又同處骨祖柒拜　计田壹坵计税九分弍厘　去字弍百四十又号

代筆　李正暄乳名騰芳

中見　李正翅乳名楼旺

十二月初七日　用大錢弍拾千文正買董氏旺加塘塢田皮壹段　计田五坵计正租拾拜　嚴田钲公業

外貼應燏應娣應炶弍拾壹千文

中　應燏　應娣　應煯　代筆　應炶

壬辰五月　用九色银叁拾两正承侠伯龜墩前早骨祖拾拜　去字壹千叁百四拾號　计税壹畝弍分弍厘正

外貼侠伯银弍两正

中　啟海　代筆　啟墩

段莘乡裔村 A 1-9 · 嘉庆五年 · 流水账、祭文 · 王希武

仝日 用九色银叁拾两正承炔伯龟墩前早田皮壹段 计田壹坵 计丘祖拾祥身家全業

外贴田皮酒壹千文 一

中 昭海
代筆 昭墩

五月十七日 用九色银拾叁两伍钱正买忠斓早田皮壹段 肆祥身家肆祥 坐落土名塘坑口 计田贰坵 计骨祖捌祥 成信公

中 良烜 良焰
代筆 良锦

十二月廿日 用九色银拾两正承（讳下田）李正煌前山晚佃壹段 计田壹坵 计丘祖拾祥 身家九祥 煌存丘祖乙祥 保墓壹所

中 李敬書
代筆 李俊三

癸巳三月 用九色银陆两贰钱正承尧弟湖塞骨祖贰祥 计田壹坵 共计骨祖十八祥 壹字乙千七百拾七號 计税叁分叁厘叁毛贰系

中 昭坤 昭海
書 親筆

段莘乡裔村 A 1-10 · 嘉庆五年 · 流水账、祭文 · 王希武

三月十日用九色銀拾陸两正買尭弟王村（又名小溪）坦正早五秤　去字壹千六百六拾叁號　計税六分捌厘五毛捌系

計苗壹坵共計骨租六秤　內言田戲會正租壹秤

中　啟坳　啟海　書親筆

三月十四日用九色銀拾伍两正買言田汪光鏞白石頭正早陸秤　去字叁百零九号　計税柒分正　計田弍坵　外光鏞

存正租弍秤　計税弍分三厘　保墓

仝日用九色銀九两正買汪光鏞白石頭早佃壹坵　計田弍坵　計正租捌秤　身家六秤　鏞存弍秤　保墓

中　汪光銘　王應悌　書親筆

中　汪光銘　王應悌　書親筆

補記　三初用九色銀弍拾两正買啟增業田早佃壹段　計骨租五秤半　坑頭梔源觀業　計田壹坵

仝日用九色銀拾五两正買啟增外碣晚佃壹段　計骨租六秤　六人灯會業　計田壹坵

段莘乡裔村 A 1-11 · 嘉庆五年 · 流水账、祭文 · 王希武

中 啟圻　代筆 良烜

初九 用九色銀卅兩正買堯弟湖窟早佃壹段 計田壹坵共計骨租拾捌秤 一

中 啟埰 啟海　書親筆

甲午三月初五 用九色銀十九兩正買何思秀塘下晚佃壹段 計田壹坵計正租拾秤 石岺程國華

中 何國祁 何國禧 啟埠 啟圻 應焻　代筆 良烜

三丁 廿四 用九色銀卅弍兩正買埰兄桃木源晚佃壹段 計正租拾弍秤 言田李直卿先生業 計田柒坵

中 啟埻 啟墩 啟墀　書親筆

十二丁 十一月初五 用紋色銀四拾柒兩正買承材坑西早佃壹段 計田拾叁坵 計骨租拾叁秤半 內身肆秤

段莘乡裔村 A 1–12 · 嘉庆五年 · 流水账、祭文 · 王希武

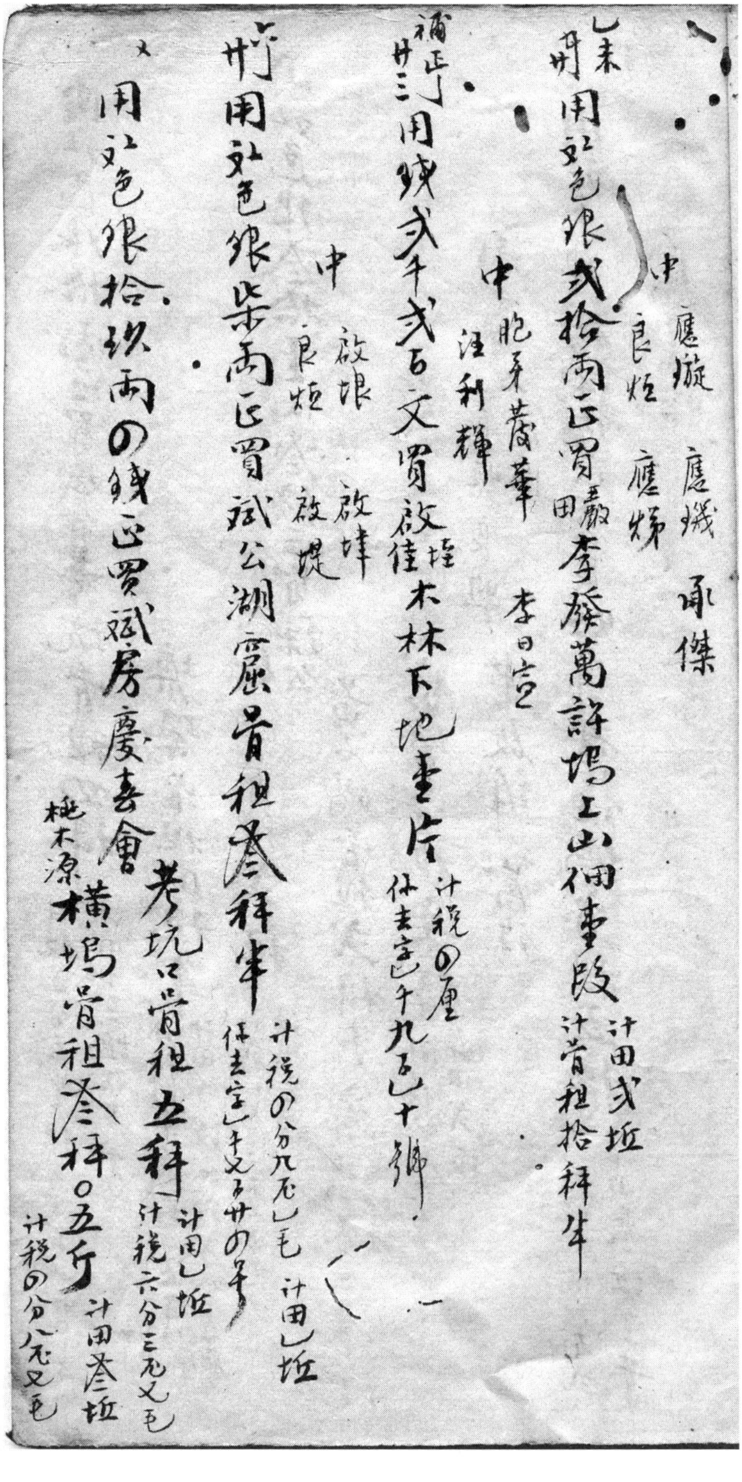

中 應璇 應熾 承傑
良炬 應焍

乙未
卅 用紋色銀貳拾兩正買 田叁畝 李發萬許塢上山佃貳段 計田貳坵 計骨租拾秤半

中 肥弟 蔭華 李日宣
汪利輝

補正
廿三 用錢貳千貳百文買啟佳 侄 木林下地壹片 計稅○厘 付去宣乚千九百乚十錦

中 啟娘 啟焯
良炬 啟堤

廿 用紋色銀柒兩正買貳公湖窟底骨租叁秤半 計稅○分九厘乚毛 計田乚坵 付去宣乚千叉百廿○五

又 用紋色銀拾玖兩○錢正買貳房慶喜會 考坑口骨租五秤 計田乚坵 計稅六分三厘又毛
柂木源橫塢骨租叁秤○五斤 計田叁坵 計稅○分八厘又毛

段莘乡裔村 A 1-13 · 嘉庆五年 · 流水账、祭文 · 王希武

又

用文色银拾两正買斌公考坑背租四秤 计税五分五厘 係圭字七千四百○七号 计田十三坵係身字佃

塘坑口背租の租半 计税七千叁百○五号 计田弍坵 计税五分五厘

竹坦背租弍秤 计税七分三厘五毛 计田五坵

黄石碣背租弍秤壹分 计税三分六厘六毛 计田乙坵

岱坑口背租柒秤 计税又分九厘 计田弍坵

又用文色银叁拾壹两叁钱正買鍊公

承賣人 良炬 良煦 啟海

中 啟墉 萬餘

己亥 用文色银拾四两正买良炬等舊住塢背租五秤 计税九分九厘弍毛 计田叁坵 金葉

十三行

中 應煓

段莘乡裔村 A 1-14 · 嘉庆五年 · 流水账、祭文 · 王希武

十九年己亥歲

對承買嚴田李振稠先生等屋叁堂 係上街頭

正屋 去字五百卅三号 计税乚分五厘五毛八丝

餘屋 去字五百卅四号 计税乚分又厘弍毛又丝乚忽五微

厨屋 计税乚分 係去字五百卅乚号

當 用社包銀拾兩正付中用代筆 李沛霖 李俊卅先生 李尚文 李汝明 代筆李燦春

計二屋正價紋銀弍百弍拾兩整 至十月初一日借李春暉名下 卅四年六月徵回

中李沛霖

卅四年甲辰歲

六月 付紋銀弍百弍拾兩正

又 付紋銀五拾壹兩正 承李蔼輝兄 李绵南兄 李健光兄 順当兄 植三 此項算加利銀當徵回寿

壬寅 用社包銀拾弍兩正買李沛霖男湖霆骨租肆秤 计田 计税五分弍厘九毛五丝壹忽

連中用代筆在內 中李仰三先生

段莘乡裔村 A 1–15 · 嘉庆五年 · 流水账、祭文 · 王希武

十二月初九用放大錢叁千文買慎友考坑背租壹秤半 計田 計稅乙分八厘四毛

又用放大錢叁千文買慎友考坑田皮壹段 計田

中 啟圻 代筆 承材

廿六年丙午歲三月用紋色銀拾伍兩伍錢正買李如松上山旱佃壹畝半 計田叁坵 計正租十秤半

中見李寶夫

維

段莘乡裔村 A 1-16 · 嘉庆五年 · 流水账、祭文 · 王希武

希翔公冬至文底

皇清光绪〻年歲次〻〻〻月〻〻朔越祭日〻〻

奉萛裔孫〻〻等

謹以剛鬣三牲醴酒果品束帛香楮之儀百拜致祭于

始遷祖唐光禄大夫諱希翔府君　祖妣俞氏夫人

之神前而言曰追維顯祖大啓吾盧遠宗孔孟近

述程朱名崇理學代仰賢儒一堂作述五哲齊

驅心儀楷範感慨欷歔茲逢長至敬潔盤盂俾我

人文肇我詩書佑我雲礽永奉衣裾　尚饗

段莘乡裔村 A 1-17 · 嘉庆五年 · 流水账、祭文 · 王希武

昳壹公文衣

十八世祖考諱昳一府君 祖妣洪氏孺人

十八世祖考諱解元昳二府君 祖妣李氏安人之神

前而言曰追維顯祖源遠流長名標虎榜學繼

青箱音容日遠德澤流芳霜露既降倍致悽愴

爰陳俎豆敬薦一觴祖靈如在來格來嘗 謹請

段莘乡裔村 A 1-18 · 嘉庆五年 · 流水账、祭文 · 王希武

述七公文底

十七世顯祖考諱校尉直學府君祖妣蔣氏安人

之神前而言曰追維烈祖俊穎天全超羣邁俗

裕後光前有爵斯尊有德斯傳芳流漢水績

著荊田宣猷布惠户誦家絃當年考卜

榥溪以遷清明節届醴酒維虔申錫純

嘏億萬斯年 尚饗

段莘乡裔村 A 1-19 · 嘉庆五年 · 流水账、祭文 · 王希武

穀裕公文式

二十世祖考諱穀裕府君　祖妣潘氏孺人

之神前而曰追維我祖世德流芳澤垂後裔長發

其詳洋洋如在肅在中堂水源木本追報敢忘左昭

右穆著懿懷愴山青雲白屺岵恩量鍾鼓是設承

筐是將嗣祖功德遠而彌光佑啓我後而熾

而昌靖明節届黍稷薦香雲礽奕葉百世聲揚松

楸祀典共蔭庇無疆尊靈鑒奠來格來嘗　附食尚饗

段莘乡裔村 A 1-20 · 嘉庆五年 · 流水账、祭文 · 王希武

春傑公文

二十四世祖考諱[illegible]春傑府君 祖妣[illegible]汪氏孺人

繼祖妣胡氏孺人

之神前而言曰追維我祖明德攸攸傳家請

白上紹遠猷創業辛苦下啓良謀當年弓冶奕

葉箕裘根茂實遂土沃丁稠瓜綿椒衍時易

歲流有感霜露匪懈春秋入廟濟濟升堂俅俅

昭穆肅列蘋藻精修孝享兼盡獲祖之休尚饗

段莘乡裔村 A 1-21 · 嘉庆五年 · 流水账、祭文 · 王希武

信安公文夜

二十三世祖考諱 信安府君 祖妣周氏孺人

繼祖妣胡氏孺人

之神前而言曰桃已紅矣又經一年祖容日渺

祖德永傳精通地理軼後超前茲當百六

誰不思焉爰採蘋藻爰設席筵祖靈不

昧庶願清涓 尚饗

段莘乡裔村 A 1-22 · 嘉庆五年 · 流水账、祭文 · 王希武

永𢧐公文底

二十五世祖考諱永𢧐府君 祖妣齊氏孺人

之神前而言曰歲序流易時值清明追思報

本悲不自勝謹以酒醴特表微忱洋洋在上

赫赫明明之光前裕後惟祖之靈螽斯蟄蟄

孫子孟庭伏祈昭格來燕來寧 尚饗

段莘乡裔村 A 1-23 · 嘉庆五年 · 流水账、祭文 · 王希武

新鍊公 文衣

二十世祖考諱 新鍊府君 祖妣汪氏孺人之神

前而言曰於戲維公德碩砥柱一鄉孝友成性

培植倫常根深葉茂子孫成行感彼雨露

怵惕凄愴歲時思慕禴祀烝嘗清明節届

以薦馨香洋洋在上赫赫在旁芹樽以薄

獻彌熾彌昌祖靈降格來歆來嘗謹請

三十五世祖考諱應裕府君祖妣黃氏孺人附食尚饗

段莘乡裔村 A 1-24 · 嘉庆五年 · 流水账、祭文 · 王希武

滸公文衣

三十一世祖考諱大滸府君　祖妣李氏孺人之神
前而言曰猗欤吾祖秉性剛方勤儉質朴易直
慈良愛親敬長孝友斯彰服田力穡家業寖
昌光前裕後源遠流長凡我孫子繼述難忘
届兹雨露倍切悽愴駿奔在庙虔荐馨香尔
酒既旨尔殽既将神其来格降福無疆謹請
三十二世祖考諱忠杖府君　祖妣張氏孺人
祖考諱忠檝府君　祖妣李氏孺人
祖考諱忠桂府君　祖妣潘氏孺人　附食　尚饗

段莘乡裔村 A 1-25 · 嘉庆五年 · 流水账、祭文 · 王希武

二十八世祖考諱汝高府君　祖妣余氏孺人

二十九世祖考諱文何府君　祖妣洪氏孺人　継祖妣廖氏孺人

二十九世祖考諱文三府君　祖妣張氏孺人

三十世祖考諱世姜府君　祖妣洪氏孺人

三十世祖考諱世著府君　祖妣程氏孺人

三十世祖考諱世萬府君　祖妣李氏孺人附食尚饗

段莘乡裔村 A 1-26 · 嘉庆五年 · 流水账、祭文 · 王希武

忠桂公衣

三十二世祖考諱忠桂府君　祖妣潘氏孺人之神
前而言曰猗歟我祖性稟渾樸品行端方
克勤克儉匪居匪康艱辛自茹家業寖
昌田園日進戩穀孔長友于斯著貽厥乃
彰承承繼繼奕奕煌煌孫子羣季璧水名
楊凡我後嗣實賴前光感茲雨露虔薦
馨香祖靈如在來格來嘗　謹請
三十三　祖考諱　良熾府君　祖妣潘氏孺人

段莘乡裔村 A 1-27 · 嘉庆五年 · 流水账、祭文 · 王希武

三十三世祖考諱良炔府君　祖妣朱氏孺人
三十三世祖考諱太學生良烈府君　祖妣張氏孺人
三十四世祖考諱啓海府君　祖妣潘氏孺人
三十四世祖考諱啓埛府君　祖妣潘氏孺人
三十四世祖考諱啓墩府君　祖妣
三十四世祖考諱啓墠府君　祖妣李氏孺人
三十四世祖考諱啓尭府君　祖妣李氏孺人
三十四世祖考諱啓坡府君　祖妣胡氏孺人
三十四世祖考諱啓臺府君　祖妣潘氏孺人
繼祖妣俞氏孺人

段莘乡裔村 A 1-28 · 嘉庆五年 · 流水账、祭文 · 王希武

爰陽伯殁之文哀高公送祭

嗚呼惟吾長兄賦性精明勤而且儉南畝躬耕奔

馳勞苦戴月披星中年被賊幾多苦情迎來

稍順韡而有興胡天不祐疾病相纏呻吟咳嗽

苦楚吞声親為老病不致殞生廢食未

獄遂起幽冥痛惟長兄致奠一觥伏

惟昭格来歆来宣嗚呼

尚饗

段莘乡裔村 A 1-29 · 嘉庆五年 · 流水账、祭文 · 王希武

嗚呼痛吾父終身永訣念吾父兮苦務農
業思吾父兮甘旨常缺憂吾父兮饔飧未
絶哀吾父兮一旦長逝悲吾父兮徒然泣
血報吾父兮俻曽一節奠吾父兮曾酒
剛鬣惟吾父兮起達顧設願吾父兮佑
我后裔嗚呼 哀哉
尚饗

段莘乡裔村 A 1-30 · 嘉庆五年 · 流水账、祭文 · 王希武

開榜文式 致祭

〻〻公明執事人員各整衣冠入祠伺候

一主祭一通唱一侍席一祝嘏一引祭一起徽一傳冊

祝嘏文式 祖考命工祝承致多福無疆於女孝孫来女

孝孫使女受祿于天宜稼于田眉壽萬年勿替引之

本月〻〻日照灶往佛子坑及獅裡掛絲

如不到者罰錢二百文斷不寬貸

理首告白

段莘乡裔村 A 1-31 · 嘉庆五年 · 流水账、祭文 · 王希武

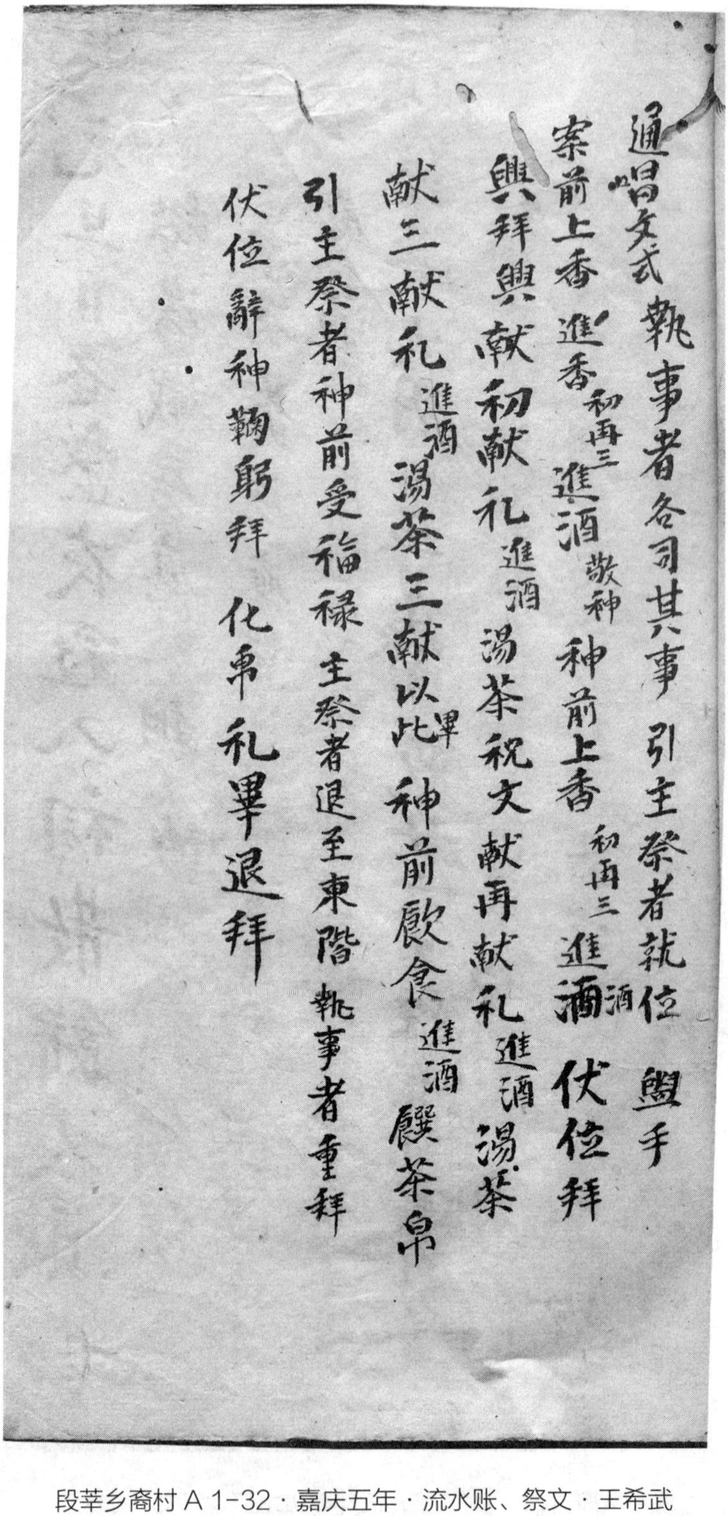
通唱文式 執事者各司其事 引主祭者就位 盥手
案前上香 進香 初再三 進酒 敬神 神前上香 初再三 進酒 酒 伏位拜
興拜興獻初獻礼 進酒 湯茶祝文獻再獻礼 進酒 湯茶
獻三獻礼 進酒 湯茶三獻以此 畢 神前歆食 進酒 饌茶帛
引主祭者神前受福祿 主祭者退至東階 執事者重拜
伏位辭神鞠躬拜 化帛 礼畢退拜

段莘乡斋村 A 1-32 · 嘉庆五年 · 流水账、祭文 · 王希武

元旦日各整衣冠入祠散餅人員述后

承榴 森 裕房 斌房 應鋼 啟彩 燿

景小房 炎房 應騏

應鋐 視

庚辰

謹選 九月廿五日齋戒廿六日往齋雲進香

段莘乡嵩村 A 1-33 · 嘉庆五年 · 流水账、祭文 · 王希武

具狀人ムム投

為賊兩確窩抗不交叩　公呈究事

被　胡賢宋窩賊人胡得慶抗拒

証

緣宋開設烟舖慣作窩家本月二十一夜被賊窃去衣服

首飾等物賍草另開現在賊吐賍確經約驗明向諭慶反抗拒宋

仍匿庇不交為此叩　公呈究以靖賊風

執事先生尊前施行

段莘乡裔村 A 1-34 · 嘉庆五年 · 流水账、祭文 · 王希武

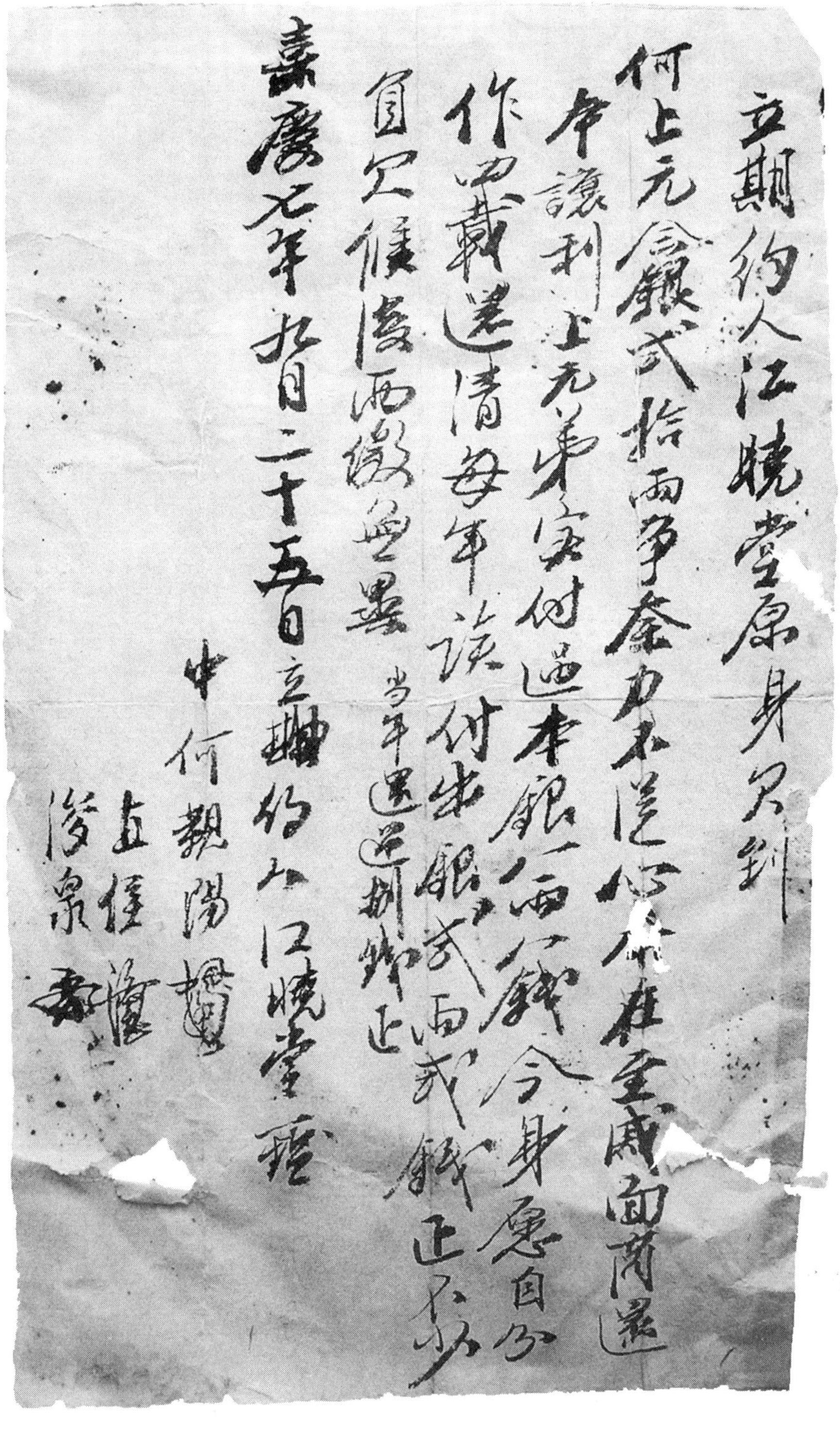
立期約人江曉堂原身欠到
何上元會銀弍拾兩，事係力不足，今在至戚面商議，
本讓利，上元弟實付過本銀一兩六錢，今身愿自分
作四載還清，每年該付出銀弍兩弍錢正，不少，
負欠債償兩繳無異。當年畢還，期約揭銷正。
嘉慶七年拾月二十五日立期約人江曉堂（押）
中 何觀陽（押）
直侄 灃
浚泉 書

段莘乡裔村 A 20 · 嘉庆七年 · 期约 · 江晓堂欠到何上元

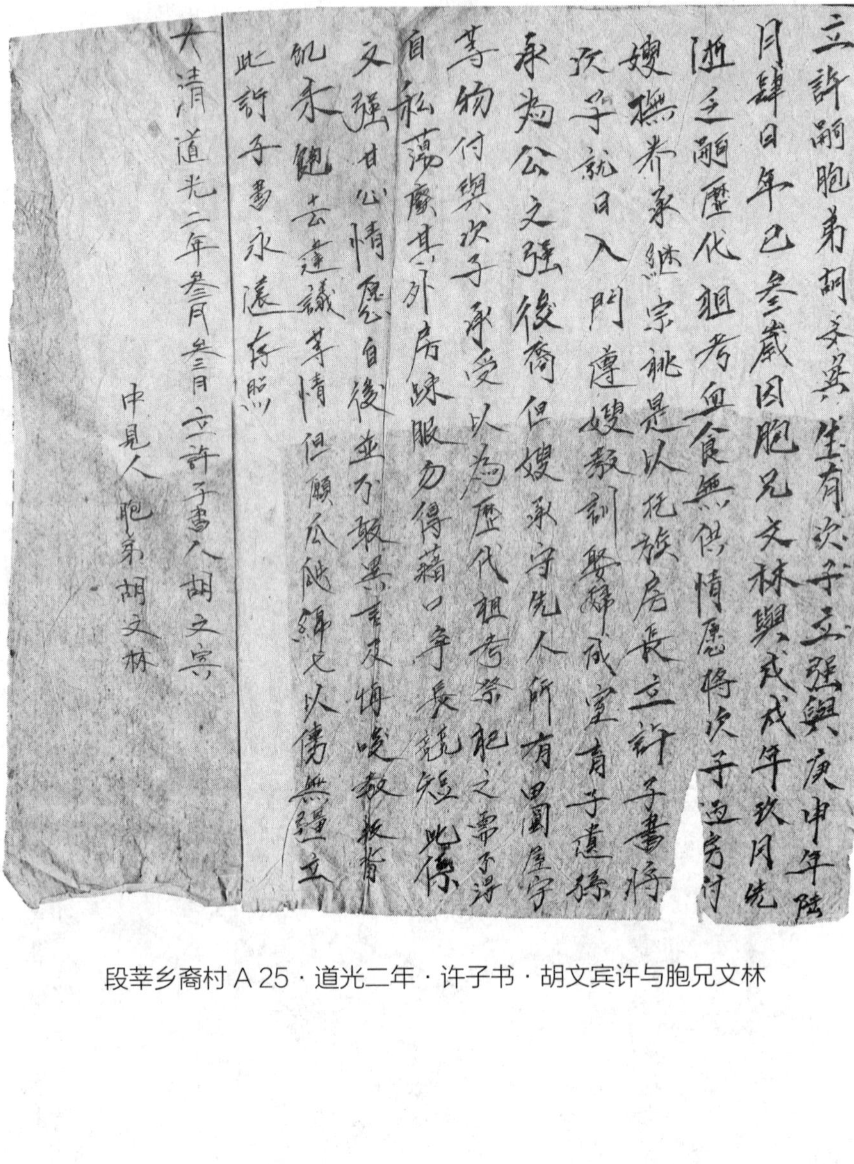
立許嗣胞弟胡文宾生有次子立强與庚申年陆
月肆日年已叁歲因胞兄文林與戊戌年玖月先
逝乏嗣歷代祖考血食無供情愿將次子立强付
嫂撫養承繼宗祧是以托族房長立許子書將
次子就日入門遵嫂教訓娶婦成室育子遺孫
永為公之强後裔但嫂承守先人所有田園屋宇
等物付與次子承受以為歷代祖考祭祀之需不得
自私蕩廢其外房缺服勿得藉口爭長競短此係
文强甘心情愿自後並不敢異言反悔唆教板背
飢永鏈去違議等情但願瓜瓞綿之以傳無疆立
此許子書永遠存照
大清道光二年叁月叁日立許子書人胡文宾
中見人胞弟胡文林

段莘乡裔村 A 25 · 道光二年 · 许子书 · 胡文宾许与胞兄文林

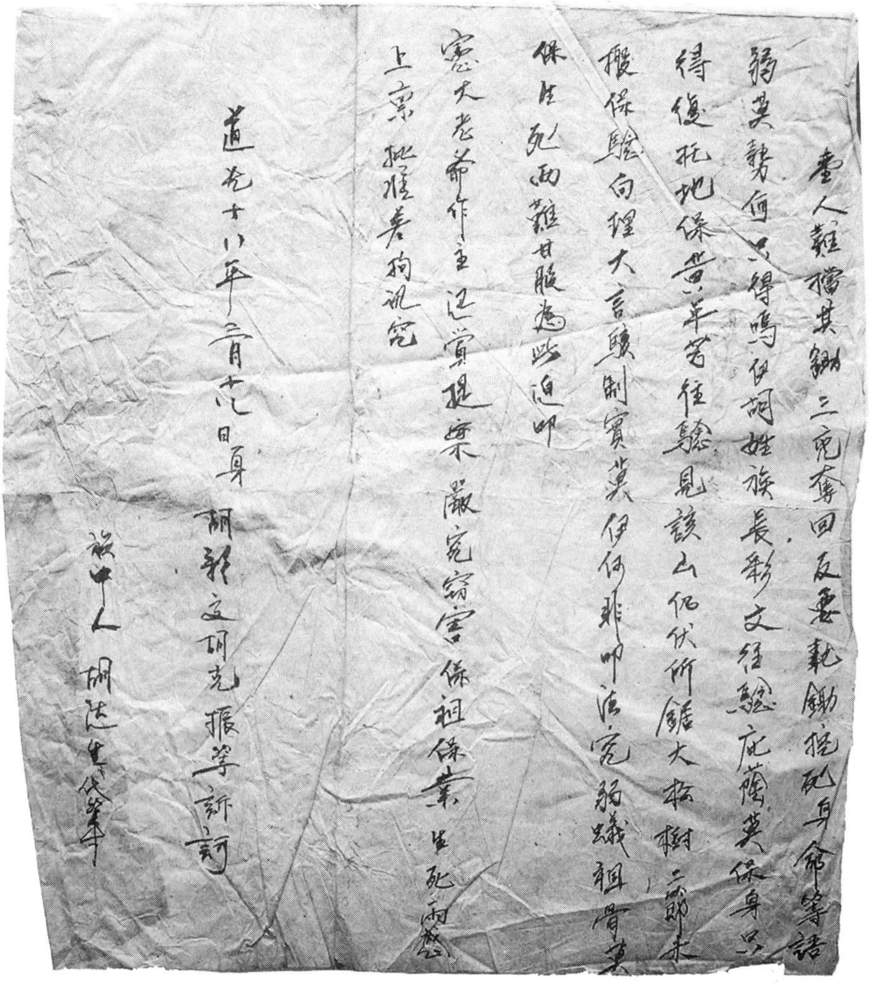

蚤人雖擋其鋤 三兇奪回反要執鋤挖死身命等語
竊莫勢何只得鳴伊祠姓族長彩文往驗庇蔭莫保身只
得復托地保黃并等往驗見該山仍伏所錯大松樹二蔸未
搬保驗向理大言頭制實莫伊何非叩法究竊蟻祖骨莫
保生死兩難甘服逸此迫叩
憲大老爺作主迅賞提案嚴究窮害保祖保業生死兩感
上禀 批准着拘訊究
道光十八年三月十七日具 胡彩文胡克振等訴詞
族中人 胡達生代筆

段莘乡裔村 A 29 · 道光十八年 · 具状词 · 胡彩文等

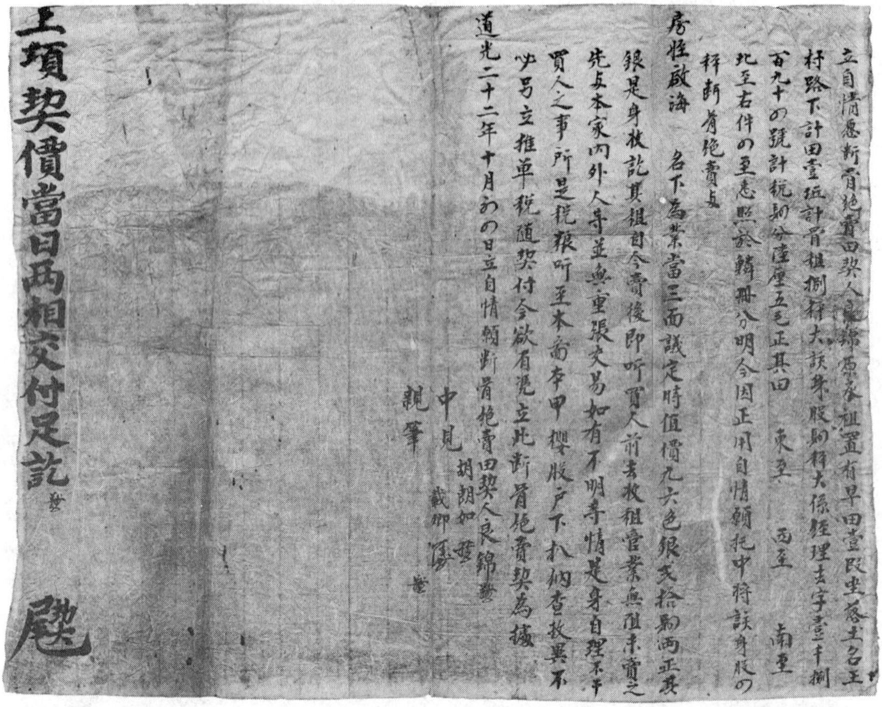

段莘乡裔村 A 33 · 道光二十二年 · 断骨绝卖田契 · 良锦卖与房侄启海

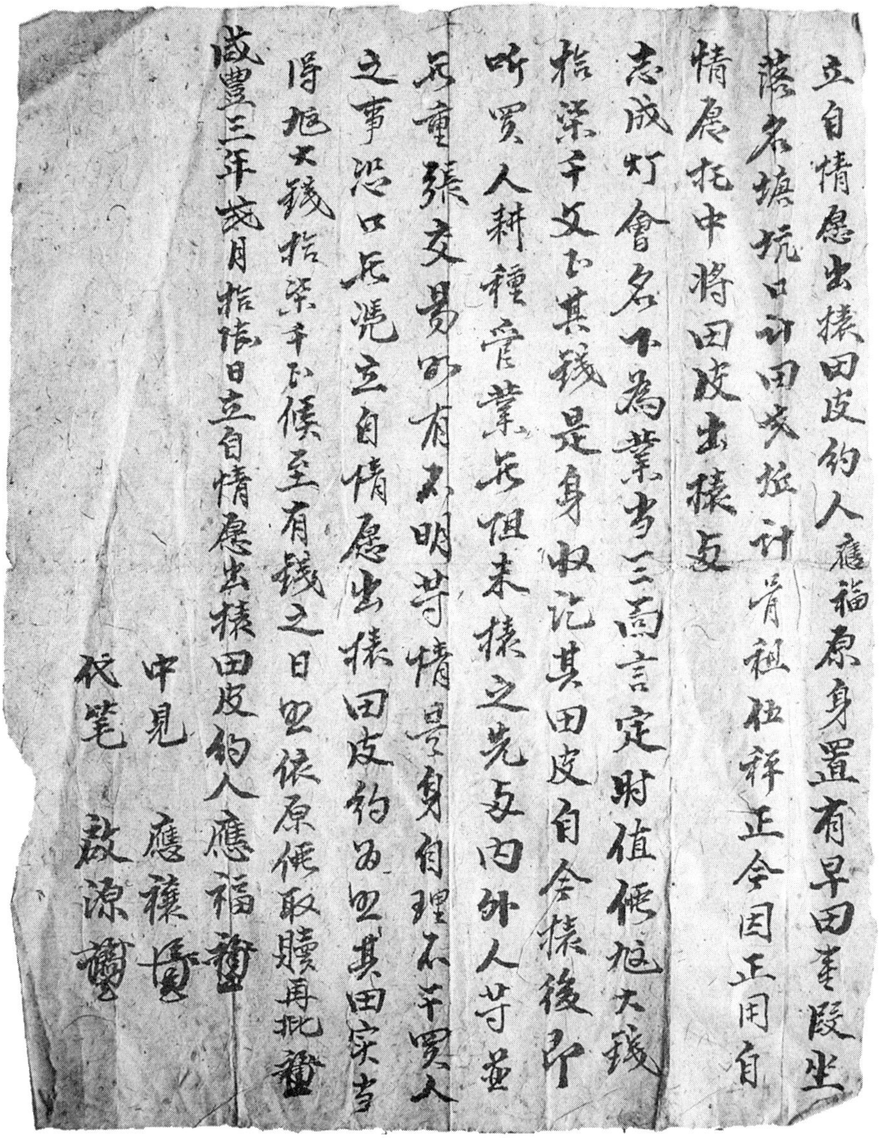

立自情愿出㨨田皮约人應福原身置有早田壹段坐
落名塘坑口计田式丘计骨租伍秤正今因正用自
情愿托中将田皮出㨨与
志成灯會名下為業当三面言定財值價九大錢
拾柒千文正其錢是身收讫其田皮自今㨨後即
听買人耕種管業无阻未㨨之先与内外人等並
无重張交易所有不明等情是身自理不干買人
之事恐口无凭立自情愿出㨨田皮约为照其田实当
得九大錢拾柒千正候至有錢之日照依原價取贖再批押
咸豐三年拾月拾伍日立自情愿出㨨田皮约人應福押
中見 應禳押
代笔 啟源押

段莘乡裔村 A 19 · 咸丰三年 · 出㨨（俵）田皮约 · 应福㨨（俵）与志成灯会

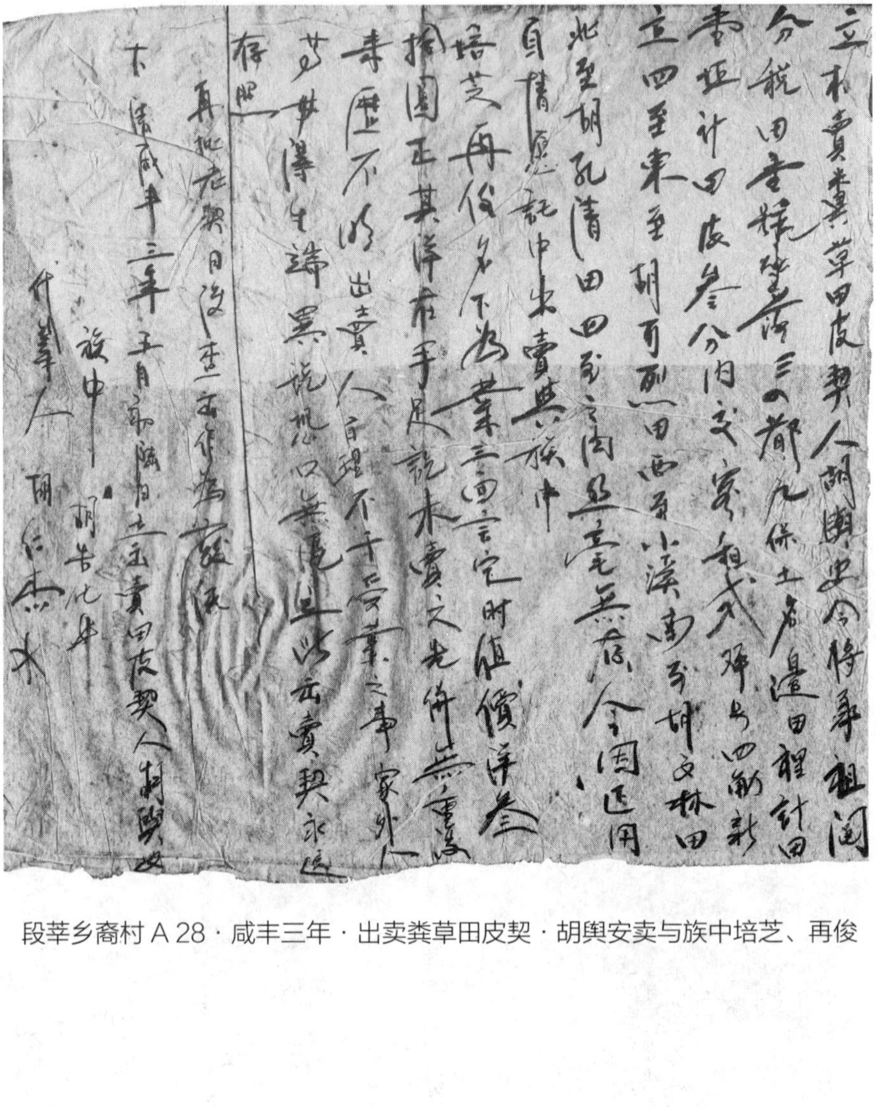

段莘乡裔村 A 28 · 咸丰三年 · 出卖粪草田皮契 · 胡與安卖与族中培芝、再俊

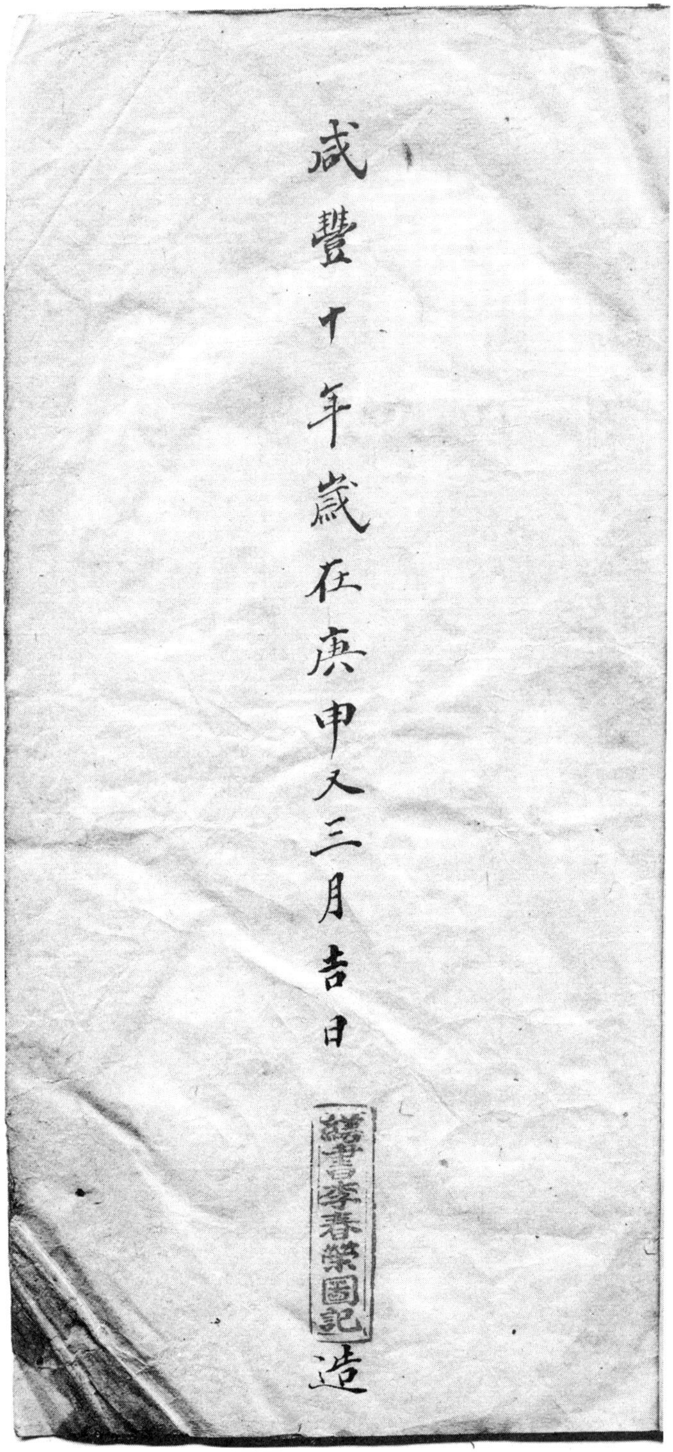

咸豐十年歲在庚申又三月吉日

繕書李春榮圖記

造

段莘乡裔村 A 34-1 · 咸丰十年 · 税粮实征册 · 王正嘉户启坤股

六甲王正嘉户啟坤股實徵

成丁

田

地

段莘乡裔村 A 34-2 · 咸丰十年 · 税粮实征册 · 王正嘉户启坤股

田

去字一千八百七十七號。王村段高塝底　田壹畝肆分玖厘陸毛

二千七百四十三號。舊住塢　田玖分玖厘弍毛

一千五百號　大坑　田捌分捌厘壹毛

仝號　仝处　田捌分捌厘壹毛

一千四百五十七號　梘頭　田伍分壹厘叁毛

段莘乡裔村 A 34-3 · 咸丰十年 · 税粮实征册 · 王正嘉户启坤股

去字一千九百六十七號 ○ 王村塘下 田贰畝壹分伍厘肆毛

乙千五百○三號 ○ 大坑口 田柒分玖厘正

可字一百六十號 ○ 桃木源 田伍分肆厘捌毛

去字一千四百三十九號 考坑 田肆分肆厘

一千七百十七號 ○ 湖窟 田柒厘玖毛伍系

段莘乡裔村 A 34-4 · 咸丰十年 · 税粮实征册 · 王正嘉户启坤股

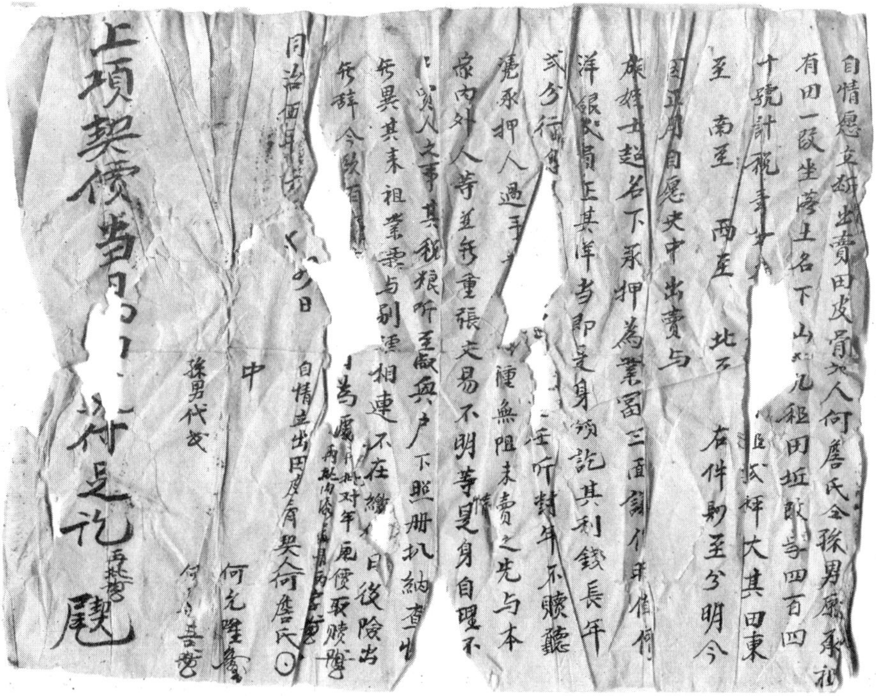
自情愿立断出賣田皮骨契人何詹氏仝孫男康承[illegible]
有田一段坐落土名下山[illegible]租田坵畝字四百四
十號計税[illegible]
至　南至　西至　北至　在件四至分明今
因正用自愿央中出賣与
族姪士超名下承押為業當日三面議作時值價
洋銀[illegible]其洋当即是身領訖其利錢長年
弍分行息[illegible]每年不贖聽
憑承押人過手[illegible]便無阻未賣之先与本
家内外人等並無重張交易不明等是身自理不
[illegible]買人之事其税粮聽至收與户下照册扒納查收
無異其未祖業票与别產相連不在繳付日後檢出
無辞今欲有憑[illegible]為據
同治五年[illegible]月　日　自情立出田皮骨契人何詹氏
中　何允隆
孫男代书　何[illegible]
上項契價当日[illegible]收付是讫

段莘乡裔村 A 4 · 同治五年 · 断骨出卖田皮骨契 · 何詹氏同孙男卖与族侄士超

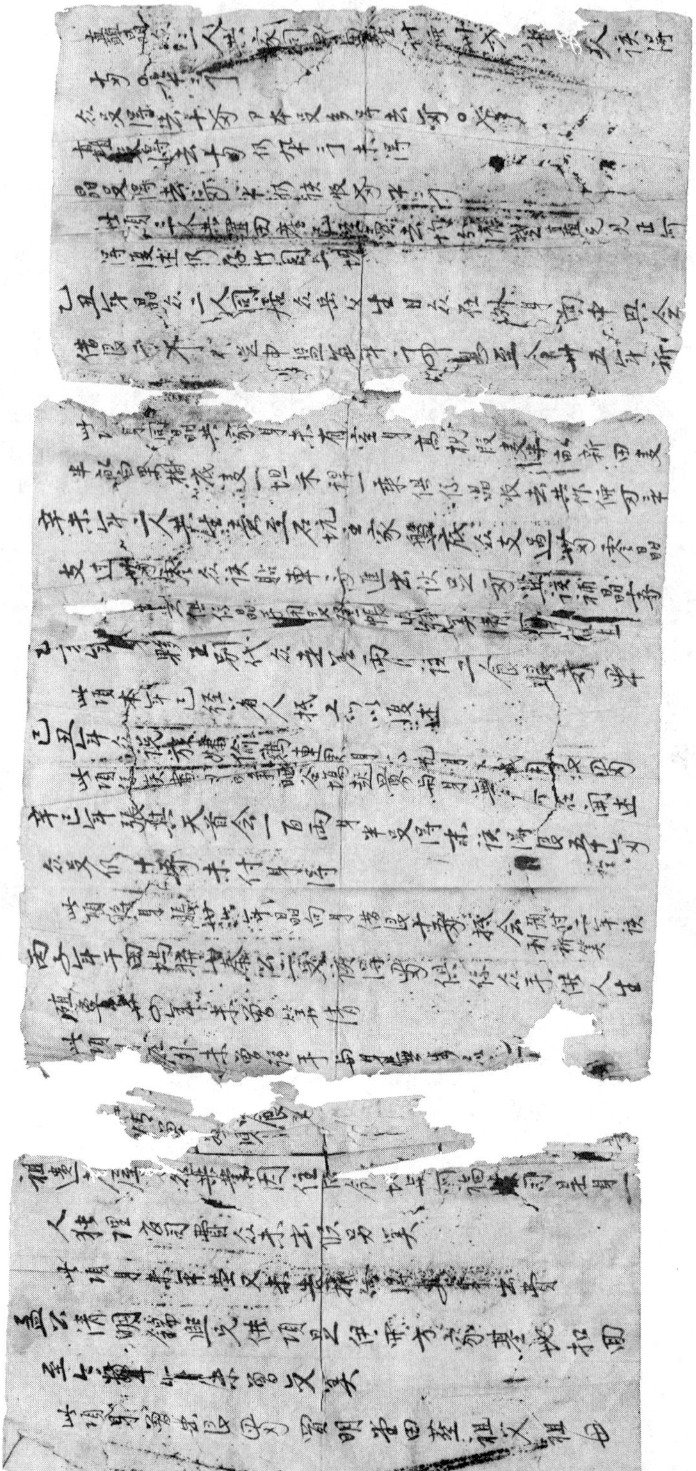

段莘乡裔村 A 32 · 收支清单

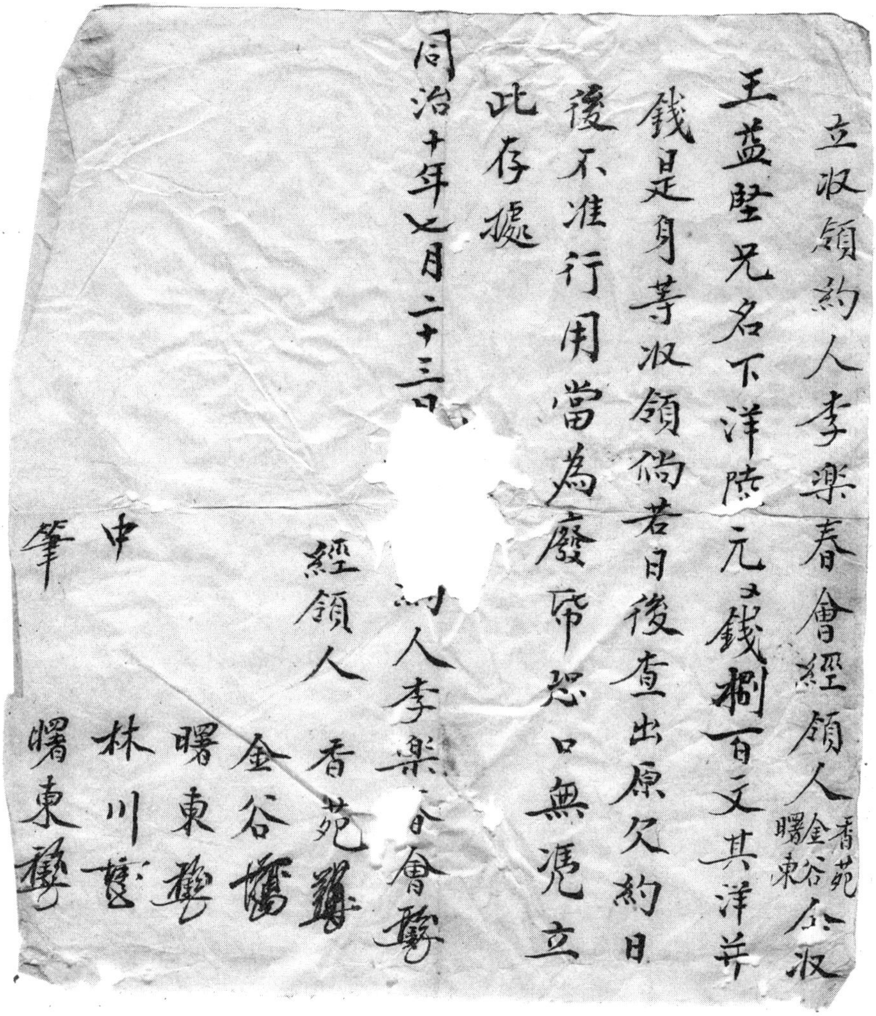
立收領約人李樂春會經領人香苑金谷曙東仝收
王益堅兄名下洋陸元又錢捌百文其洋并
錢是身等收領倘若日後查出原欠約日
後不准行用當為廢帋恐口無凭立
此存據
同治十年七月二十三日立收領約人李樂春會
經領人　香苑
金谷
曙東
中　林川
筆　曙東

段莘乡裔村 A 11 · 同治十年 · 收领约 · 李乐春等收王益坚

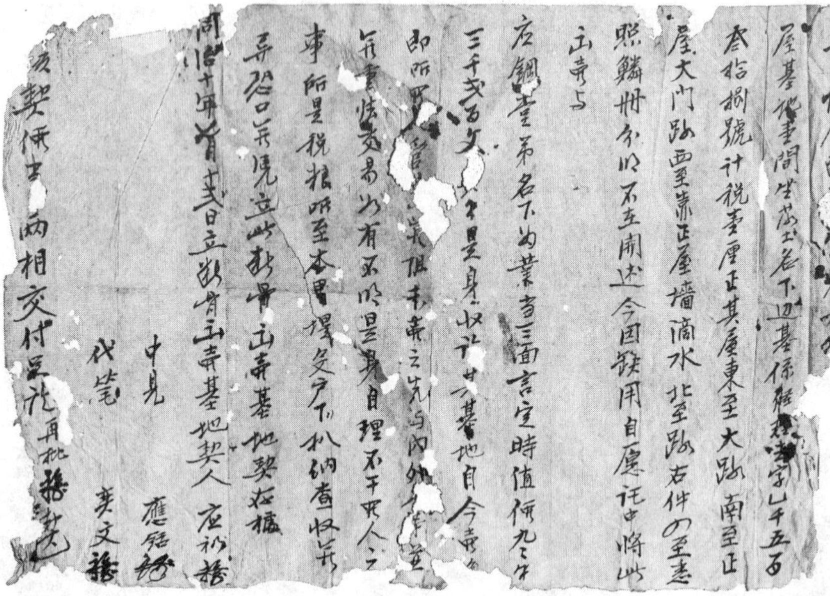

立斷骨出賣屋基人應□
屋基坐落土名下边基係經理□字山千五百
叁拾捌號計稅壹厘正其屋東至大路南至正
屋大門路西至崇正屋墻滴水北至路右件四至悉
照鱗冊分明不在開述今因缺用自愿托中將此
出賣与
應鋼名下為業當三面言定時值價九七錢
三千弍百文其錢是身收訖其基地自今賣
即聽買人管業無阻未賣之先与内外人等並
無重張交易如有不明是身自理不干買人之
事所是稅粮聽至本圖操及户下扒納查收無
異恐口無憑立此斷骨出賣基地契存據
同治十年□月弍日立斷骨出賣基地契人　應初（押）
中見　應銛（押）
代筆　奕文（押）
本契價中兩相交付足訖　再批（押）

段莘乡裔村 A 22 · 同治十年 · 断骨出卖基地契 · 应礽卖与应钢

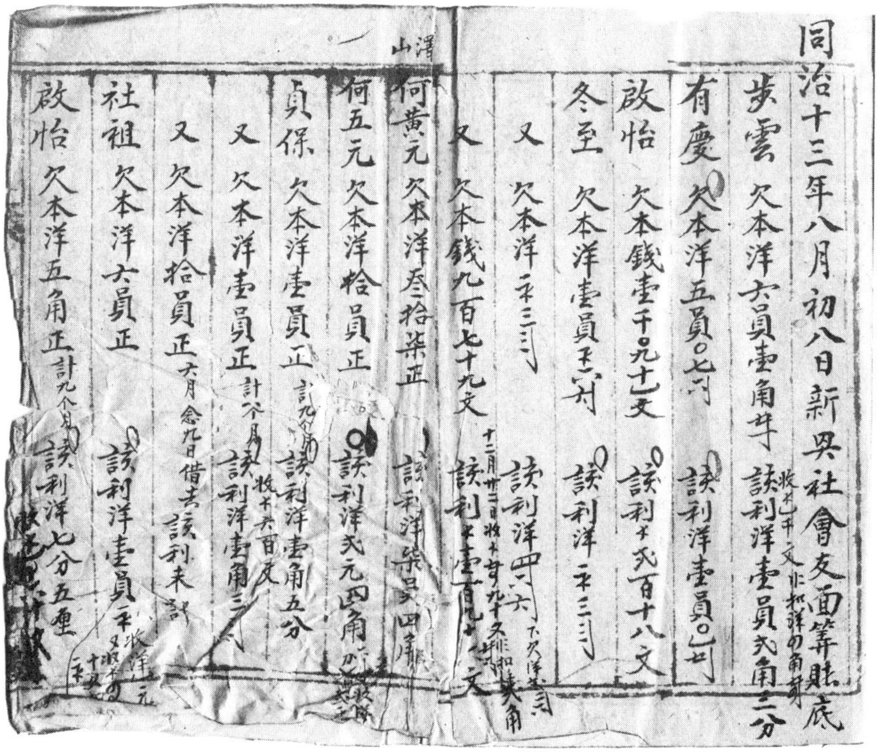

同治十三年八月初八日新興社會友面算賬底

步雲 欠本洋六員壹角[illegible] 該利洋壹員弍角三分

有慶 欠本洋五員[illegible] 該利洋壹員[illegible]

啟怡 欠本錢壹千[illegible]文 該利錢弍百十八文

冬至 欠本洋壹員[illegible] 該利洋[illegible]

又 欠本洋[illegible] 該利洋[illegible]

又 欠本錢九百七十九文 該利錢壹百[illegible]文

何黃元 欠本洋叁拾柒正 該利洋柒[illegible]四角

何五元 欠本洋拾員正 該利洋弍元四角

貞保 欠本洋壹員正 該利洋壹角五分

又 欠本洋壹員正 計[illegible]个月 該利洋壹角[illegible]

又 欠本洋拾員正 六月念九日借去 該利未計

社祖 欠本洋六員正 該利洋壹員[illegible]

啟怡 欠本洋五角正 計九个月 該利洋七分五厘

段莘乡裔村 A 36-1 · 同治十三年至光绪十九年 · 流水账 · 新兴社会友面算账底

叁邑啟科當首上下兩社共用錢叁千四百五十三文

十月廿五日 收英雲利錢壹千文

收古坦社祖利洋壹元 又收錢四百の十文 扣洋[illegible]

外支錢柒百六十文 又支錢壹百六十文 筭賬收利酒費賬簿本

收啟怡利錢壹千六十文 扣洋七分[illegible]

以上共用杠社併筭賬錢肆千叁百七十三文

支錢叁千六百六十九文 内付洋一元 扣錢弍千文 [illegible]收利 尚存匣[illegible]廿九 付首家

除支過仍該村首家錢七百四十の文

十二月廿四日 支錢五百九十文 村首

收貞保 啟怡 利錢八百十八文

支錢壹百五十四文 村首記

以上除支过净存匣錢六百六十の文

光緒元年六月念弍日

收貞保利洋弍元正

段莘乡裔村 A 36-2 · 同治十三年至光绪十九年 · 流水账 · 新兴社会友面算账底

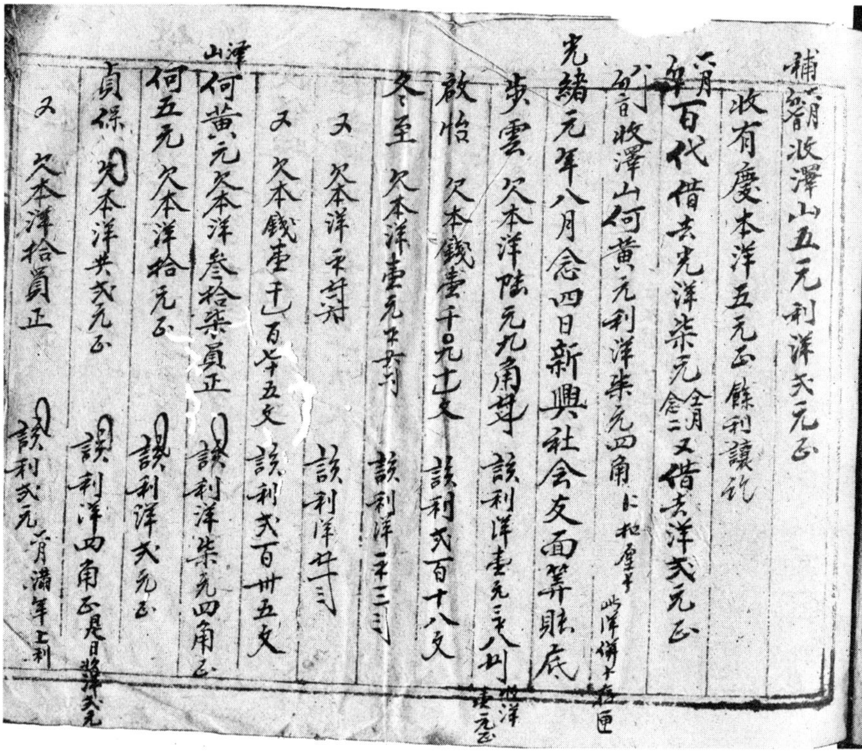

補六月念六日收澤山五元利洋弍元正
收有慶本洋五元正　餘利讓訖
六月念日百代借去光洋柒元　仝月念二又借去洋弍元正
八月初一日收澤山何黃元利洋柒元四角　下扣屋洋　此洋備十六日匯
光緒元年八月念四日新興社会友面算賬底
步雲　欠本洋陸元九角　該利洋壹元三角八分　收洋壹元正
啟怡　欠本錢壹千元十文　該利弍百十八文
冬至　欠本洋壹元　該利洋
又　欠本洋　該利洋
又　欠本錢壹千　百　五文　該利弍百卅五文
澤山何黃元　欠本洋叁拾柒員正　該利洋柒元四角正
何五元　欠本洋拾元正　該利洋弍元正
貞祿　欠本洋共弍元正　該利洋四角正　是日將洋弍元
又　欠本洋拾員正　該利弍元　六月滿年上利

段莘乡裔村 A 36-3 · 同治十三年至光绪十九年 · 流水账 · 新兴社会友面算账底

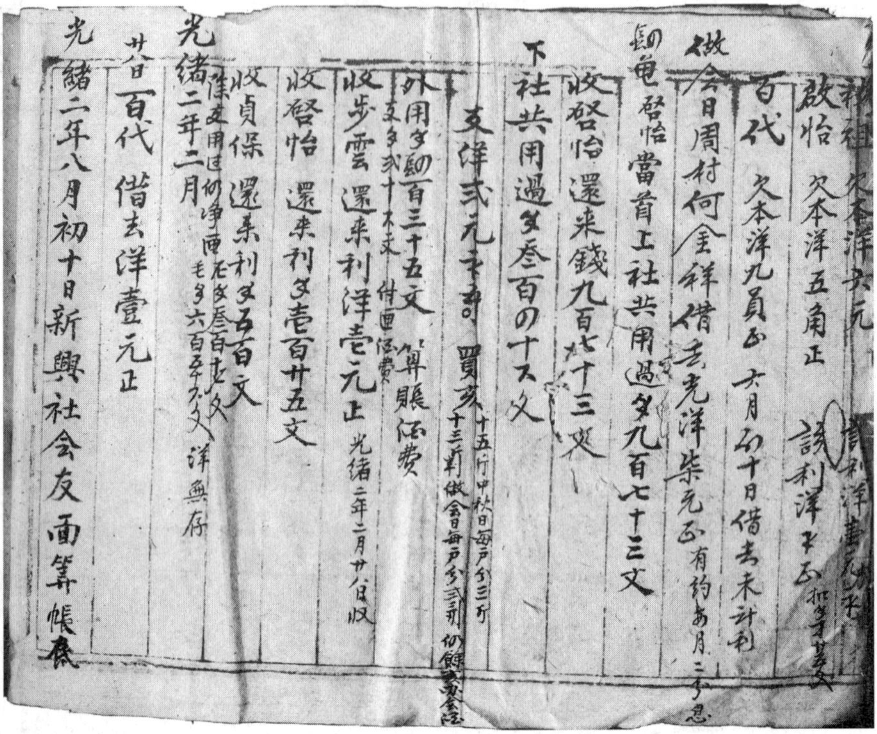
啟怡 欠本洋五角正 該利洋半正
百代 欠本洋九員正 六月初十日借去未計利
做会日周村何金祥借去光洋柒元正 有約[illegible]
[illegible]啓怡當首工社共用過錢九百七十二文
收啓怡還来錢九百七十三文
下社共用過錢叁百[illegible]十[illegible]文
支洋弍元半[illegible] 買[illegible] 十五行中秋日每戶分三斤
外用錢[illegible]百三十五文 算賬[illegible]費
收步雲還来利洋壹元正 光緒二年二月廿六日收
收啓怡還来利錢壹百廿五文
收貞保還来利錢五百文
光緒二年二月
廿[illegible] 百代 借去洋壹元正
光緒二年八月初十日新興社会友面算帳底

段莘乡裔村 A 36-4 · 同治十三年至光绪十九年 · 流水账 · 新兴社会友面算账底

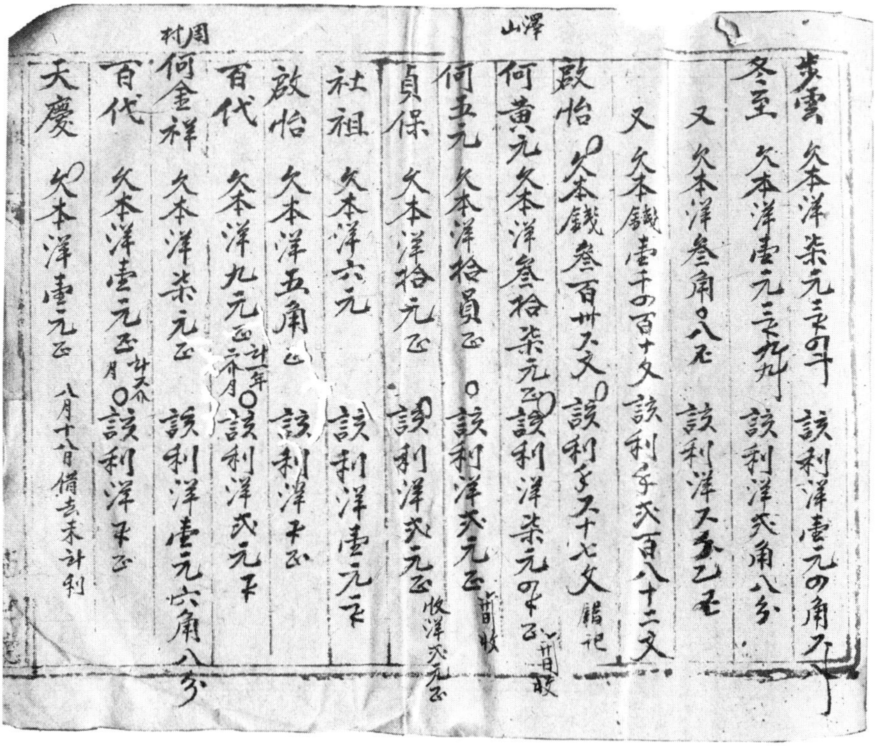

段莘乡裔村 A 36-5 · 同治十三年至光绪十九年 · 流水账 · 新兴社会友面算账底

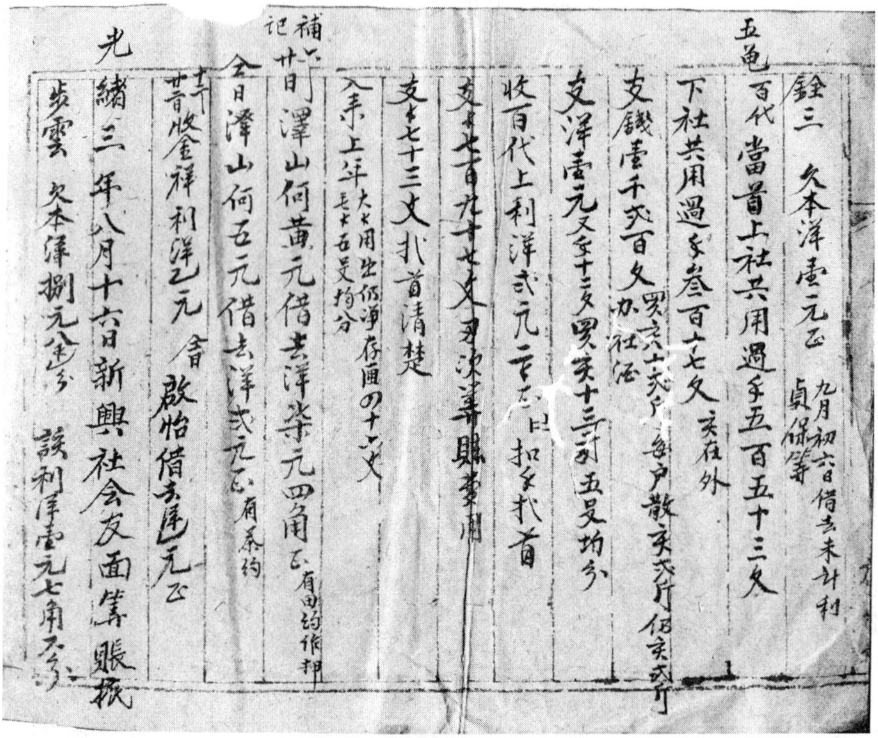

銓三　欠本洋壹元正　九月初六日借去未計利　貞保等

五邑百代當首上社共用過錢五百五十三文

下社共用過錢叁百十七文　亦在外

支錢壹千弍百文　办社伙　買亥六十弍斤　每户散亥弍斤　仍亥弍斤

支洋壹元又錢十二文　買芙十三斤　五戶均分

收百代上利洋弍元一角正　扣錢扎首

支錢七百九十七文　另次算賬費用

支錢七十三文　扎首清楚

入來上年大錢用出仍淨存面四十六文

補廿日　澤山何黄元借去洋柒元四角正　有田約作押

記全日　澤山何五元借去洋弍元正　有契約

十二廿日　收金祥利洋乙元　合　啟怡借去洋乙元正

光緒三年八月十六日新興社会友面算賬底

步雲　欠本洋捌元八角正　該利洋壹元七角五分

段莘乡裔村 A 36-6 · 同治十三年至光绪十九年 · 流水账 · 新兴社会友面算账底

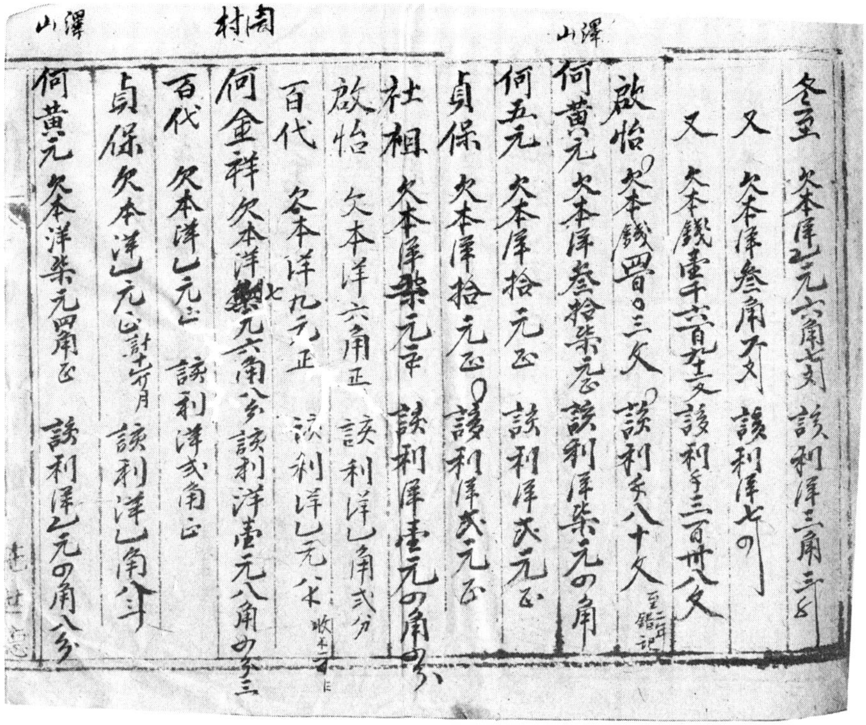

山澤　村裔　山澤

冬豆　欠本洋〡元六角七文　該利洋三角三分
又　欠本洋叁角不文　該利洋七の
又　欠本錢壹千六百廿五文　該利錢三百廿八文
啟怡　欠本錢四百〇三文　該利錢八十文
何黄元　欠本洋叁拾柒元正　該利洋柒元の角
何五元　欠本洋拾元正　該利洋貳元正
貞保　欠本洋拾元正　該利洋貳元正
社相　欠本洋柒元正　該利洋壹元の角
啟怡　欠本洋六角正　該利洋〡角貳分
百代　欠本洋九元正　該利洋〡元八
何金祥　欠本洋九元六角八分　該利洋壹元八角
百代　欠本洋〡元正　該利洋貳角正
貞保　欠本洋〡元正　該利洋〡角八分
何黄元　欠本洋柒元四角正　該利洋〡元の角八分

段莘乡裔村 A 36-7 · 同治十三年至光绪十九年 · 流水账 · 新兴社会友面算账底

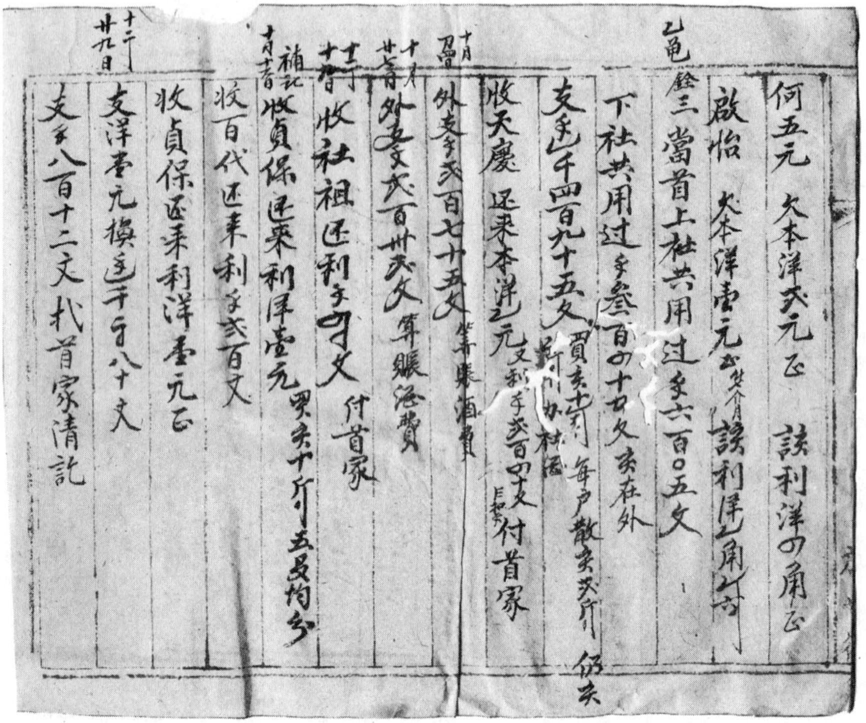

何五元 欠本洋弍元正 該利洋四角正
啟怡 欠本洋壹元 該利洋
乙亥 銓三 當首上社共用过钱六百〇五文
下社共用过钱叁百四十四文 除在外
支钱一千四百九十五文 買米十斤 每户散米弍斤 仍米
收天慶 还来本洋一元 又利钱弍百四十文 付首家
十月 外支钱弍百七十五文 算賬酒費
十一月廿三日 外支钱弍百卅弍文 算賬洛費
十二月十四日 收社祖还利钱四百文 付首家
補記 十二月 收貞保还来利洋壹元 买米十斤 五户均分
收百代还来利钱弍百文
收貞保还来利洋壹元正
十二月廿九日 支洋壹元換钱一千一百八十文
支钱八百十二文 找首家清訖

段莘乡裔村 A 36-8 · 同治十三年至光绪十九年 · 流水账 · 新兴社会友面算账底

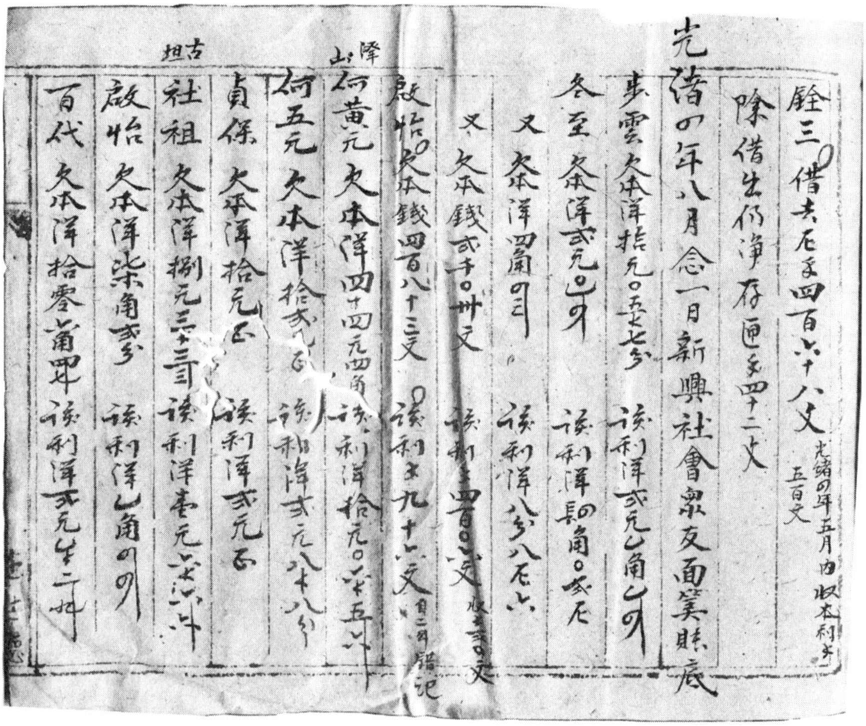

段莘乡裔村 A 36-9 · 同治十三年至光绪十九年 · 流水账 · 新兴社会友面算账底

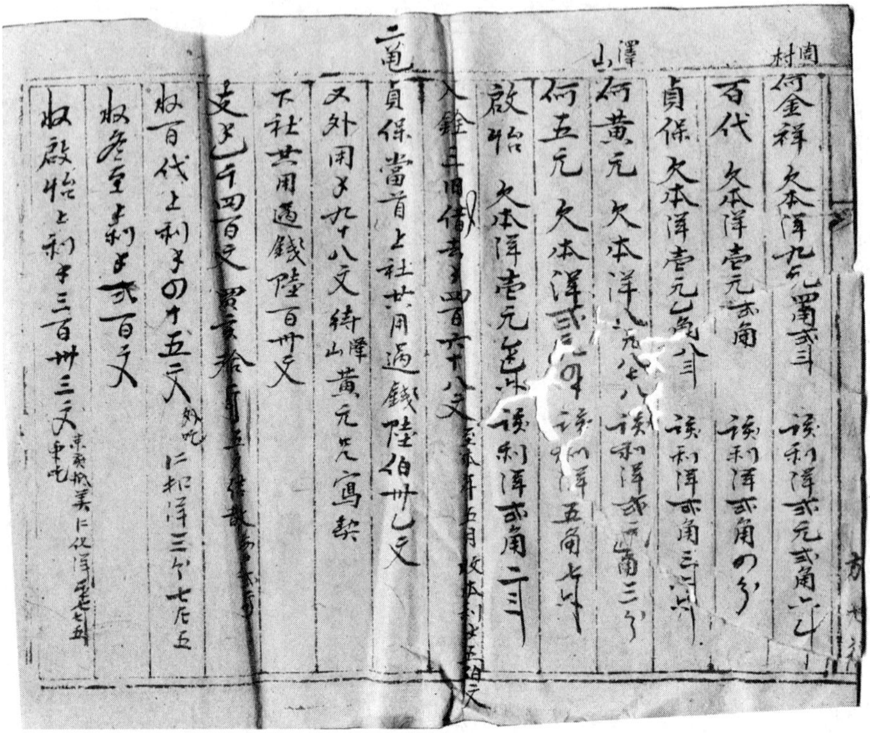

段莘乡裔村 A 36-10 · 同治十三年至光绪十九年 · 流水账 · 新兴社会友面算账底

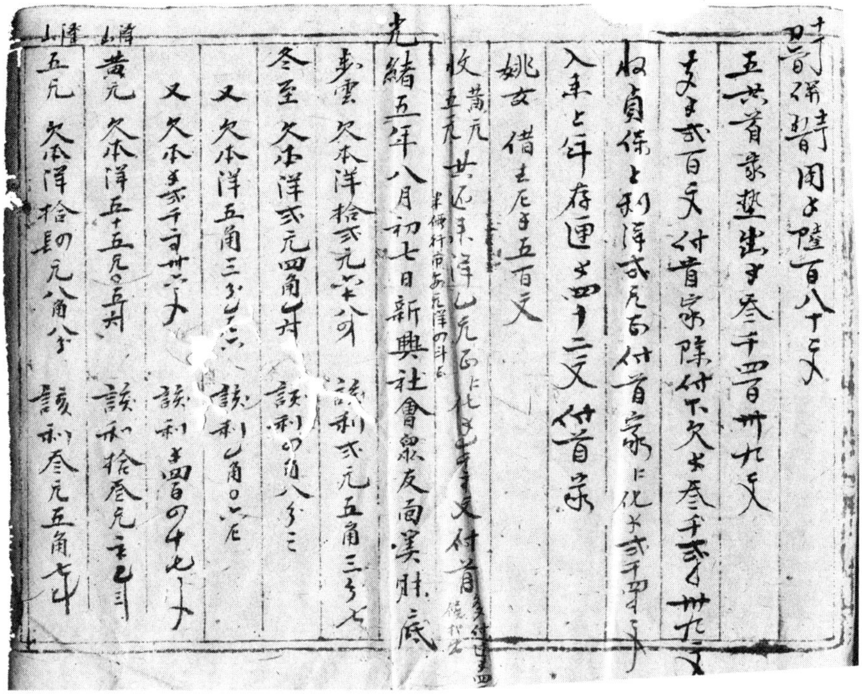

段莘乡裔村 A 36-11 · 同治十三年至光绪十九年 · 流水账 · 新兴社会友面算账底

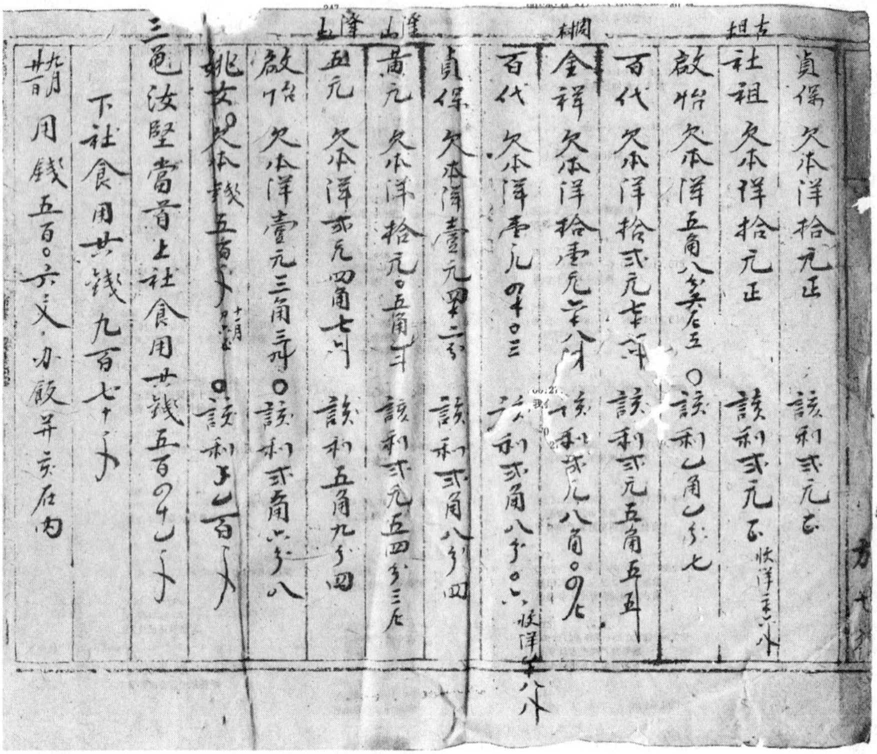

段莘乡裔村 A 36-12 · 同治十三年至光绪十九年 · 流水账 · 新兴社会友面算账底

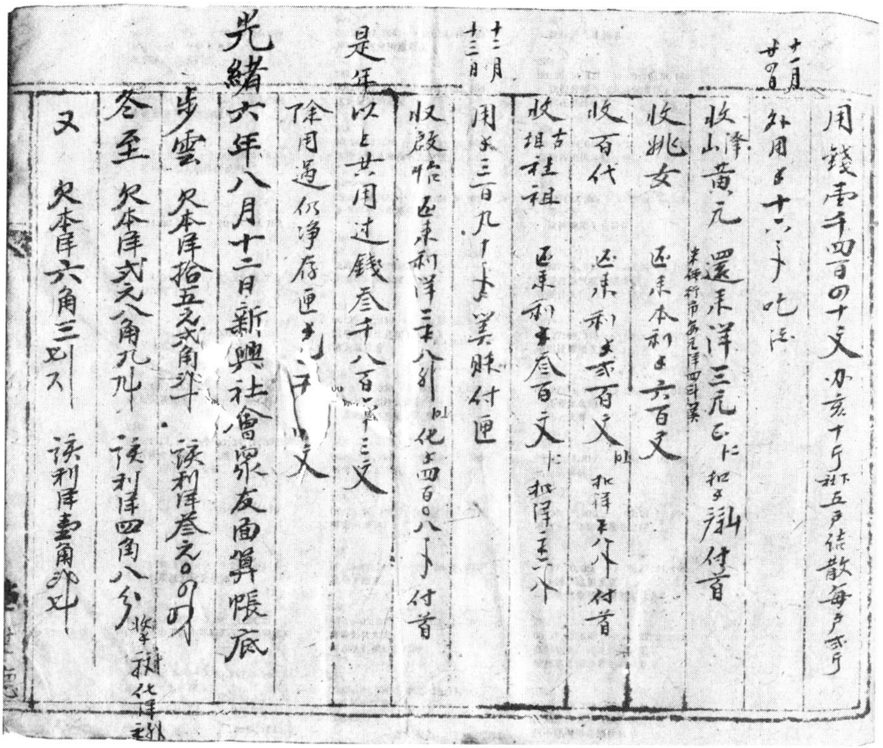
十二月廿四日 用钱壹千四百〇十文

外用钱十六千 吃

收山净黄九 还来洋三元 付首

收姚女 还来本利钱六百文

收百代 还来利钱贰百文 付首

收古坦社祖 还来利钱叁百文 付首

十二月十三日 用钱三百九十文 账付匣

收啟怡 还来利洋 付首

是年以上共用过钱叁千八百 文

除用过 仍净存匣 文

光绪六年八月十二日新兴社会众友面算帐底

步云 欠本洋拾五元贰角 该利洋叁元

登至 欠本洋贰元八角九 该利洋四角八分

又 欠本洋六角三 该利洋壹角

段莘乡裔村 A 36-13 · 同治十三年至光绪十九年 · 流水账 · 新兴社会友面算账底

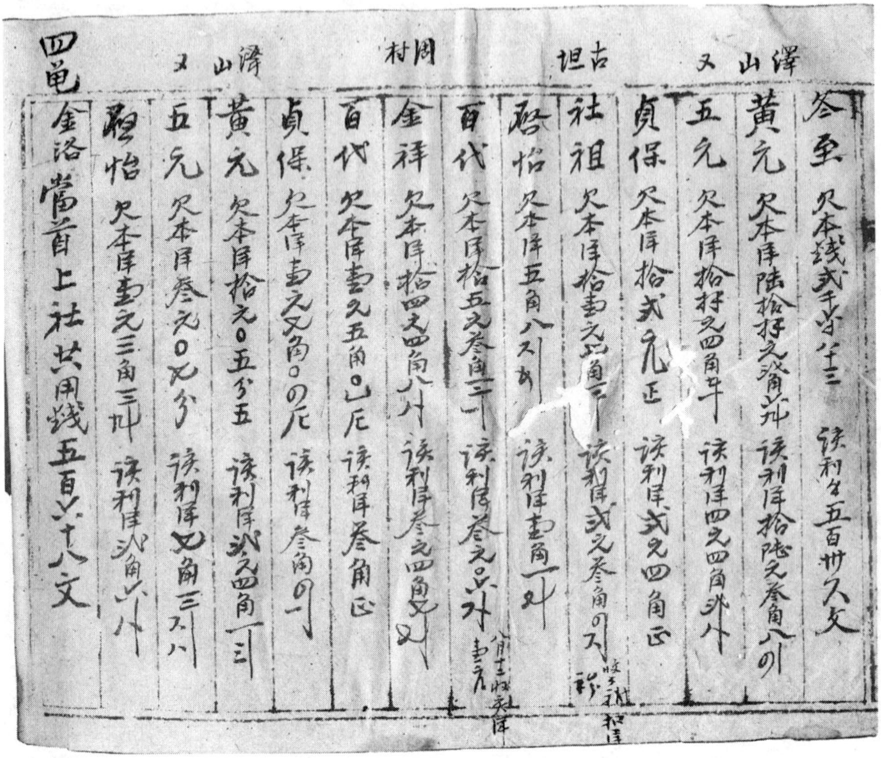

澤山 又　古垣　周村　澤山 又　四邑

登至 欠本钱贰千[illegible] 该利[illegible]五百卌[illegible]文

黄元 欠本洋陆拾捌元[illegible] 该利洋拾陆元叁角八[illegible]

五元 欠本洋拾捌元四角[illegible] 该利洋四元四角[illegible]

貞保 欠本洋拾贰元[illegible] 该利洋贰元四角[illegible]

社祖 欠本洋拾壹元[illegible]角[illegible] 该利洋贰元叁角[illegible]

啓怡 欠本洋五角八[illegible] 该利洋壹角一[illegible]

百代 欠本洋拾五元叁角[illegible] 该利洋叁元[illegible]

金祥 欠本洋拾四元四角八[illegible] 该利洋叁元四角[illegible]

百代 欠本洋壹元五角[illegible] 该利洋叁角[illegible]

貞保 欠本洋壹元[illegible]角[illegible] 该利洋叁角[illegible]

黄元 欠本洋拾元[illegible]五分五 该利洋贰元四角一[illegible]

五元 欠本洋叁元[illegible]分 该利洋[illegible]角三[illegible]

啓怡 欠本洋壹元三角三[illegible] 该利洋[illegible]角[illegible]

金洛 當首上社共用钱五百[illegible]十八文

段莘乡裔村 A 36-14 · 同治十三年至光绪十九年 · 流水账 · 新兴社会友面算账底

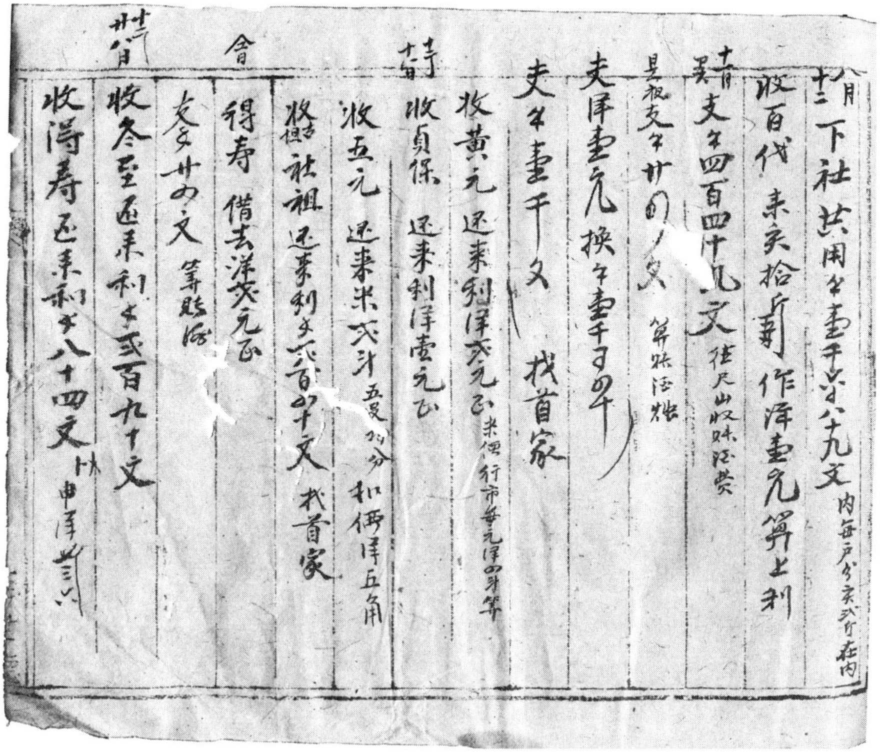

段莘乡裔村 A 36-15 · 同治十三年至光绪十九年 · 流水账 · 新兴社会友面算账底

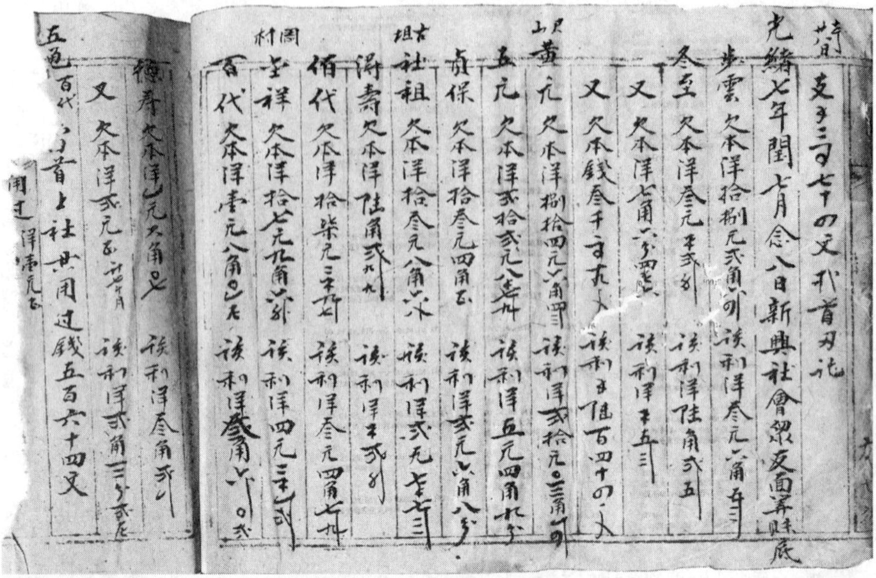

段莘乡裔村 A 36-16 · 同治十三年至光绪十九年 · 流水账 · 新兴社会友面算账底

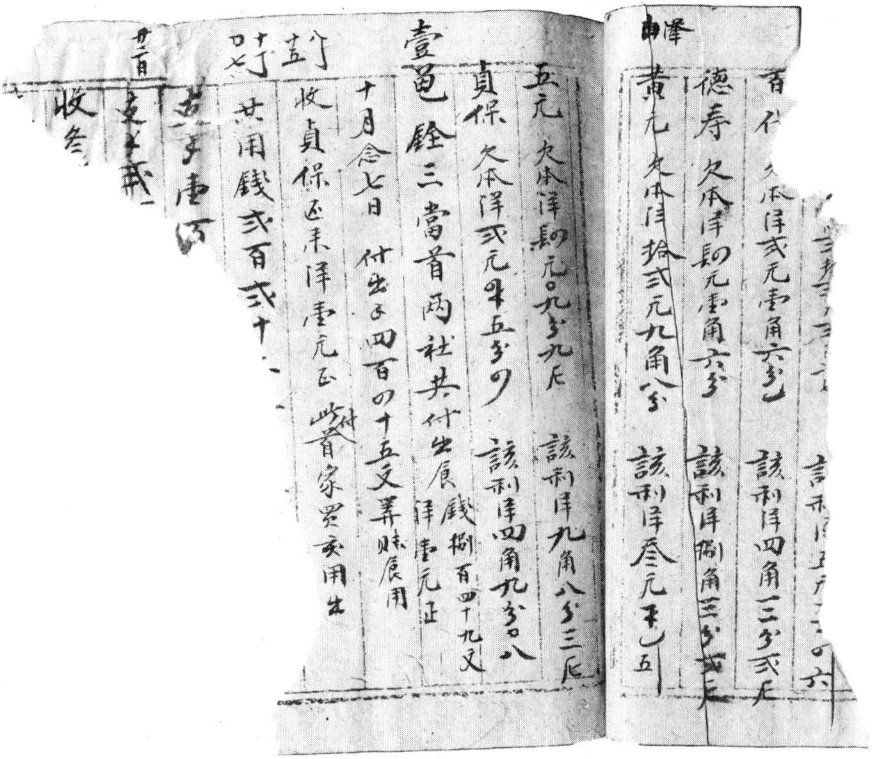

段莘乡裔村 A 36-17 · 同治十三年至光绪十九年 · 流水账 · 新兴社会友面算账底

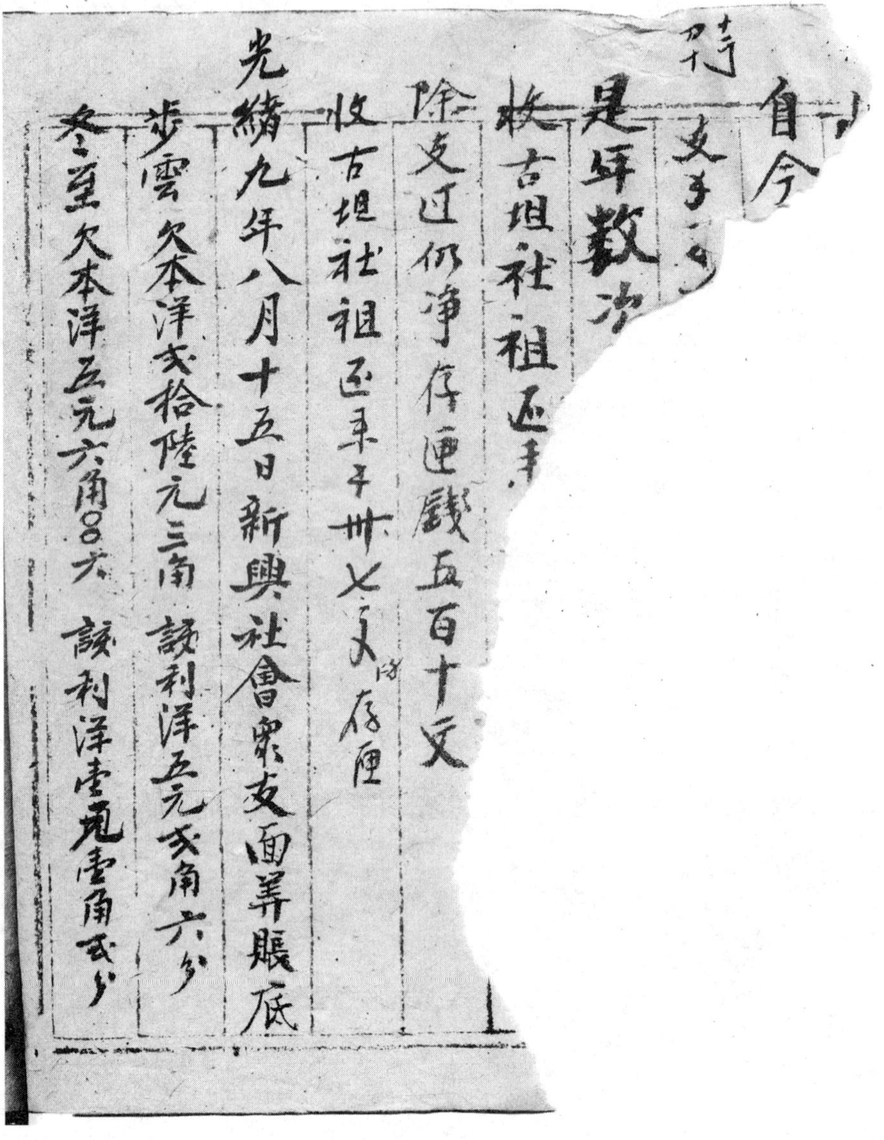
自今
支手……
是年數次……
收古垣社祖丞来……
除支过仍淨存錢五百十文
收古垣社祖丞来千卅七文 除存厘
光緒九年八月十五日新興社會衆友面算賬底
步雲欠本洋弍拾陸元三角 該利洋五元弍角六分
冬至欠本洋五元六角〇六 該利洋壹元壹角弍分

段莘乡裔村 A 36-18 · 同治十三年至光绪十九年 · 流水账 · 新兴社会友面算账底

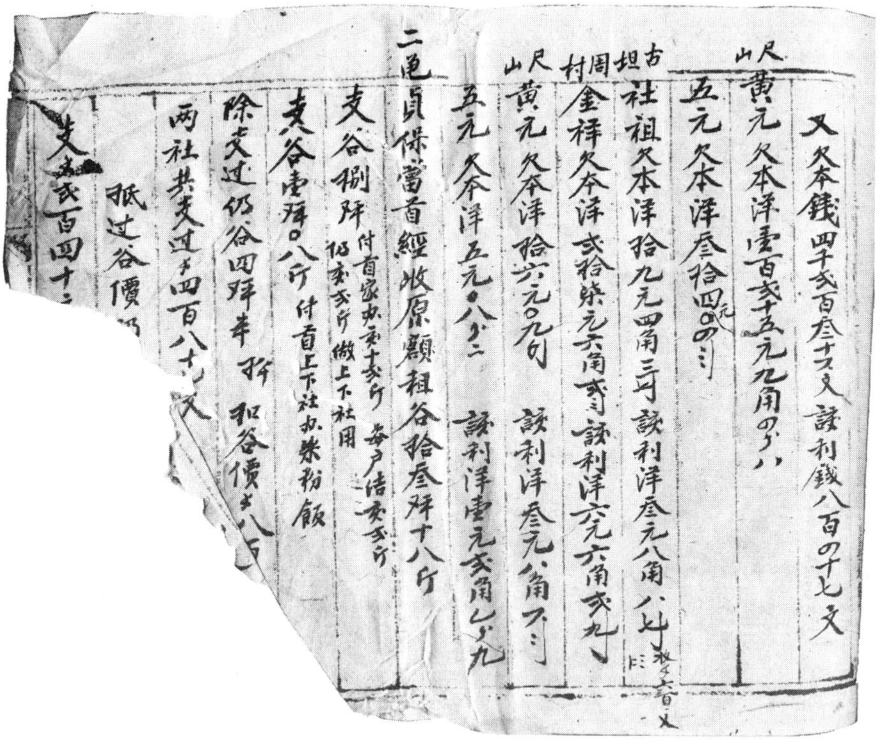
又欠本錢四千弍百叁十〤文 該利錢八百〇十七文
尺山 黃元欠本洋壹百弍十五元九角〇分八
五元欠本洋叁拾四元〇〇三
古坦 社祖欠本洋拾九元四角三分 該利洋叁元八角八分
周村 金祥欠本洋弍拾柒元六角弍分 該利洋六元六角弍九
尺山 黃元欠本洋拾六元〇九分 該利洋叁元八角〤三
五元欠本洋五元〇八分二 該利洋壹元弍角〇分九
二邑員保當首經收原額租谷拾叁拜十八斤
支谷捌拜 付首家办[illegible]斤 仍交弍斤繳上下社用 每户結交弍斤
支谷壹拜〇八斤 付首上下社办账粉飯
除支过仍谷四拜半 [illegible] 和谷價[illegible]
兩社共支过[illegible]四百八十九文
抵过谷價[illegible]
支[illegible]弍百四十[illegible]

段莘乡裔村 A 36-19 · 同治十三年至光绪十九年 · 流水账 · 新兴社会友面算账底

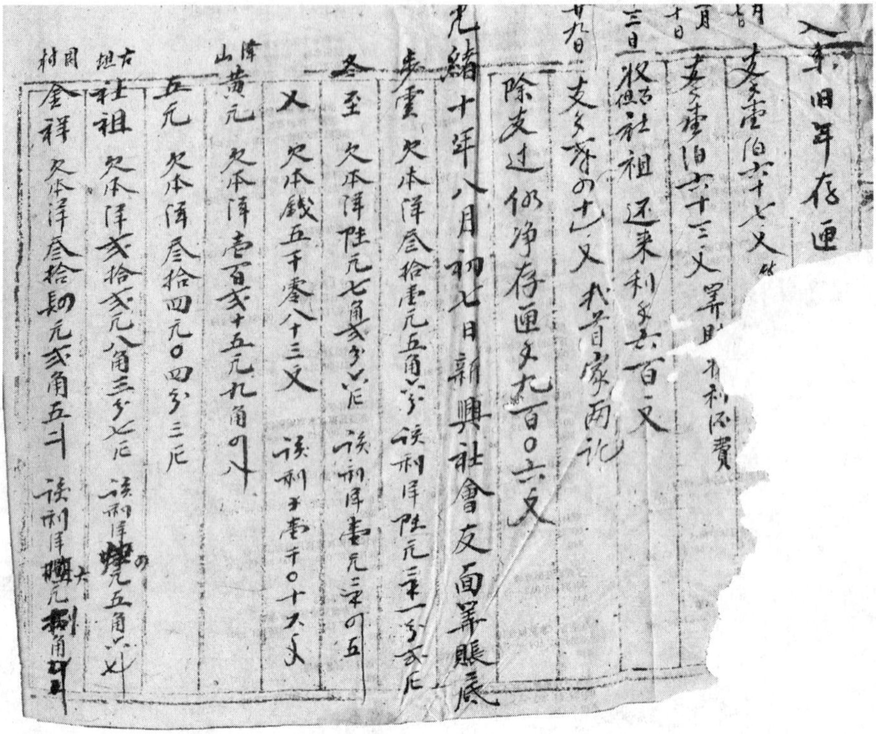

光緒十年八月初七日新興社會友面算賬底

除支过仍净存通文九百〇六文

步雲 欠本洋叁拾壹元五角六分 该利洋陆元三角一分二厘

冬至 欠本洋陆元七角二分六厘 该利洋壹元三角〇五

又 欠本錢五千零八十三文 该利錢壹千〇十六文

漳山 黄元 欠本洋壹百二十五元九角〇八

五元 欠本洋叁拾四元〇四分三厘

古坦 社祖 欠本洋二拾二元八角三分七厘

同村 金祥 欠本洋叁拾肆元二角五斗

段莘乡裔村 A 36-20 · 同治十三年至光绪十九年 · 流水账 · 新兴社会友面算账底

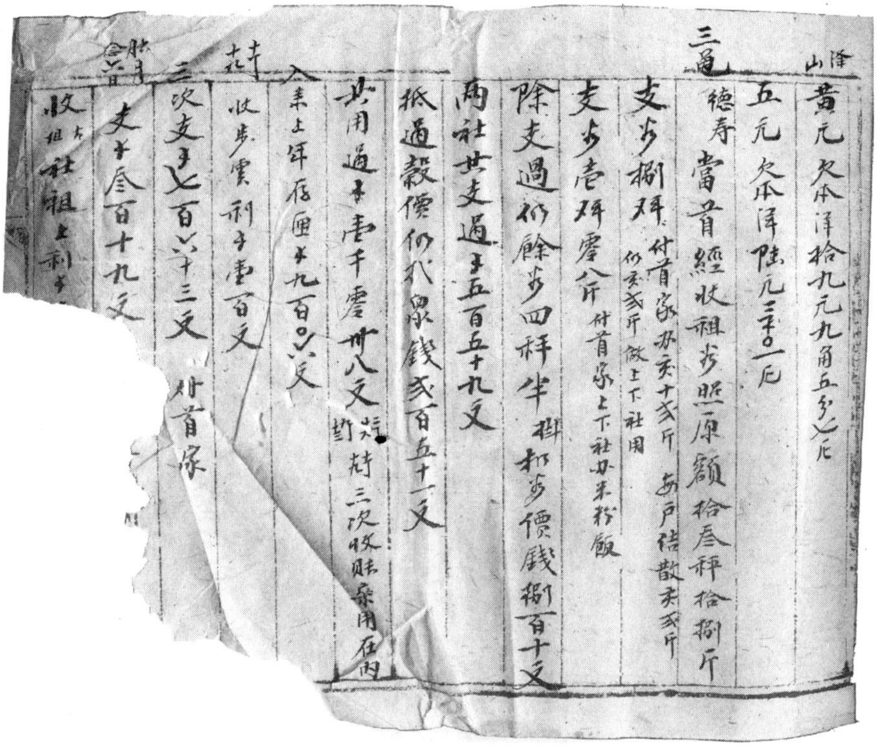
浄山 三官

黄元 欠本洋拾九元九角五分七厘

五元 欠本洋陆元三角〇一厘

德寿 當首經收租谷照原額拾叁秤拾捌斤

支谷捌秤 付首家办酒十式斤 每户結散酒式斤 付酒式斤做上下社用

支谷壹秤零八斤 付首家上下社办米粉飯

除支過外餘谷四秤半 捌 折谷價錢捌百十文

兩社共支過錢五百五十九文

抵過穀價外代衆錢式百五十一文

共用過錢壹千零卅八文 … 三次收賬奈用在內

來上年存匣錢九百〇六文

收步雲利錢壹百文

三次支錢七百六十三文 付首家

支錢叁百十九文

收 … 社租上利錢 …

段莘乡裔村 A 36-21 · 同治十三年至光绪十九年 · 流水账 · 新兴社会友面算账底

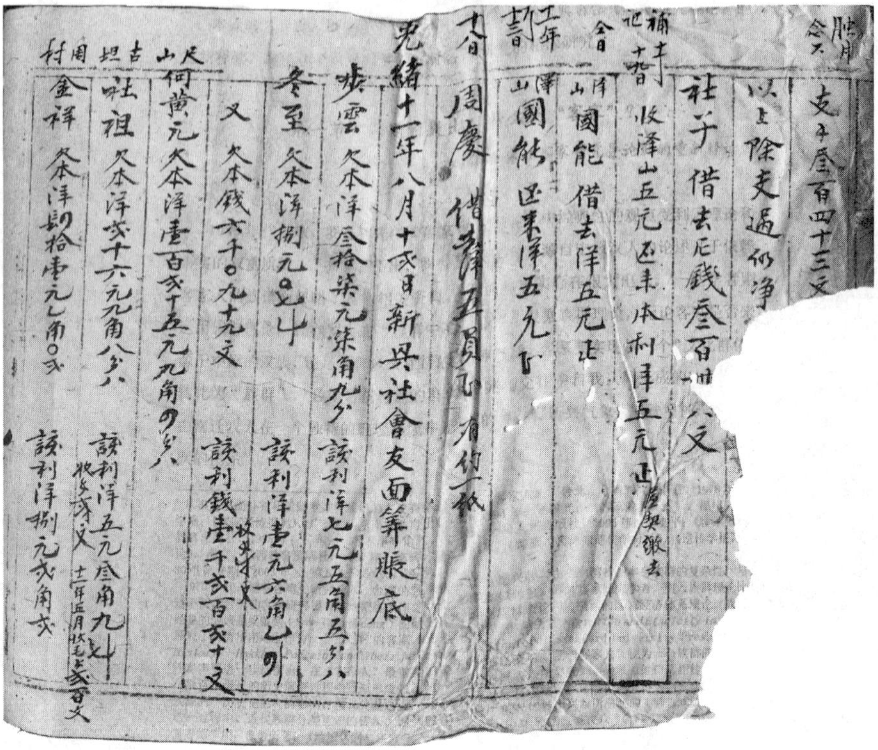

腊月念六 支子叁百四十三文
以上除支過仍淨
社子 借去足錢叁百卌八文
補記 十二年 收澤山五元正 又 利洋五元正 唐良徽去
合 洋山 國能 借去洋五元正
十一年十二月 澤山 國能 還來洋五元正
十一月 周慶 借洋五圓正 有約一紙
光緒十一年八月十弍日新興社會友面算賬底
步雲 欠本洋叁拾柒元柒角九分 該利洋七元五角五分八
冬至 欠本洋捌元正 該利洋壹元六角四分
又 欠本錢六千〇九十九文 該利錢壹千弍百弍十文 林洪收
足山 何黃元 欠本洋壹百弍十五元九角四分八
吉坦 社祖 欠本洋弍十六元九角八分八 該利洋五元叁角九分 收英洋 十二年五月收弍百文
周村 金祥 欠本洋捌拾壹元七角〇弍 該利洋捌元弍角弍

段莘乡裔村 A 36-22 · 同治十三年至光绪十九年 · 流水账 · 新兴社会友面算账底

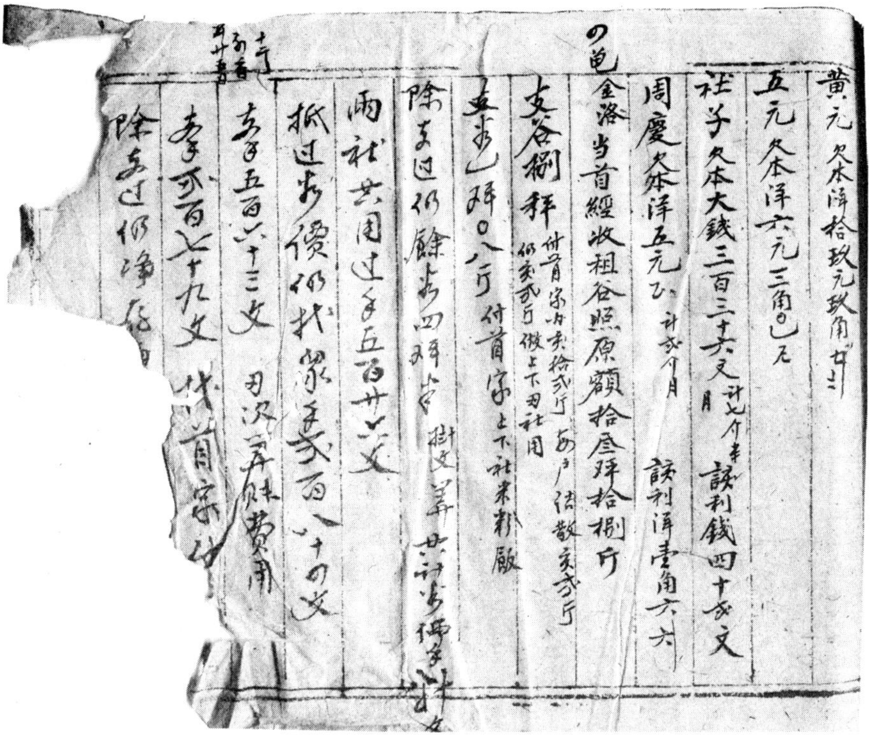

黄元 欠本洋拾玖元玖角廿

五元 欠本洋六元三角〇 石

社子 欠本大錢三百三十六文 计七个半月 該利錢四十弍文

周慶 欠本洋五元 计弍个月 該利洋壹角六

金洛当首經收租谷照原額拾叁拜拾捌斤

支谷捌拜 付首家小麦拾弍斤 每户信散麦弍斤 仍麦弍斤做上下田社用

支米拜〇八斤 付首家上下社米粉厰

除支过仍餘米四拜

兩社共用过钱五百廿文

抵过米價仍找眾钱弍百八十四文

支钱五百六十三文

支钱弍百七十九文 付首家

除支过仍淨存

段莘乡裔村 A 36-23 · 同治十三年至光绪十九年 · 流水账 · 新兴社会友面算账底

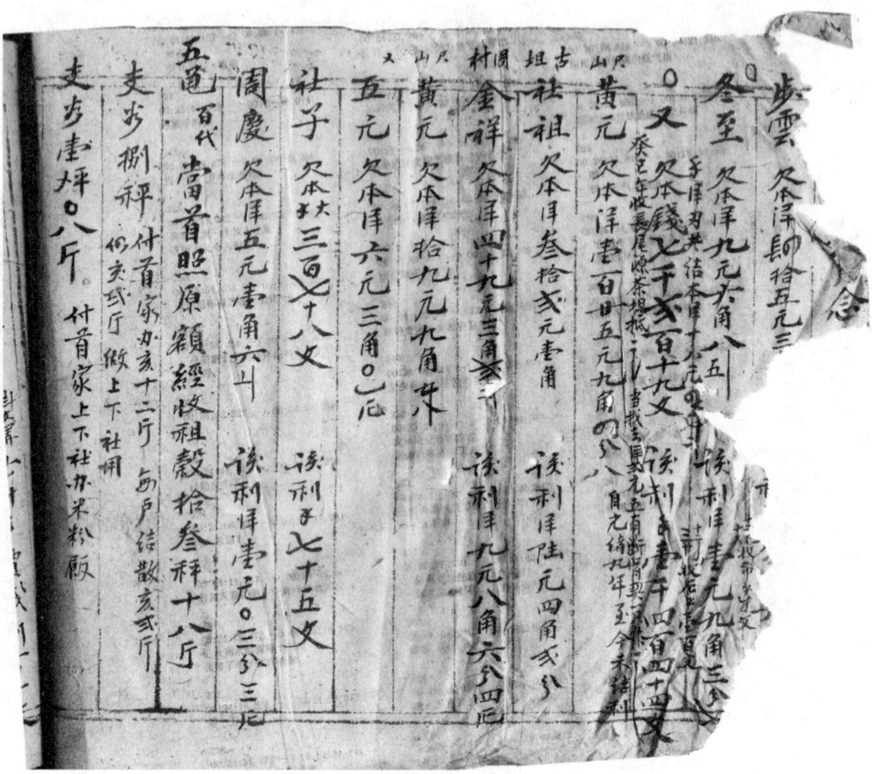

段莘乡裔村 A 36-24 · 同治十三年至光绪十九年 · 流水账 · 新兴社会友面算账底

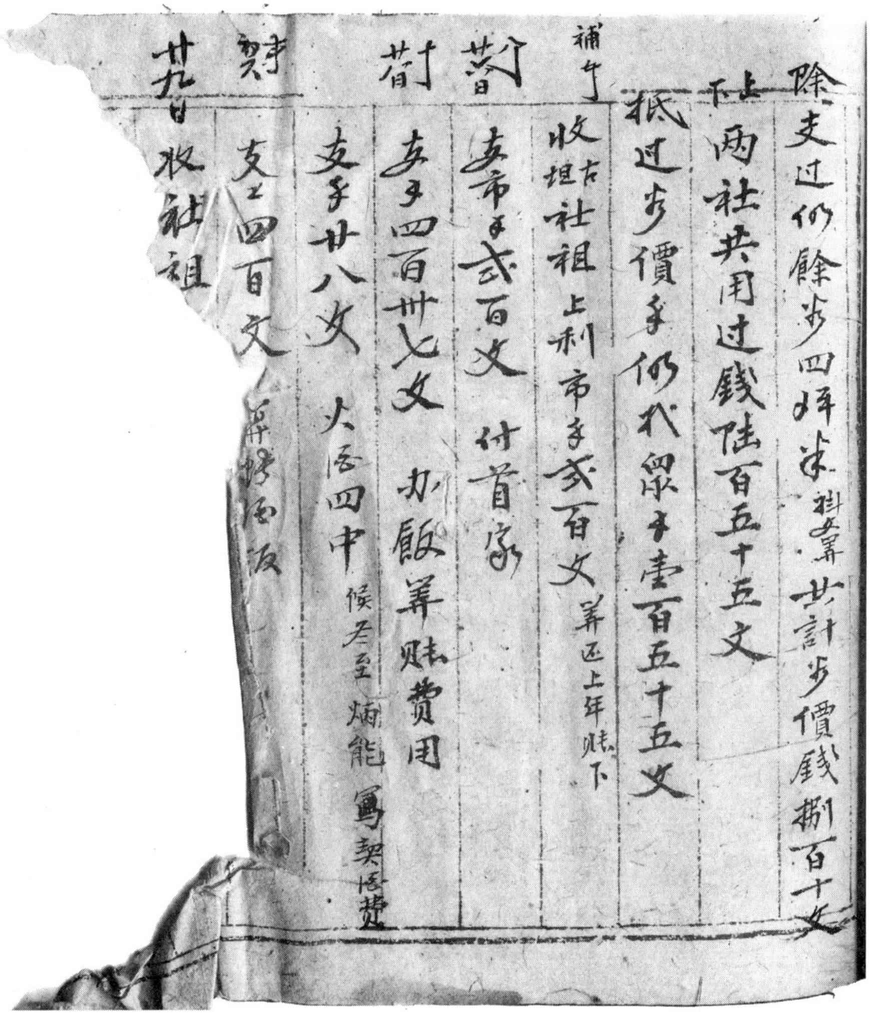

除支过仍餘步四拜洋 共計步價錢捌百十文
上下兩社共用过錢陆百五十五文
抵过步價手仍代衆手壹百五十五文
收古坦社祖上利市手弍百文
支布手弍百文 付首家
支手四百卅七文 办飯算賬費用
支手廿八文
支士四百文
收社祖

段莘乡裔村 A 36-25 · 同治十三年至光绪十九年 · 流水账 · 新兴社会友面算账底

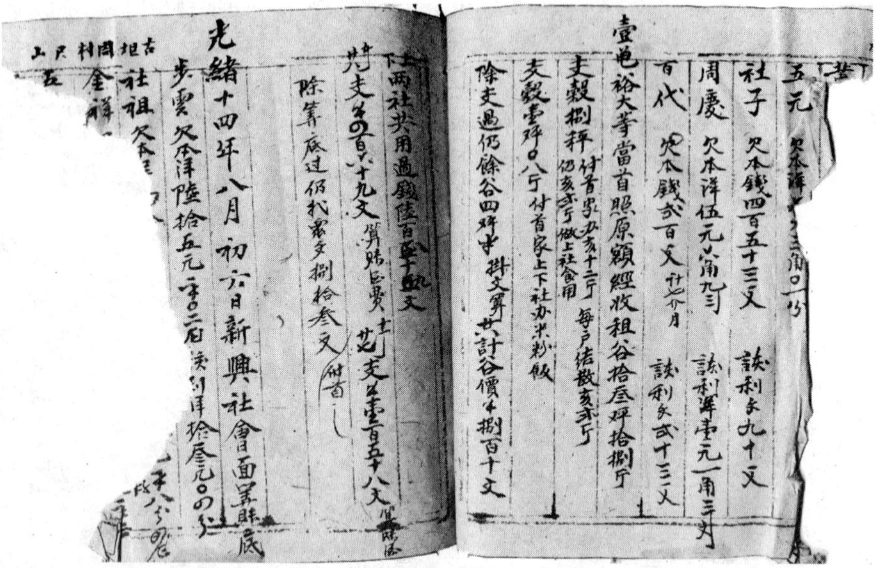

段莘乡裔村 A 36-26 · 同治十三年至光绪十九年 · 流水账 · 新兴社会友面算账底

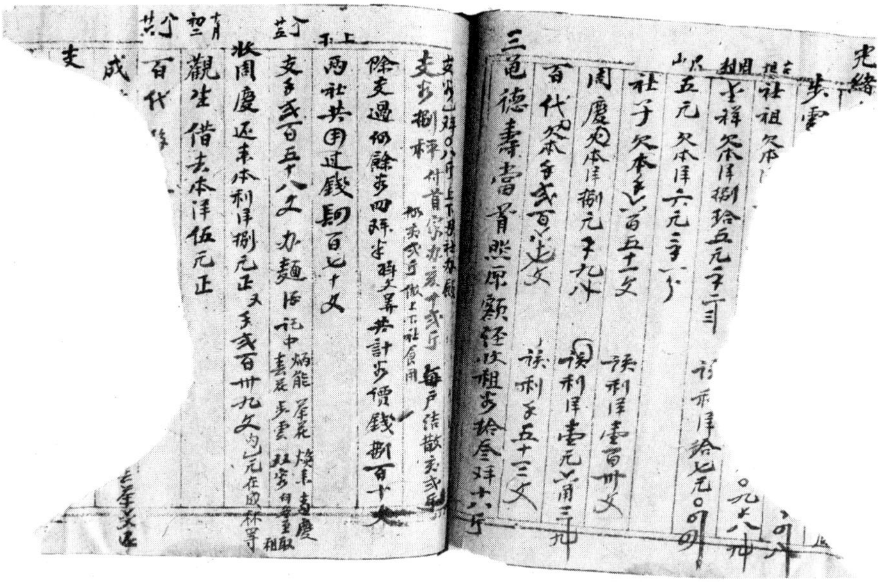

段莘乡裔村 A 36-27 · 同治十三年至光绪十九年 · 流水账 · 新兴社会友面算账底

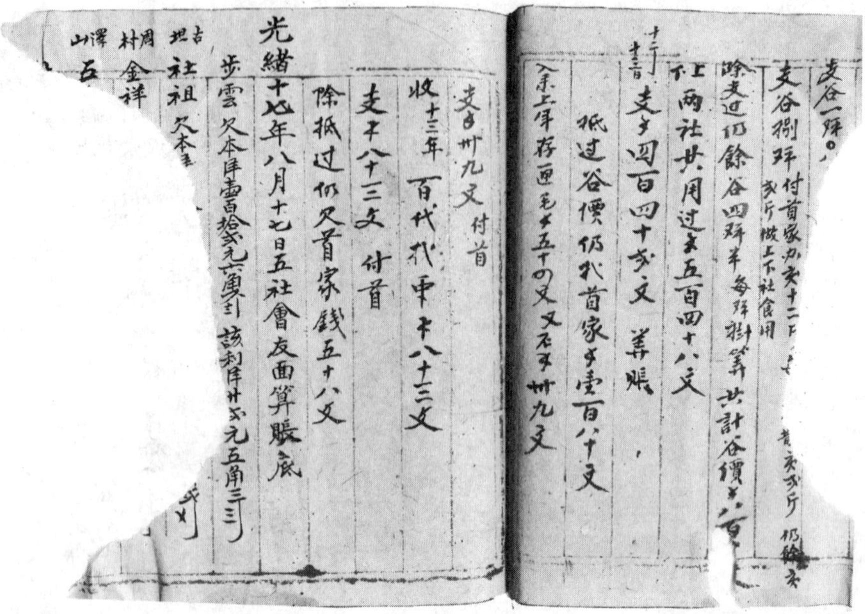

段莘乡裔村 A 36-28 · 同治十三年至光绪十九年 · 流水账 · 新兴社会友面算账底

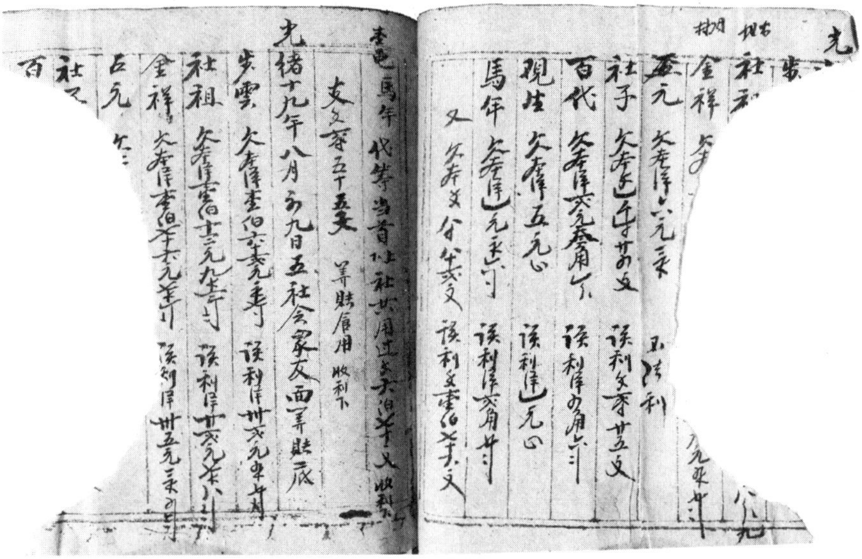

段莘乡裔村 A 36-29 · 同治十三年至光绪十九年 · 流水账 · 新兴社会友面算账底

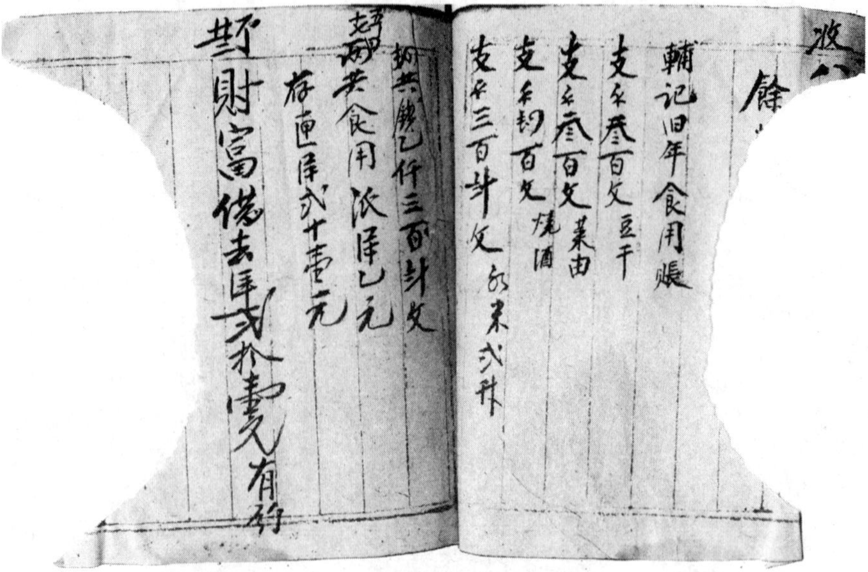

段莘乡裔村 A 36-30 · 同治十三年至光绪十九年 · 流水账 · 新兴社会友面算账底

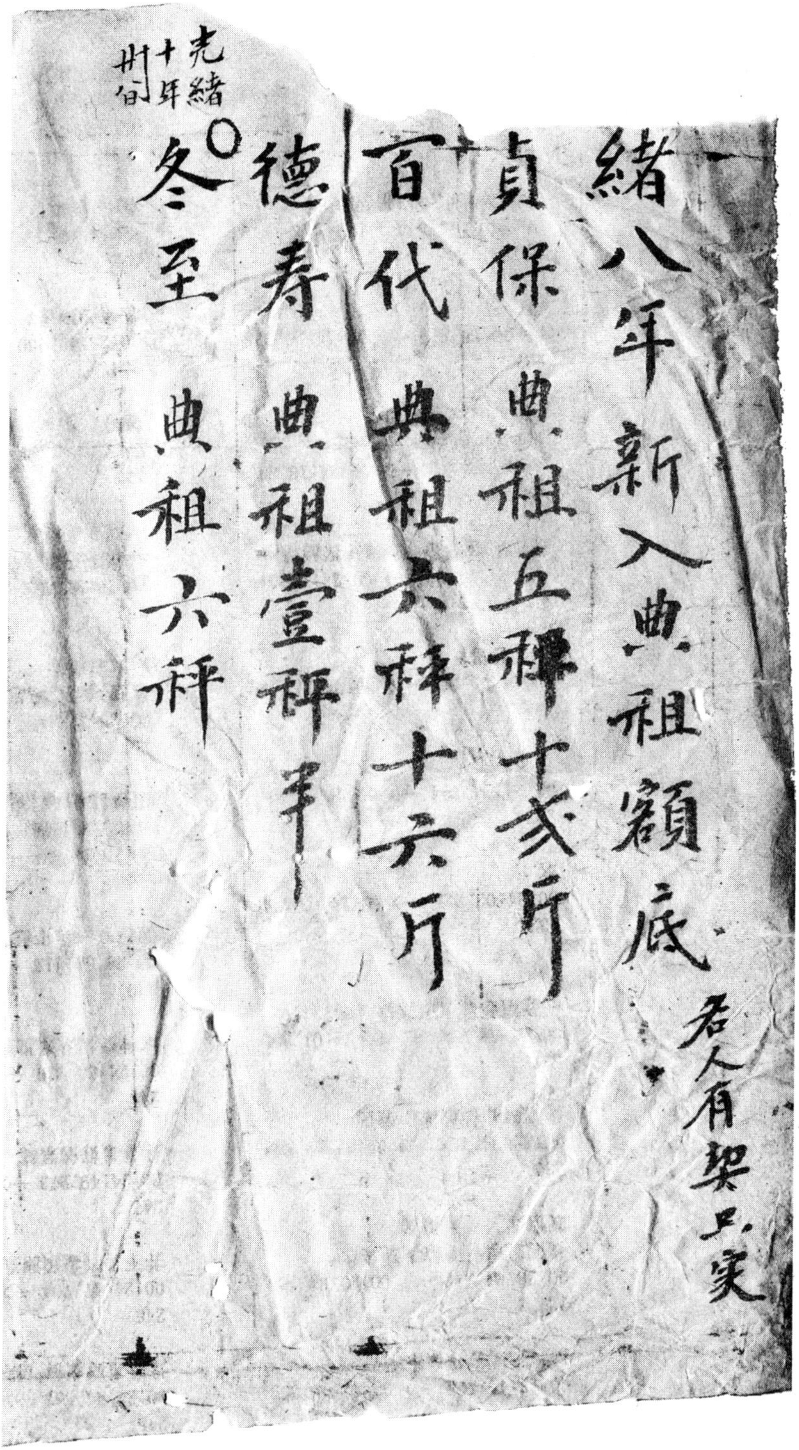

光緒十年卅日

緒八年新入典租額底

貞保典租五秤十弍斤

百代典租六秤十六斤

德壽典租壹秤半

冬至典租六秤

各人有契上實

段莘乡裔村 A 36-31 · 同治十三年至光绪十九年 · 流水账 · 新兴社会友面算账底

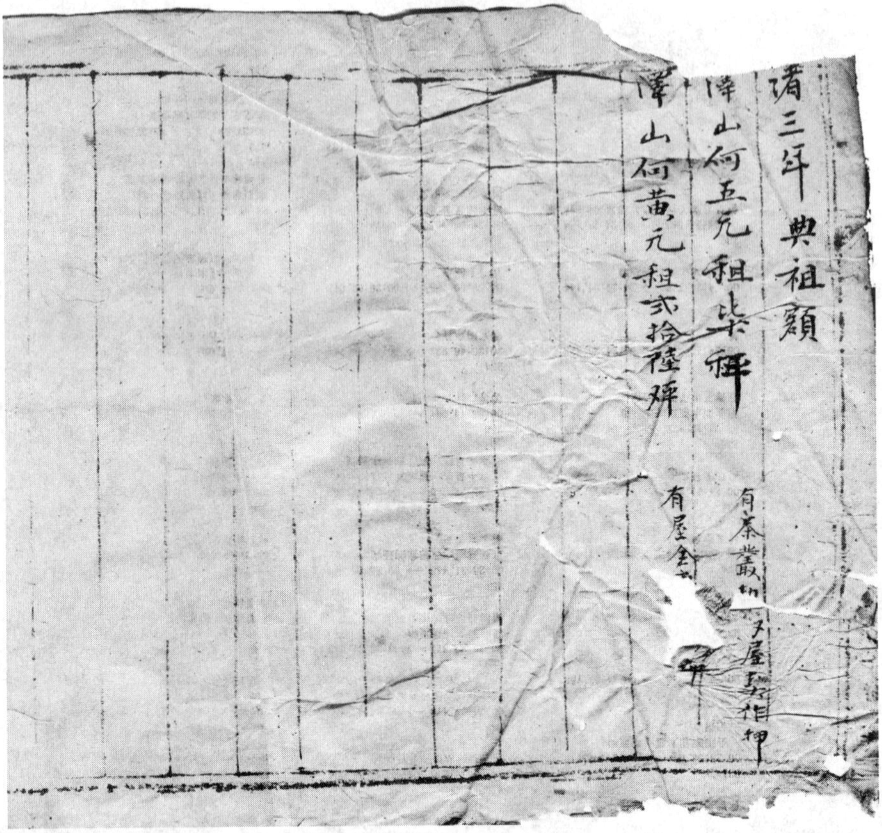
緒三年 典租額
譚山何五元 租柒秤
有茶叢坳 又屋[illegible]作押
譚山何黄元 租式拾陸秤
有屋舍[illegible]秤

段莘乡裔村 A 36-32 · 同治十三年至光绪十九年 · 流水账 · 新兴社会友面算账底

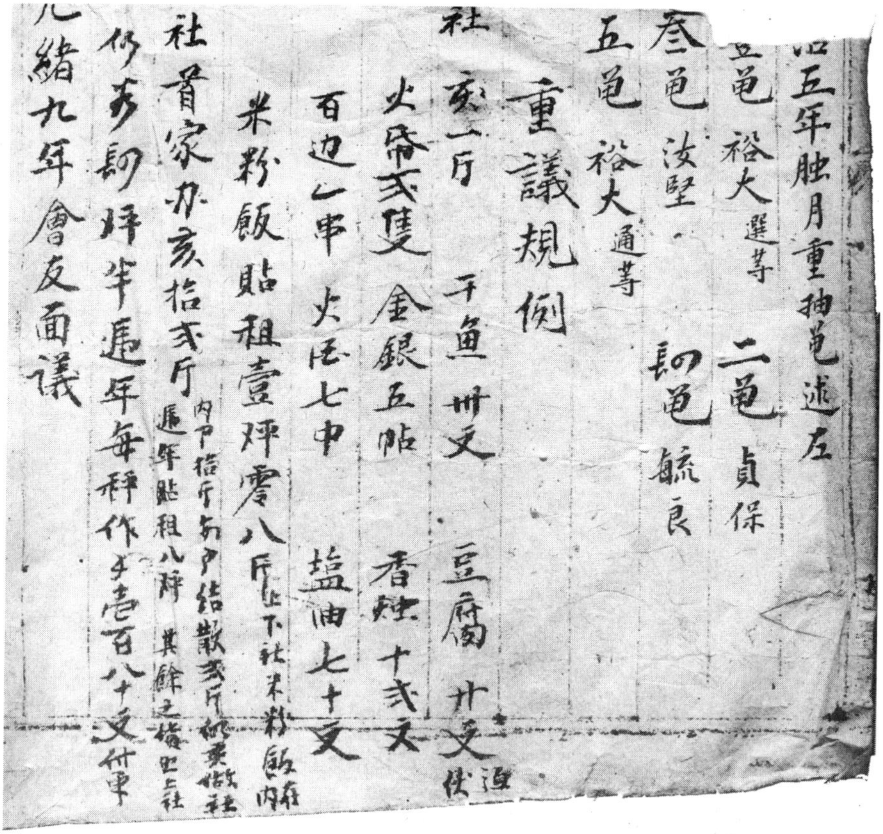
治五年朏月重抽龟述左
五龟 裕大 選等 二龟 貞保
叁龟 汝堅 · 四龟 毓良
五龟 裕大 通等
重議規例
社 亥一斤 干鱼 卅文 · 豆腐 廿文 使逗
火纸贰隻 金银五帖 香烛 十贰文
百边一串 火炮七中 塩油七十文
米粉飯貼租壹秤零八斤 上下社米粉飯在内
社 晋家办亥 指贰斤 内户指斤每户结散贰斤 概贵缴社
遞年貼租八秤 其餘之檐四上社
仍旧卸拜坐遞年每秤作钱壹百八十文 什事
光緒九年會友面議

段莘乡裔村 A 36-33 · 同治十三年至光绪十九年 · 流水账 · 新兴社会友面算账底

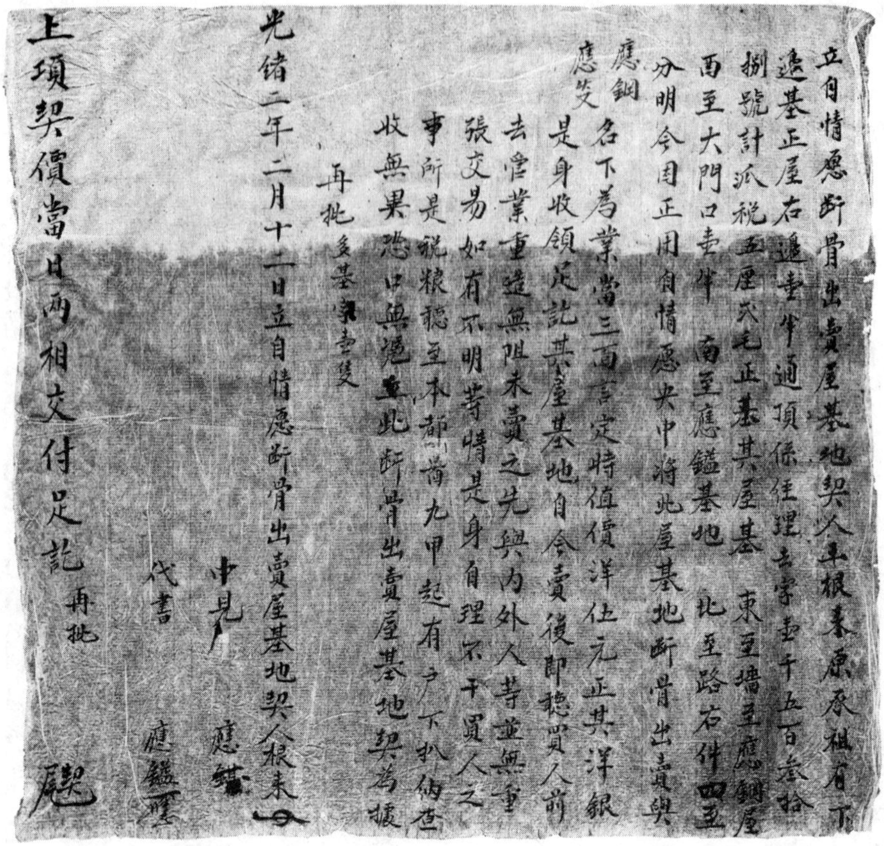
立自情愿断骨出賣屋基地契人王根来原承祖有下
邊基正屋右邊壹半通頂係任理字壹千五百叁拾
捌號計派稅五厘六毛正基其屋基 東至墻至應鋼屋
西至大門口壹半 南至應鑑基地 北至路石件四至
分明今因正用自情愿央中將此屋基地断骨出賣與
應鋼
應炎 名下為業當三面言定時值價洋伍元正其洋銀
是身收領足訖其屋基地自今賣後即聽買人前
去管業重造無阻未賣之先與內外人等並無重
張交易如有不明等情是身自理不干買人之
事所是稅粮聽至本都□啚九甲起有户下扒倘查
收無異恐口無憑立此断骨出賣屋基地契為據
再批 多基字壹隻
光緒二年二月十二日立自情愿断骨出賣屋基地契人根来
中見 應鑑
代書 應鑑
上項契價當日兩相交付足訖 再批

段莘乡裔村 A 27 · 光绪二年 · 断骨出卖屋基地契 · 王根来卖与应钢、应炎

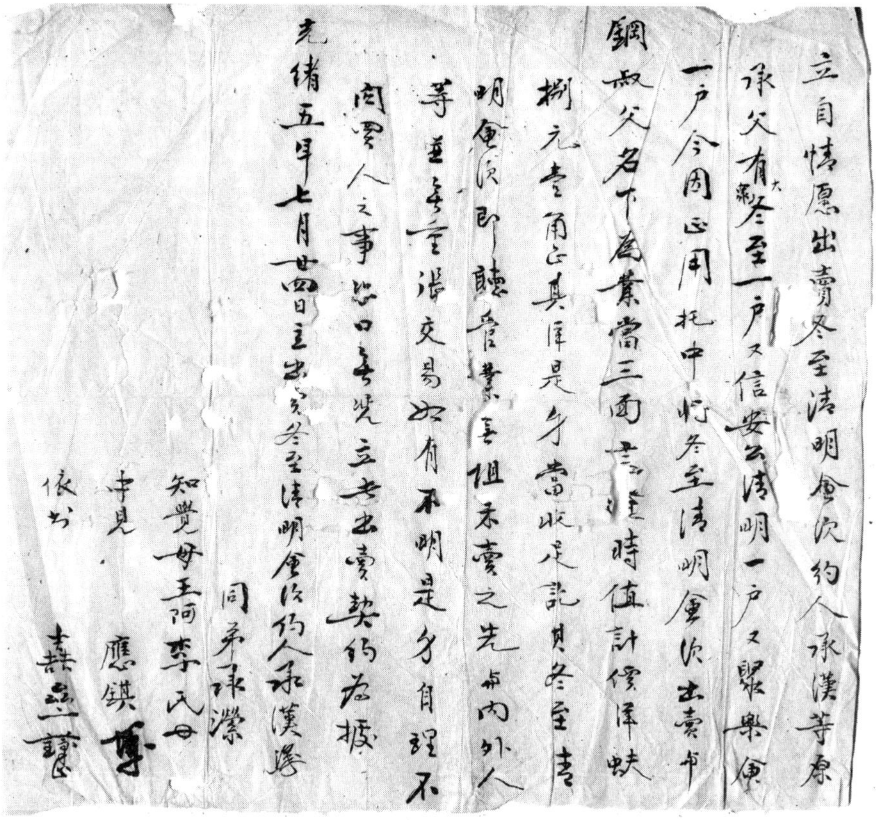
立自情愿出賣冬至清明會次約人承漢等原
承父有大冬至一户又信安公清明一户又聚樂會
一户今因正用托中將冬至清明會次出賣與
鋼叔父名下為業當三面言定時值計價洋蚨
捌元壹角正其洋是身當收足訖其冬至清
明會次即聽管業其祖未賣之先與內外人
等並無重張交易如有不明是身自理不
關買人之事恐口無憑立此出賣契約為據
光緒五年七月廿四日立出賣冬至清明會次約人承漢據
同弟承濼
知覺母王阿李氏
中見 應鎮
依书 森燾譚

段莘乡裔村 A 3 · 光绪五年 · 出卖冬至清明会次约 · 承汉等卖与钢叔父

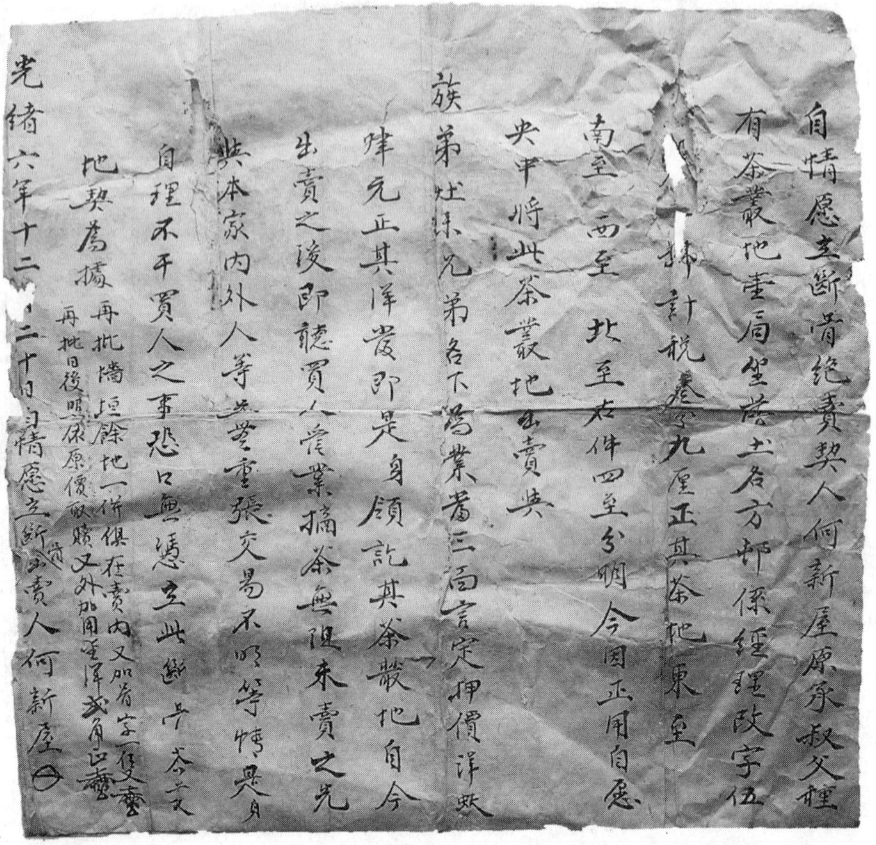

自情愿立斷骨絶賣契人何新屋原承叔父楻
有茶叢地壹局坐落土名方坵係經理改字伍
號計稅叁分九厘正其茶地東至
南至　西至　北至　右件四至分明　今因正用自愿
央中將此茶叢地出賣與
族弟灶來兄弟名下為業當三面言定押價洋蚨
肆元正其洋當即是身領訖其茶叢地自今
出賣之後即聽買人管業摘茶無阻未賣之先
與本家內外人等並無重張交易不明等情是身
自理不干買人之事恐口無憑立此斷賣茶叢文
地契為據　再批墻垣餘地一併俱在賣內　又加肴字一個又壹
再批日後照依原價取贖　又外加用洋貳角正壹
光緒六年十二月二十日自情愿立斷骨出賣人何新屋

段莘乡裔村 A 15-i · 光绪六年 · 断骨绝卖茶丛地契（附借约）·
何新屋卖与族弟灶来（第一面）

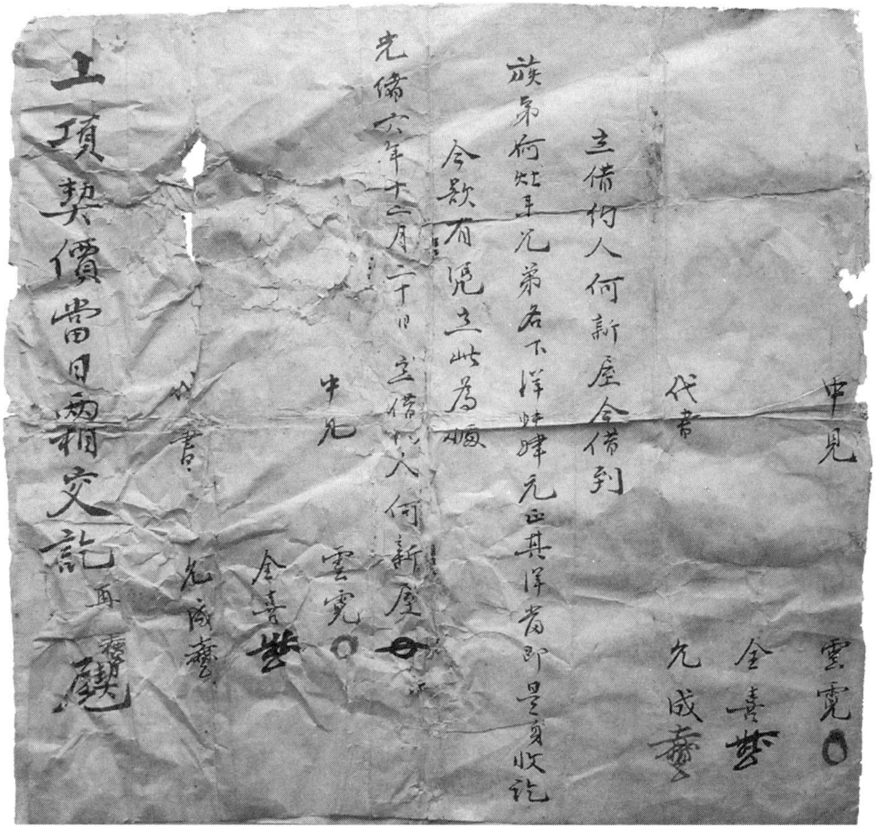

段莘乡裔村 A 15-ii · 光绪六年 · 断骨绝卖茶丛地契（附借约）·
何新屋借何灶来（第二面）

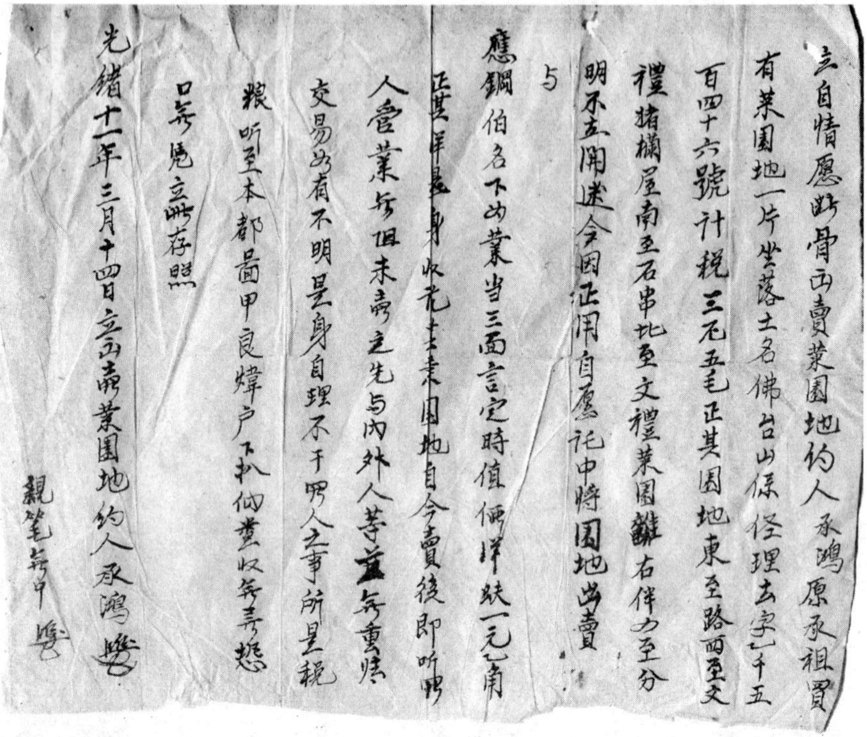

段莘乡裔村 A 13 · 光绪十一年 · 断骨出卖菜园地约 · 承鸿卖与应钢

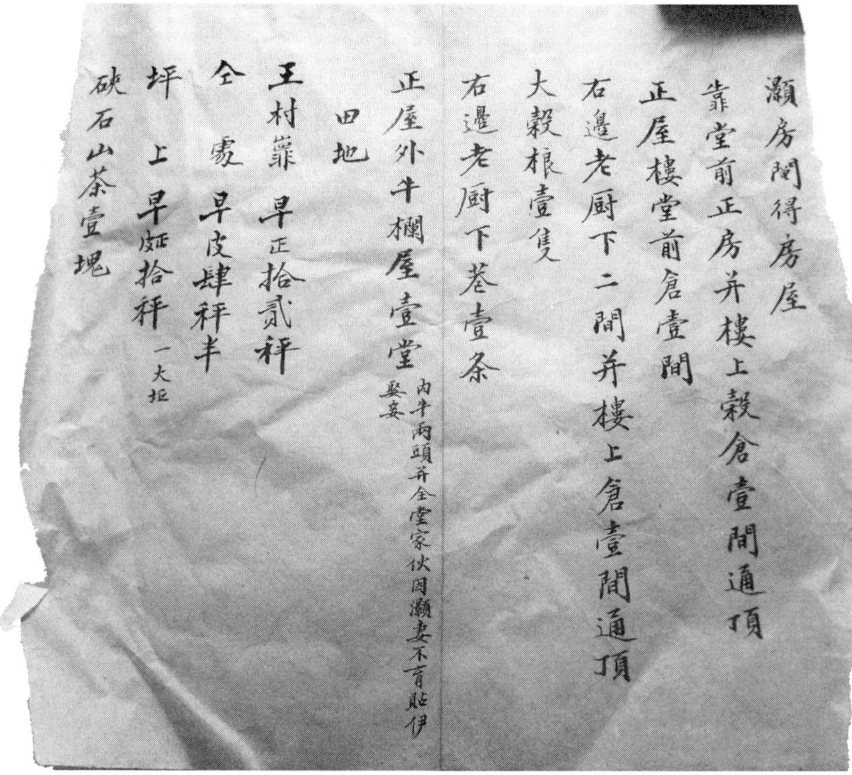

灝房闘得房屋
靠堂前正房并樓上穀倉壹間通頂
正屋樓堂前倉壹間
右邊老厨下二間并樓上倉壹間通頂
大穀桹壹隻
右邊老厨下巷壹条
正屋外牛欄屋壹堂（内牛兩頭并全堂家伙因灝妻不育貼伊娶妾）
田地
王村靠　早正拾貳秤
仝　處　早皮肆秤半
坪　上　早症拾秤（一大坵）
砎石山茶壹塊

段莘乡畲村 A 16-1 · 光绪十七年 · 分关文书 · 灝房

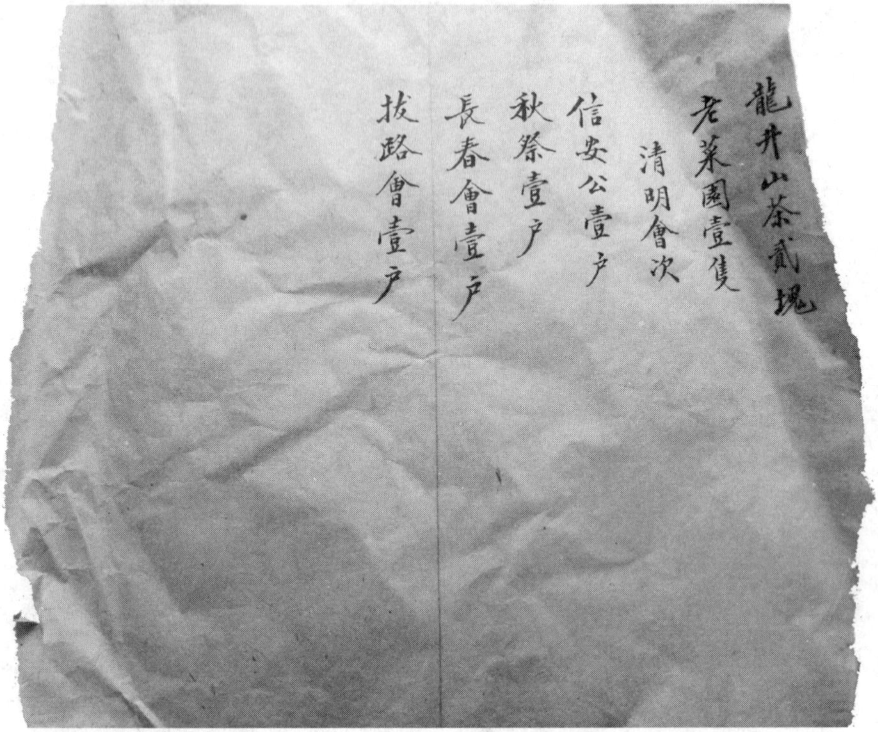

龍井山茶貳塊
老菜園壹隻
清明會次
信安公壹户
秋祭壹户
長春會壹户
拔路會壹户

段莘乡裔村 A 16-2 · 光绪十七年 · 分关文书 · 灏房

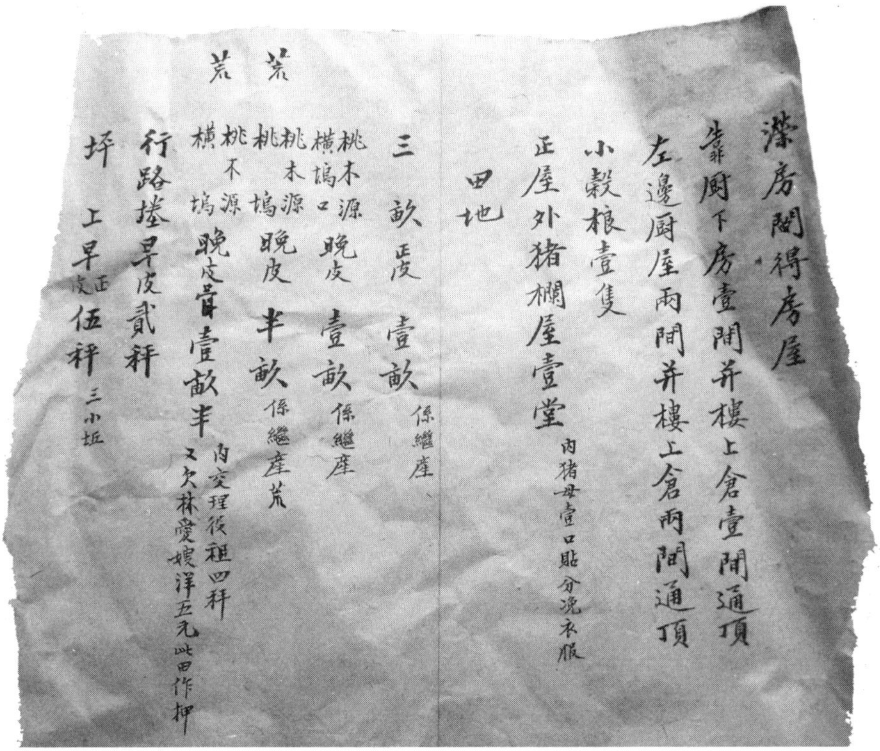
潆房阄得房屋
靠厨下房壹間并樓上倉壹間通頂
左邊厨屋兩間并樓上倉兩間通頂
小穀粮壹隻
正屋外猪欄屋壹堂 内猪母壹口貼分浣衣服
田地
三畝 正皮 壹畝 係繼產
桃木源 横塢口 晚皮 壹畝 係繼產
荒 桃木源 桃塢 晚皮 半畝 係繼產荒
荒 桃不源 横塢 晚皮骨 壹畝半 内交理役租四秤 又欠林愛嫂洋五元此田作押
行路塝 早皮 貳秤
坪上 早正皮 伍秤 三小坵

段莘乡裔村 A 16-3 · 光绪十七年 · 分关文书 · 潆房

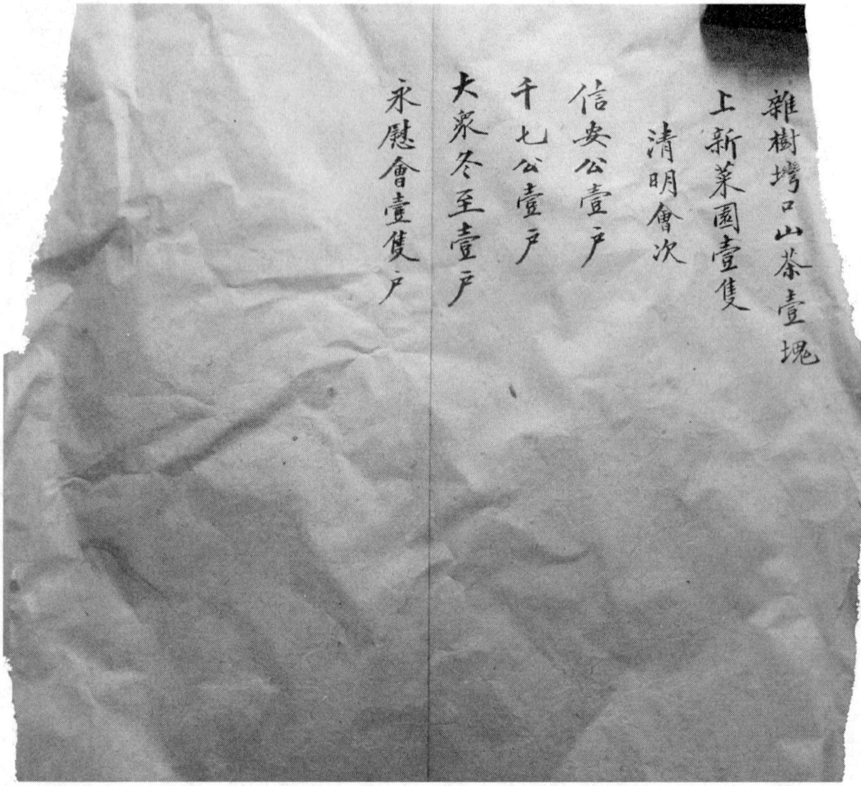

雜樹塆口山茶壹塊
上新菜園壹隻
清明會次
信安公壹户
千七公壹户
大衆冬至壹户
永慰會壹隻户

段莘乡裔村 A 16-4 · 光绪十七年 · 分关文书 · 潆房

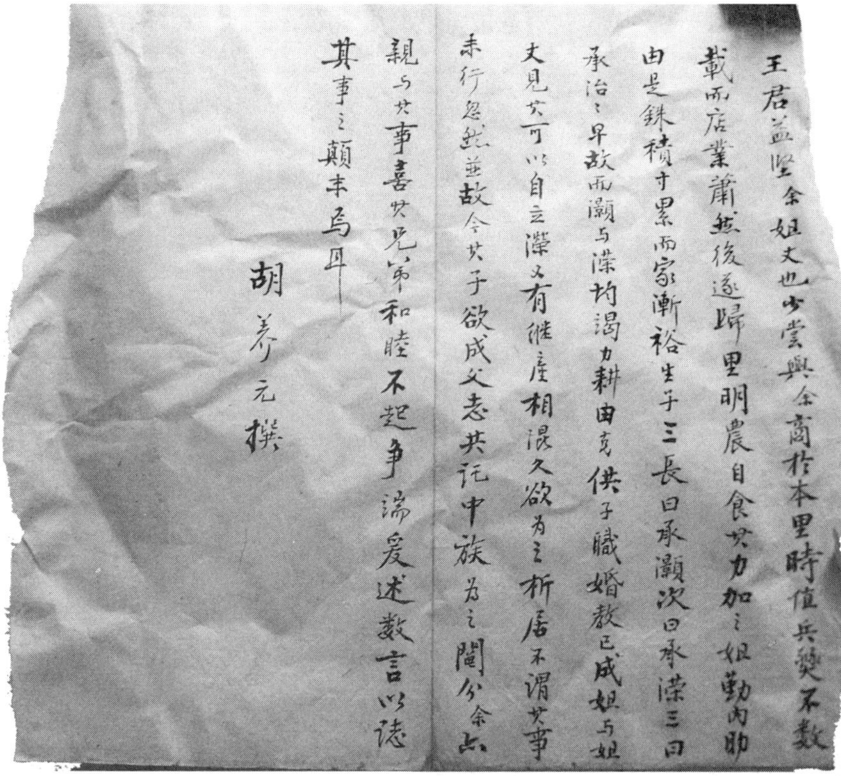

王君益堅余姐丈也少嘗與余商於本里時值兵燹不數
載而店業蕭然後遂歸里明農自食其力加之姐勤內助
由是銖積寸累而家漸裕生子三長曰承灝次曰承濚三曰
承治治早故而灝與濚均竭力耕田以供子職婚娶已成姐與姐
丈見其可以自立濚又有繼產相混久欲為之析居不謂其事
未行忽然並故今其子欲成父志共託中族為之鬮分余亦
親與其事喜其兄弟和睦不起爭端爰述數言以誌
其事之顛末焉耳
胡荞元撰

段莘乡裔村 A 16-5 · 光绪十七年 · 分关文书 · 濚房

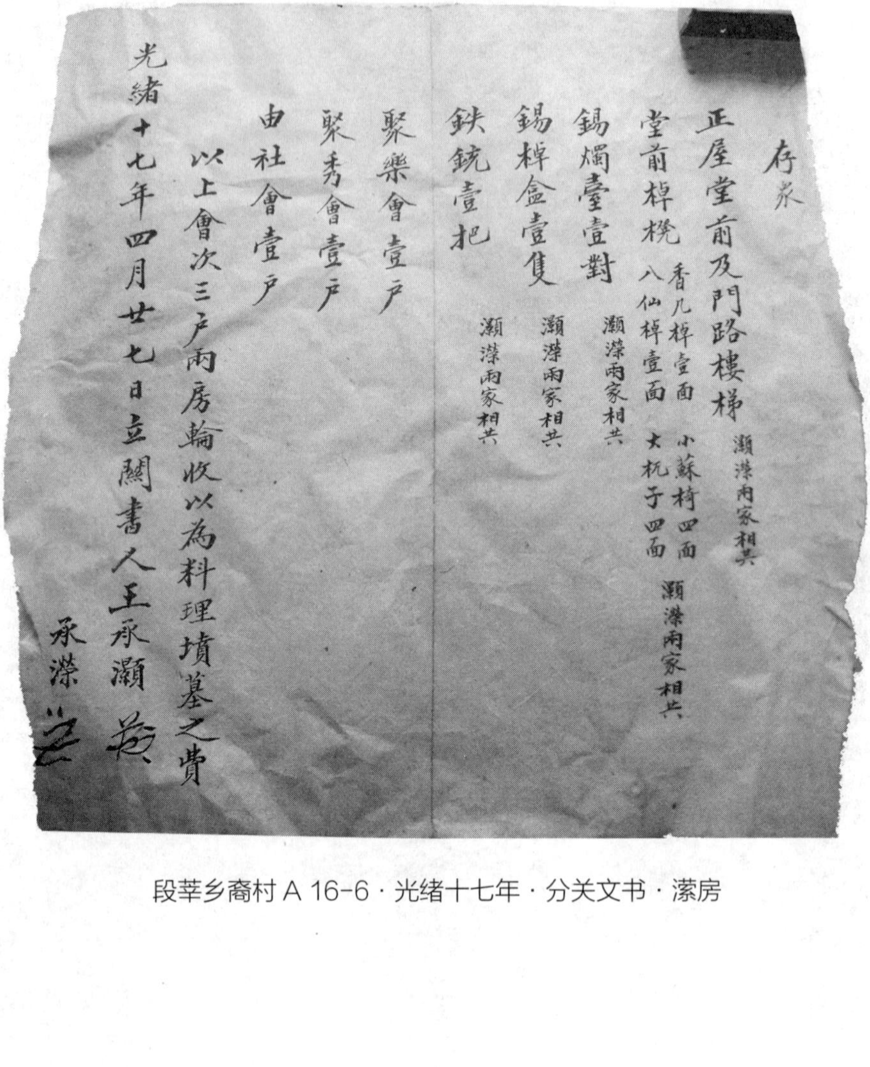

存衆
正屋堂前及門路樓梯 灦瀠兩家相共
堂前椊櫈 香几椊壹面 八仙椊壹面 小蘇椅四面 大杌子四面 灦瀠兩家相共
錫燭臺壹對 灦瀠兩家相共
錫椊盒壹隻 灦瀠兩家相共
鉄銑壹把 灦瀠兩家相共
聚樂會壹户
聚秀會壹户
由社會壹户
以上會次三户兩房輪收以為料理墳墓之費
光緒十七年四月廿七日立鬮書人王承灦（押）
承瀠（押）

段莘乡裔村 A 16-6 · 光绪十七年 · 分关文书 · 潆房

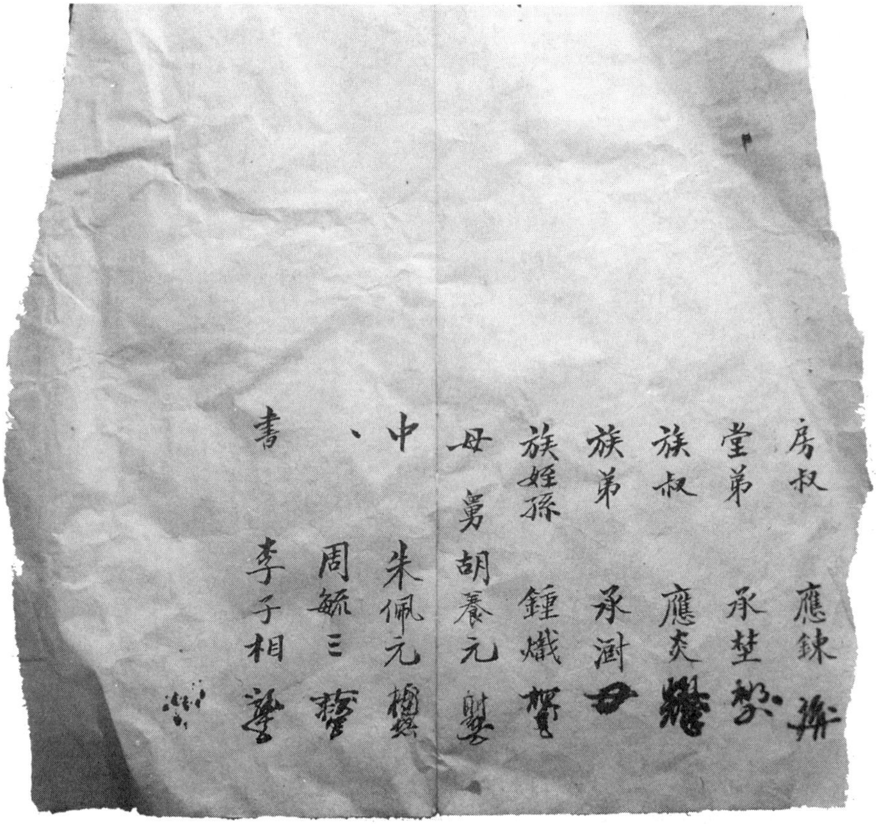

房叔　應鍊
堂弟　承埜
族叔　應炎
族弟　承澍
族姪孫　鍾熾
母舅　胡養元
中　朱佩元
、　周毓三
書　李子相

段莘乡裔村 A 17 · 光绪十七年 · 分关文书 · 王承灏、承渫等

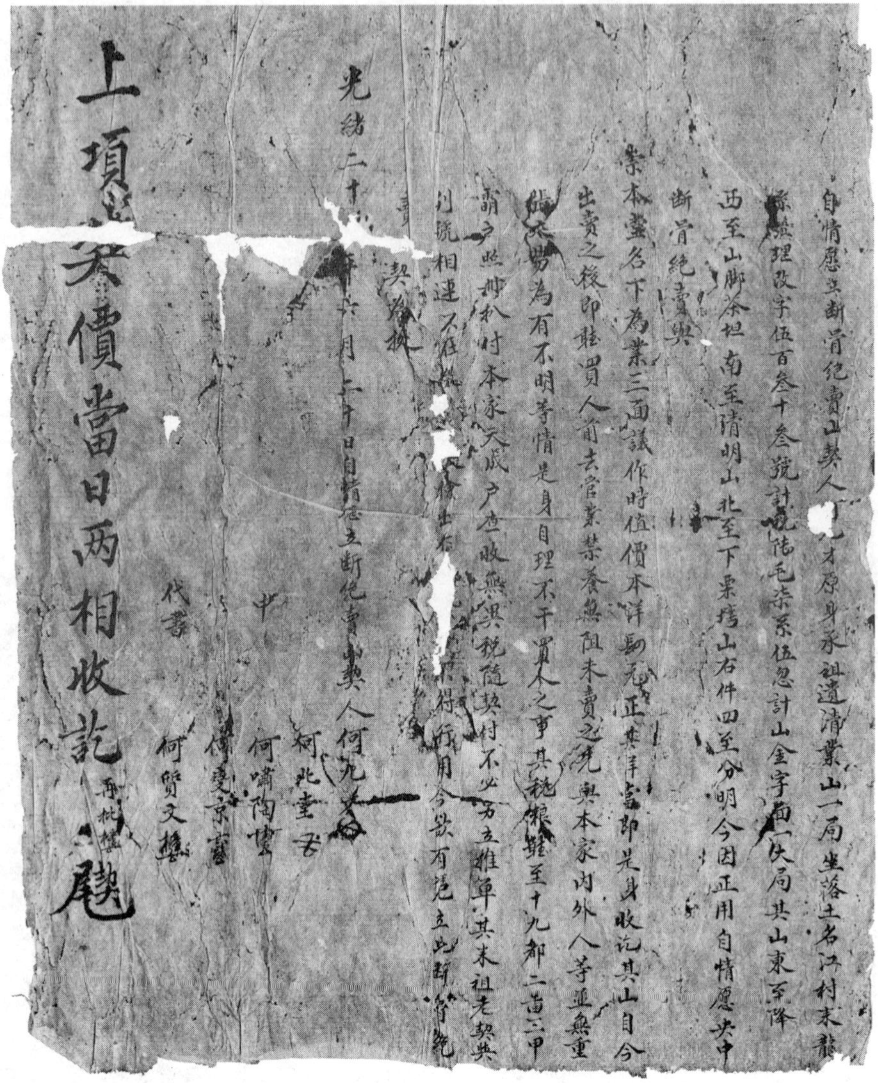
自情愿立断骨绝賣山契人何九才原身承祖遺清業山一局坐落土名江村末龍
係經理改字伍百叁十叁號計稅陆毛柒系伍忽計山金字面一伏局其山東至降
西至山脚茶坦南至請明山北至下栗塝山石件四至分明今因正用自情愿央中
断骨絶賣與
崇本堂名下為業三面議作时值價本洋弍元正其洋當即是身收訖其山自今
出賣之後即聽買人前去管業禁養無阻未賣之先與本家内外人等並無重
[illegible]交易為有不明等情是身自理不干買人之事其稅粮聽至十九都二啚二甲
翁户照册扒付本家文戍户查收無異稅隨契付不必另立推單其来祖老契與
別號相連不在[illegible]檢出[illegible]不得行用今欲有憑立此斷骨絶
賣契為據
光緒二十八年十二月二十日自情愿立断骨绝賣山契人何九才
中 何北奎
何嘯陶
傅變京
代書 何賢文
上項契價當日兩相收訖 再批據

段莘乡裔村 A 31 · 光绪二十八年 · 断骨绝卖山契 · 何九才卖与崇本堂

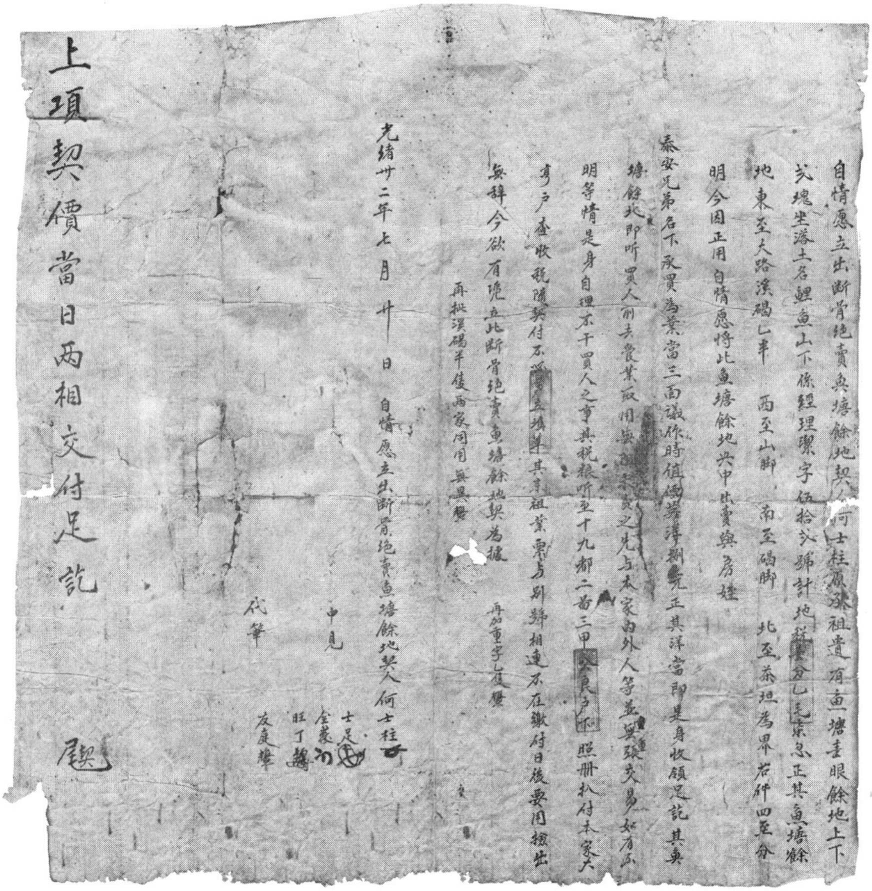

自情愿立出断骨绝卖鱼塘余地契人何士柱，原承祖遗有鱼塘壹眼余地上下弍块，坐落土名鲤鱼山下，係经理环字伍拾弍号，计地税[illegible]分乙毛柒忽正。其鱼塘余地东至大路溪碣乙半，西至山脚，南至碣脚，北至茶垣为界，右件四至分明。今因正用，自情愿将此鱼塘余地央中出卖与房侄泰安兄弟名下承买为业，当三面议作时值价洋[illegible]元正，其洋当即是身收领足讫。其鱼塘余地即听买人前去管业取用，无[illegible]。未卖之先与本家内外人等并无重张交易，如有不明等情，是身自理，不干买人之事。其税粮听至十九都二图三甲[illegible]户下照册扒付本家大亨户查收，税随契付，不[illegible]。其系祖业，更与别号相连，不在缴付，日后要用，检出无辞。今欲有凭，立此断骨绝卖鱼塘余地契为据。

再批：溪碣半使两家同用，无异。押

再加重字乙(?)处。押

光绪卅二年七月廿日 自情愿立出断骨绝卖鱼塘余地契人何士柱（押）

中见 士足 全蒙 旺丁

代笔 友庭

上项契价当日两相交付足讫

段莘乡裔村 A 30 · 光绪三十二年 · 断骨绝卖鱼塘余地契 ·
何士柱卖与房侄泰安兄弟

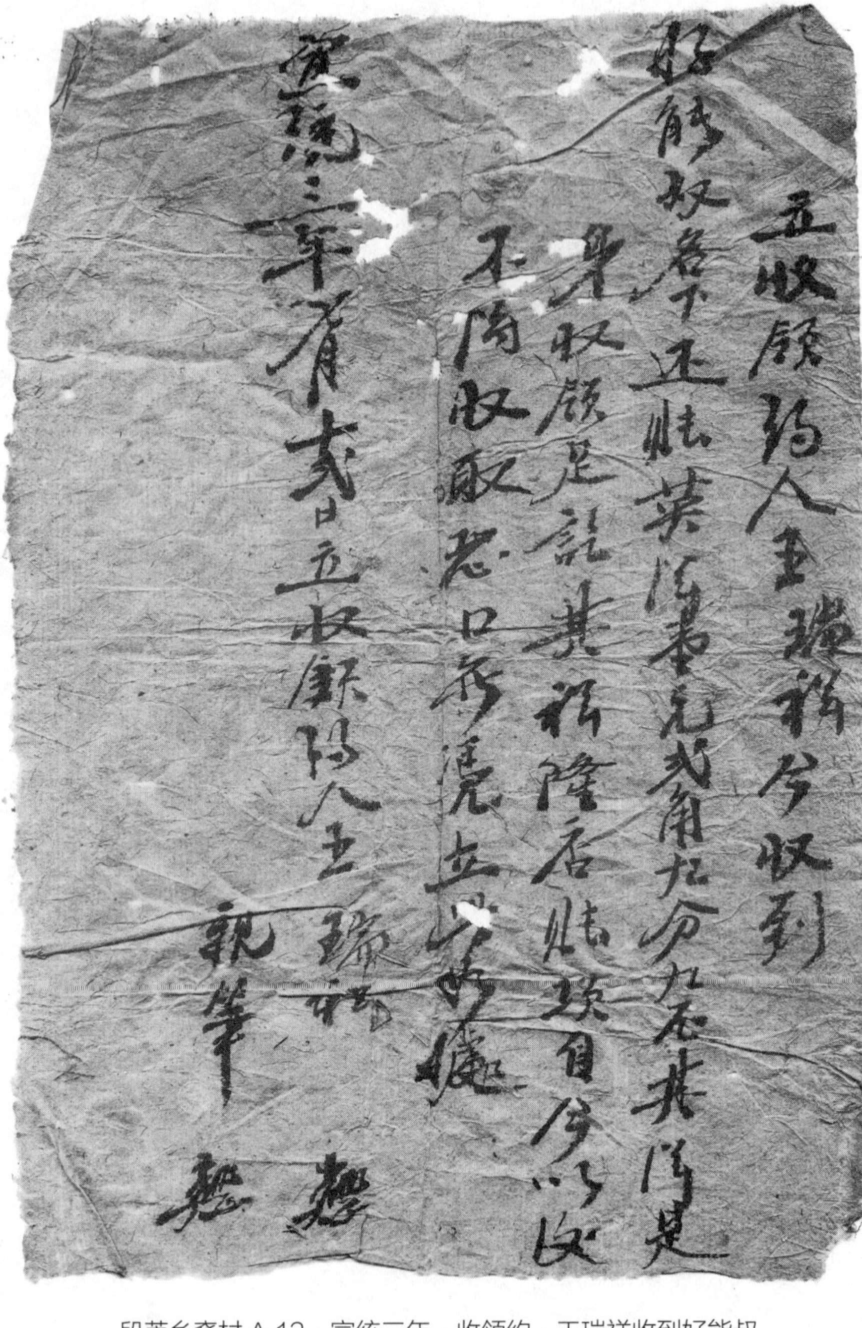
立收領約人王瑞祥今收到
好能叔名下还賬英洋壹元弍角九分九厘其洋是
身收領足訖其祥隆店賬項自今以後
不得收取恐口無凭立收領為據
宣統三年[illegible]十弍日立收領約人王瑞祥
親筆

段莘乡裔村 A 12 · 宣统三年 · 收领约 · 王瑞祥收到好能叔

四十三都一啚六甲王正嘉户許公西崖股寔徵

段莘乡裔村 A 38-1 · 民国元年 · 税粮实征册 · 王正嘉户浒公、西崖股

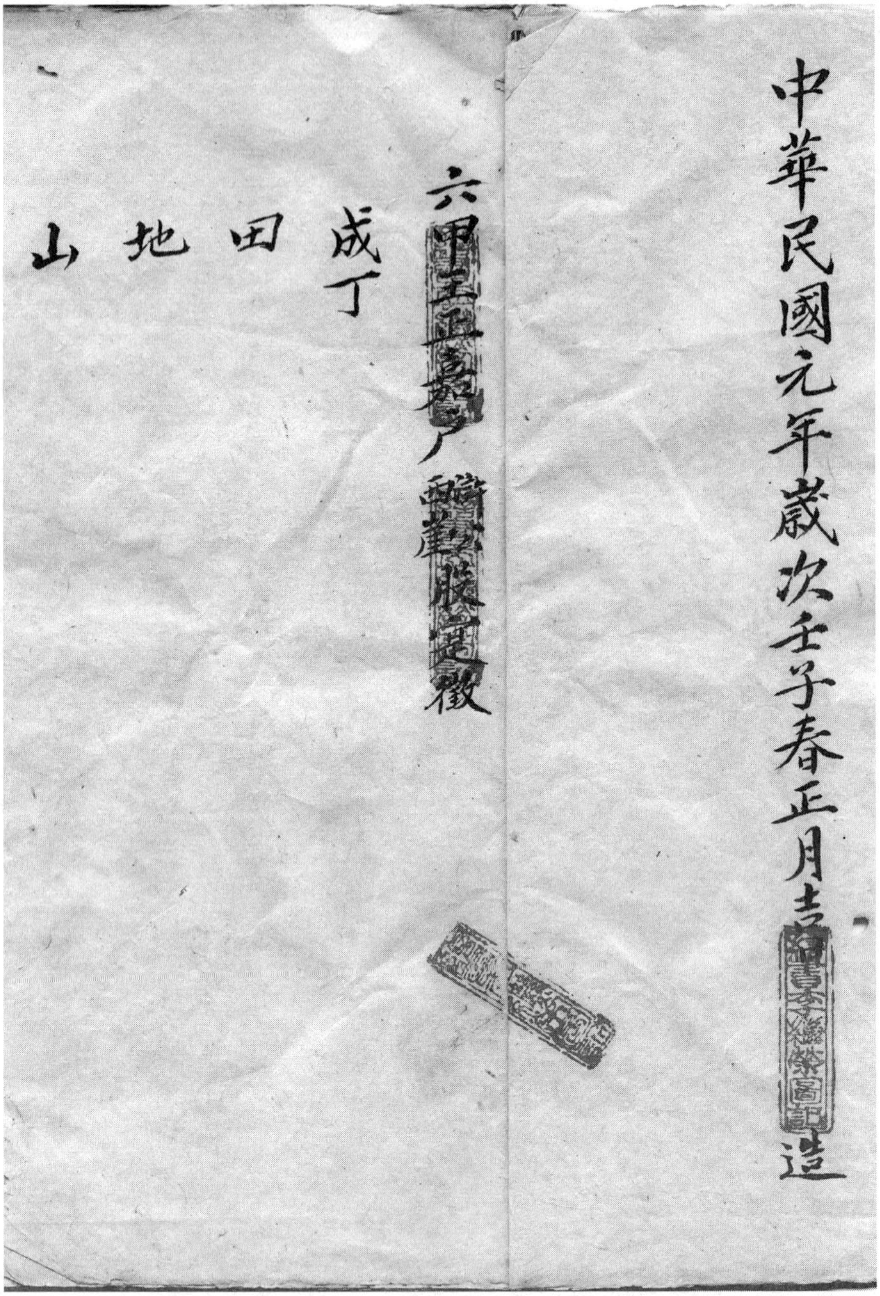
中華民國元年歲次壬子春正月吉 造

六甲王正嘉户 西崖股造徵

成丁

田

地

山

段莘乡裔村 A 38-2 · 民国元年 · 税粮实征册 · 王正嘉户浒公、西崖股

田

去字一千九百二十三號　王村塘下　田壹畝弍分弍厘弍毛

一千三百八十八號　查木壠　田叁分伍厘弍毛陸系弍忽伍微

二千一百二十七號　方家台山即磡塍　田壹畝正

一百〇二號　李会坑板橋　田伍分肆厘叁毛壹系捌忽玖微

一千六百三十八號　黄石碣　田壹分壹厘肆毛柒系[illegible]

段莘乡裔村 A 38-3 · 民国元年 · 税粮实征册 · 王正嘉户浒公、西崖股

去字一千八百九十四號　王村路下　田陸分肆厘伍毛

一千四百一十九號　考坑口即查木塠　田天分叁厘壹毛

一千三百四十六號　石山前　田伍分柒厘柒毛

一千八百九十九號　張公碣　田叁分正

一千四百七十三號　王村段即梘頭　田肆分伍厘陸毛

一千四百四十七號　大坑口即四壩　田伍分正

段莘乡裔村 A 38-4 · 民国元年 · 税粮实征册 · 王正嘉户浒公、西崖股

一千四百四十九號 大坑即行路塝 田肆分肆厘陸毛伍系

一千四百一十一號 考坑口 田柒分伍厘叁毛

二千一百二十號 王村塘塢 田伍分陸厘叁毛伍系

一千四百〇二號 考坑塢 田叁分玖厘

一千四百四十七號 大坑口千田即四塝 田叁分伍厘捌毛

一千五百〇六號 大坑口望上 田壹分伍厘叁毛捌系捌忽

段莘乡裔村 A 38-5 · 民国元年 · 税粮实征册 · 王正嘉户许公、西崖股

去字一千四百九十六號　大坑塢　田伍分肆厘叁毛伍系

四百七十四號　楊家碣　田肆分正

二百六十三號　旱仙垃　田肆分柒厘玖毛柒系伍忽

而字一百七十七號　和樹坎　田壹畝壹分叁厘

段莘乡裔村 A 38-6 · 民国元年 · 税粮实征册 · 王正嘉户浒公、西崖股

地

去字一千五百三十七號 王村上边基 地壹分弍厘

仝 號 仝 處 地伍厘正

一千五百三十五號 王村住后 地弍厘伍毛弍系伍忽

二千一百三十三號 奐形墻外 地伍毛弍系伍忽

一千五百三十九號 大坑口 地壹厘弍毛柒系捌忽壹微

段莘乡裔村 A 38-7 · 民国元年 · 税粮实征册 · 王正嘉户浒公、西崖股

去字一千五百三十三號　佳后园　地大毛捌系

一千五百四十五號　復来园　地陸厘玖毛

一千三百五十七號　塘坑　地[illegible]厘柒毛壹系玖忽伍微

段莘乡裔村 A 38-8 · 民国元年 · 税粮实征册 · 王正嘉户浒公、西崖股

山

去字一千三百八十四號　上車墩　山壹厘柒毛伍系

一千五百三十九號　大坑口　山肆厘肆毛叁系柒忽伍微

仝　號　仝處　山叁毛弍系壹忽捌微伍纖壹沙

一千三百五十九六十號　塘坑　山叁分叁厘伍毛陸系柒忽叁微伍纖

可字四百五十八號　張泥坑　山壹厘伍毛

段莘乡裔村 A 38-9 · 民国元年 · 税粮实征册 · 王正嘉户浒公、西崖股

可字一百六十二號　桃木源裡岔塄　山壹厘壹毛

段莘乡裔村 A 38-10 · 民国元年 · 税粮实征册 · 王正嘉户許公、西崖股

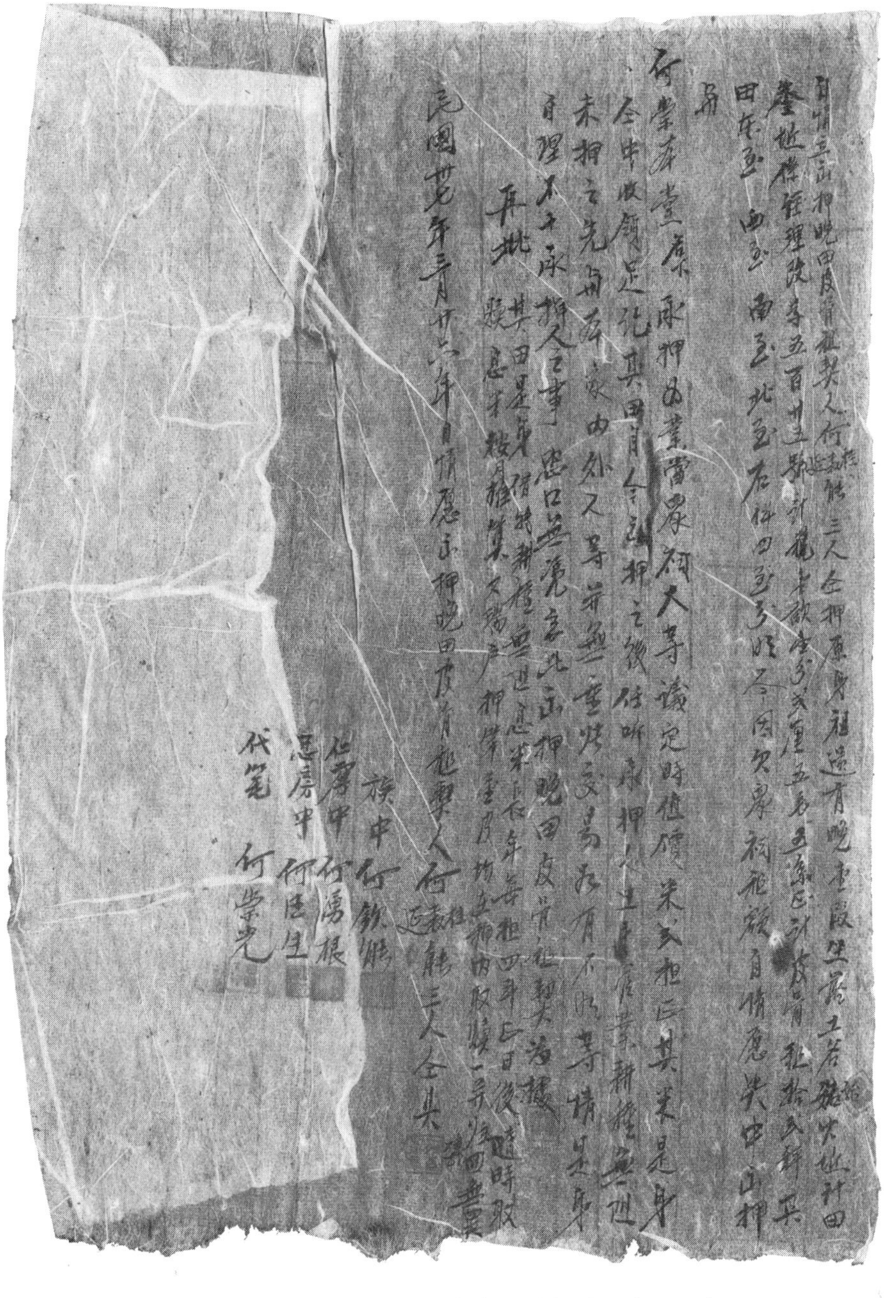

段莘乡裔村 A 24 · 民国三十七年 · 出押晚田皮骨租契 ·
何桂能等三人同押与何崇本堂

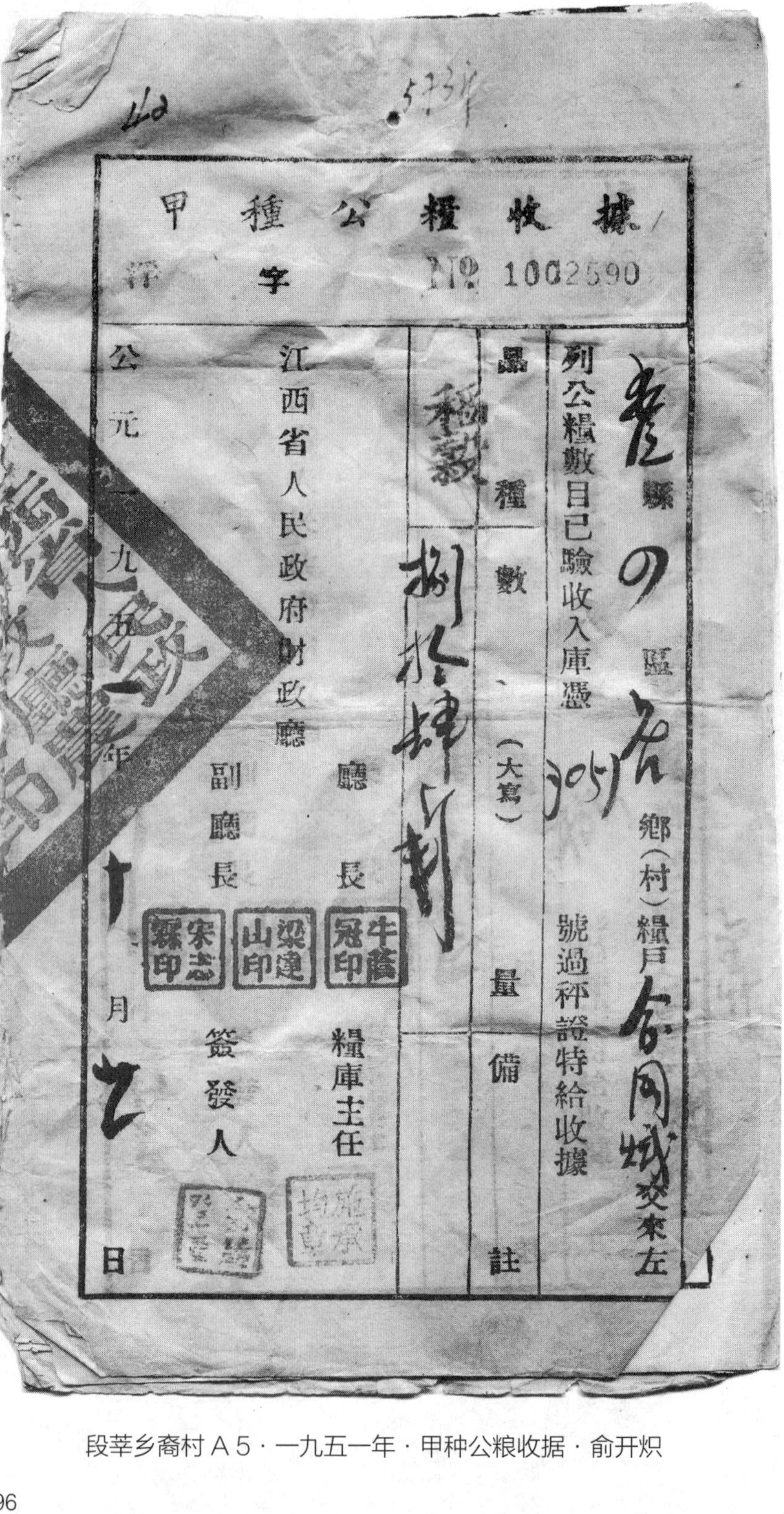
甲種公糧收據

浮 字 № 1002590

縣 區 鄉(村)糧戶 交來左列公糧數目已驗收入庫憑 號過秤證特給收據

品種	數量(大寫)	備註
稻穀	捌拾肆斤	

江西省人民政府財政廳

廳長 副廳長

糧庫主任 簽發人

公元一九五一年 月 日

段莘乡裔村 A 5 · 一九五一年 · 甲种公粮收据 · 俞开炽

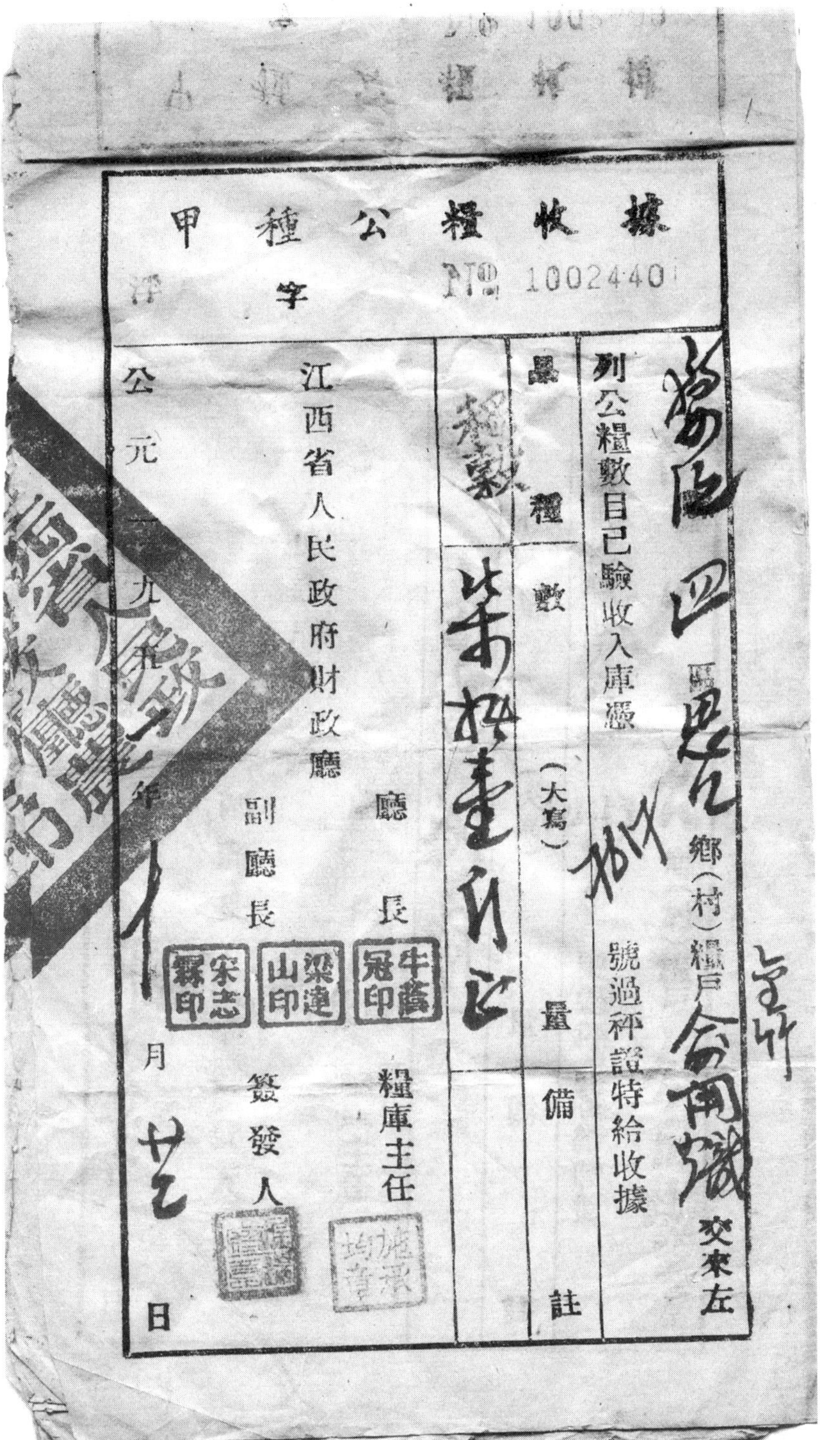

甲種公糧收據

字 № 1002440

第四區 鄉(村)糧戶俞開熾交來左列公糧數目已驗收入庫憑 號過秤證特給收據

品種	數量（大寫）	備註
稻穀	柒拾壹斤正	

江西省人民政府財政廳

廳長 牛蔭冠印

副廳長 梁達山印 宋志霖印

糧庫主任

簽發人

公元一九五一年 月 日

段莘乡裔村 A 6 · 一九五一年 · 甲种公粮收据 · 俞开炽

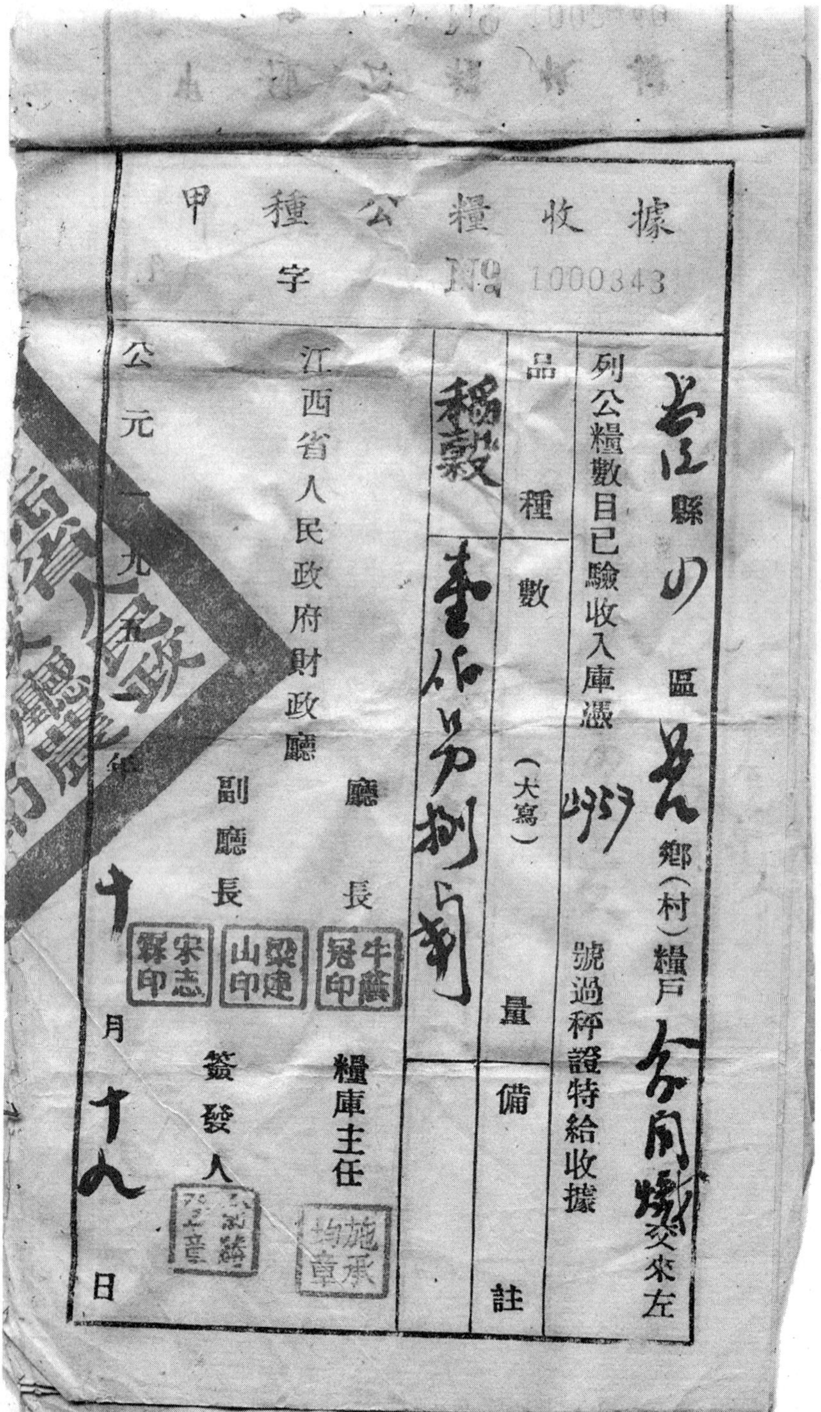

甲種公糧收據

字 No 1000343

縣　區　鄉(村)糧戶　交來左列公糧數目已驗收入庫憑　號過秤證特給收據

品種	數量（大寫）	備註
稻穀		

江西省人民政府財政廳

廳長 牛蔭冠印

副廳長

糧庫主任 施承均章

簽發人

公元一九五　年十月十八日

段莘乡裔村 A 7 · 一九五一年 · 甲种公粮收据 · 俞开炽

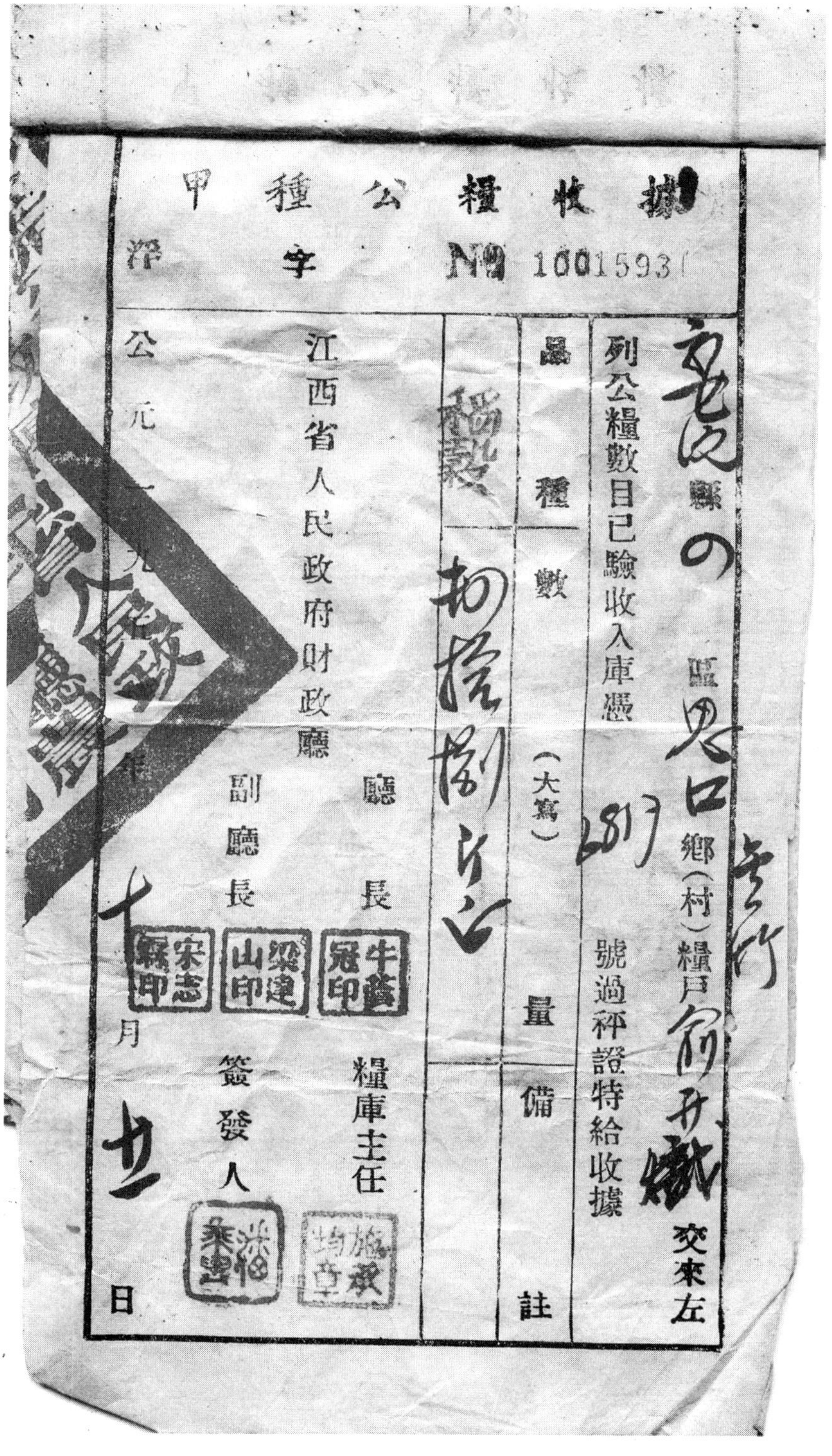

甲種公糧收據

浮字 № 1001593

婺源縣四區汪口鄉（村）糧戶俞开熾交來左列公糧數目已驗收入庫憑2813號過秤證特給收據

品種	數量（大寫）	備註
稻穀	捌擔捌斤正	

江西省人民政府財政廳

廳長　副廳長

糧庫主任　簽發人

公元一九五一年十一月廿一日

段莘乡裔村 A 10 · 一九五一年 · 甲种公粮收据 · 俞开炽

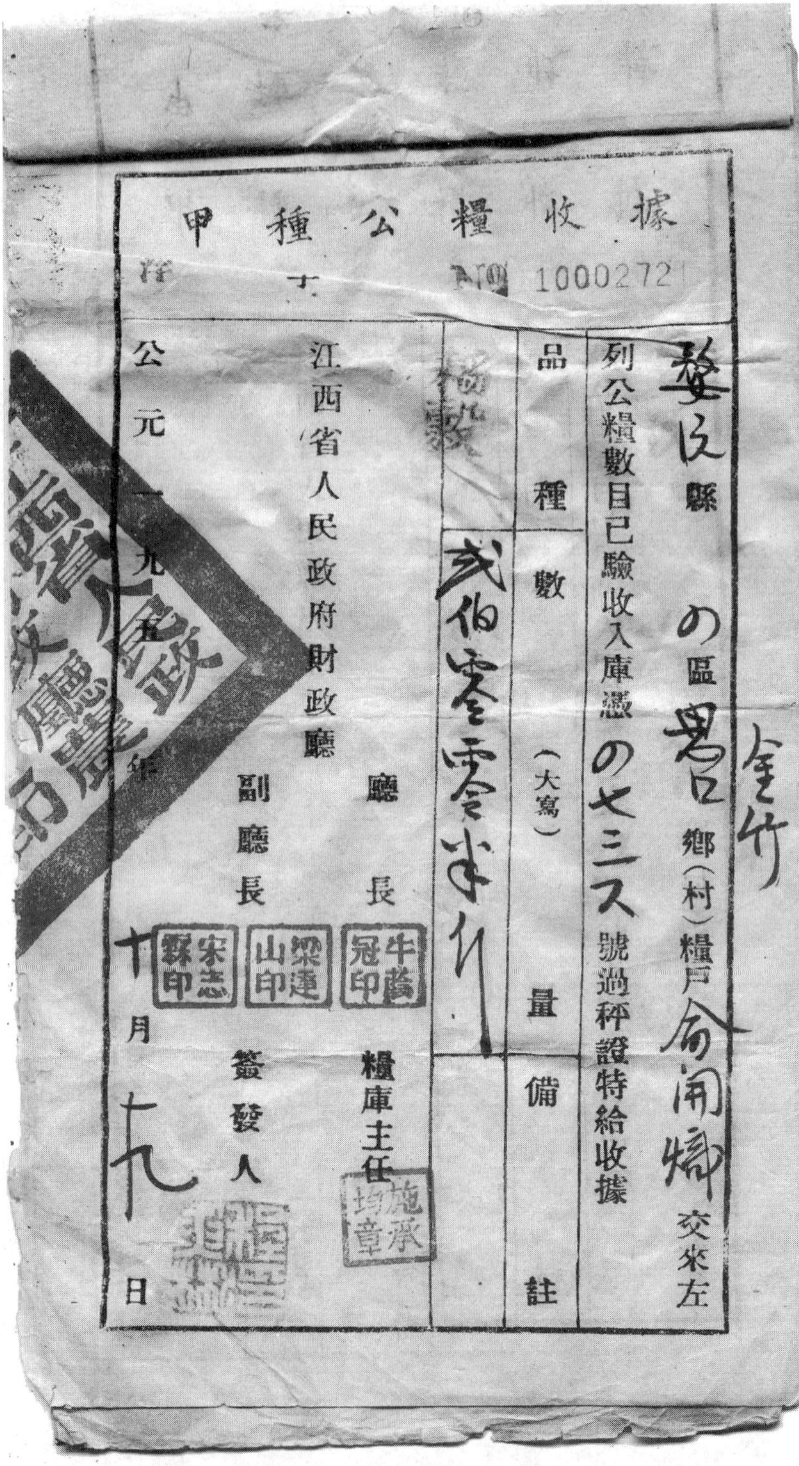
甲種公糧收據

No 1000272

婺源縣四區思口鄉(村)糧戶俞開熾交來左列公糧數目已驗收入庫憑四七三八號過秤證特給收據 金竹

品種	數量（大寫）	備註
稻穀	[illegible]	

江西省人民政府財政廳

廳長 牛蔭冠印

副廳長 梁達山印 宋志毅印

糧庫主任 施承均章

簽發人

公元一九五〇年十月九日

段莘乡裔村 A 8 · 甲种公粮收据 · 俞开炽

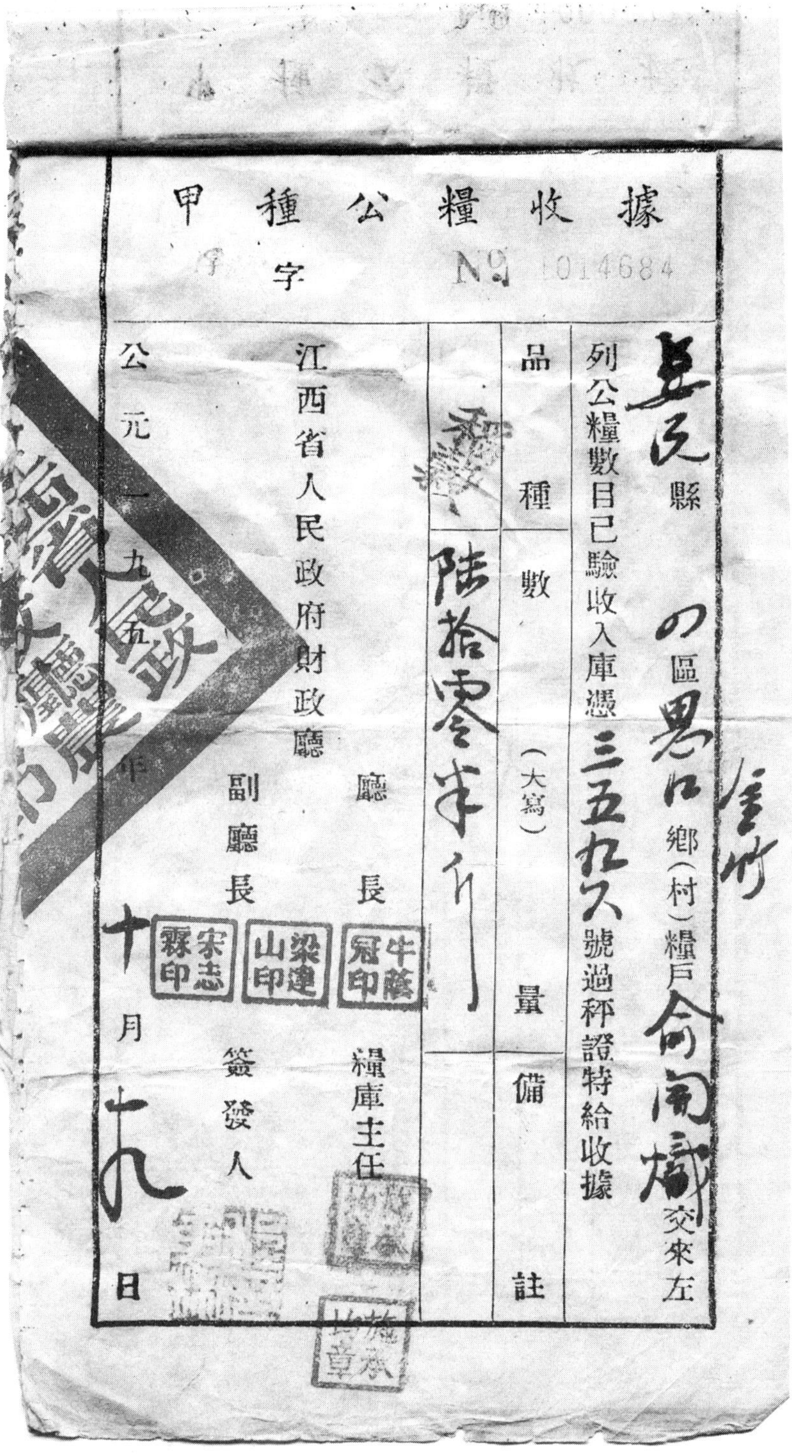

甲種公糧收據

字 №1014684

婺源縣四區思口鄉(村)糧戶俞開熾交來左列公糧數目已驗收入庫憑三五九八號過秤證特給收據

金竹

品種	數量（大寫）	備註
稻	陸拾零斤	

江西省人民政府財政廳

廳長 牛蔭冠印

副廳長 梁達山印 宋志霖印

糧庫主任

簽發人

公元一九五　年十月十九日

段莘乡裔村 A 9 · 甲种公粮收据 · 俞开炽

段莘乡裔村 A 14 · 轮会清单

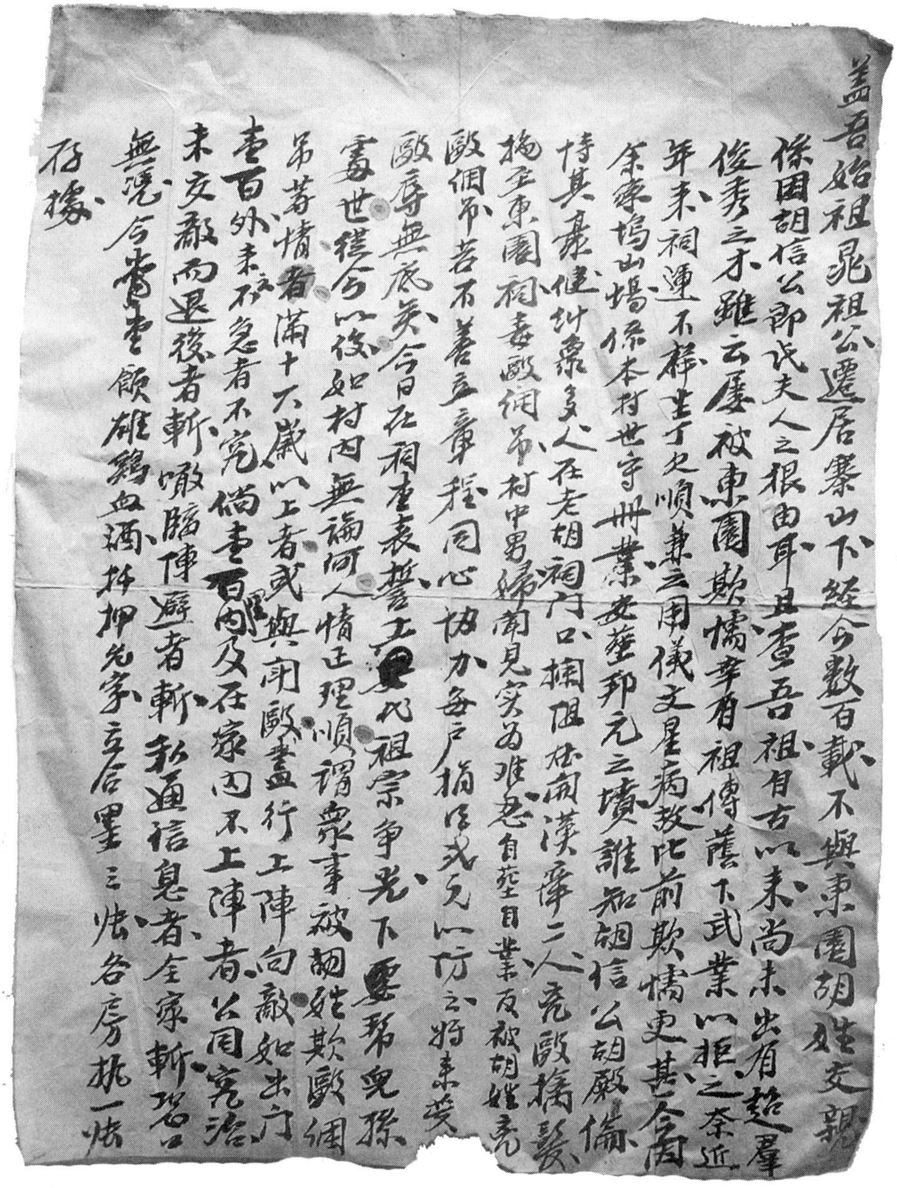
盖吾始祖晁祖公遷居寨山下，經今數百載，不與東園胡姓交親，係因胡信公郎氏夫人之根由耳。且查吾祖自古以來，尚未出有超羣俊秀之才，雖云屢被東園欺㥮，幸有祖傳舊下武業以拒之。奈近年來祠運不祥，生丁丈順兼之周儀文星病故，比前欺㥮更甚。今有余家塢山塌係本村世守册業，安葬邦元之墳，誰知胡信公胡殿備恃其强健，糾衆多人在老胡祠門口，攔阻仕開、漢彰二人，亮殿揪髮拖至東園祠毒毆，伊等村中男婦聞見實為難忍，自塋自業反被胡姓亮毆，伊等若不善立章程，同心协力，每户捐作戎兵以防之，將來受毆辱無底矣。今日在祠當衆表誓，上代祖宗爭光，下要帮兒孫壽世。從今以後，如村內無論何人，情正理順，謂衆事被胡姓欺毆，伊弟等情者，滿十六歲以上者，武與閑毆，盡行上陣，向敵如出門壹百外，未及急者不究，倘壹百內及在家，因不上陣者，公同究治。未交敵而退後者斬，懈臨陣避者斬，私通信息者全家斬。恐口無憑，今當衆飲雄鷄血酒，抹押先冢，立合墨三紙，各房執一紙存據。

段莘乡裔村 A 21 · 合墨 · 晁祖公裔众

段莘乡裔村 B 1—24

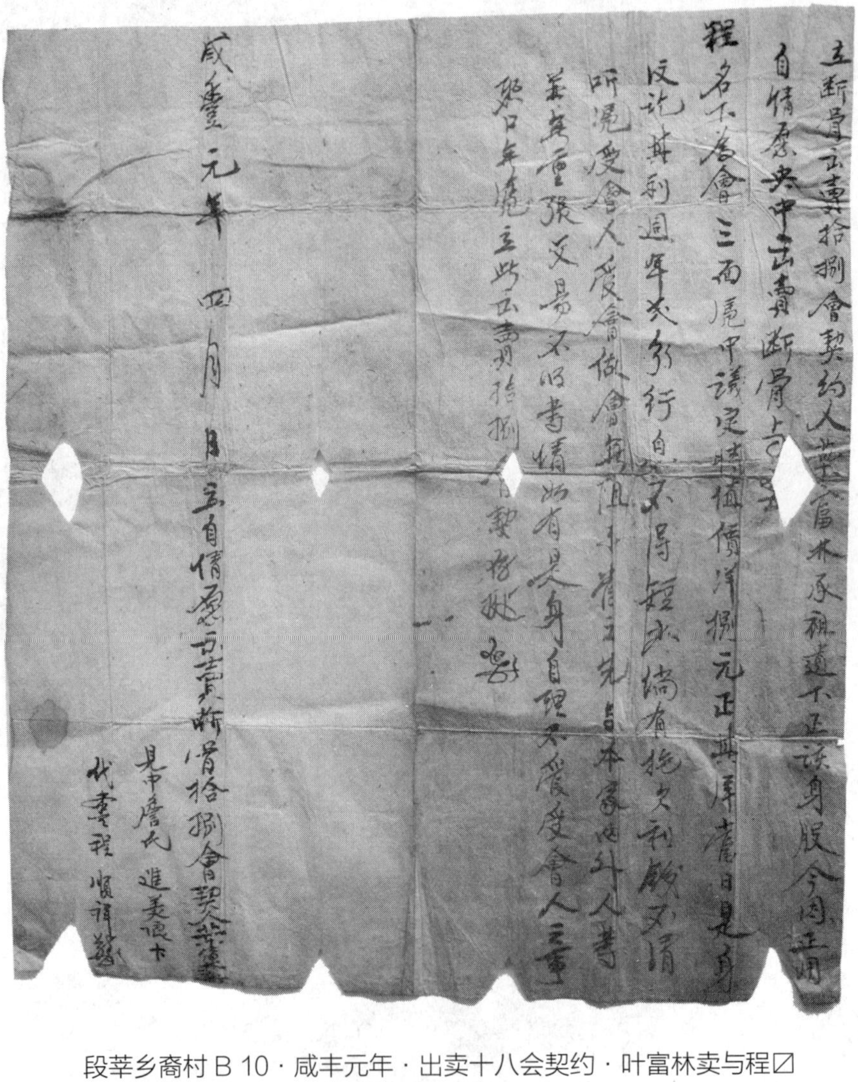

段莘乡裔村 B 10 · 咸丰元年 · 出卖十八会契约 · 叶富林卖与程☐

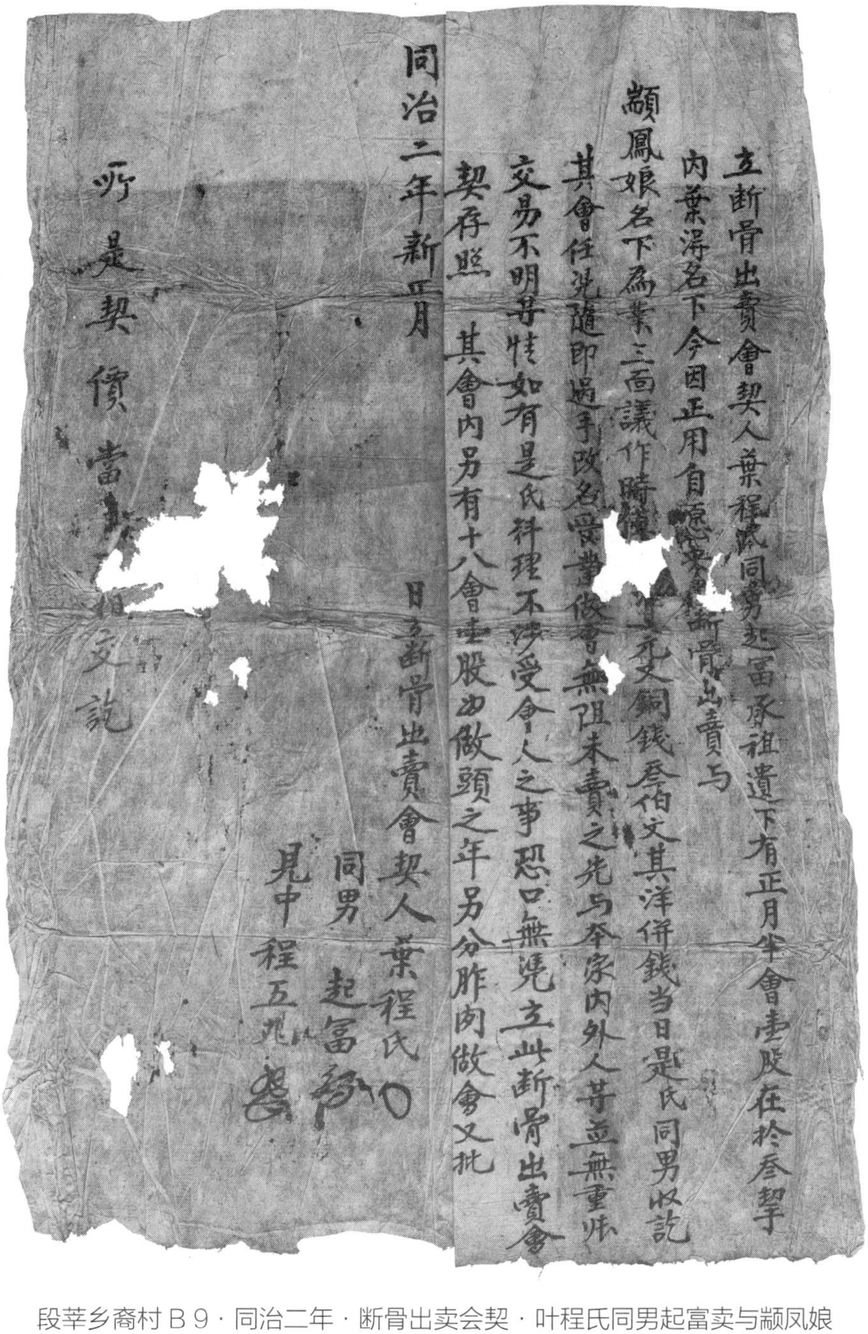

立断骨出賣會契人葉程氏同男起富承祖遺下有正月半會壹股在於叁孥
内葉湧名下今因正用自愿將[illegible]會断骨出賣与
顯鳳娘名下爲業三面議作時值[illegible]洋[illegible]元又銅錢叁佰文其洋併錢当日是氏同男收訖
其會任从随即過手改名管業做會無阻未賣之先与本家内外人等並無重張
交易不明等情如有是氏料理不涉受會人之事恐口無凭立此断骨出賣會
契存照　其會内另有十八會壹股出做頭之年另分胙肉做會又批
同治二年新正月　日立断骨出賣會契人葉程氏
同男　起富
見中　程五九
所是契價當[illegible]相交訖

段莘乡裔村 B 9 · 同治二年 · 断骨出卖会契 · 叶程氏同男起富卖与颛凤娘

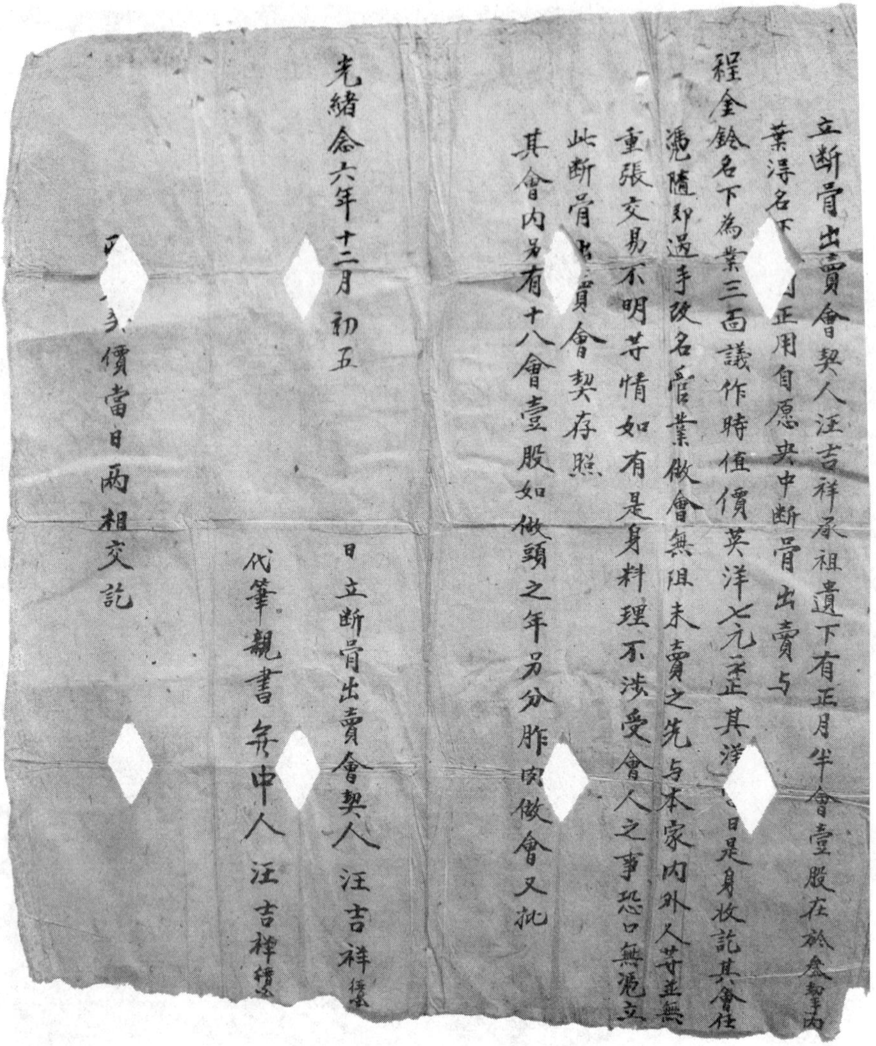

立断骨出賣會契人汪吉祥承祖遺下有正月半會壹股在於翕邦手内
葉淂名下[illegible]正用自愿央中断骨出賣与
程金銓名下為業三面議作時值價英洋七元[illegible]正其洋[illegible]日是身收訖其會任
憑隨卽過手改名管業做會無阻未賣之先与本家内外人等並無
重張交易不明等情如有是身料理不涉受會人之事恐口無憑立
此断骨出賣會契存照
其會内另有十八會壹股如做頭之年另分胙肉做會又批
再[illegible]契價當日兩相交訖
光緒念六年十二月初五日立断骨出賣會契人汪吉祥（押）
代筆親書無中人汪吉祥（押）

段莘乡裔村 B 14 · 光绪二十六年 · 断骨出卖会契 · 汪吉祥卖与程金铃

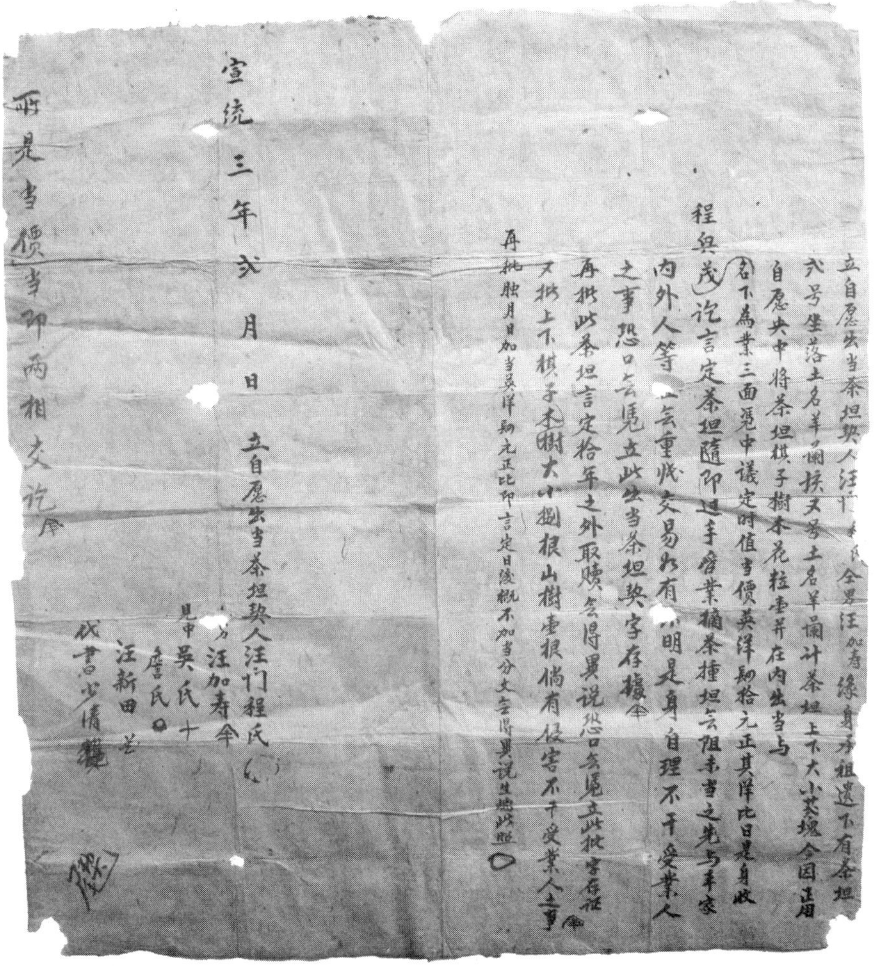

立自愿出当茶坦契人汪门程氏仝男汪加寿缘身承祖遗下有茶坦
弍号坐落土名羊𫚥扶又号土名羊𫚥计茶坦上下大小共塊今因正用
自愿央中将茶坦棋子树木花粒壹并在内出当与
程兴茂名下为业三面凭中议定时值当价英洋贰拾元正其洋比日是身收
讫言定茶坦随即过手当业摘茶挂坦无阻未当之先与本家
内外人等并无重复交易如有不明是身自理不干受业人
之事恐口无凭立此出当茶坦契字存据
再批此茶坦言定拾年之外取赎无得异说恐口无凭立此批字存证
又批上下棋子杂树大小捌根山树壹根倘有损害不干受业人之事
再批胁月日加当英洋贰元正比即言定日后概不加当分文无得异说立此批照

宣统三年弍月　日　立自愿出当茶坦契人汪门程氏
仝男汪加寿
见中　吴氏
詹氏
汪新田
代书　少情
所是当价当即两相交讫

段莘乡裔村 B 18 · 宣统三年 · 出当茶坦契 · 汪门程氏同男汪加寿当与程兴茂

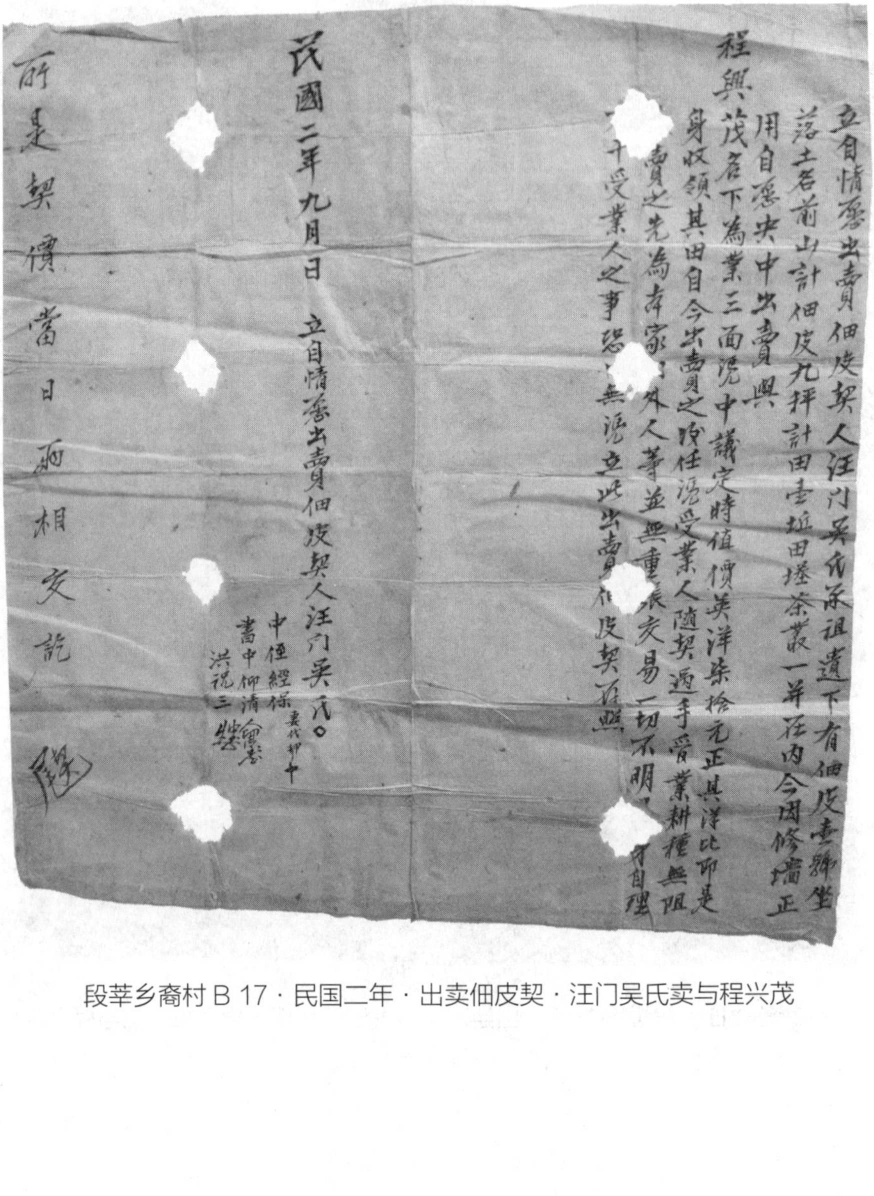
立自情愿出賣佃皮契人汪门吴氏今承祖遺下有佃皮壹號坐
落土名前山，計佃皮九拜，計田壹坵，田塝茶叢一并在內，今因修墻正
用，自愿央中出賣與
程興茂名下為業，三面憑中議定時值價英洋柒拾元正，其洋比即是
身收領，其田自今出賣之後，任憑受業人隨契過手管業耕種無阻。
賣之先，為本家內外人等並無重張交易，一切不明，[illegible]身自理，
不干受業人之事，恐口無憑，立此出賣佃皮契存照。

民國二年九月日 立自情愿出賣佃皮契人汪门吴氏〇

中保 經保 妻代押十

書中 仰清 會蕃

洪視三 樂

所是契價當日兩相交訖

[illegible]

段莘乡裔村 B 17 · 民国二年 · 出卖佃皮契 · 汪门吴氏卖与程兴茂

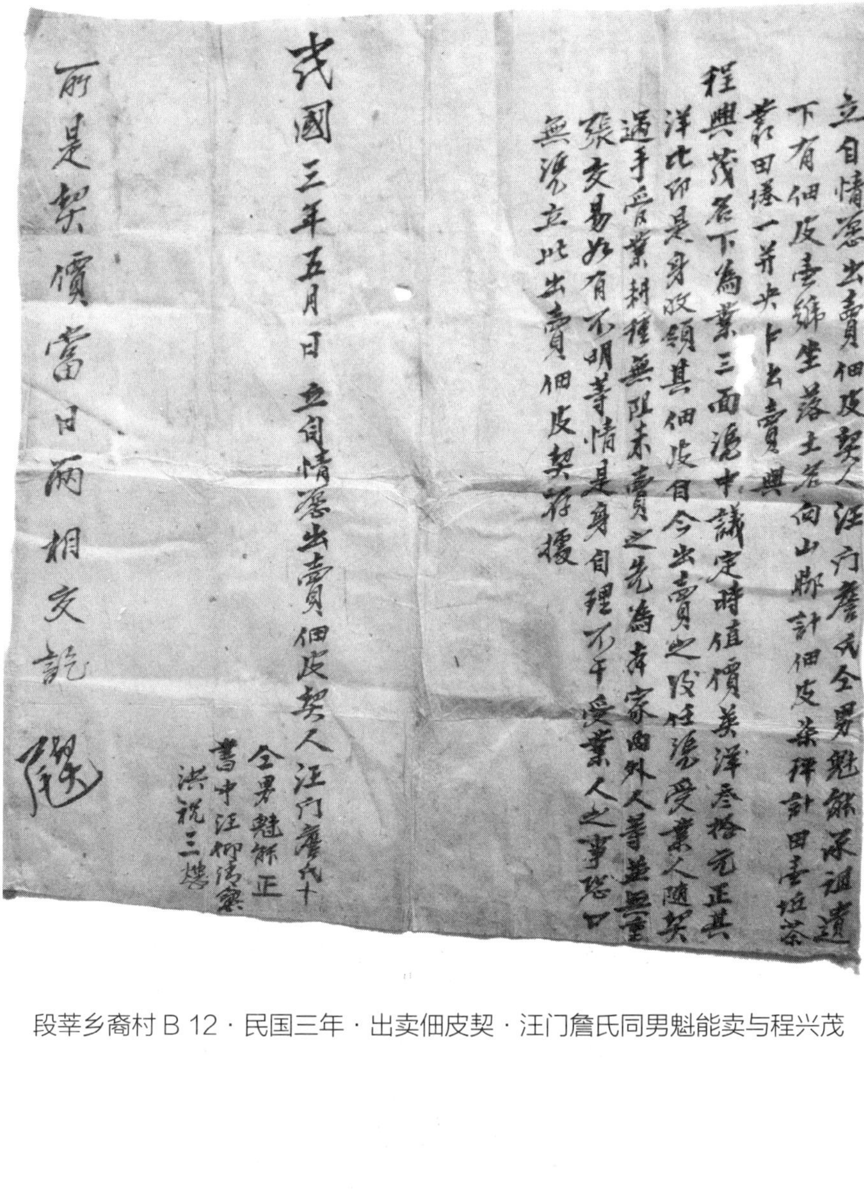

立自情愿出賣佃皮契人汪門詹氏仝男魁能承祖遺
下有佃皮壹號坐落土名面山脚計佃皮柒秤計田壹坵茶
叢田塝一並出卜出賣與
程興茂名下爲業三面憑中議定時值價英洋叁拾元正其
洋比即是身收領其佃皮自今出賣之後任憑受業人隨契
過手管業耕種無阻未賣之先爲本家內外人等並無重
張交易如有不明等情是身自理不干受業人之事恐口
無憑立此出賣佃皮契存據

民國三年五月日 立自情愿出賣佃皮契人汪門詹氏十
仝男魁能 正
書中汪仰清
洪祝三

所是契價當日兩相交訖

段莘乡裔村 B 12 · 民国三年 · 出卖佃皮契 · 汪门詹氏同男魁能卖与程兴茂

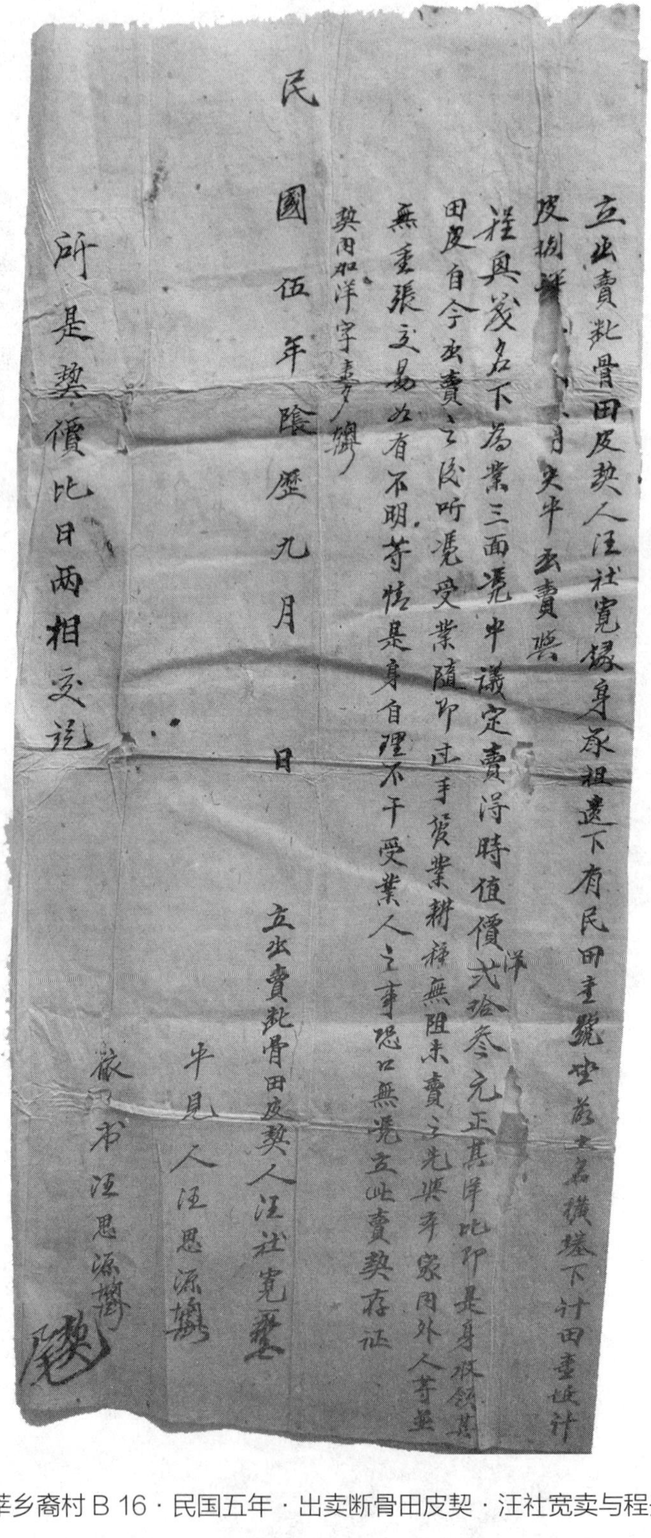

立出賣斷骨田皮契人汪社寬緣身承祖遺下有民田壹號坐落土名横塝下計田壹坵計
皮捌秤[illegible]寔半出賣與
程興茂名下為業三面憑中議定賣得時值價洋弍拾叁元正其洋比即是身收領其
田皮自今出賣之後聽憑受業隨即過手貿業耕種無阻未賣之先與本家内外人等並
無重張交易如有不明等情是身自理不干受業人之事恐口無憑立此賣契存証
契内加洋字壹個 押
民國伍年陰歷九月　日　立出賣斷骨田皮契人汪社寬 押
中見人汪思源 押
依口代書汪思源 押
所是契價比日兩相交訖

段莘乡裔村 B 16 · 民国五年 · 出卖断骨田皮契 · 汪社宽卖与程兴茂

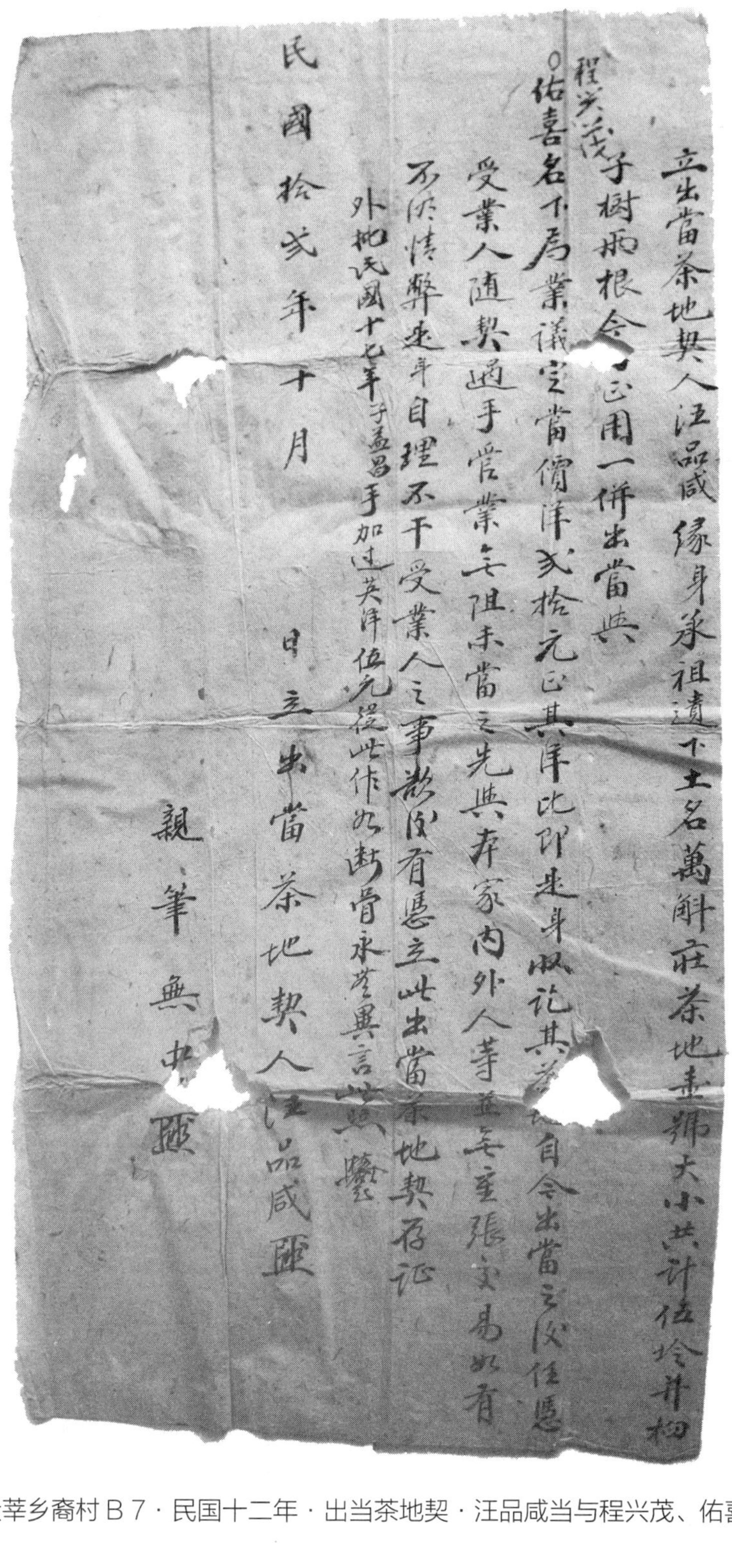

立出當茶地契人汪品咸　缘身承祖遺下土名萬斛莊茶地壹號大小共計伍拾并枊
程兴茂子樹兩根今因正用一併出當與
○佑喜名下爲業議定當價洋貳拾元正其洋比即是身收訖其茶地自今出當之後任憑
受業人随契過手管業無阻未當之先與本家內外人等並無重張交易如有
不明情弊是身自理不干受業人之事欲後有憑立此出當茶地契存照
外批民國十七年子孟昌手加过英洋伍元從此作為斷骨永遠無言此照
民國拾貳年十月　　日立出當茶地契人汪品咸押
親筆無出押

段莘乡裔村 B 7 · 民国十二年 · 出当茶地契 · 汪品咸当与程兴茂、佑喜

立出賣田皮契人汪门葉氏緣身承祖遺下有田皮壹號坐落土名塝坵计田壹坵合囬正用 计皮捌秤

自愿央中托请本家出賣与

興茂為業時值價洋四拾元正其洋比即是身收足其田皮随即过手受業耕種無阻未賣之

先与本家內外人等並無重複交易倘有不明等情是身自理不干受業人事恐口無

憑立此賣契存照 再批老業壹並在內事

民國拾五年七月 日 立出賣田皮契人 汪门葉氏

中見本家 汪銀發

汪林秀

汪長春

代書 汪文釗

汪寬恒

屘

段莘乡裔村 B 6 · 民国十五年 · 出卖田皮契 · 汪门叶氏卖与兴茂

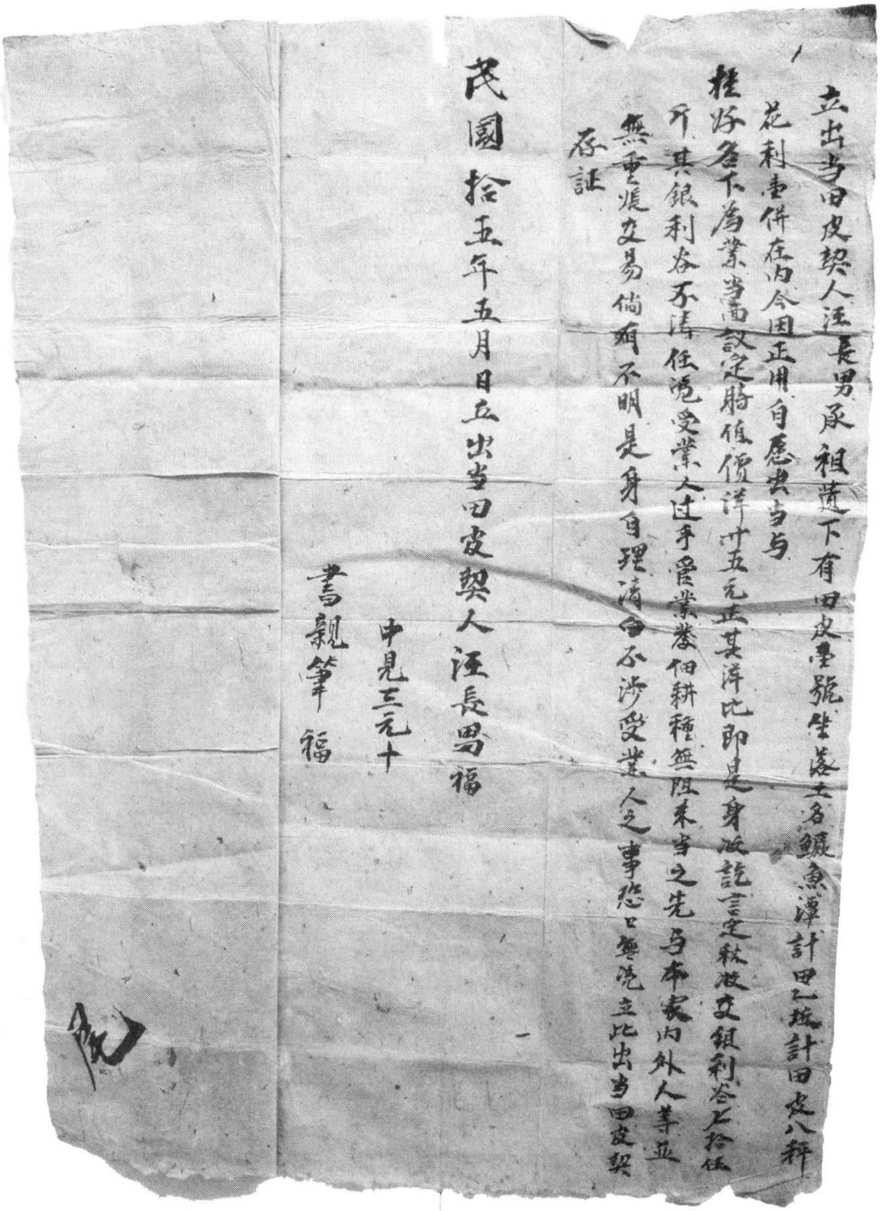

立出当田皮契人汪長男承祖遗下有田皮壹號坐落土名鰻魚潭計田乙坵計田皮八秤
花利壹併在内今因正用自愿出当与
桂好名下為業当面議定時值價洋卅五元正其洋比即是身收訖言定秋收交銀利谷乙拾伍
斤其銀利谷不清任凭受業人过手管業發佃耕種無阻未当之先与本家内外人等並
無重複交易倘有不明是身自理清白不涉受業人之事恐口無凭立此出当田皮契
存証

民國拾五年五月日立出当田皮契人汪長男福

中見王元十

書親筆福

段莘乡裔村 B 15 · 民国十五年 · 出当田皮契 · 汪长男当与桂好

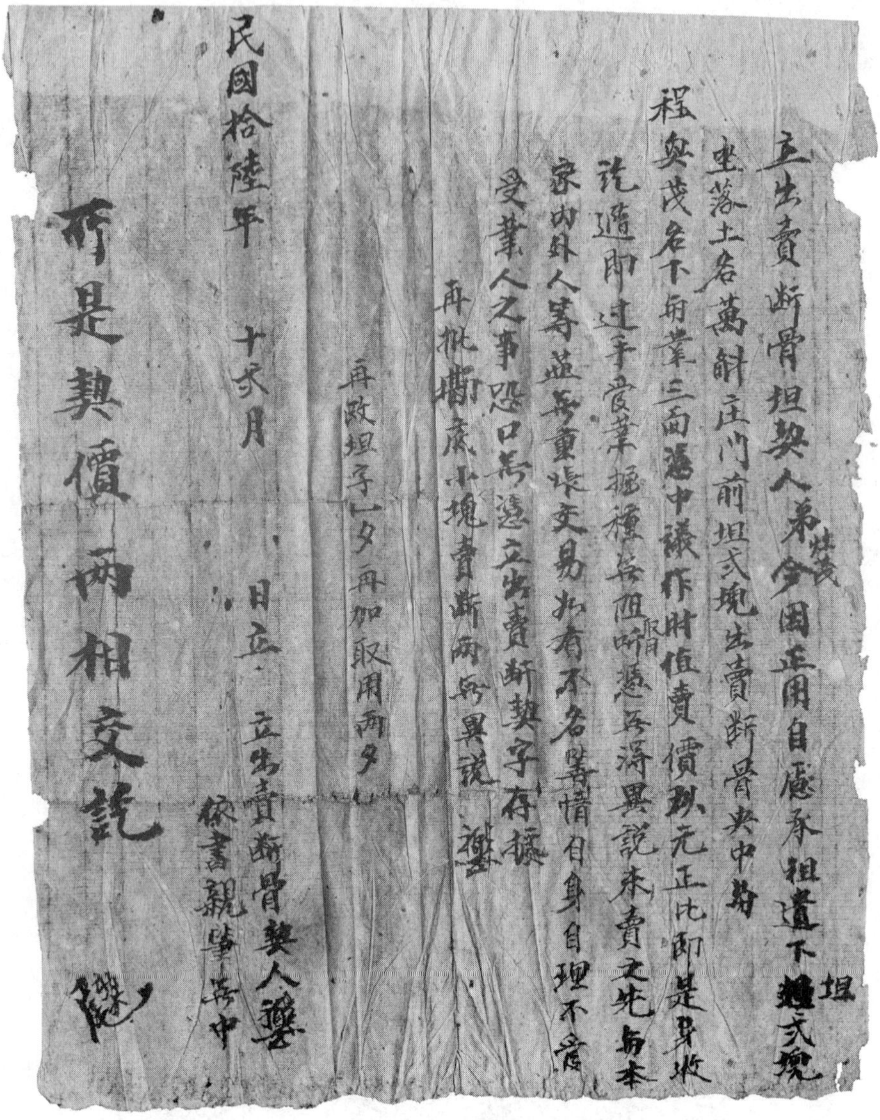

立出賣断骨坦契人弟灶茂今因正用自愿承祖遺下坦弍塊
坐落土名萬斛庄门前坦弍塊出賣断骨央中跔
程興茂名下為業三面憑中議作時值賣價玖元正比即是身收
訖遺即过手管業挖種無阻听憑無得異說未賣之先与本
家内外人等並無重張交易如有不名等情自身自理不管
受業人之事恐口無憑立出賣断契字存據
再批𠦝底小塊賣断兩無異說
再啟坦字一夕再加取用兩夕
民國拾陸年　十弍月　日立　立出賣断骨契人灶茂
依書親筆無中
前是契價兩相交訖

段莘乡裔村 B 13 · 民国十六年 · 出卖断骨坦契 · 灶茂卖与程兴茂

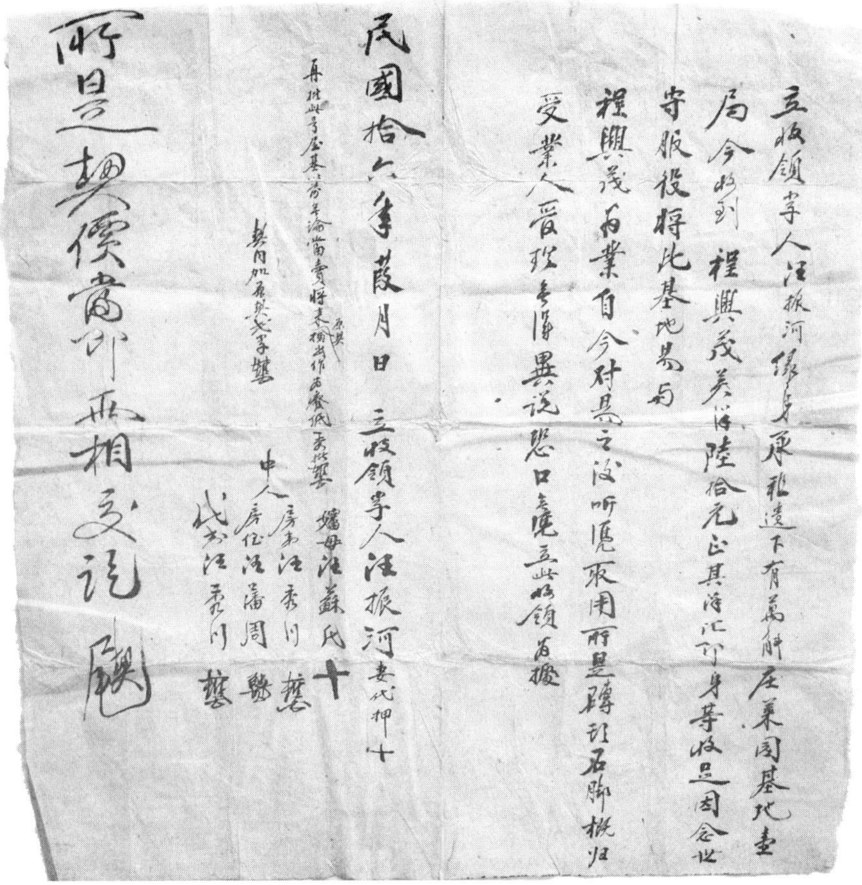

立收領字人汪振河，緣身承祖遺下有萬字號庄菜园基地壹局，今收到程興茂英洋陸拾元正，其洋比即身等收足。因念世守服役，將此基地出与程興茂為業，自今付與之後，听憑取用，所是磚頭石脚概归受業人管理，毋得異説。恐口無憑，立此收領為據。

再批：此字基地本年論當賣將來（原契）摘出作為廢紙，再批押

民國拾六年葭月日 立收領字人汪振河 妻代押 十

孀母汪蘇氏 十

中人 房東汪秀川 押

房侄汪福周 押

代書汪秀川 押

所是契價當即兩相交訖 [illegible]

段莘乡裔村 B 19 · 民国十六年 · 收领字 · 汪振河收到程兴茂

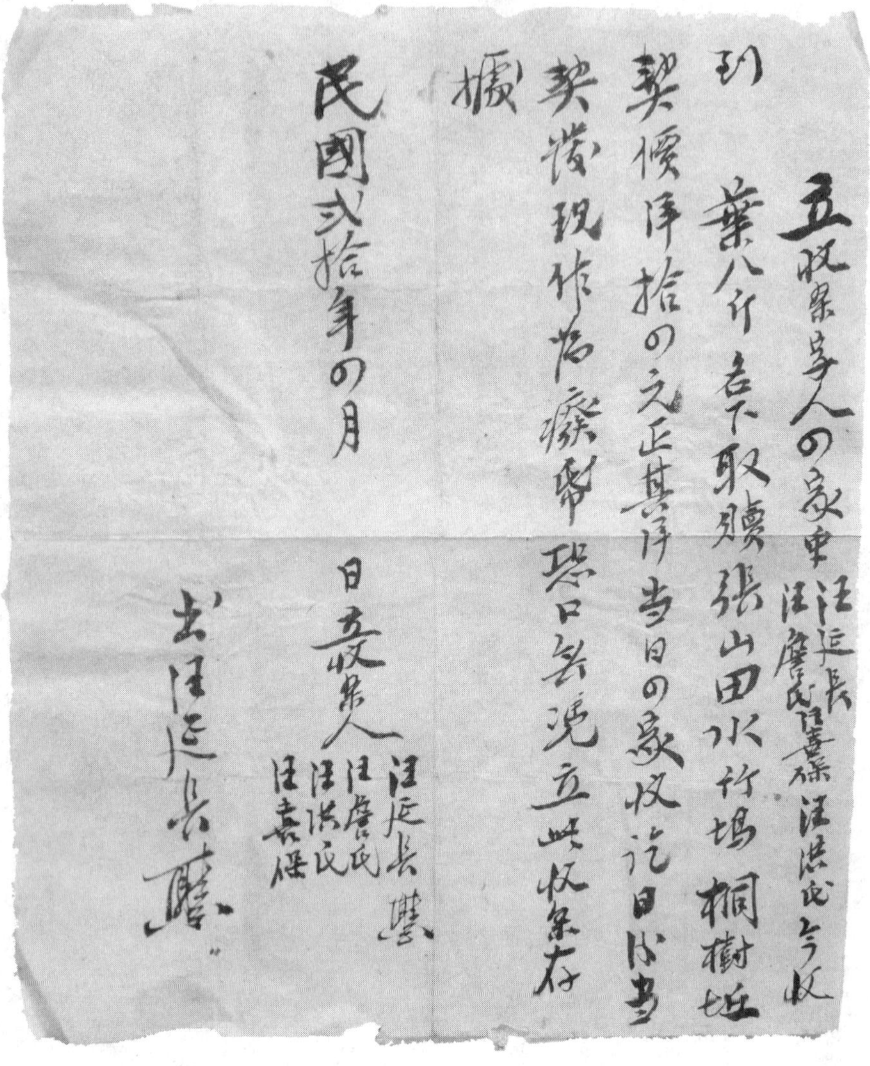

立收條字人四家中汪延長汪詹氏汪喜保汪洪氏今收
到 葉八斤名下取贖張山田水竹塢桐樹坵
契價洋拾四元正其洋當日四家收訖日後尋
契據現作為廢帋恐口無憑立此收條存
據
民國弍拾年四月 日立收條人 汪延長 汪詹氏 汪洪氏 汪喜保
書汪延長

段莘乡裔村 B 2 · 民国二十年 · 收条字 · 汪延长等收到叶八斤

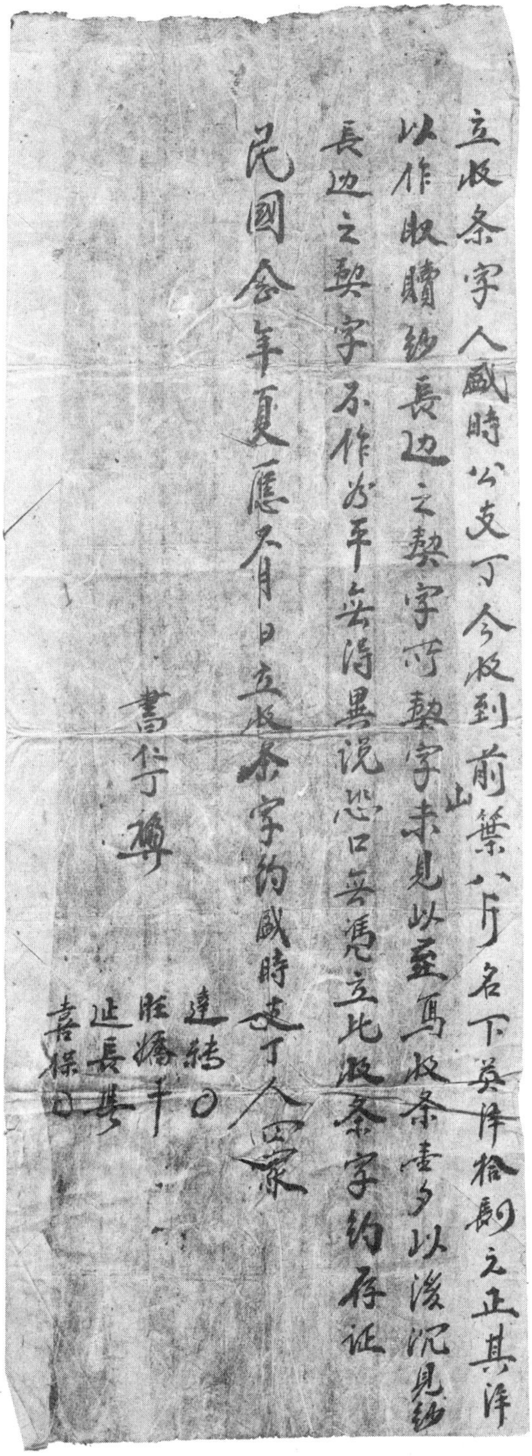
立收条字人盛時公支丁今收到前葉八斤名下英洋拾副之正其洋
以作收贖約長边之契字并山契字未見以亞焉收条壹夕以後沉見紙
長边之契字不作为平無得異說恐口無憑立比收条字約存证
民國念年夏歷六月日立收条字約盛時支丁人眾
達綿 胜濤 延長 喜樑
書字丁尊

段莘乡裔村 B 3 · 民国二十年 · 收条字约 · 盛时公支丁收到叶八斤

立斷骨出賣茶坦契人汪仁丁，緣身承祖遺下有茶坦弍塊，坐落土栗樹坦，公同正用，自愿央中出賣與

程興茂名下為業，三面憑中議定賣得時值價洋拾柒元正，其洋比即是身收訖，其茶坦自今出賣

之後，所憑受業人隨即過手受業摘茶種萓取用無阻。未賣之先，與本家內外人等並無重復交易。如

有不明等情，該身自理，不干受業人之事。恐口無憑，立此出賣茶坦契存據。

民國弍拾年陰曆五月　日

立斷骨出賣茶坦契人汪仁丁（押）

中見　汪恩源（押）

依書　汪恩源（押）

所是契價比日兩相交足

段莘乡裔村 B 21 · 民国二十年 · 断骨出卖茶坦契 · 汪仁丁卖与程兴茂

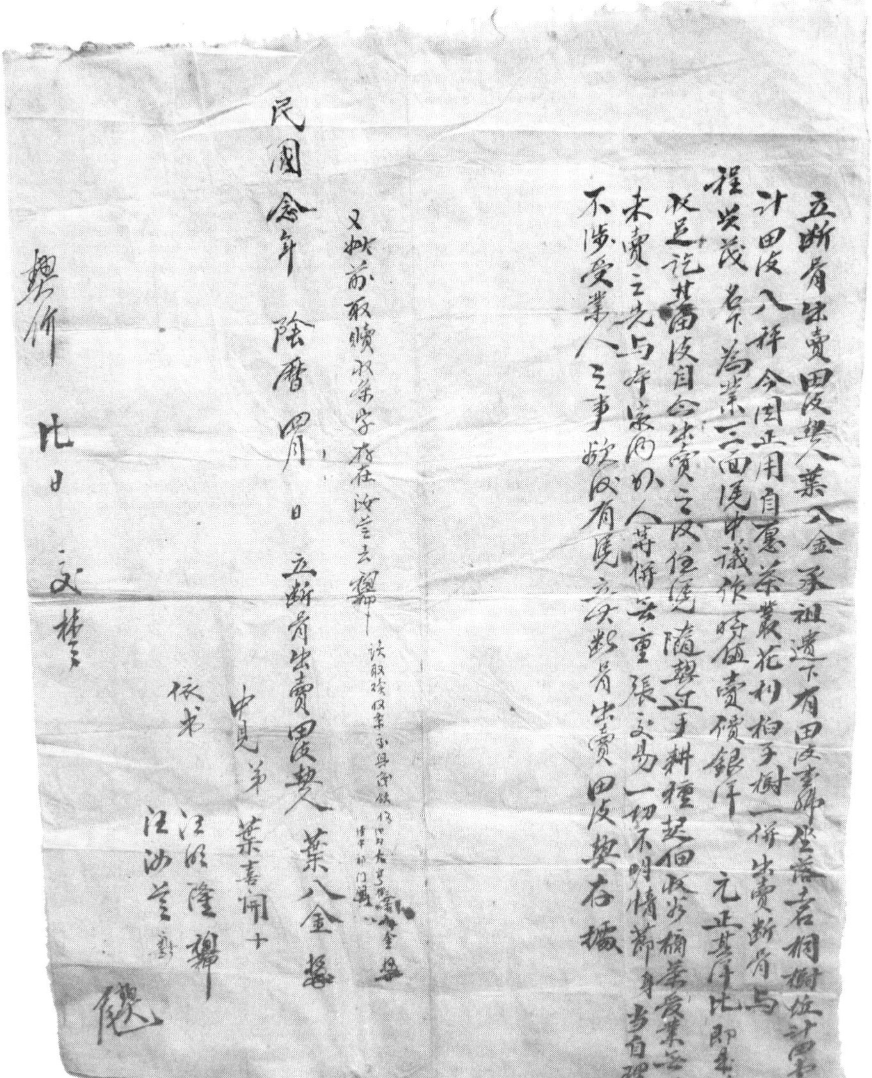

立断骨出賣田皮契人葉八金承祖遺下有田皮壹號坐落苦桐樹底計田壹坵

計田皮八秤今因正用自愿將叢花杉柏手樹一併出賣斷骨與

程興茂名下為業三面憑中議作時值價銀洋　元正其洋比即本身

收足訖其田皮自今出賣之後任憑隨契過手耕種起佃收苗補業無阻

未賣之先與本家内外人等併無重張交易一切不明情節身自理

不涉受業人之事欲後有憑立此斷骨出賣田皮契存據

又批前取贖收業字存在汝生去押　[illegible]

民國念年　陰曆四月　日　立斷骨出賣田皮契人　葉八金　押

中見弟　葉喜開　十

依書　汪汝隆　押

汪汝生　押

契價比日交楚　押

段莘乡裔村 B 22 · 民国二十年 · 断骨出卖田皮契 · 叶八金卖与程兴茂

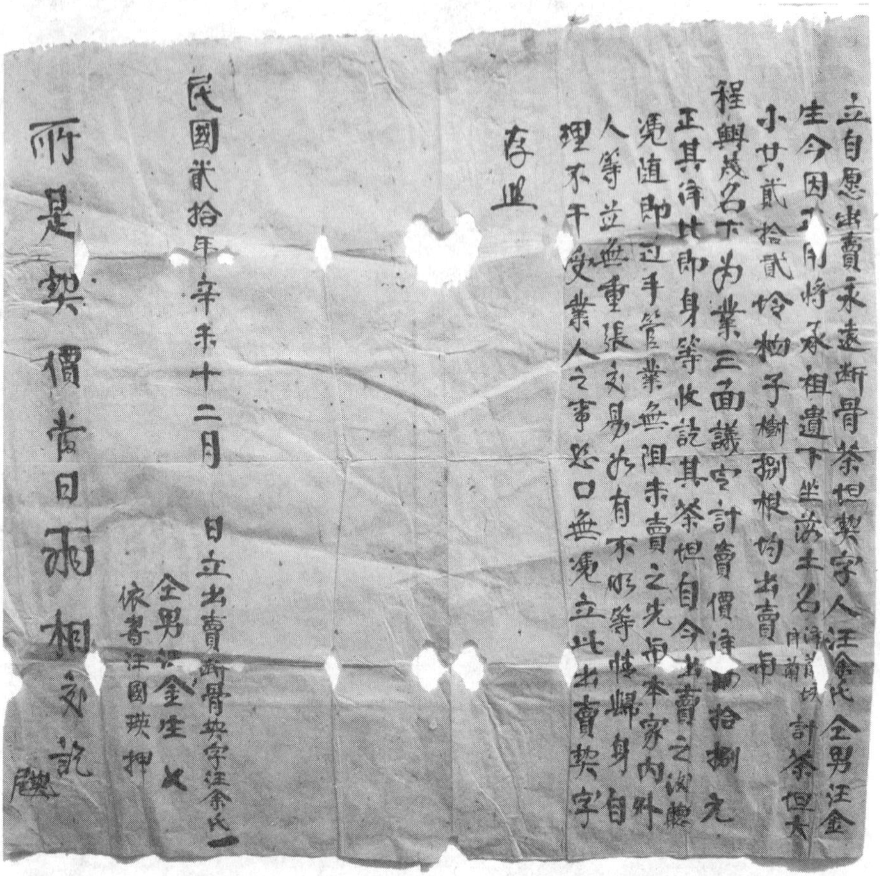
立自愿出賣永遠断骨茶坦契字人汪余氏仝男汪金生今因正用將承祖遺下坐落土名洋前塅自崩計茶坦大小共貳拾貳棵柚子樹捌根均出賣與程興茂名下為業三面議定計賣價洋[illegible]拾捌元正其洋比即身等收訖其茶坦自今出賣之後聽憑随即过手管業無阻未賣之先與本家內外人等並無重張交易如有不明等情歸身自理不干受業人之事恐口無憑立此出賣契字存照

民國貳拾年辛未十二月　日立出賣断骨契字汪余氏

仝男汪金生

依書汪國瑛押

所是契價當日兩相交訖

段莘乡裔村 B 23 · 民国二十年 · 出卖永远断骨茶坦契 ·

汪余氏同男汪金生卖与程兴茂

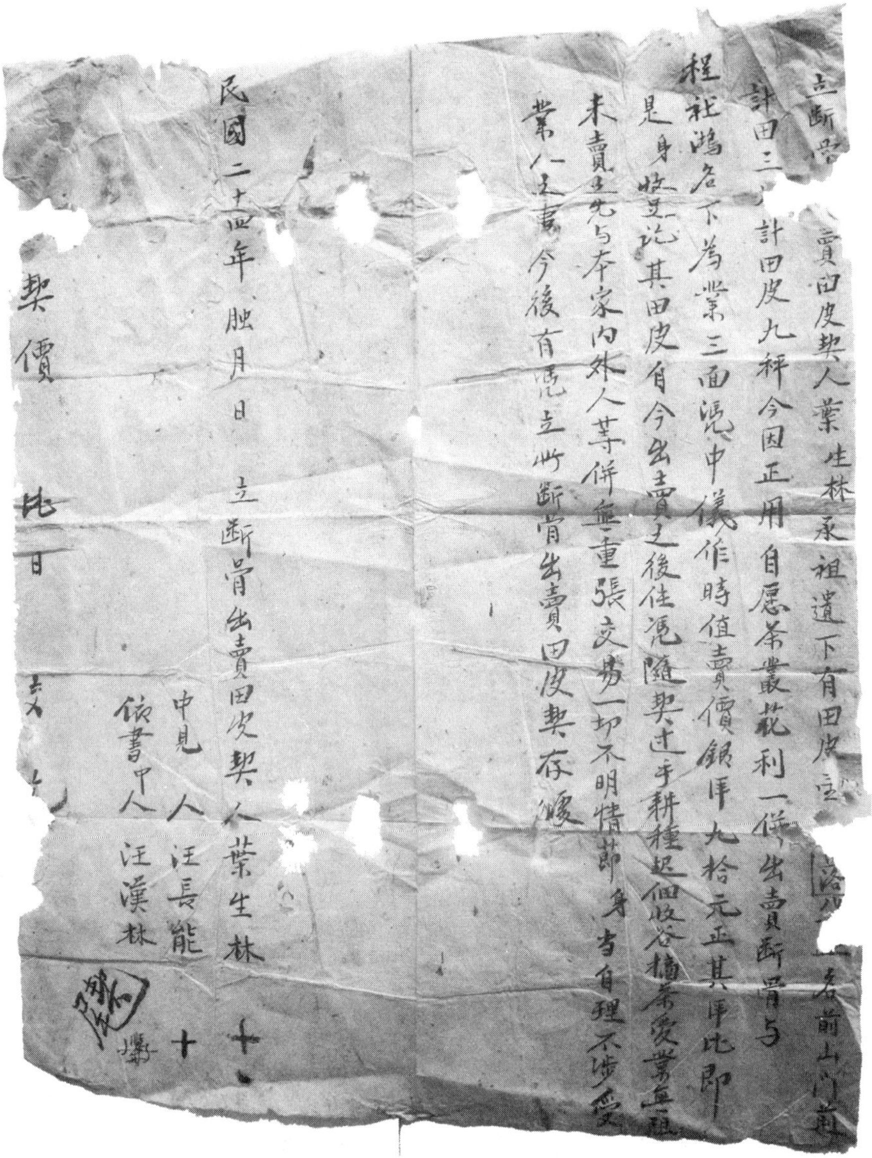

立斷骨賣田皮契人葉生林承祖遺下有田皮坐落[illegible]名前山门前

計田三[illegible] 計田皮九秤今因正用自愿茶叢託利一併出賣斷骨与

程社鴻名下為業三面憑中議作時值賣價銀洋大洋拾元正其洋比即

是身收足訖其田皮自今出賣之後任憑隨契过手耕種起佃收谷揚茶受業無阻

未賣之先与本家内外人等併無重張交易一切不明情節身當自理不涉受

業人之事今後有憑立此斷骨出賣田皮契存據

民國二十四年 腊月 日 立斷骨出賣田皮契人 葉生林 十

中見人 汪長能 十

依書中人 汪漢林

契價 比日 [illegible]

段莘乡裔村 B 24 · 民国二十四年 · 断骨出卖田皮契 · 叶生林卖与程社鸿

□契人葉生林承祖遺下有田皮壹號坐落土名座山□□田
四坵計□□，□内有骨租弍秤今因正用自愿一併出当与
程社鴻名下為業三面憑中儀作時当價洋四拾元正其洋比即是身
收訖其田皮租自今出当之後任憑隨契过手耕種受業無阻未当
之先与本家内外人等併無重張交易一切不明情節是身当自理不
涉業人之事今有憑立此出当田皮并租契存証

民国二十五年閏三月 日

立出当田皮租契人 葉生林十
中見人 汪長能十
依書中人 汪漢林

契價比日交訖

段莘乡裔村 B 11 · 民国二十五年 · 出当田皮租契 · 叶生林当与程社鸿

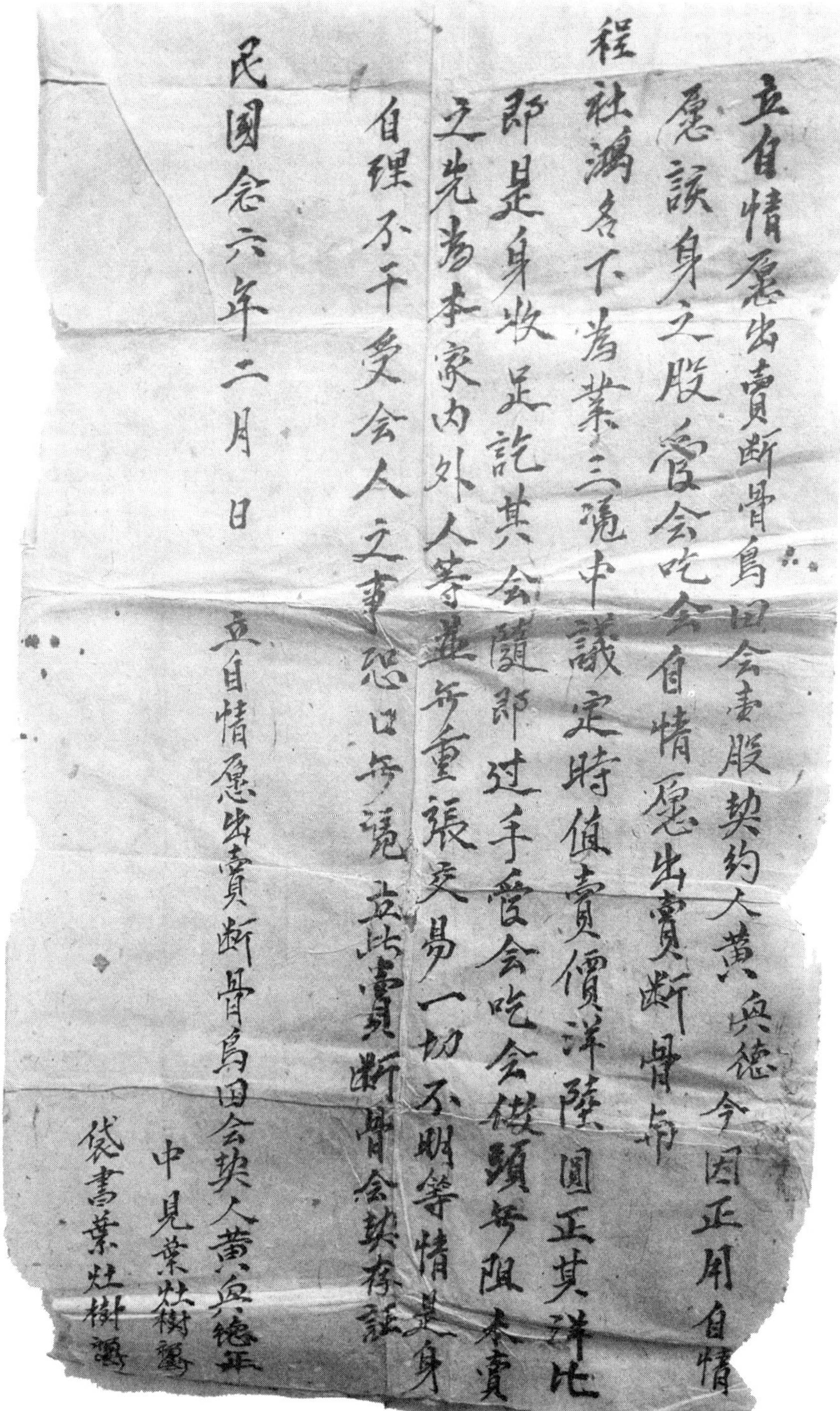
立自情愿出賣断骨烏田会壹股契约人黄興德，今因正用，自情愿該身之股管会吃会自情愿出賣断骨与
程社鴻名下為業，三面中議定時值賣價洋陸圓正，其洋比即是身收足訖，其会隨即过手管会吃会做頭無阻。未賣之先，為本家内外人等並無重張交易，一切不明等情，是身自理，不干受会人之事。恐口無憑，立此賣断骨会契存証。

民國念六年二月　日　立自情愿出賣断骨烏田会契人黄興德（押）

中見葉灶樹（押）

代書葉灶樹（押）

段莘乡裔村 B 20 · 民国二十六年 · 出卖乌田会契 · 黄兴德卖与程社鸿

立自情愿出賣断骨田皮契人程德杉承祖名下有田皮貳秤石粟
碙半隻壹處在內坐落土名萬[illegible]大中出賣断骨与
程社鴻名下為業三面凴中議作時自賣價洋叁拾伍元正
其洋比即是身收足其田皮貳秤石粟碙壹併在賣断骨
未賣之先無阻呩凴隨契过手管業不管受業人之事未
賣之先与本家内外人等併無重張交易壹切不明等
情是身自理不管受業人之事恐口無凴立此契字存証
民國叁拾壹年二月　日出賣田皮石粟碙壹功断骨契人程德杉
程德杉
書中程社泉正
[illegible]碙半隻正
断是契價兩相交訖

段莘乡裔村 B 5 · 民国三十一年 · 出卖断骨田皮契 · 程德杉卖与程社鸿

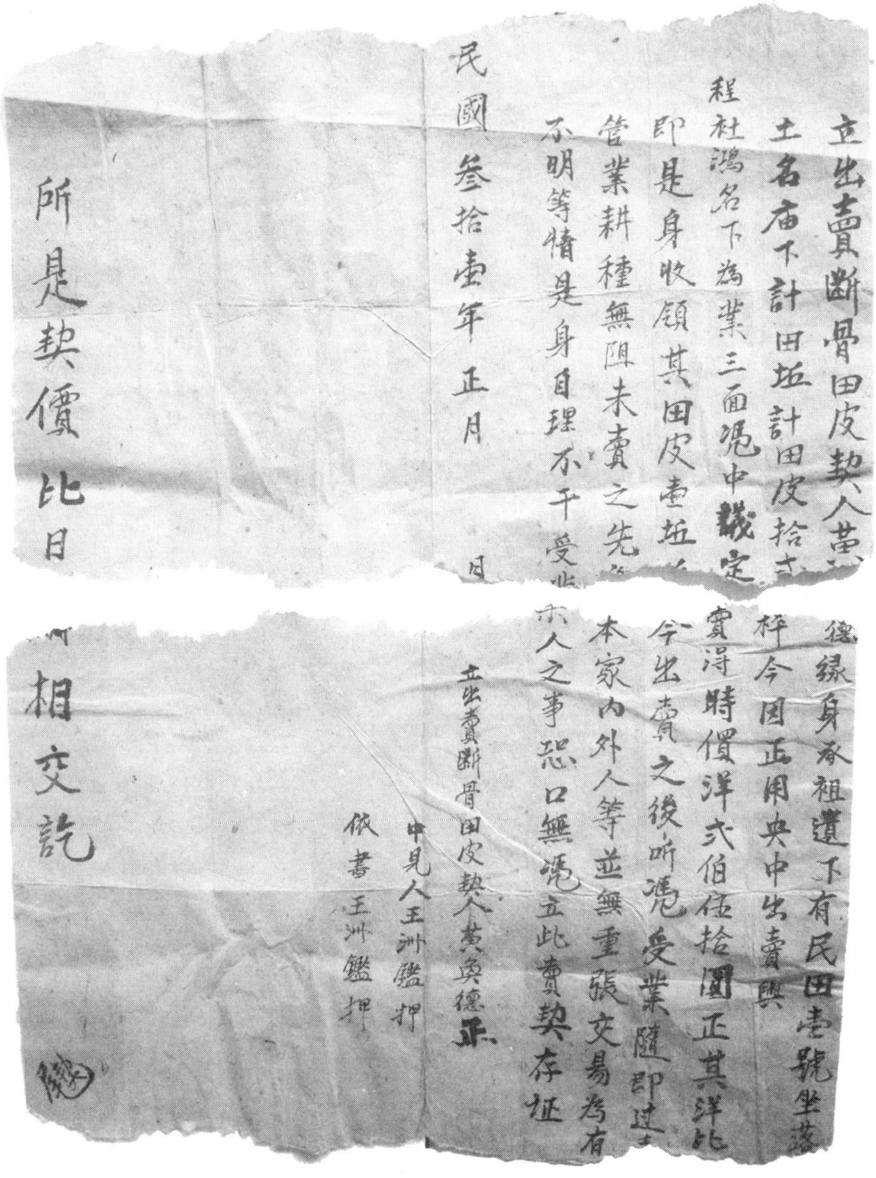
立出賣斷骨田皮契人黄[興]德缘身承祖遺下有民田壹號坐落
土名庙下計田坵計田皮拾弍秤今因正用央中出賣與
程社鴻名下為業三面凴中議定實得時價洋弍佰伍拾圓正其洋比
即是身收領其田皮壹坵今出賣之後所凴受業隨即过
管業耕種無阻未賣之先本家内外人等並無重張交易為有
不明等情是身自理不干受业人之事恐口無凴立此賣契存証
民國叁拾壹年正月　日　立出賣斷骨田皮契人黄興德押
中見人王洲鑑押
依書王洲鑑押
所是契價比日相交訖

段莘乡裔村 B 8 · 民国三十一年 · 出卖断骨田皮契 · 黄兴德卖与程社鸿

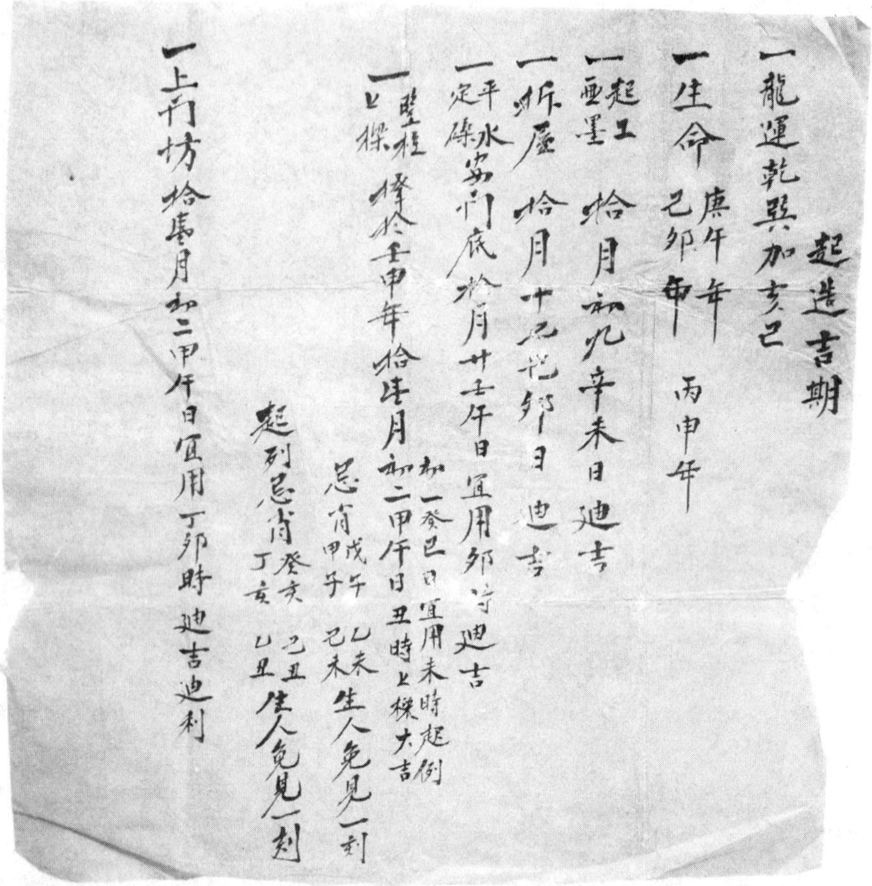

起造吉期

一龍運乾巽加亥巳

一生命 庚午年 己卯年 丙申年

一起工 画墨 拾月初九辛未日 迪吉

一拆屋 拾月廿七己卯日 迪吉

一平水 安門底 定磉 拾月廿壬午日宜用卯時迪吉

一豎柱 上梁 擇於壬申年拾壹月初一癸巳日宜用未時起例 初二甲午日丑時上梁大吉

忌肖 戊午 甲午 乙未 己未 生人免見一刻

起列忌肖 癸亥 丁亥 己丑 乙丑 生人免見一刻

一上門坊 拾壹月初二甲午日宜用丁卯時 迪吉迪利

段莘乡裔村 B 1 · 起造吉期单

段莘乡大秋岭村 1—3

段莘乡大秋岭村 1-1 · 道光三十年至光绪三十年 · 税粮实征册 · 元丰户

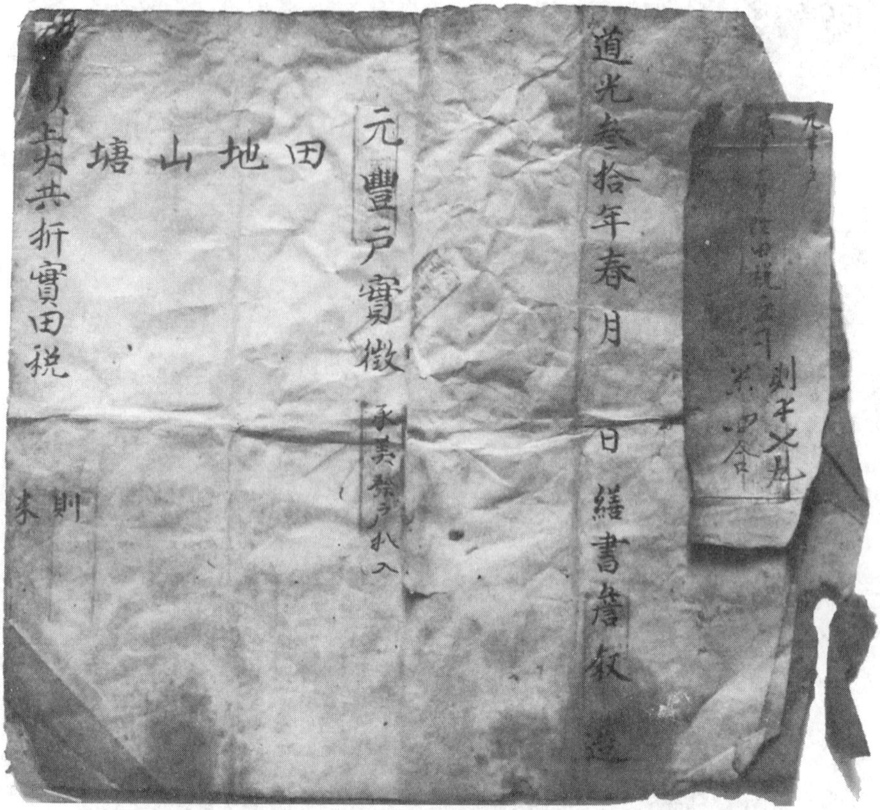

道光叁拾年春月　日　繕書詹敘造
元豐戶實徵
承美祭户扒入
田　地　山　塘
共折實田稅
則　來

段莘乡大秋岭村 1-2 · 道光三十年至光绪三十年 · 税粮实征册 · 元丰户

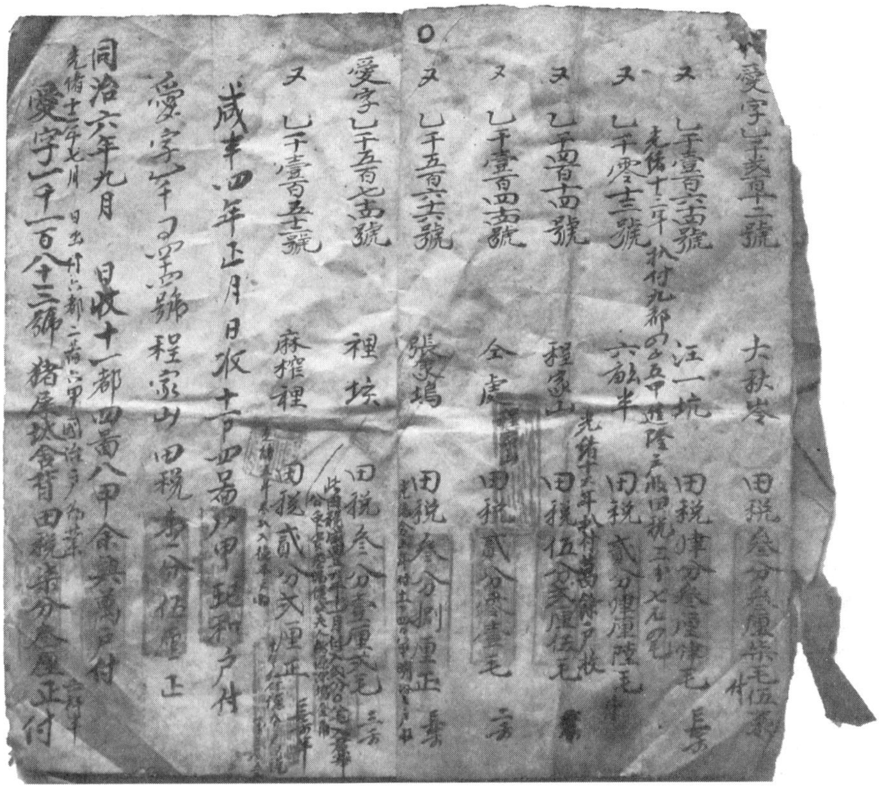

段莘乡大秋岭村 1-3 · 道光三十年至光绪三十年 · 税粮实征册 · 元丰户

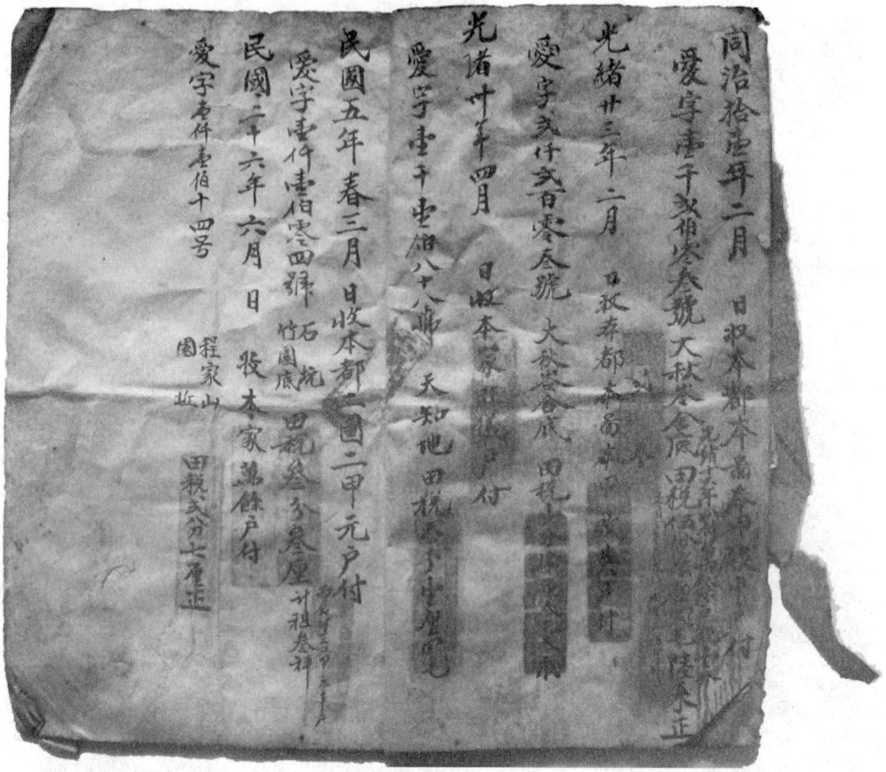

同治拾壹年二月 日收本都本啚
愛字壹千貳佰零叁號 天秋叁?底 田税
光緒廿三年二月 日收本都本啚
愛字貳仟貳佰零叁號 大秋嶺底 田税
光緒廿年四月 日收本家 戶付
愛字壹千壹佰八十八號 天知地 田税
民國五年春三月 日收本都二啚二甲元戶付
愛字壹仟壹佰零四號 石坑 竹園底 田税叁分叁厘 計租叁秤
民國二十六年六月 日 收本家萬餘戶付
愛字壹仟壹佰十四号 程家山 園址 田税貳分七厘正

段莘乡大秋岭村 1-4 · 道光三十年至光绪三十年 · 税粮实征册 · 元丰户

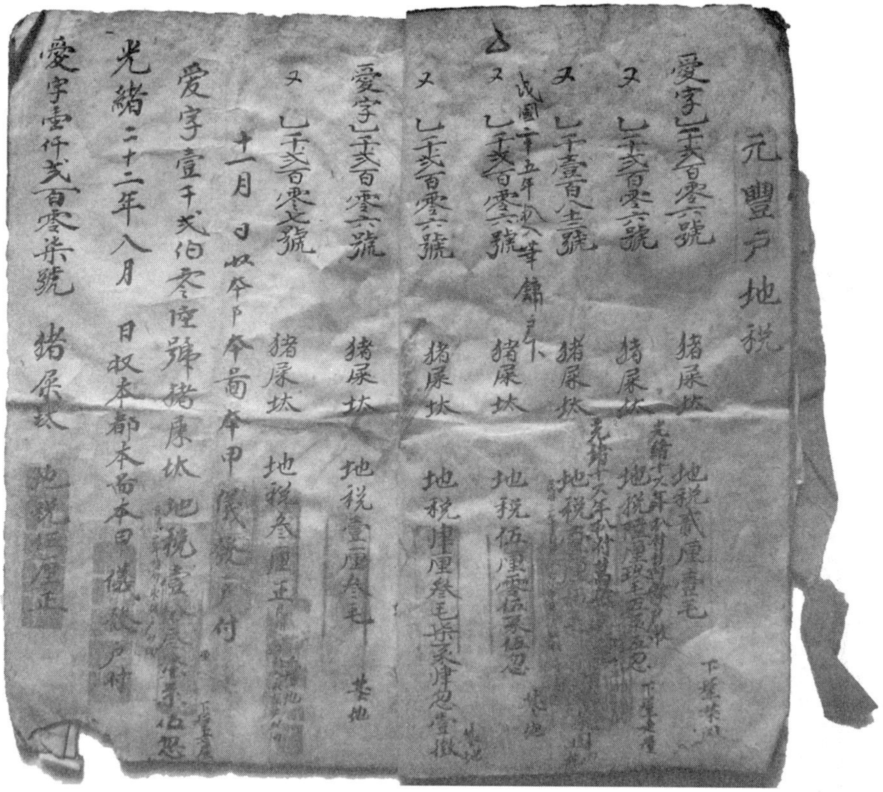

元豐户地税

愛字乙千弍百零六號 猪屎坎 地税貳厘壹毛

又 乙千弍百零六號 猪屎坎 地税陸厘

又 乙千壹百八十號 猪屎坎 地税

又 乙千弍百零六號 猪屎坎 地税伍厘零伍系伍忽

又 乙千弍百零六號 猪屎坎 地税肆厘叁毛

愛字乙千弍百零六號 猪屎坎 地税壹厘六毛

又 乙千弍百零七號 猪屎坎 地税叁厘正

十一月 日收本户本啚本甲儀發户付

愛字壹千弍伯零陸號猪屎坎地税壹

光緒二十二年八月 日收本都本啚本甲儀發户付

愛字壹仟弍百零柒號 猪屎坎 地税伍厘正

段莘乡大秋岭村 1-5 · 道光三十年至光绪三十年 · 税粮实征册 · 元丰户

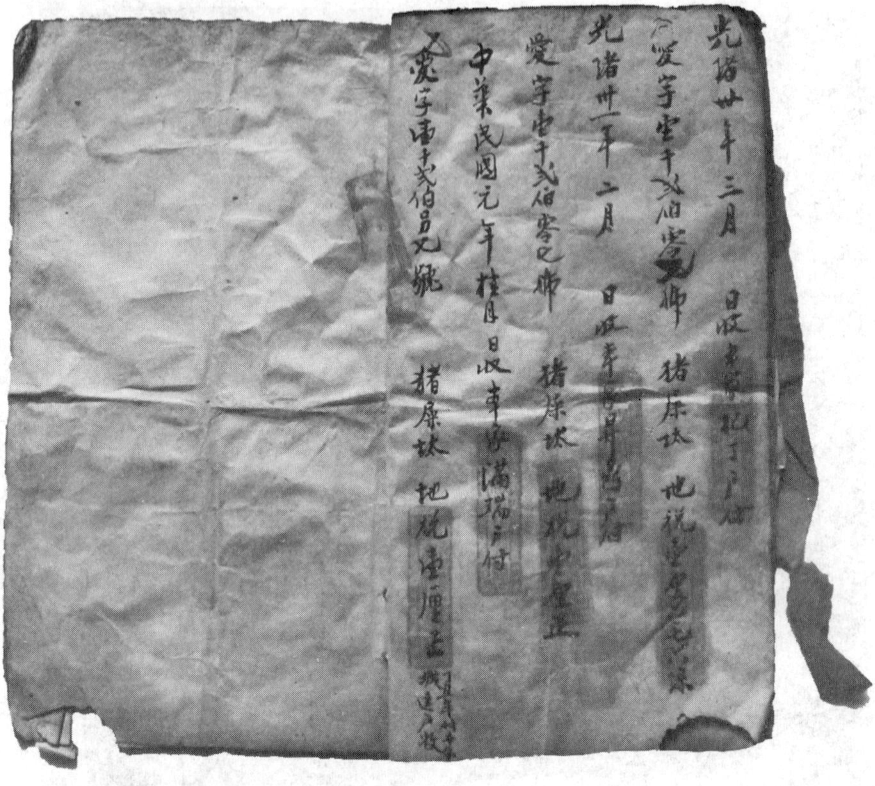

段莘乡大秋岭村 1-6 · 道光三十年至光绪三十年 · 税粮实征册 · 元丰户

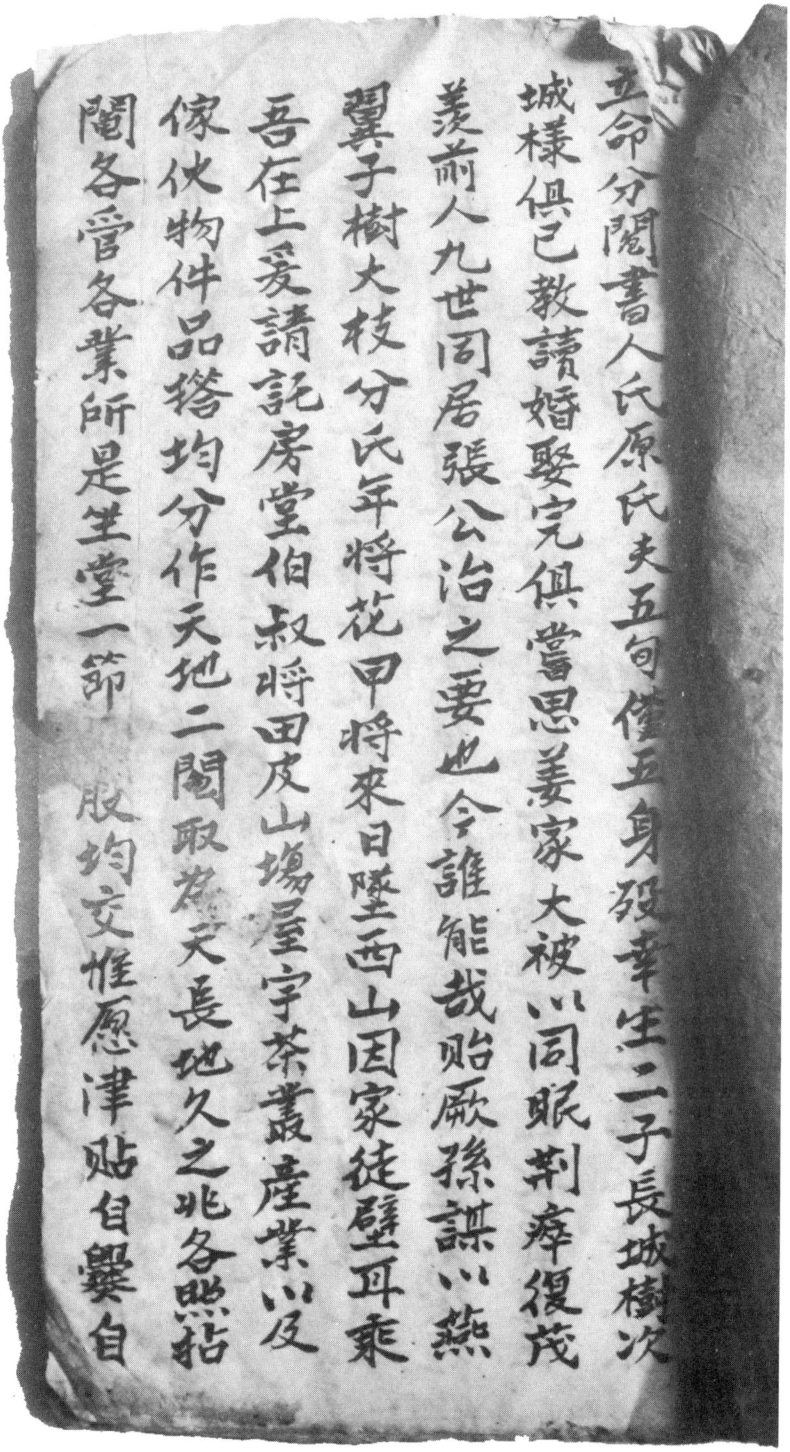
立命分閹書人氏原氏夫五旬僅五身殁幸生二子長城樹次
城樣俱已教讀婚娶完俱當思姜家大被以同眠荆瘁復茂
姜前人九世同居張公治之要也今誰能哉貽厥孫謀以燕
翼子樹大枝分氏年將花甲將來日墜西山因家徒壁耳乘
吾在上爰請託房堂伯叔將田皮山塲屋宇茶叢產業以及
傢伙物件品搭均分作天地二閹取名天長地久之兆各照拈
閹各管各業所是生堂一節 股均支惟愿津貼自爨自

段莘乡大秋岭村 3-1 · 光绪八年 · 分阄文书 · 詹阿汪氏与子城树、城祥

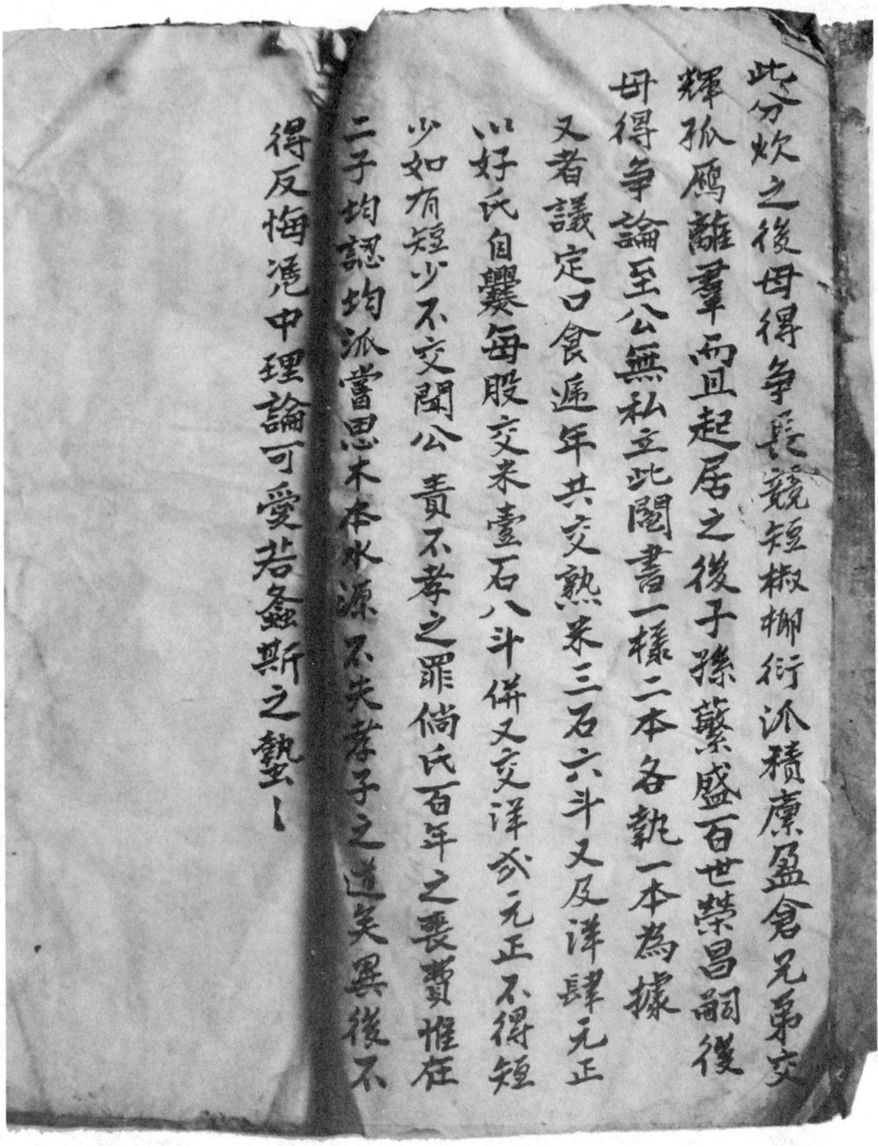
此々分炊之後毋得爭長競短椒榔衍派積廩盈倉兄弟交
輝孤鴈離羣而且起居之後子孫蘩盛百世榮昌嗣後
毋得爭論至公無私立此閹書一樣二本各執一本為據
又者議定口食逓年共交熟米三石六斗又及洋肆元正
以好氏自爨每股交米壹石八斗併又交洋弍元正不得短
少如有短少不交閹公責不孝之罪倘氏百年之喪費惟在
二子均認均派當思木本水源不失孝子之道矣異後不
得反悔憑中理論可愛若螽斯之蟄々

段莘乡大秋岭村 3-2 · 光绪八年 · 分阄文书 · 詹阿汪氏与子城树、城样

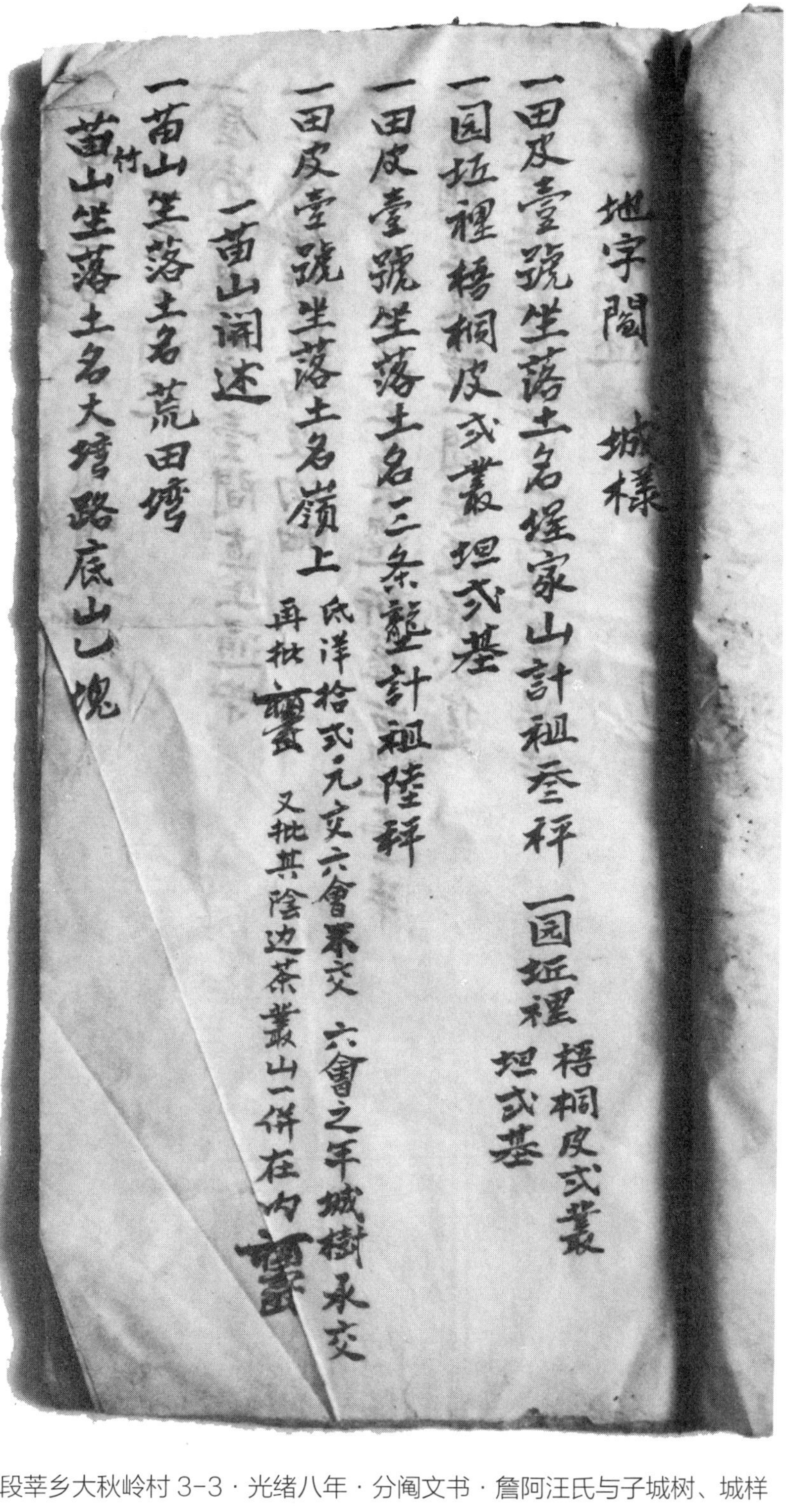
地字閹　城樣

一田皮壹號坐落土名堤家山計租叁秤　一园坵裡　梧桐皮弍叢　坦弍基

一园坵裡梧桐皮弍叢坦弍基

一田皮壹號坐落土名三条壟計租陸秤

一田皮壹號坐落土名嶺上　氐洋拾弍元交六會眾交　六會之年城樹承交

再批

又批其陰边茶叢山一併在内

一茴山闹述

一茴山坐落土名荒田塆

一茴竹山坐落土名大塆路底山一塊

段莘乡大秋岭村 3-3 · 光绪八年 · 分阄文书 · 詹阿汪氏与子城树、城祥

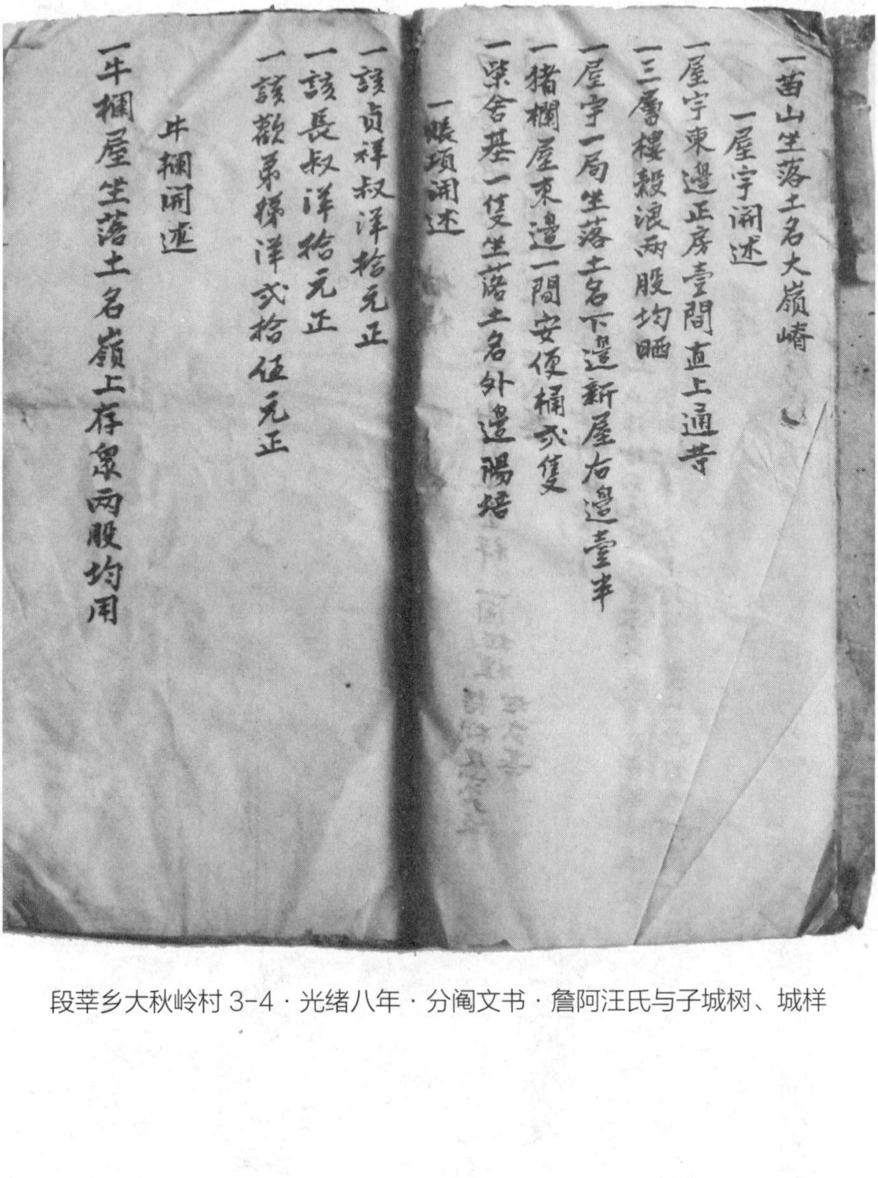

一苗山坐落土名大嶺崎

一屋宇阄述

一屋宇東邊正房壹間直上通寺

一三層樓穀浪兩股均晒

一屋宇一局坐落土名下邊新屋右邊壹半

一猪欄屋東邊一間安便桶弍隻

一柴舍基一隻坐落土名外邊陽塝

一賬項阄述

一該貞祥叔洋拾元正

一該長叔洋拾元正

一該歡弟樑洋弍拾伍元正

牛欄阄述

一牛欄屋坐落土名嶺上存衆兩股均用

段莘乡大秋岭村 3-4 · 光绪八年 · 分阄文书 · 詹阿汪氏与子城树、城样

天字閹　城樹

一田皮壹號坐落土名石坑計租八秤半

一田皮壹號坐落土名荒田計租陸秤

一田皮壹號坐落土名汪乚坑上號　均作氏洋拾元正

一田皮壹號坐落土名汪乚坑下號　氏長孫田

一菜园壹坵坐落土名屋底茶叢一併在内

一坦肆塝坐落土名大塝陽边坦

一苗山闲述

段莘乡大秋岭村 3-5 · 光绪八年 · 分阄文书 · 詹阿汪氏与子城树、城样

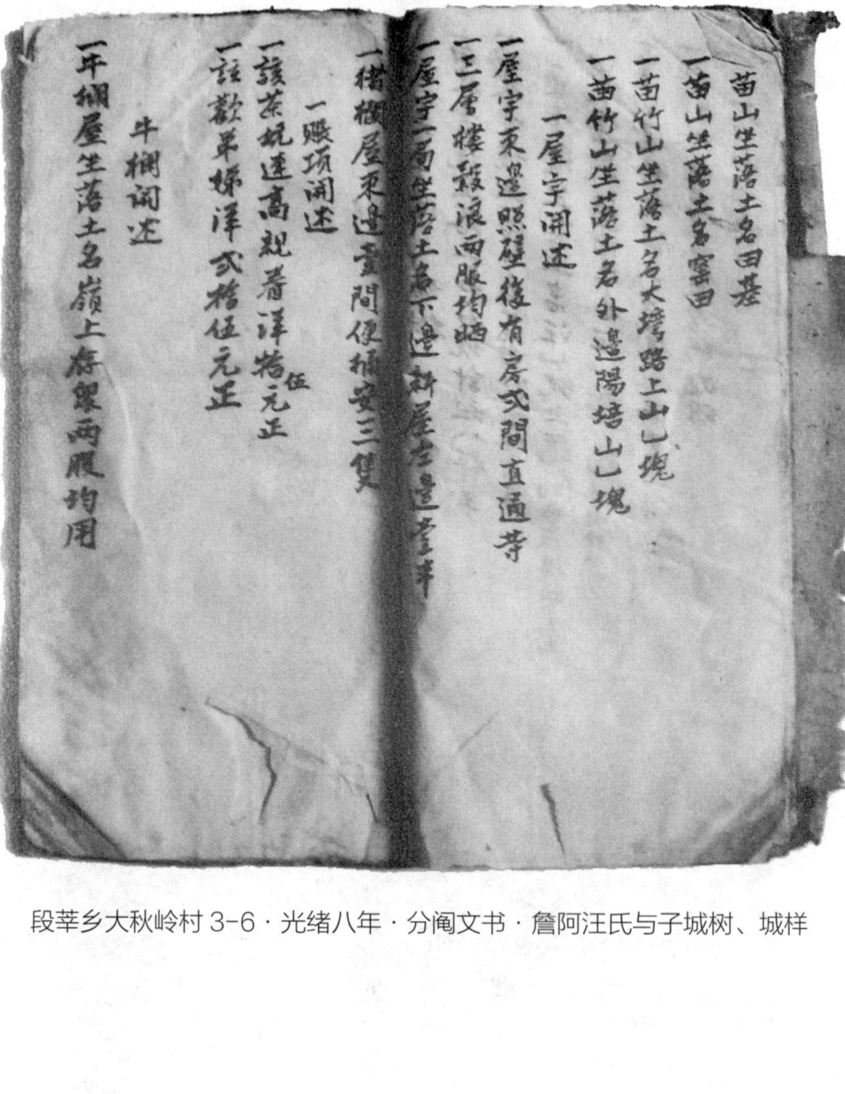

段莘乡大秋岭村 3-6 · 光绪八年 · 分阄文书 · 詹阿汪氏与子城树、城样

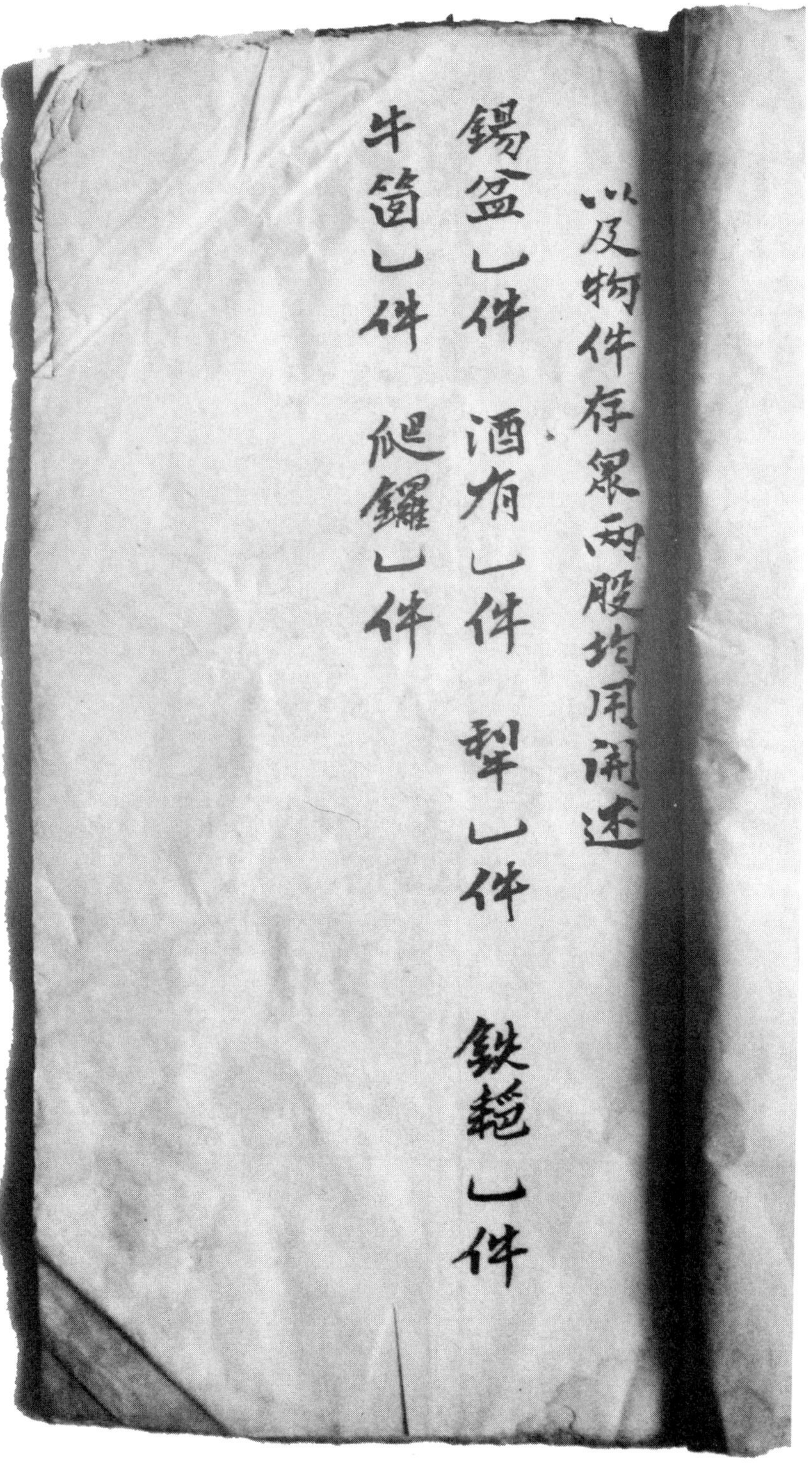

以及物件存衆兩股均用開述

錫盆乚件　酒有乚件　犁乚件　鉄耙乚件

牛筒乚件　爬鑼乚件

段莘乡大秋岭村 3-7 · 光绪八年 · 分阄文书 · 詹阿汪氏与子城树、城样

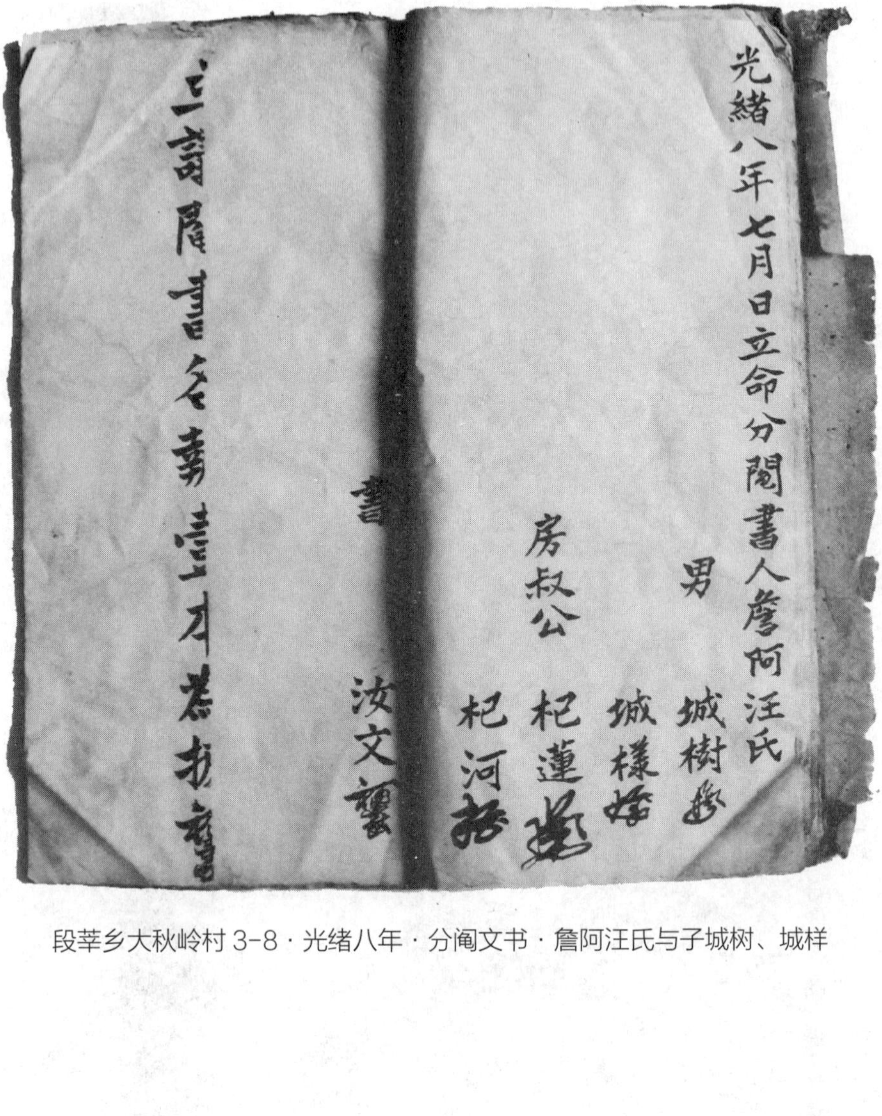

段莘乡大秋岭村 3-8 · 光绪八年 · 分阄文书 · 詹阿汪氏与子城树、城样

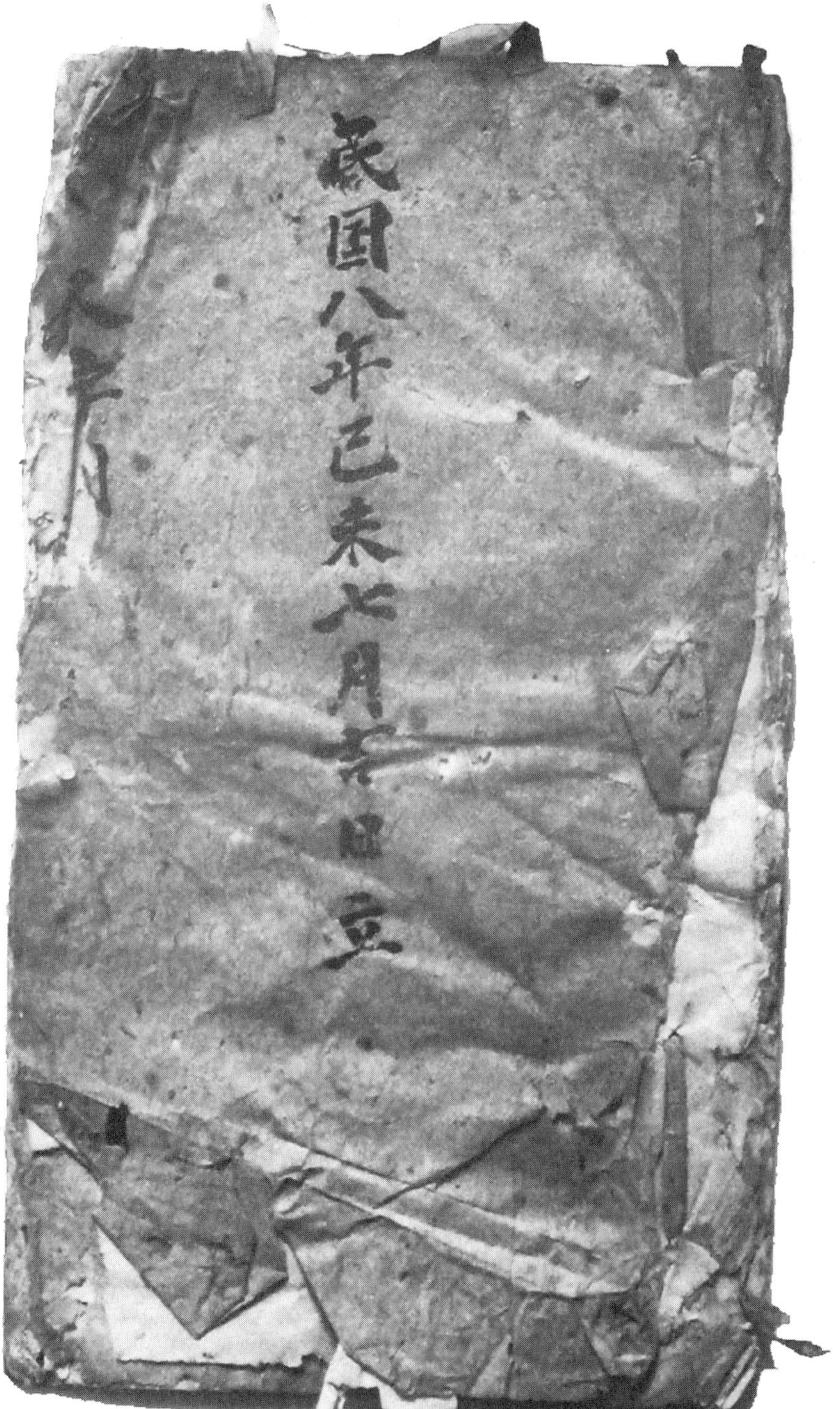

段莘乡大秋岭村 2-1 · 民国八年 · 分阄书 · 余氏

人字阄

立阄書人余氏自適詹门從夫 城樣甘同苦偕四十餘載

力苦艰辛至有今日可生四子長子富林次子萬金三

子玉林四子桂林均各成立正是迎燕喜乃牙鴻禧誰

料荊布 良人一病膏肓而登仙道拋妻別子永無還

噫吁余氏婦人年邁五旬日就衰頹終難總持不若趁

氏存日爰央 房族敘可听其各變堅後爭端猶如裔

夫枝分流長派別而且 先夫在生猶幸均將祖遺及新

段莘乡大秋岭村 2-2 · 民国八年 · 分阄书 · 余氏

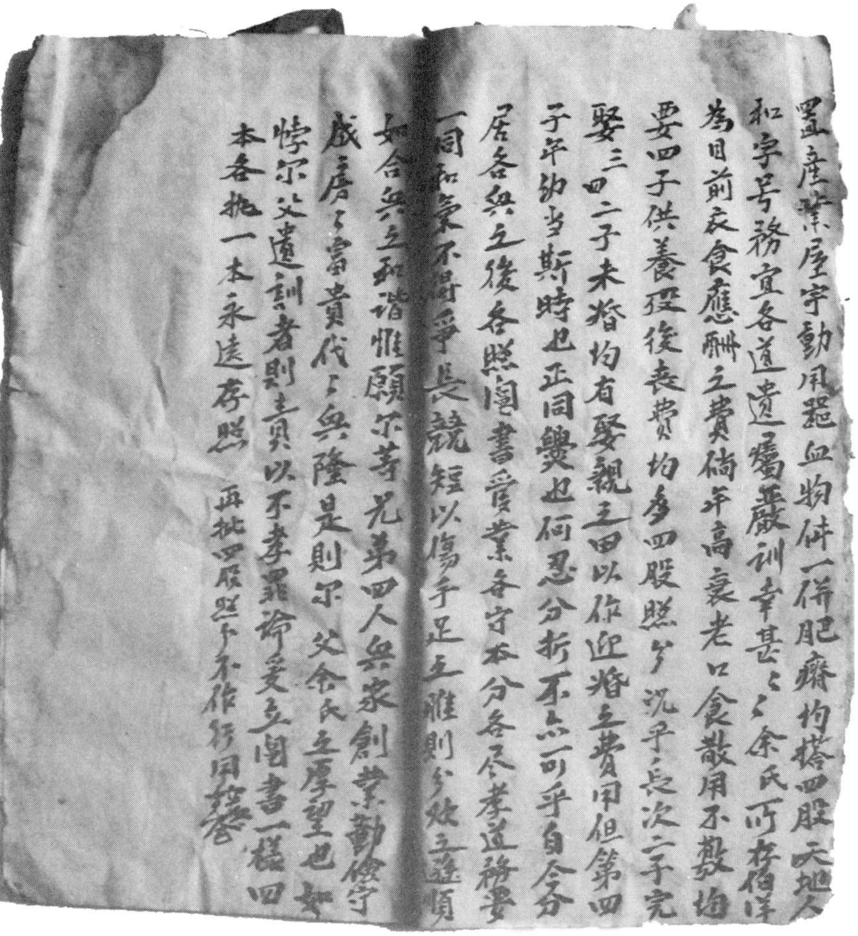
置産業屋宇動用器皿物件一併肥瘠均搭四股天地人
和字号務宜各遵遺嘱嚴訓幸甚々々余氏所存伯洋
為目前衣食應酬之費倘年高衰老口食散用不敷抽
要四子供養歿後喪費均多四股照々况子長次二子完
娶三四二子未婚均有娶親之田以作迎婚之費用但第四
子年幼当斯時也正同爨也何忍分析不亦一可乎自今分
居各與之後各照閹書管業各守本分各尽孝道務要
一同和衆不得爭長競短以傷手足之雖則分炊之遊頃
如合與之和諧惟願尔等兄弟四人興家創業勤儉守
成庶々富貴代々興隆是則尔 父余氏之厚望也 如
悖尔父遺訓者則責以不孝罪論爰立閹書一樣四
本各执一本永遠存照 再批四股照子不作行用拾叁

段莘乡大秋岭村 2-3 · 民国八年 · 分阄书 · 余氏

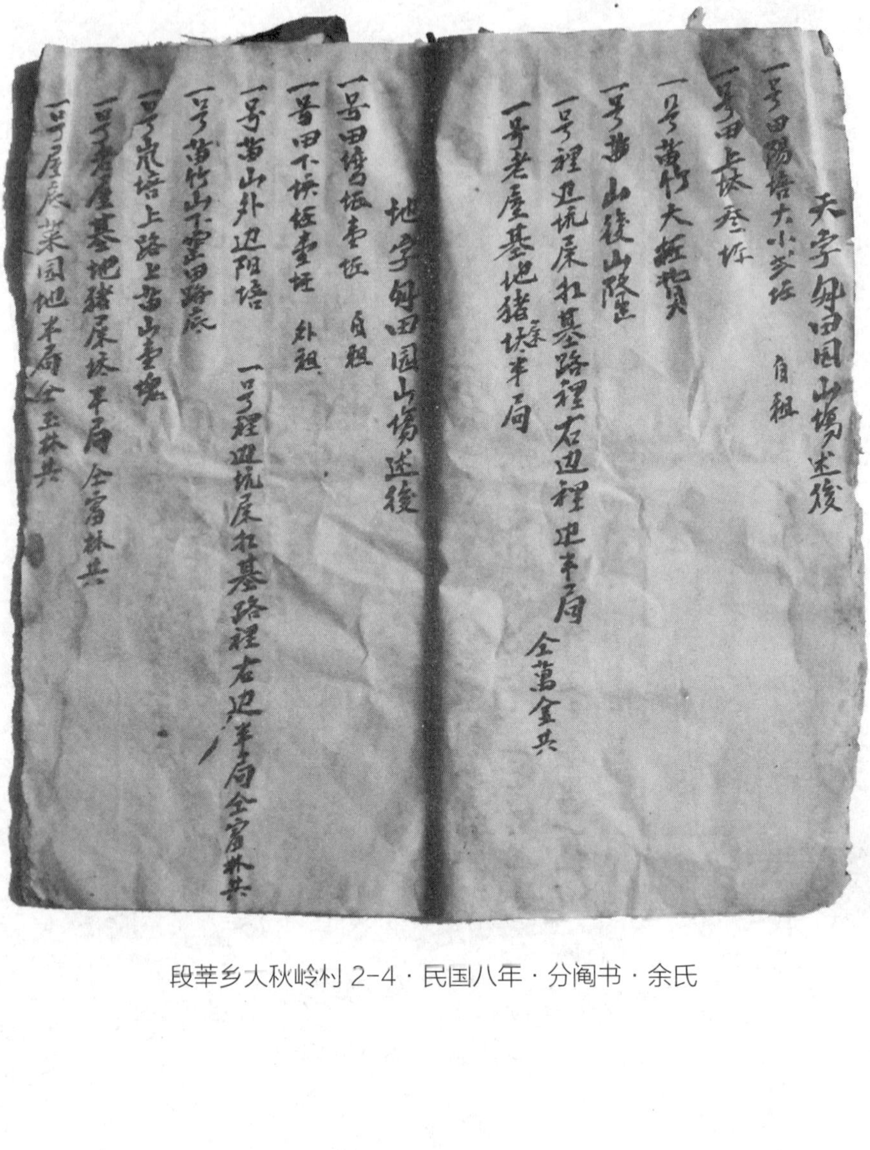

天字阄田园山场述后
一号田阳培大小叁坵 自种
一号田上塅叁坵
一号黄竹大坵背
一号横山后山隆
一号里边坑屋札基路里右边里边半局 全万金共
一号老屋基地猪栏坛半局

地字阄田园山场述后
一号田塅坵壹坵 自种
一号田下塅坵壹坵 外租
一号横山外边阳培
一号黄竹山下窑田路底
一号岚培上路上横山壹块
一号老屋基地猪栏坛半局 全富林共
一号屋底菜园地半局全富林共
一号里边坑屋札基路里右边半局全富林共

段莘乡大秋岭村 2-4 · 民国八年 · 分阄书 · 余氏

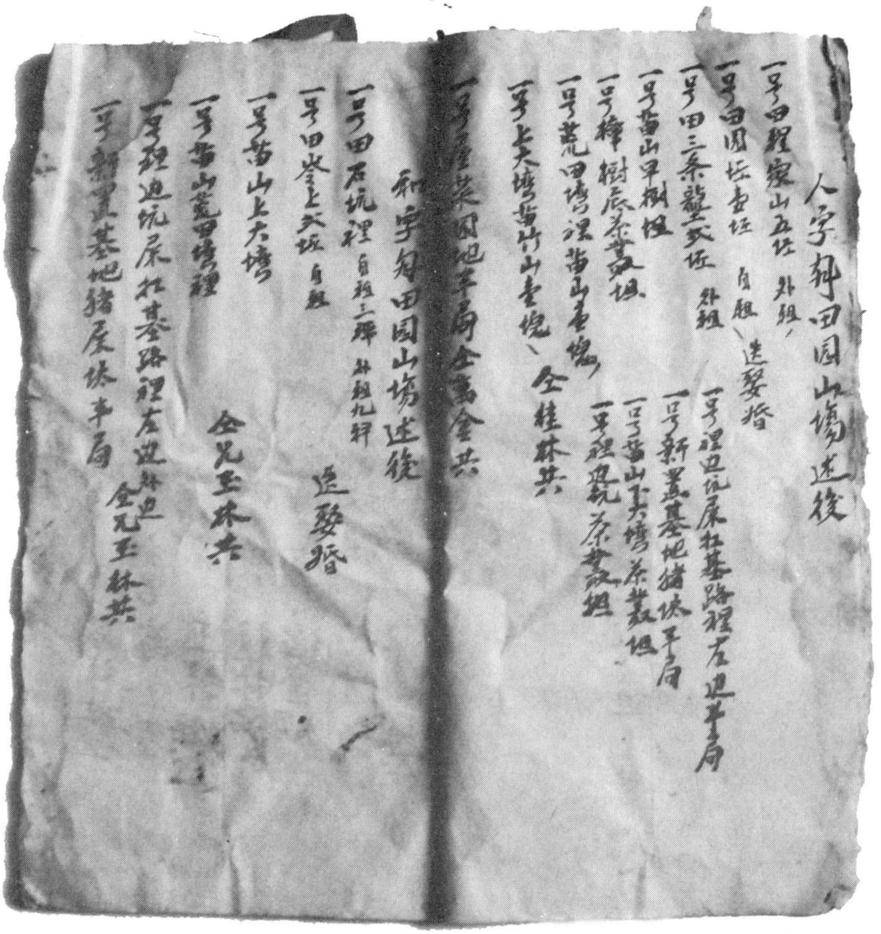

人字阄田园山场述後
一号田程家山五坵 外组、
一号田园坵壹坵 自组、述娶婚
一号田三条垄玖坵 外组
一号苗山早树垅
一号樟树底茶业垅、
一号荒田塆里苗山壹块、
一号上大塆苗竹山壹块、 全桂林共
一号里边坑屎缸基路里左边半局
一号新屋基地猪栏半局
一号苗山下大塆茶业垅
一号里边坑茶业垅
一号屋基园地半局 全富金共

和字阄田园山场述後
一号田石坑里 自组三坪 外组九坪
一号田岭上大坵 自组
一号苗山上大塆
一号苗山荒田塆里 全光玉林共
一号里边坑屎缸基路里左边 外边 全光玉林共
一号新屋基地猪栏半局
述娶婚

段莘乡大秋岭村 2-5 · 民国八年 · 分阄书 · 余氏

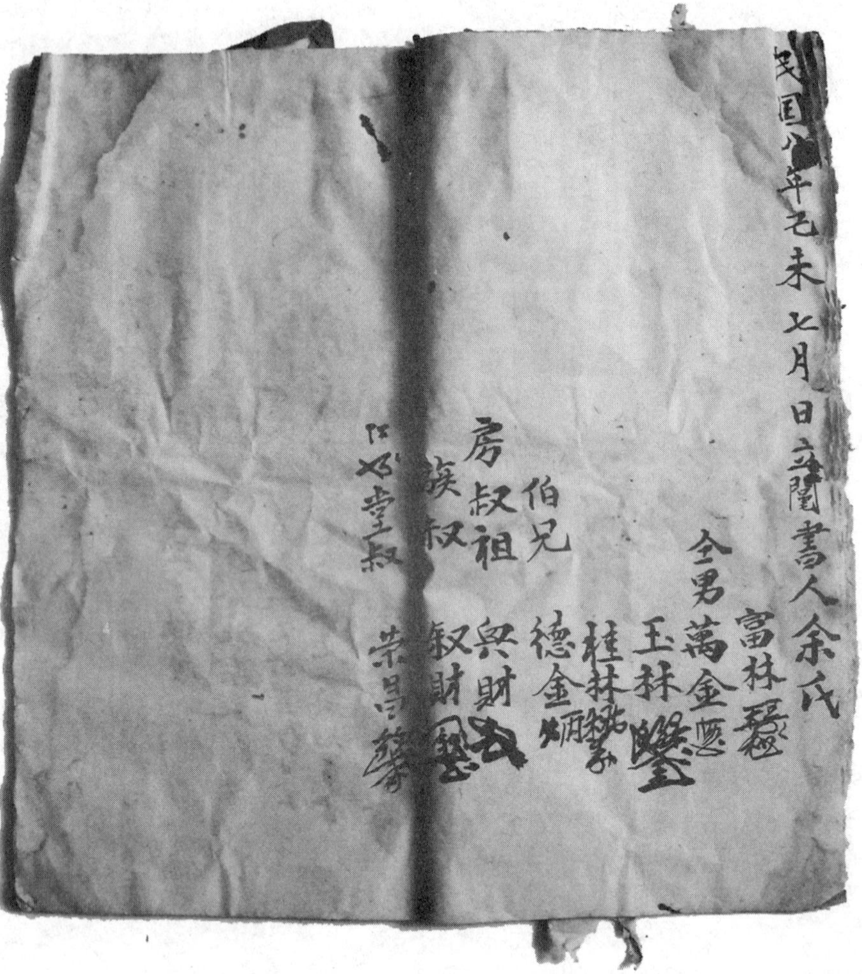
民国八年己未七月日立阄書人余氏富林
仝男萬金
玉林
桂林
德金
伯兄與財
房叔祖叔財
族叔
堂叔荣昌

段莘乡大秋岭村 2-6 · 民国八年 · 分阄书 · 余氏

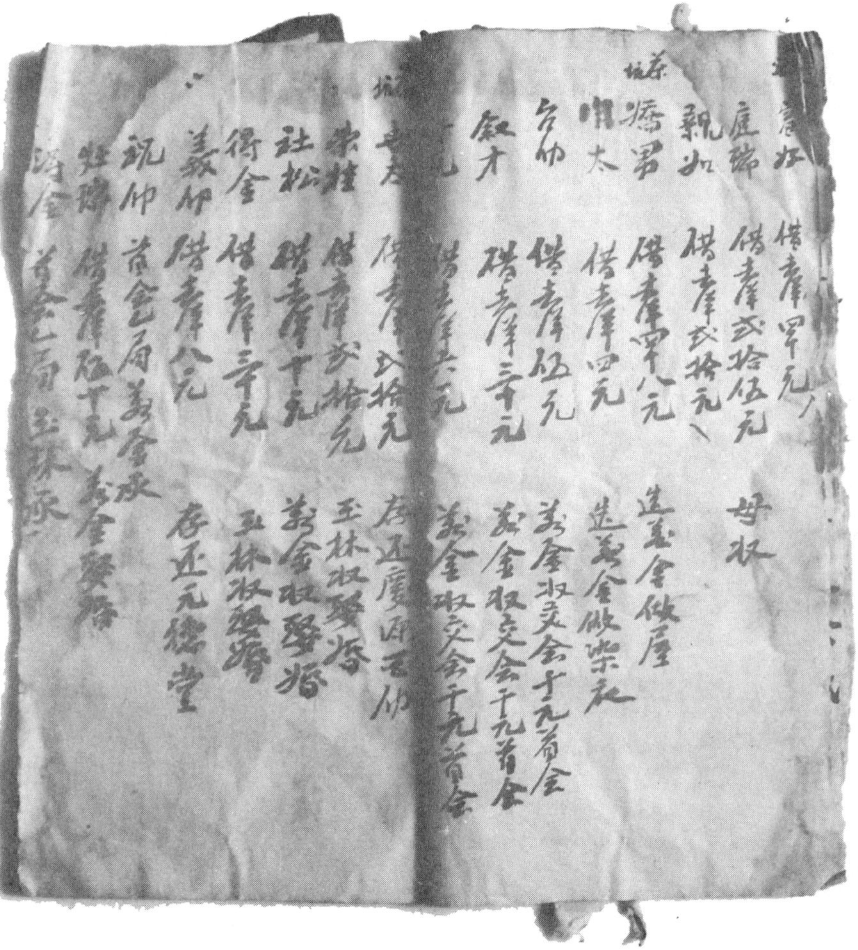

愛如　借本洋四十元　母收
庭瑞　借本洋式拾伍元
親如　借本洋式拾元
孺男　借本洋四十八元　造屋金做屋
明太　借本洋四元　造屋金做染衣
兮仰　借本洋伍元　義金收交会十元首会
叙才　借本洋三十元　義金收交会十元首会
　　　借本洋六元　義金收交会十元首会
有左　借本洋式拾元　存近慶源吉仰
崇桂　借本洋式拾元　玉林收發婚
社松　借本洋十元　義金收發婚
得金　借本洋三十元　玉林收發婚
義仰　借本洋八元　存近元德堂
銳仰　首金已有義金收
旺瑞　借本洋伍十元　義金發婚
得金　首会已有玉林收

段莘乡大秋岭村 2-7 · 民国八年 · 分阄书 · 余氏

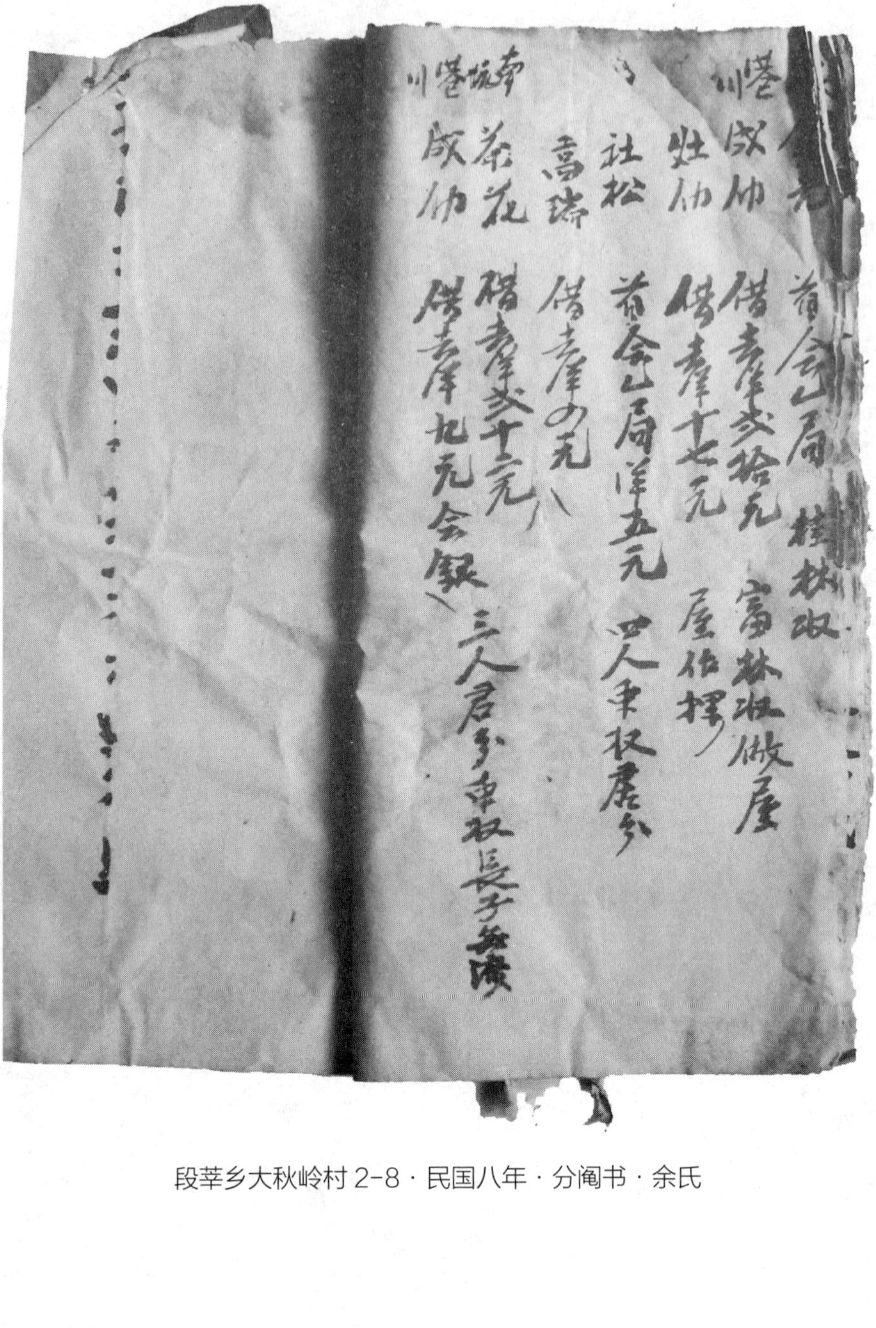
首会山局　桂林收
叙仲　借去洋贰拾元　富林收做屋
姓仲　借去洋十七元　屋作押
社松　首会山局洋五元　四人平权居多
高瑞　借去洋四元
茶花　借去洋叁十元　三人君多平权長子無[illegible]
成仲　借去洋九元会银

段莘乡大秋岭村 2-8 · 民国八年 · 分阄书 · 余氏

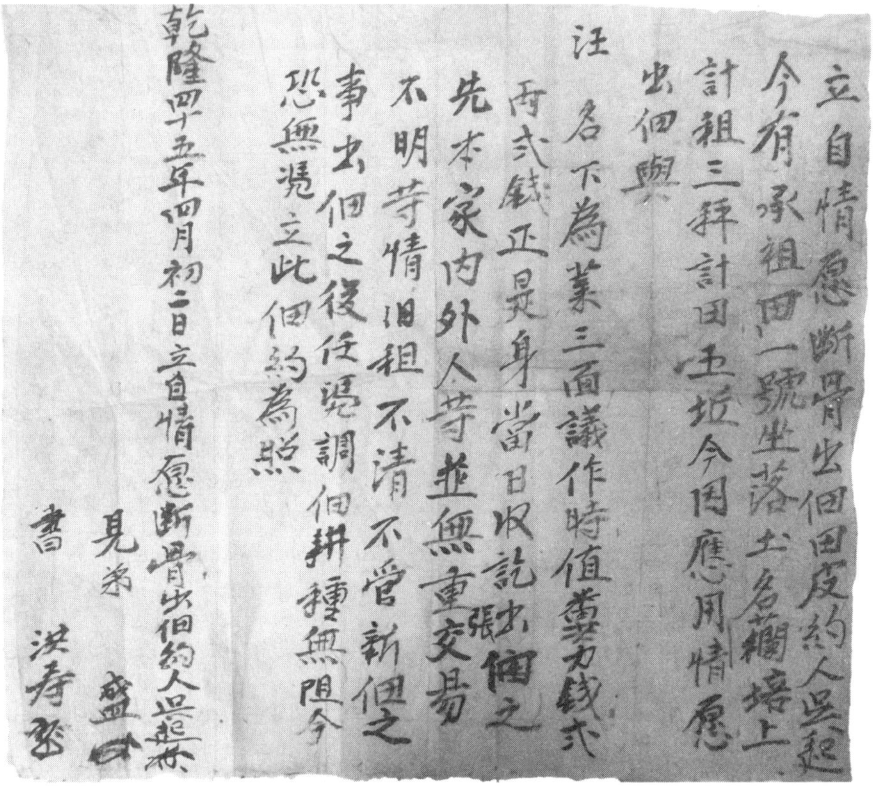

段莘乡阆山村 A 30 · 乾隆四十五年 · 断骨出佃田皮约 · 吴起佃与汪□

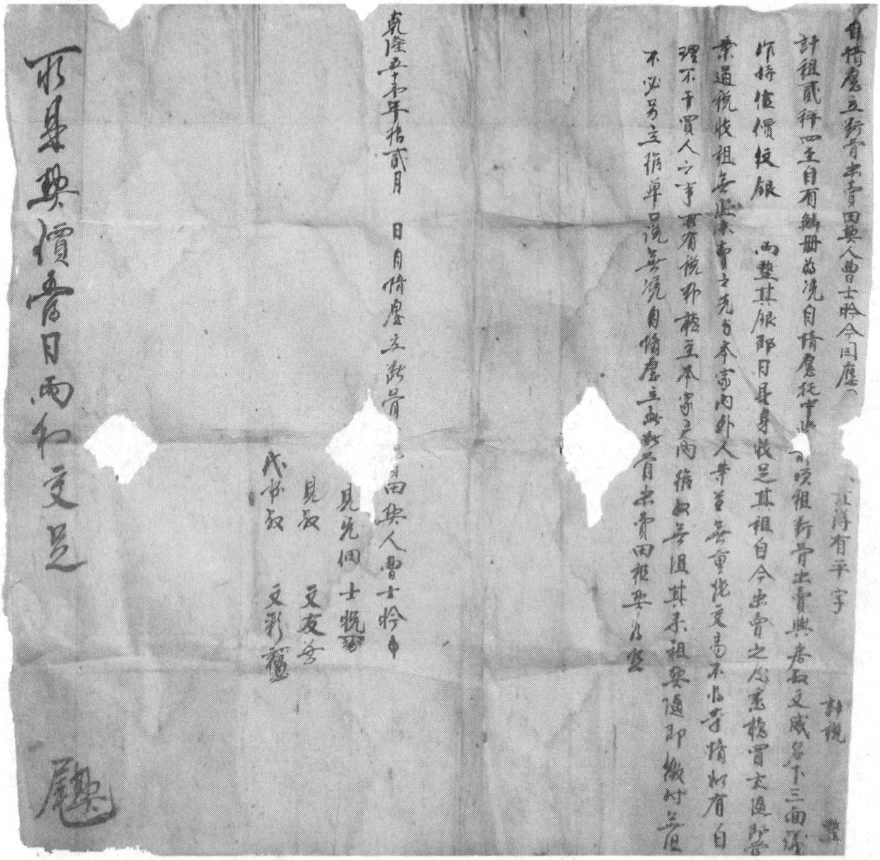
自情愿立断骨出卖田契人曹士聆今因应 立得有平字 号 计税
计租贰秤四至自有鳞册为凭自情愿托中将该租断骨出卖与房叔文威名下三面议
作时值价纹银 两整其银即日是身收足其租自今出卖之后悉听买主过收管
业过税收租无阻未卖之先与本家内外人等并无重张交易不明等情如有自
理不干买人之事所有税粮听至本家户内推扒无阻其来租契随即缴付无存
不必另立推单凭无凭自情愿立此断骨出卖田租契为照
乾隆五十一年拾贰月 日自情愿立断骨出卖田契人曹士聆
见兄 士 文友
见叔
代书叔 文彩
所契价当日两相交足

段莘乡阆山村 A 55 · 乾隆五十一年 · 断骨出卖田契 · 曹士聆卖与房叔文威

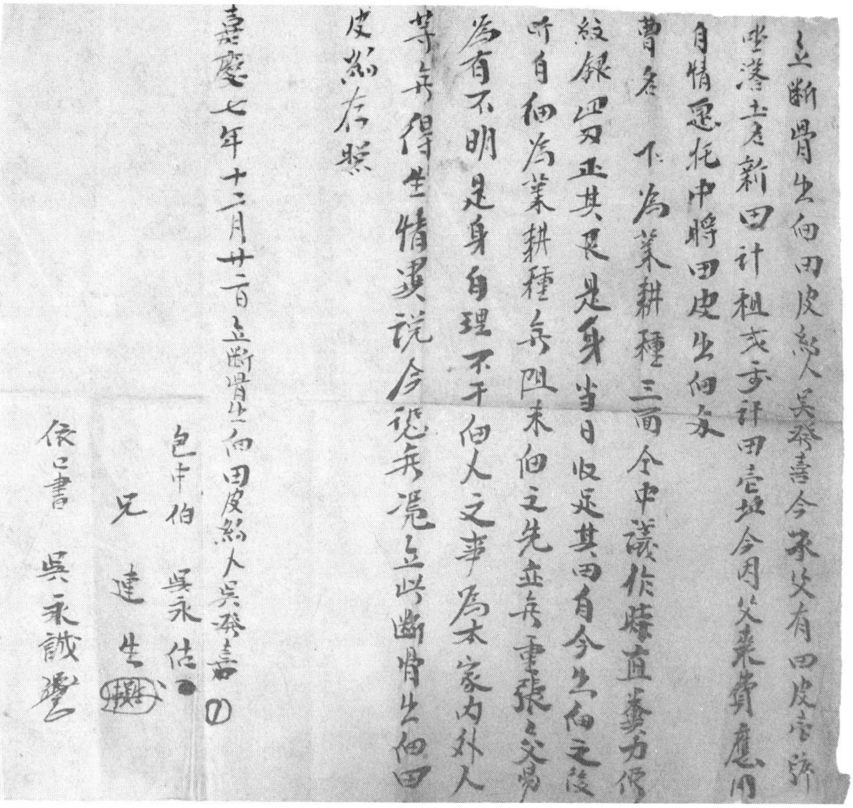

立断骨出佃田皮約人吴癸喜今承父有田皮壹號
坐落土名新田计租弍秤计田壹坵今因父葬費應用
自情愿托中將田皮出佃与
曹名下為業耕種三面今中議作時值[illegible]價
紋銀四兩正其艮是身当日收足其田自今出佃之後
听自佃為業耕種無阻未佃之先並無重張交易
如有不明是身自理不干佃人之事為本家内外人
等無得生情異説今恐無凭立此断骨出佃田
皮約存照

嘉慶七年十二月廿二日 立断骨出佃田皮約人吴癸喜（押）
包中伯 吴永佳（押）
兄 建生（押）
依口書 吴永誠（押）

段莘乡阆山村 A 29 · 嘉庆七年 · 断骨出佃田皮约 · 吴发喜佃与曹☐

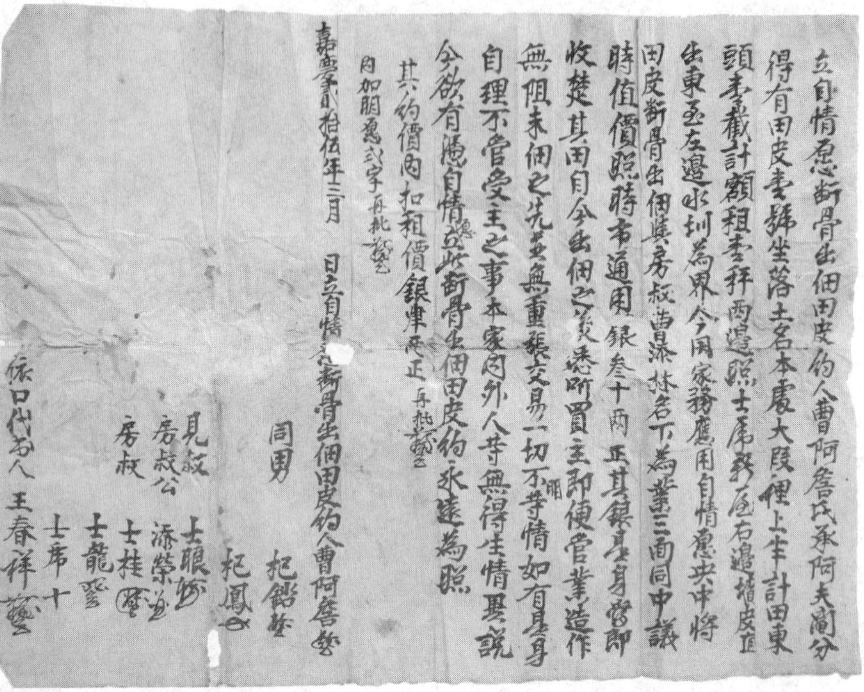

立自情愿断骨出佃田皮约人曹阿詹氏，承阿夫阄分得有田皮壹号，坐落土名本处大段里上牛，计田东头壹截，计额租壹秤，两边照士席兄屋右边墙皮直出，东至左边水圳为界。今因家务应用，自情愿央中将田皮断骨出佃与房叔曹添林名下为业。三面同中议时值价照时市通用银叁十两正，其银是身当即收楚。其田自今出佃之后，悉听买主即便管业造作无阻。未佃之先并无重张交易，一切不明等情，如有，是身自理，不管受主之事。本家内外人等无得生情异说。今欲有凭，自情愿立此断骨出佃田皮约永远为照。

其约价内扣租价银肆两正。再批。（押）

内加朋应弍字。再批。（押）

嘉庆贰拾伍年三月　日立自情愿断骨出佃田皮约人曹阿詹（押）

同男　杞镕（押）

杞凤（押）

见叔　士暇（押）

房叔公　添荣（押）

房叔　士桂（押）

士龙（押）

士席（十）

依口代书人　王春祥（押）

段莘乡阆山村 A 49 · 嘉庆二十五年 · 断骨出佃田皮约 · 曹阿詹氏佃与房叔曹添林

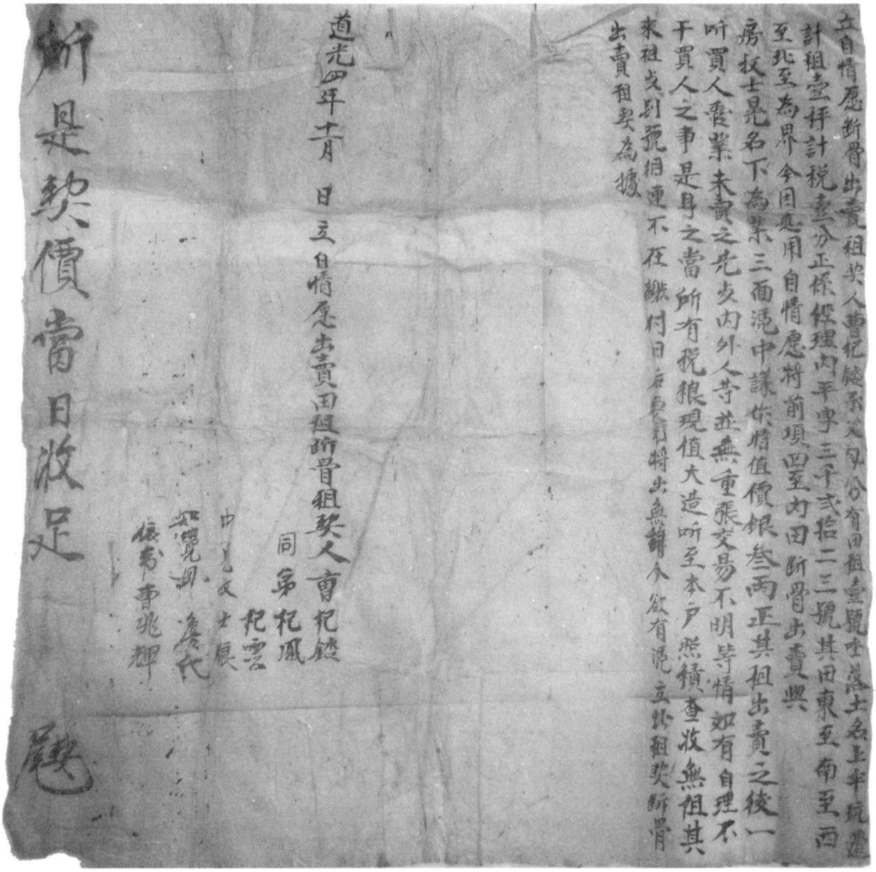

段莘乡阆山村 A 59 · 道光四年 · 断骨出卖租契 · 曹杞锴（？）卖与房叔士晃

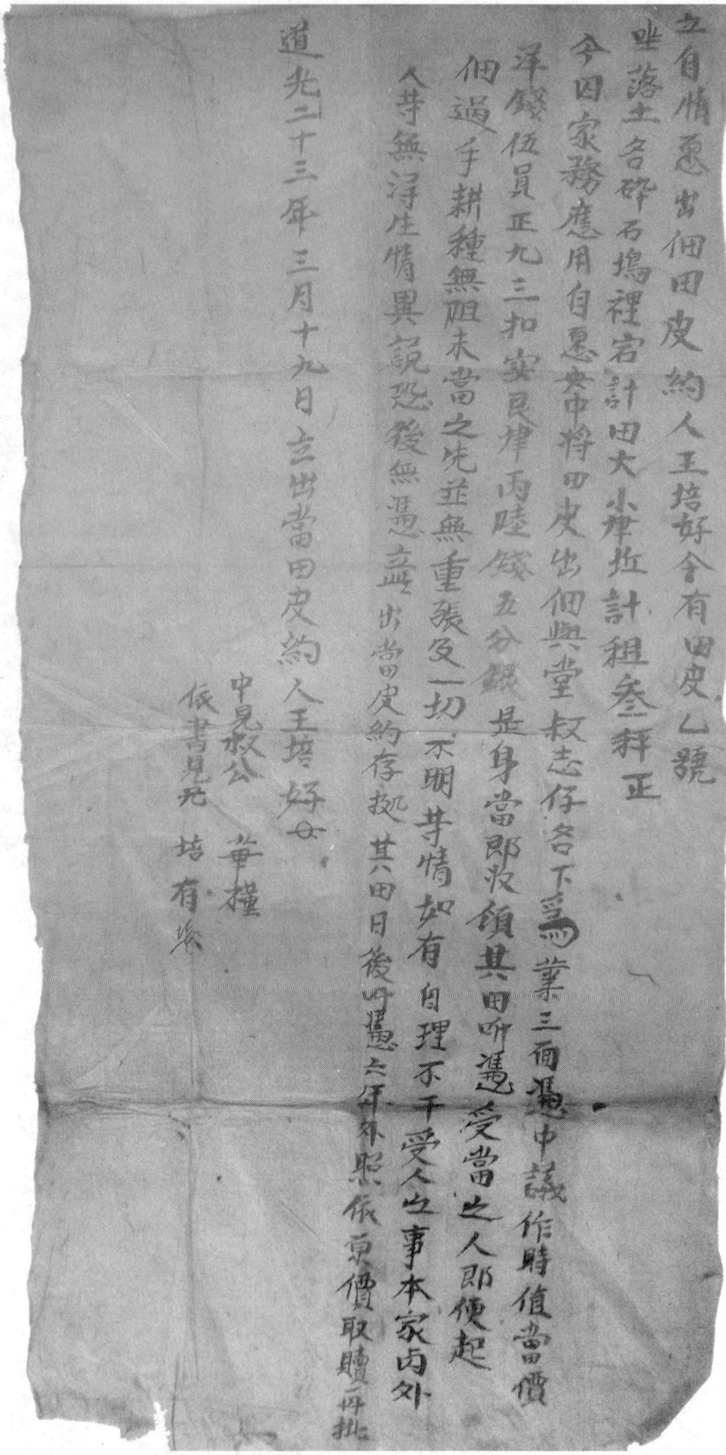

立自情愿出佃田皮約人王培好今有田皮乙號
坐落土名碎石塢裡宕計田大小肆坵計租叁秤正
今因家務應用自愿央中將田皮出佃與堂叔志仔名下爲業三面憑中議作時值當價
洋錢伍員正九三扣実艮肆两陸錢五分錢是身當即收領其田听憑受當之人即便起
佃過手耕種無阻未當之先並無重張交一切不明等情如有自理不干受人之事本家內外
人等無得生情異說恐後無憑立此當皮約存照 其田日後听憑六年外照依原價取贖 再批
道光二十三年三月十九日立出當田皮約人王培好（押）
中見叔公 華權
依書見兄 培有（押）

段莘乡阆山村 A 47 · 道光二十三年 · 出佃田皮约 · 王培好佃与堂叔志仔

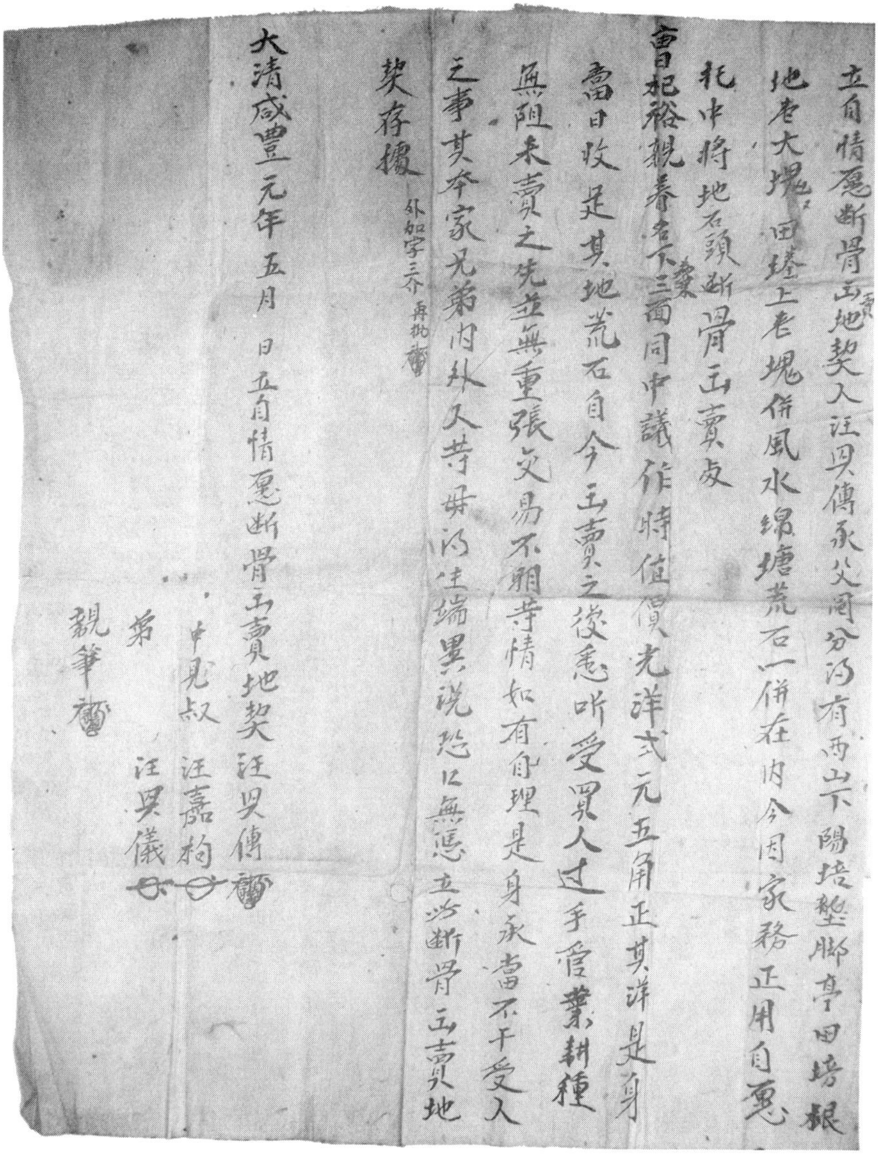

立自情愿断骨出賣地契人汪興傳承父遺分內有西山下陽培塋腳亭田塝根
地壹大塊，田塝上壹塊併風水線塘荒石一併在內今因家務正用自愿
托中將地石頭断骨出賣与
曹杞裕親眷名下為業三面同中議作時值價光洋弍元五角正其洋是身
當日收足其地荒石自今出賣之後恁听受買人过手管業耕種
無阻未賣之先並無重張交易不明等情如有自理是身承當不干受人
之事其本家兄弟內外人等毋得生端異說恐口無憑立此断骨出賣地
契存據
外加字三个 再批
大清咸豐元年五月　日　立自情愿断骨出賣地契汪興傳
中見叔　汪嘉狗
弟　汪興儀
親筆

段莘乡阆山村 A 60 · 咸丰元年 · 断骨出卖地契 · 汪兴传卖与曹杞裕

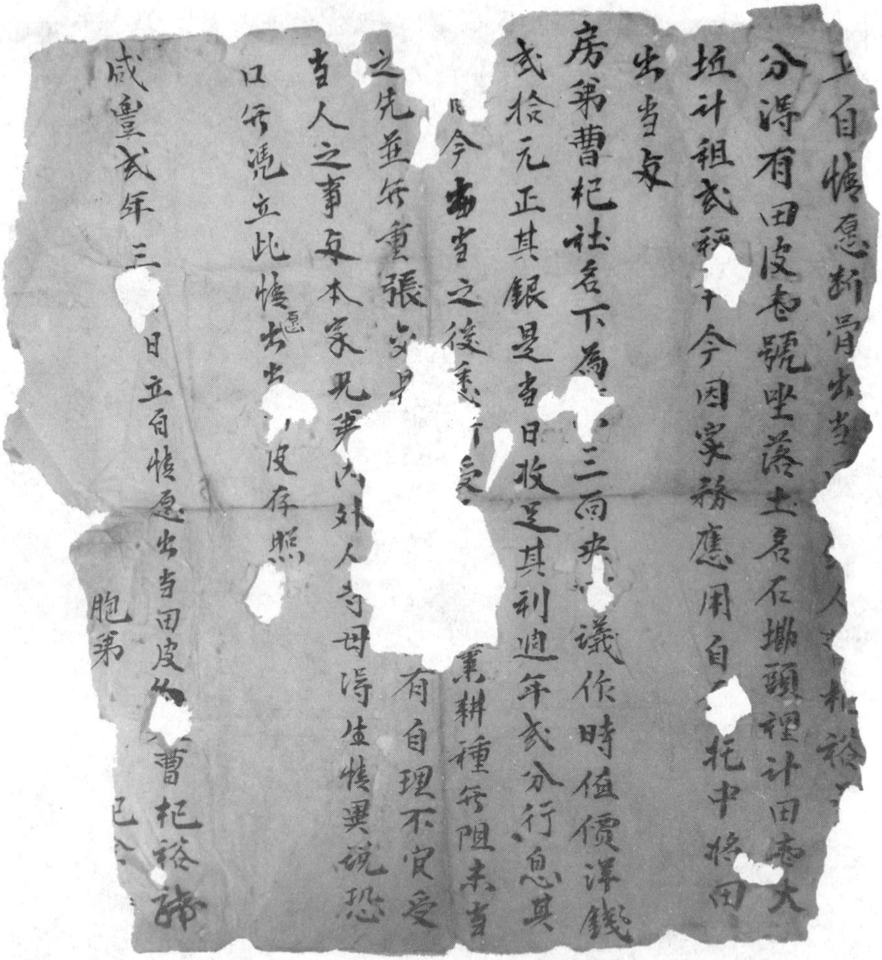
立自情愿断骨出当[illegible]
分得有田皮壹號坐落土名石坳頭裡計田壹大
坵計租貳秤[illegible]今因家務應用自[illegible]托中將田
出當與
房弟曹杞社名下為[illegible]三兩央[illegible]議作時值價洋錢
貳拾元正其銀是當日收足其利迴年貳分行息其
今[illegible]當之後[illegible]受[illegible]業耕種無阻未當
之先並無重張交[illegible]有自理不與受
當人之事亦本家兄弟內外人等毋得生情異說恐
口無憑立此情愿出當田皮存照
咸豐貳年三[illegible]日立自情愿出當田皮[illegible]曹杞裕
胞弟

段莘乡阆山村 A 42 · 咸丰二年 · 断骨出当田皮约 · 曹杞裕当与曹杞社

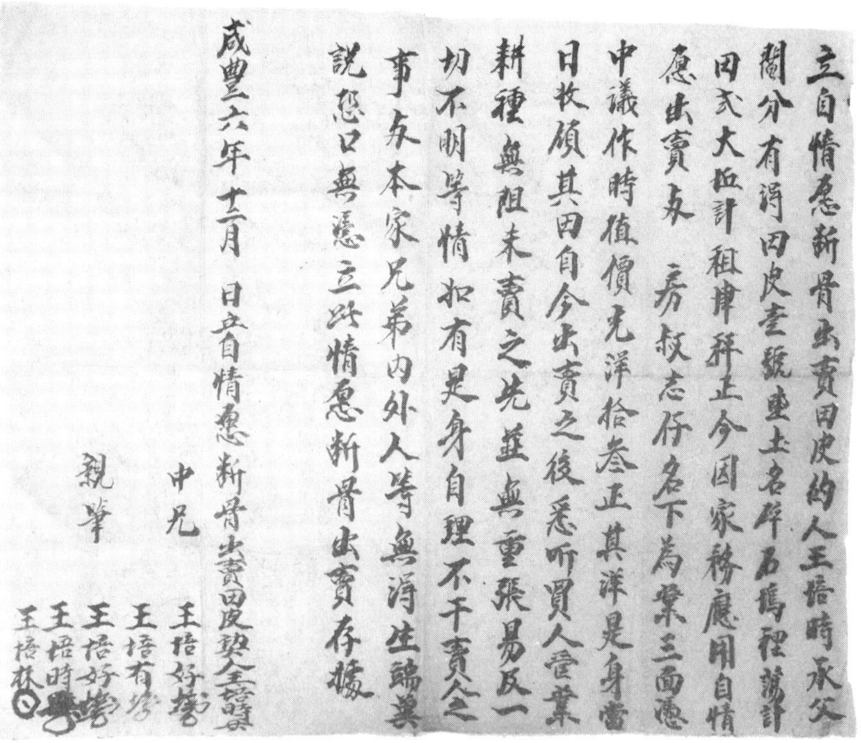

立自情愿斷骨出賣田皮約人王培時承父
鬮分有得田皮壹號坐土名碎石碼程塅計
田弍大坵計租肆秤正今因家務應用自情
愿出賣與　房叔志仔名下為業三面憑
中議作時值價光洋拾叁正其洋是身當
日收領其田自今出賣之後悉听買人管業
耕種無阻未賣之先並無重張易反一
切不明等情如有是身自理不干買人之
事與本家兄弟內外人等無得生端異
說恐口無憑立此情愿斷骨出賣存據
咸豐六年十二月　日立自情愿斷骨出賣田皮契人王培時
中見　王培好
王培有
王培好
親筆　王培時
王培林

段莘乡阆山村 A 31 · 咸丰六年 · 断骨出卖田皮约 · 王培时卖与房叔志仔

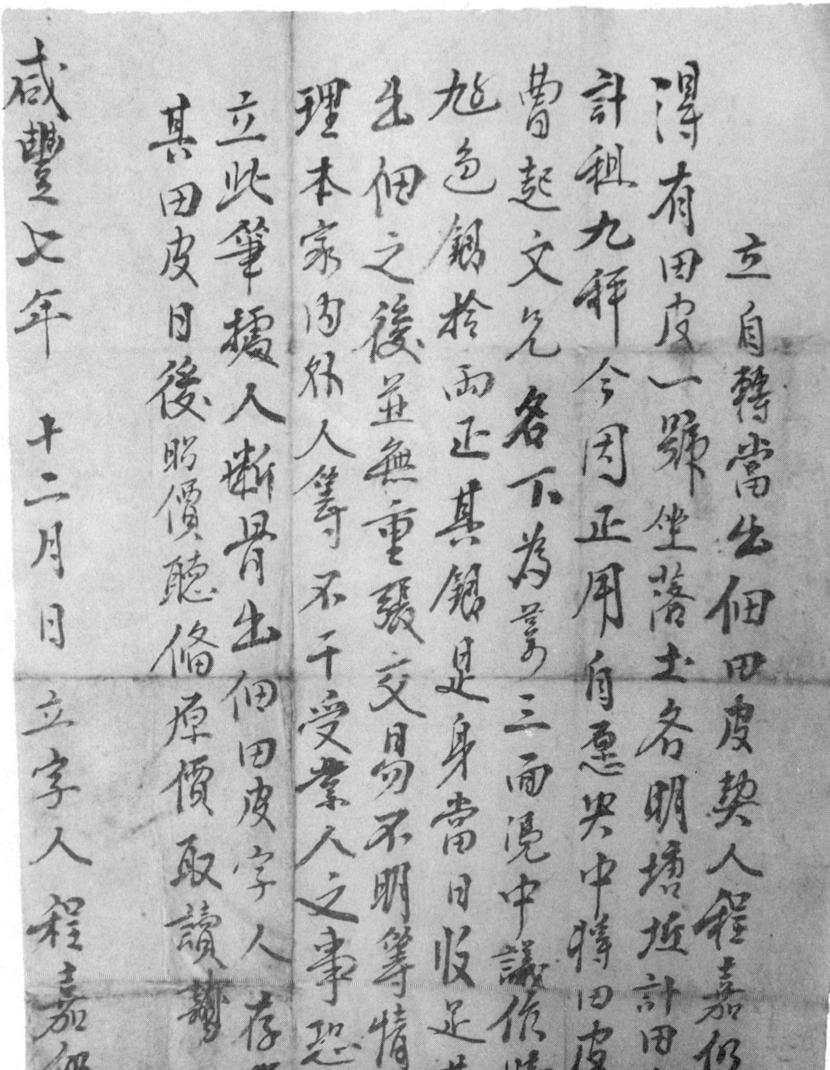

立自轉當出佃田皮契人程嘉仍承父匃
得有田皮一號坐落土名明塘坵計田大小四坵
計租九秤今因正用自愿央中將田皮出佃與
曹起文兄名下為業三面憑中議作時價銀
九色銀拾兩正其銀是身當日收足其田自今
出佃之後並無重張交易不明等情如有自
理本家內外人等不干受業人之事恐口無憑
立此筆據人斷骨出佃田皮字人存照
其田皮日後照價聽備原價取贖
咸豐七年十二月日立字人程嘉仍親筆

段莘乡阆山村 A 38 · 咸丰七年 · 转当出佃田皮契 · 程嘉仍佃与曹起文

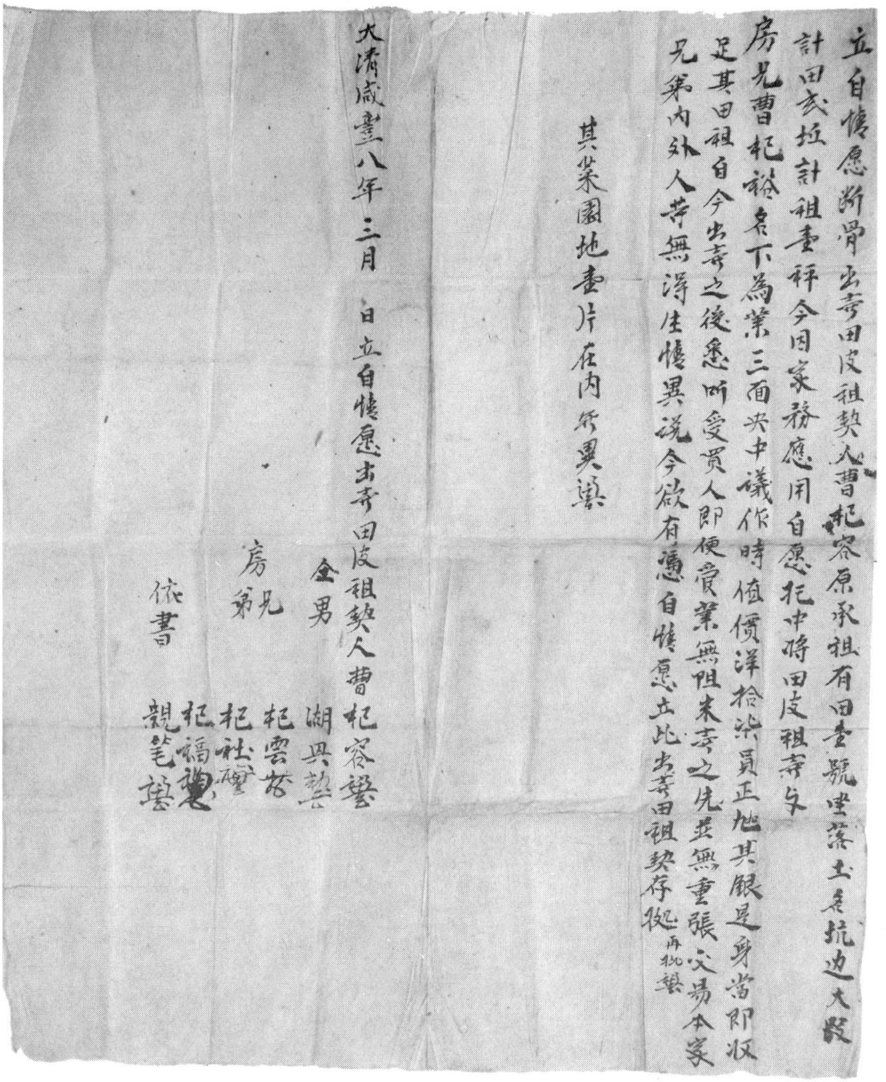

立自情愿断骨出賣田皮租契人曹杞容原承祖有田壹號坐落土名坑边大段
計田弍坵計租壹秤今因家務應用自愿托中將田皮租賣与
房兄曹杞裕名下為業三面央中議作時值價洋拾柒員正其艮是身當即収
足其田租自今出賣之後悉听受買人即便管業無阻未賣之先並無重張交易本家
兄弟內外人等無得生情異說今欲有憑自情愿立此出賣田租契存照 再批(押)
其菜園地壹片在內無異(押)

大清咸豐八年 三月 日立自情愿出賣田皮租契人曹杞容(押)
全男 湖興(押)
房兄 杞雲(押)
房弟 杞社(押)
杞福(押)
依書 親筆(押)

段莘乡阆山村 A 51 · 咸丰八年 · 断骨出卖田皮租契 · 曹杞容卖与房兄曹杞裕

段莘乡阆山村 A 1 · 同治九年 · 纳米执照 · 杞文

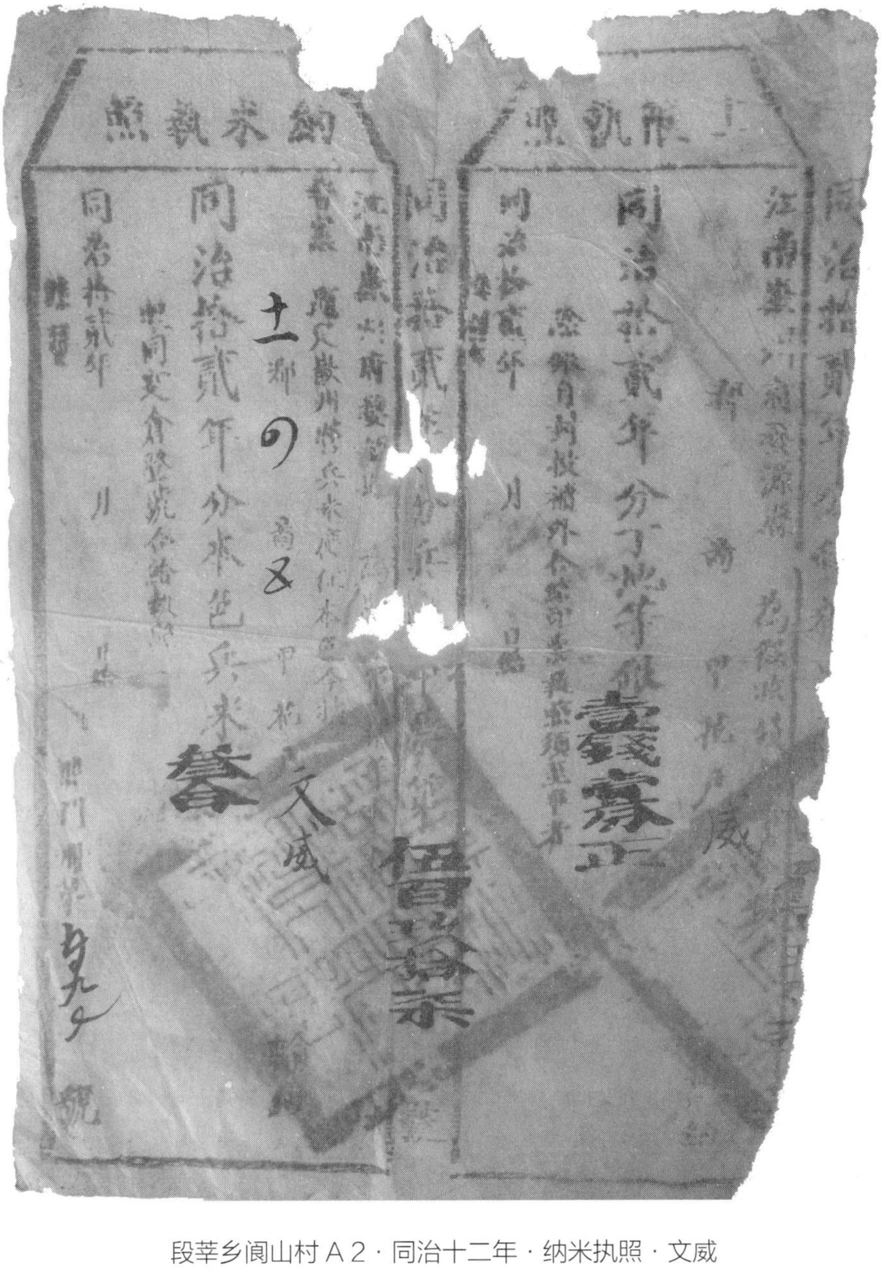

段莘乡阆山村 A 2 · 同治十二年 · 纳米执照 · 文威

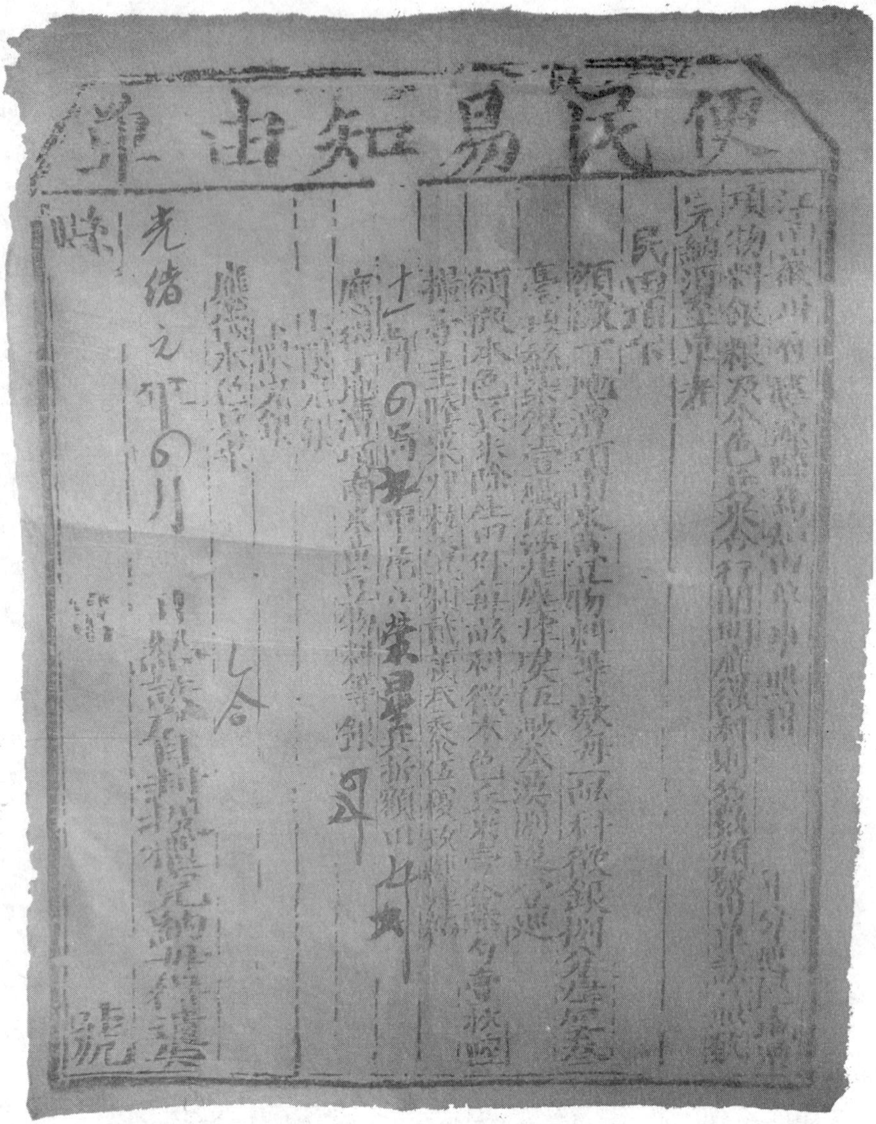

便民易知由单

光绪元年四月

段莘乡阆山村 A 3 · 光绪元年 · 便民易知由单 · 荣星

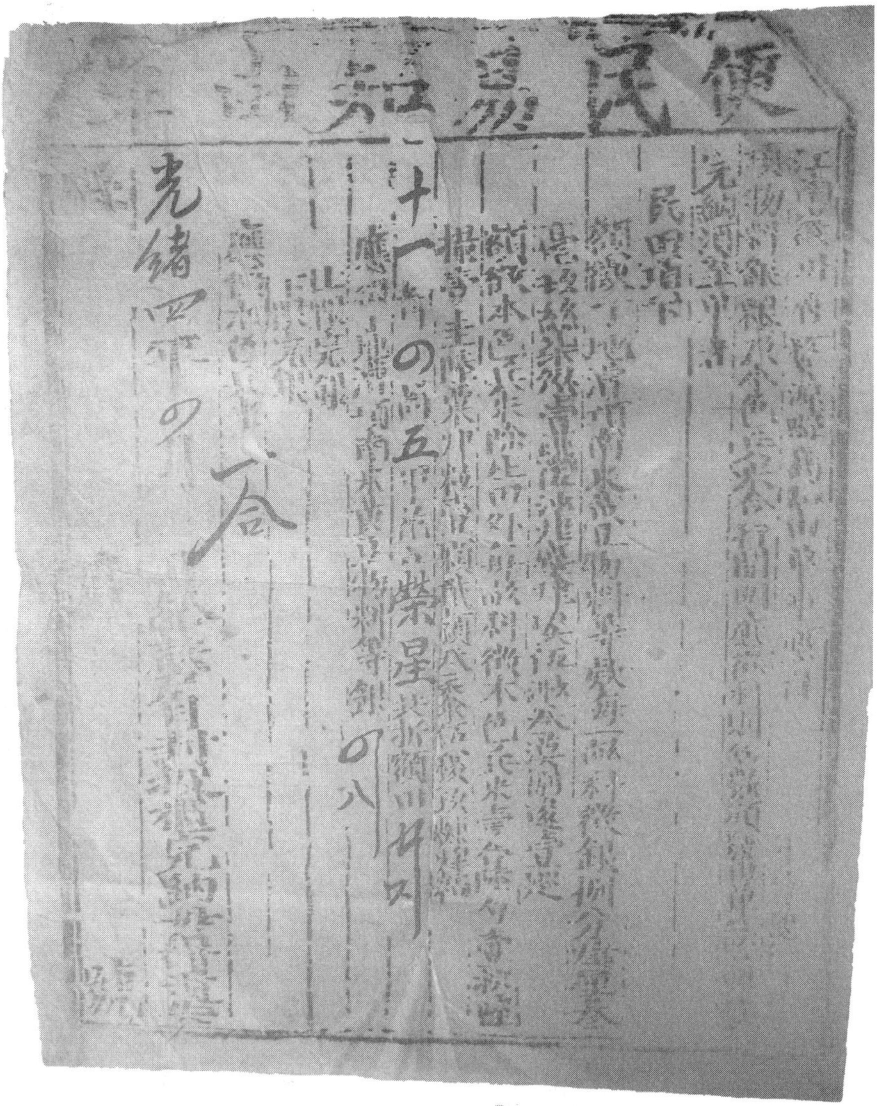

段莘乡阆山村 A 5 · 光绪四年 · 便民易知由单 · 荣星

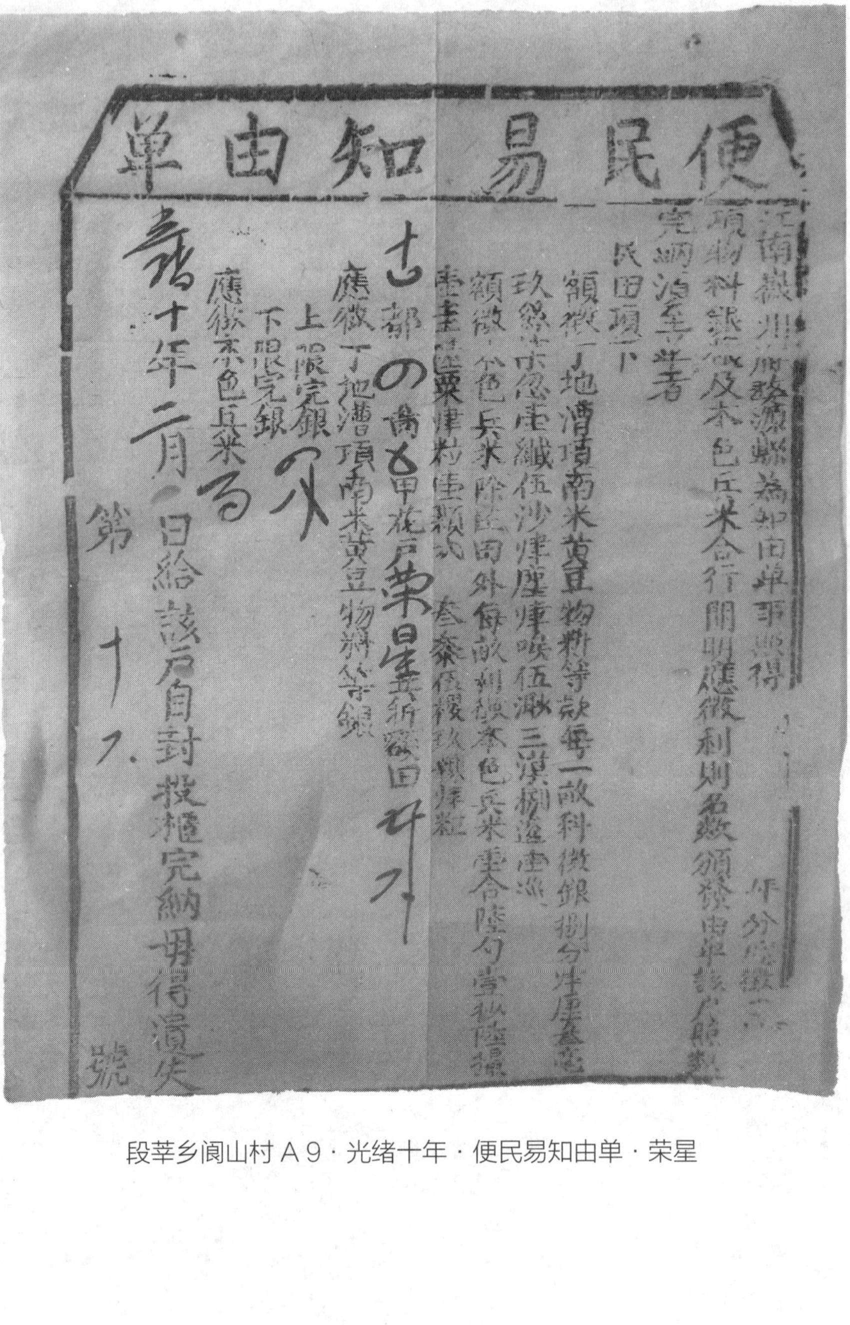

便民易知由單

江南徽州府婺源縣為知由單事照得[illegible]年分應徵[illegible]
項物料銀米及本色兵米合行開明應徵則例名數須發由單[illegible]
完納漕糧者

民田壹頃下

額徵丁地漕項南米黄豆物料等款每一畝科徵銀捌分[illegible]
玖絲[illegible]忽[illegible]纖伍沙肆塵肆埃伍渺三漠捌逡壹巡

額徵本色兵米除正田外每畝科徵本色兵米壹合陸勺壹抄[illegible]
壹圭[illegible]粟肆粒[illegible]顆式 叁黍伍稷玖糠肆粒

十都四圖七甲花戶榮星戶新收田[illegible]

應徵丁地漕項南米黄豆物料等銀

上限完銀

下限完銀

應徵本色兵米

光緒十年二月 日給該戶自封投櫃完納毋得遺失

第 十八 號

段莘乡阆山村 A9 · 光绪十年 · 便民易知由单 · 荣星

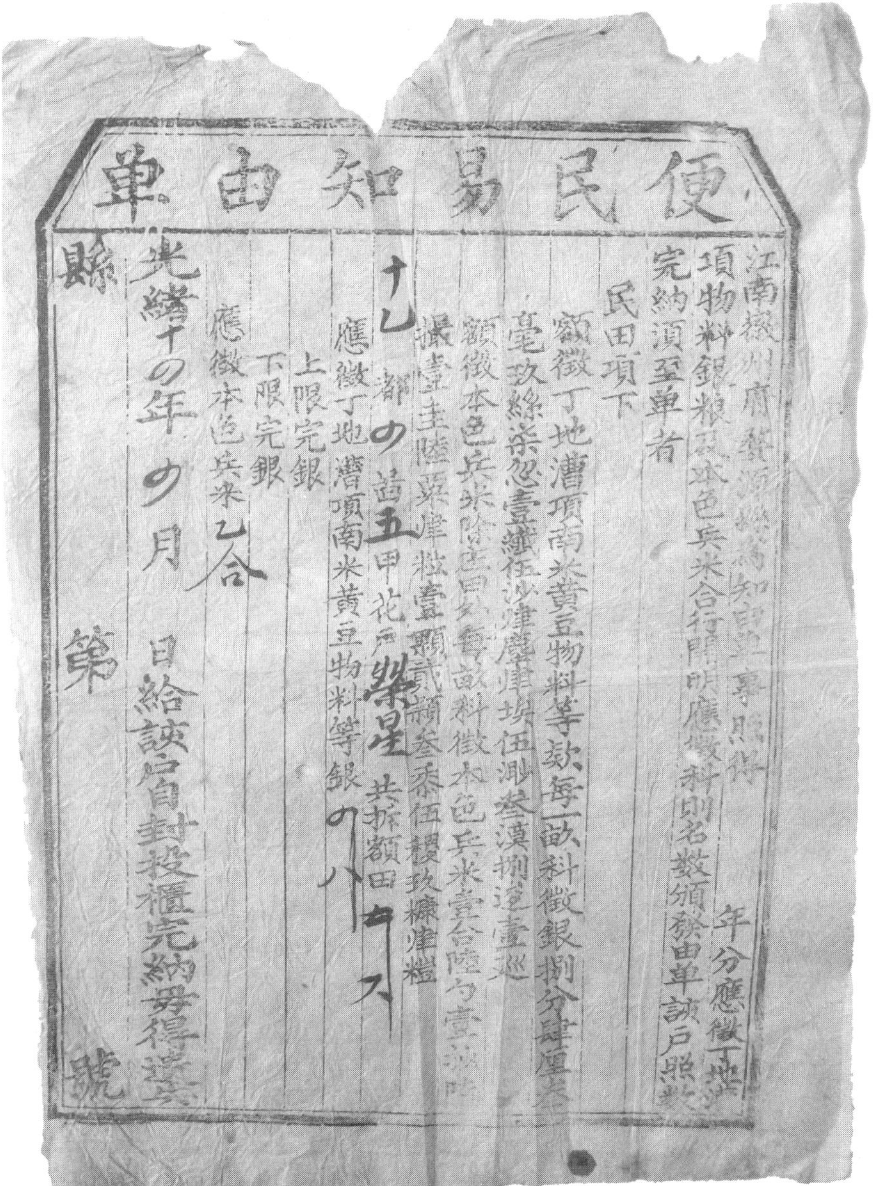

段莘乡阆山村 A 10 · 光绪十四年 · 便民易知由单 · 荣星

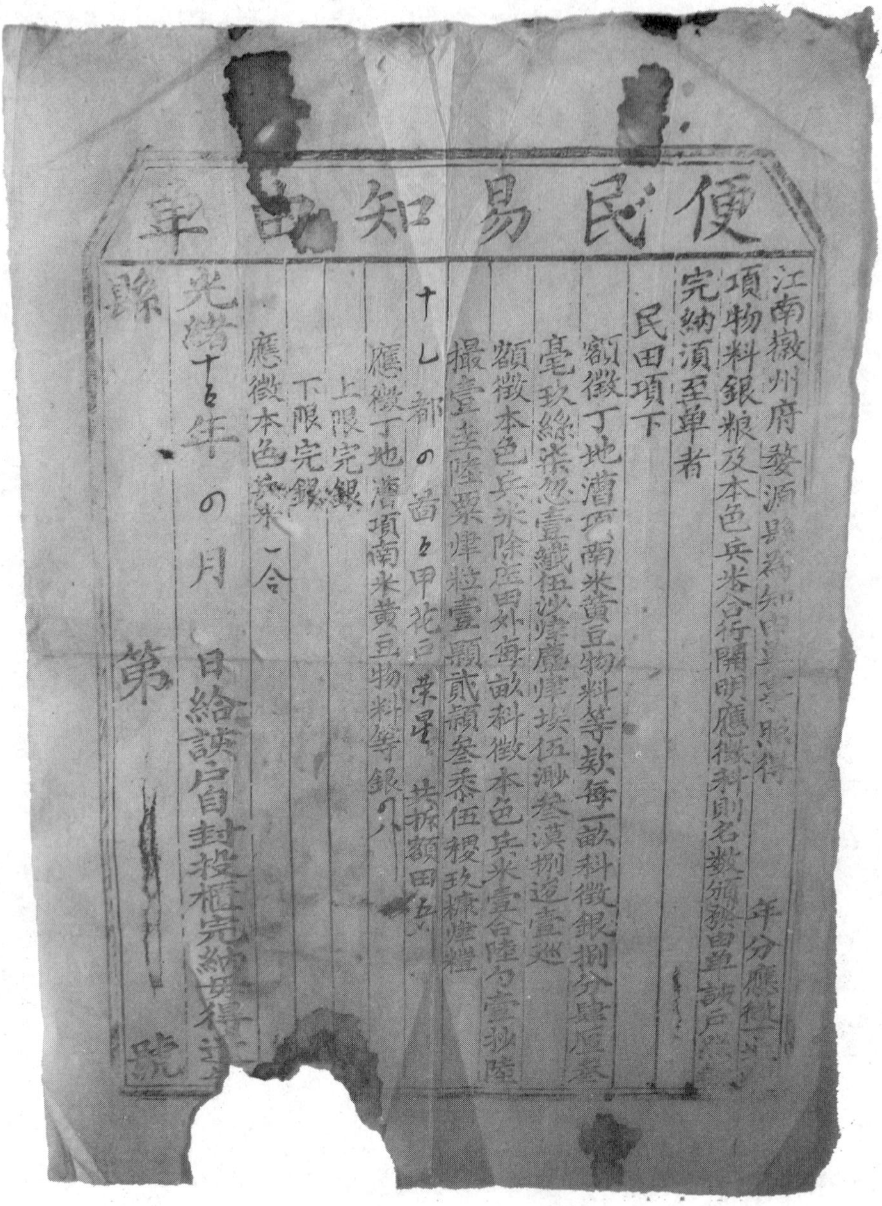
便民易知由單

江南徽州府婺源縣爲知由單事照得　年分應徵
項物料銀粮及本色兵米合行開明應徵科則名數頒發由單該戶
完納須至單者

民田項下

額徵丁地漕項南米黃豆物料等款每一畝科徵銀捌分貳厘叁
毫玖絲柒忽壹纖伍沙肆塵肆埃伍渺叁漠捌逡壹巡

額徵本色兵米除匠田外每畝科徵本色兵米壹合陸勺壹抄陸
撮壹圭陸粟肆粒壹顆貳穎叁黍伍稷玖糠肆粃

十乚都〇啚乙甲花戶荣星　共額田
應徵丁地漕項南米黃豆物料等銀〇八
上限完銀
下限完銀
應徵本色兵米一合

光緒十五年〇月　日給該戶自封投櫃完納母得
縣　第　號

段莘乡阆山村 A 11 · 光绪十五年 · 便民易知由单 · 荣星

立自情愿断骨出賣田皮契人汪興傑將承父置田皮壹號坐落土名碎石
塢裡碣坑边計田皮大小捌坵計外祖額玖秤半正今因家務買屋急用
自情愿託中將田皮出賣與
曹湖利兄名下爲業三面今中議作時值價英洋拾陸員半正其洋是身當
日收訖其田自今出賣之後悉听買人隨即过手遷業耕種無阻未賣
之先並無重張交易不明等情如有自理不干受業人之事與本家兄
弟内外人等無得生端異說恐口無憑立此断骨出賣田皮契存據
光緒拾五年十月日立自情愿断骨出賣田皮契人汪興傑押
中見兄興俐押
興倈押
託書汪仁坼押
所是契價當日兩相交訖
再批押

段莘乡阆山村 A 53 · 光绪十五年 · 断骨出卖田皮契 · 汪兴杰卖与曹湖利

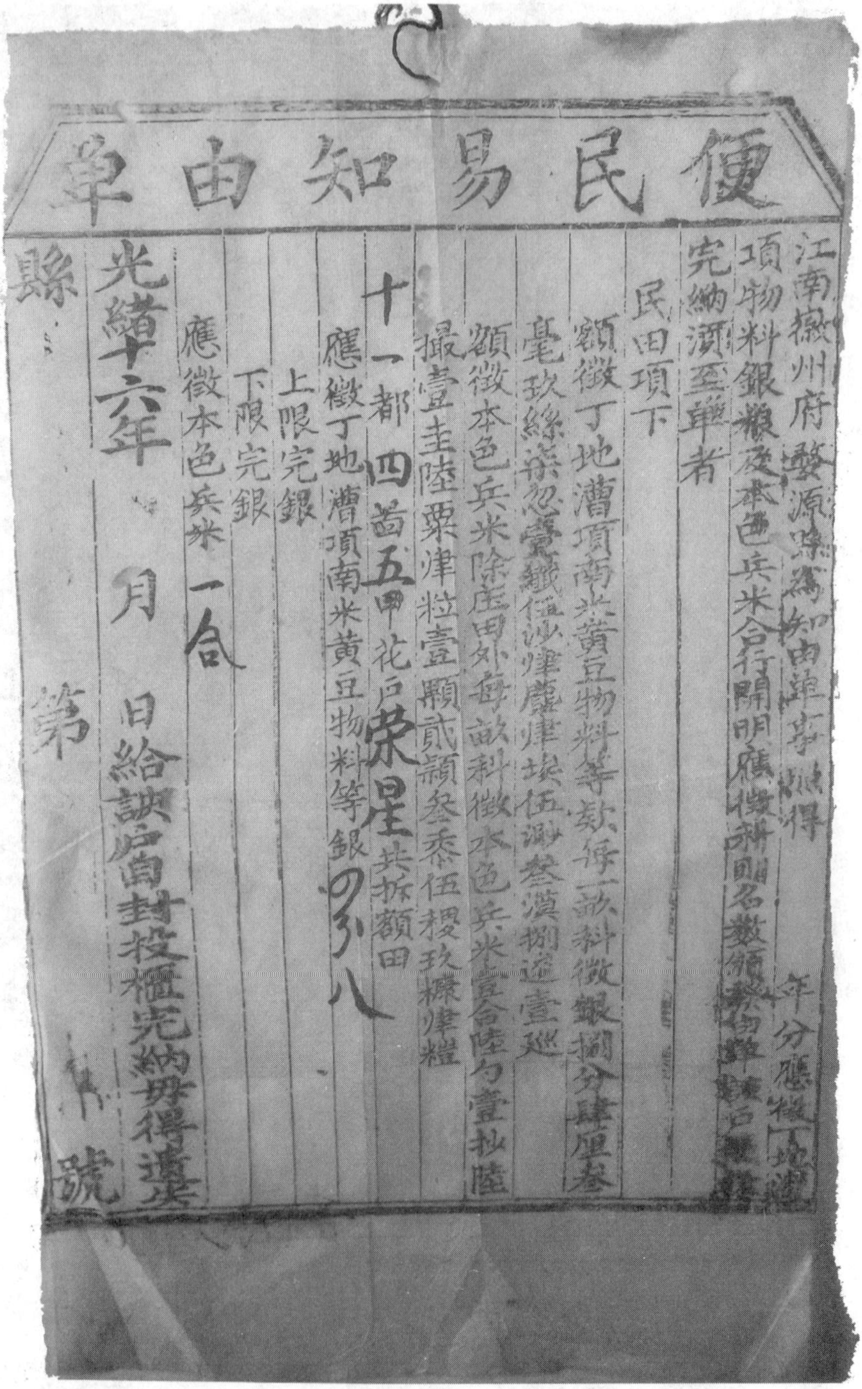
便民易知由單

江南徽州府婺源縣為知由單事照得　　年分應徵丁地漕

項物料銀糧及本色兵米合行開明應徵科則名數領納錢糧花戶遵照

完納須至單者

民田項下

額徵丁地漕項南米黃豆物料等款每一畝科徵銀捌分肆厘叁

毫玖絲柒忽壹微伍塵陸纖肆埃伍渺叁漠捌逡壹巡

額徵本色兵米除庄田外每畝科徵本色兵米壹合陸勺壹抄陸

撮壹圭陸粟肆粒壹顆貳穎叁黍伍稷玖穮肆糠

十一都四啚五甲花戶榮星共拆額田

應徵丁地漕項南米黃豆物料等銀[illegible]八

上限完銀

下限完銀

應徵本色兵米一合

光緒十六年　月　日給該戶自封投櫃完納毋得遺失

縣　第　號

段莘乡阆山村 A 12 · 光绪十六年 · 便民易知由单 · 荣星

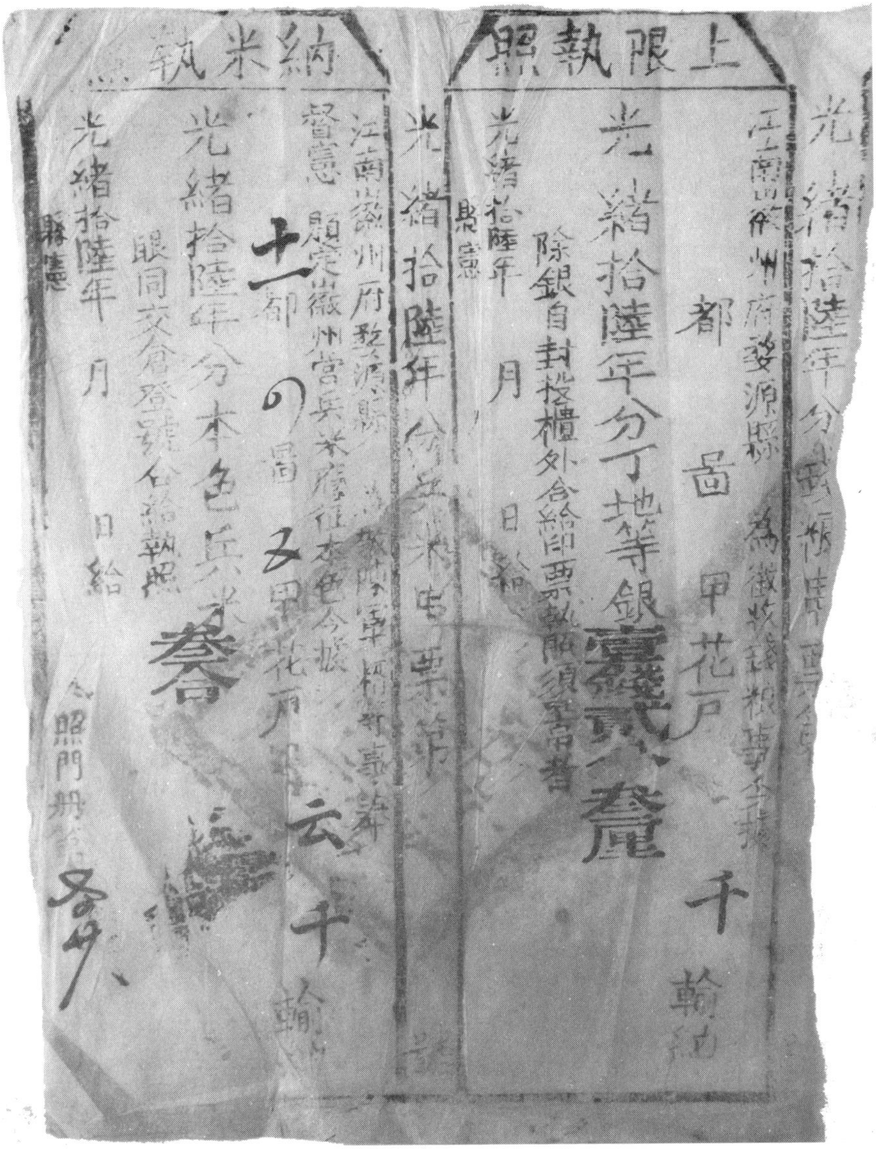

段莘乡阆山村 A 13 · 光绪十六年 · 纳米执照 · 云千

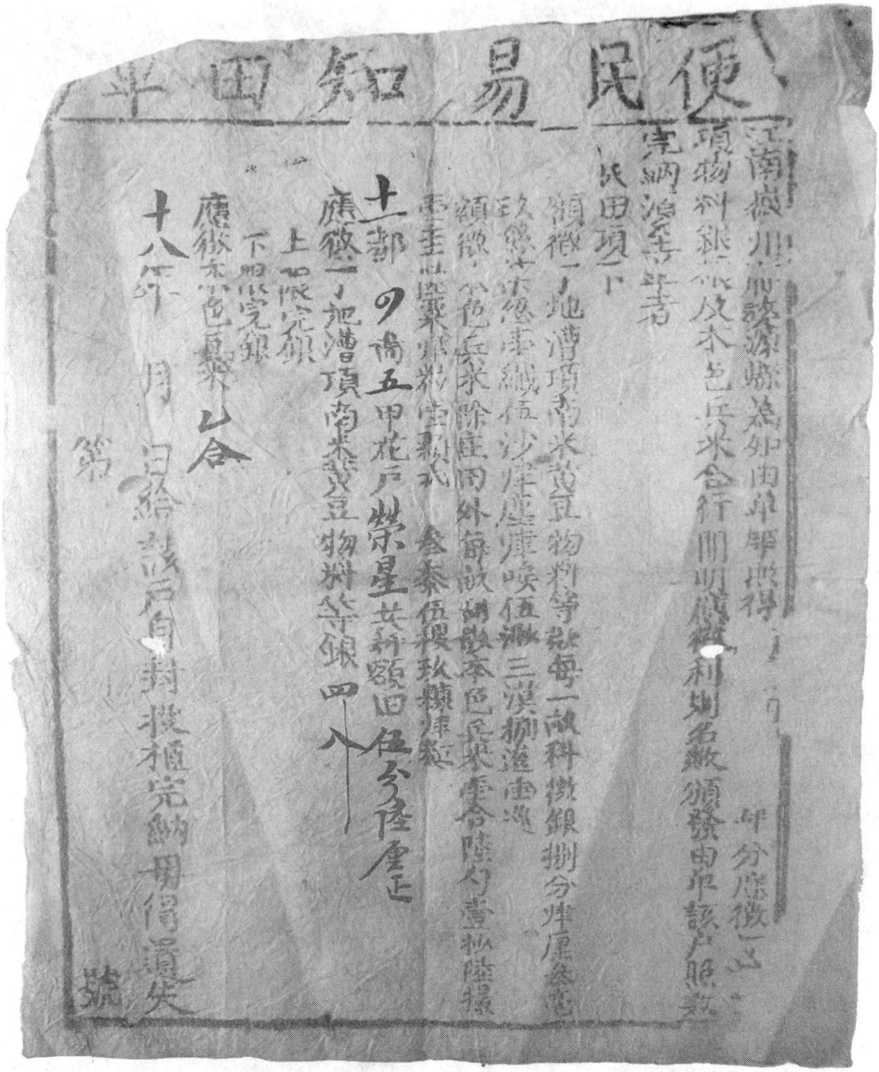

便民易知由单

江南徽州府婺源县为知由单事照得[illegible]分应征一应
项物料银两及本色兵米合行開明额征科则名数，须发由单该户照数
完纳，须至由单者
计开 民田项下
额徵丁地漕项南米並豆物料等银，每一亩科徵银捌分肆厘叁毫
玖丝[illegible]伍沙[illegible]伍微三漠捌[illegible]
额徵本色兵米除闰外每亩徵本色兵米壹合陆勺壹抄陆撮
壹圭[illegible]粟[illegible]叁黍伍[illegible]玖颗肆粒
十二都四图五甲花户荣星共科额田伍分陆厘正
应徵丁地漕项南米並豆物料等银四八
上忙限完银
下忙限完银
应徵本色兵米山合
十八年 月 日给 花户自封投柜完纳毋得遗失
第 号

段莘乡阆山村 A 14 · 光绪十八年 · 便民易知由单 · 荣星

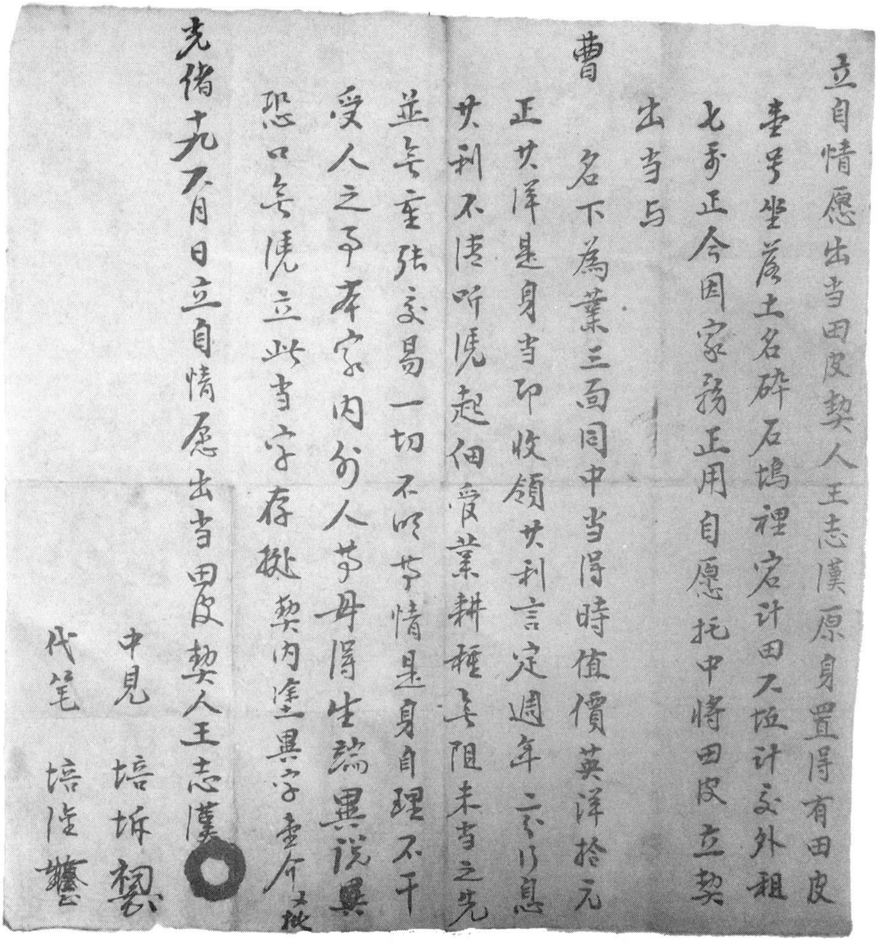
立自情愿出当田皮契人王志漢原身置得有田皮
壹号坐落土名碎石塢裡宕計田大坵計交外祖
七秤正今因家務正用自愿托中將田皮立契
出当与
曹
名下為業三面同中当得時值價英洋拾元
正其洋是身当即收領其利言定週年二分行息
其利不清听凭起佃管業耕種無阻未当之先
並無重張交易一切不明等情是身自理不干
受人之事本家内外人等毋得生端異說異
恐口無凭立此当字存據 契内塗異字壹个
光緒十九年月日立自情愿出当田皮契人王志漢
中見 培垿
代筆 培佳

段莘乡阆山村 A 36 · 光绪十九年 · 出当田皮契 · 王志汉当与曹☑

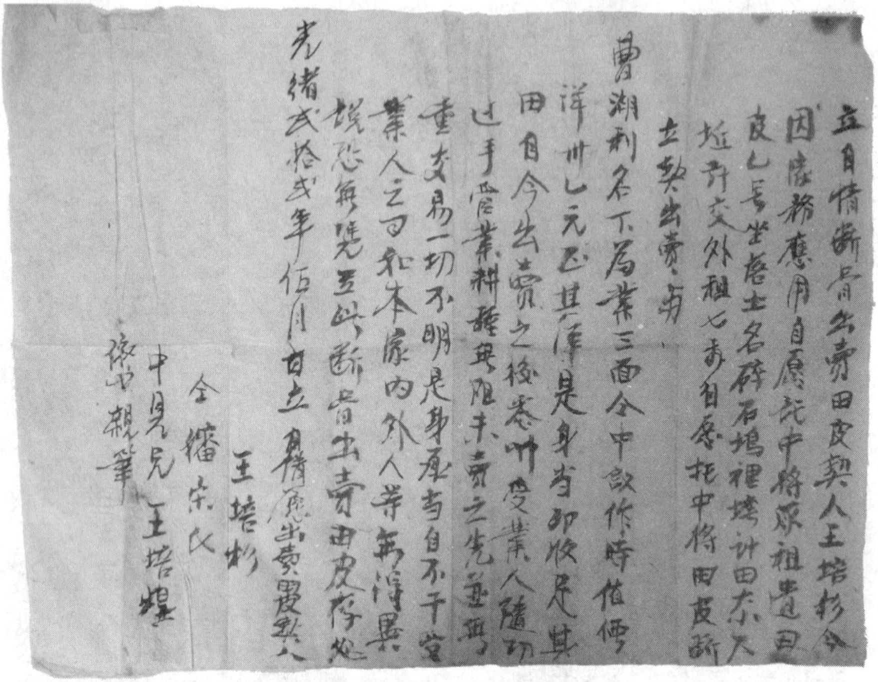
立自情断骨出卖田皮契人王培杉今
因度務應用自願託中將承祖遺田
皮乙号坐落土名磚石塢裡塘計田大小大
坵并交外租七秤自願托中將田皮斷
立契出賣与
曹湖利名下為業三面今中議作時值價
洋卅七元正其洋是身當即收足其
田自今出賣之後悉聽受業人隨即
过手管業耕種無阻未賣之先並無
重交易一切不明是身承当自不干受
業人之事和本家內外人等無得異
說恐無憑立此斷骨出賣田皮存照
光緒贰拾贰年伍月 日立 自情愿出賣田皮契人 王培杉
仝 繼宗 氏
中見兄 王培煌
依口親筆

段莘乡阆山村 A 32 · 光绪二十二年 · 断骨出卖田皮契 · 王培杉卖与曹湖利

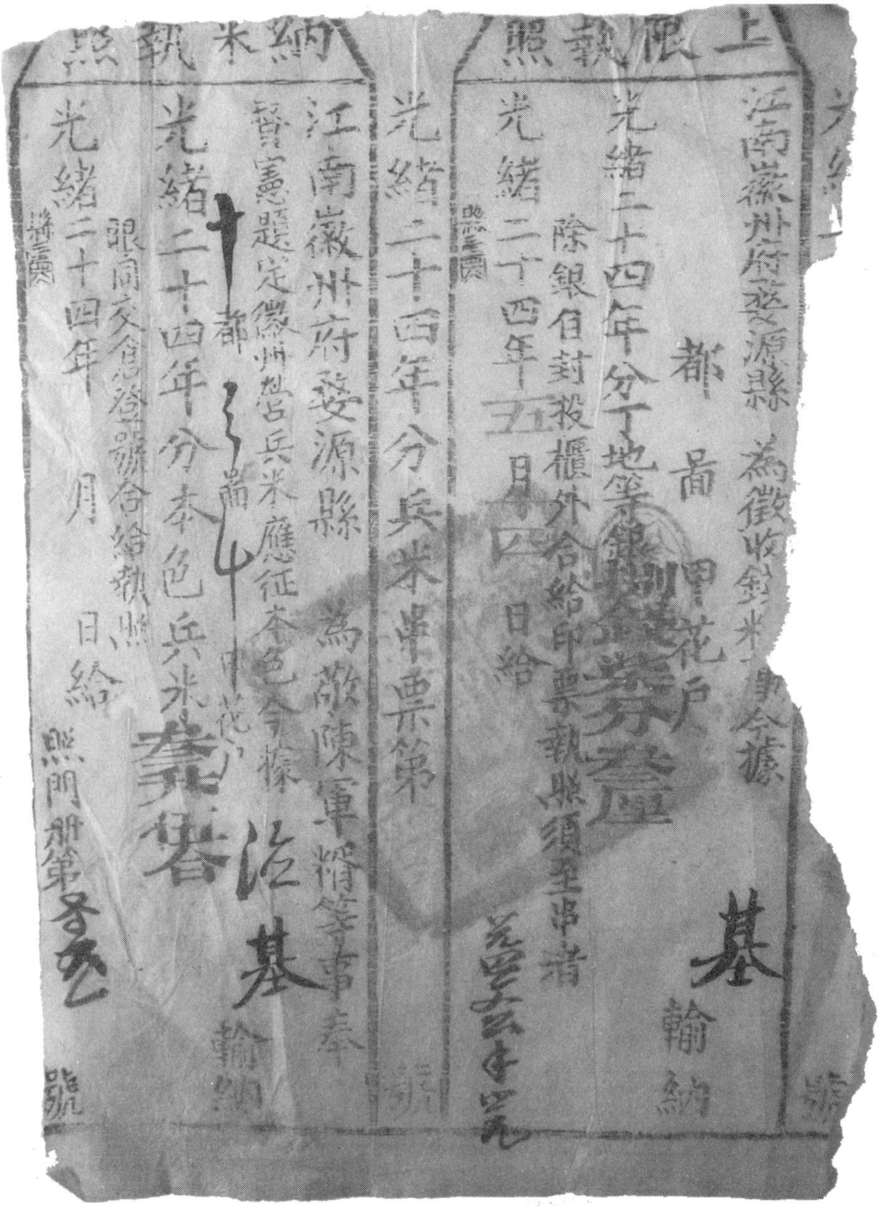

段莘乡阆山村 A 16 · 光绪二十四年 · 纳米执照 · 德基

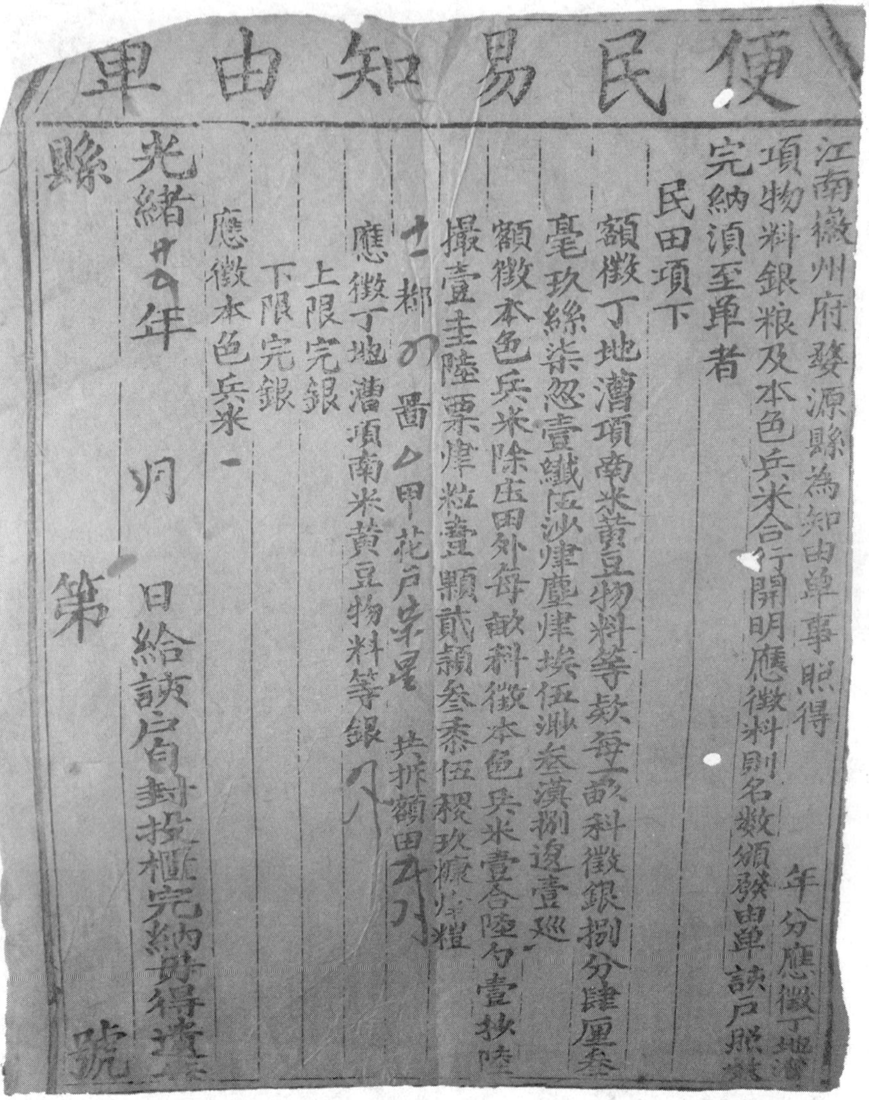
便民易知由單

江南徽州府婺源縣為知由單事照得　　年分應徵丁地漕
項物料銀粮及本色兵米合行開明應徵料則名數頒發由單該戶照數
完納須至單者

民田項下

額徵丁地漕項南米黃豆物料等欵每畝科徵銀捌分肆厘叁
毫玖絲柒忽壹纖伍沙肆塵肆埃伍渺叁漠捌逡壹巡

額徵本色兵米除豁田外每畝科徵本色兵米壹合陸勺壹抄陸
撮壹圭陸粟肆粒壹顆貳穎叁黍伍稷玖糠肆粃

十一都　圖　甲花戶榮星　共折額田

應徵丁地漕項南米黃豆物料等銀

上限完銀

下限完銀

應徵本色兵米　一

光緒廿五年　月　日給該戶封投櫃完納毋得遲悮

縣　第　號

段莘乡阆山村 A 15 · 光绪二十五年 · 便民易知由单 · 荣星

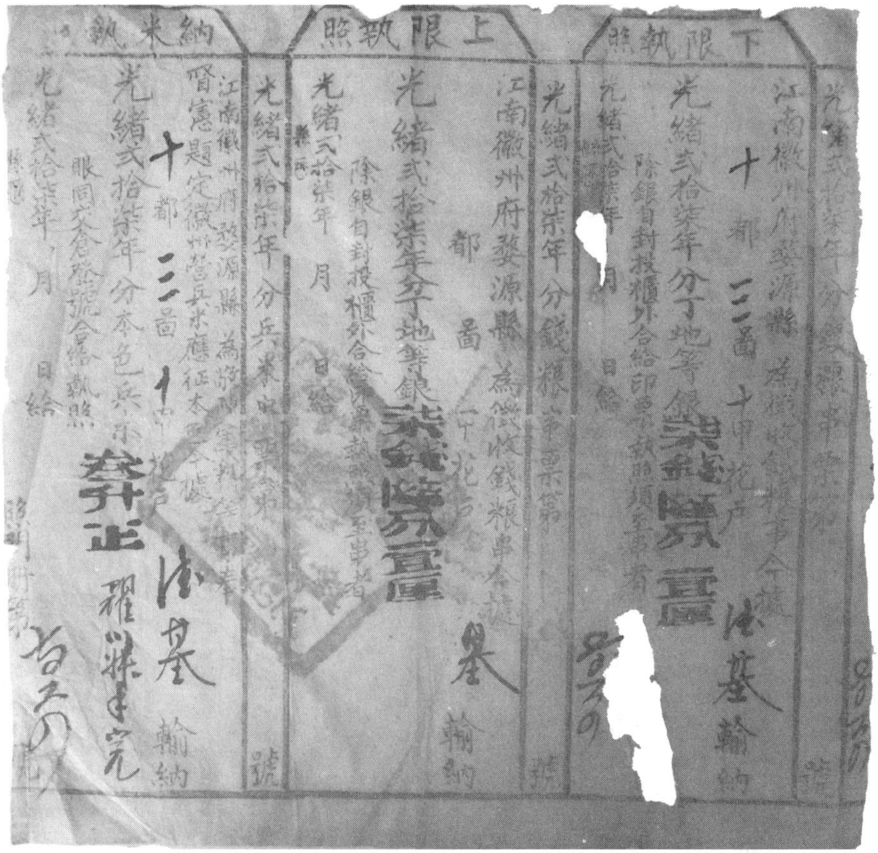

段莘乡阆山村 A 20 · 光绪二十七年 · 纳米执照 · 德基

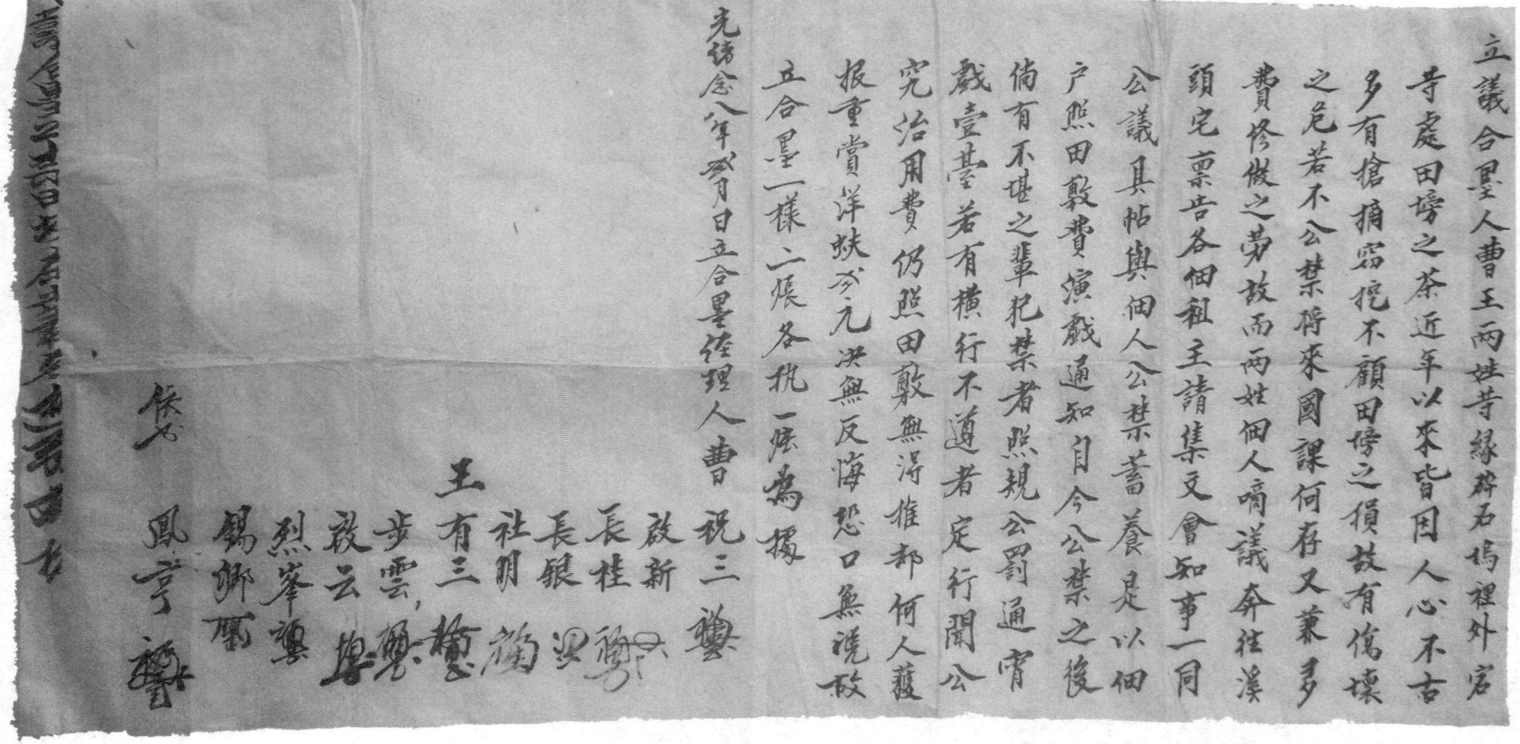

立議合墨人曹王兩姓等緣𡵓石塢裡外宕
等處田塝之茶近年以來皆因人心不古
多有搶摘竊挖不顧田塝之損故有傷壞
之虞若不公禁將來國課何存又兼多
費修做之勞故而兩姓佃人嘀議奔往溪
頭宅稟告各佃租主請集文會知事一同
公議具帖與佃人公禁蓄養是以佃
户照田畝費演戲通知自今公禁之後
倘有不堪之輩犯禁者照規公罰通宵
戲壹臺若有横行不遵者定行鳴公
究治用費仍照田畝無得推却何人獲
報重賞洋蚨□元決無反悔恐口無憑故
立合墨一樣二張各執一張為據

光绪念八年□月日立合墨經理人曹　銳三（押）
啟新
長桂
長銀（押）
社明（押）
王　有三（押）
步雲（押）
啟云（押）
烈峯（押）
錫鄉（押）
依口　鳳亭（押）

段莘乡阆山村 A 61 · 光绪二十八年 · 议合墨 · 曹王两姓等

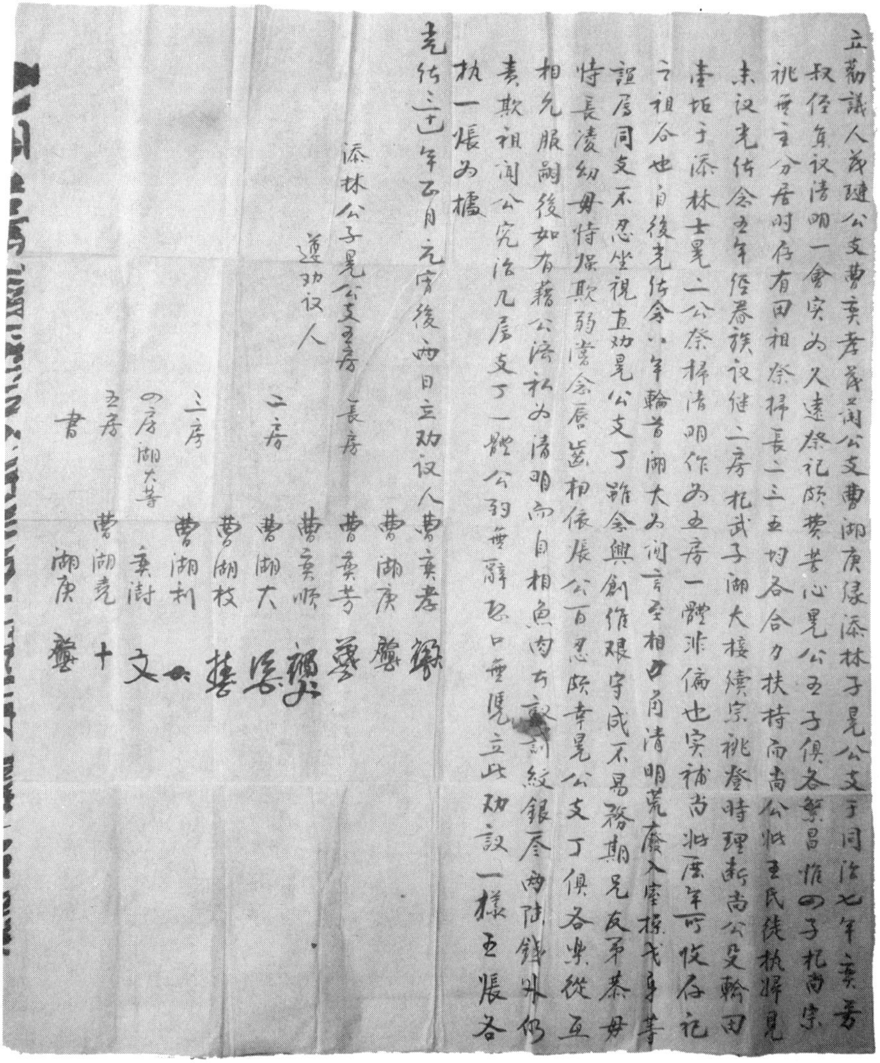

立劝议人茂璉公支曹奕孝、蕃潤公支曹湖庚，緣添林子晃公支于同治七年奕孝
叔侄等议清明一會，実为久遠祭祀所費者。心晃公五子俱各繁昌，惟四子札南宗
祧無主，分居时存有田租，祭掃長二三五均各合力扶持，而南公妣王氏，孫執掃晃
未议，光绪念五年侄春族议，继二房札武子湖大接續宗祧，登時理新南公叐輪田
產，皆于添林士晃二公祭掃清明，作为五房一體，非偏也，実補當從歷年所收存記
之祖合也。自後光绪念八年輪着湖大为潤言至相当角清明，荒廢入室，摽弋身等
誼居同支，不忍坐視，直劝晃公支丁踏念興創作艱，守成不易，務期兄友弟恭，毋
恃長凌幼，毋恃強欺弱，當念居處相依，張公百忍，所幸晃公支丁俱各樂從，互
相允服。嗣後如有藉公濟私，以清明而自相魚肉，吞取紋銀叁兩陸錢外，仍
責欺祖，潤公究治，凡居支丁一體公罰無辭，恐口無憑，立此劝议一樣五張，各
執一張為據。

光绪三十一年正月元宵後兩日立劝议人曹奕孝

添林公子晃公支五房 遵劝议人
長房 曹湖庚
曹奕芳
二房 曹奕順
曹湖大
曹湖枝
三房 曹湖利
四房湖大等 曹奕澍
五房 曹湖尧
書 湖庚

段莘乡阆山村 A 58 · 光绪三十一年 · 劝议 · 茂琏公支曹奕孝等

段莘乡阆山村 A 25 · 光绪三十三年 · 纳米执照 · 德基

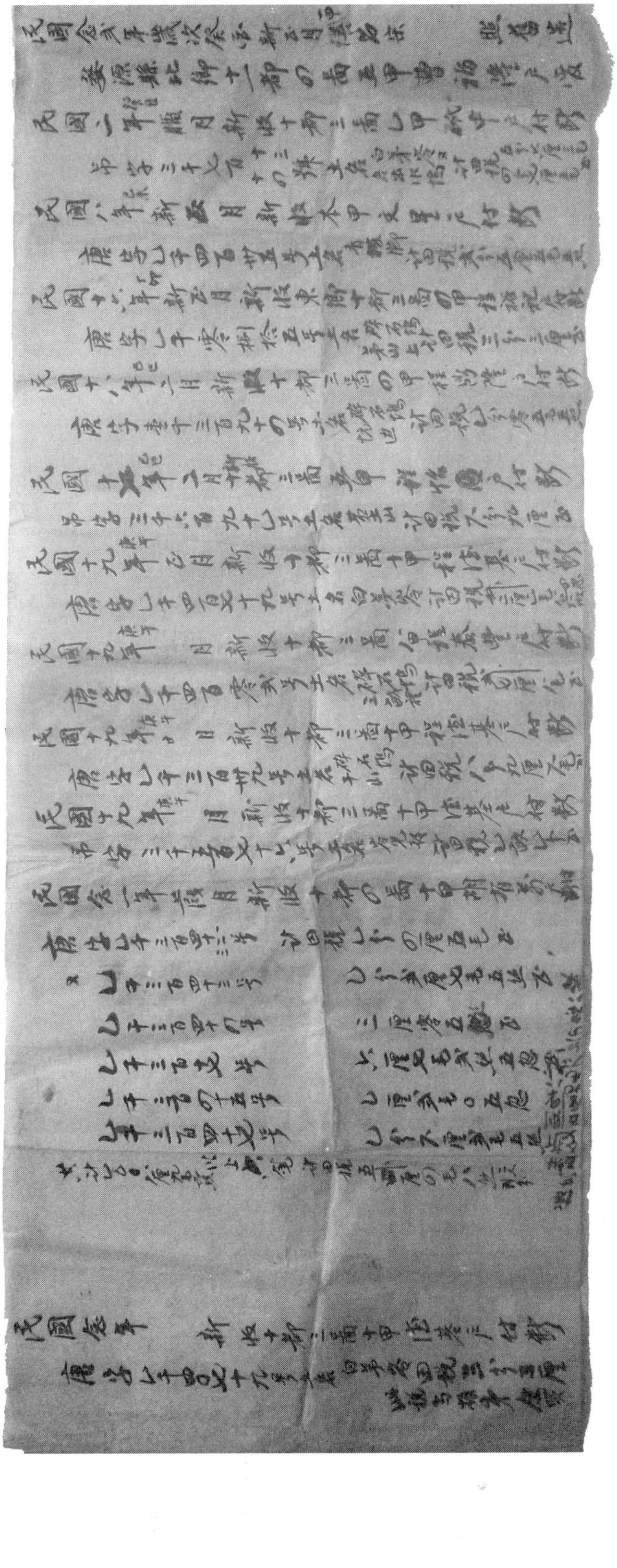

段莘乡阆山村 A 54 · 民国二年至二十二年 · 流水账

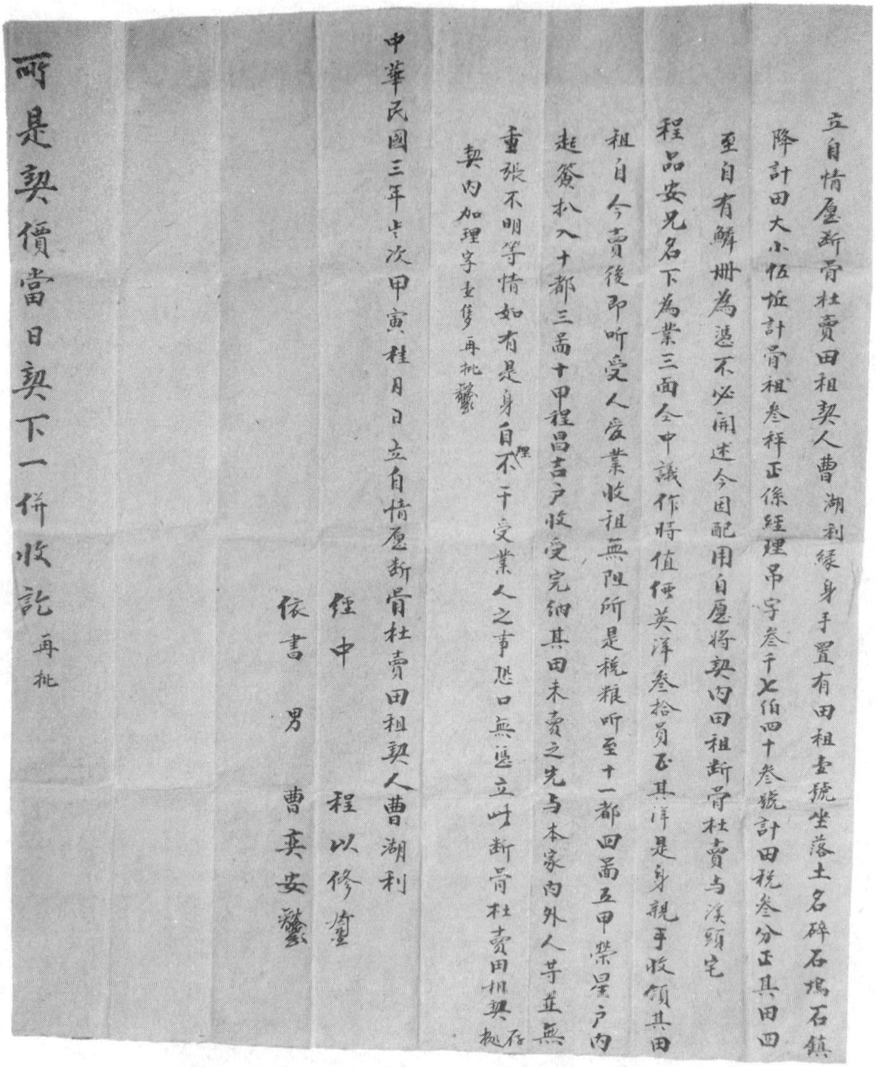

立自情願斷骨杜賣田租契人曹湖利緣身手置有田租壹號坐落土名碎石塢石鎮
降計田大小伍坵計骨租叁秤正係經理吊字叁千七伯四十叁號計田稅叁分正其田四
至自有鱗冊為憑不必開述今因配用自愿將契内田租斷骨杜賣與溪頭宅
程品安兄名下為業三面仝中議作時值價英洋叁拾員正其洋是身親手收領其田
租自今賣後即聽受人管業收租無阻所是稅粮聽至十一都四啚五甲榮星户内
起發扒入十都三啚十甲程昌吉户收受完納其田未賣之先與本家内外人等並無
重張不明等情如有是身自理不干受業人之事恐口無憑立此斷骨杜賣田租契存照
契内加理字壹隻再批

中華民國三年歲次甲寅桂月日立自情愿斷骨杜賣田租契人曹湖利
經中 程以修
依書 男 曹奕安

所是契價當日契下一併收訖 再批

段莘乡阆山村 A 50 · 民国三年 · 断骨杜卖田租契 · 曹湖利卖与程品安

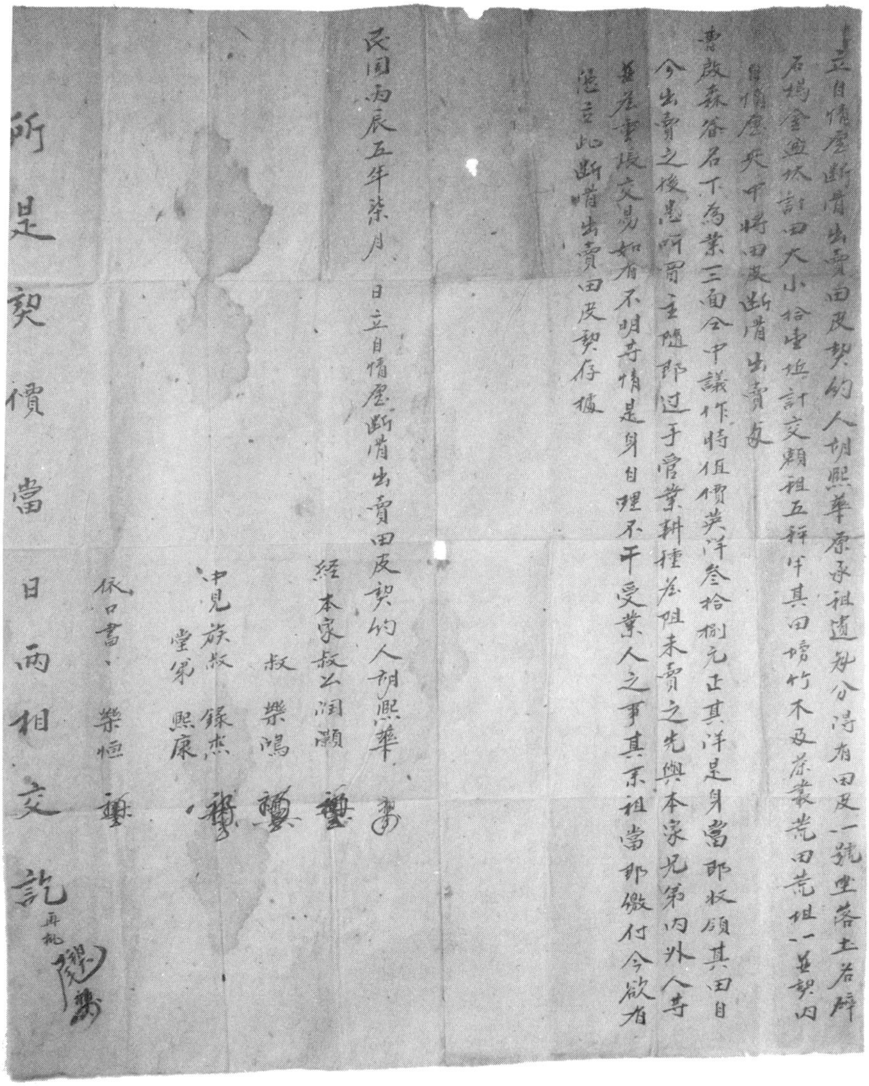

立自情歷斷骨出賣田皮契約人胡熙華原承祖遺身分得有田皮一號坐落土名碎石塢金盆坑計田大小拾壹坵計交額租五秤件其田塝竹木及茶叢荒田荒地一並契內自情歷契中將田皮斷骨出賣與

曹啟森爺名下為業三面仝中議作時值價英洋叁拾捌元正其洋是身當即收領其田自今出賣之後悉聽買主隨即过手管業耕種在明未賣之先與本家兄弟內外人等並無重複交易如有不明等情是身自理不干受業人之事其來祖當即繳付今欲有憑立此斷骨出賣田皮契存據

民國丙辰五年桼月　日立自情歷斷骨出賣田皮契約人胡熙華（押）

經本家叔　潤灝（押）

叔　樂鳴（押）

中見族叔　祿杰（押）

堂弟　熙康（押）

依口書　樂恒（押）

所是契價當日兩相交訖

再批（押）

段莘乡阆山村 A 46 · 民国五年 · 断骨出卖田皮契约 · 胡熙华卖与曹启森

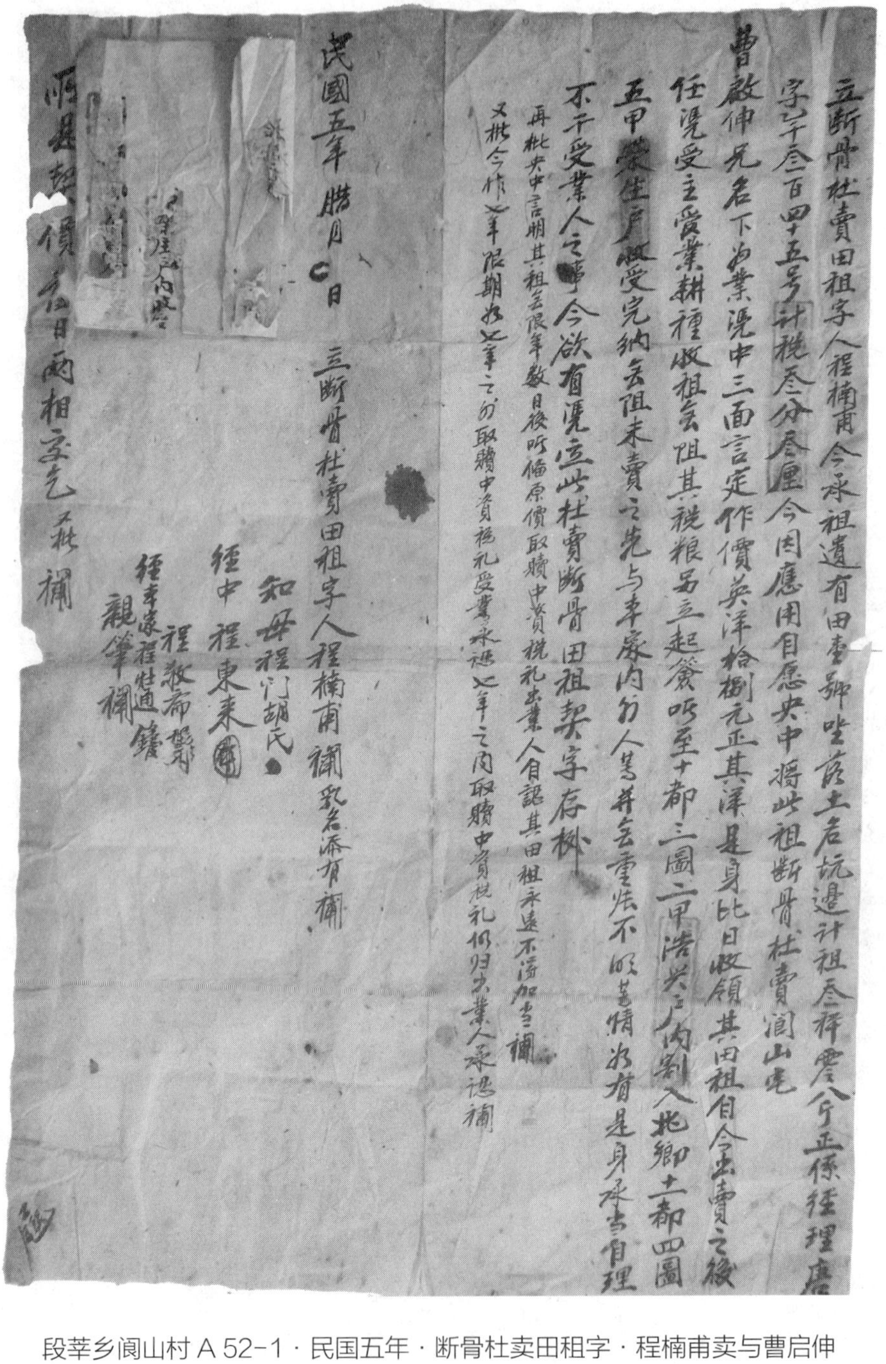

立断骨杜賣田租字人程楠甫，今承祖遺有田壹號，坐落土名坑邊，計租叁秤零八斤正，係經理唐字乙千叁百四十五号，計稅叁分叁厘。今因應用，自愿央中將此祖断骨杜賣與曹啟伸兄名下為業。憑中三面言定作價英洋拾捌元正，其洋是身比日收領，其田祖自今出賣之後，任憑受主管業耕種收租無阻。其稅粮另立起發，听至十都三圖二甲浩興戶內割入北鄉十二都四圖五甲榮生戶收受完納無阻。未賣之先，与本家內外人等并無重張不明等情，如有是身承当自理，不干受業人之事。今欲有憑，立此杜賣断骨田租契字存據。

再批：央中言明其租無限年數，日後听備原價取贖，中資稅礼出業人自認，其田租永遠不得加当。（押）

又批：今作七年限期，如七年之外取贖，中資稅礼受業承認；七年之内取贖，中資稅礼仍归出業人承認。（押）

民國五年臘月　日　立断骨杜賣田租字人程楠甫（押）　親名添有（押）

知母程門胡氏

經中程東來

經本家程敖希（押）　程壯道

親筆（押）

所是契價當日兩相交訖　不批（押）

段莘乡阆山村 A 52-1 · 民国五年 · 断骨杜卖田租字 · 程楠甫卖与曹启伸

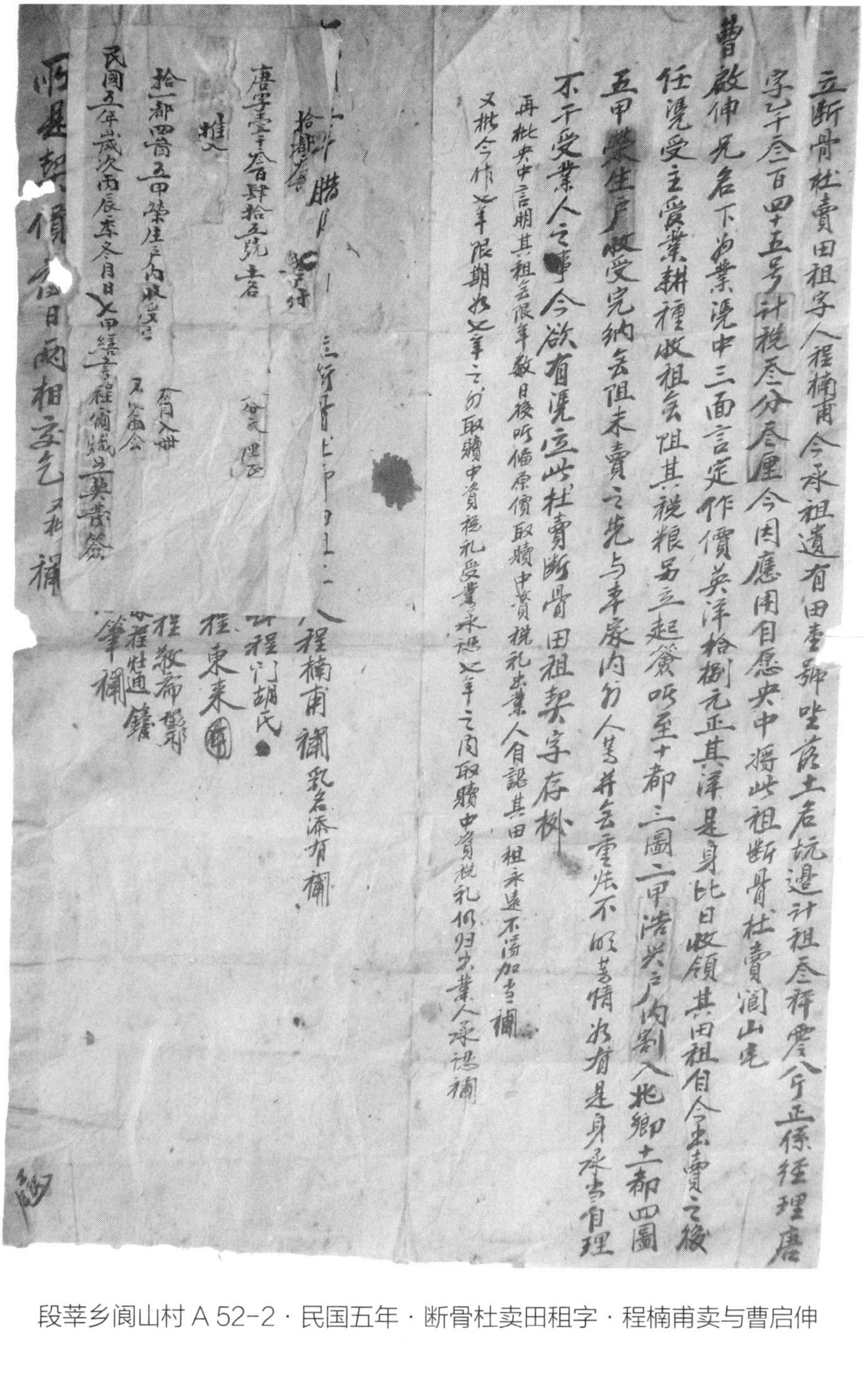

立断骨杜賣田租字人程楠甫今承祖遺有田壹丘坐落土名坑邊計租叁秤零八斤正係經理唐
字一千叁百四十五号計税叁分叁厘今因應用自愿央中將此祖斷骨杜賣與閶山
曹啟伸兄名下為業憑中三面言定作價英洋拾捌元正其洋是身比日收領其田租自今出賣之後
任憑受主管業耕種收租無阻其税粮另立起簽收至十都三圖二甲浩興戶内割入北鄉十一都四圖
五甲榮生戶收受完纳無阻未賣之先與本家内外人等并無重張不明等情如有是身承當自理
不干受業人之事今欲有憑立此杜賣斷骨田租契字存據
再批央中言明其租無限年数日後听備原價取贖中資税礼出業人自認其田租永遠不得加吉補
又批今作七年限期如七年之内取贖中資税礼受業承認七年之内取贖中資税礼仍归出業人承認補

程楠甫補 親名添有補
程门胡氏
程東來
程敘甫
程壯道
筆補

唐字壹千叁百肆拾五號
拾一都四圖五甲榮生戶内收受
民國五年歲次丙辰春冬月日

所是契價當日兩相交乞補

段莘乡阆山村 A 52-2 · 民国五年 · 断骨杜卖田租字 · 程楠甫卖与曹启伸

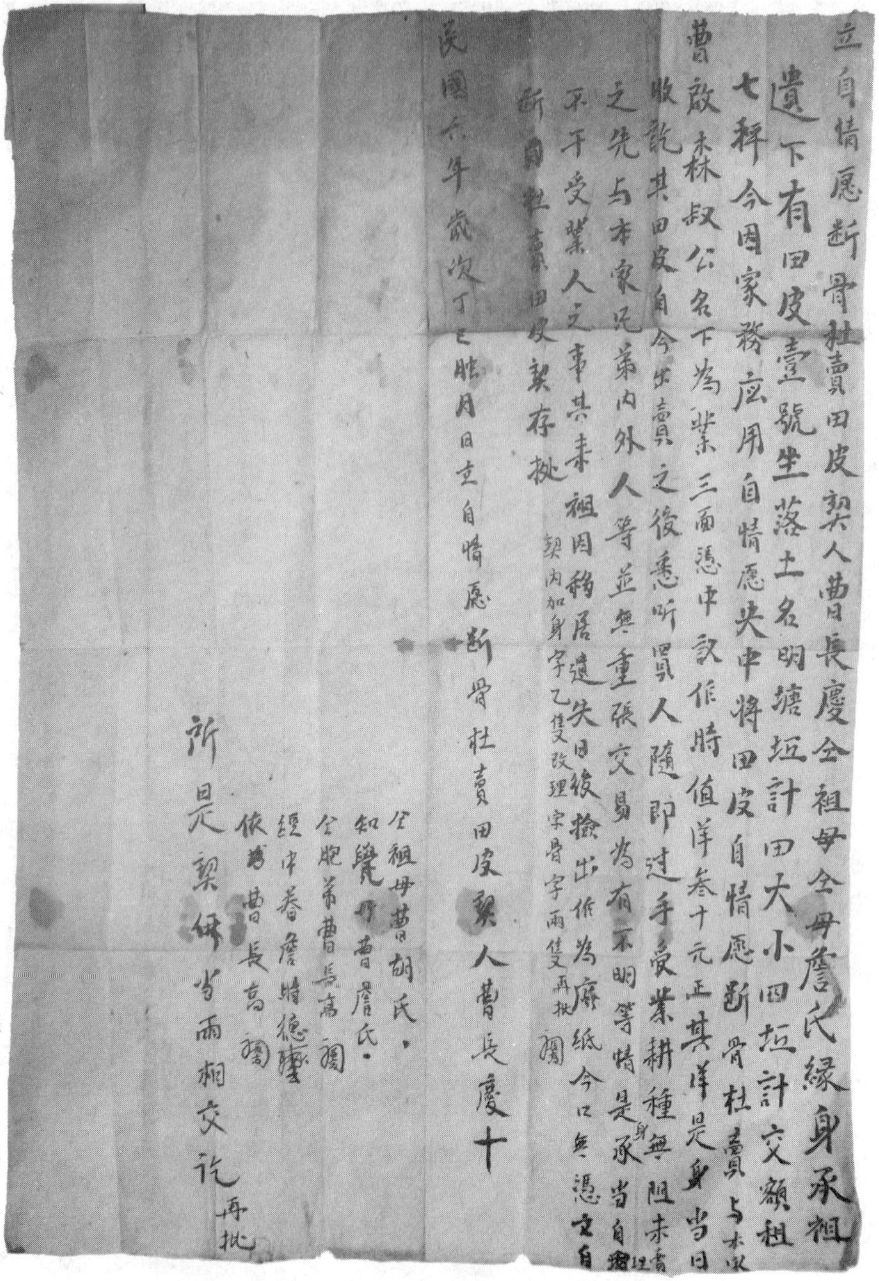
立自情愿断骨杜賣田皮契人曹長慶仝祖母仝母詹氏缘身承祖
遺下有田皮壹號坐落土名明塘坵計田大小四坵計交額租
七秤今因家務应用自情愿央中將田皮自情愿断骨杜賣与本家
曹啟森叔公名下為業三面憑中議作時值洋叁十元正其洋是身当日
收訖其田皮自今出賣之後悉听買人隨即过手受業耕種無阻未賣
之先与本家兄弟内外人等並無重張交易為有不明等情是身承当自理
不干受業人之事其來祖因移居遺失日後檢出作為廢纸今口無憑立自
斷骨杜賣田皮契存批
契内加身字乙隻改理字母字兩隻又再批 押
民國六年歲次丁巳臘月日立自情愿断骨杜賣田皮契人曹長慶 十
仝祖母曹胡氏 ・
知覺母曹詹氏 ・
仝胞弟曹長高 押
經中眷詹時德 押
依書曹長高 押
所是契價當兩相交訖 再批

段莘乡阆山村 A 57 · 民国六年 · 断骨杜卖田皮契 ·
曹长庆同祖母同母詹氏卖与本家曹启森

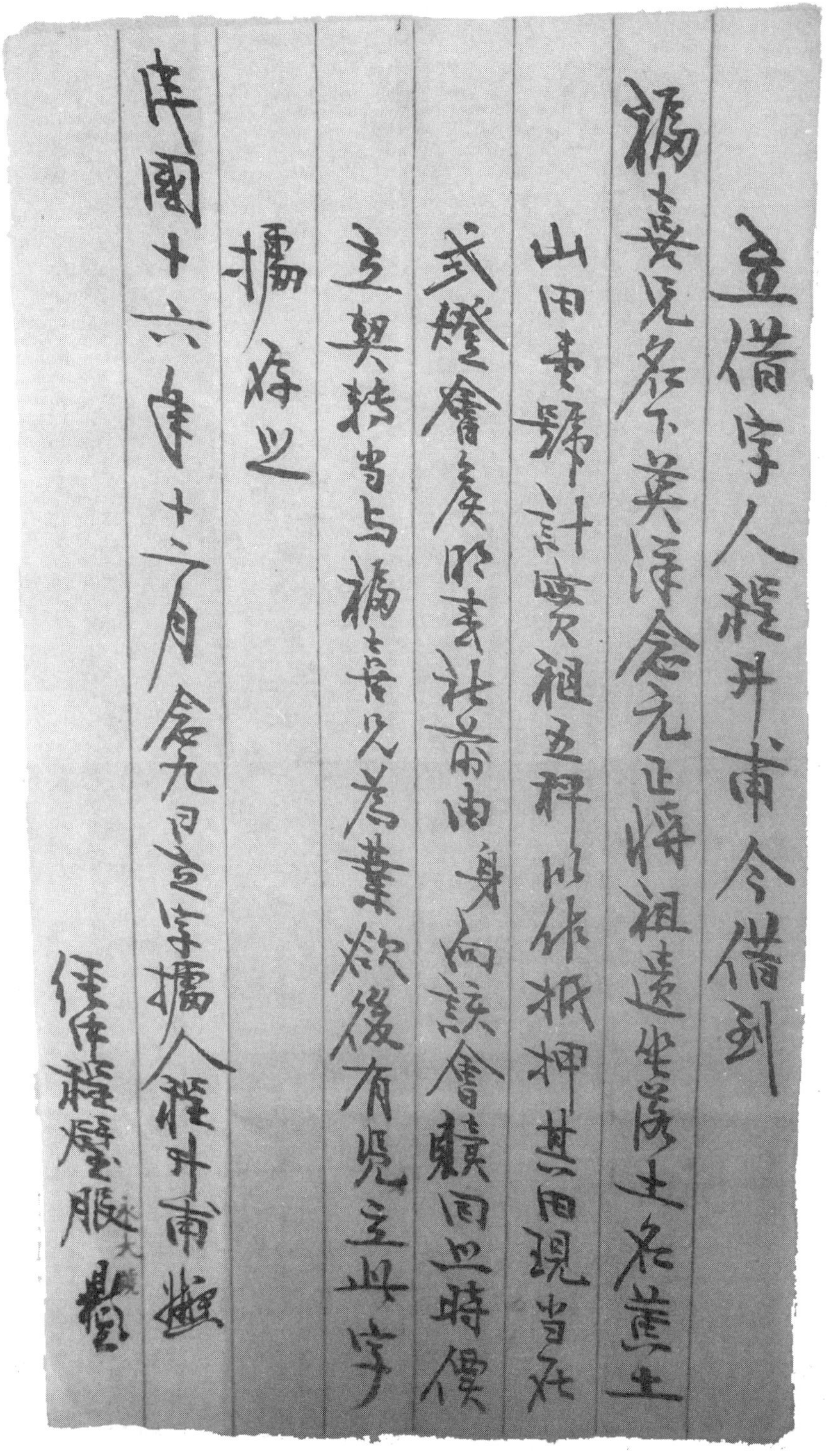
立借字人程升甫今借到
福喜兄名下英洋念元正將祖遺坐落土名黄土
山田壹號計實租五秤以作抵押其田現当在
式燈會處收表社前由身向該會贖回照時價
立契轉当与福喜兄為業欲後有凭立此字
據存照
民國十六年十二月念九日立字據人程升甫(押)
依書程燮服(押)

段莘乡阆山村 A 43 · 民国十六年 · 借字 · 程升甫借到福喜

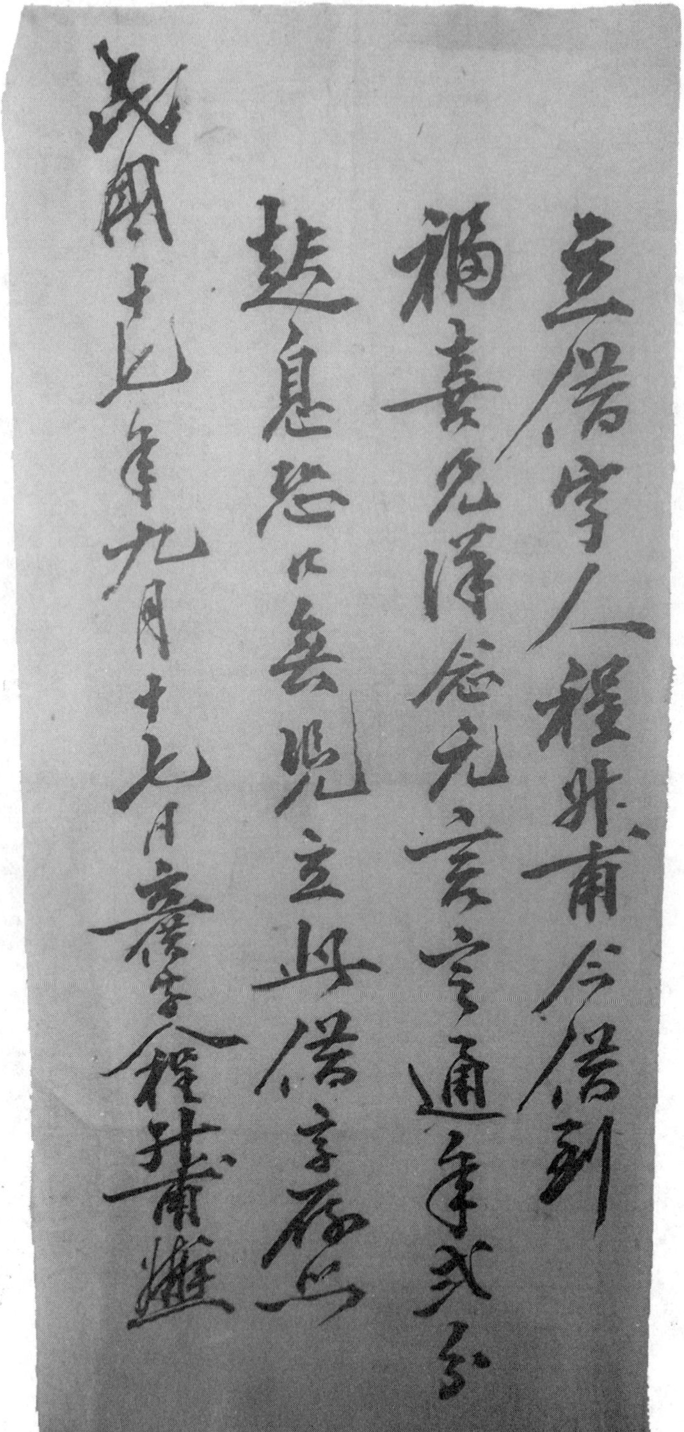
立借字人程升甫今借到
福喜光洋念元言定通年弍分
起息恐口無憑立此借字存照
民國十七年九月十七日立借字人程升甫押

段莘乡阆山村 A 40 · 民国十七年 · 借字 · 程升甫借到福喜

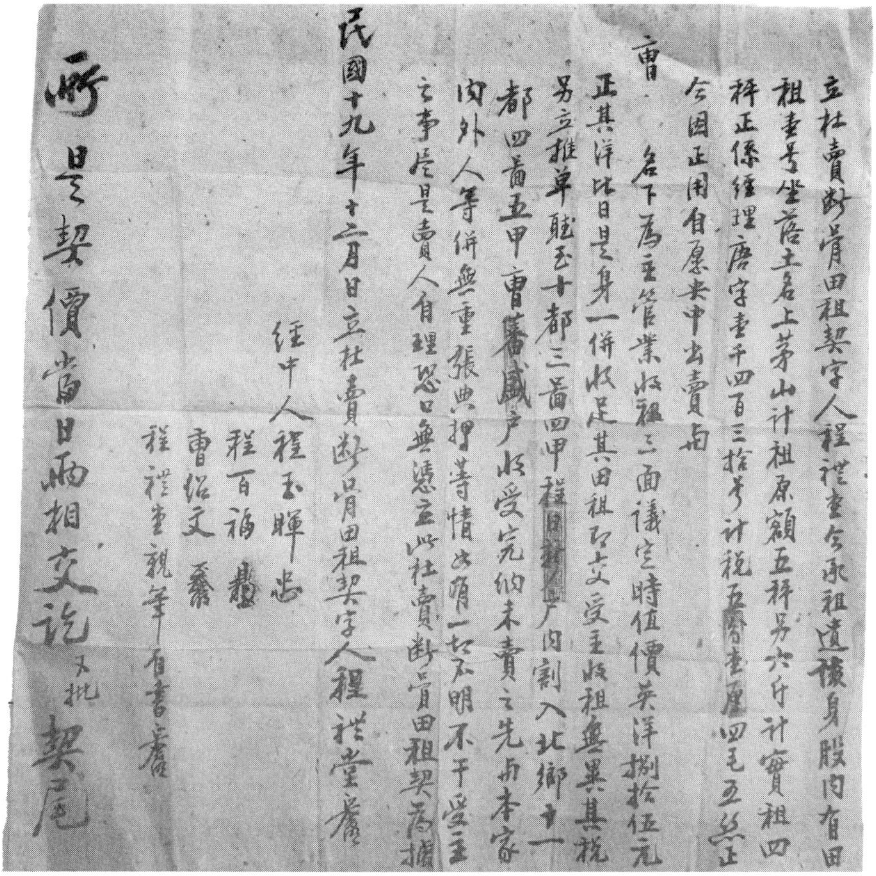
立杜賣斷骨田租契字人程禮堂今承祖遺釐身股内有田
租壹号坐落土名上茅山計祖原額五秤另六斤計實租四
秤正係經理唐字壹千四百三拾号計稅五分壹厘四毛五絲正
今因正用自愿央中出賣與
曹 名下為業管業收租三面議定時值價英洋捌拾伍元
正其洋比日是身一併收足其田租即交受主收租無異其稅
另立推單聽至十都三啚四甲[illegible]户内割入北鄉十一
都四啚五甲曹蕃盛户收受完納未賣之先與本家
内外人等併無重張典押等情如有一切不明不干受主
之事是是賣人自理恐口無憑立此杜賣斷骨田租契為據
民國十九年十二月日立杜賣斷骨田租契字人程禮堂
經中人程玉暉
程百福
曹紹文
程禮堂親筆有書
再批 是契價當日兩相交訖 又批 契尾

段莘乡阆山村 A 56 · 民国十九年 · 杜卖断骨田租契字 · 程礼堂卖与曹☐

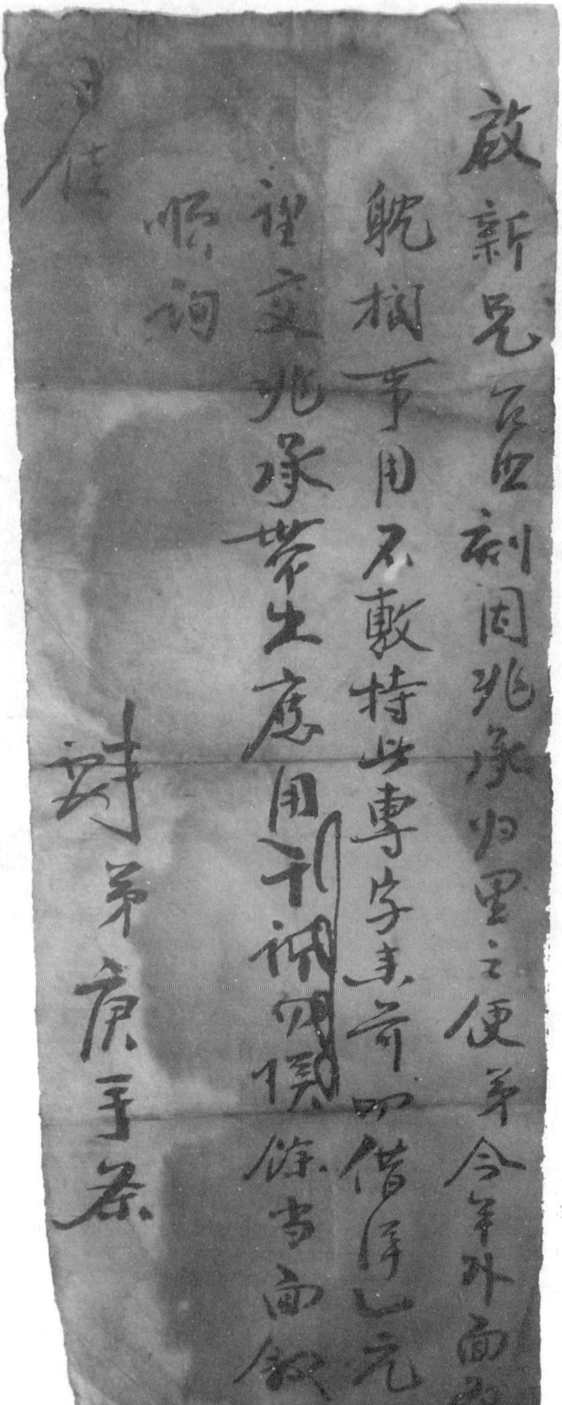

段莘乡阆山村 A 33 · 借据 · 族弟赓借到启新

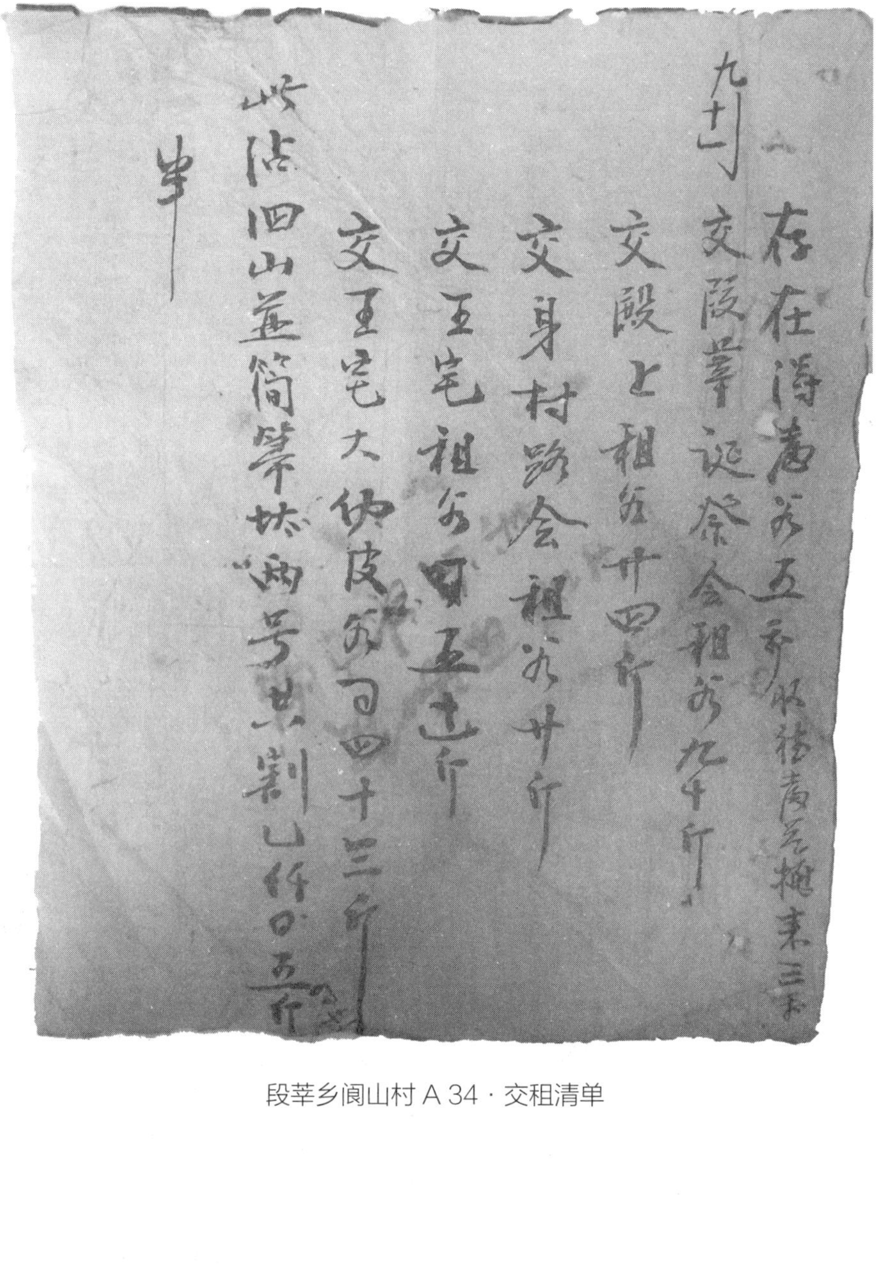

段莘乡阆山村 A 34 · 交租清单

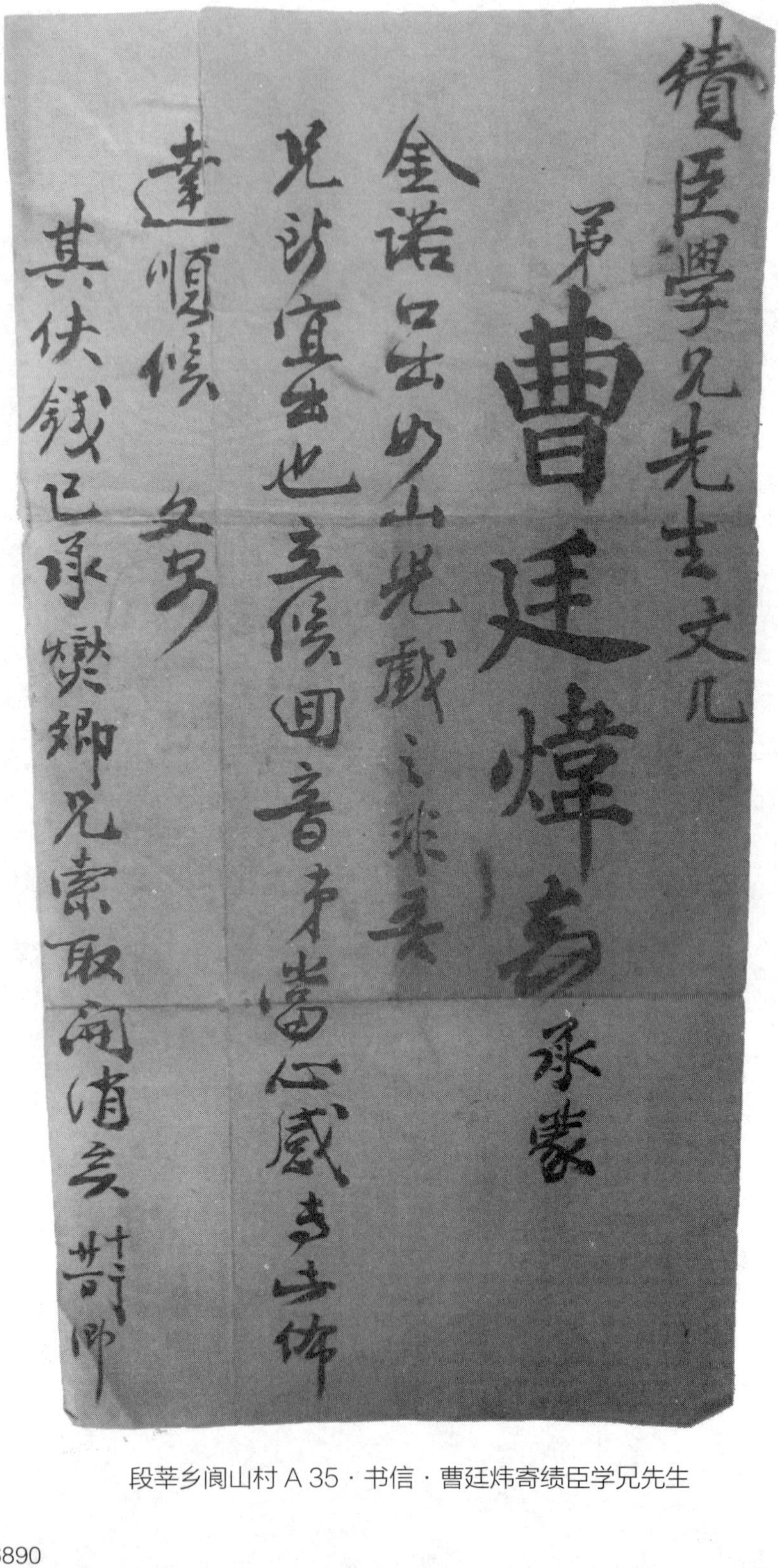

績臣學兄先生文几

弟曹廷煒

承蒙

金諾口出如山兄戲之來矣

兄所宜出也立候回音弗當心感

台達順候

文安

其伏錢已缘樊鄉兄索取開消矣 廿二卯

段莘乡阆山村 A 35 · 书信 · 曹廷炜寄绩臣学兄先生

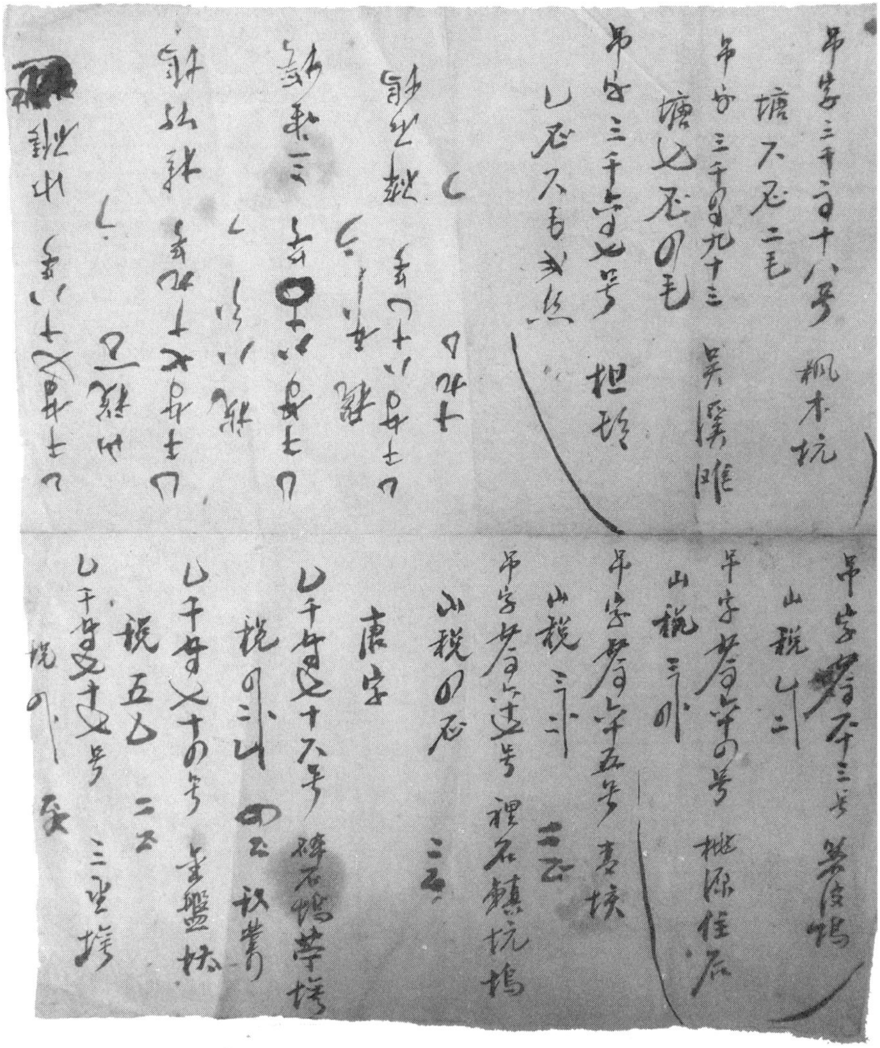

段莘乡阆山村 A 39 · 土地税清单

投為餌買殺吞許兑復延亟叩究追事、

証

被硯山集和祥葉曉青

緣身村春茶于前月念六日由杜佑汝才帯集和祥茶號葉曉青向買

當議定每百斤松秤卅弍元論茶本不賑賣因見今歲茶風

漲跌不常、更兼人口嗷嗷負債無償既是現洋即允售賣

計茶十餘担計價洋叁千餘元茶单可質殊清陰怪譎詐

茶袋理好即央杜佑向身等說髙茶葭號洋即兑回身恐其

奸斟剴切至清誓不食言況而茶刊号向兑証清詭以票滯

為伊商緩數天身等自思茶陷伊号只得懷約兩回今期

限已過清尚復延公然一箱行袋外消遥不理欺身窩遠桌

心一味容吞不思茶乃農人之所賴坑身等債無所償食

無所依情急迫切不得不叩

段莘乡阆山村 A 41 · 具状词

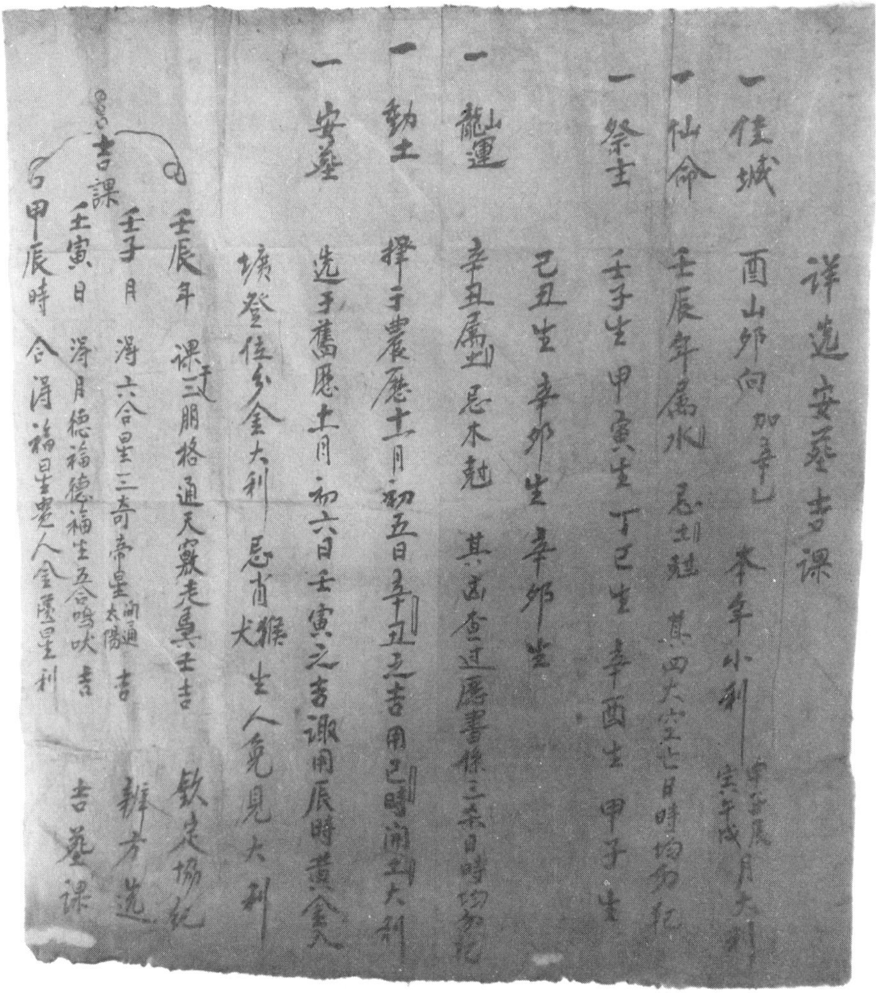
详選安葬吉课

一 佳城 酉山卯向 加辛乙 本年小利 申子辰寅午戌月大利

一 仙命 壬辰年屬水 忌土煞 其四大空亡日時均勿犯

一 祭主 壬子生 甲寅生 丁巳生 辛酉生 甲子生 己丑生 辛卯生 辛卯生

一 龍山運 辛丑屬土 忌木煞 其凶查过曆書係三杀日時均勿犯

一 動土 擇于農曆十一月初五日辛丑之吉 用巳時開土大利

一 安葬 選于舊曆十一月初六日壬寅之吉 取用辰時進金入壙 登位乡金大利 忌肖犬猴生人免見大利

吉課

壬辰年 課逢三朋格通天竅走馬壬吉

壬子月 得六合星三奇帝星太陽同通 吉

壬寅日 得月德福德福生五合鳴吠 吉

甲辰時 合得福星貴人金匱星利

欽定協紀 辨方選 吉葬課

段莘乡阆山村 A 44 · 详选安葬吉课

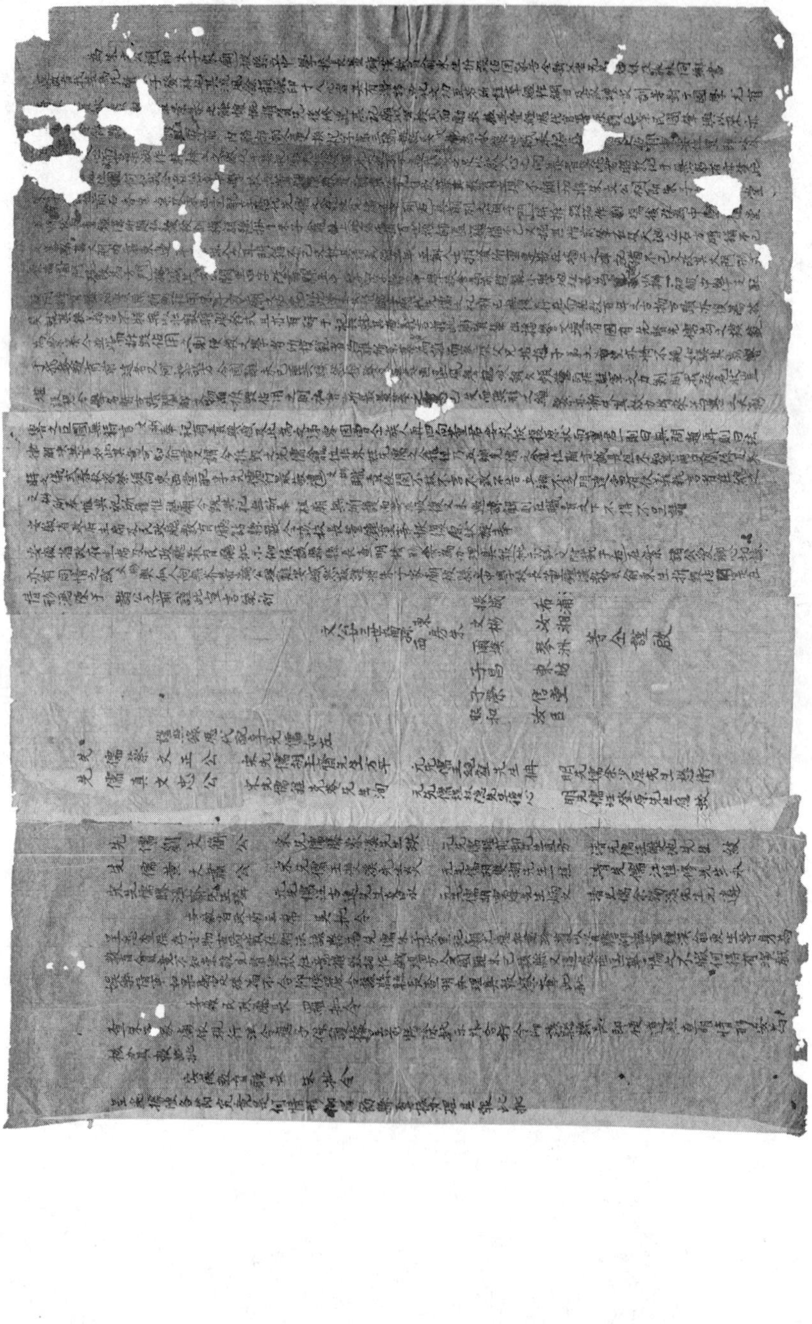

段莘乡阆山村 A 48 · 公告 · 文公二十三世裔孙等启

段莘乡阆山村 B 1—6

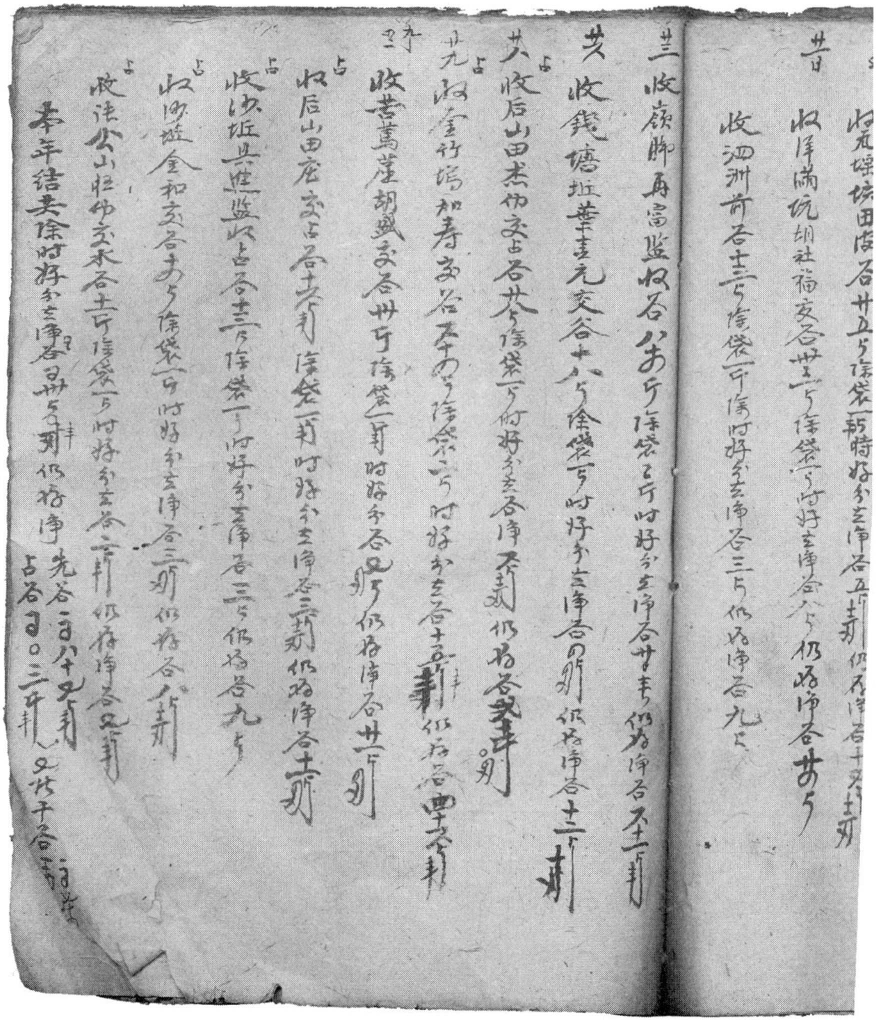

段莘乡阆山村 B 2-1 · 道光二十六年至光绪三十年 · ☑公会租额簿

同治六年歲次丁卯仲秋月煥謨經收谷賬

廿三 收沙坵細面交谷〤十斤 代乚 除〤

廿五 支谷五十〤斤交鳴沙坵茶园租

廿五 收苦竹溪葉啓起交谷九十三斤 代二 除十

廿九 收瓦堘坑汪豹元交谷弍十斤 代乚 除三

廿六 收后山[illegible]係細美交谷〥十斤 代二 除〥

廿九 收横田塝余再富交谷〥十斤 代三 除〨

廿八 又收再付下谷九十斤 代乚 此係官付下思光堂

收洙公山細江交谷十〥斤 代乚 除二

收再富下谷〦十斤 代乚

十一 收苦馬壟係祖壽交谷〡〡斤 代一 除二

廿一 收洪三交利占谷十三斤 代乚 除二

廿〤 收右溪园大塢汪美交谷十斤 代乚 除乚

支谷五斤交煥猫塘壟租

廿六 收黃金龍利谷弍十五斤 代乚

收后山田邵茂交谷十九斤 代乚 除二

二十〥 收桂塢宋九伯交谷〤十八斤 代二 除〥

收泗洲前何茶丁交谷十〥斤 代乚 除二

收洙公山細江交谷十斤 代乚 除二

十三 收汪家門苦汪豹元交谷卅〥斤 代二 除〤

收苦庄基麻茶交谷十八斤 占 代乚 除二

收石橋接元交占谷廿〥斤 代乚 除三

廿六 收張公山脚葉季交占谷十〥斤

段莘乡阆山村 B 2-2 · 道光二十六年至光绪三十年 · 〼公会租额簿

段莘乡阆山村 B 2-3 · 道光二十六年至光绪三十年 · ☐公会租额簿

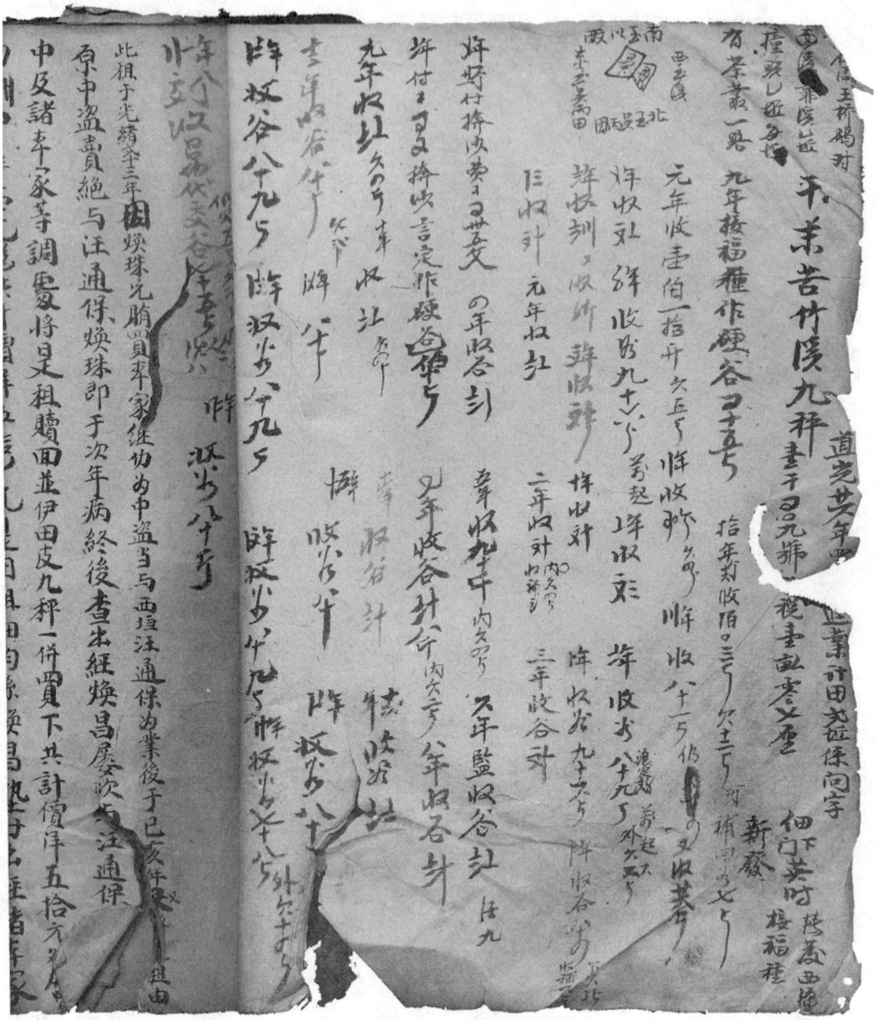

段莘乡阆山村 B 2-4 · 道光二十六年至光绪三十年 · 〼公会租额簿

九年收廿斤 收廿 收谷廿 收谷廿

十一年收谷廿斤 廿年 收廿 收谷廿 收谷廿

廿年收谷八斤九斤 廿年收谷八斤九斤 廿年收谷八斤九斤 廿年收谷八斤九斤 廿年收谷七斤九斤 外六十斤

廿年八月收吕佛保交谷廿六斤 租又五斤又廿斤八 廿年 收谷八斤半

此租于光緒卅三年囙焕珠兄賄買本家繼协为中盜当与西垣汪通保为業後于己亥年又將是租由
原中盜賣絶与汪通保。焕珠即于次年病終後查出經焕昌屡次与汪通保爭競經
中及諸本家等調處將是租贖回並伊田皮九秤一併買下共計價洋五拾元外加買
物酬中洋壹元幾共計價洋五拾元是田租佃均係焕昌墊付出經諸本家
議定將是田租佃之谷归焕昌收穀作利俟焕珠賠賣是租原契價計洋四拾
三元日後俟均祥照原價繳还焕昌再由鳳泉公归还佃價洋八元因此田
當日有租無佃此批

合六年端参孫子代向子周家借洋八元代向桂五家續歸户
收過本容谷廿斤

段莘乡阆山村 B 2-5 · 道光二十六年至光绪三十年 · ☑公会租额簿

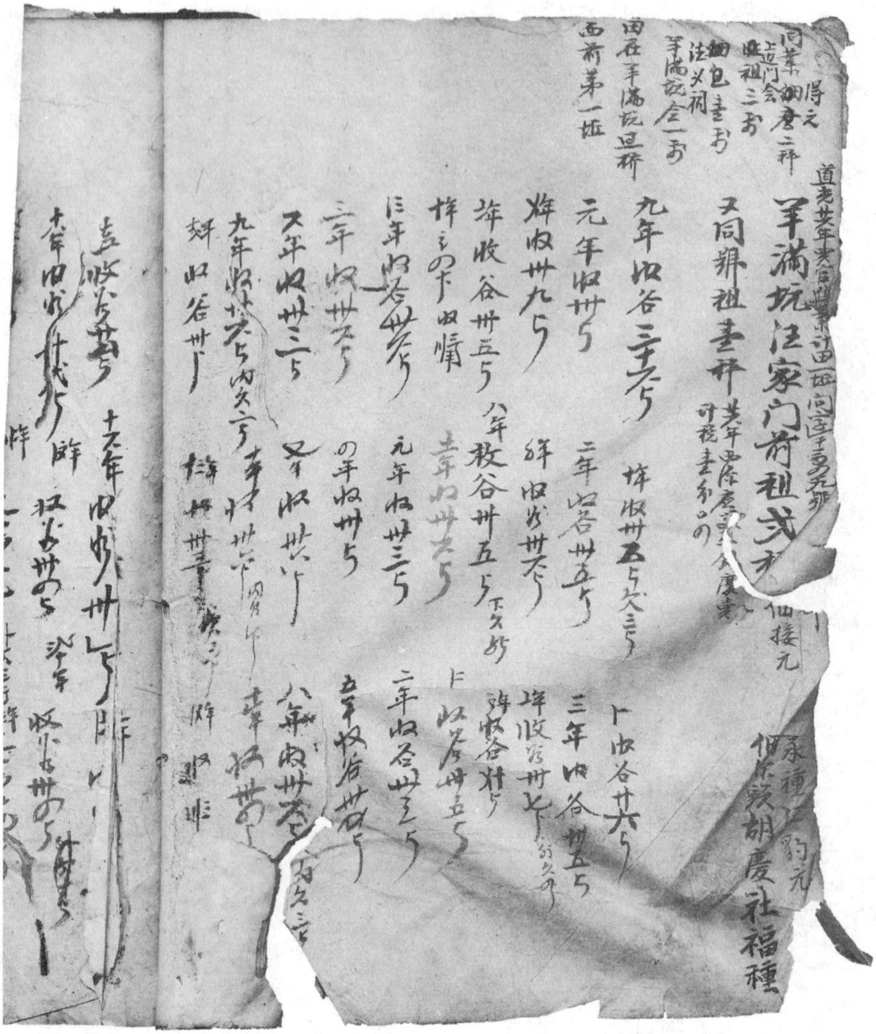
得之
同業細磨二秤
上首門会
匠祖三斗
細包壹斗
汪乂祠
羊满坑全一斗
田在羊满坑退秤
西前第一坵
羊满坑汪家门前租弍秤
又同號租壹秤
九年収谷三十六斤
元年収卅斤
二年収谷卅九斤
三年收谷卅五斤
四年收谷卅二斤
五年収卅三斤
八年收谷卅五斤
佃接元
胡慶社福種

段莘乡阆山村 B 2-6 · 道光二十六年至光绪三十年 · ☑公会租额簿

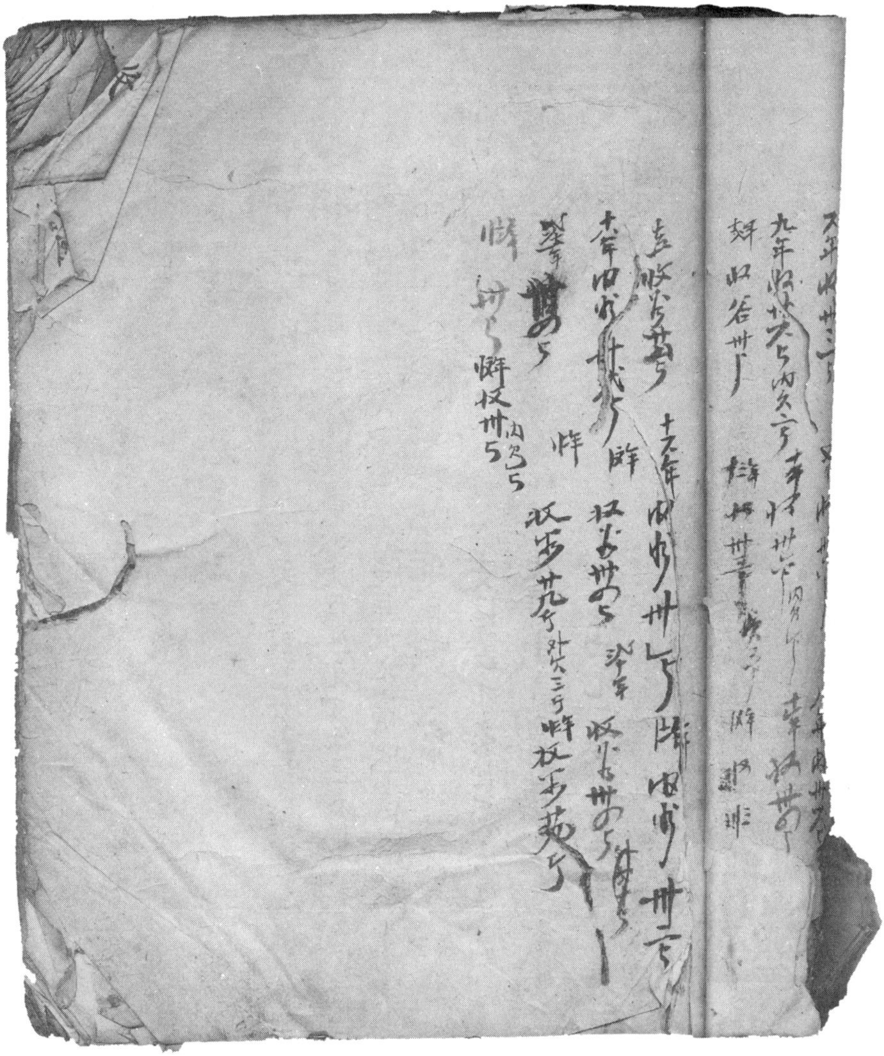

段莘乡阆山村 B 2-7 · 道光二十六年至光绪三十年 · ☑公会租额簿

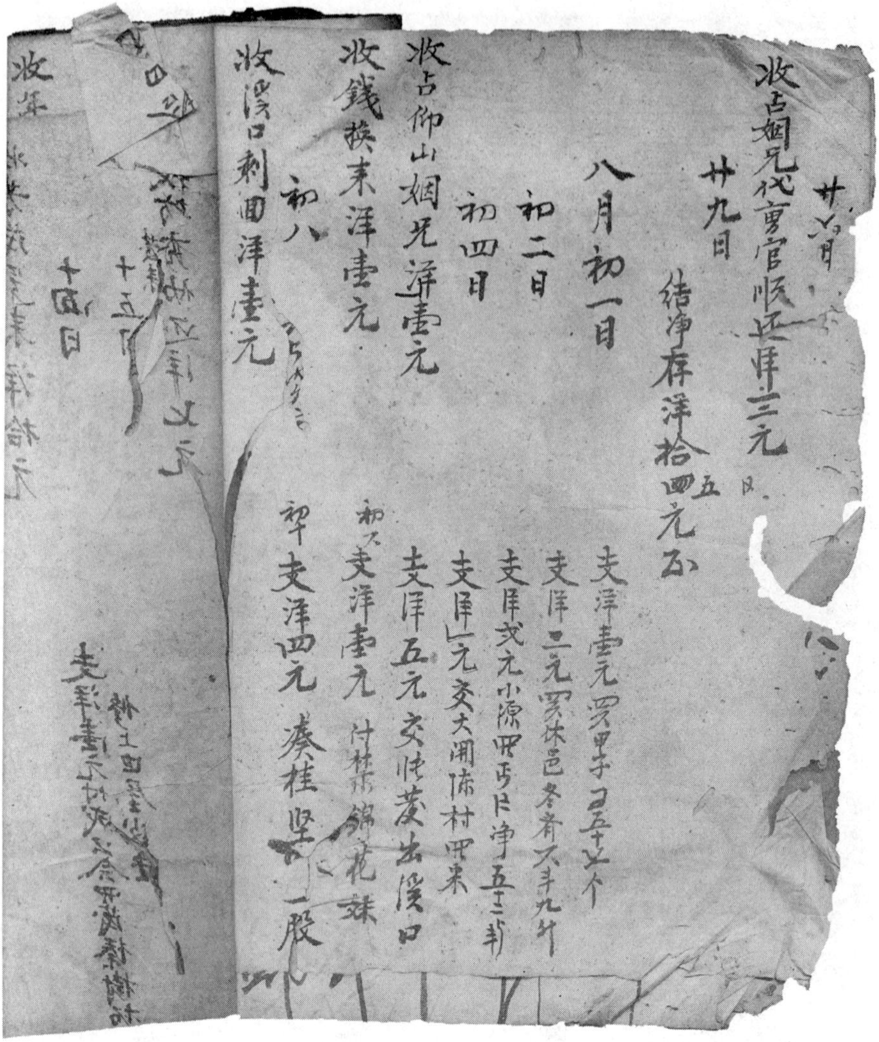
收占姻兄代亨官顺还洋三元
廿六日
廿九日 结净存洋拾四元五
八月初一日 支洋壹元买果子□五十五个
初二日 支洋三元买休邑冬肴不半九斤
初四日 支洋弍元小源田丙□净五十二斤
收占仰山姻兄洋壹元 支洋□元交大洲□村田米
收钱换来洋壹元 支洋五元交□茇出溪口
初六 支洋壹元付林□锦花妹
收溪口剩田洋壹元
初八
初十 支洋四元凑桂坚一股

段莘乡阆山村 B 2-8 · 道光二十六年至光绪三十年 · ☑公会租额簿

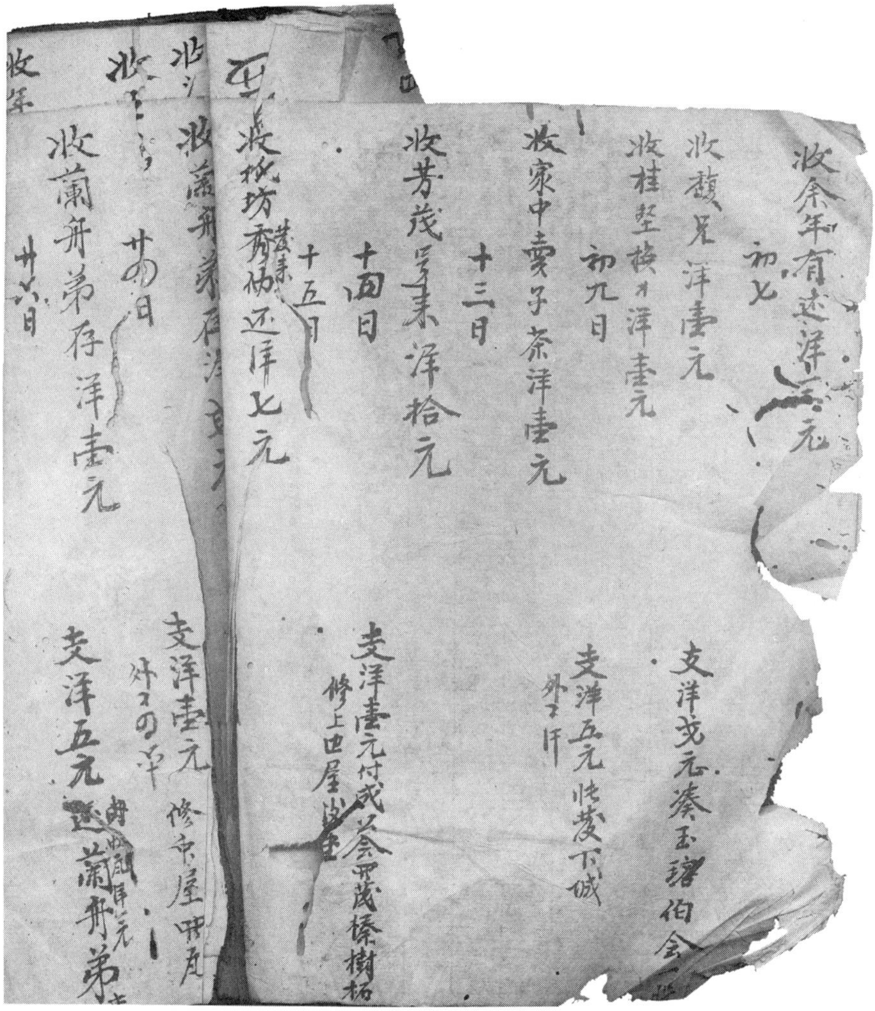

收余年有述洋[illegible]元 初七
收馥兄洋壹元
收桂堅換才洋壹元 初九日
收家中賣子茶洋壹元 十三日
收芳茂[illegible]來洋拾元 十四日
收桃坊齊[illegible]还洋七元 十五日
支洋弍元湊玉璿伯会
支洋五元 外工仟 修茇下堿
支洋壹元付戌[illegible] 修上由屋
收蘭舟弟存洋壹元 廿六日
支洋壹元 外工四千 修東屋
支洋五元 还蘭舟弟

段莘乡阆山村 B 2-9 · 道光二十六年至光绪三十年 · ☒公会租额簿

收紙坊秀協还洋七元

收蘭舟弟存洋貳元

廿四日

收蘭舟弟存洋壹元

廿六日

收旺喜存換才洋壹元

廿八日

收占詩可还洋弍元

柒月朔日

初二日

結净存洋壹元

支洋壹元 修亭屋

支洋五元 还蘭舟弟

支洋叁元 旺發下□買□

段莘乡阆山村 B 2-10 · 道光二十六年至光绪三十年 · ☑公会租额簿

收溪口初会洋三元

收玉璐洋壹元

十八日

收年有还洋壹元

溪口十九日

收溪口田洋壹元

收進邦洋壹元

外丁廿夕

廿日

收錦鸾樓洋壹元

收錦鸾樓洋壹元

廿二日

支洋壹元托永太买鬱金烧酒一壶

支洋一三元交彬茂出溪口

支洋伍元付成公会买茂松

段莘乡阆山村 B 2-11 · 道光二十六年至光绪三十年 · 㘯公会租额簿

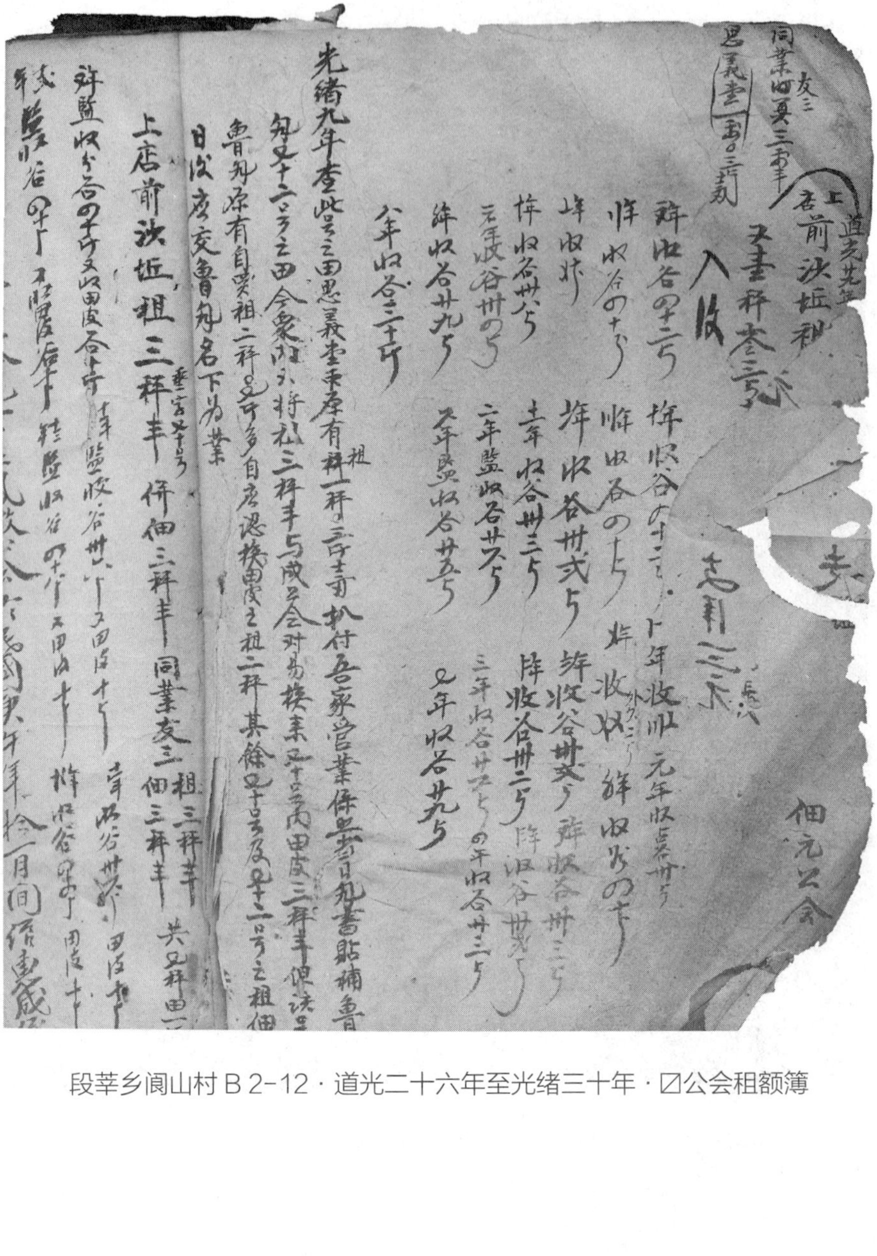

段莘乡阆山村 B 2-12 · 道光二十六年至光绪三十年 · ☐公会租额簿

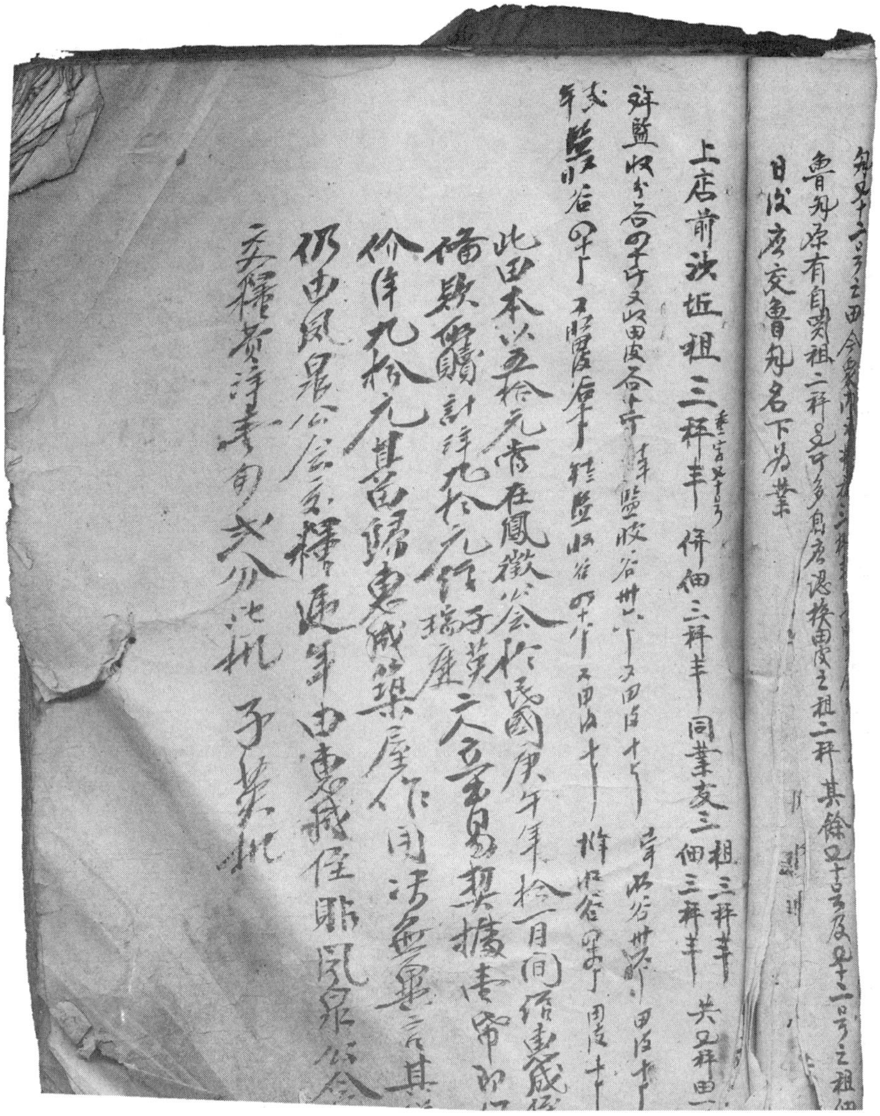

段莘乡阆山村 B 2-13 · 道光二十六年至光绪三十年 · ☐公会租额簿

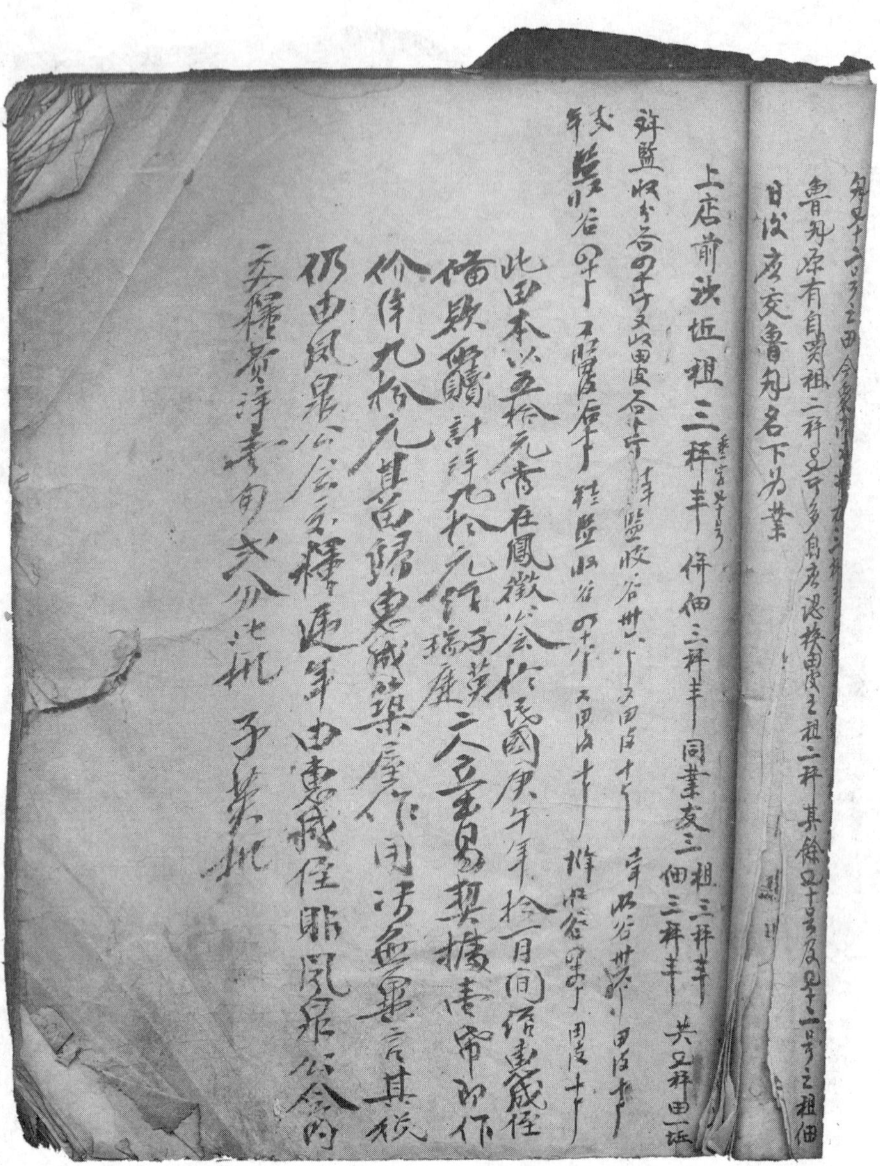
會內原有自費祖二秤乙廿多自度認换田皮之祖二秤 其餘五十号及五十一号之祖佃
日改度交會內名下為業
上店前塅垭 祖三秤半 乘字五十二号 併佃三秤半 同業支三祖三秤半 佃三秤半 共五秤田一坵
辛年監收谷四十斤又收田皮谷十斤 壬年監收谷卅八斤又田皮十斤 辛年收谷卅斤 田皮十斤
戊年監收谷四十斤 不曾度谷十斤 甡監收谷四十斤又田皮十斤 昨收谷四十斤 田皮十斤
此田本以五拾元青在鳳徵公會於民國庚午年拾一月間經惠成侄
備欵兩贖計洋九拾元經子英 瑞庭 二人立業易契據書帋即作
價洋九拾元其苗歸惠成築屋作用活無異言 其稅
仍由鳳泉公會完糧還年由惠成侄貼鳳泉公會內
交糧費洋壹角六分此批 子英批

段莘乡阆山村 B 2-14 · 道光二十六年至光绪三十年 · ☐公会租额簿

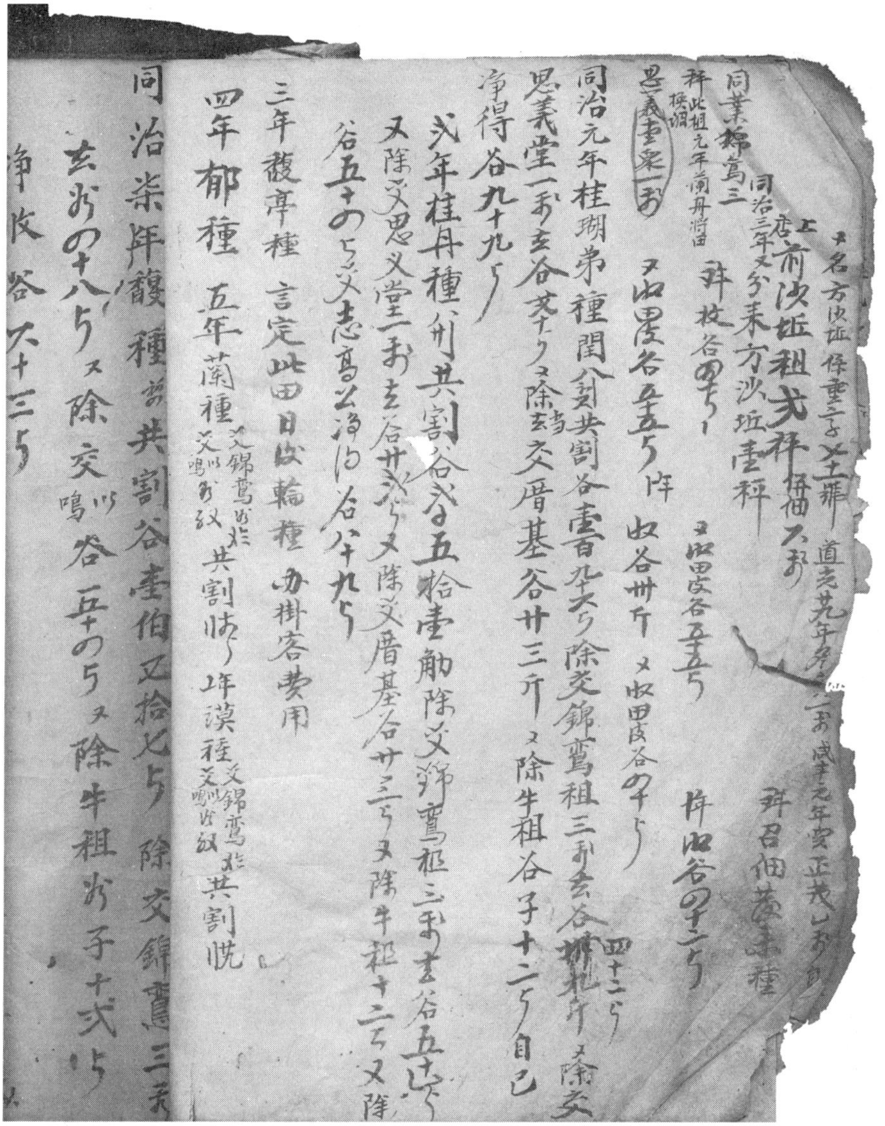

同業錦萬三
拜此租元年蘭丹滑田 換佃
同治三年又分未方汝垣壹秤
思義堂一[illegible]
同治元年桂瑚弟種閏八月共割谷壹百[illegible]
思義堂一[illegible]去谷[illegible]又除[illegible]交曆基谷廿三斤 又除牛租谷子十二[illegible]自己
淨得谷九十九[illegible]
戊年桂丹種[illegible]共割谷谷五拾壹觔除交錦鳶租三[illegible]去谷五十[illegible]
又除交思义堂一[illegible]去谷廿[illegible]又除交曆基谷廿三[illegible]又除牛租十二[illegible]又除
谷五十[illegible]交志高[illegible]淨[illegible]谷八十九[illegible]
三年馥亭種 言定此田自收輪種 办掛客費用
四年郁種 五年蘭種 交錦鳶[illegible] 共割[illegible]
六年謨種 交錦鳶[illegible] 共割[illegible]
同治柒年馥種[illegible]共割谷壹伯又拾七[illegible] 除交錦鳶三[illegible]
[illegible]の十八[illegible] 又除交鳴[illegible]谷一[illegible]十の[illegible] 又除牛租[illegible]子十弍[illegible]
淨收谷[illegible]十三[illegible]

段莘乡阆山村 B 2-15 · 道光二十六年至光绪三十年 · ☐公会租额簿

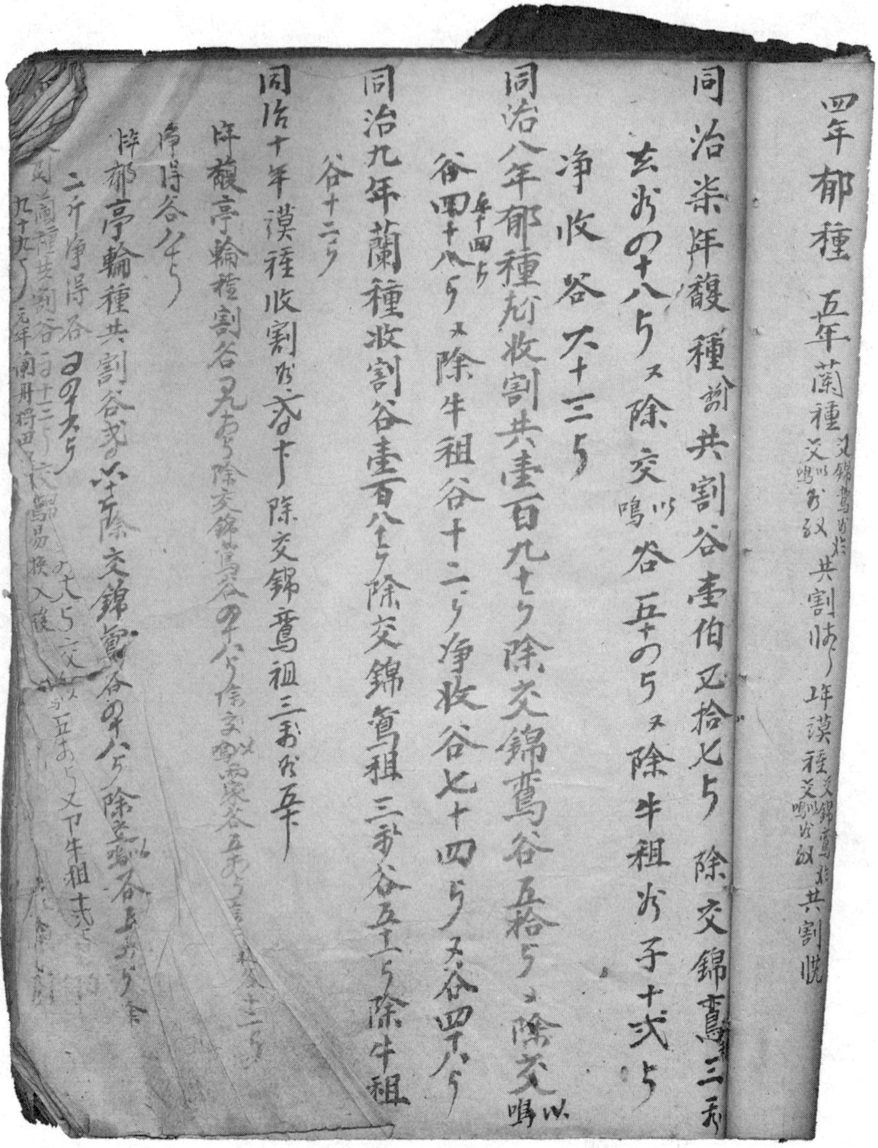
四年郁種 五年蘭種交錦鳶以共割 上年漢種交錦鳶以共割

同治柒年馥種谷共割谷壹伯叉拾七ら 除交錦鳶三
玄わの十八ら又除交鳴以谷五十のら又除牛租谷子十弍ら
净收谷〥十三ら
同治八年郁種谷收割共壹百九十七ら除交錦鳶谷五拾ら又除交鳴以
谷四十八ら又除牛租谷十二ら净收谷七十四ら又谷四十八ら
同治九年蘭種收割谷壹百八十七ら除交錦鳶租三谷五十ら除牛租
谷十二ら
同治十年漢種收割谷下除交錦鳶租三五下
馥亭輪種割谷除交錦鳶谷
净得谷
馥亭輪種共割谷除交錦鳶谷
二十净得谷

段莘乡阆山村 B 2-16 · 道光二十六年至光绪三十年 · 〼公会租额簿

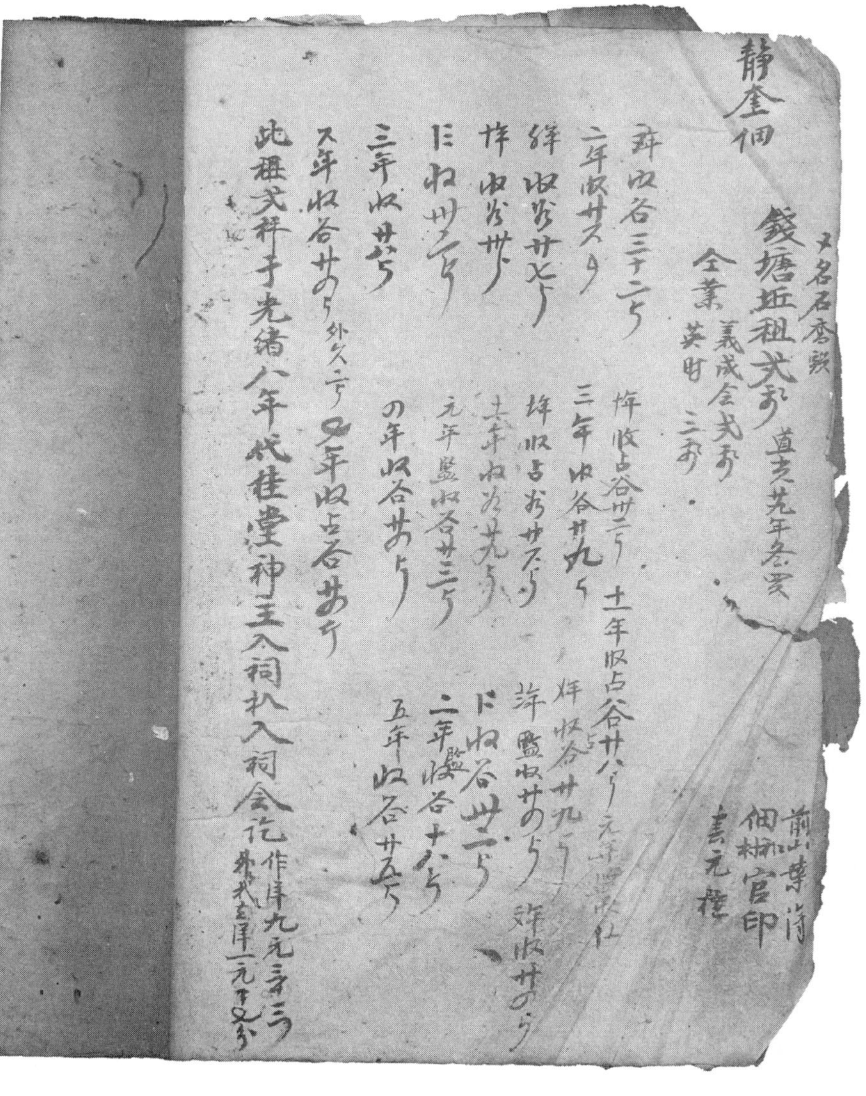
静奎佃
又名石香缺
钱塘坵租弍秤 道光元年冬买
全業 義成会弍秤 英財 三秤
辛收谷三十二秤 辛年收占谷廿二秤 十一年收占谷廿八秤 元年……
二年收廿六秤 三年收谷廿九秤 辛年收谷廿九秤
癸年收谷廿七秤 甲年收占谷廿六秤 辛年盤收廿四秤 辛年收廿四秤
甲收谷廿秤 十年收谷廿九秤 乙收谷廿一秤
乙收廿六秤 元年盤收谷廿三秤 二年盤收谷十八秤
三年收廿六秤 四年收谷廿六秤 五年收谷廿五秤
又年收谷廿四秤 外欠二秤 又年收占谷廿六秤
此租弍秤于光绪八年代桂堂神主入祠扒入祠会讫 作洋九元三角二 ……一元……
前山葉尚
佃批官印
袁元權

段莘乡阆山村 B 2-17 · 道光二十六年至光绪三十年 · ☐公会租额簿

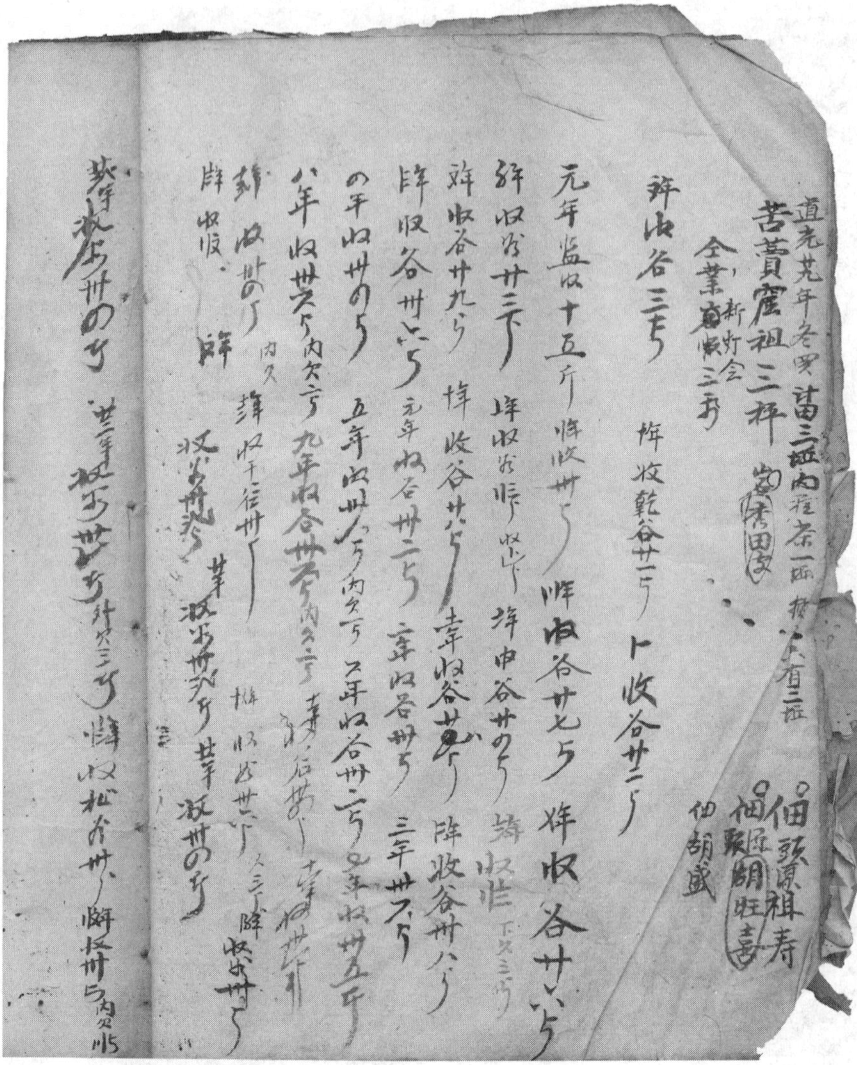
道光廿年冬買苗三坵
苦蕒塍租三秤
新灯会
佃頭源祥寿
佃原胡旺喜
佃胡盛

段莘乡阆山村 B 2-18 · 道光二十六年至光绪三十年 · 〼公会租额簿

上店前祖坟坪　併佃道光十二年買玉書業計田一坵垂字六十

八號計稅三分一厘五毛

此田道光二十五年鳴岐叔將身受分得又十二號土名坎坵併佃及坐屋

半所東廝事所上玉樣尾下玉地骨磚墻君鄉对換此租日後所退管

業造作亡去阻其又十二號從邦在走玄[illegible]屋尚戶交納叔不推收同中

宗義伯父对換契乙紙

咸豐九年冬將坐屋东廝拆倒用出二尺改造廚屋一所

外邊收[illegible]五十四文以方鳴岐二家

拾年監收本廿四文

段莘乡阆山村 B 2-19 · 道光二十六年至光绪三十年 · ☑公会租额簿

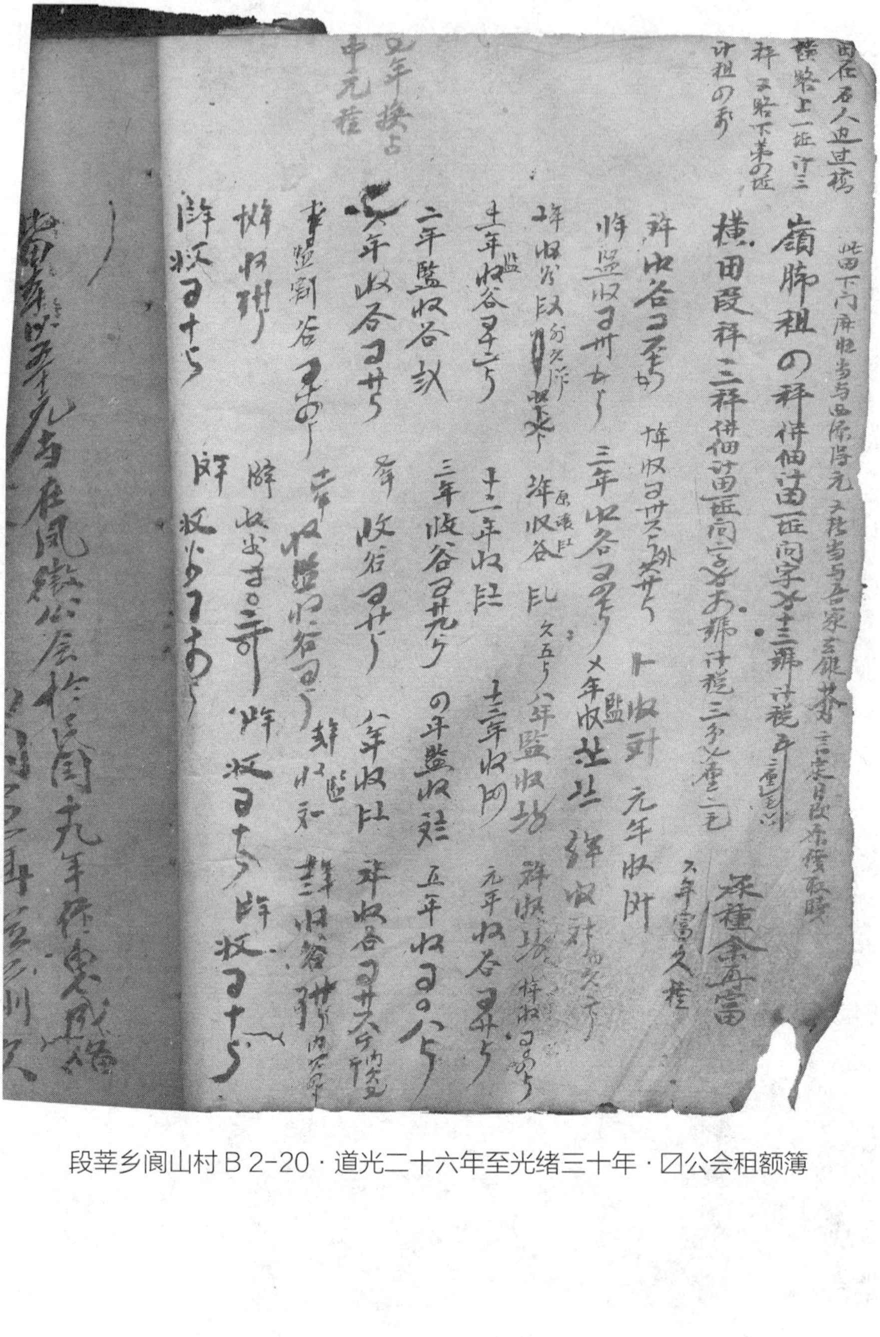

段莘乡阆山村 B 2-20 · 道光二十六年至光绪三十年 · ☐公会租额簿

撇归坤
許收五十
許收卅五
撇收卅二二
收五十
收五十

當年以五十九元在鳳徽公會於咸豐九年係東成經
手收贖據鳳徽公支丁均因宣稱經前久
有利谷未清因此再三議定作九十元贖轉
其洋係東成墊〻不甚其租穀由東成收〻合
作利俟日後合族有餘再向東成收
回此批 子英批

段莘乡阆山村 B 2-21 · 道光二十六年至光绪三十年 · ☐公会租额簿

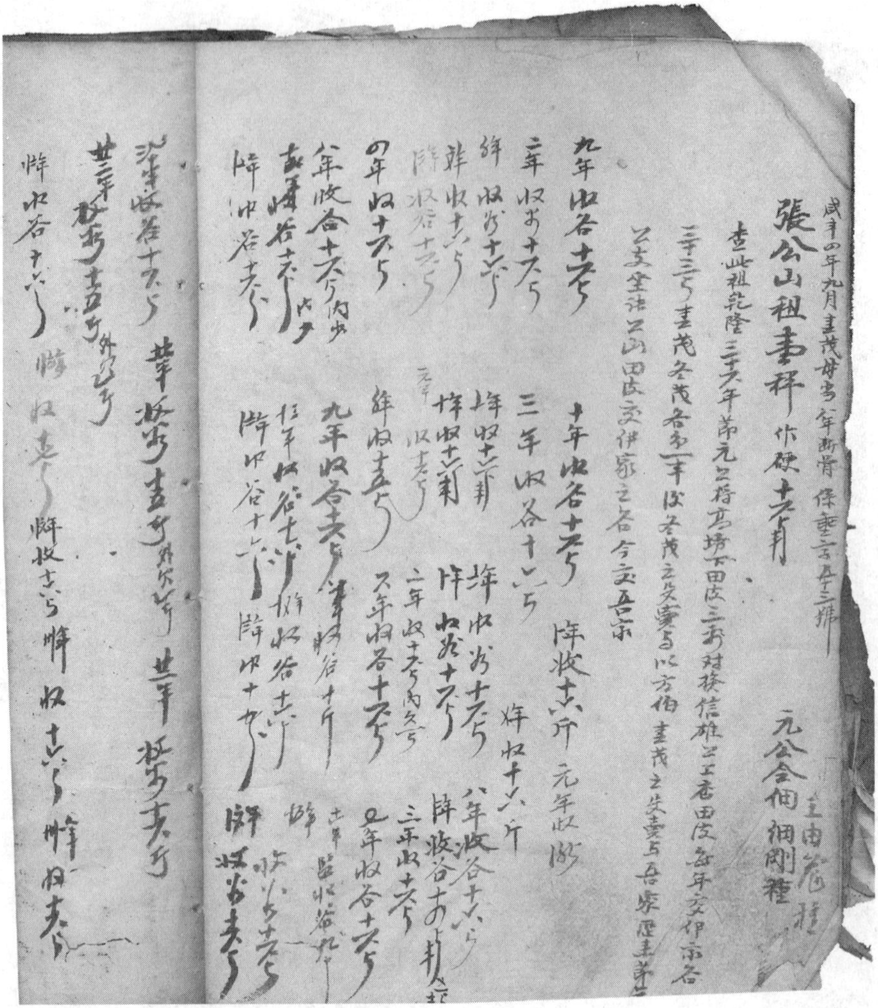

段莘乡阆山村 B 2-22 · 道光二十六年至光绪三十年 · ☐公会租额簿

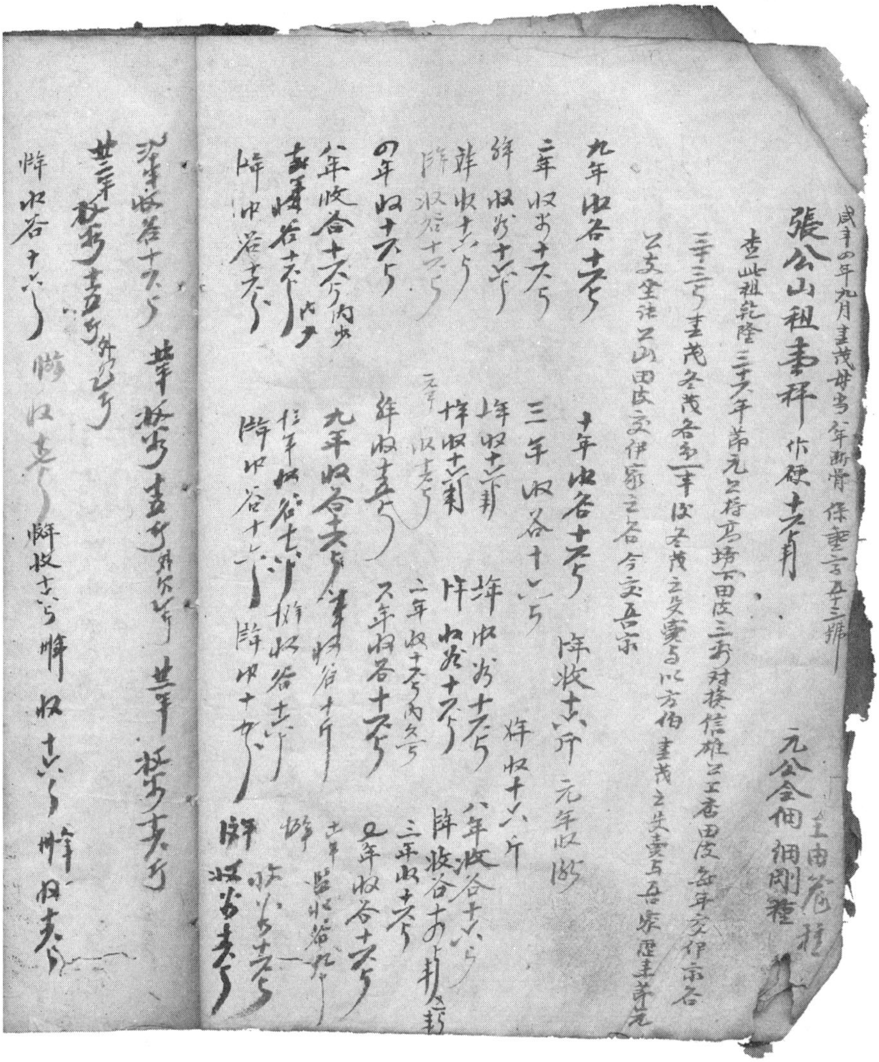

張公山租壹秤　佃硬十六斤

段莘乡阆山村 B 2-23 · 道光二十六年至光绪三十年 · ☒公会租额簿

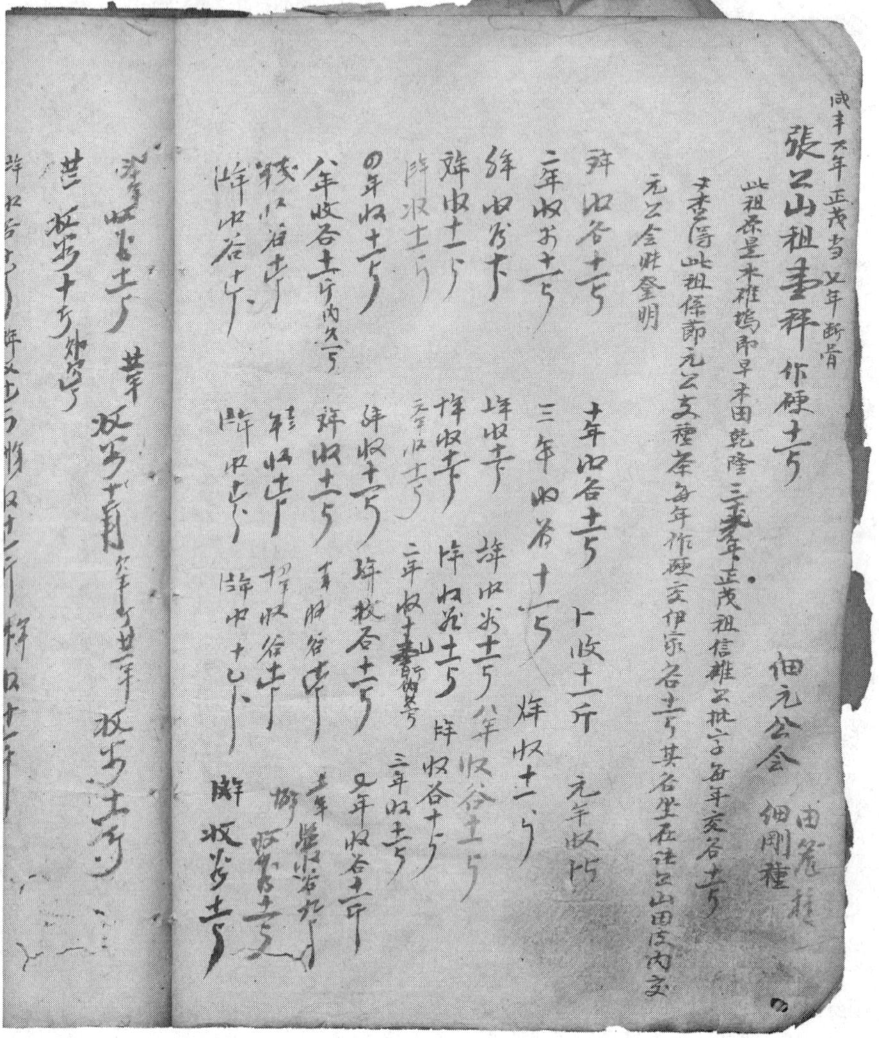

段莘乡阆山村 B 2-24 · 道光二十六年至光绪三十年 · 〼公会租额簿

[illegible]年收谷十七斤 [illegible]年收十七斤 [illegible]年收十七斤 [illegible]年收谷十七斤

[illegible]年收谷十七斤 [illegible]年 收谷廿[illegible] 欠谷十斤廿一年 收谷十斤

廿[illegible] 收谷十斤 外欠[illegible]斤

[illegible]年收谷十七斤 [illegible]年收谷十五斤 [illegible]年收谷十七斤 [illegible]年收谷十七斤

段莘乡阆山村 B 2-25 · 道光二十六年至光绪三十年 · ☐公会租额簿

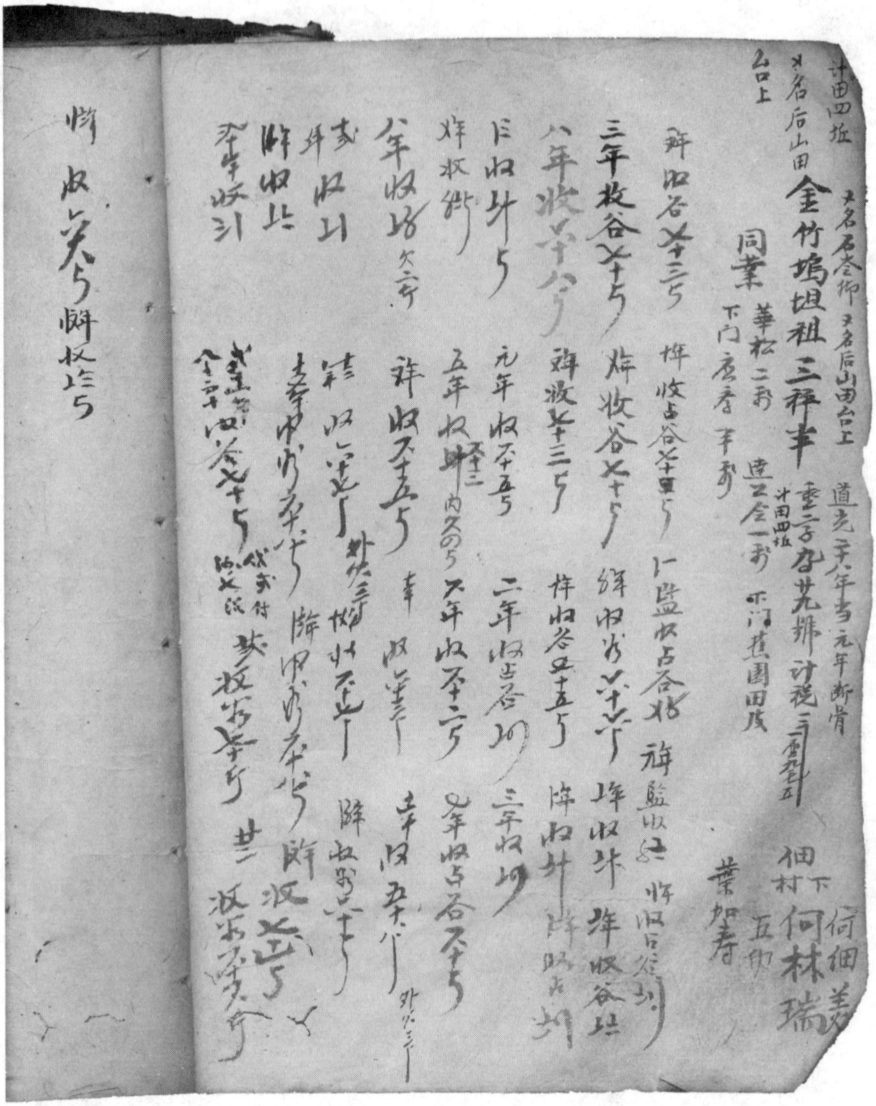

计田四坵
又名后山田
山口上
金竹坞坦租三秤半
同业
何细美
何林瑞
葉加寿

段莘乡阆山村 B 2-26 · 道光二十六年至光绪三十年 · ☑公会租额簿

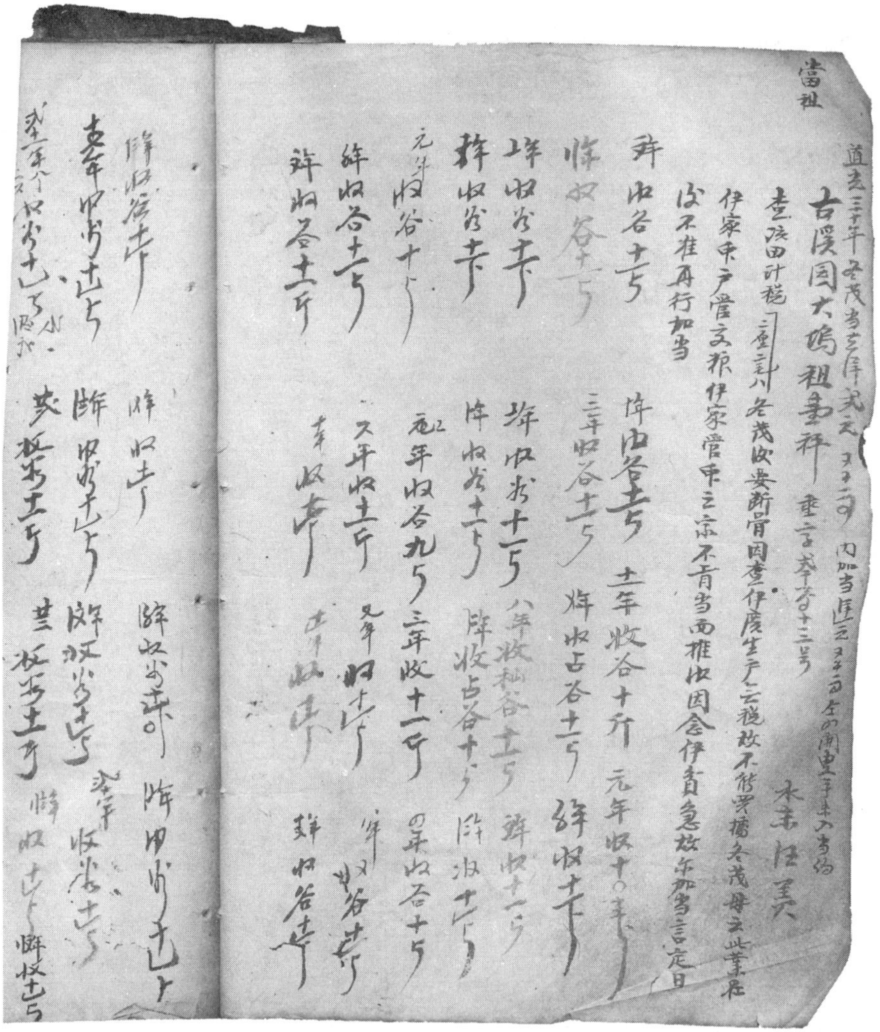

段莘乡阆山村 B 2-27 · 道光二十六年至光绪三十年 · ☑公会租额簿

上坊黄林德 道光二十六年十二月立字佃五元 立约宅门前田皮当

言定每秋交谷五十斤 ○九年以前利谷收清

廿八年收谷廿二斤 又收廿六斤 卅年收占大の十五斤 元年收[illegible]

弍年收五十斤 三年收廿五斤

四年收谷廿五斤 五年收谷廿五斤 六年收谷廿斤

同治七年此田皮取赎去讫

段莘乡阆山村 B 2-28 · 道光二十六年至光绪三十年 · ☑公会租额簿

道光廿年

咸丰

前山董成林借去本洋十六元 未立约 言定每年交利谷[illegible]

九年以前利谷收清

廿年收利谷[illegible]

廿年收利谷[illegible]

九年

此项同治元年唯账收洋七元下欠讓訖

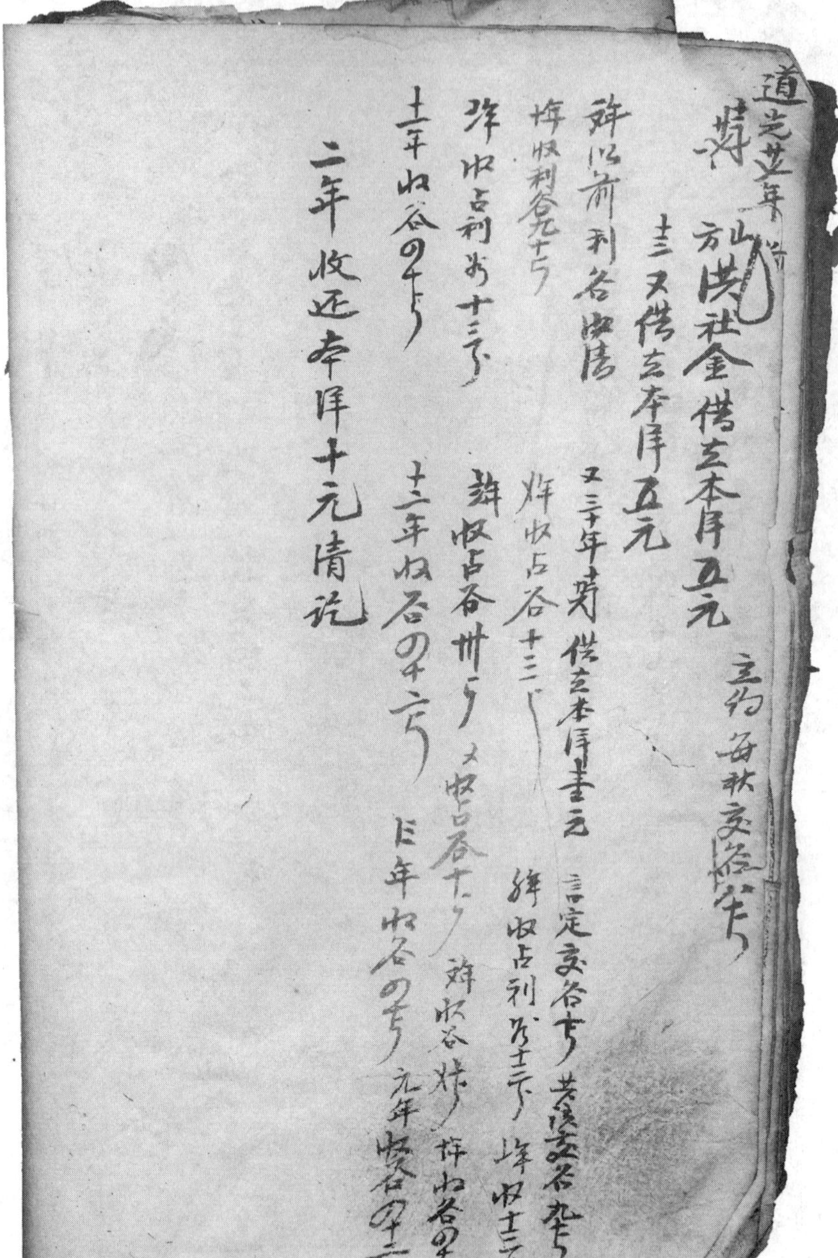
道光廿六年
方山共社金借去本洋五元
十三又借去本洋五元
除以前利谷照清
又三十年再借去本洋壹元
二年收还本洋十元清讫

段莘乡阆山村 B 2-30 · 道光二十六年至光绪三十年 · ☑公会租额簿

黄新古 道光廿六年 卅三 借去本洋八元 九坑田皮十〥〤 每秋交谷斗 当约一注

拜以前旧债拜旧谷斗卜收讫 元年收光 又收步 拜收〤斗 旁收楚〡

拜旧谷斗拜未收 拜未收

同治八年平此田皮重将当三家经兰弟手将各家垂当价洋的作八折各约缴回此田皮兰

自买

上前汐坵租叁秤 同业兰册三秤

启 佃ㄨ秤 元年半坵种菜馥弍塅兰弍塅郁一塅时好一塅塍共交出谷〤斗

元年时好种半坵共割谷〣斗卜交谷〤斗仍得谷〤斗交半租ㄨ斗仍净得谷〤斗 自输种

二年输馥种此时好少种禾一塅至秋割谷〣〥斗除交兰册租谷五斗除谷子ㄨ斗净得谷〥〤斗

所余田大半坵分作五塅长 馥寨种二塅郁种一塅兰一塅时好种一塅 每塅交出谷〢〡斗

除交以两家谷五〤斗除谷十斗补贴种田之家 鸣

三年输郁亭种共割谷〣廿ㄨ斗除交以方偏鸣岐叔谷五十四斗又除交兰记谷五〤斗又除半租十二〤斗又除谷子ㄨ斗自己净得谷〣〥四斗

〥年输兰舟种共割谷〣九十〥斗内除交[illegible]

段莘乡阆山村 B 2-31 · 道光二十六年至光绪三十年 · ☑公会租额簿

四年輪蘭舟種共割谷乙九十五斤内除交以鳴両家谷五十五斤又牛租十二斤又蘭祀租三十斤交谷

五十斤净得谷八十斤

五年輪时好不肯種馥種割谷乙九十六斤除以鳴両家谷五十五斤又交蘭祀谷五十斤除牛租

十六斤净得谷五十六斤

六年輪焕聰種共割谷乙百斤除交柴屋租五十五斤又交蘭祀谷五十斤除牛租谷

十二斤净得谷八十五斤

七年輪蘭舟種共割谷乙八十六斤除交以鳴両家谷五十五斤又交蘭舟谷五十斤除牛租谷

十二斤净得谷五十斤

八年輪岩祀種共割谷乙十三斤除交以鳴両家谷五十五斤又蘭舟谷五十斤除牛

租十二斤净得谷九十五斤

九年蘭祀種入謝肆筆

段莘乡阆山村 B 2-32 · 道光二十六年至光绪三十年 · 〼公会租额簿

下村断骨形九瓦堘坑田皮二秤半

当共祖五秤 西垣老十八公租

与本族公当田二垣每二秤半

賣契一纸

承佃余亚高 有[illegible]

言定每年交谷廿五斤 元年收讫 二年收谷廿五斤 内欠一斤 三年收讫 [illegible]年收谷廿四斤

[illegible]年收谷廿[illegible]斤 [illegible]年收谷廿四斤 八年收谷廿四斤 [illegible]年收谷廿四斤

[illegible]年收谷廿[illegible]斤 [illegible]年收谷廿五斤 [illegible]年收谷廿三斤 [illegible]年收谷廿四斤

元年收谷二十五斤 二年收谷廿五斤 三年收谷廿五斤 四年收廿一斤 [illegible]年收廿[illegible]

又年收谷廿五斤 [illegible]年收廿三斤 八年收廿四斤 内欠一斤 九年收谷廿四斤

[illegible]年收谷廿[illegible]斤 [illegible]年收廿[illegible]斤 [illegible]年收廿[illegible]斤 内欠三斤 [illegible]年收谷十六斤

[illegible]年收谷廿[illegible]斤 [illegible]年未收 [illegible]年未收 [illegible]年未收 [illegible]年[illegible]收谷廿四斤 [illegible]年收谷廿四斤

[illegible]年[illegible]收 廿[illegible]年[illegible]收廿四斤 廿三年收廿二斤 外欠[illegible]斤 [illegible]年收 [illegible]年收 [illegible]年收

段莘乡阆山村 B 2-33 · 道光二十六年至光绪三十年 · ☐公会租额簿

上方居前坎垅租三秤 併田皮又秤 同業蘭舟租三秤 自家輪種

九年輪蘭舟種共割谷二百九斤 内除交蘭舟租谷五十斤 牛租谷十二斤 净得谷一百四十七斤

今年上垅吾家種菜之田归还吾家管業故不用交田谷

十年輪馥亭種共割谷〢〇叁斤 内除蘭舟谷五十斤 牛租谷十二斤 净得谷〢〩十二斤 清

十一年蘭舟種半垅共割谷八十三斤 内除交田租廿斤 牛租八斤 净得谷卅七斤

又半垅種夢蘋菜 又収焕彭交種菜半垅交谷十五斤

十三年焕彭種共割谷一百斤 内除交租五十斤 牛租谷十五斤 二谷一百十斤

十五年蘭舟種割谷二谷〢〢十六斤 内除交谷五十斤 牛租谷十五斤 二伯九十九斤

十六年商賢種割谷貳佰叁十六斤 内除交祖五十斤 牛租谷十五斤 净谷一百七十一斤

段莘乡阆山村 B 2-34 · 道光二十六年至光绪三十年 · ☐公会租额簿

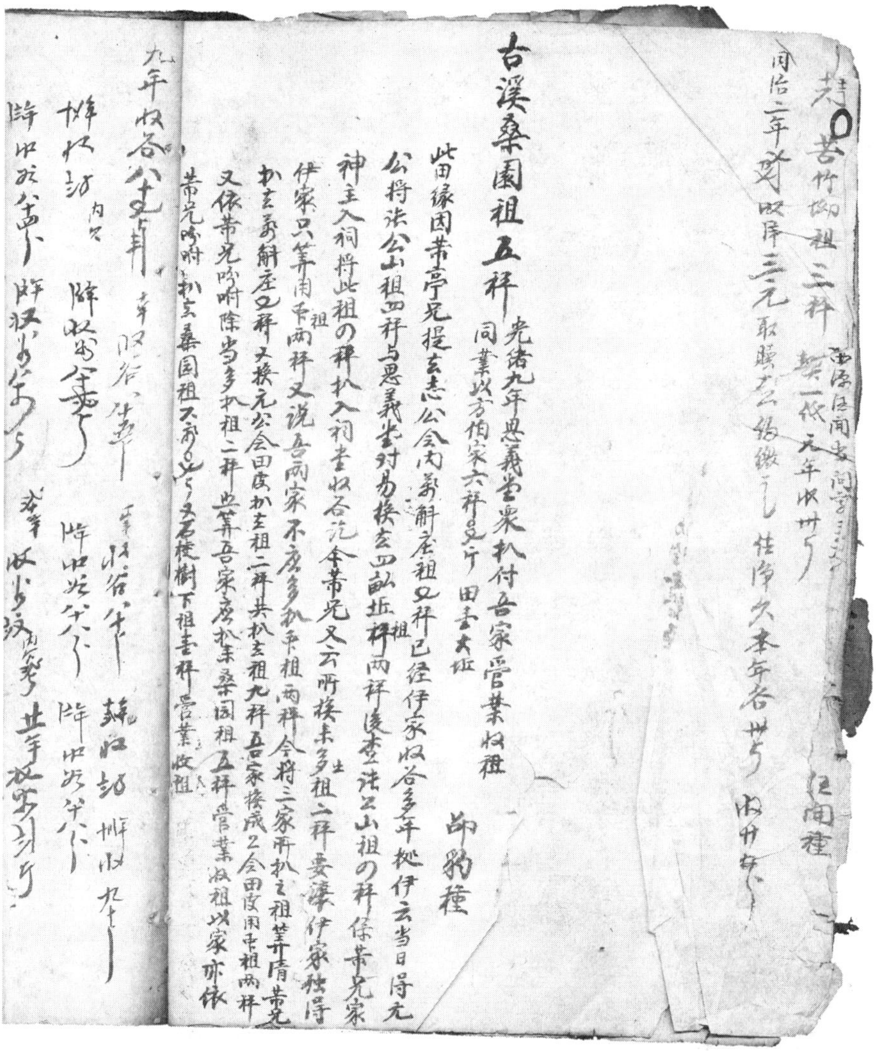
古溪桑園祖五秤 光緒九年思義堂衆扒付吾家管業收租
同業以方伯家六秤是个 田委大坵
卿豹種
此田緣因芾亭兄提玄志公会内第解產祖五秤已經伊家收谷多年 扡伊云当日得元
公將洪公山祖四秤与思義堂對易換玄四畝坵祖秤兩秤後查洪公山祖の秤係芾兄家
神主入祠將此祖の秤扒入祠堂收谷讫今芾兄又云所換來多祖二秤要津伊家独得
伊家只算閑平祖兩秤又說吾兩家不應多扒平祖兩秤今將三家所扒之祖算清芾兄
扒玄弟解產五秤又換元公会田應扒玄祖二秤共扒玄祖九秤五吾家換成之会田應閑平祖兩秤
又依芾兄吩咐除当多扒祖二秤無算吾家應扒來桑园祖五秤管業收租以家亦依
芾兄吩咐扒玄桑园祖 又名棲樹下祖壹秤管業收租

段莘乡阆山村 B 2-35 · 道光二十六年至光绪三十年 · 〼公会租额簿

[illegible]

又依芾光吩咐除出乡扒租二秤 出第吾家彦扒来桑园租五秤管業收租以家亦依

芾光吩咐 扒出桑园租六秤○六斤 又名梗樹下祖壹秤管業收租

九年收谷八十九斤 十年收谷八十五斤 十一年收谷八十斤 十二年收[illegible] 十三年收九十斤

十四年收谷 内欠 十五年收谷八十五斤 十六年收谷八十八斤 十七年收谷八十八斤

十八年收谷八十五斤 十九年收谷八十五斤 廿年收谷 内欠 廿一年收谷八十斤

廿二年收谷八十九斤 廿三年收谷八十斤 外欠三斤 廿四年收谷八十六斤 外欠六斤 廿五年收谷八十六斤

廿六年收谷八十五斤 廿七年收谷八十三斤 [illegible]

段莘乡阆山村 B 2-36 · 道光二十六年至光绪三十年 · ☐公会租额簿

同治元年
新置
沙坵壹秤零十八斤　新置吴枝家垂字[illegible]号计税壹分九厘五
　　四家種菜轮種分種菜
此田忠義堂田皮陸秤
此田嘉慶拾五年五月初八日造忠義堂柴屋取木尺用長柒步の分　闊三尺の分
折实弍十五步壹分八每秤作弍十弍步應除祖壹秤[illegible]の斤外認田皮半
秤の三斤　此田忠義堂帝实存祖壹秤半の三斤又加買忠義堂帝[illegible]祖壹秤の十六斤
忠義堂帝实存祖三秤の[illegible]斤半又加自買壹秤の十六斤
二共計祖五秤　又田皮五秤　の家分種菜
光緒九年因子閗住妥造新屋当经忠義堂衆将[illegible]号土名工店前祖皮共计四秤の[illegible]斤[illegible]两各家均
不種菜照当日分書議以分管業登造其下坵係[illegible]号土名鉄店前忠義堂帝亦有祖四秤
[illegible]斤[illegible]两但此号有祖六[illegible]皮今经衆将祖六秤半与元公会对易换来田皮六秤半然此号内鸣记
自置有祖二秤の[illegible]斤多自應認代换祖二秤其餘祖佃應交鸣分管業其[illegible]号之田土名[illegible]坵除当
日造柴屋取用之外所餘祖佃只有三秤の[illegible]斤原議将[illegible]号土名沙坵祖一秤の三斤[illegible]两補貼鲁[illegible]名下
今经衆将[illegible]祖三秤半与成公会内换来田皮三秤半然[illegible]号内鲁记自置有祖二秤の[illegible]斤多自應認代
换田皮之祖二秤其餘[illegible]两号祖皮嗣后應交鲁分永遠管業

段莘乡阆山村 B 2-37 · 道光二十六年至光绪三十年 · 㘫公会租额簿

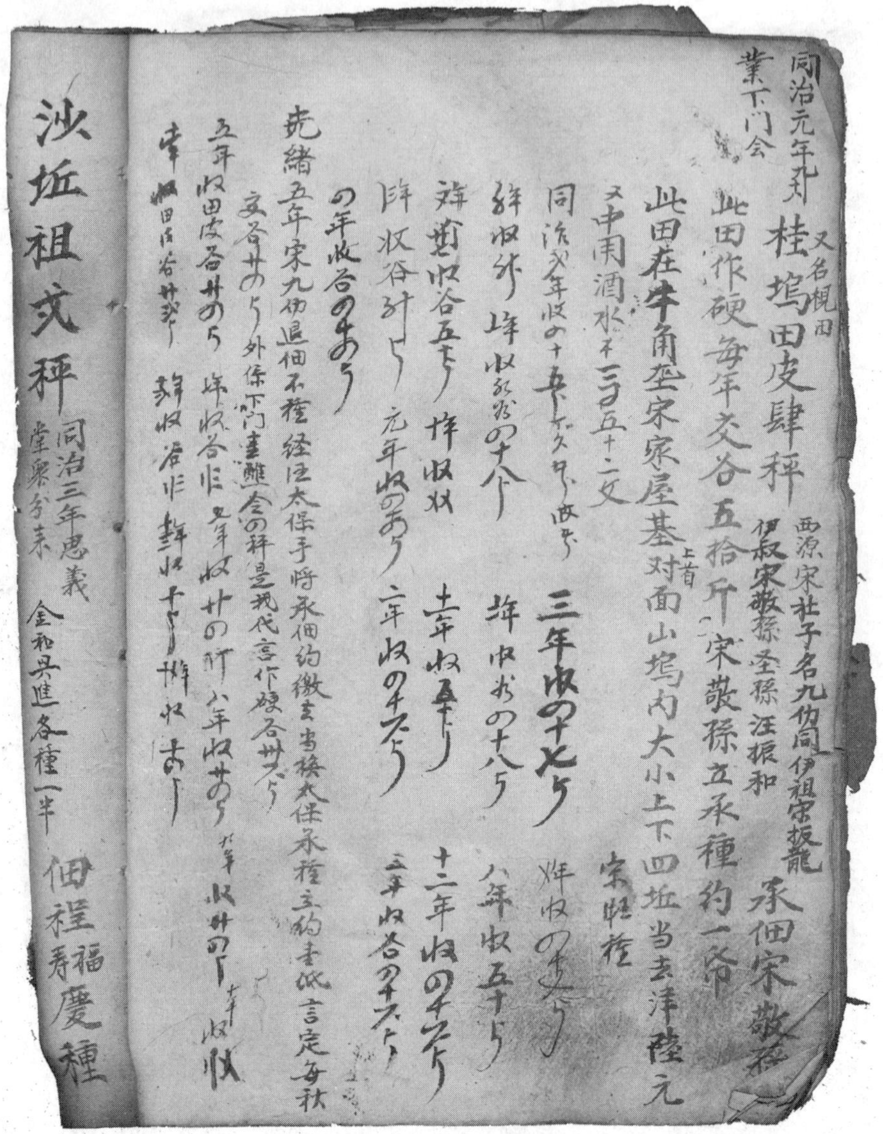
同治元年卆
業下门会
又名枧田
桂塢田皮肆秤 西源宋社子名九仂同伊祖宋振龍 承佃宋敬孫
此田作硬每年交谷五拾斤 伊叔宋敬孫 圣孫 汪振和 宋敬孫立承種約一帋
此田在牛角坴宋家屋基对面山塢内大小上下四坵 上首 当去洋陸元
又中用酒水一三五十二文
沙坵祖文秤 同治三年忠義堂衆分來 全和吳進各種一半 佃程福壽慶種

段莘乡阆山村 B 2-38 · 道光二十六年至光绪三十年 · 〼公会租额簿

沙坵祖文秤 同治三年忠義堂衆分来 金和、呉進各種一半 佃程福寿慶種

三年收占谷卅八斤

肆年收占谷卅又五斤

十一年收占谷卅八斤

二年監收谷十三斤

四年收金和占谷十五斤

肆年收金和占谷[illegible]斤

[illegible]年收呉進占谷十五斤

[illegible]年收金和占谷[illegible]斤

肆年收金和占[illegible]

[illegible]年收室貝監谷十[illegible]

肆年收占谷[illegible]斤 肆年收[illegible] 十年收占谷[illegible]斤

肆年收占谷廿[illegible]斤 肆年收 十年收

[illegible]收占谷[illegible]斤 [illegible]收占谷[illegible]斤 元年收[illegible]斤

又收金和占谷[illegible]斤 三年收十[illegible]斤 收[illegible]斤

又監收呉進占谷十[illegible]斤 五年收占谷廿八斤 肆年收呉進谷十[illegible]斤

五年收占谷十二斤 五年收金和占谷十[illegible]斤 八年收金和占谷[illegible]

[illegible]年收金和[illegible] 收呉進占谷[illegible] 十年收呉進谷[illegible]

[illegible]年收金和[illegible] 年收呉進占谷[illegible] 肆年收呉進[illegible]

十年收呉交[illegible] 肆年收廣貝監收十[illegible] [illegible]年收谷[illegible]斤

肆年收室貝交十[illegible]斤 收金和交收[illegible]

肆年收呉仍[illegible] 收蒲龍十[illegible]斤

段莘乡阆山村 B 2-39 · 道光二十六年至光绪三十年 · ☑公会租额簿

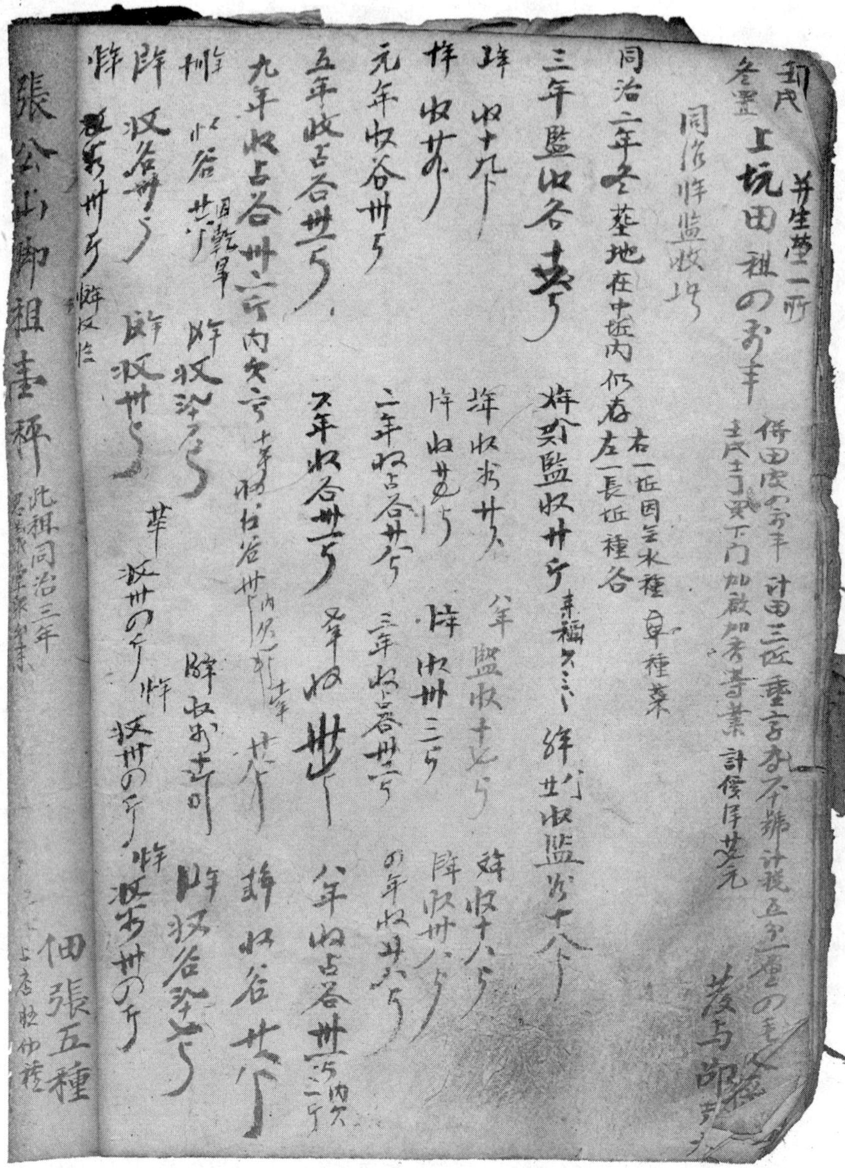

段莘乡阆山村 B 2-40 · 道光二十六年至光绪三十年 · ☑公会租额簿

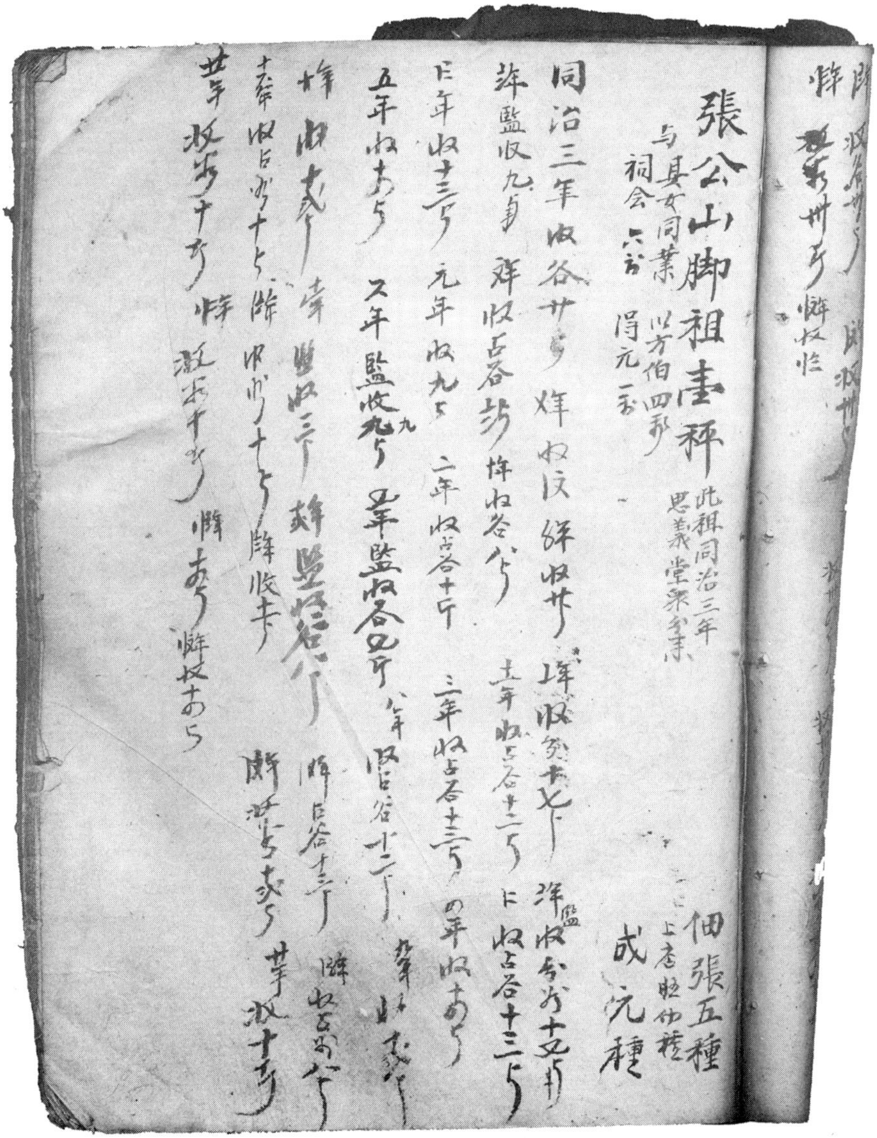

張公山脚祖圭秤

此祖同治三年思義堂衆會業

与吳女同業 以方伯四秤

祠会 六秤 得元一秤

佃 張五種

戊元種

段莘乡阆山村 B 2-41 · 道光二十六年至光绪三十年 · 㘡公会租额簿

同治□□同業蘊輝

二年□□張公山租弍秤 係經理重字廿□号計稅二分四厘一毛九系二忽五 佃下門蘊輝 坐□

买一 此田北即將此号之田对易汪崇本與祠户后山田田租重秤

將四畝近之田 計稅一分三厘二毛 係重字九百五十二号

乚秤对易汪蘊 此公山

蘊祖二秤自己又

將此公山租二秤

对易后山田庄基租

重秤自己垄他

经中 族長 汪崇本 汪永美

祠會首 汪琨山 倬奎 凤儀 瑞初 庚亨

佩鳴

代書 介眉

段莘乡阆山村 B 2-42 · 道光二十六年至光绪三十年 · ☑公会租额簿

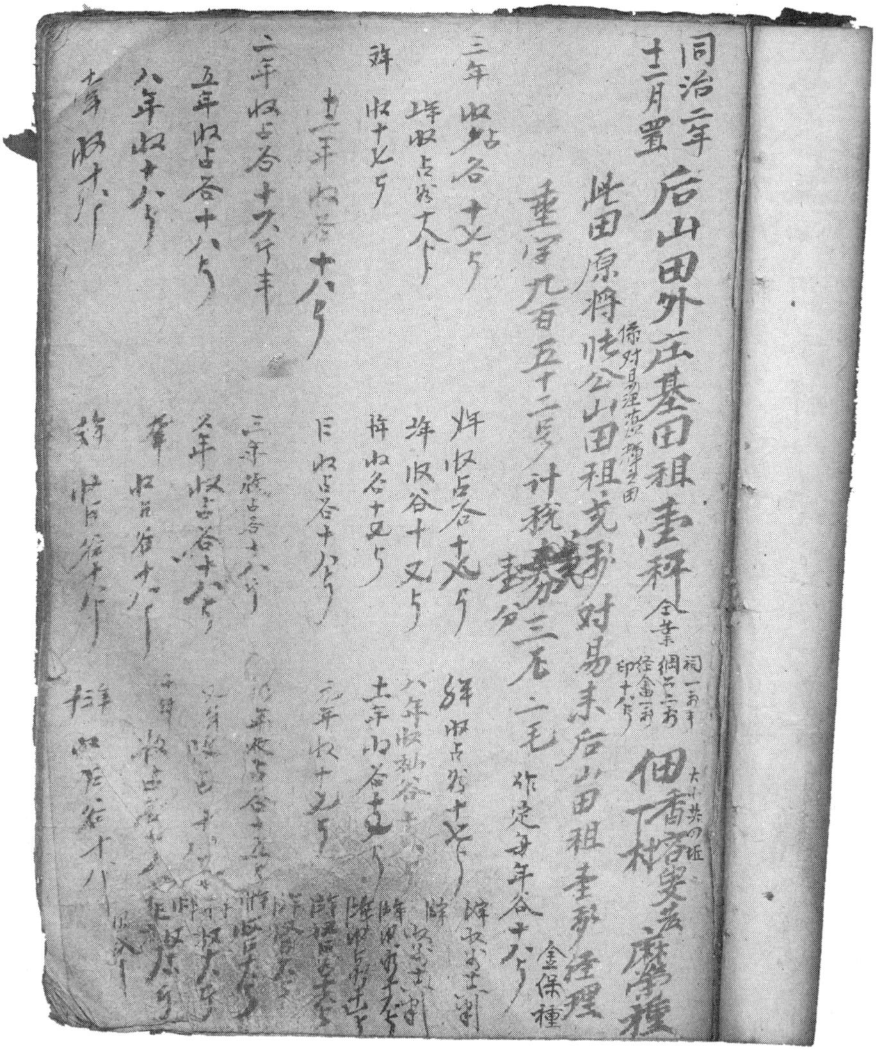
同治二年
十二月置启山田外庄基田租壹秤
此田原将
垂字九百五十二号计税
作定每年谷十八斤

段莘乡阆山村 B 2-43 · 道光二十六年至光绪三十年 · ☑公会租额簿

咸豐拾年秋收馥亭経收谷賬

卅 收沙坵元公会佃交谷〇十二秤 伍〆 袋二

收方沙坵發秉交司皮谷五十廿斤 伍五 袋二

收法公山细江交谷十一秤 伍二 袋一

廿一 收拾八會宗德元交谷分秉監三斤

收十八會水桶橋交谷分秉五斤

十三 收十八會汪村墩秀文交谷分〆秤

十五 收拾八會青降坵交分秉谷十〤斤

四 收干宋苦竹溪圣元交〆壹拾秤 伍十一 袋二

收拾八會後山田前山二處分秉谷〤斤

廿 收関帝会麦降坵分秉谷〤秤

卅 收方沙坵發秉交谷〇十二秤 伍大 袋二

收張公山细江交谷十〆秤 伍二 袋二

十六 收古溪園坦塢汪美交谷拾秤 伍二 袋一

收拾八会社塢前葉興蔭交谷分秉〇〆

收拾八會塘背福生交谷分秉七秤

收拾八會莫亀坑交谷分秉五斤

十八 收拾八會古溪分秉谷五斤

收関帝会園坦塢分秉谷三秤

廿 收十八會葉希文谷分秉二秤斤

廿二 收十八會桐樹坵利市交谷分秉五斤

收拾八會前形脚……

段莘乡阆山村 B 2-44 · 道光二十六年至光绪三十年 · ☐公会租额簿

收拾八會月形脚葉聚財交〤分〡〥〩

廿二 收拾八会古溪葉順之交〤分〡〦〢

收拾八会金竹塢坦何〤保交〤分〡〢〩

收西坑義成会分〡〤廿二〦

收至坊黃新高交利〤八十斤 係八 代二

廿九 收至坊洪社金交利谷〥九十斤 係九 代二

收後山田磨刀石分〡〤〥〥〩

〣 收泗洲前下村清明会輪種交〤廿〣〦 係三 食

收至坊黃林交利〤五十斤 係五 代二

支谷廿三斤交前山葉成林厝基〤

收義成会羅金交〤分〡二〦〩

廿六 收石橋頭官印交〤卅二〦 係三 登

收十八會連與交〤分〡三〦〩

收六會〤員垅泰保交〡〤〤二〦〩

收拾八會昌意交苞芦分〡〡〦

〣 收上店前双蔦種監〡占〤廿〦

廿三 收拾八會淺山風水前〤山公交分〡二〩

支〤五〤〤 以上店前双蔦種

收岺脚余再富交〤壹百卅〤〦 係〤 代二

〤 收拾八會白石塢有德交〤分〡〡〦〩

〣 收洋滿坑汪家门前胡交〤卅三斤 係〡 代一

收前山葉成林交利〤壹百〡指斤 係一 代二

收関帝会焕均交〤分〡〡〩

廿 收拾八會宅门前石壁脚二處分〡〥〤五〩

收拾八會横塖桂良交占〤分〡八〩

收関帝會葉亭交北培〤分〡指斤

段莘乡阆山村 B 2-45 · 道光二十六年至光绪三十年 · 〼公会租额簿

收関帝会官印交占〓分耒九斤

收指八會葉红交胡裡占〓分耒〓斤

收指八会竹下坵春發交占〓分耒三斤

收〓高坵占谷十又5

以上大共

收鳳泉公会秈谷陸百卅又5

收拾八会秈谷八十五5半

收義成関帝会谷卅二斤

又收鳳泉公会谷廿〓斤

若折干谷五百八十〓5

春秈米〓石〓斗半

收金竹塢垣何林瑞交占谷又十一斤

收指八会古溪邵禄交占〓分耒二斤

收義成会細面前分耒〓〓〓斤

收呂貴廣胡旺喜交乾〓廿斤

又共收占谷二百〓〓

收占谷卅三5半

又收占谷廿八5

總共收秈占谷壹千零五十斤

折占谷壹百〓十五斤

若舂占米壹石二斗又〓

段莘乡阆山村 B 2-46 · 道光二十六年至光绪三十年 · ☒公会租额簿

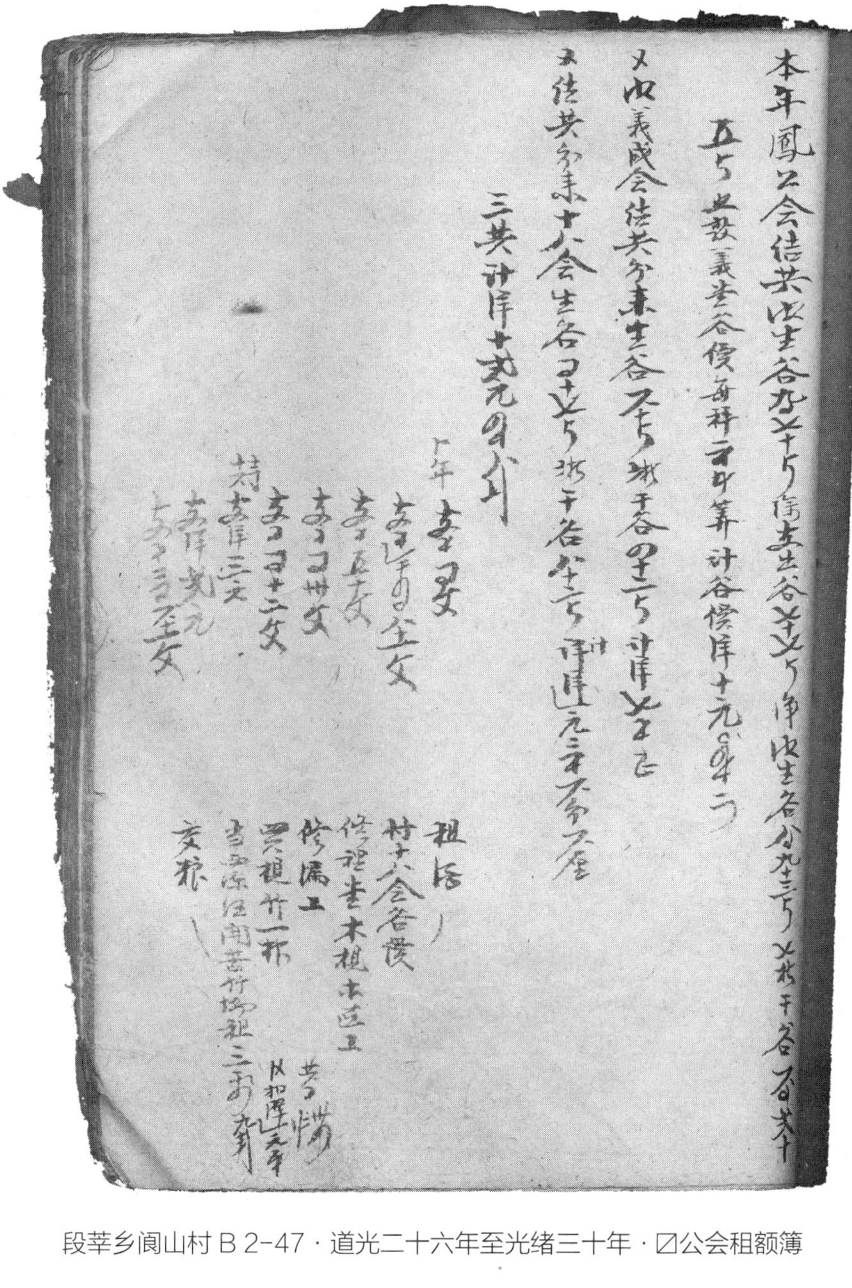

段莘乡阆山村 B 2-47 · 道光二十六年至光绪三十年 · ☒公会租额簿

咸豐拾壹年歲次辛酉秋八月郁亭經收谷賬

廿 收沙坵元公会交谷卅六斤 箩一
收苦竹溪聖元交谷九十斤 文

廿六 收張公山佃剛交谷十五斤
收張公山佃剛交谷十〇斤

廿九 收國太塢汪美交谷十斤
初一 收関帝会分谷三斤

廿五 收黃升高交利谷六十七斤（又收廿二斤）
初九 收沙坵双高交占谷廿二斤

收方沙坵姜東元交谷卅斤
收方沙坵姜東元交田皮谷四十斤

十二 收黃升高補谷十二斤
收関帝会十三降坵分谷五斤

初九 交谷五拾四斤沙坵谷交以鳴二家坐分
十六 收泗洲前交占谷九斤

十六 收金竹塢坦豐収占谷四十五斤
收参腳余再富交谷九十斤

十七 收石喬頭双元占谷廿八斤
收関帝会系茅塢汪金谷分十二斤

收関帝会仁本堂分谷七斤
十九 收羊滿坑胡慶交谷廿八斤

廿 收黃林德占谷廿三斤
收四畝坵羅金交占谷四十七斤

段莘乡阆山村 B 2-48 · 道光二十六年至光绪三十年 · ☐公会租额簿

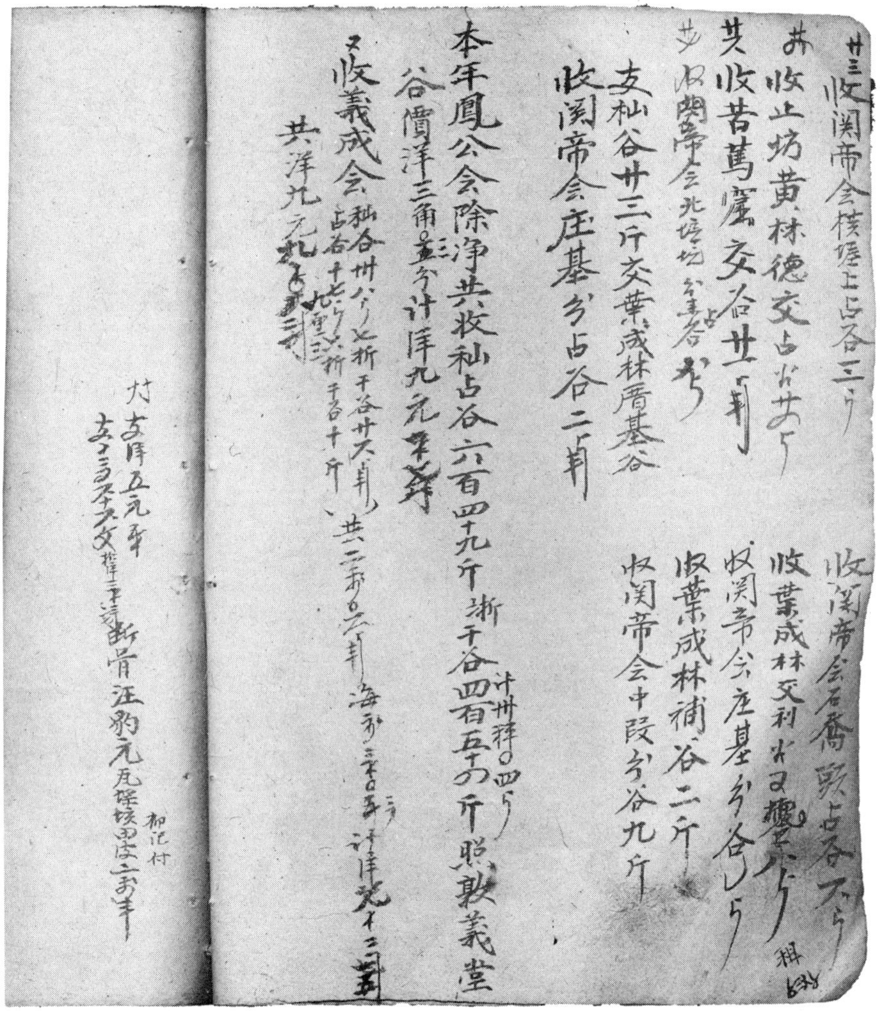

段莘乡阆山村 B 2-49 · 道光二十六年至光绪三十年 · ▢公会租额簿

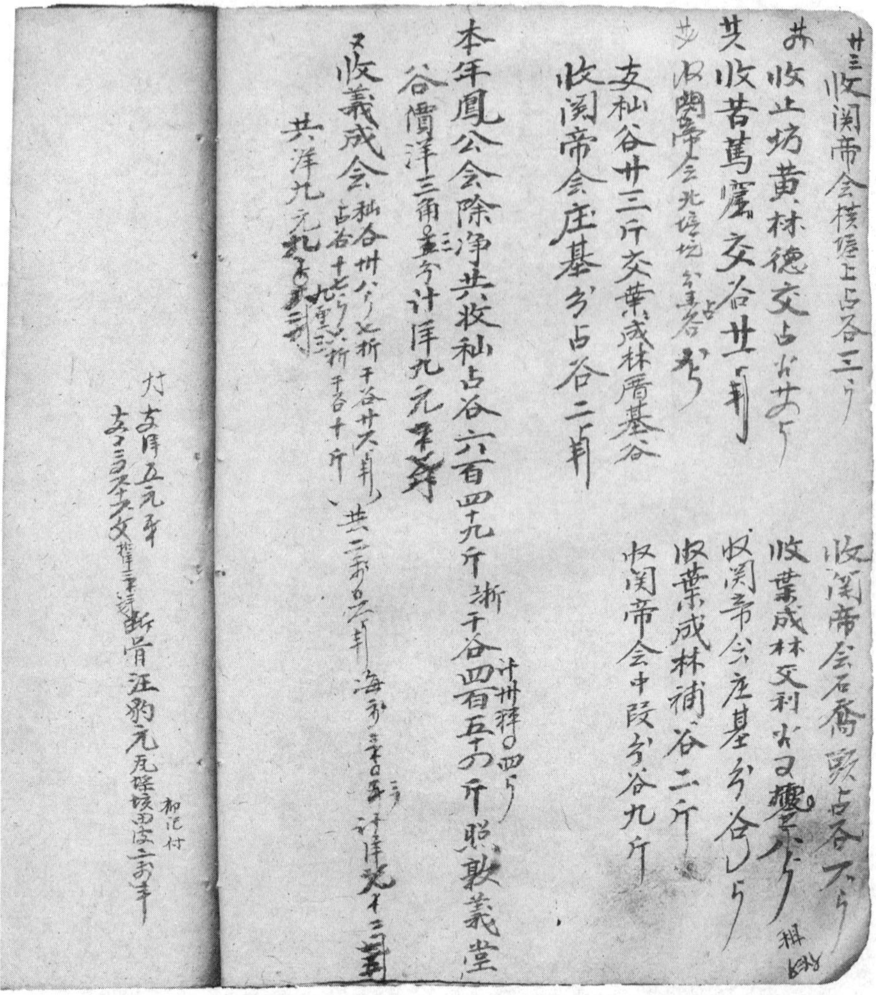

廿三 收関帝会横塘上占谷三斤
又收止坊黄林德交占谷廿斤
共收昔萬屋交谷廿斤
又收関帝会北塘坵谷[illegible]
支秈谷廿三斤交葉成林背基谷
收関帝会庄基分占谷二斤
本年凰公会除淨共收秈占谷六百四十九斤 淅干谷四百五十四斤 照款義堂
谷價洋三角[illegible] 計洋九元[illegible]
又收義成会 秈谷卌[illegible] 占谷十七斤[illegible]
共洋九元[illegible]
收関帝会石喬頭占谷[illegible]
收葉成林交利[illegible]
收関帝会庄基分谷[illegible]
收葉成林補谷二斤
收関帝会中段分谷九斤
付 支洋五元[illegible]

段莘乡阆山村 B 2-50 · 道光二十六年至光绪三十年 · ▢公会租额簿

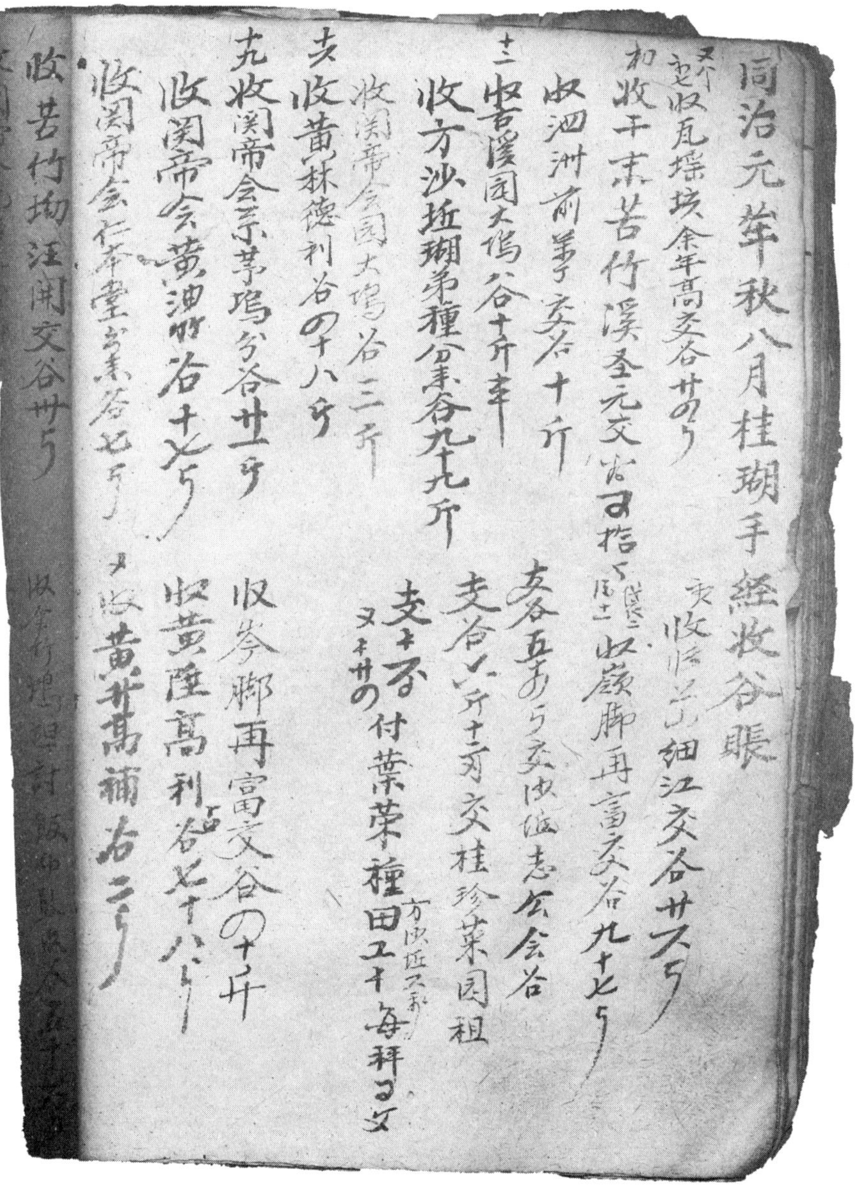

同治元年秋八月桂瑚手經收谷賬
又廿一 初七收瓦塚坑余年高交谷廿四斤
初收干末苦竹溪丞元交谷□指
收泗洲前筆交谷十斤
十三 收苦溪園大塢八谷十斤半
收方沙垣瑚弟種谷米谷九十九斤
收関帝会園大塢谷三斤
十六 收黄林德利谷四十八斤
十九 收関帝会茅塢谷廿一斤
收関帝会黄油谷十七斤
收関帝会仁本堂米谷七斤
收苦竹坳汪閏交谷廿斤
又收[illegible]細江交谷廿六斤
收嶺脚再富交谷九十七斤
支谷五斤交此德志公会谷
支谷六斤十斤交桂珍菜園租
支十四付葉榮種田工十每拜□文 又十廿四 方沙垣又弟
收岑脚再富交谷四十斤
收黄陞高利谷七十八斤
又收黄开高補谷二斤
收苦竹坳[illegible]

段莘乡阆山村 B 2-51 · 道光二十六年至光绪三十年 · ▨公会租额簿

收関帝会仁本堂安柔谷廿斤

又收黄…

收苦竹坳汪閑文谷卅斤

收関帝会北塔坑分谷十一斤

收関帝会舍面前谷弍斤

收钱塘垢监收占谷半斤

收関帝会庄基分占谷一斤

对支谷五斤净交塘窠元太娘田皮谷

收四亩垢罗金交占谷十五斤

收関帝会社屋前分占谷二斤

共收生谷除净… 併占谷…九斤 …斤 …折干谷…斤 …计谷…斤

又 收義成会占谷十一斤 秋谷生…斤 折干谷…斤 计四…斤

对 收旦闹取赎租洋三元 …

本年结净除交谷之外仍净收生谷六百八十九斤 七折干谷四百八十…

收金竹坞坦討飯仂監收谷五十六斤

收関帝会青降垢分谷三斤

收関帝会横塔上石谷一三斤

收関帝会钱塘占谷五斤

收苦黄窠监收谷十五斤

收沙垢元公会细面交占谷卅九斤

收義成会中段分谷十三斤

收羊满坑胡慶交谷卅斤

段莘乡阆山村 B 2-52 · 道光二十六年至光绪三十年 · ☐公会租额簿

八斤三 計卅壹秤〇三斤 照款義堂谷價每秤三角七分該洋

拾壹元五角〇八

又收義成会 秋谷廿八斤 占谷十二斤 共卅斤七折干谷廿二斤 併計四秤〇二斤 計洋乙元五角三分

總共谷價洋拾叁元〇八分

交谷廿三斤

交葉常清墓租 壹支

段莘乡阆山村 B 2-53 · 道光二十六年至光绪三十年 · 〼公会租额簿

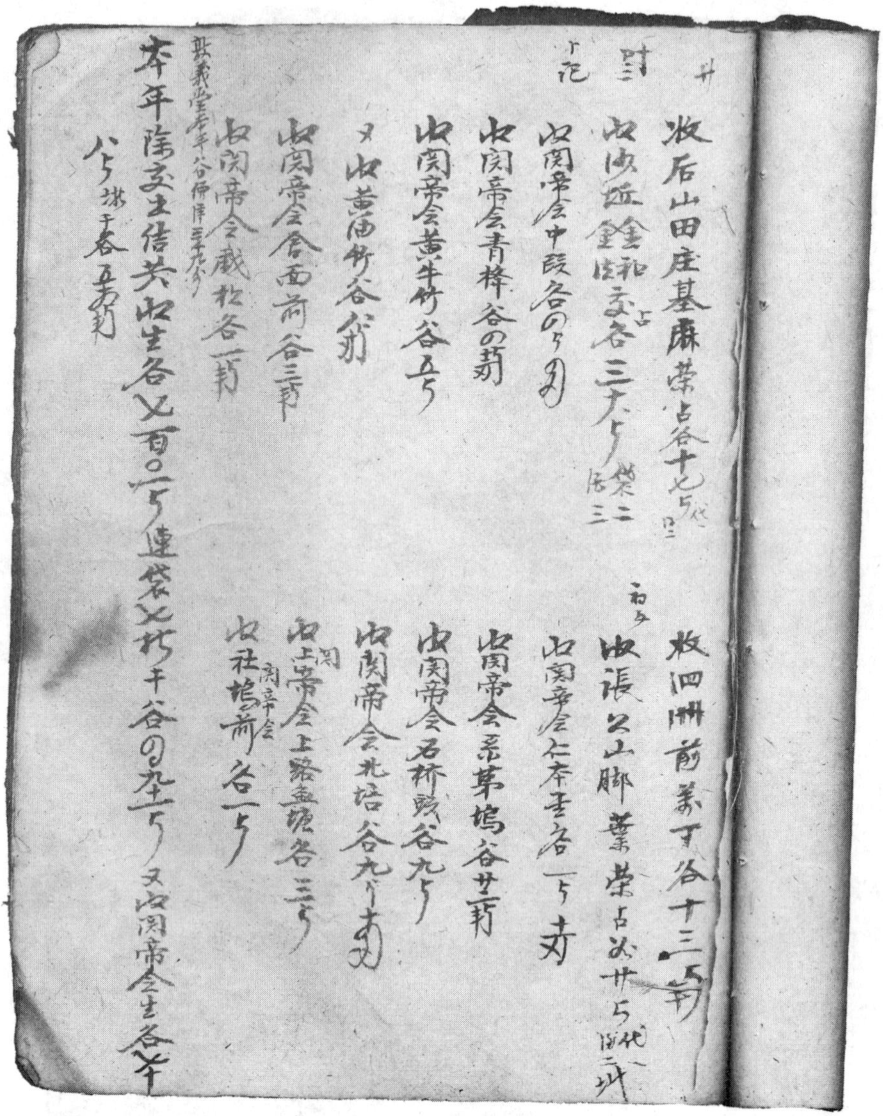

段莘乡阆山村 B 2-54 · 道光二十六年至光绪三十年 · ☐公会租额簿

同治四年秋七月郁亭經收谷賬

對 收沙坵细面交私谷四十五斤 袋一 酒七

收上更田盘收谷廿斤 袋一 酒二

收金村塢坦细美交谷七十斤 袋二 酒七

初七 收黄升高利谷八拾斤 袋六 酒八

初九 收佛公山细江交谷十六斤 袋一 酒二

初 收桂塢宗敬私交谷四十斤 袋二 酒七

收黄林交利谷廿五斤 袋一 酒三

十三 收泗畔前盘收占谷六斤

廿六 收后山田庄基占谷十七斤

收石橋頭接元占谷廿九斤 私灶 占六

對 收苦竹陂二弟起交谷九十六斤 袋二 酒十

初五 支谷六斤十六斤净交宗餘菜園祖

支谷五斤净交茂枝壇臺田皮

支谷五十四斤交沙坵祖鳥沙二家分

收佛公山细江交谷十一斤 酒二

收羊滿坑豹元交谷廿八斤 袋一 酒四

十三 收瓦保塅田皮谷廿四斤 袋一 酒二

十六 收李脚再富盘收谷六十斤 袋一 酒七

廿 收苦溪园大塢汪美占谷十一斤 袋一

收善黄臺祖寿交谷廿五斤

共 [illegible]

段莘乡阆山村 B 2-55 · 道光二十六年至光绪三十年 · ☑公会租额簿

收張厶山脚葉希占谷十九斤 袋一

收洪社全交利谷十三斤 占 袋一

收汪程福斤交占四十斤 袋二 酒の和[illegible]
寿斤 占[illegible]

本年敦義堂 谷價洋二元

本年除交出共收生谷一百卅一斤 連袋乙折干谷四百四十二斤

又收関帝会生谷七十六斤 乙折干谷五十三斤 派出洋壹元十九文

段莘乡阆山村 B 2-56 · 道光二十六年至光绪三十年 · ☑公会租额簿

同治五年歲次丙寅秋月蘭舟經收谷賬

十一 收沙坵细面叉谷〇卞 代乙 除〇

收関帝会北境仁本堂共分谷拾丈斗

收祩公山细罡叉谷拾卞 代乙

十九 收苦竹渂葉萬起叉谷九十卞 代二 除十

廿 支谷孝日叉焕榴塘窑祖

收国大塢汪美叉谷十卞 代乙 除二

廿一 收桂塢宋叙松叉谷五拾斤 代二 除〇

廿三 收泗洲前何爷灯叉谷十六卞 代壹 除二

收汪家门前豹元叉谷卅六斛 代乙 除〇

收钱塘葉棲元叉谷廿七斤 代乙 除三

大 收沙坵程金和叉占谷〇卞 代二十 除〇

廿五 收張公山细江叉谷十卞 代乙 除二

收黄金訖补谷廿五卞 代乙

十三 收祩山细罡叉谷十六卞 川代乙 除二

大 收関帝会中段监谷分〇斗

支谷五十斗叉沙坵祖 川鸣分

廿 收上坑田监谷十八卞

廿二 收后山田后上部细叉谷六十卞 代二 除文

廿九 收瓦埄俟豹元叉谷卅卞 代乙 除三

收枝田塝余再窗叉谷合今 代三 除九

初九 收苦蕢窑胡祖寿叉谷廿三卞 代乙 除三

十一 收后山田分庄基麻荣叉谷十七卞 代一 除二

二十 收祩公山脚葉希叉谷卅卞 代乙 除二

收張公山细江叉谷十六斛 代乙 除二

共 … 関 …

段莘乡阆山村 B 2-57 · 道光二十六年至光绪三十年 · ☑公会租额簿

收洪三义利洋十三元代一 洒二　收関帝会共洋八元

结共收祀占生洋五百七十四元连袋[illegible]洋四〇二斤[illegible]计实大洋〇十[illegible]

四百叉重价[illegible]计洋八元九角七分三厘又收义成会洋八元〇派洋壹元二角

重分七厘五毛二

段莘乡阆山村 B 2-58 · 道光二十六年至光绪三十年 · ☐公会租额簿

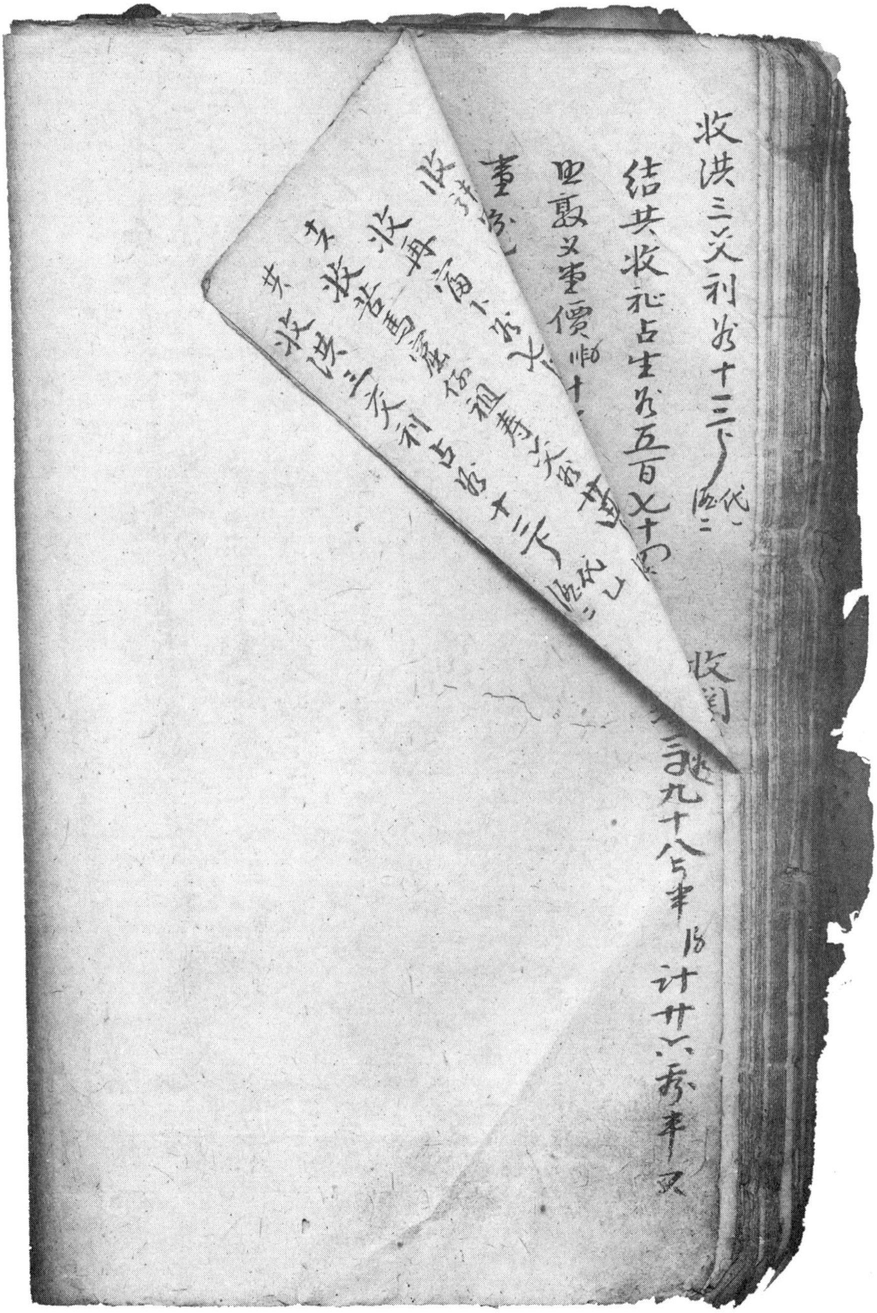

段莘乡阆山村 B 2-59 · 道光二十六年至光绪三十年 · ☐公会租额簿

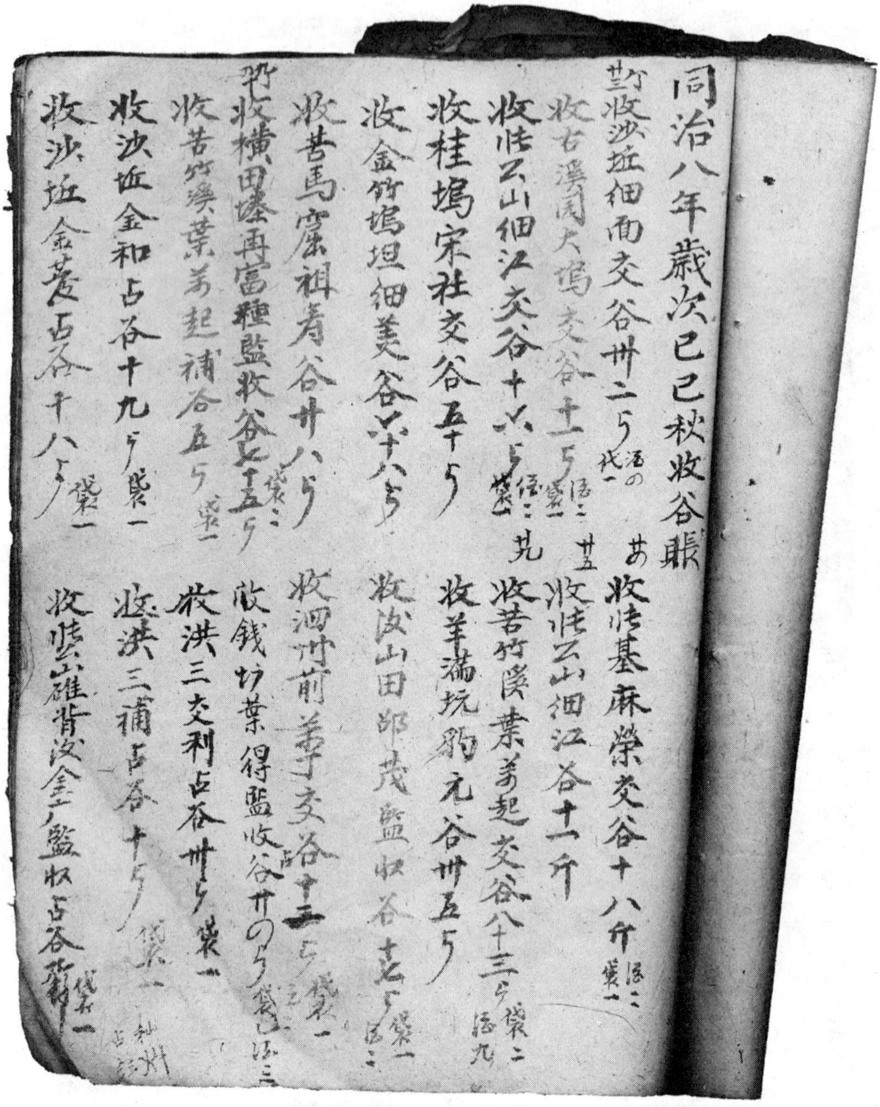
同治八年歲次己巳秋收谷賬
廿？收沙坵細面交谷卅二斤 袋四 代一
收右溪園大塢交谷十二斤 袋二 袋一
收佐云山細江交谷十六斤 袋二 袋一
收桂塢宋社交谷五十斤
收金竹塢坦細美谷六十八斤
收苦馬窟祖青谷廿八斤
收橫田塝再富種盤收谷七十五斤 袋二
收苦竹溪葉茅起補谷五斤 袋一
收沙坵金和占谷十九斤 袋一
收沙坵金茂占谷十八斤 袋一
苎 收佐基麻榮交谷十八斤 袋二 袋一
廿五 收佐云山細江谷十一斤
廿九 收苦竹溪葉茅起交谷八十三斤 袋二 袋九
收羊滿坑彩元谷卅五斤
收汝山田邮茂盤收谷七十斤 袋一 袋二
收洄竹前茅子交谷十二斤 袋一
收錢坊葉得盤收谷廿四斤 袋二 袋三
收洪三交利占谷卅斤 袋一
收洪三補占谷十斤 袋一
收紫山碓背汝金盤收占谷 袋一

段莘乡阆山村 B 2-60・道光二十六年至光绪三十年・☐公会租额簿

收瓦㙮坑豹元秈谷廿四石　支秈谷五斗交以鳴菜園租

共收除净秈生谷四百卅一石
占生谷廿石
連袋在折干谷三百五十八斤十兩計

共十五秤零三石十斤

段莘乡阆山村 B 2-61 · 道光二十六年至光绪三十年 · ☐公会租额簿

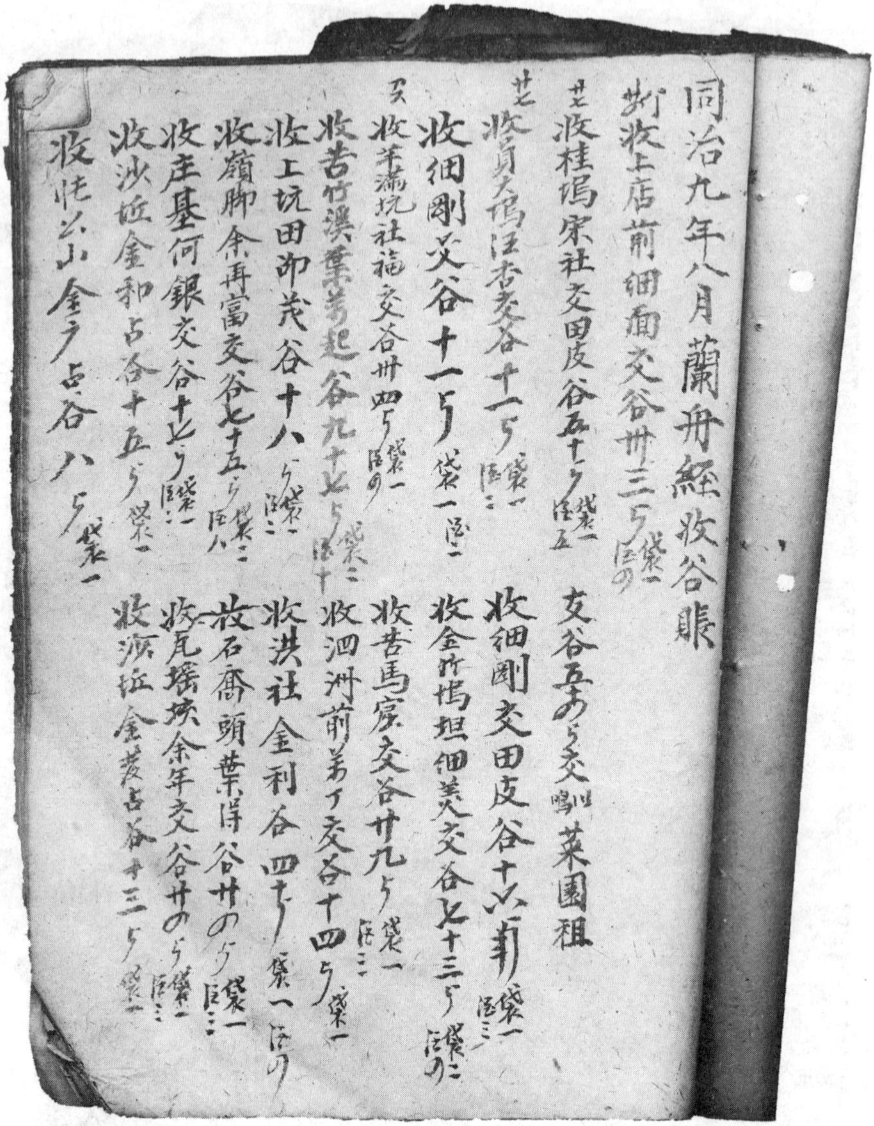

段莘乡阆山村 B 2-62 · 道光二十六年至光绪三十年 · ☒公会租额簿

除净共收生私谷每十二秤
占谷卅六斤
連袋七折三百八十三斤专刃作計廿五秤
零八斤专刃

段莘乡阆山村 B 2-63 · 道光二十六年至光绪三十年 · ☑公会租额簿

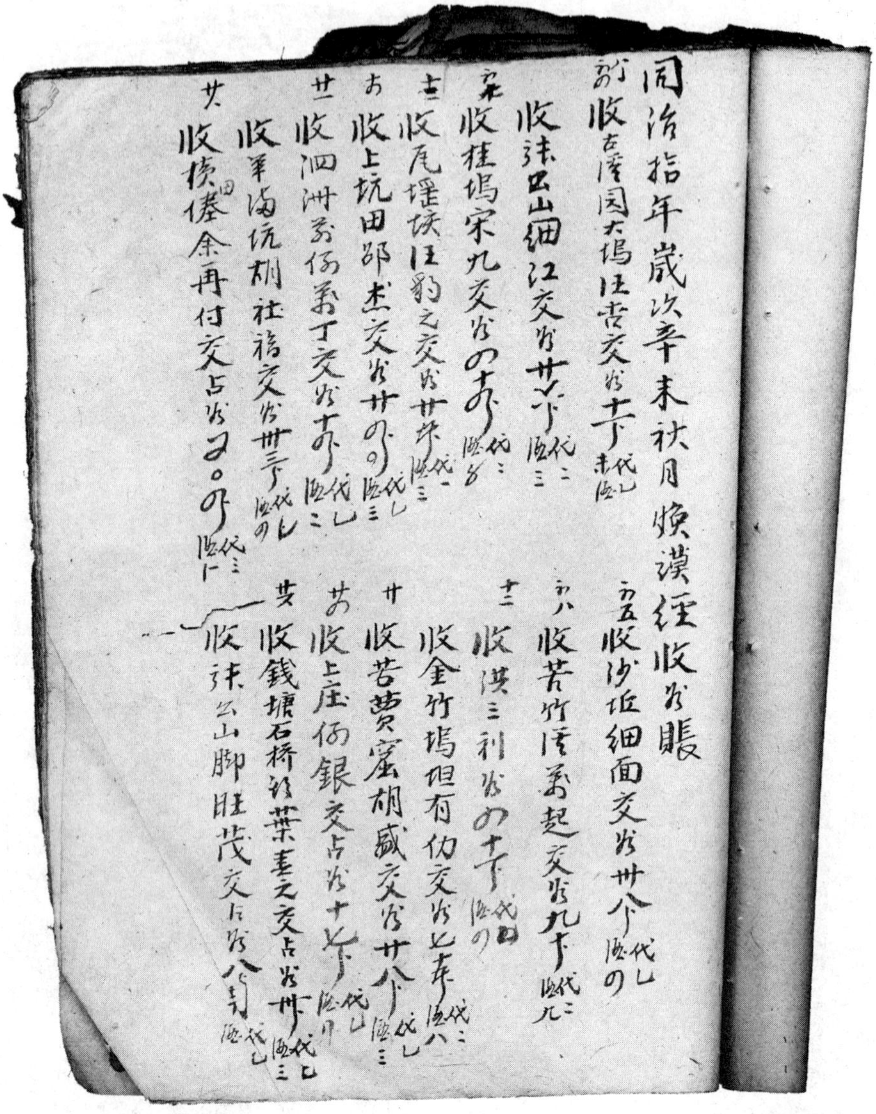
同治拾年歲次辛未秋月 煥漢經收谷賬

[illegible] 收古塘园大塢汪吉交谷十[illegible]斤

收洙坑山細江交谷[illegible]斤

[illegible] 收桂塢宋九交谷[illegible]斤

[illegible] 收尾堘塅汪豹之交谷廿[illegible]斤

[illegible] 收上坑田邵杰交谷[illegible]斤

廿一 收泗洲蒋何来丁交谷[illegible]斤

收華源坑胡社禧交谷[illegible]斤

廿六 收横田塍余再付交占谷[illegible]斤

初五 收沙坵細面交谷廿八斤

初八 收苦竹塘蒋起交谷九斤

十二 收漢三利谷[illegible]斤

收金竹塢但有仂交谷[illegible]斤

廿 收苦费窟胡盛交谷廿八斤

[illegible] 收上庄何銀交占谷十[illegible]斤

[illegible] 收錢塘石橋頭葉圭之交占谷[illegible]斤

收洙坑山腳旺茂交占谷八[illegible]

段莘乡阆山村 B 2-64 · 道光二十六年至光绪三十年 · ☑公会租额簿

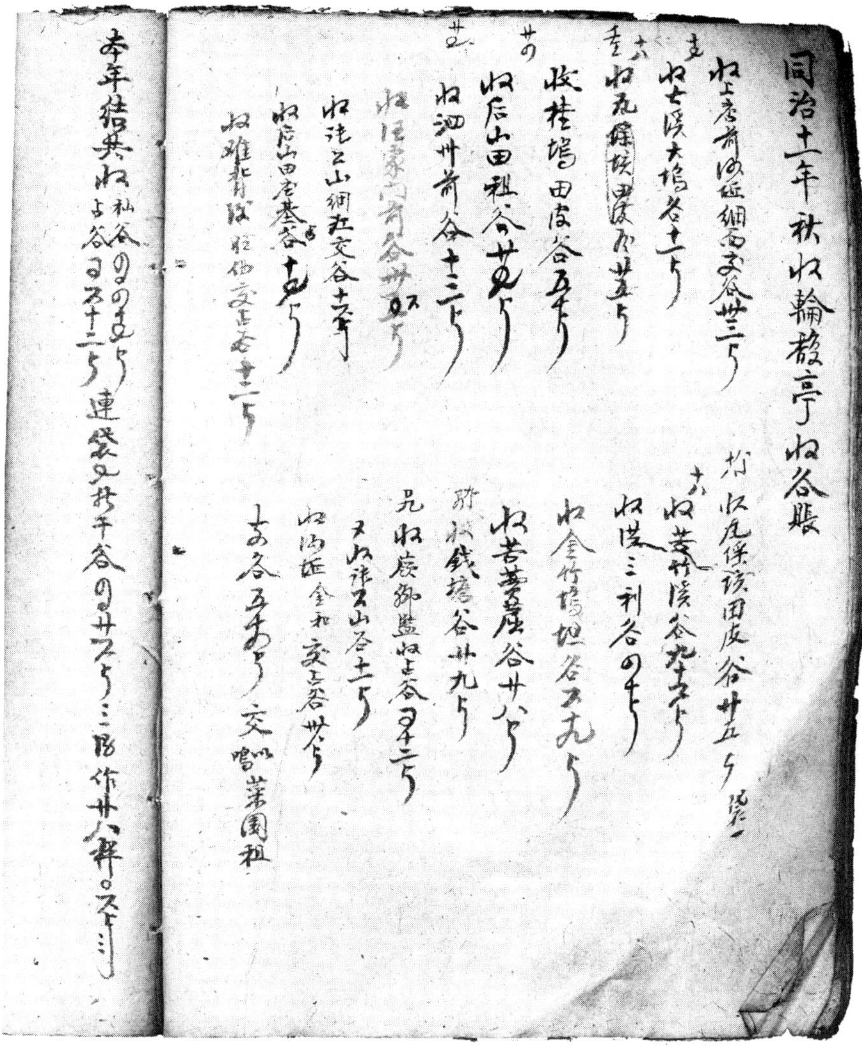
同治十一年秋收輪敬亭收谷賬
收上壹前收匠细面交谷廿三斤
收七溪大塘谷十一斤
收桂塢田皮谷
收后山田租谷
收泗卅前谷十二斤
收茫石山祠交谷
收后山田屋基谷
收难北背段
收凡保頭田皮谷廿五斤
收苦葛屋谷廿八斤
收銭塢谷廿九斤
兑收鹿鄉監收谷
交以喈蒼園租
本年結共收 私谷 谷
連袋又共干谷

段莘乡阆山村 B 2-65 · 道光二十六年至光绪三十年 · ☐公会租额簿

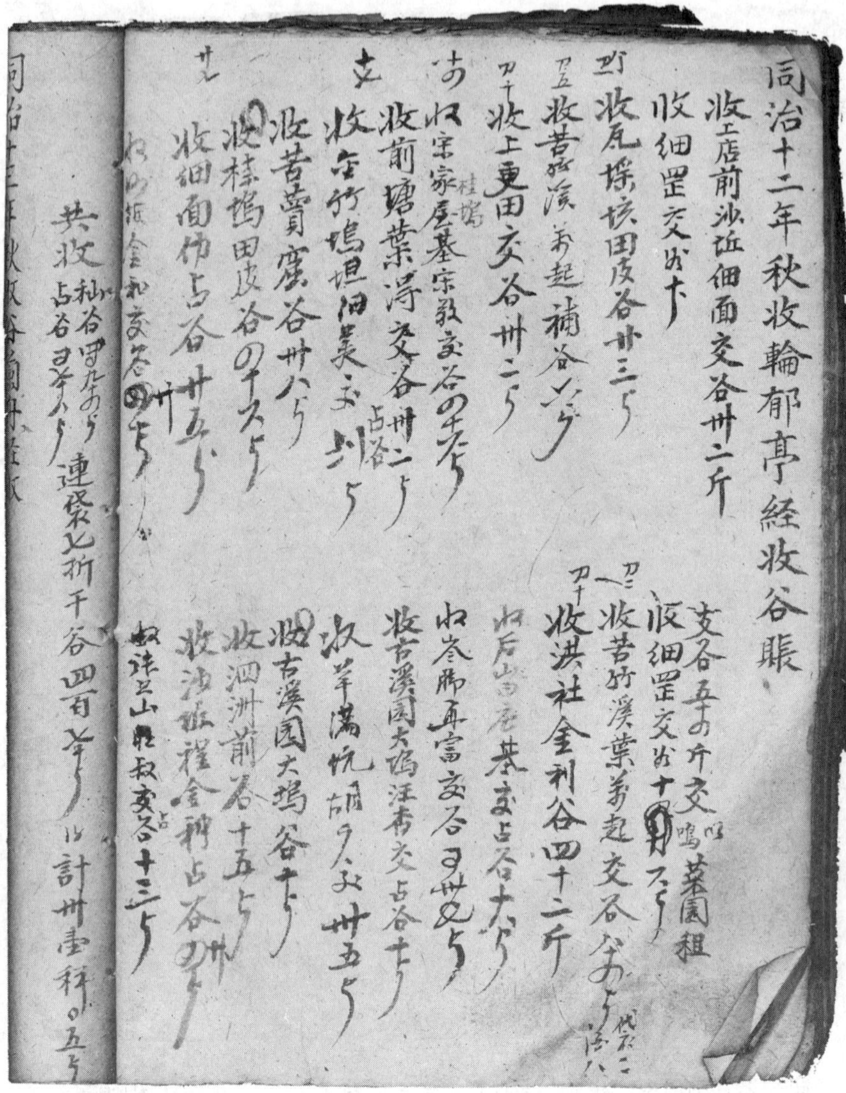

段莘乡阆山村 B 2-66 · 道光二十六年至光绪三十年 · ☑公会租额簿

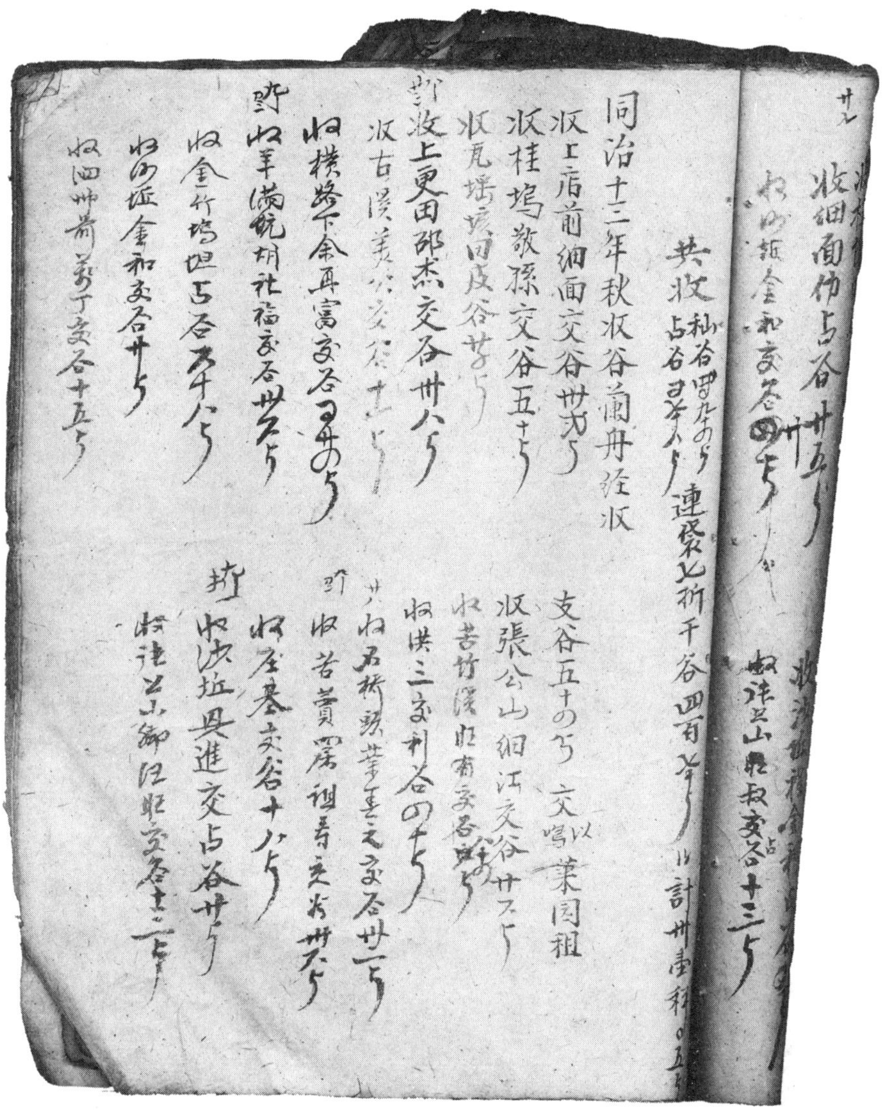

段莘乡阆山村 B 2-67 · 道光二十六年至光绪三十年 · ☑公会租额簿

光绪元年秋收時好收谷賬

收下汶垣庄协交谷卅四石 [illegible]

收桂鸿家谷四十石

收苦竹溪年有交谷八十七石

收洪社全利谷四十二石

收元瑶扶交谷廿五石

收荟脚再富交谷四十石

收钱塘监收谷卅二石

廿 收后山田台上五协交谷六十五石

收河垣程興進交谷廿石

共收古溪杏协交谷十石 [illegible]

收張公山细江交谷卅石

五 收田卅卅亩丁交谷十五石

一 收更田邵茂交谷卅石

收苦萬霞交谷卅八石 [illegible]

十 收羊角坑社福交谷卅三石 [illegible]

收庄基谷十九石

收沙垣程金和交谷五十石 [illegible]

收

段莘乡阆山村 B 2-68 · 道光二十六年至光绪三十年 · ☒公会租额簿

光緒二年鳳泉公清明会祖，因時好不欲成会，今將伊該股之谷每年出祖數逐項
將谷分去，其餘者係我三人之谷，復議立成祀会，以爲每年掛容祭掃完粮
修屋之費，其会另設 郁 馥 蘭 三人輪收，其谷係袋作足，折干谷出數，義書各便
乃一日，將錢併賬目內交下首收管。

段莘乡阆山村 B 2-69 · 道光二十六年至光绪三十年 · 〼公会租额簿

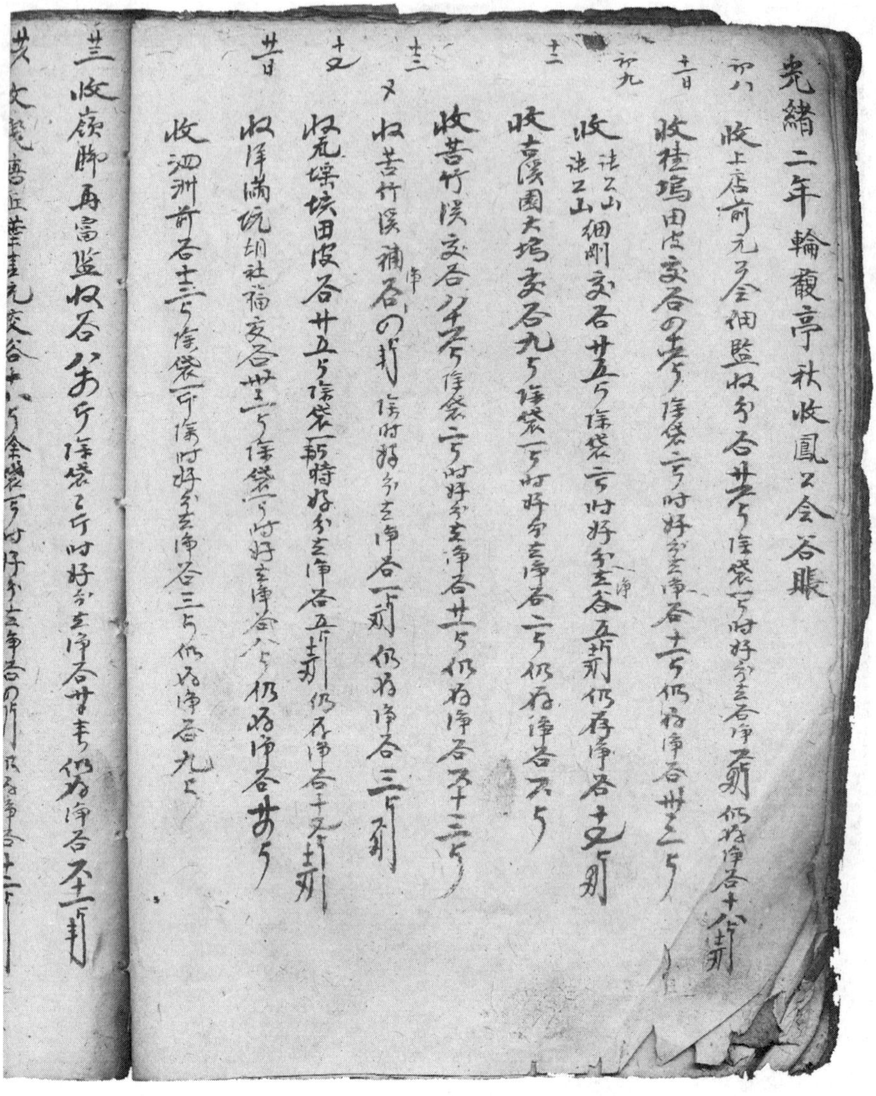

段莘乡阆山村 B 2-70 · 道光二十六年至光绪三十年 · ☑公会租额簿

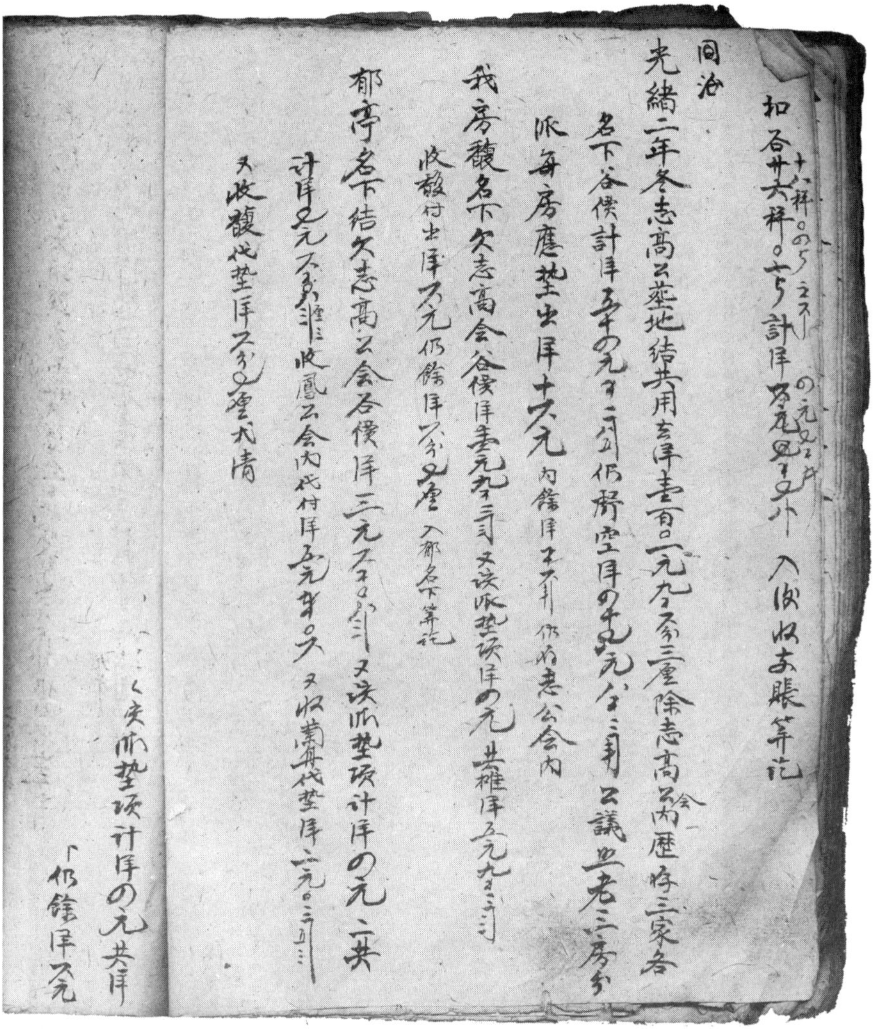
扣谷廿六秤。[illegible]计洋[illegible] 入汝收去账算讫

同治

光绪二年冬志高公葬地结共用去洋壹百〇一元[illegible]除志高公会内历将三家各

名下谷价计洋[illegible]仍存空洋[illegible] 公议照老三房分

派每房应垫出洋十六元 内除洋[illegible] 仍存惠公会内

我房馥名下欠志高会谷价洋[illegible] 又该派垫该洋[illegible]元 共[illegible]洋[illegible]

收馥付出洋[illegible]元 仍馀洋[illegible] 入郁名下算讫

郁亭名下结欠志高公会谷价洋三元[illegible] 又该派垫该计洋[illegible]元 二共

计洋[illegible] 收凤公会内代付洋[illegible] 又收兰舟代垫洋[illegible]

又收馥代垫洋[illegible]清

[illegible]又该派垫该计洋[illegible]元 共洋

下仍馀洋[illegible]元

段莘乡阆山村 B 2-71 · 道光二十六年至光绪三十年 · ☐公会租额簿

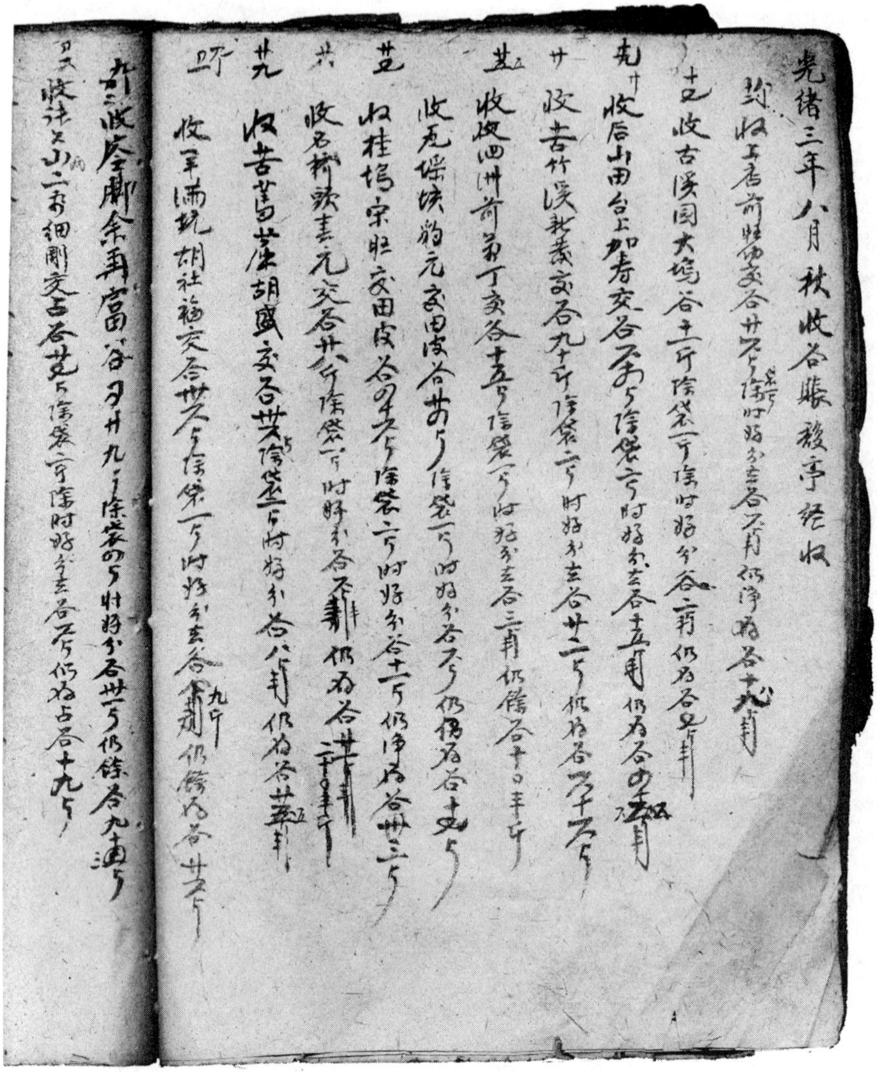

光绪三年八月秋收谷账 毅亭经收

段莘乡阆山村 B 2-72 · 道光二十六年至光绪三十年 · ☑公会租额簿

廿九 收苦竹園胡盛交谷廿六斤 除袋二斤 时将分谷八斤半 仍存谷廿五斤半

上下 收羊浦坑胡社福交谷卅八斤 除袋一斤 时将分去谷九斤 仍余存谷廿八斤

九月二 收吴金卿余再富田谷 又廿九斤 除袋四斤 时将分谷廿一斤 仍余谷九斤

又六 收汪又山二斤细刚交占谷廿九斤 除袋二斤 除时将分去谷七斤 仍存占谷十九斤

又十 收庄基金保交占谷十六斤 除袋一斤 时将分去谷四斤半 仍存谷十一斤半

收后山田杰仂交占谷卅斤 除袋一斤 时将分去谷九斤半 仍存谷廿一斤半 上坑

收四近金和交占谷十八斤 除袋一斤 时将分去谷三斤半 仍存谷十三斤半

收汪兴山脚旺茂交占谷十三斤 除袋一斤 时将分谷三斤 仍存谷九斤

十九 收汝堀吴进宝占谷十六斤 除袋一斤 时将分去谷二斤半 仍净存谷十二斤半

本年结除时将分去谷一百五十斤 仍净收生谷四五十斤 内占谷八十六斤 折十谷二百十五斤

作谷贰十八秤 计洋五元 入四年收支账讫

段莘乡阆山村 B 2-73 · 道光二十六年至光绪三十年 · ☐公会租额簿

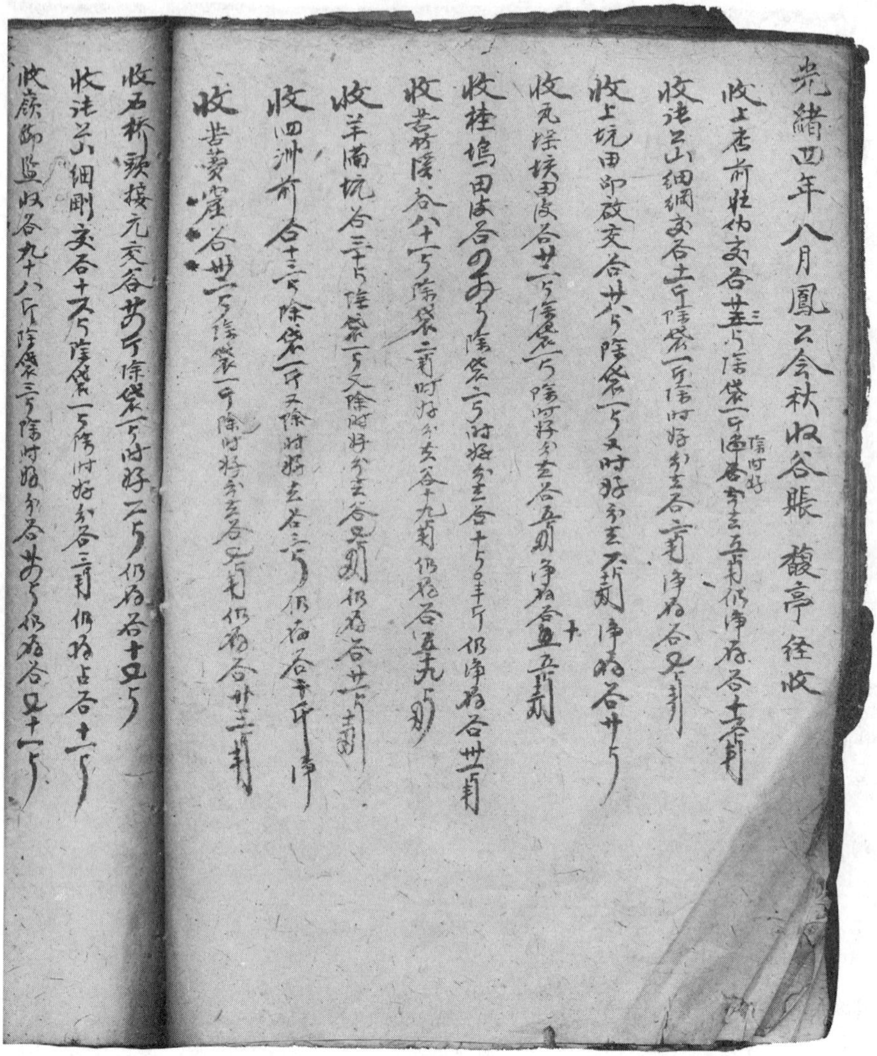

光緒四年八月鳳山会秋收谷賬　馥亭経收
收上屋前莊仂交谷廿三斤除袋一斤净谷除时好分去五斤仍净存谷十六斤
收桂山细㓮交谷十二斤除袋一斤除时好分去谷二斤净存谷九斤
收上坑田卯政交谷廿六斤除袋一斤又时好分去□□净存谷廿斤
收元塖垅田皮谷廿一斤除袋一斤除时好分去谷五斤净存谷十五斤
收桂坞田皮谷四十五斤除袋二斤时好分去谷十五斤半仍净存谷廿八斤
收苦竹溪谷八十一斤除袋二斤时好分去谷十九斤仍存谷五十九斤
收羊角坑谷三十斤除袋一斤又除时好分去谷五斤仍存谷廿一斤
收四洲前谷十三斤除袋一斤又除时好去谷二斤仍存谷十斤净
收苦荬崖谷廿二斤除袋一斤除时好分去谷五斤仍存谷廿二斤
收石桥头接元交谷廿六斤除袋一斤时好二斤仍存谷十五斤
收桂山细㓮交谷十六斤除袋一斤除时好分谷三斤仍存占谷十二斤
收麻坞监收谷九十八斤除袋二斤除时好分谷廿六斤仍存谷五十一斤

段莘乡阆山村 B 2-74 · 道光二十六年至光绪三十年 · ▨公会租额簿

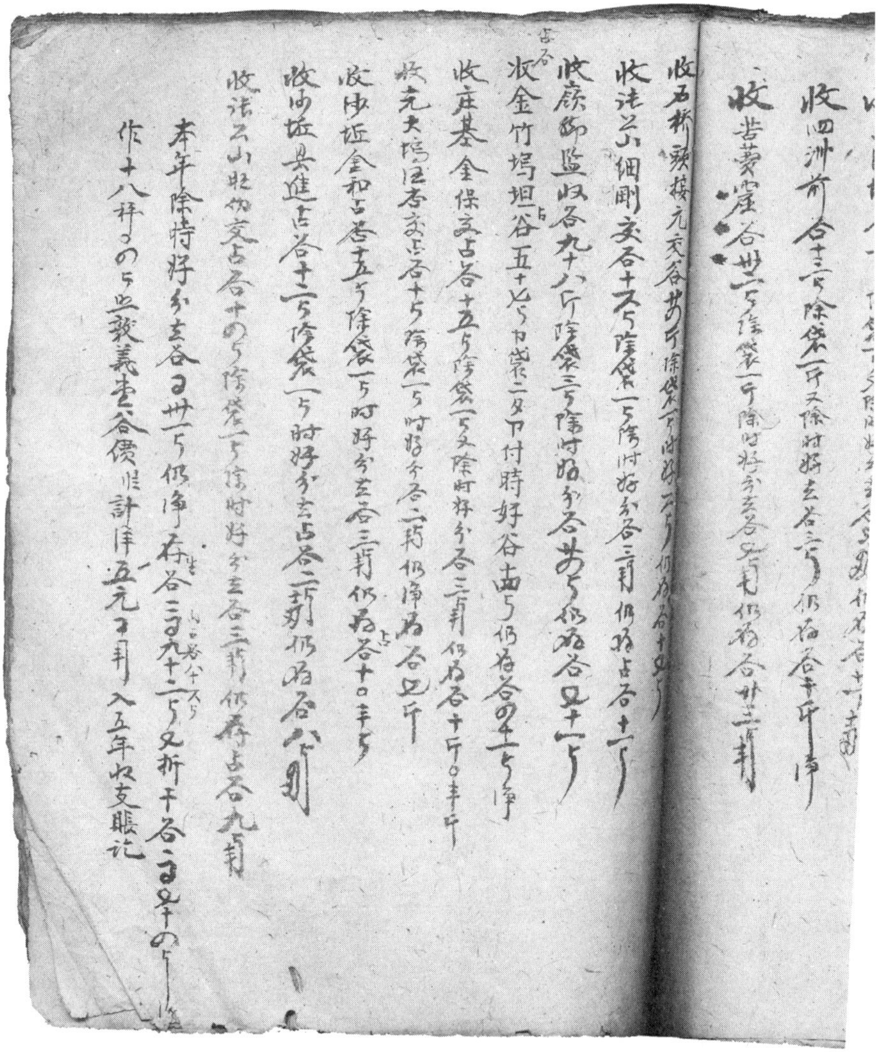
收四洲前谷十三斤除袋一斤又除时好去谷三斤仍存谷十斤净
收芸蒙崖谷卅一斤除袋一斤除时好去谷五斤七仍存谷廿三斤
收石桥头楼元交谷卅斤除袋一斤时好[illegible]仍存谷十五斤
收法八细刚交谷十八斤除袋一斤除时好去谷三斤仍存占谷十一斤
收麻岭监收谷九十八斤除袋三斤除时好去谷卅斤仍存谷五十一斤
收金竹坞坦谷五十七斤内袋二斤付时好谷四斤仍存谷四十五斤净
收庄基金保交占谷十五斤除袋一斤又除时好去谷三斤仍存谷十斤[illegible]
收元大坞田交占谷十五斤除袋一斤时好去谷二斤仍净存谷五斤
收沙坵金和占谷十五斤除袋一斤时好去谷三斤仍存谷十[illegible]
收田坵吴进占谷十二斤除袋一斤时好去占谷二斤仍存谷八斤
收法石山旺如交占谷十四斤除袋一斤除时好去谷三斤仍存占谷九斤
本年除时好去谷[illegible]卅一斤仍净存谷二百九十二斤又折干谷二百五十四斤[illegible]
作十八拜[illegible]斤出致义堂谷价[illegible]计洋五元[illegible]入五年收支账记

段莘乡阆山村 B 2-75 · 道光二十六年至光绪三十年 · ☑公会租额簿

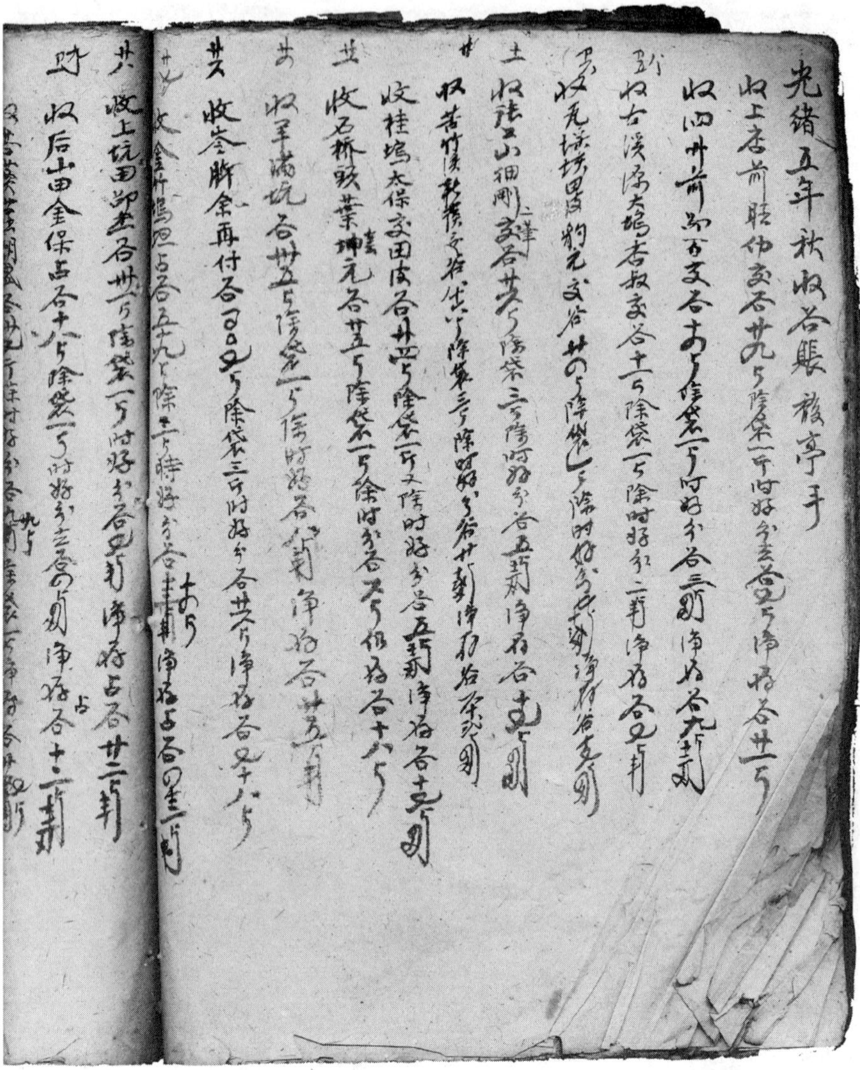

光绪五年秋收谷账 馥亭手

收上店前驻仰交谷廿九斤除袋一斤时好谷[illegible]斤净存谷廿[illegible]斤

收四廿前[illegible]交谷[illegible]斤除袋一斤时好谷三斤[illegible]净存谷[illegible]

收古溪源大坞杏叔交谷十[illegible]斤除袋一斤除时好谷二斤[illegible]净存谷[illegible]

收元塝塝里段豹元交谷廿[illegible]斤除袋[illegible]斤除时好谷[illegible]净存谷[illegible]

收张五山细刚交谷廿[illegible]斤除袋三斤除时好谷五斤[illegible]净存谷[illegible]

收苦竹溪[illegible]交谷[illegible]除袋[illegible]除时好谷廿[illegible]净存谷[illegible]

收桂坞太保交田皮谷廿四斤除袋一斤又除时好谷五斤[illegible]净存谷十[illegible]

收石桥头叶坤元谷廿五斤除袋一斤除时好谷[illegible]斤净存谷十八斤

收羊满坑谷廿五斤除袋一斤除时好谷[illegible]净存谷廿[illegible]

收金牌余再付谷[illegible]除袋三斤时好谷廿[illegible]斤净存谷[illegible]

收金竹坞旦占谷五十九斤除[illegible]时好谷[illegible]净存占谷[illegible]

收上坑田[illegible]谷[illegible]斤除袋一斤时好谷[illegible]净存占谷廿二斤

收后山田金保占谷十八斤除袋一斤时好谷[illegible]净存谷十二斤

段莘乡阆山村 B 2-76 · 道光二十六年至光绪三十年 · ☑公会租额簿

廿□ 收石桥□叶□谷廿□斤除□□□□

廿 收羊满坑谷卅五斤除袋一斤除时耗谷[illegible]斤净存谷卅五斤

廿六 收荃胼余再付谷[illegible]斤除袋三斤时耗谷廿六斤净存谷[illegible]斤

廿七 收金竹塢垣占谷五十九斤除袋三斤時耗谷[illegible]斤净存占谷[illegible]斤

廿八 收上坑田邵□谷卅一斤除袋一斤时耗谷[illegible]斤净存占谷廿二斤

卅 收后山田金保占谷十八斤除袋一斤时耗谷[illegible]斤净存占谷十一斤

收者葵芦胡盛谷卅九斤除时耗谷九斤除袋一斤净存谷廿[illegible]斤

十一 收沙埂程金和娶进交占谷廿八斤除袋二斤时耗谷[illegible]斤净存占谷十九斤

十三 收张公山御旺茂交占谷十四斤除袋一斤時耗谷[illegible]三斤净存占谷九斤

本年除时耗谷[illegible]斤仓内净存生谷[illegible]斤（内占谷[illegible]籼谷[illegible]斤）又折[illegible]

五斤半 作十九秤[illegible]三五数义查谷价[illegible]计洋五元三角二分八 入[illegible]支账算讫

段莘乡阆山村 B 2-77 · 道光二十六年至光绪三十年 · ☑公会租额簿

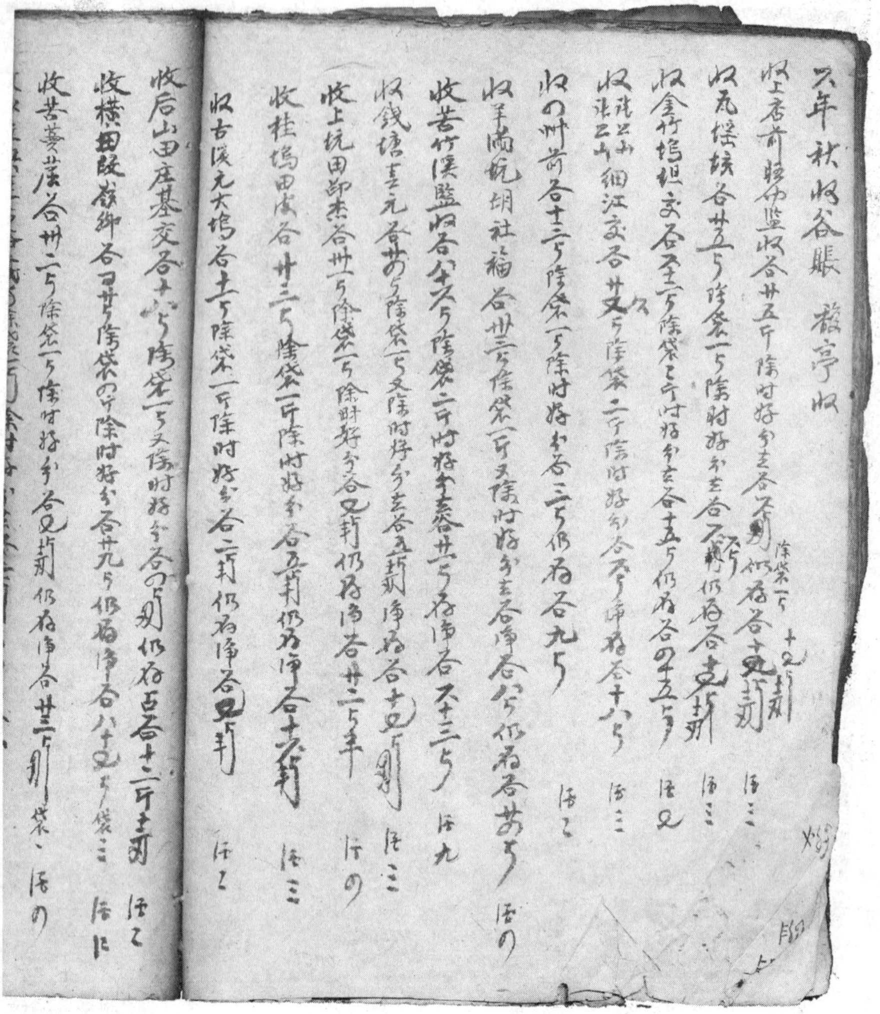
六年秋收谷賬　發亭收

收上店前胯竹堂收谷廿五斤除时籽分去谷[illegible]　除袋一斤　仍存谷十九斤　还三

收瓦窑垓谷廿五斤除袋一斤除时籽分去谷[illegible]仍存谷[illegible]斤　还三

收金竹坞坦交谷五十二斤除袋二斤时籽分去谷十五斤仍存谷四十五斤　还兑

收张家山细江交谷廿[illegible]斤除袋二斤除时籽分谷[illegible]斤仍存谷十八斤　还二

收四卅前谷十三斤除袋一斤除时籽分谷三斤仍存谷九斤　还乙

收羊满坑胡社福谷卅二斤除袋一斤又除时籽分去谷净谷[illegible]仍存谷[illegible]斤　还四

收苦竹溪监收谷八十六斤除袋二斤时籽分去谷廿斤存净谷六十三斤　还九

收钱塘王元谷[illegible]斤除袋一斤又除时籽分去谷五斤净存谷十九斤　还三

收上坑田邱杰谷卅一斤除袋一斤除时籽分谷兑斤仍存净谷廿二斤半　还四

收桂坞田交谷廿三斤除袋一斤除时籽分谷五斤仍存净谷十六斤　还三

收古溪元大坞谷十一斤除袋一斤除时籽分谷二斤仍存净谷八斤　还乙

收后山田庄基交谷十八斤除袋一斤又除时籽分谷[illegible]仍存净谷十二斤　还乙

收横田段薇卿谷一百廿斤除袋四斤除时籽分谷廿九斤仍存净谷八十七斤　袋三　还七

收苦蓑庄谷卅二斤除袋一斤除时籽分谷兑斤仍存净谷廿三斤　袋一　还四

段莘乡阆山村 B 2-78 · 道光二十六年至光绪三十年 · ☑公会租额簿

收上坑田御杰谷卅一斤除袋一斤除时好分谷〤斤仍存净谷廿二斤半　倍〤
收桂坞田发谷廿二斤除袋一斤除时好分谷〥斤仍存净谷十〣斤　倍三
收古溪元大坞谷十一斤除袋一斤除时好分谷二斤仍存净谷〤斤　倍乙

收后山田庄基交谷十八斤除袋一斤又除时好分谷〤斤仍存占谷十二斤十斤　倍乙
收横田段叔御谷〣廿斤除袋〤斤除时好分谷廿九斤仍存净谷八十〤斤袋二　倍〥
收苦萋崖谷卅二斤除袋一斤除时好分谷〤斤仍存净谷廿三斤袋一　倍〤
收汊坵兴进占谷十〥斤除袋二斤除时好分去谷二斤仍净占谷八斤〤
又收沙坵金和占谷〥斤除袋一斤除时好分去谷三斤仍存占谷九斤　倍三
收张石山旺茂监收占谷九斤除袋一斤除时好分谷二斤仍存占谷〤斤
本年除时好分去净谷〣卅五斤仍存净谷〤〇五斤内占谷卅〤斤内先谷三斤八
斤〤又托十谷二〤二斤〤作十八种九出家义查谷价二〤计洋四元
九十〤入收支账算讫

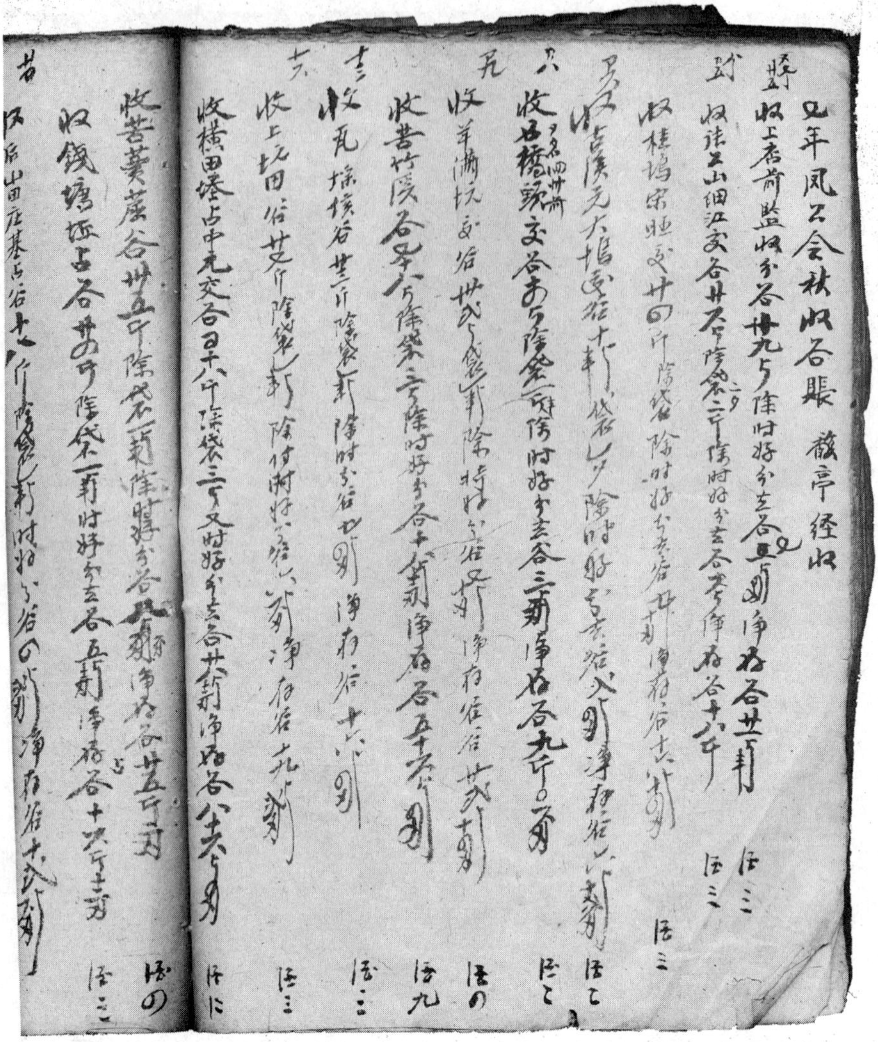

段莘乡阆山村 B 2-80 · 道光二十六年至光绪三十年 · ☐公会租额簿

[illegible]

十六 收上坵田谷廿六斤除袋一斤 除付时好分谷六斤 净存谷十九斤

收横田塅占中九交谷百卅八斤除袋三斤又时好分去谷廿斤净存谷八十五斤

收苦荬岸谷卅五斤除袋一斤除时好分谷九斤净存谷廿五斤

收钱塘垅占谷卅四斤除袋一斤时好分去谷五斤净存谷十八斤

廿 收后山田庄基占谷十七斤除袋一斤时好分谷四斤净存谷十二斤

廿六 收金竹坞坦加寄占谷五十斤除袋三斤又除时好分谷十斤净存占谷三十七斤

收沙垅吴进一交占谷十二斤除袋一斤除时好分谷二斤净存占谷八斤

又收沙垅金和占谷十二斤除袋一斤除时好分谷二斤净存占谷九斤

九月 收汪公山御驻段谷九斤除袋一斤除时好分谷一斤净存占谷四斤

本年秋收大共收净生谷五百廿三斤内除时好分去净谷百卅斤〇十斤

会内净存生谷三百九十三斤又秋干谷贰百[illegible]斤 作十八秤三 [illegible]敦美堂

谷价计洋四元[illegible]

八八年收账讫

段莘乡阆山村 B 2-81 · 道光二十六年至光绪三十年 · □公会租额簿

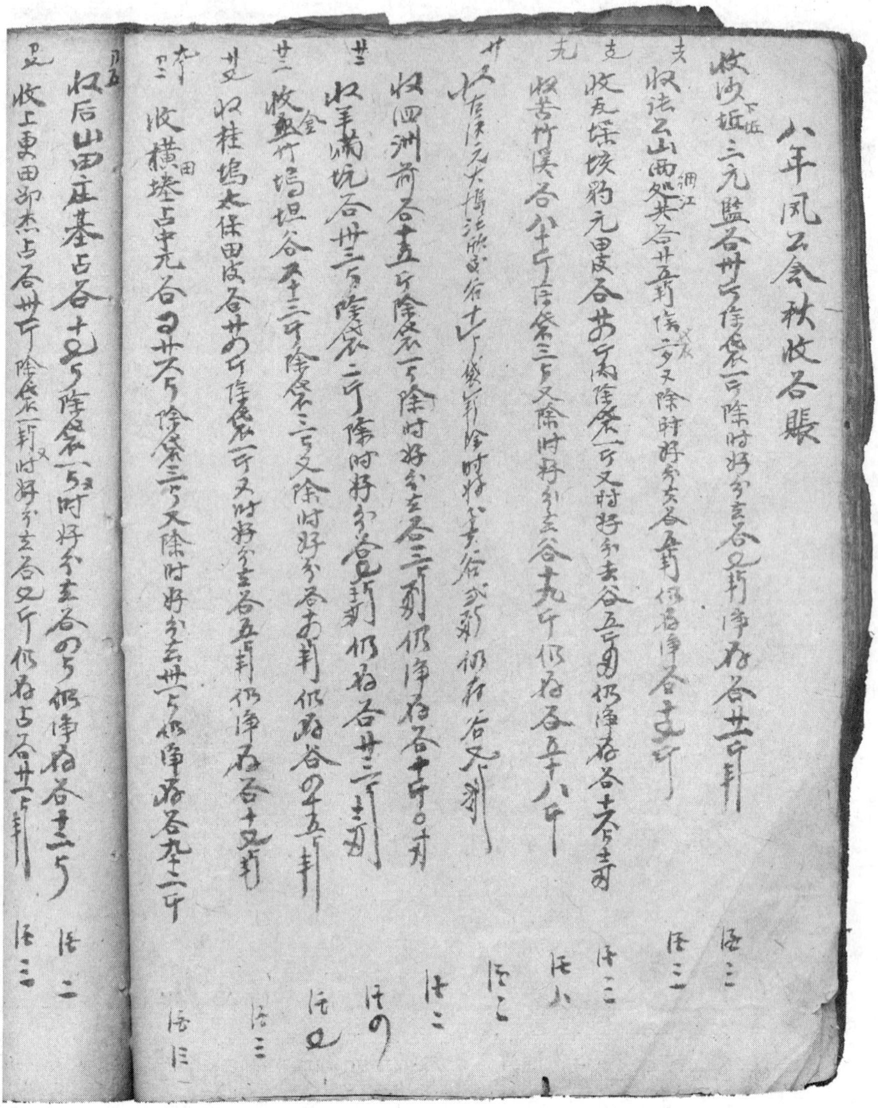

八年凤公会秋收谷账

收汐垢(下垢)三元监谷卌斤除[illegible]一斤除时好分去谷九斤净存谷廿斤

收法石山西塅(洞江)共谷廿五斤除[illegible]又除时好分去谷五斤仍存净谷[illegible]斤

收反垟坡驹元田皮谷卌斤除[illegible]一斤又时好分去谷五斤[illegible]仍净存谷[illegible]

收苦竹溪谷八十斤除[illegible]三斤又除时好分去谷[illegible]斤仍存谷五十八斤

收左溪元大塘[illegible]谷[illegible]斤除时好分去谷[illegible]仍存谷[illegible]

收四洲前谷十五斤除[illegible]一斤除时好分去谷三斤[illegible]仍净存谷十斤[illegible]

收羊满坑谷卌三斤除[illegible]二斤除时好分去谷[illegible]仍存谷廿[illegible]斤

收盘(金)竹坞垣谷[illegible]斤除[illegible]三斤又除时好分去谷[illegible]仍存谷[illegible]

收桂坞太保田皮谷[illegible]斤除[illegible]一斤又时好分去谷五斤仍净存谷十[illegible]

收横(田)塅占中元谷[illegible]斤除[illegible]三斤又除时好分去谷[illegible]斤仍净存谷[illegible]斤

收后山田庄基占谷十[illegible]斤除[illegible]时好分去谷[illegible]仍净存谷[illegible]

收上东田卯杰占谷卌斤除[illegible]又时好分去谷[illegible]斤仍存占谷[illegible]

段莘乡阆山村 B 2-82 · 道光二十六年至光绪三十年 · ☐公会租额簿

收羊浦坳谷廿……

廿三 收金鲫竹塘垻谷五十三斤除袋三斤又除时好分谷十五斤 仍存谷四十五斤 佃五

廿八 收桂坞太保田皮谷廿四斤除袋一斤又时好分去谷五斤 仍净存谷十五斤 佃三

廿二 收横田墩上中丸谷一百廿六斤除袋三斤又除时好分去廿斤 仍净存谷九十一斤 佃仁

收后山田庄基上谷十九斤除袋一斤 时好分去谷四斤 仍净存谷十二斤 佃二

廿五 收上东田卯杰上谷廿斤除袋一斤又时好分去谷五斤 仍存上谷廿斤 佃三

收苦荬崖谷卅四斤除袋三斤除时好分谷五斤 仍净存谷廿二斤 佃四

十二 收方坑坵金和上谷十四斤除袋一斤又除时好分去净谷三斤 仍存上谷九斤 佃三

十三 收方沙坵毋进上谷十三斤除袋一斤除时好分净谷三斤 仍存上谷十斤 佃二

廿五 收张公山脚坵茂上谷十六斤除袋一斤 除时好分净谷六斤 仍存上谷九斤

本年共收生谷五百五十三斤 内除袋廿八斤又除时好分去净谷一百廿九斤 仍存生谷

三百九十六斤 每斤作谷一百九十五斤 合扣九折八五数义生谷 价 计洋 西元

八月廿八入九年收支账算讫

段莘乡阆山村 B 2-83 · 道光二十六年至光绪三十年 · ☒公会租额簿

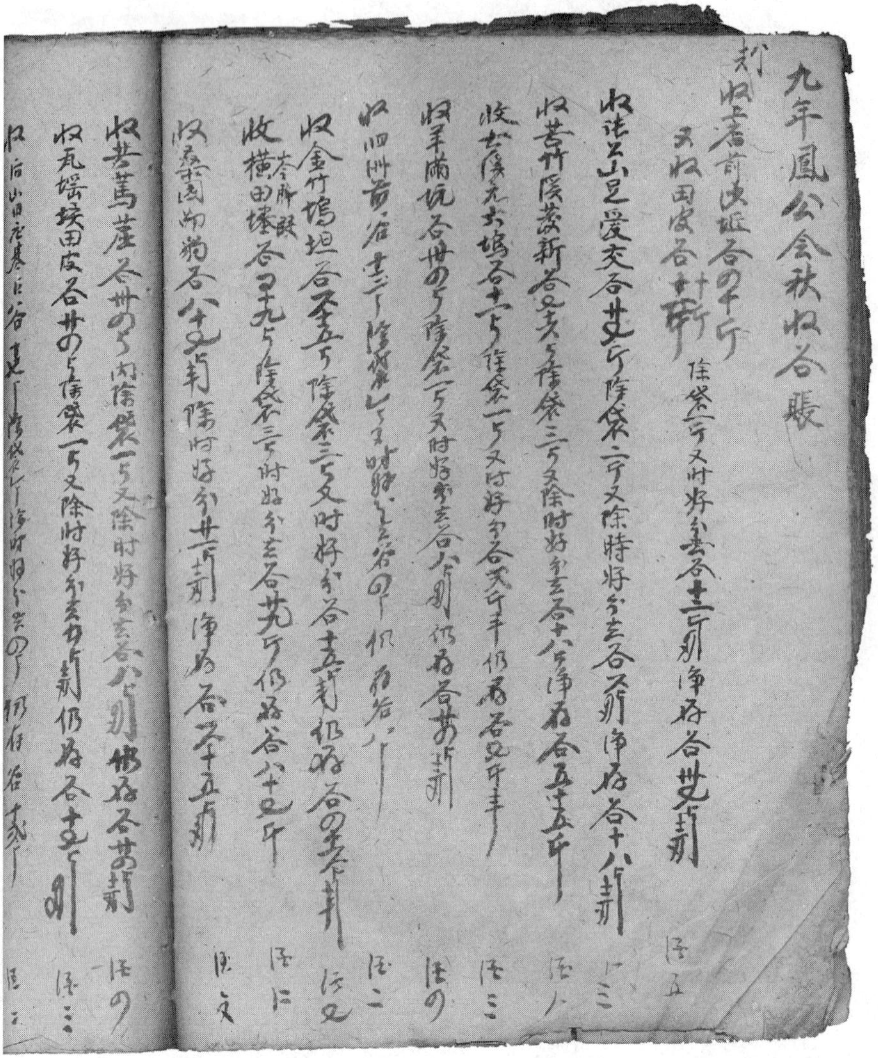

九年凰公会秋收谷賬

段莘乡阆山村 B 2-84 · 道光二十六年至光绪三十年 · ☐公会租额簿

收金竹塢坦谷〸〥斤除袋三斤又时好分谷十五斤仍存谷四十〡斤　住又

收（李解銀）横田壕谷〤九斤除袋三斤时好分去谷廿九斤仍存谷八十五斤　住仁

收桑園𠚍谷八十又斤除时好分廿斤　净存谷〸十五斤　住文

收苦萬崖谷卅〤斤内除袋一斤又除时好分去谷八斤仍存谷廿〤斤　住〤

收瓦塅埃田皮谷廿〤斤除袋一斤又除时好分去廿斤仍存谷十〡斤　住三

收后山田屋基上谷十又斤除袋〡斤除时好分去〤斤仍存谷十〢斤　住一

收桂塢太保下谷廿〡斤除袋〡斤除时好分去〤斤仍存谷十〡斤　住三

收上東田𠚍杰占谷卅斤除袋一斤又时好分去谷〤斤仍存占谷廿〡斤　住三

收塘坵金和上谷十〢斤除袋〡斤又时好分去谷三斤净存九斤（上谷）　住一

收張公山脚社茂上谷十〢斤除袋〡斤又时好分去谷六斤净存上谷十斤　住二

收四坵兴進上谷十〡斤除袋〡斤又时好分去谷三斤净存上谷九斤　住一

本年共收生谷一佰五拾零斤内除时好分去净谷〤十又斤又除袋卅二斤仍净存（内上谷〤斤）

生谷〤〤十〢斤折共干谷三〤十三斤作廿二斗五三五数義重谷價

平三計洋五元〤角〡　八十年收賬算訖

段莘乡阆山村 B 2–85 · 道光二十六年至光绪三十年 · ☑公会租额簿

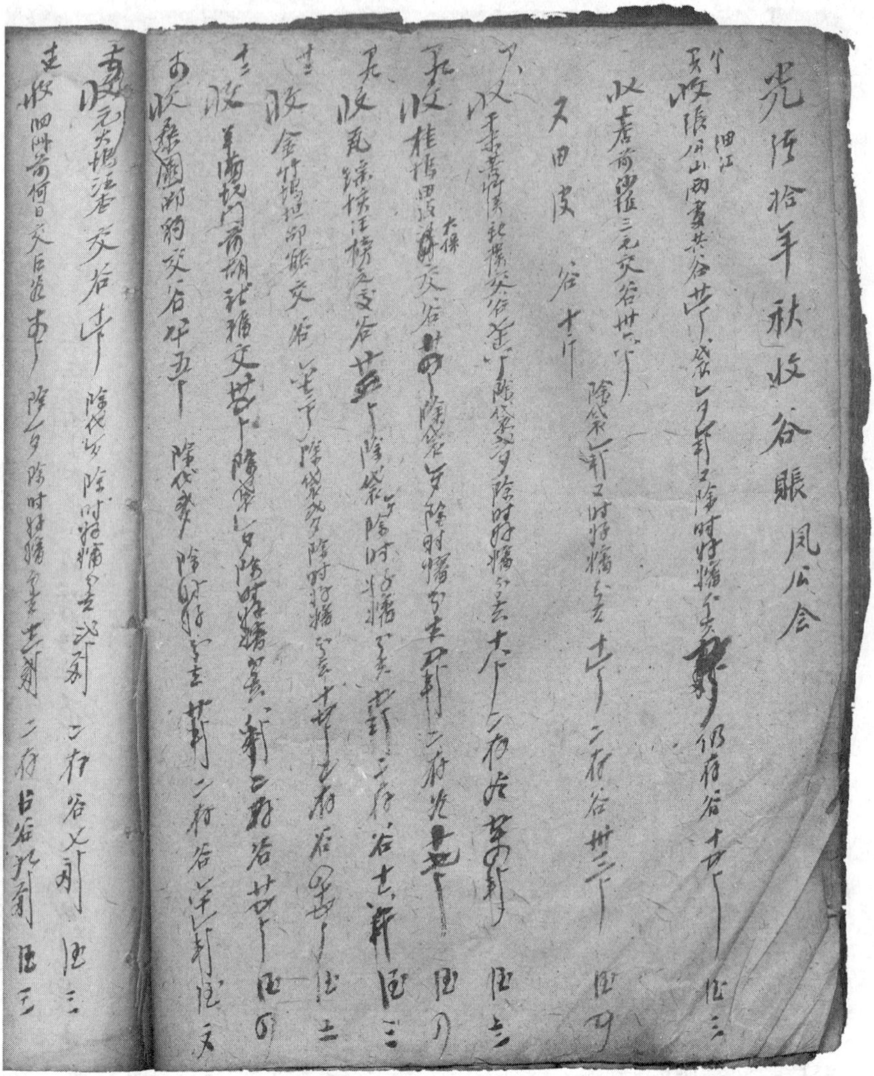
光緒拾年秋收谷賬 凤公会

段莘乡阆山村 B 2-86 · 道光二十六年至光绪三十年 · 〼公会租额簿

十三收 金竹塢坦卯能交谷〡〡〡 除代〡〡 除时好播〡〡十〡〡 存谷〡〡〡 经三

十三收 草塘坑门前胡秋禧交廿〡 除代〡〡 除时好播〡〡 剩二〡 存谷廿〡 经四

十四收 桑園哘约交谷〡〡五〡 除代〡 除时好播〡〡 剩二 存谷〡〡〡 经三

十五收 元大塘汪茶交谷〡〡 除代〡〡 除时好播〡〡 剩二 存谷〡〡 经三

十六收 四畔岗何日交谷〡〡 除〡〡 除时好播〡〡 剩二 存谷〡〡 经三

十七收 上吴田卯未交谷〡〡 除代〡〡 除时好播〡〡 〡二 存谷廿〡 经三

十八收 芭蕉坑胡盛交谷卅〡 除代〡〡 除时好播〡〡 〡二 存谷〡〡 经四

十九收 山领脚 谷三元贤交谷〡〡 除代〡〡 除时好播〡〡 剩二 存谷〡〡 经十三
横田塔

二十收 后山田查養全保交谷〡〡 除代〡〡 除时好播〡〡 二存谷〡〡 经三

二十一收 沙坵吴进谷〡〡 除代〡〡 除时好播〡〡 二存谷〡〡 经三

二十二收 山坵金和谷〡〡十二〡 除代〡〡 除时好播〡〡 存谷〡〡 经三

二十三收 張八郎吐荫谷〡〡 除代〡〡 除时好播〡〡 存谷〡〡 经三

本年共收谷〡〡〡九〡 除时好播〡〡谷〡〡〡〡 除代〡〡

段莘乡阆山村 B 2-87 · 道光二十六年至光绪三十年 · 〼公会租额簿

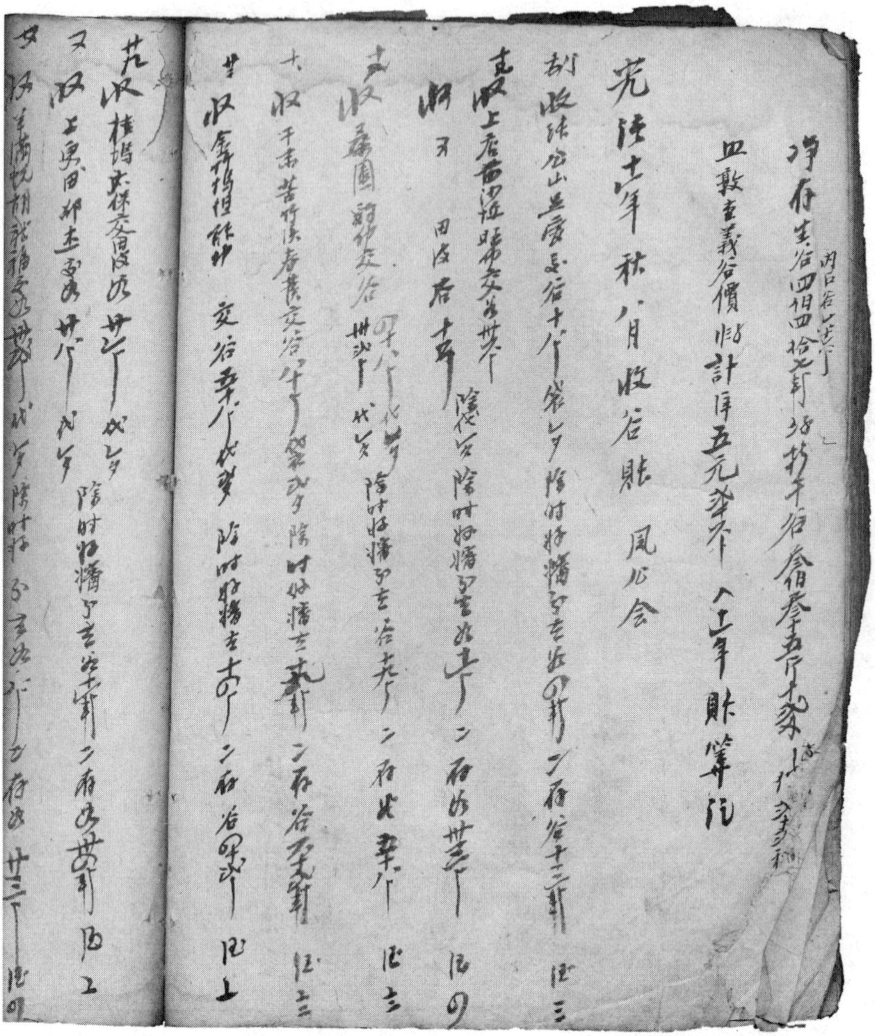

光绪十一年秋八月收谷账　凤山会

段莘乡阆山村 B 2-88 · 道光二十六年至光绪三十年 · ☐公会租额簿

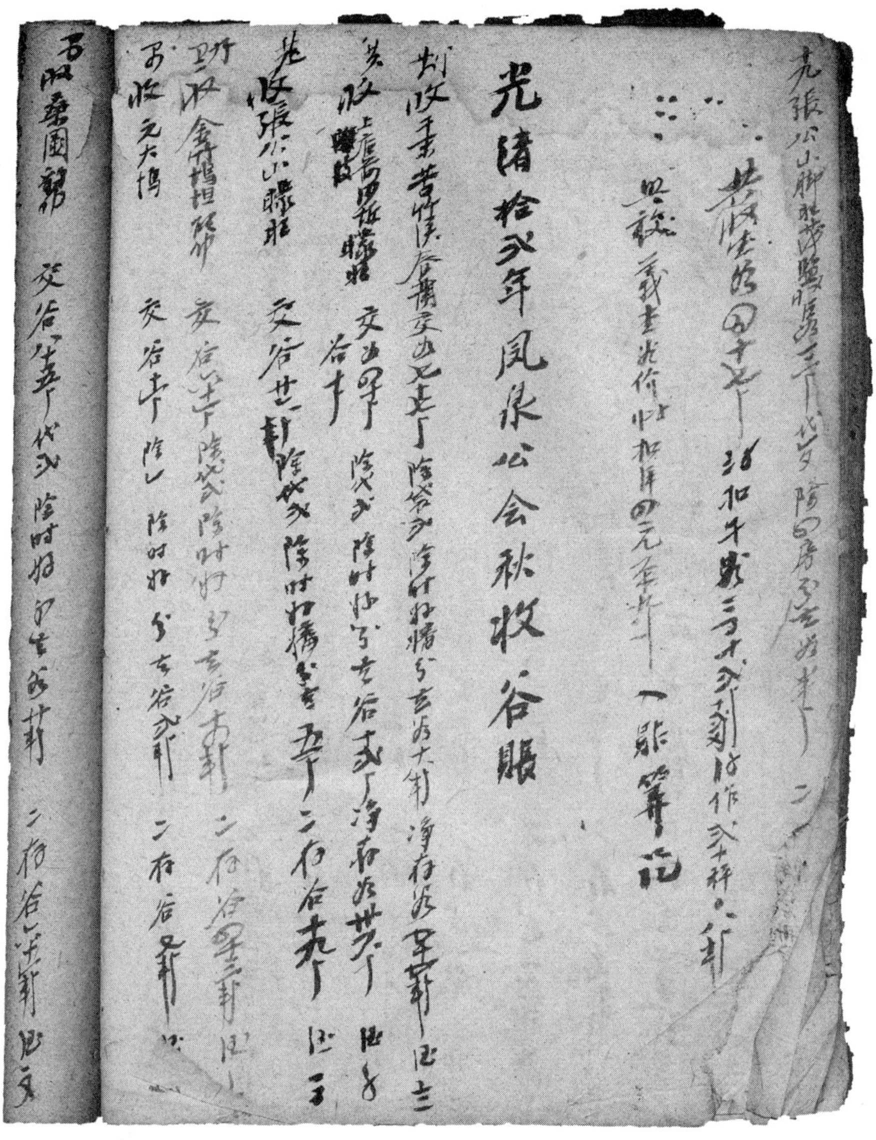

段莘乡阆山村 B 2-89 · 道光二十六年至光绪三十年 · 〼公会租额簿

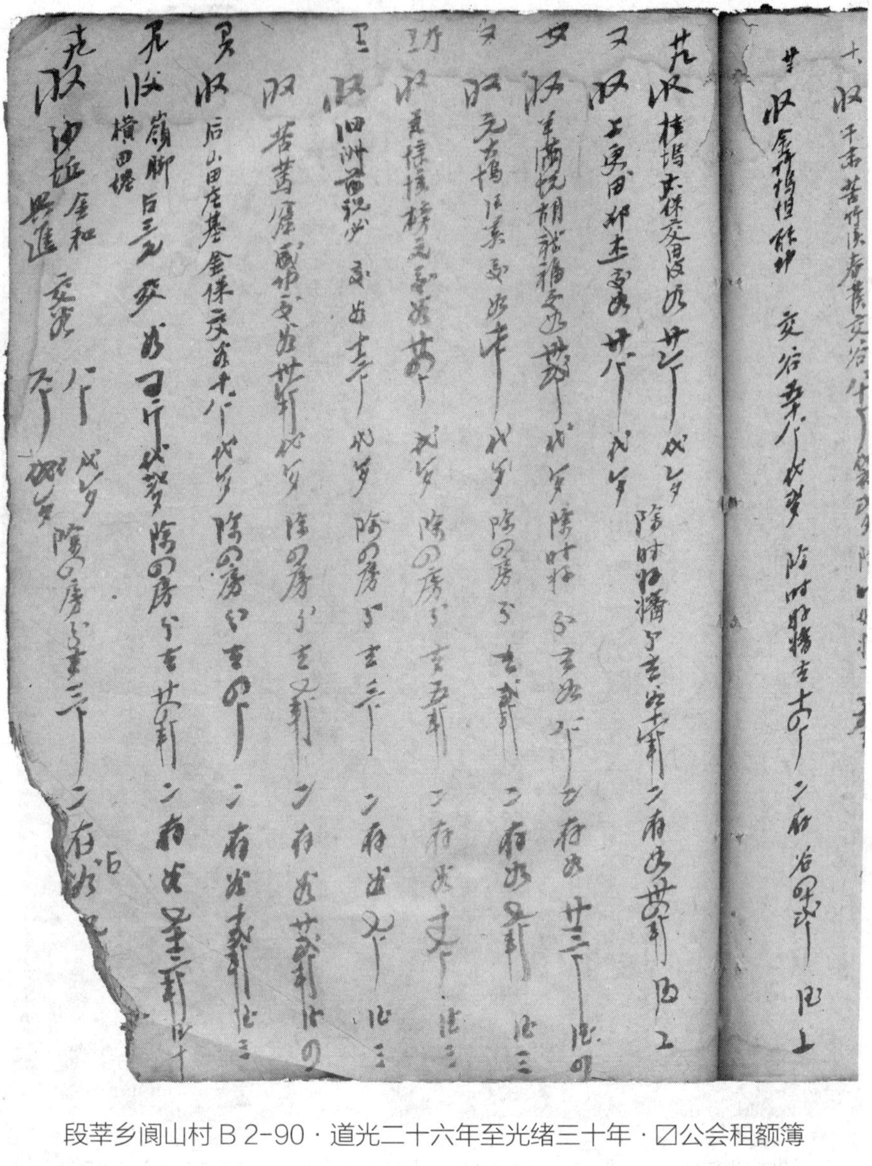

段莘乡阆山村 B 2-90 · 道光二十六年至光绪三十年 · ☑公会租额簿

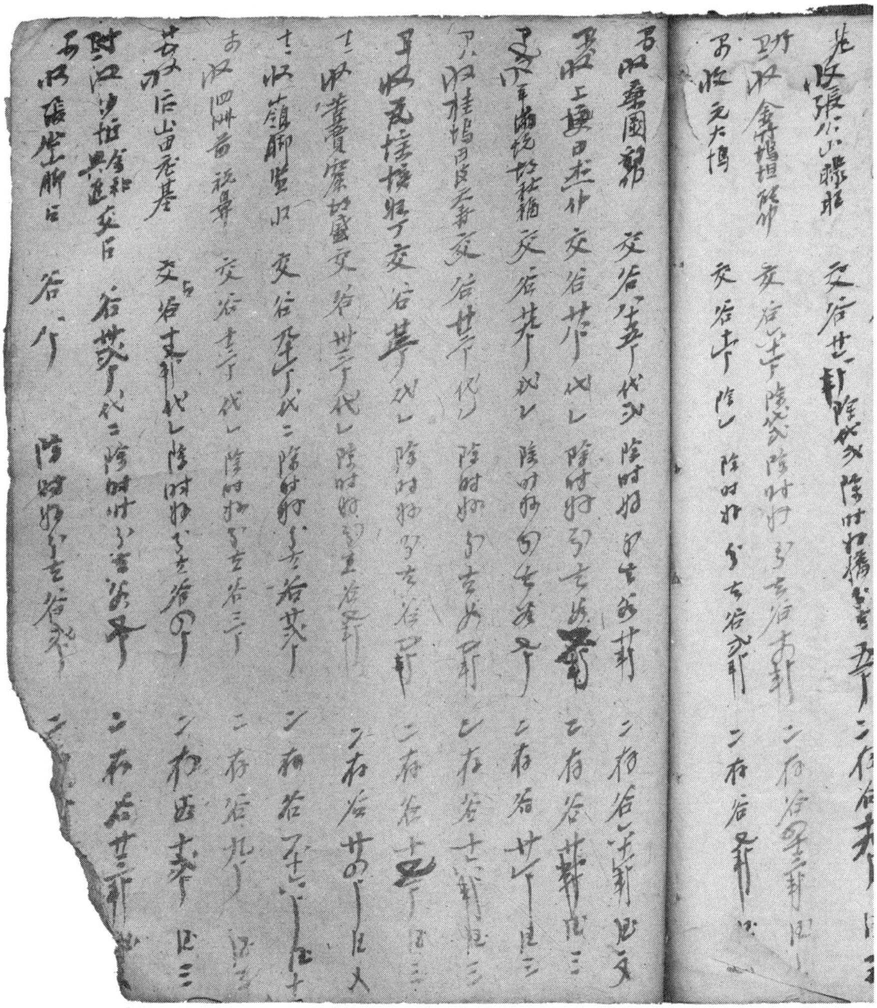

段莘乡阆山村 B 2-91 · 道光二十六年至光绪三十年 · ☐公会租额簿

本年[illegible]收[illegible] [illegible]

[illegible]致義堂谷價[illegible] [illegible]五元[illegible]

光緒十三年鳳公会秋收谷账

收張公山[illegible]交谷[illegible] 除[illegible] 除[illegible]

收上[illegible] 交[illegible] 除[illegible] 除[illegible]

收[illegible]交谷[illegible] 除[illegible] 除[illegible]

收[illegible]交谷[illegible] 除[illegible] 除[illegible]

收[illegible]交谷[illegible] 除[illegible] 除[illegible]

收[illegible]谷[illegible] 除[illegible] 除[illegible]

收[illegible]交谷[illegible] 除[illegible] 除[illegible]

收[illegible]除[illegible]

段莘乡阆山村 B 2-92 · 道光二十六年至光绪三十年 · ☐公会租额簿

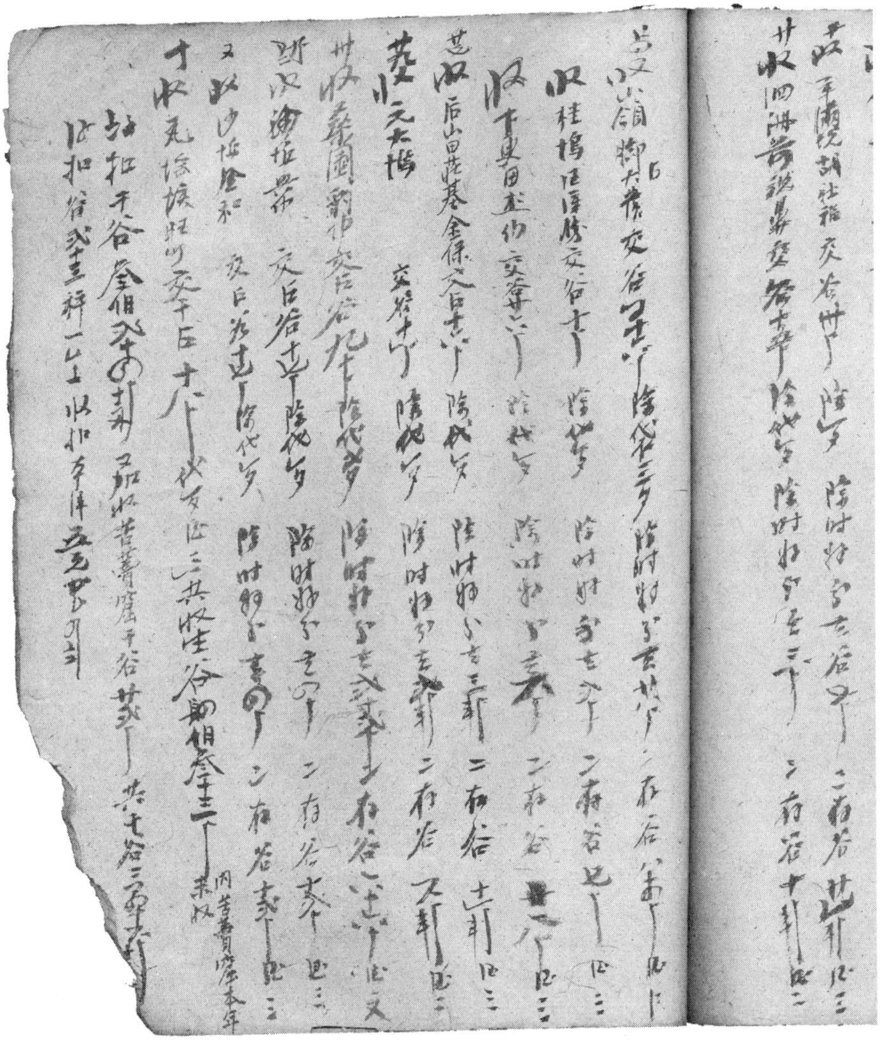

段莘乡阆山村 B 2-93 · 道光二十六年至光绪三十年 · ☑公会租额簿

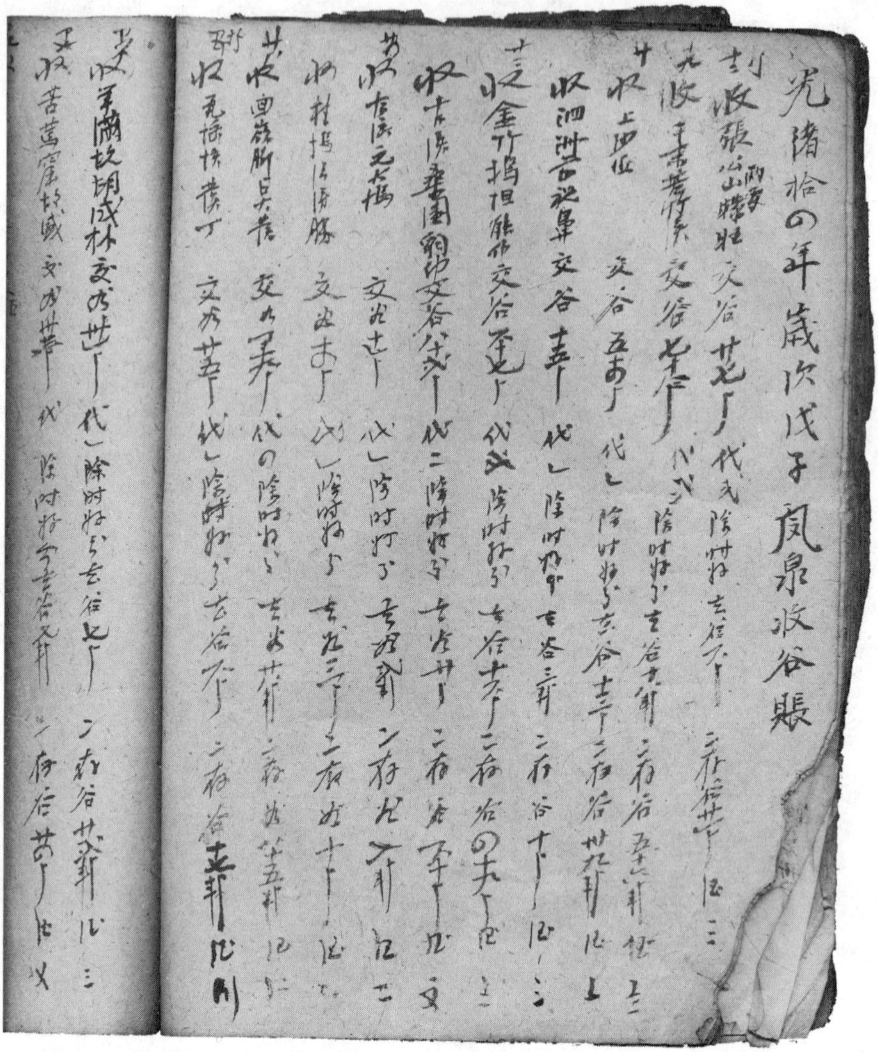
光绪拾の年歲次戊子鳳泉收谷賬

段莘乡阆山村 B 2-94 · 道光二十六年至光绪三十年 · ☒公会租额簿

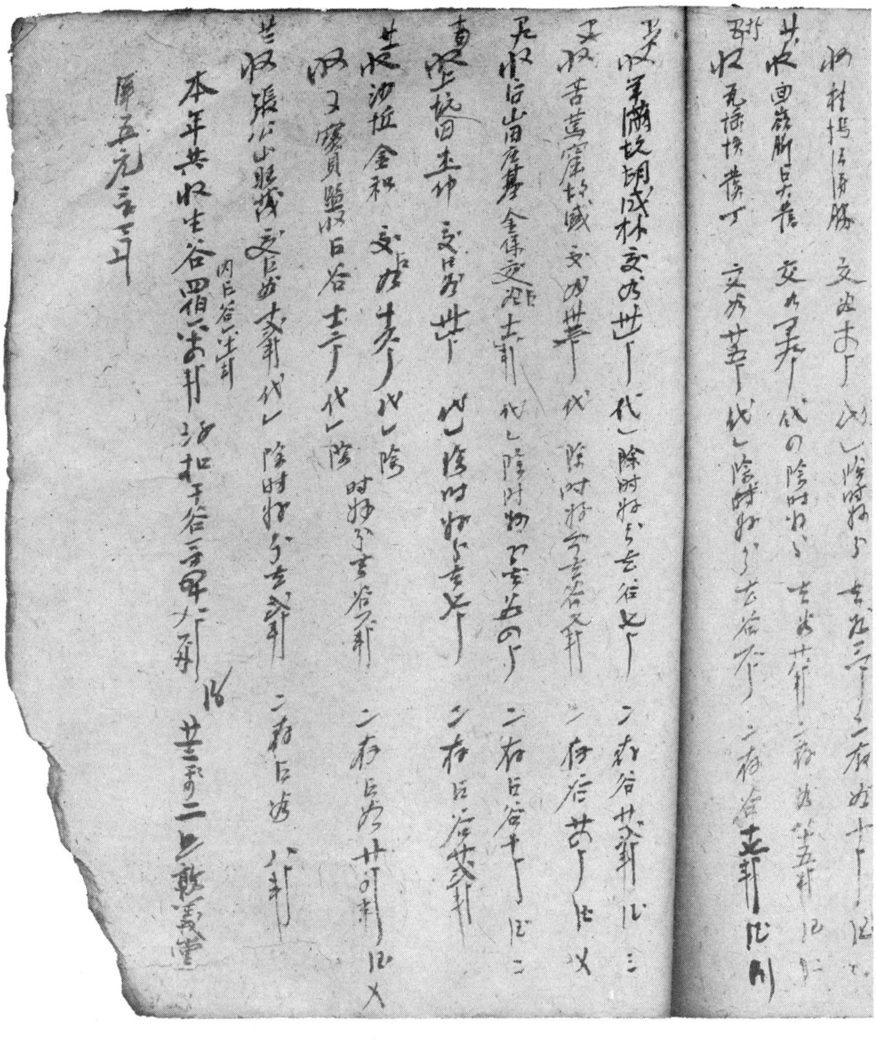

段莘乡阆山村 B 2-95 · 道光二十六年至光绪三十年 · ▨公会租额簿

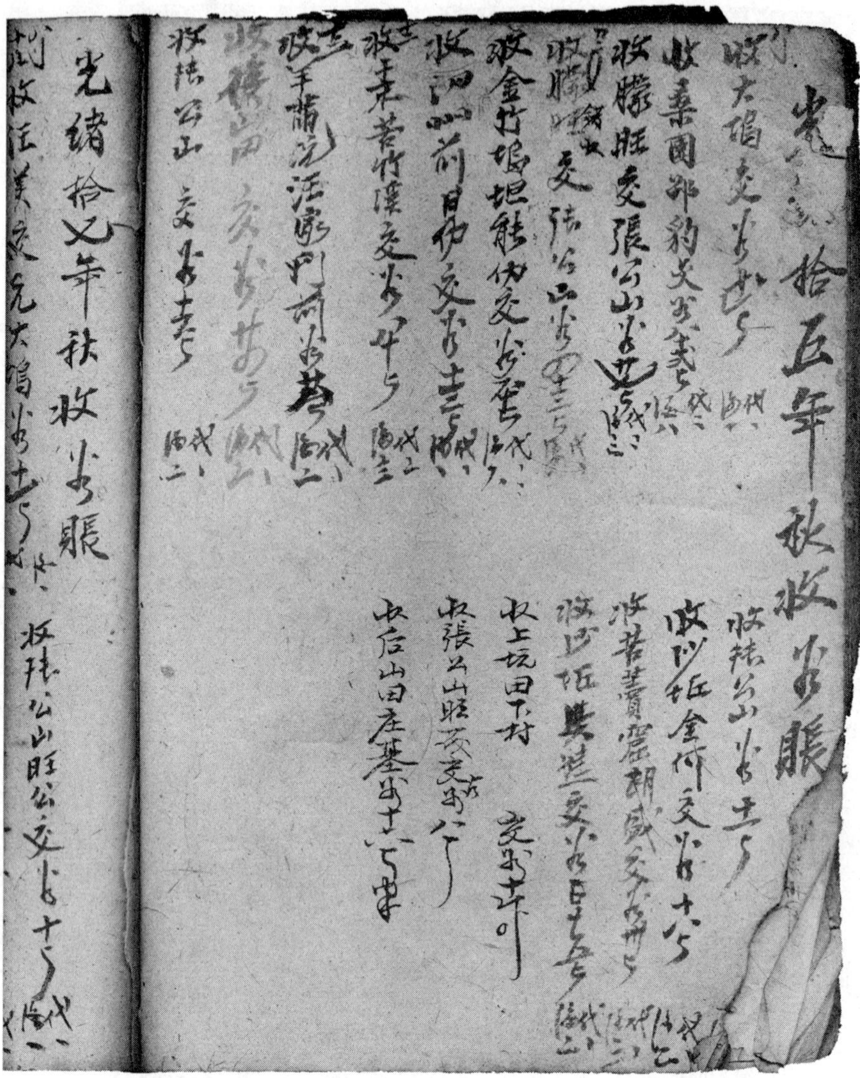
光緒拾五年秋收米賬
收大塢交米廿斤
收桑園郷豹交米廿五斤
收滕旺交張公山米廿二斤
收滕[illegible]交張公山米四十三斤
收金竹塢坦能仂交米廿五斤
收四[illegible]前目仂交米十三斤
收朱若竹洪交米廿斤
收羊背汪戴[illegible]米廿斤
收積山田交米廿斤
收挂公山交米十五斤
收挂公山米十二斤
收炒坵金仲交米十六斤
收若善窑胡盛交米卅斤
收炒坵[illegible]交米十五斤
收上坑田下村交米十斤
收張公山旺交米八斤
收后山田庄基米十六斤半
光緒拾又年秋收米賬
收汪美交元大塢米十二斤
收挂公山旺公交米十斤

段莘乡阆山村 B 2-96 · 道光二十六年至光绪三十年 · ☑公会租额簿

收羊蒲坑汪家門前米廿五　除代二

收樓山田　交米卅五　除代山

收枯公山　交米十五　除代二

光緒拾又年秋收米賬

收汪美茂元大塢米十五　除代一

收牛木苦竹渓米八十二　内欠　除代二

收枯公山汪能交米十五　除代三

收枯公山汪能交米十五　外欠　除代二

收上坑田卯茂交米廿五　除代二

收苦蕉屋胡盛交米卅五　除代三

收嶺脚上中元交仙米十七　除代一

收石渓卯鈞交米八十五　除代二

收金竹塢坦能仲交米八十五　除代三

收瓦窰塆　除代二

收枯公山旺公交米十五　除代一

收后山田外基金保交米大　除代二

收羊蒲坑汪家門前胡成米求仁

收乃坑前何求旺交米十五　除代二

收沙塅金和宗貝交米卅三　除代二

段莘乡阆山村 B 2-97 · 道光二十六年至光绪三十年 · ☐公会租额簿

光绪十八年秋收谷账

付 收古溪桑园郎筠交谷八十四斤

收烤山公能兄交谷十七斤

收烤公山能兄交谷十廿斤

收干木新发交[illegible]斤

收上坑田邱茂交[illegible]斤

廿二

收汪家门前成林交谷卅一斤

廿九

收元大塢汪美交谷十七斤

收尾堤埃 交谷廿四斤

收泗州前義仲交谷十六斤

收后山田庄基金保交谷十七斤

收苦荬窟胡盛交谷廿九斤 代

庙代	庙	代	庙代	庙代	庙代
三	八	贰	二	一一	九二

收沙坵宝贝监谷十斤 占

收沙坵程金和交谷十五斤 占

收徒山山脚旺茂交占谷十斤

段莘乡阆山村 B 2-98 · 道光二十六年至光绪三十年 · ☐公会租额簿

廿九

收瓦㙲垓　交谷廿〇斤

收泗州前義仰交谷十〢斤

收后山田庵基金保交谷十〢斤

收苦荬窪胡盛　交谷廿九斤　代

收沙坵宝贝监谷十斤

收沙坵程金和交谷十五斤

收汪公山脚旺茂交占谷十斤

收横田段冨久交谷〣十〥斤　代二百斤

收金竹塢坦能仂交谷〦十〥斤　代二　除二

本年共收生谷五佰〥十〥斤　内除袋廿〥斤　共收二谷〦卅〇斤　沽扣

〦〇十斤　18　申钱〥千文又上敦義堂價

此谷未結價正存平家谷処

段莘乡阆山村 B 2-99 · 道光二十六年至光绪三十年 · ☐公会租额簿

光绪十玖年秋收谷账

收瓦窑坑皮 交谷 [illegible] 代 [illegible]

收古溪桑园 谷 [illegible] 代 文

收古溪大塘汪美 交谷 [illegible] 代

廿 收长公山汪能见 交谷 [illegible] 代

收长公山 [illegible] 交谷 [illegible] 代

收の洲荷 林旺 交谷 [illegible] 代

收干末苦竹溪胡让孝 交谷 [illegible] 代 文

收笔筒坑汪家门前胡庆 交谷 [illegible] 代

收岭脚横田段 巨中元 交谷 [illegible] 代

收张公山 能见 交谷 [illegible] 代

收张公山 能见 交谷 [illegible] 代

收金竹塘垣 加寿 交谷 [illegible] 代

收瓦窑坑 豹允 交谷 [illegible] 代

收沙垣 宝具 金和 交谷 [illegible] 代

收上坑田 卯岩 交谷 [illegible] 代

收张公山 旺仲 交谷 [illegible] 代

收后山田外主人基 金保 交谷 [illegible] 代

本年共收生谷 [illegible] 生谷 [illegible]

[illegible] 除谷 平谷收处未作谷价

段莘乡阆山村 B 2-100 · 道光二十六年至光绪三十年 · ☐公会租额簿

光緒弍十年蟥珠經手秋租谷賬

八月廿一 收張公山慎仂交谷十六斤 代一 陸二 支谷廿弍斤 耗三斤 付德字

收張公山慎仂交谷十五斤 代一 陸一 支谷十斤 付德字

廿三 收古溪園大塢汪美交仙谷十六斤 代一 陸一

廿四 收金竹塢福能交仙谷二十斤 代二 陸二 支谷五十九斤 付德字

廿五 收老長元分東銀利谷十五斤 支谷十五斤 付澍字

廿七 收千未若竹溪與林交仙谷廿九斤 代二 陸三 此租未定 支谷二十六斤 付得字

廿八 收羊端坑汪家門前丁交谷卅斤 代一 陸一 支谷卅二斤 耗七斤 付得字

廿九 收の洲荷下村義仂交仙谷十六斤 代一 陸一 支谷五十八斤 付法字

廿の 收古溪莖園卯豹交仙谷八十斤 代二 陸三

廿九 收瓦塢谈丁交谷二十の斤 代一 陸三

段莘乡阆山村 B 2-101 · 道光二十六年至光绪三十年 · ☒公会租额簿

收四洲荷下村义助交仙米十六斤 代除 支米五十八斤 付洪宗[illegible]

收古溪墨园邵豹交仙米八斤 代二 除三

收瓦墁谈发丁交米十四斤 代 除三

收古溪桑园邵豹卜仙米五斤

收后山田庄基金保交白米十六斤 代 除二

收苦萬屋胡盛交米廿九斤 代 除六

收栋公山旺义交米十一斤 代 除

一沙垢程金和宝贝交米十六斤 代 除二

收沙垢宝贝交米十五斤 代 除二

四前胡发春交米廿斤 代 除三

本年共收生米四百七十九斤 内除袋十六斤 净存生米四百[illegible]斤 折[illegible]

干米三百四十五斤粜 价申钱二十二两 九五兑 敦义堂价收 扣英洋大元

段莘乡阆山村 B 2-102 · 道光二十六年至光绪三十年 · 〼公会租额簿

光緒卅十六年秋收租賬總登

廿八 收張溪園大塢汪美文 租十二斤 代 陰一

收張竹塢坦下村能攸文 租廿五斤 代 陰三

荳 收古蘭坑汪家門前蔑丁文 租卅斤 代 陰三

其 收金洲前下村義攸文 租十六斤 代 陰八

芝 收干末若竹溪吳社文 租卅斤 代 陰十

內只十四斤

收張公山慎攸共文 租廿六斤 代 陰二

收張公山 代 陰三

收古溪桑元卯豹文 租八十斤 代 陰三

收后山田屋基升保文 租十八斤 代 陰二

收抹公山旺蔑文 租十二斤 代 陰八

收九儀焕文 租廿斤 代 陰八

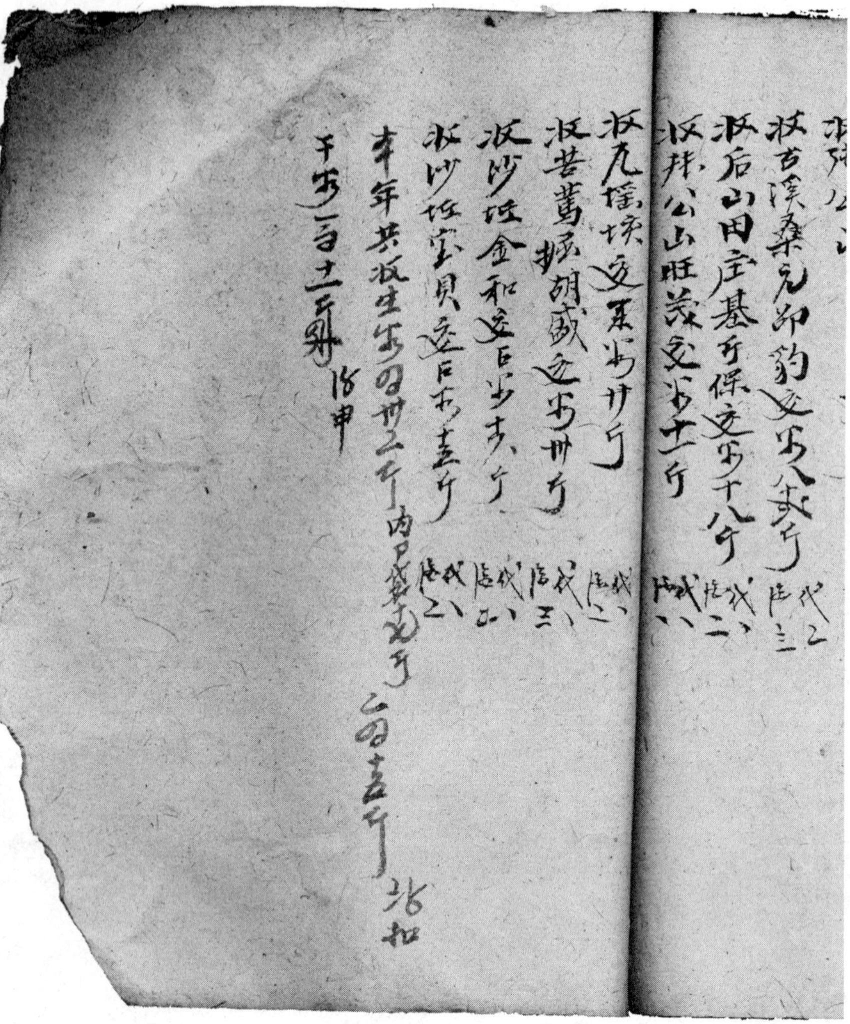

段莘乡阆山村 B 2-104 · 道光二十六年至光绪三十年 · ☑公会租额簿

光绪贰拾贰年丙申秋收炒账

卅 收陆公山

陆公山魁爱交炒十一斤 陆代秋

十六斤 陆代盛

廿 收大坞汪美交炒十二斤 陆代盛一

收古溪桑园卯豹交炒廿九斤 外欠二斤 代一 陆九

廿 收干末苦竹溪交炒廿八斤 外欠二斤 代二 陆八

收金竹坞坦能仂交炒七十斤 代二 陆七

收泗洲前义甫交炒廿七斤 外欠 代二 陆二

收凡塘坑发丁交炒卅斤 代二 陆二

收居山田庄基金保交炒七斤 代 陆二

收桃公山旺茂公交炒十二斤 代一 陆一

收沙坵金和交炒十六斤 代八 陆二

收沙坵宝贝交炒十五斤 代二 陆二

收苦菁窟胡盛交炒卅斤 代二 陆三

段莘乡阆山村 B 2-105・道光二十六年至光绪三十年・⊠公会租额簿

號

收河洲前義丙交下谷十七斤 代八 陰二

收丸揺坑發丁交下谷廿六斤 代二 陰二

收居山田庄基金保交下谷十七斤 代八 陰二

收拾公山旺茂公交下谷十一斤 代八 陰一

收沙坵金和交下谷十六斤 代八 陰二

收沙坵宝貝交下谷十七斤 代一 陰二

收苦菁窟胡盛交下谷卅斤 代八 陰三

收王满坑汪家门前下谷胡成收下谷廿二斤 代二 陰三

本年共收生谷四百四十斤 内除袋十九斤 除扣干谷三百十九斤

以申

段莘乡阆山村 B 2-106 · 道光二十六年至光绪三十年 · ☐公会租额簿

光緒廿三年丁酉秋收秄賬

對收桂公山慎仂交秄十五斤 除代二

收桂公山慎仂交秄十斤 外欠[illegible]斤 除代一

迆收古溪大塢汪美交秄十五斤 除代二

謝收桑園邵韵交秄八十斤 外欠二斤 除代三

交收泗州荊義仂交秄十六斤 除代二

京收瓦窑坑𡊮丁交秄廿五斤 除代二

收金竹塢坦下村能仂交秄廿六斤 除代九

大收苦蕩窟胡鐵交秄卅斤 除代三

九收金保交后山田秄十八斤 外欠貳斤 除代二

廿收王滿坑汪家門前胡成來秄卅九斤 外欠三斤 除代三

共收后山田邵茂交秄廿八斤 除代三

對收沙坵與仂面劃占秄

收沙坵與安面劃占秄八斤 除

收桂公山莊公交秄五斤 除代

光緒廿四年秋收秄賬

段莘乡阆山村 B 2-107 · 道光二十六年至光绪三十年 · ☒公会租额簿

十□ 收[illegible]

十九 收金保交后山田□米十八斤 外欠□斤 代八 除之

廿 收王满坑汪家门前胡成杰米十五斤 外欠三斤 代一 除三

廿八 收后山田卯茂交米廿八斤 除三

光绪弍十贰年秋收米账

初一 收汪美交古溪大坞米十七斤 代六 除二

收张公山慎仍交米十四斤 代六 除六

收张公山慎仰交米九斤 代八 除八

段莘乡阆山村 B 2-108 · 道光二十六年至光绪三十年 · ☐公会租额簿

光绪弍十六年庚子秋收苗账

五斤 八三 收下村节豹交桑园苗八十五斤 代二陌八
八五 收下村节茂交金竹塢坦苗四十八斤 代二陌九
收下村義仂交泗渊蒋苗卅六斤 代陌二
收水末汪美交园大塢苗十七斤 代陌二八
十八 收张公山油籠交苗十六斤 代陌二
十八 收
十三 收汪家門苍硐底下交苗廿九
十六 收张公山成元交秈苗十四斤 代陌二
十九 收后山田下村金保交旱苗十八斤 代陌二
十五 收张公山芳油籠交旱苗廿二斤 代陌
廿一 收苦蔦崖胡啟交秈苗廿斤 代陌三

段莘乡阆山村 B 2-109 · 道光二十六年至光绪三十年 · ☐公会租额簿

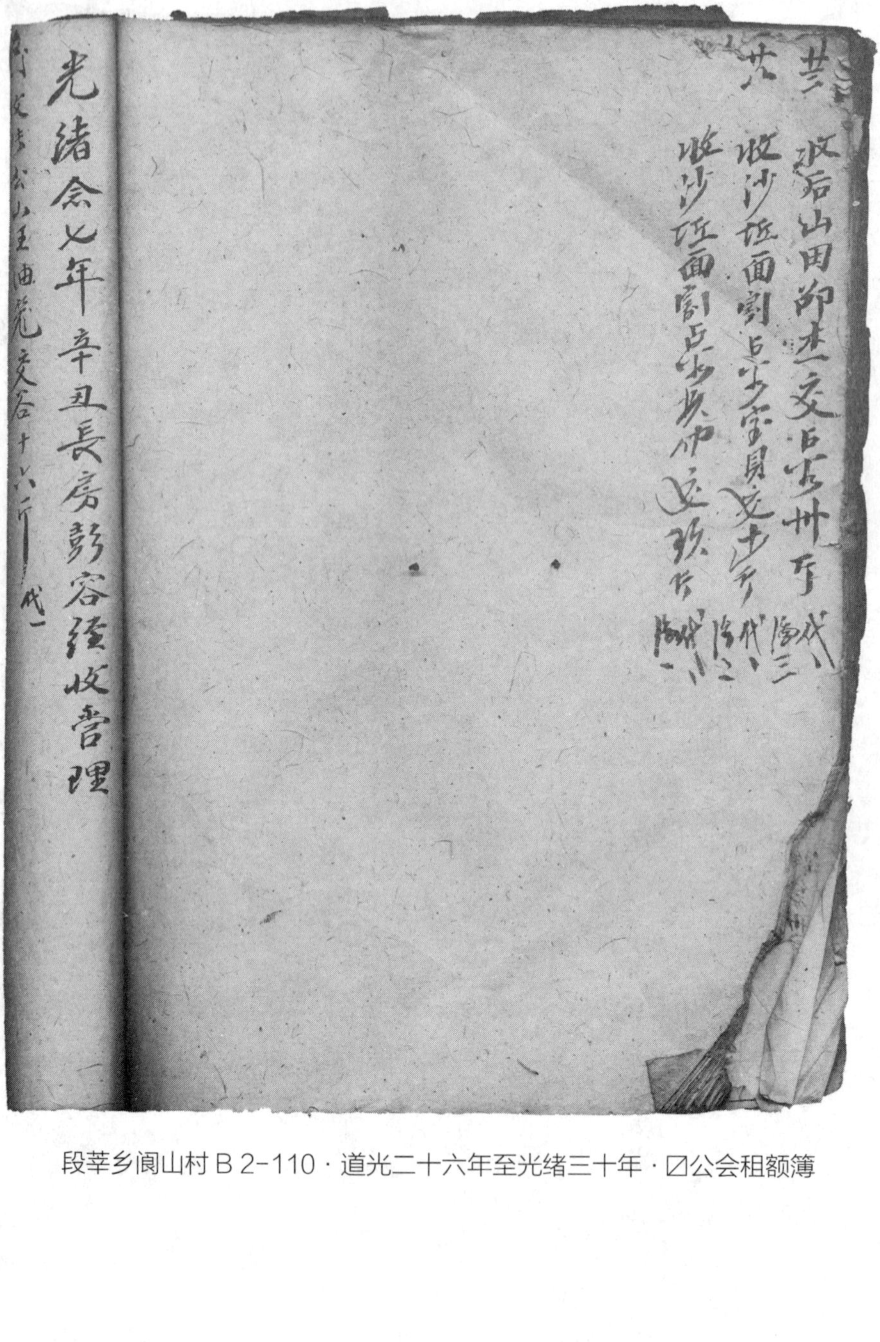

段莘乡阆山村 B 2-110 · 道光二十六年至光绪三十年 · ☐公会租额簿

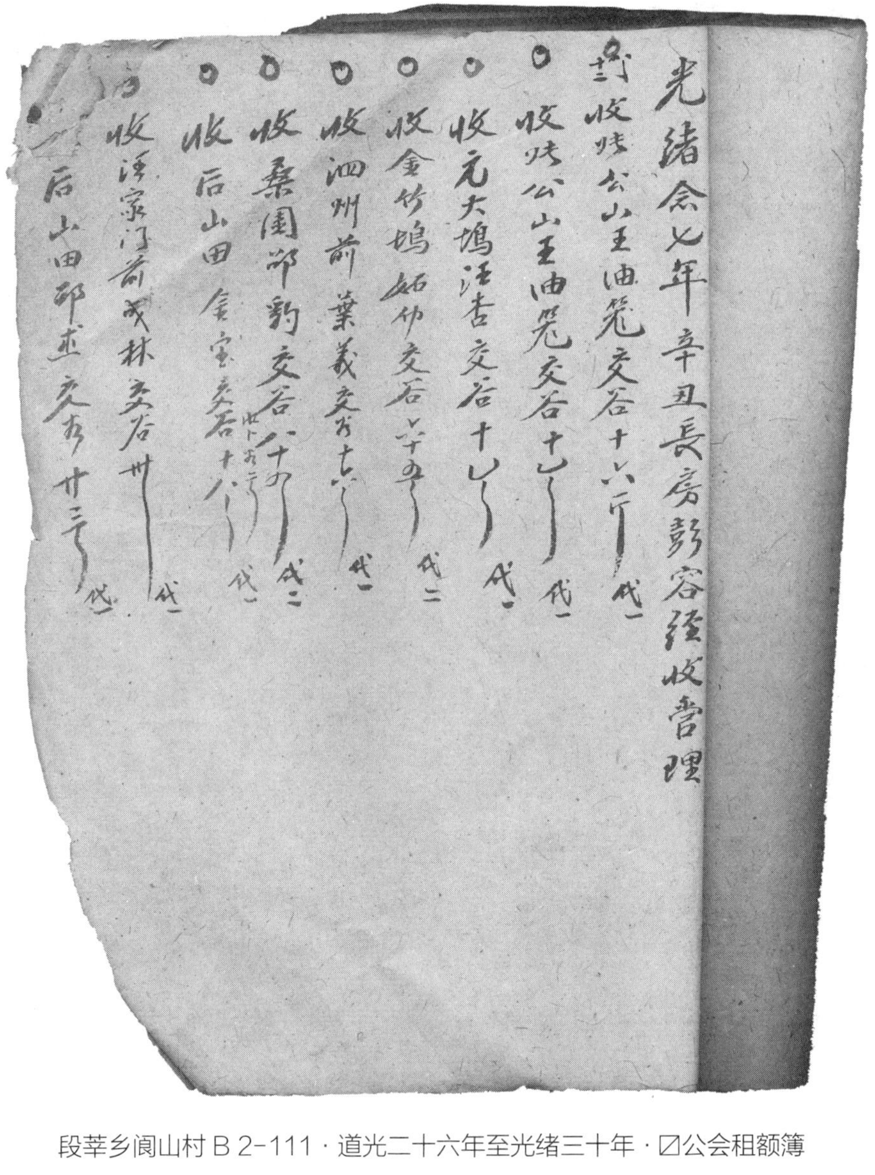

光緒念七年辛丑長房彭容經收管理

對收姑公山王曲笕交谷十六斤 代一

收姑公山王曲笕交谷十七斤 代一

收元大鳩汪杏交谷十七斤 代一

收金竹鳩姑仂交谷六十五斤 代二

收泗州前葉義交谷十六斤 代一

收桑園邵豹交谷八十斤 收下五斤 代二

收后山田金宝交谷十八斤 代一

收汪家门前戊林交谷卅斤 代一

后山田邵丞交谷廿三斤 代一

段莘乡阆山村 B 2-111 · 道光二十六年至光绪三十年 · ☐公会租额簿

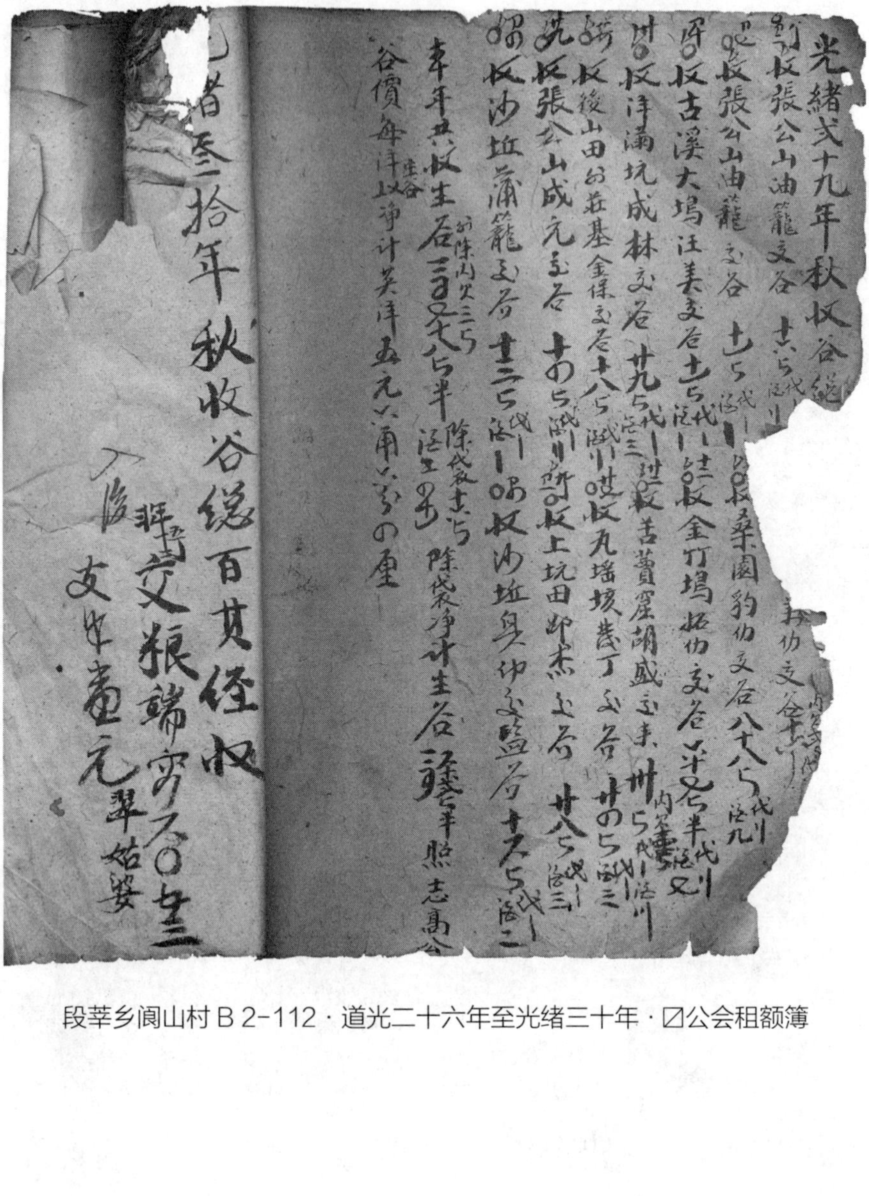
光緒弍十九年秋收谷總
收張公山油籠交谷
收張公山油籠交谷
收吉溪大塢汪美交谷
收洋滿坑成林交谷
收後山田的莊基金保交谷
收張公山成元交谷
收沙坵蒲籠交谷
收桑園豹仂交谷
收金竹塢招仂交谷
收善萱窪胡盛交來
收丸塢坺丁交谷
收上坑田邱杰交谷
收沙坵吳仂交監谷
本年共收生谷
除代收
除收淨計生谷
谷價每洋以生谷計英洋五元
光緒叁拾年秋收谷總
交粮
支出畫元
翠姑婆

段莘乡阆山村 B 2-112 · 道光二十六年至光绪三十年 · ☑公会租额簿

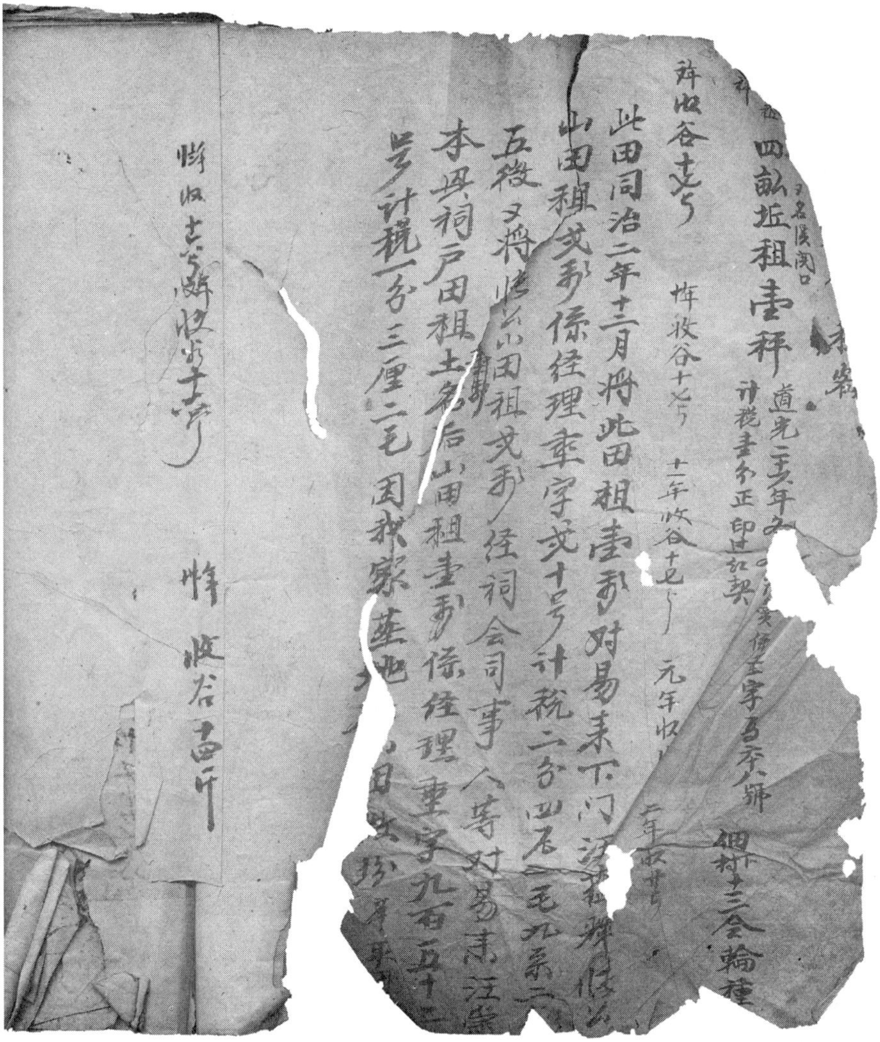
四畝坵租壹秤 又名溪闵口
道光二十六年
计税壹分正 印过红契
佃：村十三会轮种
拚收谷十七斤
拚收谷十七斤 十一年收谷十七斤 元年收 二年收廿斤
此田同治二年十二月将此田租壹秤对易来下门汪
山田租贰秤系经理垂字贰十号计税二分四厘二毛九系二
五秤又将仏山田租贰秤经祠会司事人等对易来汪崇
本丛祠户田租土名后山田租壹秤系经理垂字九百五十二
号计税一分三厘二毛 因我家葬地
拚收十七斤拚收廿斤
拚收谷廿四斤

段莘乡阆山村 B 2-113 · 道光二十六年至光绪三十年 · ☐公会租额簿

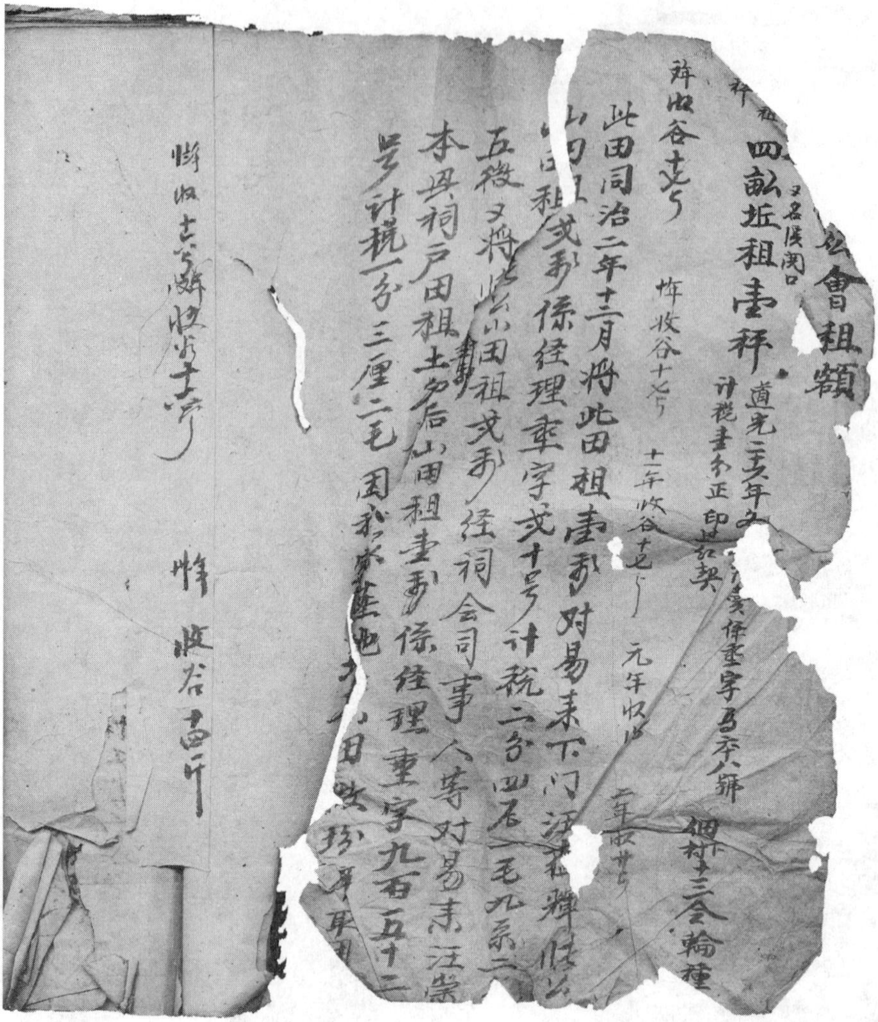

段莘乡阆山村 B 2-114 · 道光二十六年至光绪三十年 · 〇公会租额簿

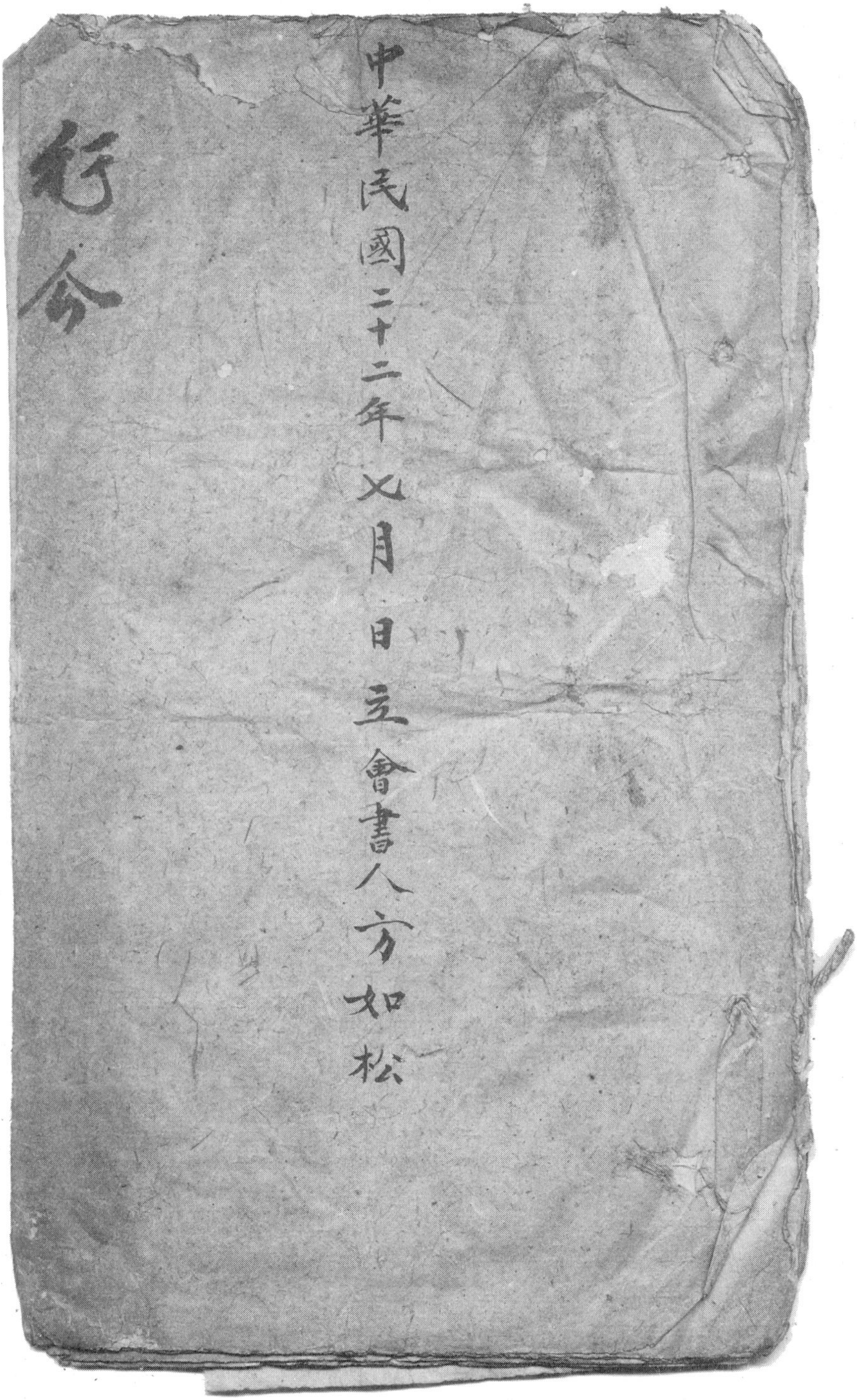

中華民國二十二年七月　日立會書人方如松

行今

段莘乡阆山村 B 1-1 · 民国二十二年至二十三年 · 会书 · 方如松等

立議會書人方如松等
蓋聞朋友有通財之義眷族有相濟之情今承
諸君雅愛玉成一会名曰十公平濟各數大
洋拾元共成洋壹佰元正當付首会領楚其
會逓年至期之日各友齊蒞首会之家均要
現洋上棹不欠不押如有会外之帳不在会内
扣除伏冀
同盟相照全始全終是為議

段莘乡阆山村 B 1-2 · 民国二十二年至二十三年 · 会书 · 方如松等

会規開述於左

一議〻会期訂定逐年九月初一日各友齊至首会之家風雨

無阻

一議〻是(会)議定支洋半元(不用)~~酒~~飯一次菜蔬所办

一議〻会终之日会必不作行用

段莘乡阆山村 B 1-3 · 民国二十二年至二十三年 · 会书 · 方如松等

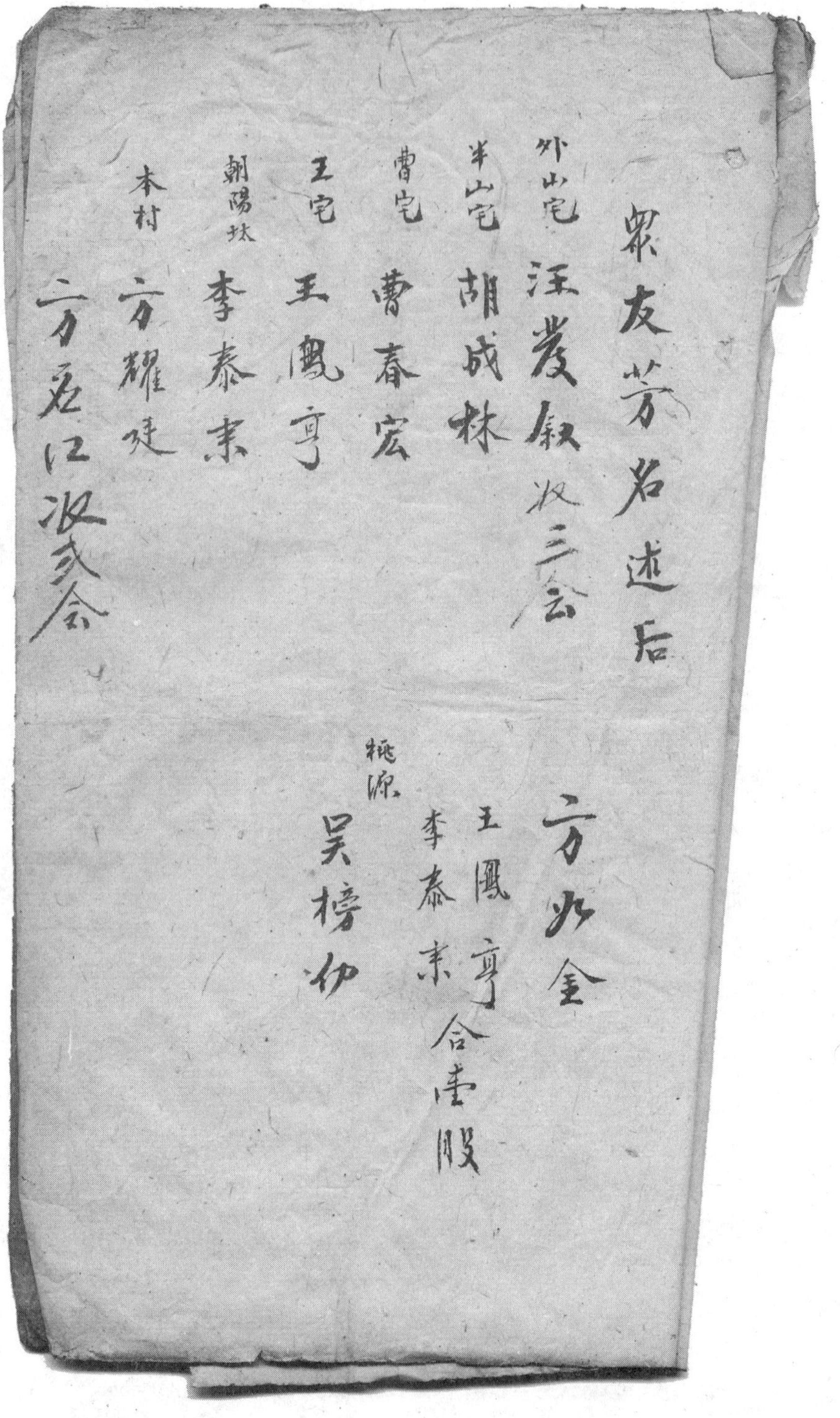

段莘乡阆山村 B 1-4 · 民国二十二年至二十三年 · 会书 · 方如松等

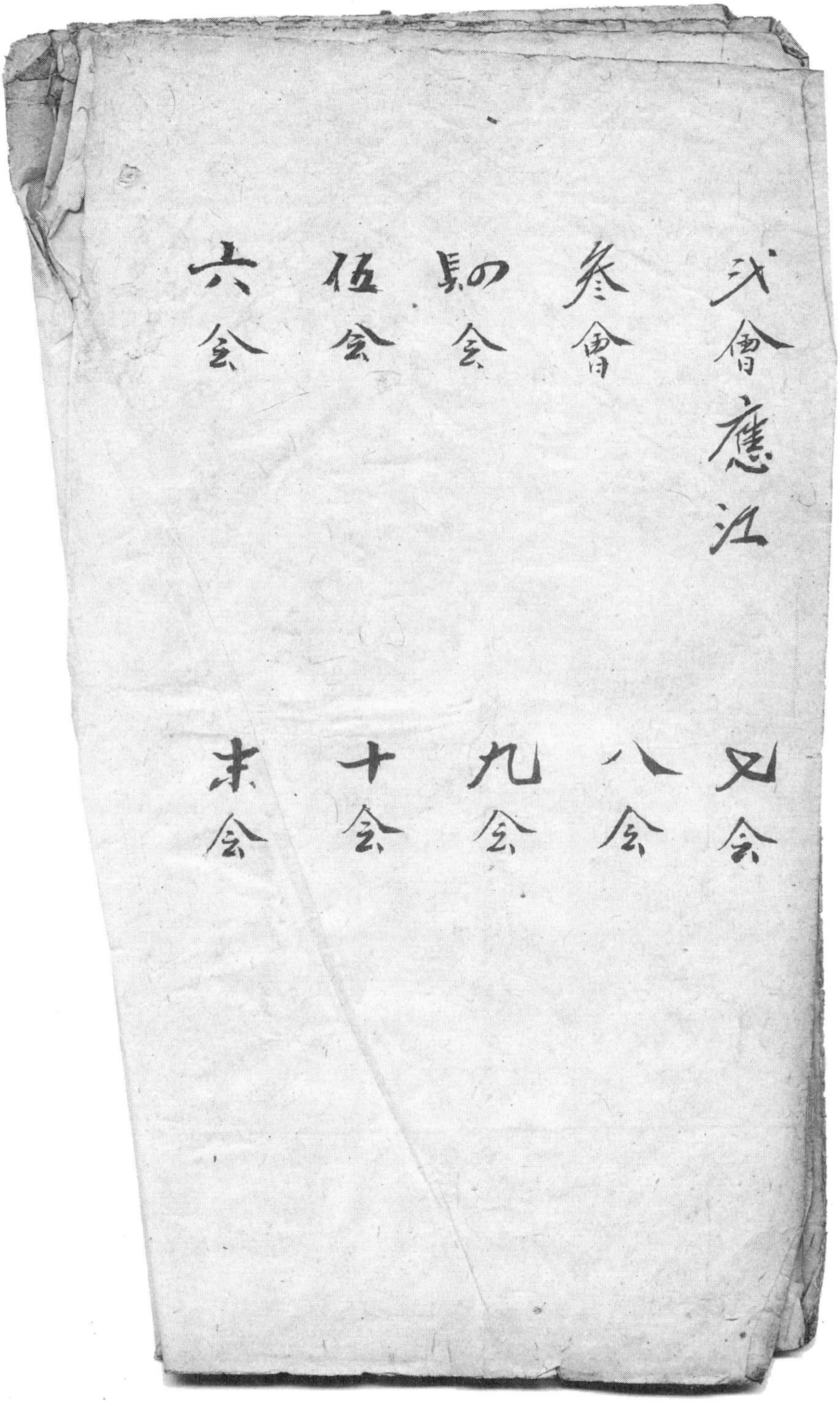

段莘乡阆山村 B 1-5 · 民国二十二年至二十三年 · 会书 · 方如松等

首会之年

衆友各數出洋拾元正

共成洋壹佰元正

弍会之年

首会交出洋弍拾元

衆友各交出洋叁元叁角三分

叁会之年

首会交出洋弍拾元

弍会交出洋拾元

衆有各交出洋弍元半

肆会之年

首会交出洋弍拾元

弍三会各交出洋拾元

衆友各交出洋壹元四角弍分

段莘乡阆山村 B 1-6 · 民国二十二年至二十三年 · 会书 · 方如松等

五会之年

首会家出洋弍拾元

弍叁の会各家出洋拾元

未得者不家

六会之年

首会家出洋弍拾元

弍会家出洋拾元

叁会家出洋肆元[illegible]

肆会家洋玖元

五会家洋大元[illegible]

七会之年

首会家出洋弍拾元

弍会家出洋拾元

肆会家出洋の元[illegible]

三会家出洋五元五角

五大会各家洋五元

段莘乡阆山村 B 1-7 · 民国二十二年至二十三年 · 会书 · 方如松等

八会之年

三五
六会各家出洋拾元

三会家出洋陆元

乂会家出洋八元五角

四会家出洋五元五角

九会之年

三 乂
六 八会各家出洋拾元

四会家出洋三元柒

五会家出洋乂元半

十会之年

四 乂 八
九会各家出洋拾元

五会家出洋三元三角半

六会家出洋六元六角半

段莘乡阆山村 B 1-8 · 民国二十二年至二十三年 · 会书 · 方如松等

末会之年

七八九十会各交大洋拾元

五会交大洋六元七角半

六会交大洋叁元三角半

段莘乡阆山村 B 1-9 · 民国二十二年至二十三年 · 会书 · 方如松等

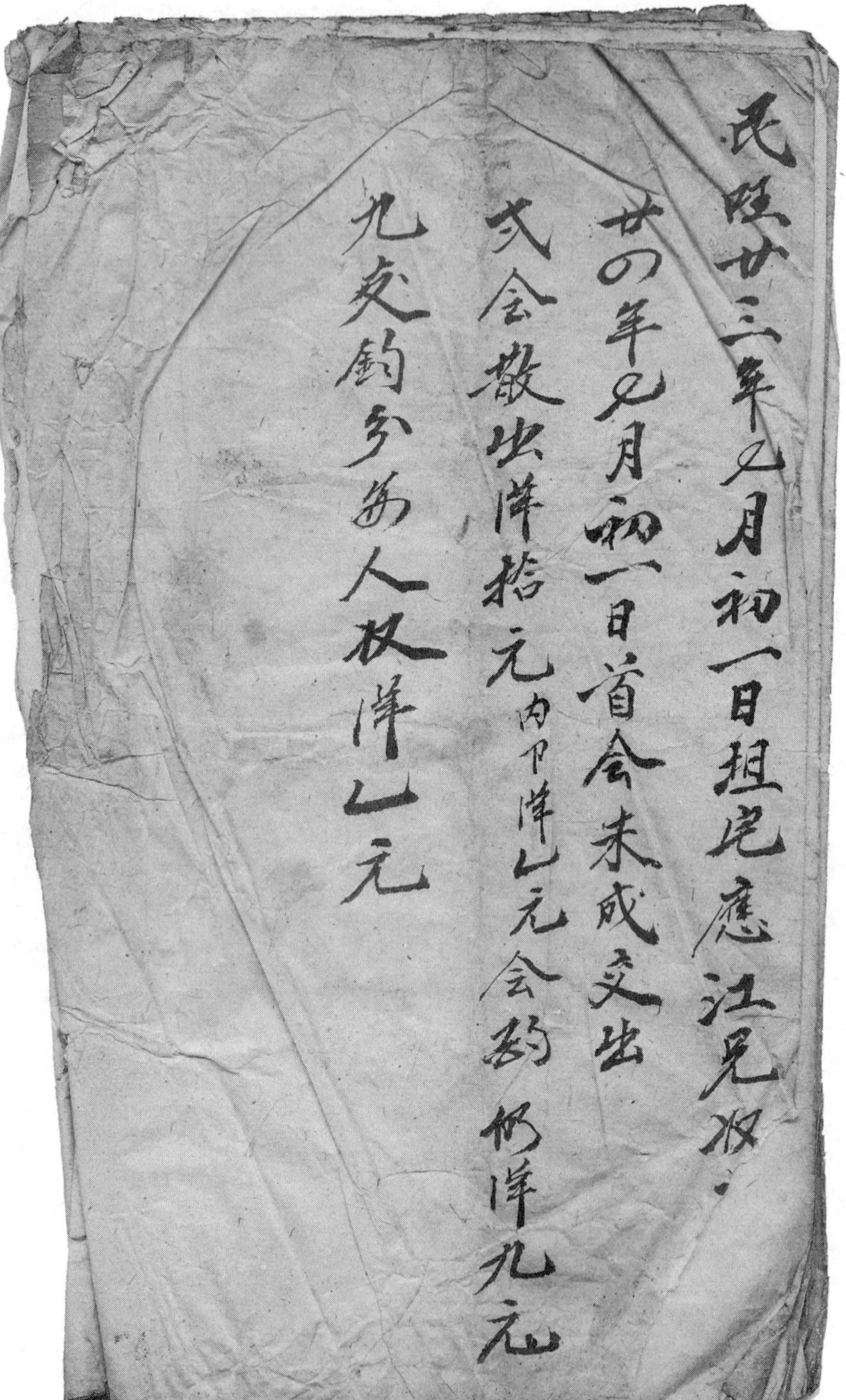
民国廿三年乙月初一日坦凥應江兄收
廿四年乙月初一日首会未成交出
弍会散出洋拾元內下洋乚元会鈔收洋九元乚
九交鈔多多人收洋乚元

段莘乡阆山村 B 1-10 · 民国二十二年至二十三年 · 会书 · 方如松等

段莘乡阆山村 B 3-1 · 四言杂字 · 汪志文

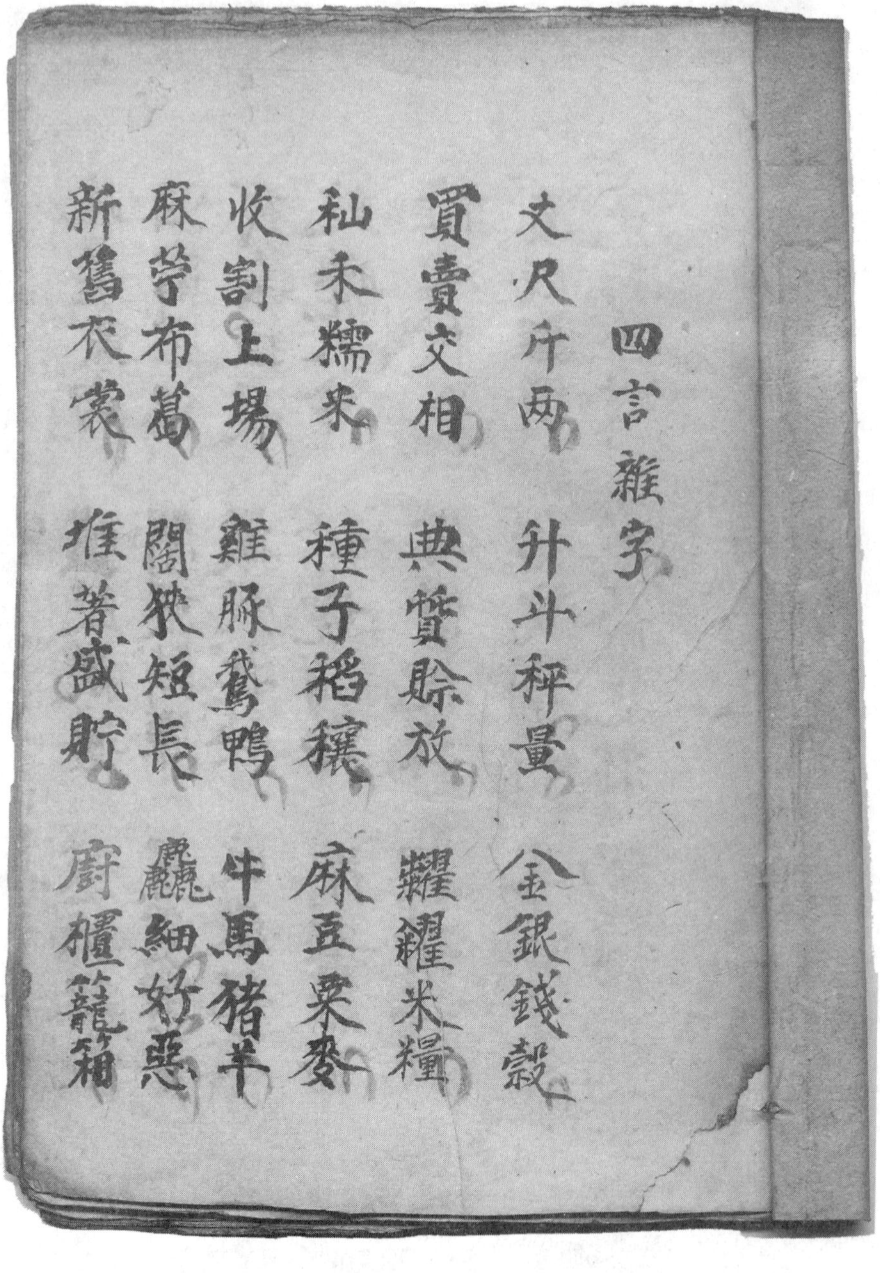

四言雜字

文尺斤兩　升斗秤量　金銀錢穀
買賣交相　典質賒放　糶糴米糧
私禾糯来　種子稻穰　麻豆粟麥
收割上場　雞豚鵞鴨　牛馬猪羊
麻苧布葛　闊狭短長　麤細好惡
新舊衣裳　推著盛貯　廚櫃籠箱

段莘乡阆山村 B 3-2 · 四言杂字 · 汪志文

蔬菜魚肉
酒醋茶湯
栽桑種果
乾曬入倉
僱人搬運
負販經商
箢籮傘笠

鹽豉椒薑
開張鋪庫
撒穀拔秧
封號銷印
借債挽扛
楮皮團紙
薦蓆籠牀

蔥蒜韭韲
置買田莊
收斂把束
閉塞籬牆
匾擔拄杖
客店市行
鋤頭鐵銃

段莘乡阆山村 B 3-3 · 四言杂字 · 汪志文

飯甑水鍋
酒瓶茶槖
食籠朝箱
雨衣涼傘
篦袋香囊
簥子篼擔
洗刷晶光

刀斧鍬鎯
春盛行裝
書簡硯匣
縛束賫將
紗巾暖帽
結裹梳妝
鐺（音稱）鼎鍋鑊

生鐵鈍鋼
風爐茶器
筆架粘枋
草鞋木屐
摺搩比量
匙筯碗碟
煎煮馨香

段莘乡阆山村 B 3-4 · 四言杂字 · 汪志文

呼喚賓客　兄弟爺嬢　鋪設筵席　束帛縑緗　真緘皁綠　細膩糊漿　富家子弟

姊妹姑娘　外甥姨舅　伴和鄰廂　疏蜜厚薄　繡複花箱　絲鞋絹襪　風措兒郎

公婆伯叔　女婿郎婦　栽翦剎帯　茜（音砌）緋（音非）淡黄　擣練熨貼　兩緉（音亮）三雙　幞頭紗帽

段莘乡阆山村 B 3-5 · 四言杂字 · 汪志文

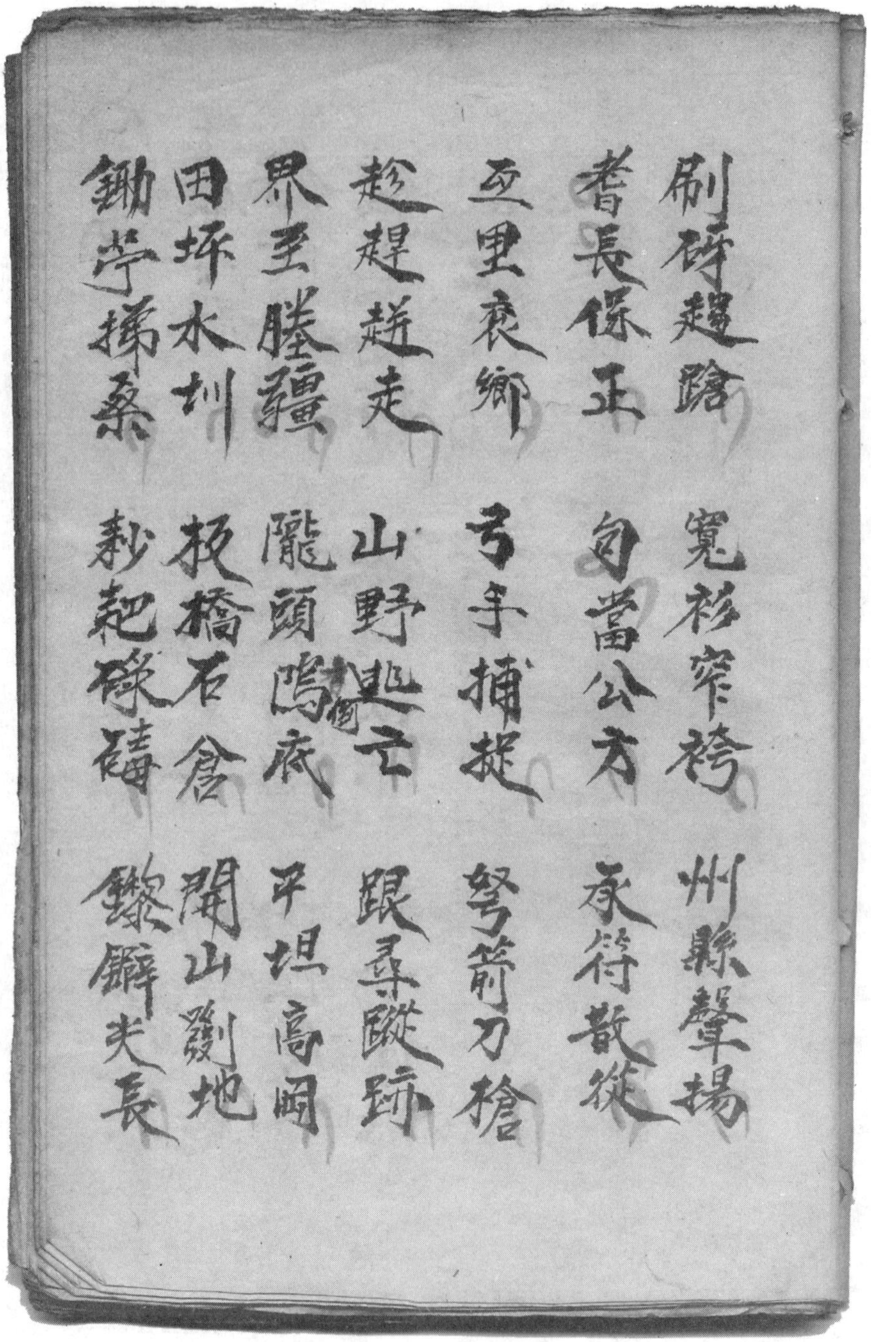
刷碎趕蹌
耆長保正
亙里衣鄉
趁趕趟走
界至塍疆
田坵水圳
鋤苧擇桑

寬衫窄褲
自當公方
弓手捕捉
山野逃亡
隴頭鳴（倒）底
板橋石倉
耖耙碌碡

州縣聲揚
承符散從
弩箭刀槍
跟尋蹤跡
平坦高岡
開山劚地
鑗鐴夹長

段莘乡阆山村 B 3-6 · 四言杂字 · 汪志文

鞭藤牛桊 鞅靶纏韁 轡頭銜鐵

屜

屜脊閙裝 起蓋家宅 揀選吉良

擋砂掘石 平基築場 木匠劈斫

壁康扆枋 栿檽輭音軟磉 杈手楣梁

栿柁枅枓 棲梢枅枋 棟桁地栿

步柱欃梁 博風桯版 釣搨床牕

横廳發閣 七架重堂 掩心廚廈

段莘乡阆山村 B 3-7 · 四言杂字 · 汪志文

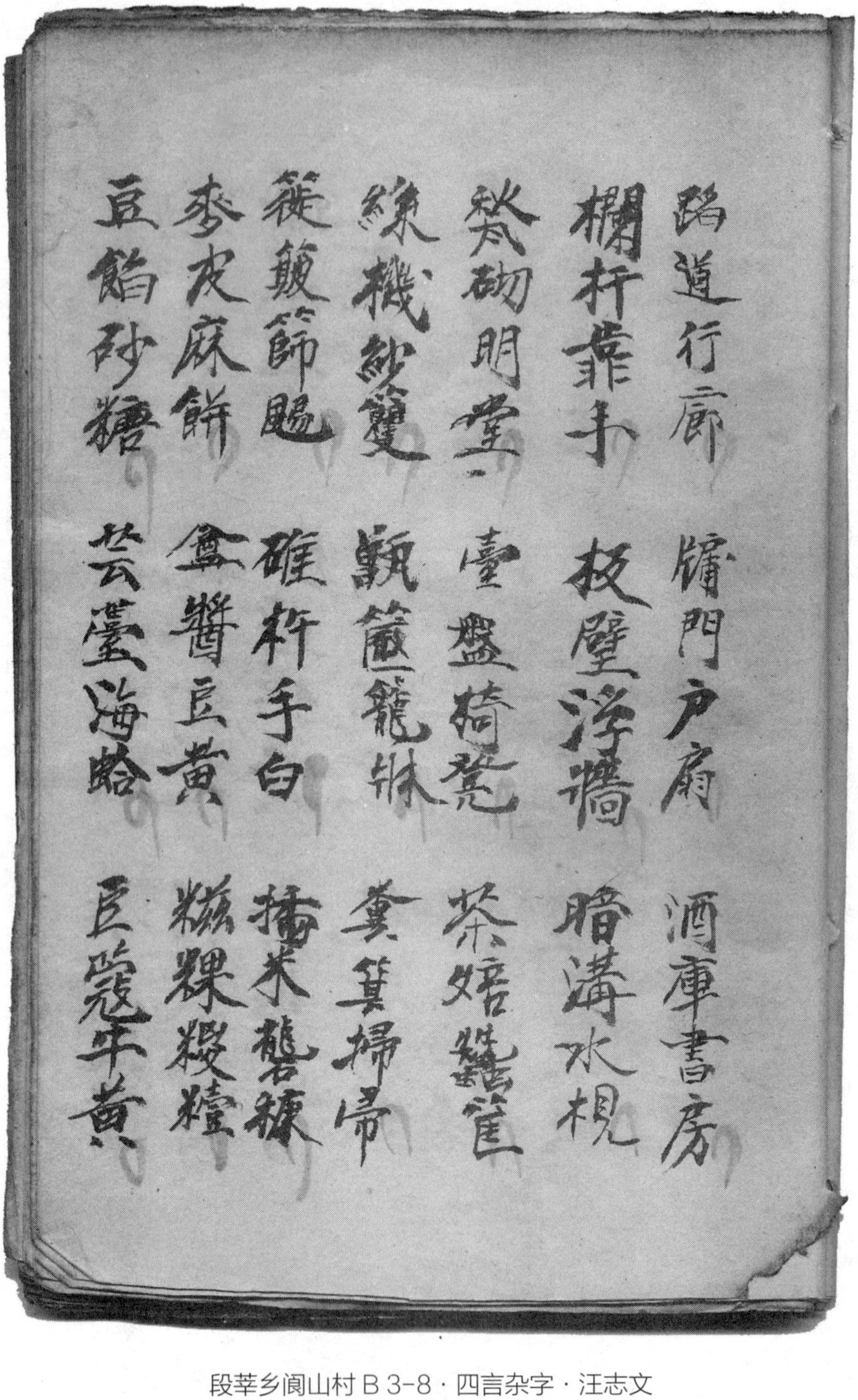
路道行廊　鏞門户府　酒庫書房
欄杆靠手　板壁浮墻　暗溝水梘
熒砌明堂　臺盤椅凳　茶焙甑筐
線機紗籰　甑籃籠牀　糞箕掃帚
筵簸篩匾　碓杵手白　播米礱糠
麥皮麻餅　盦醬豆黄　糍粿糉糟
豆餡砂糖　芸薹海蛤　豆蔻牛黄

段莘乡阆山村 B 3-8 · 四言杂字 · 汪志文

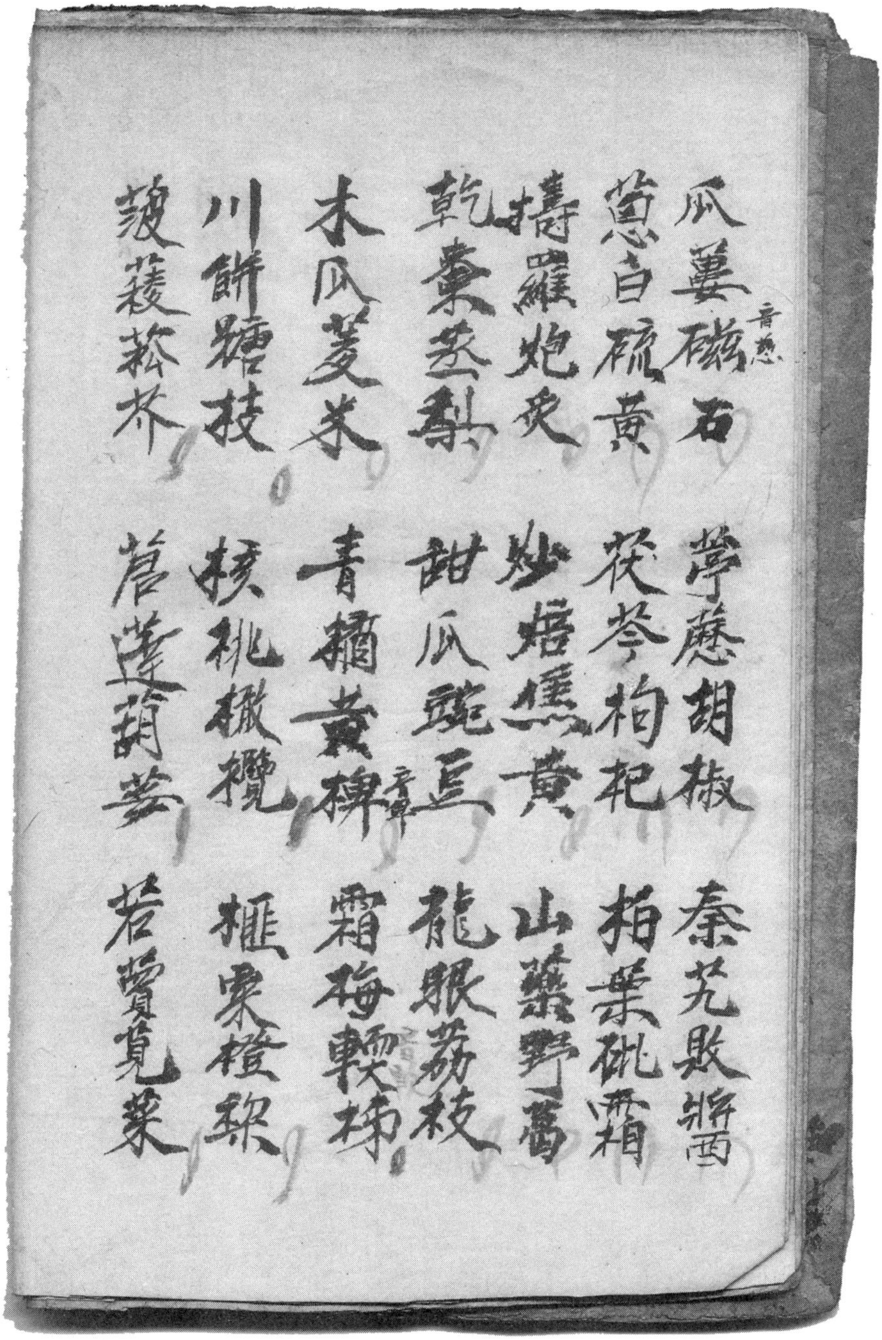

瓜蔞磁(音慈)石
蔥白硫黃
擣羅炮炙
乾棗蒸梨
木瓜菱米
川餅糖枝
菠薐菘芥

荸薺胡椒
茯苓枸杞
炒焙焦黃
甜瓜豇豆
青檔黃樟(音章)
核桃橄欖
蒼蓬葫蒜

秦艽敗醬
柏葉砒霜
山藥野蔦
龍眼荔枝
霜梅輭柿
榧棗橙梨
莙薘莧菜

段莘乡阆山村 B 3-9 · 四言杂字 · 汪志文

栽種聯甠　饅頭蒸餅　甘蔗麻糖
青黎紅柹（柿）　蕓莪子薑　楊梅桃李
鹽醃糟藏　修合藥料　龍腦麝香
烏頭附子　紫菀白薑　麻黄白芷
厚朴檳榔　紫蘇甘草　豆豉鹽湯
當歸鶴蝨　遠志蠪絑　茱萸桔梗
虎骨蜂房　硇砂滑石　杏仁桂榎

段莘乡阆山村 B 3-10 · 四言杂字 · 汪志文

白礬（音郎）白术　常山雄黄　人參紫桂
三七茴香　蘿蔔蒔蘿（音[illegible][illegible]）　牛蒡蕨萁
青春草木　朱夏芳菲　牡丹芍藥
石竹薔薇　紫荆山茗　金錢蜀葵
菱霄躑躅　木槿辛夷　雞冠罌粟
金鳳子規　家常器具　木杓筲箕
菜籃草籠　[illegible]白研槌（音雖）　燈檠衣架

段莘乡阆山村 B 3-11 · 四言杂字 · 汪志文

洗帚筅籮
鐵擳火筋
修開橋路
撿點疏違
木搗水梘
鮎鱓鯸鮧
鯨鯇鱷鱖

續筐刀鞘
熨斗香匙
主首指揮
堰塞陂塌
放養魚兒
鱘鰉鯖鮐
螃蟹鰻鯬

箬笠蓑衣
篾藤竹箴
苗稅課利
攔搓塘池
鱅鰱鯉鯇
魦鰟鯽魮
紗罟罾網

段莘乡阆山村 B 3-12 · 四言杂字 · 汪志文

罩子撩㧽　驢騾駒犢　牯（音古）牸雄雌
射狼虎豹　麞鹿抓狸　猿猴麞麂
兔子鷹龜　鵝鳩鴉鵲　鶉子雀兒
青白鴒鶴　灘鸂鷺鷥　白鷳鳶鴟
野雉卵雛　鷓鴣鸜鵒　鴻鴈鵜鶘
叶欄豬圈　羊棧雞棲　鶩鴨哇啨
牢圈遮圍　賊寇偷盜　穵壁穿籬

段莘乡阆山村 B 3-13 · 四言杂字 · 汪志文

抽拔柴篠　叫報鄰者　收縛解押
判斷旬追　抵拒罵詈　謀滯侵欺
拖拽倒帶　拳踢鞭笞　撦裂衫袴
挨撥（音雜）東西　溝渠坑塹　糞窖和尿
船車經紀　酢醬鹽齏　迎婚嫁女
鍬剷梳篦　頭繩絲子　胭粉臙脂
銀碌抹額　環珮羅幃　紅彩繡被

段莘乡阆山村 B 3-14 · 四言杂字 · 汪志文

隔織紡絲
綿被絮襖
典没台衣
丈夫身體
腰背肚臍
耳鼻眼額
批領契書

裹肚勒帛
五幅單衣
博換估折
頭面鬚眉
口唇牙齒
顏貌精肥
丈業典貼

結絞綰綻
鍼工裁造
價例便宜
喉嚨頸項
肝膽腎脾
催傢債負
加減增除

段莘乡阆山村 B 3-15 · 四言杂字 · 汪志文

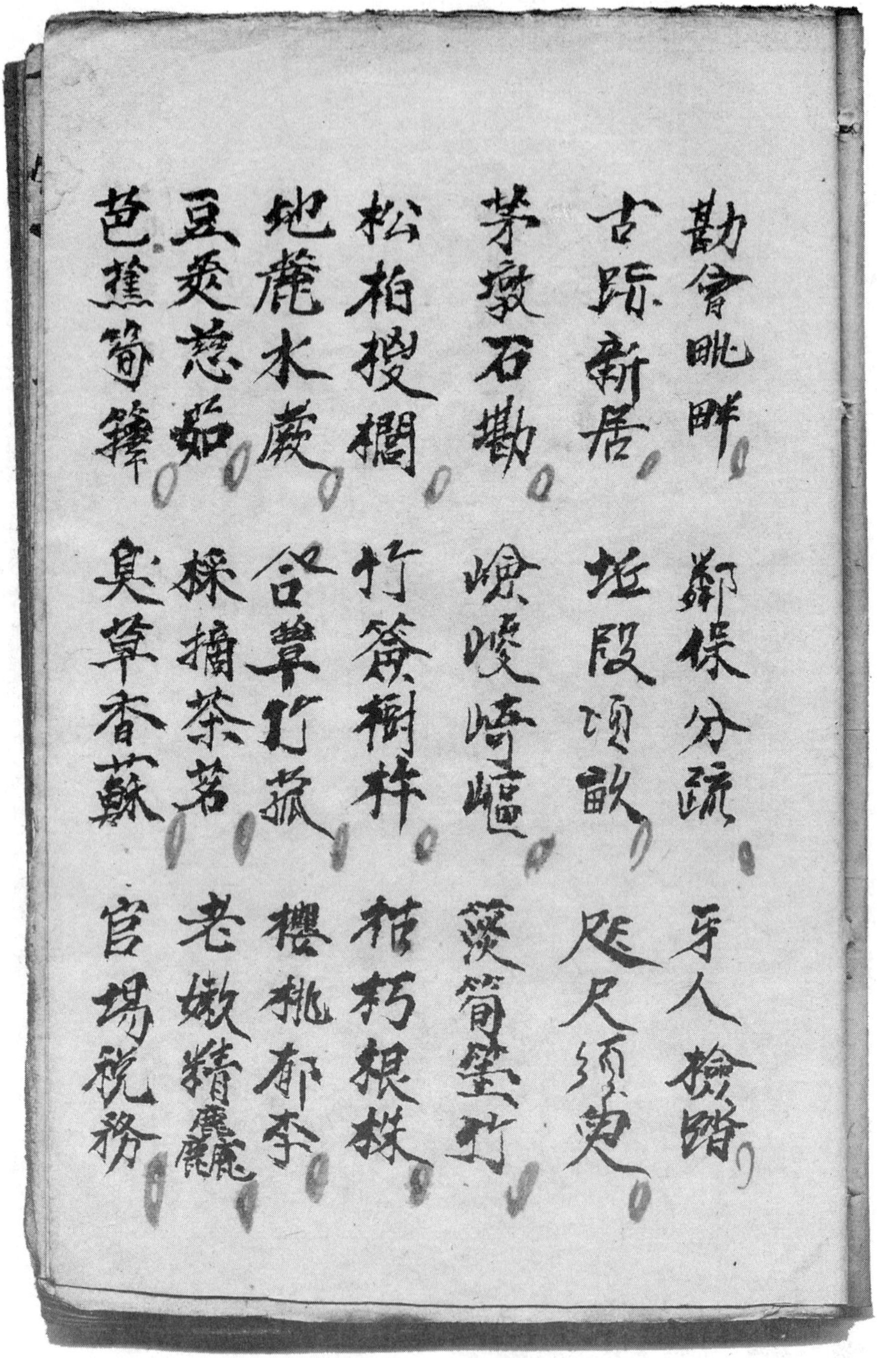

勘會眺畔　鄰保分疏　牙人撿踏
古跡新居　坵段頃畝　丈尺須兔
茅墩石墈　嶮峻崎嶇　菱筍塋竹
松柏搜欄　竹簰樹杵　枯朽根株
地麓水廢　谷草竹菰　櫻桃郁李
豆莢葱茹　採摘茶茗　老嫩精麤
芭蕉筍籜　臭草香蘇　官場稅務

段莘乡阆山村 B 3-16 · 四言杂字 · 汪志文

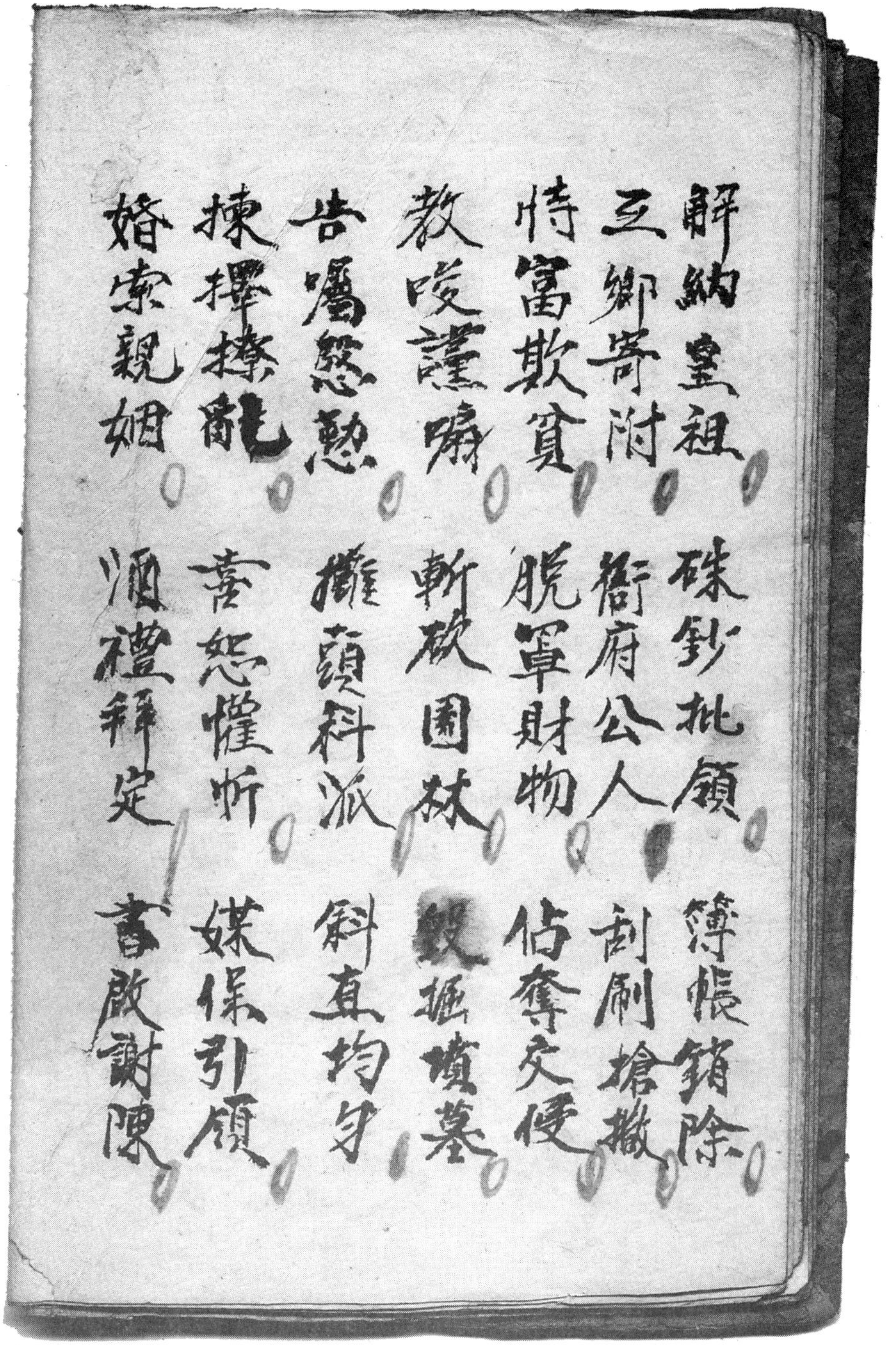
解納皇祖
互鄉寄附
恃富欺貧
教唆謹嫌
告囑怨懟
揀擇撩亂
婚索親姻
硃鈔批領
衙府公人
脫罪財物
斬砍園林
攤頭科派
喜怒懽忻
酒禮釋定
簿帳銷除
剖刷搶撒
佔奪交侵
毀掘墳墓
斜直均勻
媒保引領
書啟謝陳

段莘乡阆山村 B 3-17 · 四言杂字 · 汪志文

鹹魚臘肉
炭焙火爐
匠人鐵器
丁鉗馬斷
彎刀[illegible]鋸
篾子仰塵
繳幡拭布

包裹鮮新
釀酒香饌
磨剷光新
鎚鐇錫鏝
錘削均匀
踏牀短凳
蠟燭燈心

乾膹雞腊
滿酌淺斟
斧鑿錐鑽
爐燩鐵鉆
屏風障塵
切割刀砧
銅盤鐵鑷

段莘乡阆山村 B 3-18 · 四言杂字 · 汪志文

綉線鍼黹
枕函鏡匣
車馬闐駢
幡幕圖畫
遠近聲傳
雜事急用
可以相傳

緯車絲柅
氈毯褥裀
笙歌帀地
綉褥花氈
經書廣大
且應眼前
成功了

撥拵紡綒
拋潑浩瀚
鼓樂喧天
家康國富
義理深淵
童蒙勤學

段莘乡阆山村 B 3-19 · 四言杂字 · 汪志文

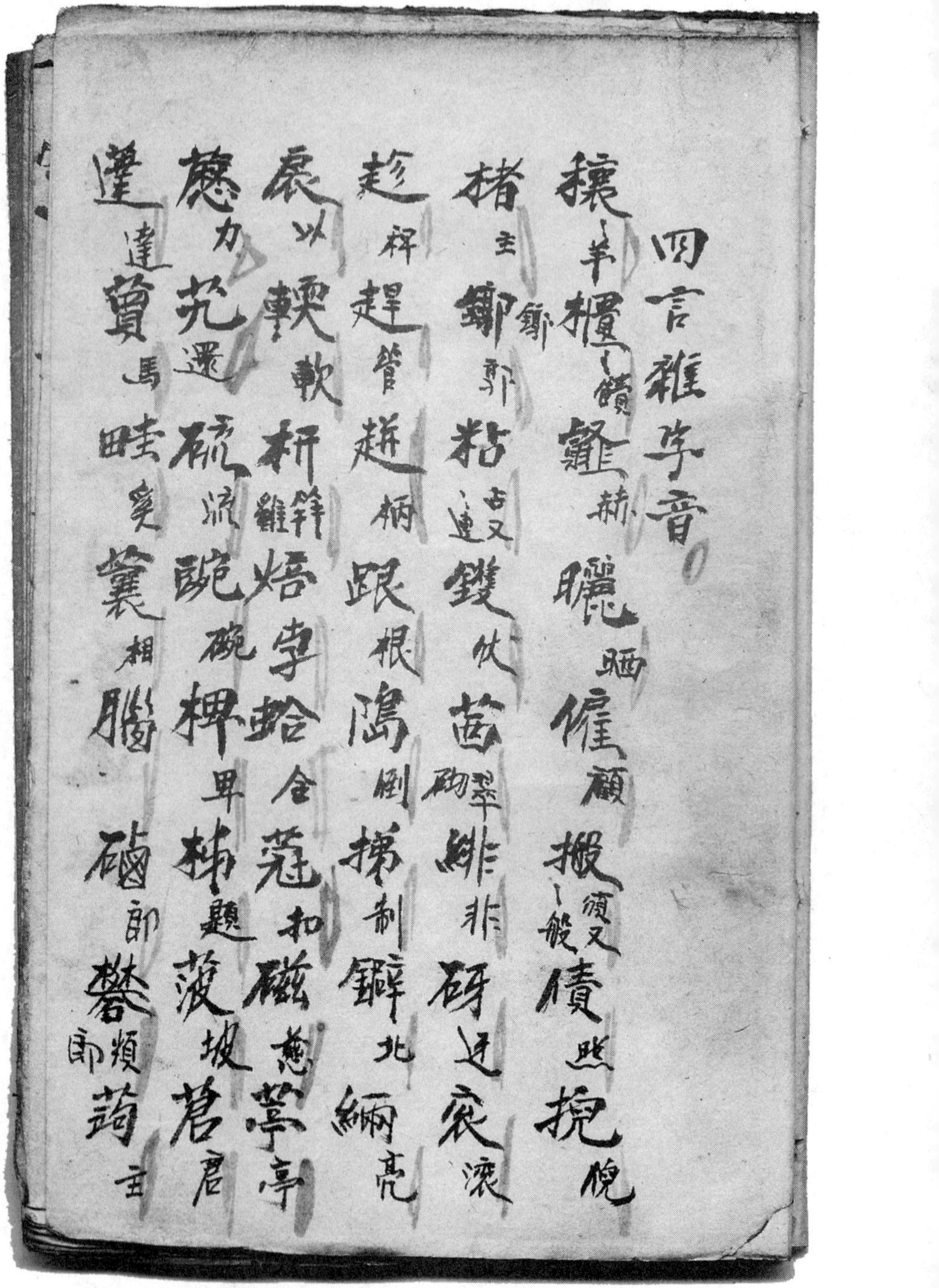
四言雜字音

攘羊 擓鑽 雛赫 䰄晒 僱顧 搬須又般 債些 挽悅

楮主 鄉郭 粘古又連 鑊伏 茜翠砌 緋非 砑迓 袞滾

趁秤 趕管 趟柄 跟根 隖倒 掃制 鐴北 緉亮

裹以 輭軟 粁錐鋅 焙字 蛤金 蓮和 磁慈 葶亭

憊力 羌還 硫流 跪碗 椑卑 棉題 蔆坡 莒君

達達 貿馬 畦奚 囊相 膽 磠郎 礬類郎 蒟主

段莘乡阆山村 B 3-20 · 四言杂字 · 汪志文

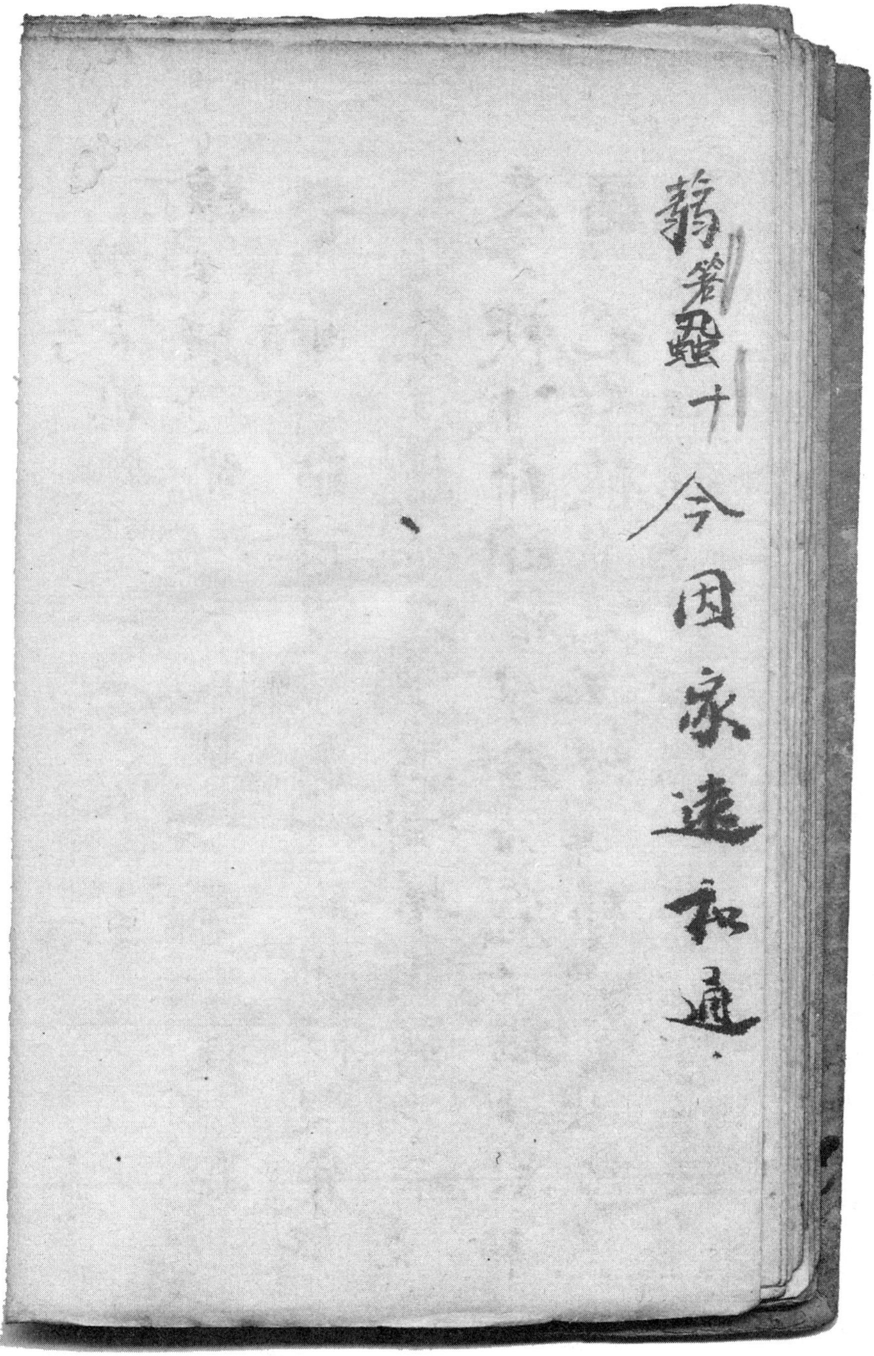

段莘乡阆山村 B 3-21 · 四言杂字 · 汪志文

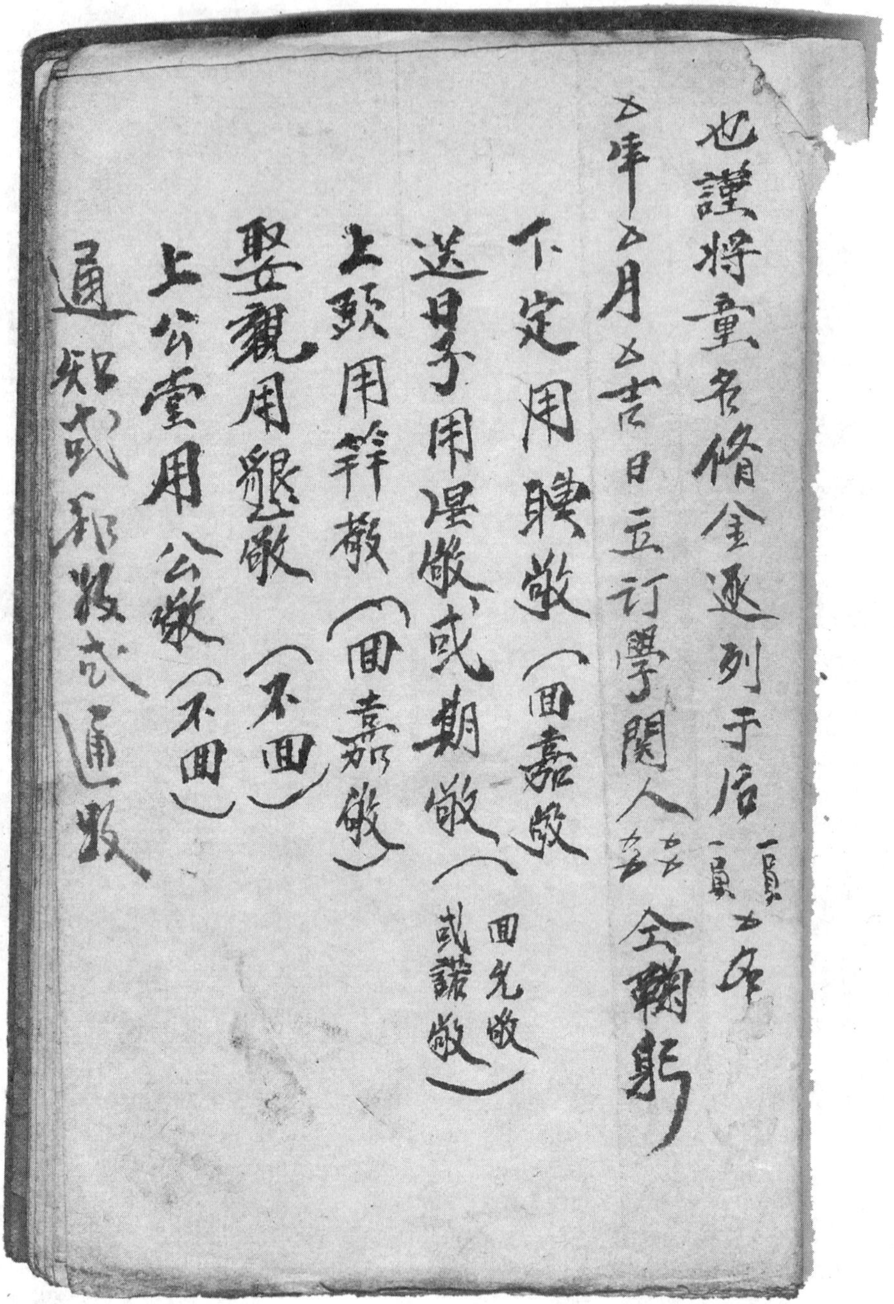
也謹將童名脩金逐列于后 一頁 一頁五年
五年五月五吉日立訂學閣人去去 全翰影
下定用聘敬（回嘉敬
送日子用堂敬或期敬（回光敬 或諾敬）
上頭用笄敬（回嘉敬）
娶親用體敬（不回）
上公堂用公敬（不回）
通知或稱帖或通帖

段莘乡阆山村 B 3-22 · 四言杂字 · 汪志文

立訂夲関人厶厶等言云夲校興而賢才衆師道

立而弟子多是以　敦請

厶姓厶厶老先生啟設函文訓課一載故童蒙以善

請為先成達材以化育為本所讀姓名并脩金膳

期一一臚列于左

一員厶名束脩若干膳以日

一員厶名束脩若干膳以日

厶年厶月吉日立関書人厶厶仝押

又写夲関式

伏以往古聖賢生而先知當今童稚夲而後能

今思諸童愚蒙未明甚昧未能是以　請教

大教鐸厶姓厶厶老夫子訓誨須蒙大開茅塞教

之灑掃應對之節孝悌忠信之心既濟濟而能守

望循循而善誘成德達材將由洋洋化育以培其本

段莘乡阆山村 B 3-23・四言杂字・汪志文

兄弟內外人等不得生情異說所有來歷不明情
弊意外生枝概在身等一力承持料理不干買主之
事恐口無憑立此杜賣骨祖永遠為據
ㄙ年ㄙ月吉日立自情愿杜賣骨相契人ㄙ
經中ㄙㄙㄙ
依筆ㄙㄙ

寫神痘書式

立討關書人ㄙㄙ等今請到ㄙ處
ㄙㄙ先生佈種天花平安慶壽
一員男童ㄙㄙ　女童ㄙㄙ
ㄙ年ㄙ月吉日立關書人ㄙㄙ仝具

寫文會關文式

段莘乡阆山村 B 3-24 · 四言杂字 · 汪志文

写買骨租契文

立自情愿杜賣断骨租契人厶厶仝男厶緣身承父身
遺有骨租厶号坐落土名厶処係经理厶字厶仟厶百
厶十厶号计税厶畝厶分厶厘厶亳正计租厶秤至正其田
四至悉照鱗册為是不須开述其来祖与别號相連
不必缴付要证即当付出无辞今因家務正事應用
自愿将此骨租仝中立契杜賣厶処
厶名下为業三面仝中議作時值價洋厶元正其洋
成契之日仝中面付身手过数收楚其租随契支付
銀主扦田收租永遠完粮行是税畝听至厶都
厶啚厶甲厶户扒至厶都厶啚厶甲厶户收受不必另立
推单未賣之先並无重塝交易今賣之後本家

段莘乡阆山村 B 3-25 · 四言杂字 · 汪志文

齐如还不得短怨口無凭立此借字为據
厶年厶月厶立借字人厶厶押
中見人厶押
依代人厶押

為合耕牛批文

立合耕牛字批人厶厶原身置有黄牛一頭 有意与
厶處厶姓厶厶眷名下兩造立批合養於作價洋厶元正
黄牌合半村厶厶收訖乃是蓄養梅年各值一月挨月
輪流不得推卸在墳耕種之時一体商之配耕
而不能以強为是倘年多牛老亦同作價均
分無异今口無凭立此合批存照
厶年厶月立合黄牌批人厶 經中厶 依代书

段莘乡阆山村 B 3-26 · 四言杂字 · 汪志文

再仝中言定[illegible]梅年硬交下年分〻秤不得欠少倘
有佃欠不清所憑田主起佃換人承種倘遇年歲
不豐先期相約田主到田監割恐口無憑立此承佃
存照　〻年〻月〻日立承佃人〻〻經中〻〻親筆

寫發貨文

今發上〻貨几着几件挑夫〻〻肩至交卸訖付力錢〻〻文
不悮原票付回比驗
〻〻堂號尊照　〻月〻日〻〻具票

寫借洋字文

立借字人〻〻今借到
〻〻名下國幣〻〻元正其國幣此日是身收楚其息
言每〻元照算〻〻日双方言定准期〻個月本息

段莘乡阆山村 B 3-27 · 四言杂字 · 汪志文

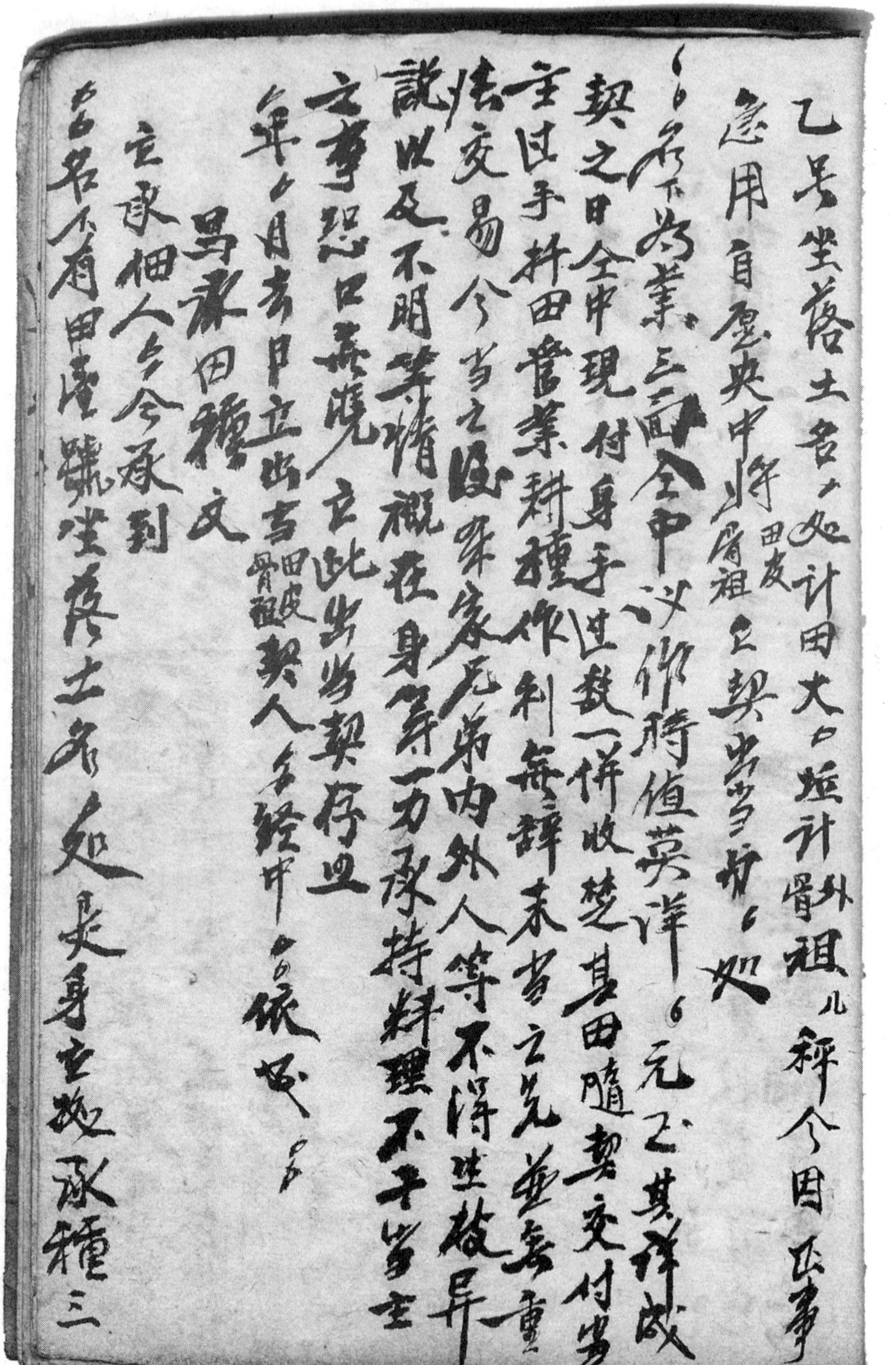
乙号坐落土名〻处计田大〻坵计甥外祖儿秤个因正事
急用自愿央中将田皮甥祖立契出当于〻处
〻名下为业三面全中议作时值英洋〻元正其洋成
契之日全中现付身手过数一併收楚其田随契交付当
主目手扦田管业耕种作利无辞未当之先並无重
法交易今当之后家兄弟内外人等不得生枝异
说以及不明等情概在身承一力承持料理不干当主
之事恐口无凭立此出当契存照
年〻月吉日立出当田皮甥祖契人〻名经中〻〻依书〻〻
写承田种文
立承佃人〻〻今承到
〻名下有田壹号坐落土名〻处是身亲承种三

段莘乡阆山村 B 3-28 · 四言杂字 · 汪志文

〇名不為業三面今憑中議作大价英洋〇元

正其洋成契之日仝中比付身手一併汁過收楚其田

隨契交付買主过手扦田管業撥樹耕種收谷

作利无辭未買之先並無重張交易今賣之後

本家兄弟内外人等毋得生情异说倘有来歷

不明情弊概是身等一力肩承料理不干受主之

事恐口無憑立此杜賣田皮契存據

仝日面批各邑花利一併來契內掌管

〇年〇月吉日立自情愿杜賣斷骨田皮契人〇〇

經憑人中〇依口〇〇押

寫當田皮契文

立自情愿出当田皮骨租契人〇〇缘身承父分及遺有田皮骨租

段莘乡阆山村 B 3-29・四言杂字・汪志文

通敬

田来帖

々添发春侍教生々熏沐主臣鞠躬

喜寿

恭

谢

动轿娶亲来人进门帖式

々門不干人　百福　千祥　叩首叩首跪

々門干人文　齐眉　归　叩首叩首跪

写买田皮契式

自

立情愿卖田皮契人××仝男々钱身承父业

分得有田皮一号坐落土名×处计田大小几丘

交外租几秤今因家事正务应用自愿央中

将田皮立契出卖与々处

段莘乡阆山村 B 3-30 · 四言杂字 · 汪志文

呈敬　用單帖一步

謹上玉音

敬貢星期　茶　呈

台鑒月選〻〻之吉

日是〻〻之良選〻時請鸞輿而諱

繡闈定〻刻廷鳳輦以入遙門

先期〻〻吳辰〻〻刻男冠女笄敦行叶和大典

伏祈　恕不莊啟肅名正幅

免諸　通知帖式

〻源叅眷侍教生〻姓〻〻熏沐言正鞠躬

段莘乡阆山村 B 3-31 · 四言杂字 · 汪志文

一桂圓乙斤一節布乙对一轎乙对

一娶親盒 物儀每色 若干

光前裕後

長發其祥

乙年乙月吉日乙姓乙 裳發拋送單

各帖平長

寫下是帖 華者寫 晚生 教生

要用全副紅字

乙源忝眷侍教生乙乙熏沐立正鞠躬

聘敬 回來帖

乙源忝眷侍晚生乙乙熏沐端莊鞠躬

喜敬 寫選日子帖

乙源忝眷侍教生乙乙熏沐立正鞠躬

段莘乡阆山村 B 3-32 · 四言杂字 · 汪志文

婚姻款式

開禮單底

舉案齊眉

吉開禮目

字寓配双行

一並禮　元　存宅代茶餅糕盒　一媒禮洋　元　步

一文聘盒洋　元　元水禮　色　見步　定衣　金耳

一星期盒幣　元　物代各色

一雞鮮盒洋　元　元物代各色

一出信洋　元　大钱若几限　一小大出堂如兩　正

一禮布　對　各色布分開

一搭盒　雙　一紅燭　斤　外梳頭燭　叉珀一对

一萬興鼓樂全副　一德禽　翼

段莘乡阆山村 B 3-33 · 四言杂字 · 汪志文

外規 聖欽 厶姓 賣餅厶行 厶对 一行是挑餅某厶人或掌飯擇麵一
次不得怠慢各自門面务重恐口无憑立此餅一
倒將照是日現村族(?)洋厶元挑餅村楚餅閭
收回 厶年厶月 日立餅閭人厶厶家(?)路(?)葉(?)儀(?)陸(?)中厶 厶

寫禁示山帖
閤村復議加禁局内及厶処一帶山場杉松雜木
柴薪草蕨苗竹春冬二笋一切概行加禁示嗣後内
外大小人等毋得入山砍取殘害如有違者照立現
規洋厶元正公罰并(?)异有报名捉獲者面议申
賞看見不报皆由賣(?)情公犯禁人共罰决不寬恕
各宜自做于前不致追悔于後
厶年厶月 日厶 衆具白

段莘乡阆山村 B 3-34 · 四言杂字 · 汪志文

立批存照〇年〇月吉日立拚山契人〇〇押

經凭中〇〇押

寫餅閑文

立訂餅閑人〇〇知〇〇衆等今寫到一

〇〇寶號名下〇〇餅印丁餅〇百斤外加筭餅

貳 票五 加〇 三面訂定每百斤計洋〇〇元照筭不得

意外生端訂定曹平十六两足如少照秤明加其

餅內面均要齊整如有崔破斜側任凭掉換

段莘乡阆山村 B 3-35 · 四言杂字 · 汪志文

爲拚山契

立拚山契人△△等今拚到

△△名下有松杉樹一片坐落土名△△，其樹四至△

三面仝憑中面議山價洋△元正，其洋成契

之日現付△元，責契其山所憑身等擇吉

山所砍取材做賣，言定△寸之樹存蓄苗

準期△年△季封斧交山，如有越期任憑執契

向理，其山價隨做隨付，出山免楚抽枇，恐口無憑

段莘乡阆山村 B 3-36 · 四言杂字 · 汪志文

雜錄

汪志文錄

段莘乡阆山村 B 3-37 · 四言杂字 · 汪志文

段莘乡阆山村 B 3-38 · 四言杂字 · 汪志文

地字匃業卅号下半計田八坵坐壹母親口食候百年之日原（管各半無異）以父祖陸秤硬交祖叁秤

一號田皮叁號土名後湖計田拾玖坵自收叁秤

一號田皮叁號土名嶺上来頭交坵計租自收

一號田皮叁號土名板橋坑計田叁坵計租自收日配水路稼換天字匃叁

一菜園地嶺上灣裡叁坦

段莘乡阆山村 B 4-1 · 咸丰十年 · 分关文书

一菜园地水塘边乙坦带园外荒坦乙堘在内

一苗竹园斗欄湾裡乙堘

一後山柴舍乙隻係均裡西頭地乙坦偏補柴舍支天字分

得石舂具缸对分

一母口食生堂地字分後湖田米叁拾秤座下半桐坵一盞油毋月盞乙斤油半斤四季付無異

一存仁合乙付

段莘乡阆山村 B 4-2 · 咸丰十年 · 分关文书

一年老孫氏状太代　毋做壽衣做料工費用

一大壹前正房実地壹間并樓上房壹間

一下边牛欄屋実地壹間通項

段莘乡阆山村 B 4-3 · 咸丰十年 · 分关文书

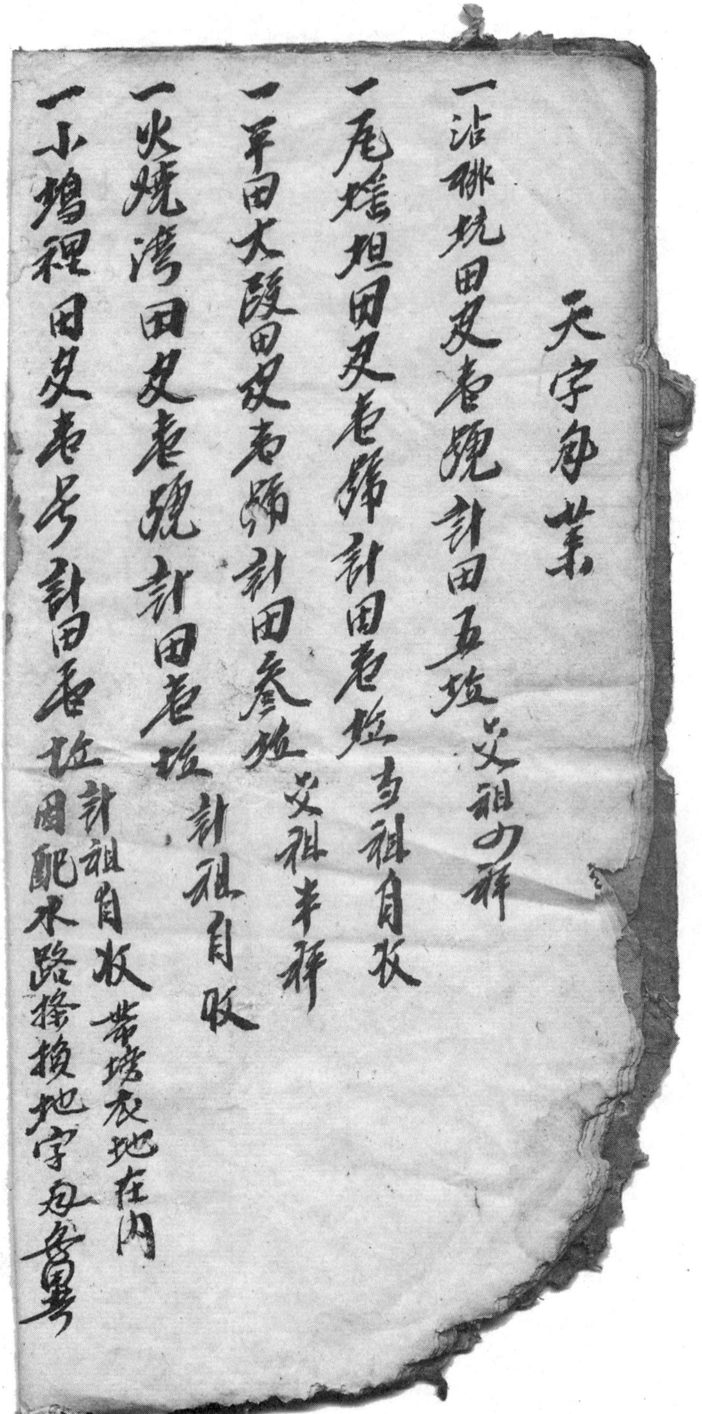
天字号業
一沾砯坑田及壹號　計田五坵　父祖分拜
一尾㙟坦田及壹歸　計田壹坵　支祖自收
一草田大段田及壹歸　計田叁坵　父祖半拜
一火燒灣田及壹號　計田壹坵　計祖自收
一小塢裡田及壹号　計田壹坵　計祖自收　帯塢衣地在内
田配水路掺换地字母叁号

段莘乡阆山村 B 4-4 · 咸丰十年 · 分关文书

一寺前嶺脚田叚名稱計田名坵 計租自收

一嶺上末度田叚名號計田叁坵 計租自收

一新寺嶺脚田叚名號計田四坵 交官租名稱

一菜園地嶺上降上叁坦

一苗竹園巷上園外名塊 又欄膡裡東頭降上貼石欄膡上截危 在內無異

長孫田無異

段莘乡阆山村 B 4-5 · 咸丰十年 · 分关文书

一苗竹園後山嵗老塊

一下董居董缸瓦隻

一大門口新屋裡大边架箱弄正房老間芬灰間通頂

一牛欄屋老間通頂

一下边屋前边墻交下有屋基地老塊

段莘乡阆山村 B 4-6 · 咸丰十年 · 分关文书

一該本村壽王儲洋乙元

又該錢老仟文

一該社慶叔洋乙元　罗尾老百九十片

一該得恭表弟洋八元係依太丞寡奠修外生不服同居觀妻还

一該女愛女妹錢老仟文

一該全女姑洋老元

段莘乡阆山村 B 4-7 · 咸丰十年 · 分关文书

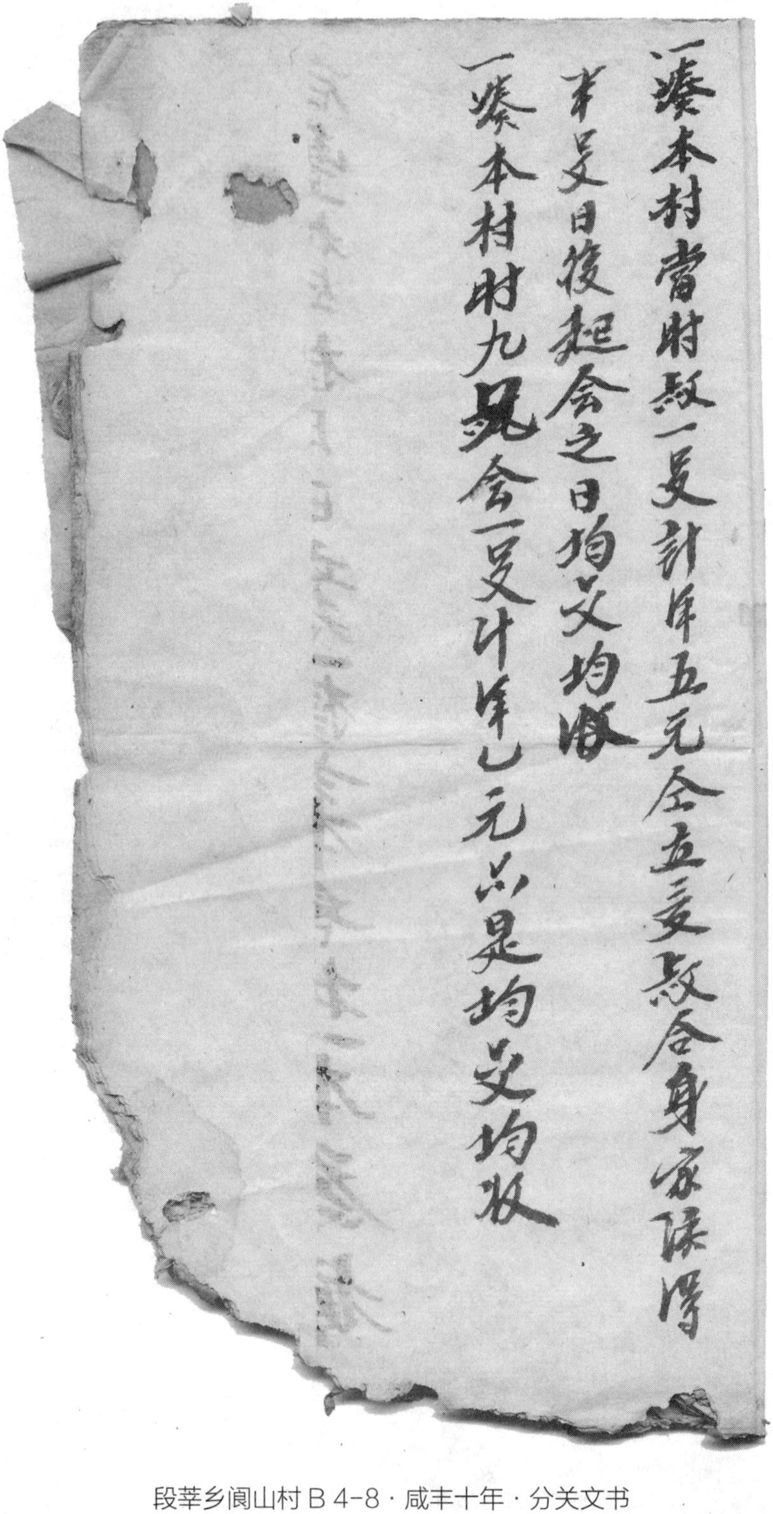

一湊本村當財叔一旻計洋五元仝五旻叔合身家保得
半旻日後起會之日均旻均派
一湊本村財九兄會一旻計洋七元總是均旻均收

段莘乡阆山村 B 4-8 · 咸丰十年 · 分关文书

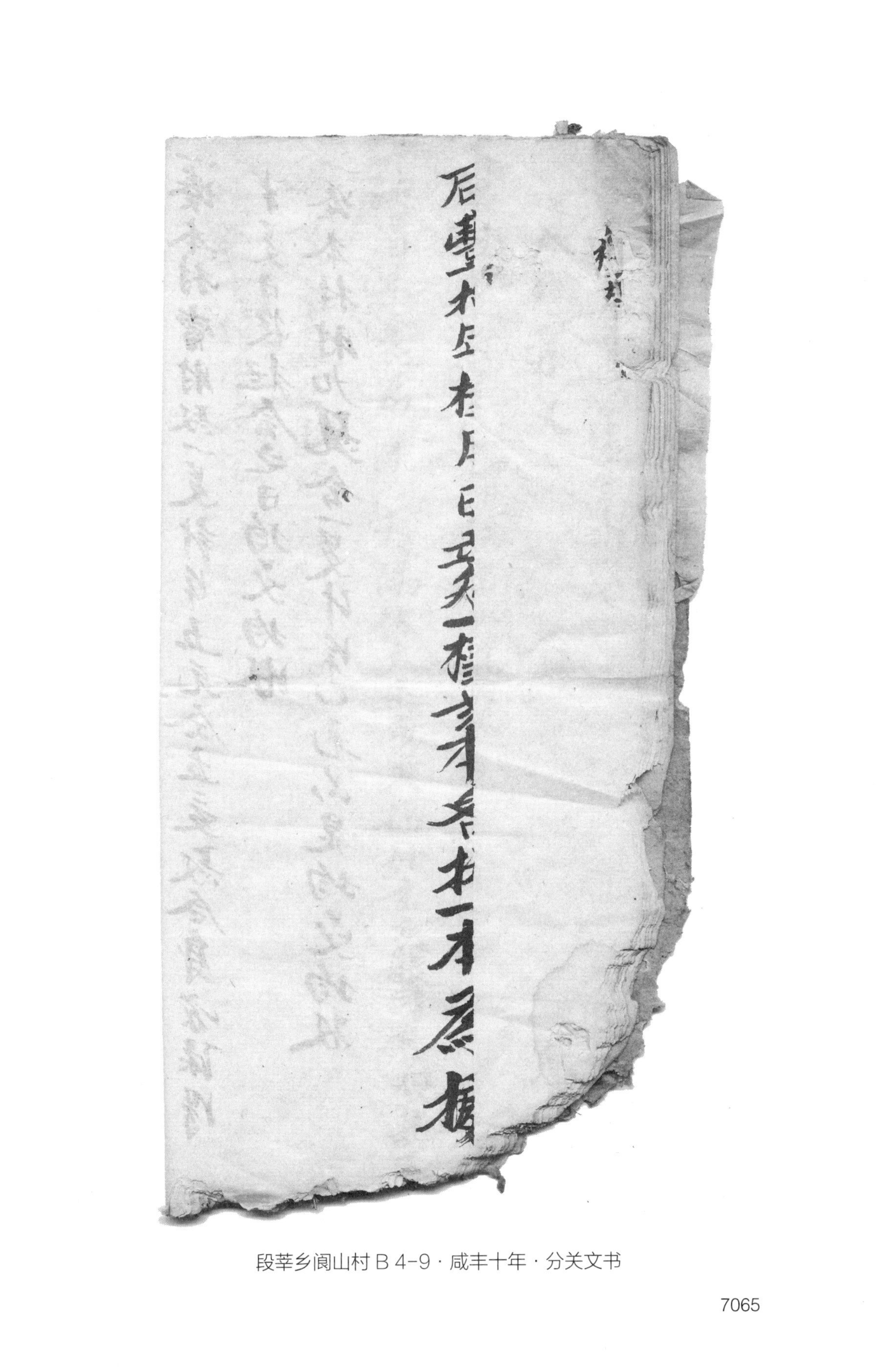

[illegible]

段莘乡阆山村 B 4-9 · 咸丰十年 · 分关文书

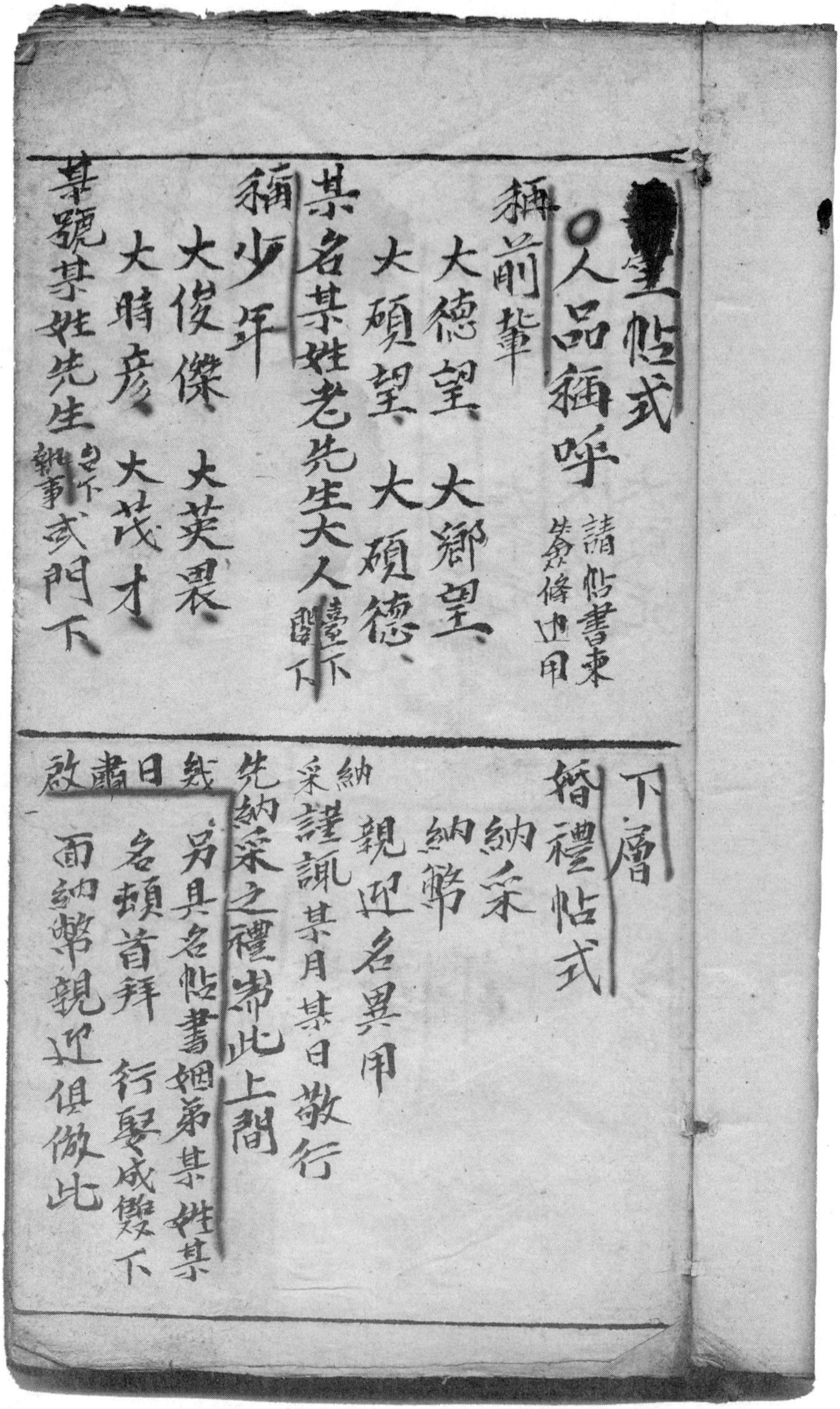

[illegible]全帖式

○人品稱呼　請帖書柬簽條也用

稱前輩

大德望　大鄉望

大碩望　大碩德

某名某姓老先生大人臺下閣下

稱少年

大俊傑　大英髦

大時彥　大茂才

某號某姓先生台下執事或門下

下層

婚禮帖式

納采

納幣

親迎名異用

納采謹訊某月某日敬行

先納采之禮肅此上聞

另具名帖書姻弟某姓某

名頓首拜　行聘成婚下

而納幣親迎俱倣此

然日肅啟

段莘乡阆山村 B 5-1 · 贴式

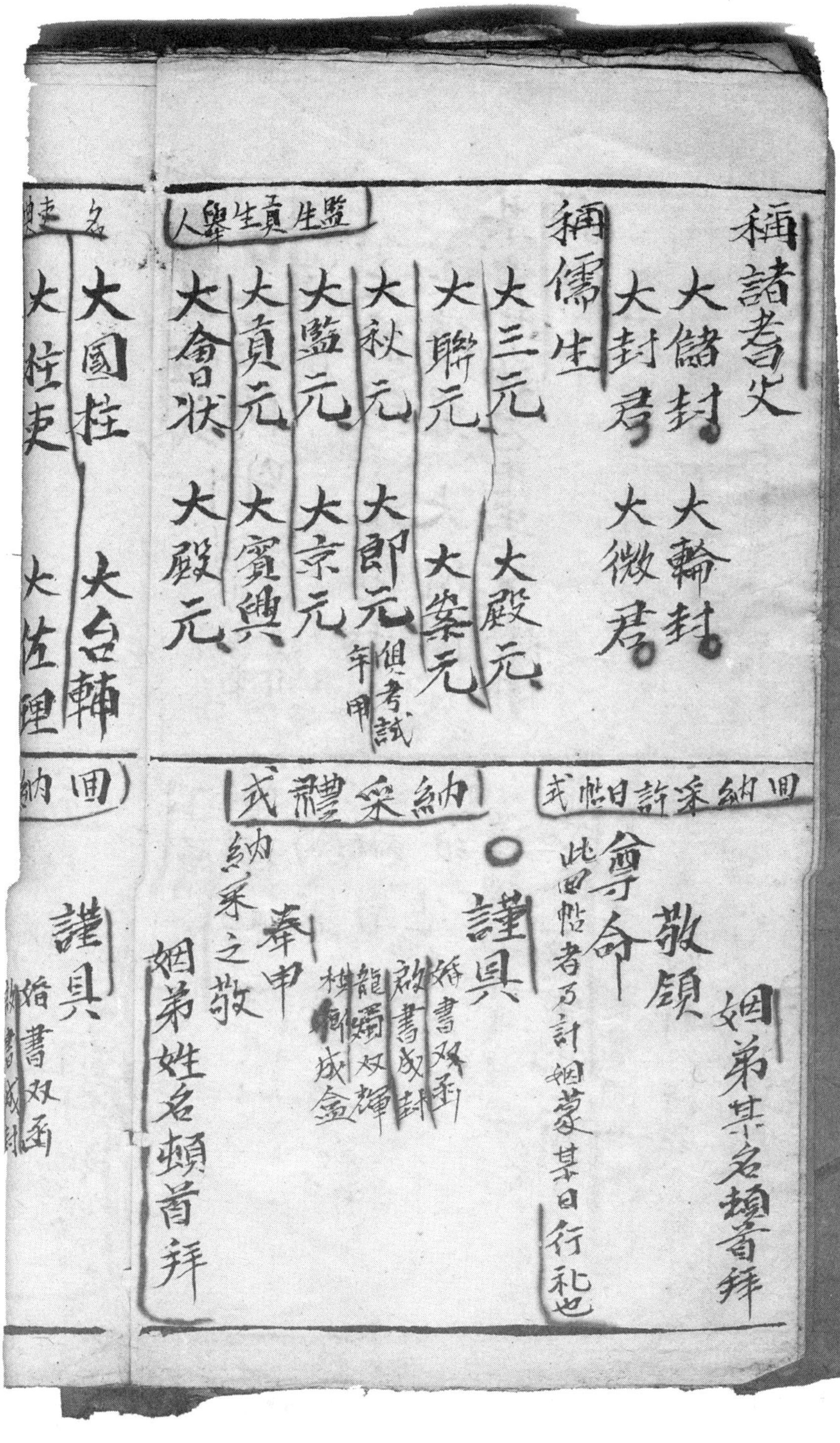

稱諸老父

大儲封　大輪封

大封君　大微君

稱儒生

監生貢生舉人

大三元　大殿元

大聯元　大案元

大秋元　大郎元　俱考試年用

大監元　大京元

大貢元　大賓興

大會狀　大殿元

名吏

大國柱　大台輔

大柱吏　大佐理

回納采許日帖式

姻弟某名頓首拜

敬領

尊命

此回帖者乃訂姻蒙某日行礼也

謹具

婚書双函　啟書成封　龍鳳双輝　桂馥成金

納采禮式

奉申

納采之敬

姻弟姓名頓首拜

回納

謹具

婚書双函　啟書成封

段莘乡阆山村 B 5-2 · 贴式

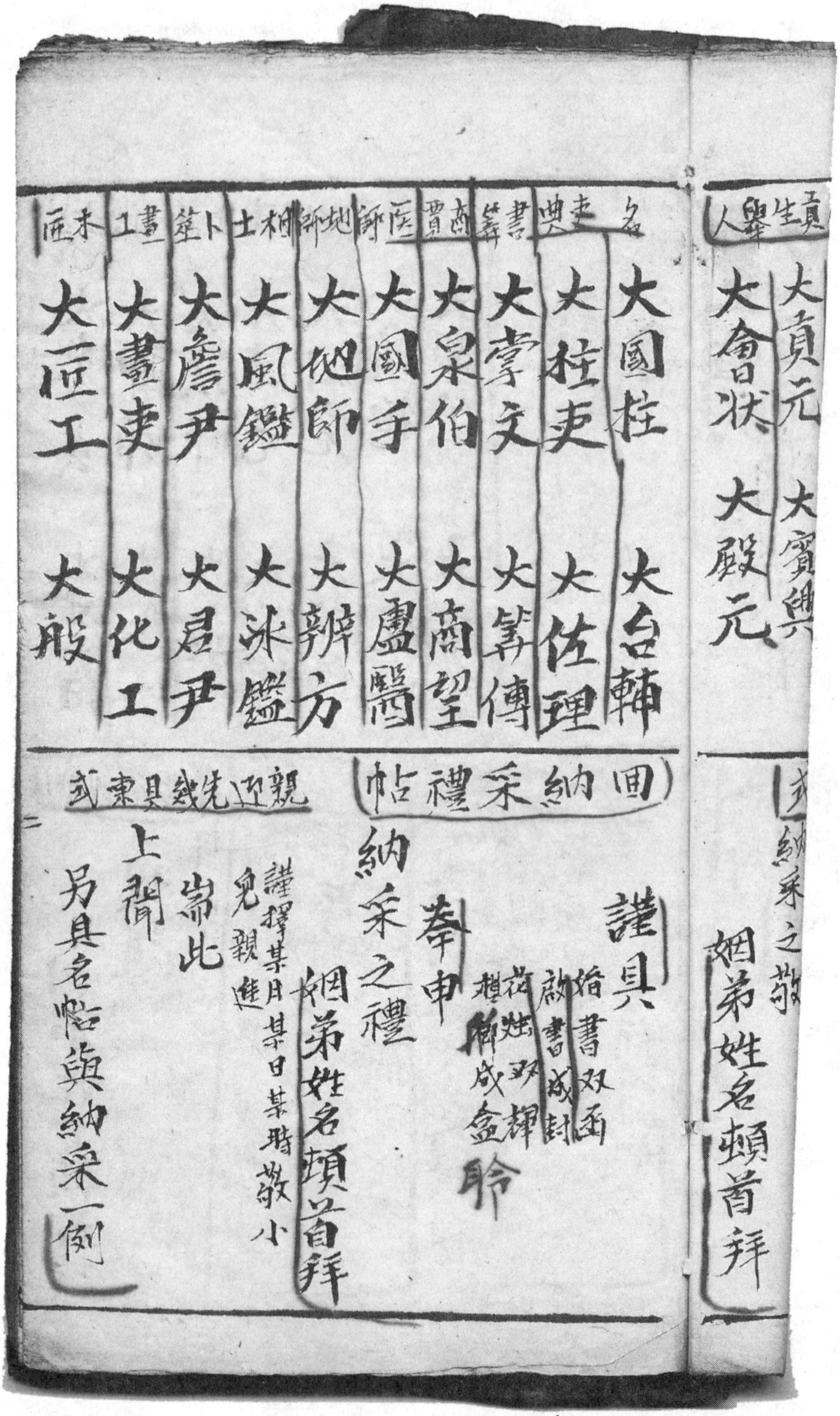

貢生舉人

大貢元 大賓興

大會狀 大殿元

式

納采之敬

姻弟姓名頓首拜

名	吏典	書篳	商賈	医師	地師	相士	卜筮	畫工	木匠
大國柱	大柱吏	大掌文	大泉伯	大國手	大地郎	大風鑑	大詹尹	大畫吏	大匠工
大台輔	大佐理	大筭傳	大商望	大盧醫	大辨方	大冰鑑	大君尹	大化工	大般

回納采禮帖

謹具

婚書双函

啟書成封

花燭双輝

禮儀成盒

聆

奉申

納采之禮

姻弟姓名頓首拜

親迎先幾具柬式

謹擇某月某日某時敬小

兒親迎

肅此

上聞

另具名帖與納采一例

段莘乡阆山村 B 5-3 · 贴式

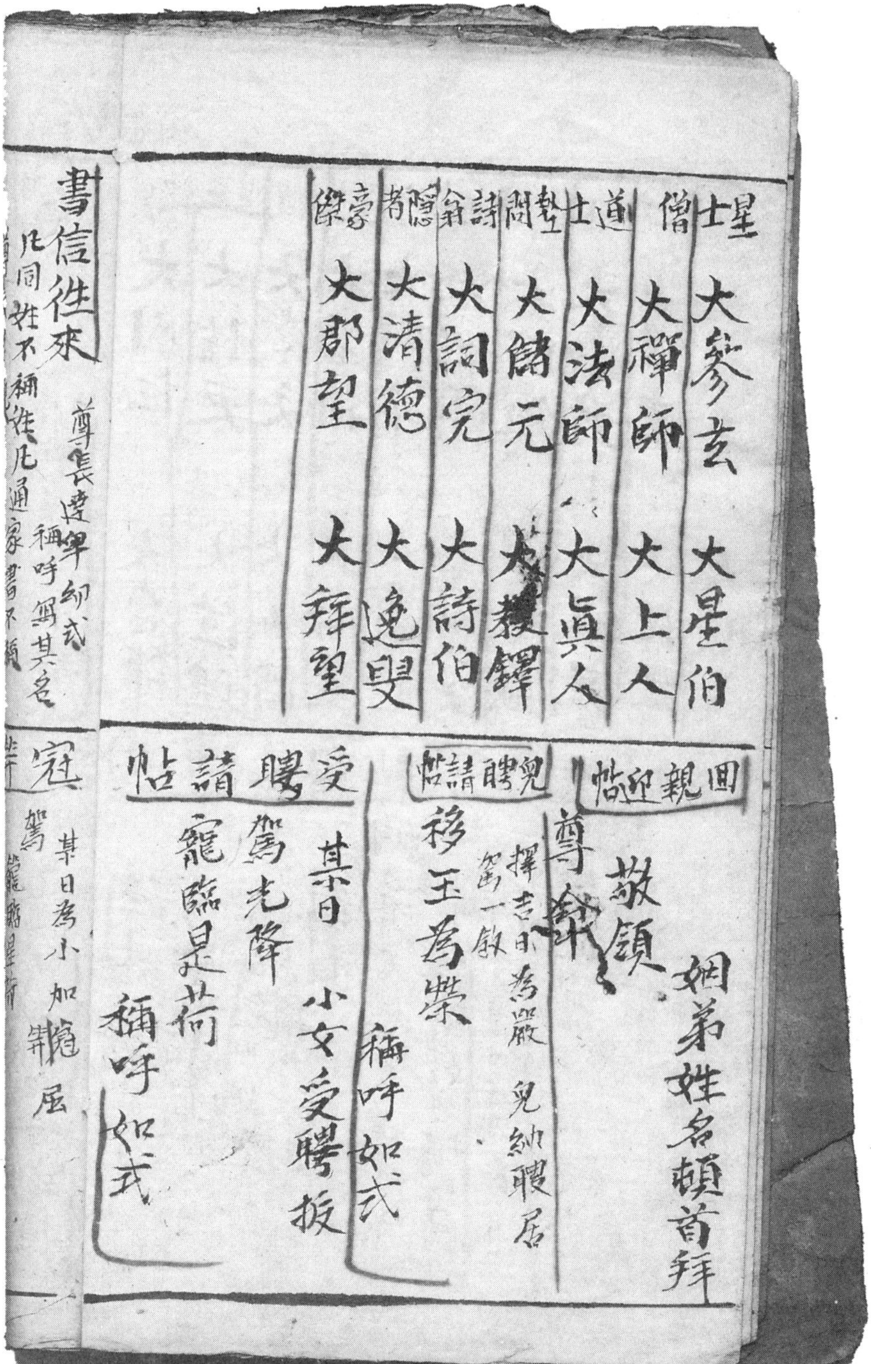
星士 大參玄 大星伯
僧 大禪師 大上人
道士 大法師 大眞人
埜問 大儲元 大教鐸
詩翁 大詞宗 大詩伯
隱者 大清德 大逸叟
豪傑 大郡望 大拜望

書信往來
凡同姓不稱姓凡通家書不稱
尊長達卑幼式 稱呼寫其名

回親迎帖
姻弟姓名頓首拜
敬領
尊翁 擇吉日爲嚴 賓一敘 兒納腰居

兒聘請帖
移玉爲榮 稱呼如式

受聘請帖
某日 小女受聘投
駕光降
寵臨是荷
稱呼如式

冠
某日爲小加冠居
駕
寵臨是荷

段莘乡阆山村 B 5-4 · 贴式

書信往來

尊長達卑幼式

凡同姓不稱姓凡通家書不稱

尊長名號

祖

祖父字付孫某知之

父

老父字付兒某知之

伯叔

愚伯字付姪某知之

劣叔字付姪某知之

長兄

愚兄字達　弟某親覽

卑幼稱尊長式

祖父老大人台座

孫某百拜書稟

請帖

寵臨是荷

稱呼如式

冠笄請帖

某日為小加冠屈

駕寵臨是荷

右啟

上大稱呼

某日為豚兒畢婚迎

駕一敘

勿却幸甚

稱呼如式

拜茶請帖

某日命子婦拜茶奉扳

友軒少玲

金訓茶候

惠臨不勝雀躍之至

稱呼如式

段莘乡阆山村 B 5-5 · 贴式

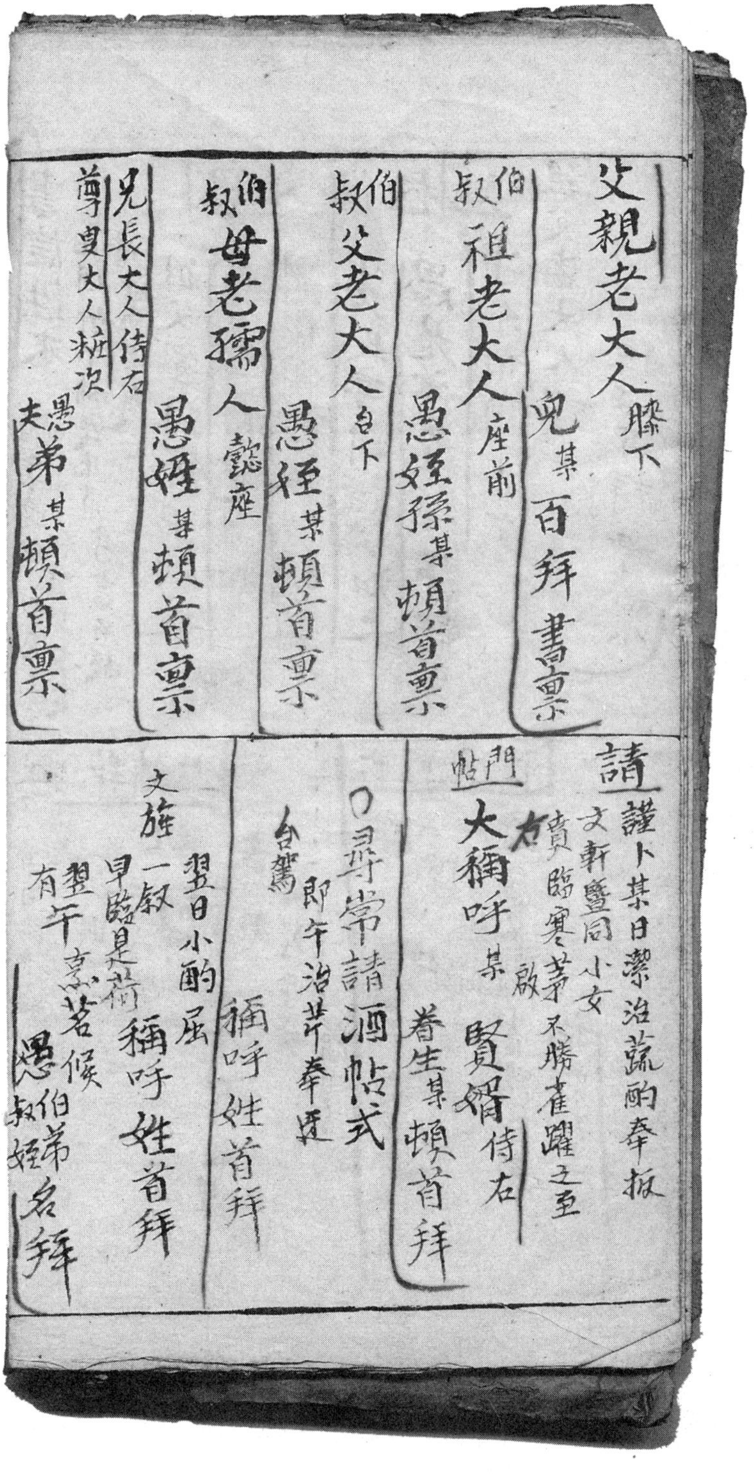
父親老大人膝下 兒某百拜書稟
伯叔祖老大人座前 愚姪孫某頓首稟
伯叔父老大人台下 愚姪某頓首稟
伯叔母老孺人懿座 愚姪某頓首稟
兄長大人侍右
尊叟大人粧次 愚弟夫某頓首稟

請 謹卜某日潔治蔬酌奉扳
文軒暨同小女
賁臨寒茅不勝雀躍之至
右啟
門帖
大稱呼某賢婿侍右 眷生某頓首拜
口尋常請酒帖式
台駕 即午治芹奉邀
稱呼姓首拜
翌日小酌屈
文旌一敘
早臨是荷 稱呼姓首拜
翌午烹茗候
有 愚伯叔姪弟名拜

段莘乡阆山村 B 5-6 · 贴式

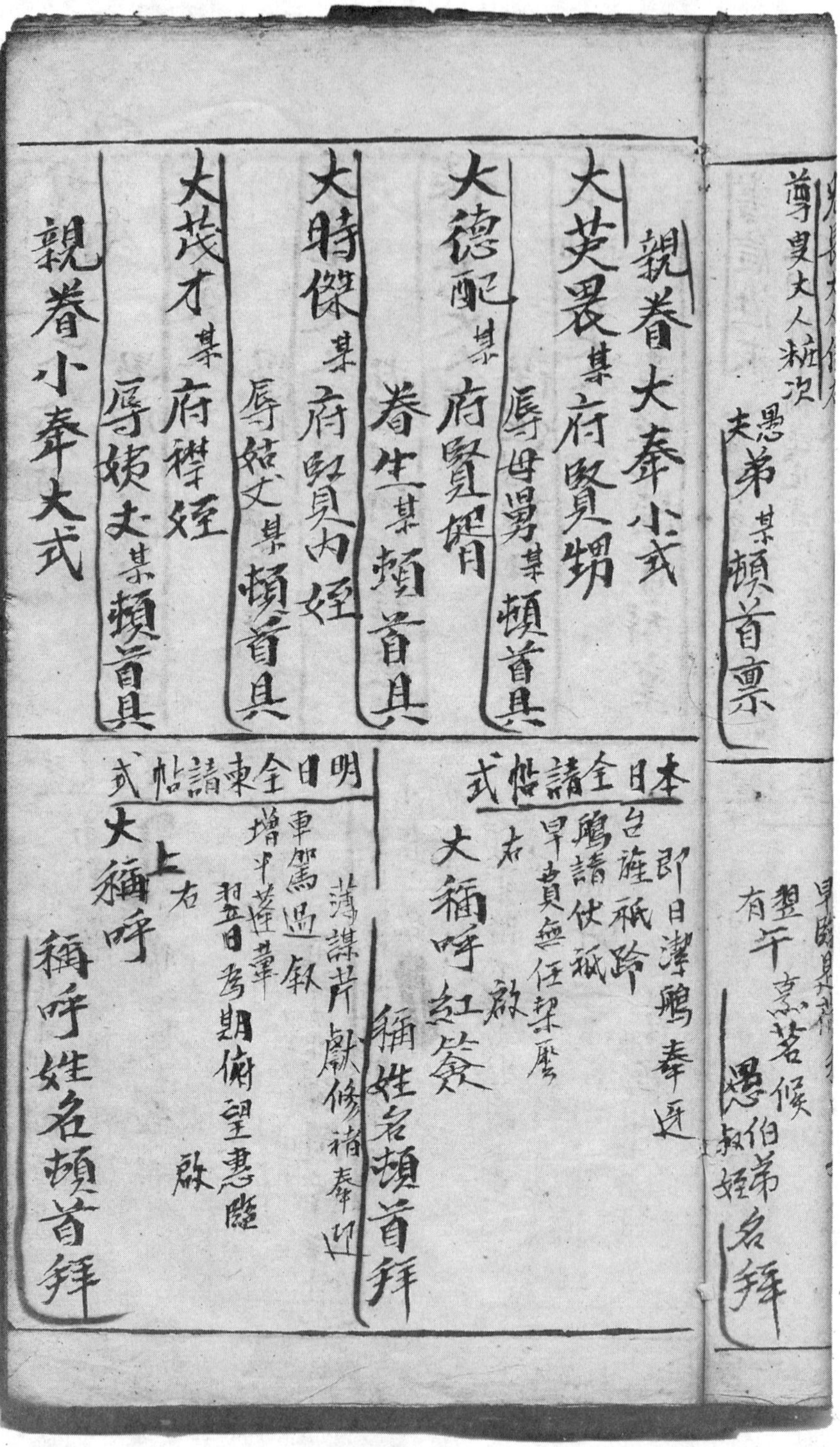
親眷大奉小式
大芡畏某府賢甥
辱母舅某頓首具
大德配某府賢婿
眷生某頓首具
大時傑某府賢內姪
辱姑丈某頓首具
大茂才某府襟姪
辱姨丈某頓首具
親眷小奉大式
尊叟大人粧次
愚夫弟某頓首稟
本日全請帖式
即日潔樽奉迓
台旌祇聆
鷓請伏祇
早賁無任契麼
右 啟
大稱呼 紅箋
稱姓名頓首拜
明日全柬請帖式
薄謀芹獻修樁奉迓
車駕過敘
增光蓬蓽
翌日為期備望惠臨
右 啟
大稱呼 上
稱呼姓名頓首拜
有盟午烹茗候
愚伯叔弟姪某名拜

段莘乡阆山村 B 5-7 · 贴式

母舅老大人侍前
愚甥某頓首拜稟

岳父老大人尊前
愚婿某頓首拜稟

岳夫老大人尊前
內姪某頓首拜稟

姨夫老大人尊前
襟姪某頓首拜稟

表伯叔老大人尊前
表姪某頓首拜稟

姻翁老大人尊前
姻姪某頓首拜稟

先几日全帖請式

寅訊某日潔觴奉迓
高軒祇聆
鴻教惟冀
早臨曷勝斗膽之至
敬
右上
大稱呼
稱呼姓名頓首拜

某日寅具清酌奉迓
仙枝少致[illegible]
嵩祝伏冀
惠然光降不勝欣羨之至
敬
右上
大稱呼
自稱呼

春日帖
某日春敬祇聆
教言伏希
光臨先任欣躍
敬

段莘乡阆山村 B 5-8 · 贴式

表伯叔老大人尊前
表姪某頓首拜稟

大稱呼
自稱呼

姻翁老大人尊前
姻姪某頓首拜稟

親眷平班書式

姐夫老大人賜覽
内弟某手稟

妹夫老大人賜覽
内弟某手稟

尊舅老大人賜覽
内弟某手稟

表兄弟大人賜覽
内弟某手稟

春月帖
某日春啟祇聆
敷言伏希
光臨先任欣躍
右 啟
上

端陽請
即午敬治清觴奉迓
台駕祇聆
清敘伏冀
早臨不勝翹仰之至
右 啟
上
稱呼式

中秋請
晚刻潔治秋蔬迓
駕
早顧先任感何
右 啟
上
稱呼式

重陽請
翌午潔治黄觴奉迓
德星僭臨
清敘雅冀
寵賁先任感仰之至
右 啟
上
稱呼式

段莘乡阆山村 B 5-9 · 贴式

師弟往來書式

大恩師 某 夫子 函丈
門人 某 頓首拜禀

大案元 某 賢契 文几
友生 某 手奉

大禪師 某 號 上人 座下
釋 某 和南

大眞人 某 先生
小道 某 端肅上禀

表弟兄 某手覃

帖式往來
全柬 甲頓首拜
單柬 只用拜先姓

餞別請酒
某日薄酌奉餞
車駕以壯
行色藹賜
惠音無任 榮荷
稱呼式

遠歸洗塵
翌日蔬酌小壯
市塵伏惟
早臨倍增雀躍
稱呼式

請賦酒帖
翌日 觴奉迎
台駕祇聆
大教伏惟
早臨曷任 榮荷
稱呼式

某日治茗少申
謝悃仰祈
光臨不勝欣躍
稱呼式

翌午治蔬 敬結
全蘭伏惟

段莘乡阆山村 B 5-10 · 贴式

大真人某先生
小道某端肅上禀

某……
謝
梱仰祈
光臨不勝欣躍 稱呼式

伯叔祖 伯叔父 兄弟 子姪輩 姪孫輩

帖式往來 全柬 甲頓首拜
單柬 只用 拜 免姓

父黨帖式

愚姪孫 某 頓首拜

姪 某 頓首拜

愚 兄弟 親 某 頓首拜

愚 伯叔 某 頓首拜

伯叔 祖 某 頓首拜

上

翌午治蔬敬結
金蘭伏惟
早降不勝幸感
右 啟
上稱呼某會長 具名

大
寅詹某日治觴奉扳
台車惟冀
光降不勝翹仰之至
右 啟
上

謹卜某日敬潔奉扳 稱呼如式
慈輿祇聆
懿訓仰不
憲降不勝欣躍齋心以待
右 啟
上
大懿德某府老夫人粧次
某門某氏斂衽拜

段莘乡阆山村 B 5-11 · 贴式

奉外祖 奉母舅 表母舅 奉姨夫 妻祖父

母黨帖式

外孫某頓首拜

愚甥某頓首拜

表甥某頓首拜

襟姪某頓首拜

妻黨帖式

愚姪壻某頓首拜

催酒帖 謝酒帖

恭候
單駕
用催帖不用如召拜如請
遠客即請之候有僅在請帖內
某生姓名頓首拜
無餐

謝
領
稱呼某頓首拜

領謝帖

承
賜多
儀厚顏拜領容躬
謝
稱呼某頓首拜

半受謝帖式

承
惠謹登某物餘附
璧

段莘乡阆山村 B 5-12 · 贴式

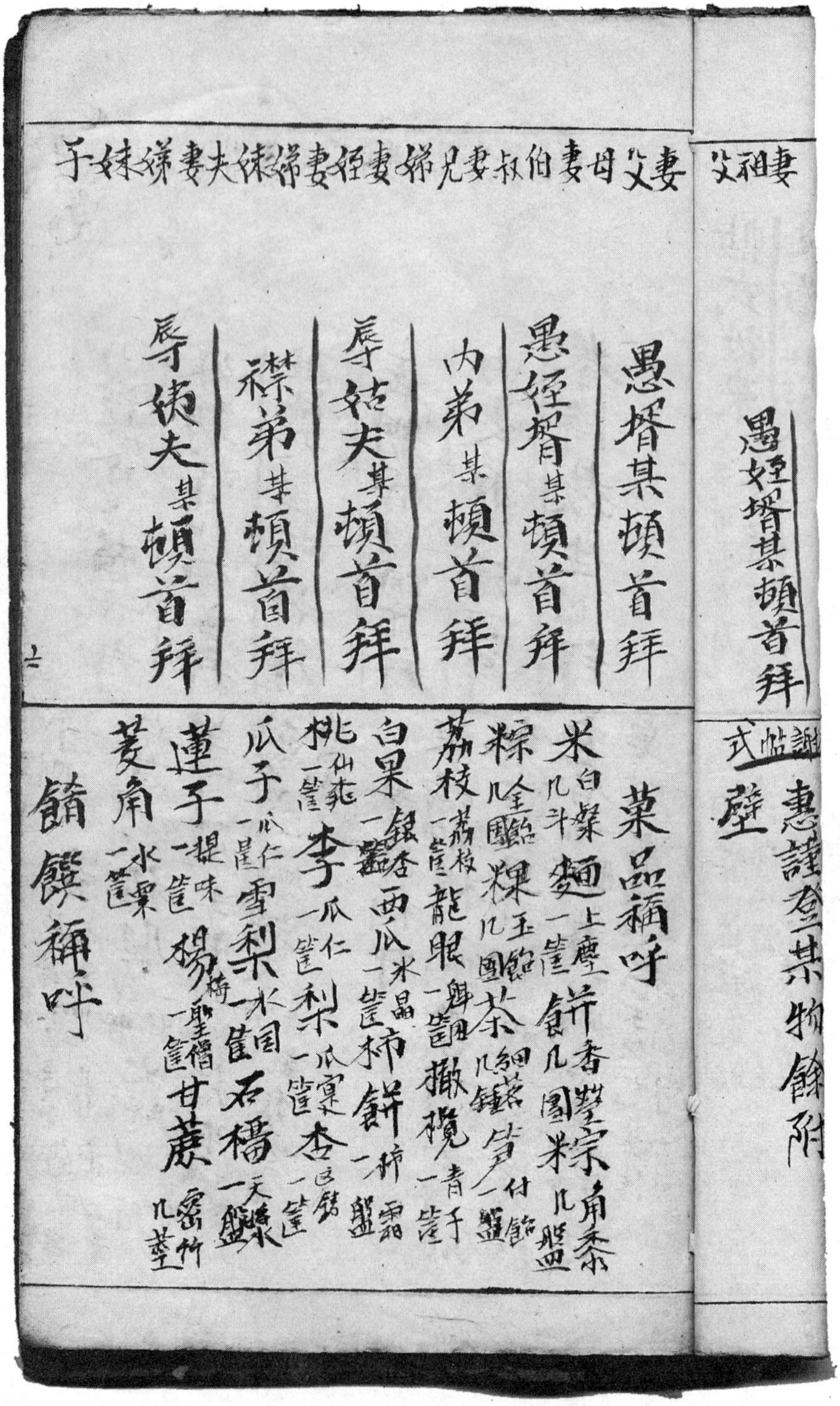
妻祖父

愚姪婿某頓首拜

謝帖式

惠謹登某物餘附璧

妻父母　妻伯叔　妻兄弟　妻姪　妻姊妹夫　妻姊妹子

愚婿某頓首拜

愚姪婿某頓首拜

内弟某頓首拜

辱姑夫某頓首拜

襟弟某頓首拜

辱姨夫某頓首拜

菜品稱呼

米白粲几斗　麵上麥一筐　餅香糕几圓　粽角黍几盤

粿金團几餡　粿玉餡几圓　茶細茗几錘　笋竹萌一盤

荔枝荔枝一筐　龍眼舟珠一筐　撤欖青子一筐

白果銀杏一盤　西瓜水晶一筐　柿餅柿霜一盤

桃仙菓一筐　李瓜仁一筐　梨爪梨一筐　杏一筐

瓜子瓜仁一筐　雪梨水團一筐　石榴天漿一盤

蓮子提味一筐　楊梅聖僧一筐　甘蔗蜜竹几莖

菱角水栗一筐

餚饌稱呼

段莘乡阆山村 B 5-13 · 贴式

妻妹夫妻母舅妻姨表妻舅母妻表兄弟妻兄弟婦

内姪婿某頓首拜
外甥婿某頓首拜
祖姑夫某頓首拜
表甥婿某頓首拜
内表弟某頓首拜
眷侍教生某拜

猪剛鬣一圓 鷄德禽一對 鴨家鳧几隻 鵝家鴻二掌
猪首豚元一顆 猪腿祿豚一肘 火腿烟豚一肘
羊首羊元一顆 羊腿羊肩一肘 猪肚猪肚一盤
鱔魚鮮鱔一盤 蝦米蝦米一盤 銀魚銀魚一盤
魚鮮魚一盤
書器稱呼
琴絲桐上弦 棋手談一局 書寶籍一部 畫丹青一幅
筆毛錐几管 墨青烟几笏 硯文池一枚 箋花箋一束
官曆新書一冊 香息香百枚 合香合香一袋 肥
皂七容一匣 扇輕蓮一青 抬玉板一副 枕藤枕一苟

段莘乡阆山村 B 5-14 · 贴式

兄弟姊

眷侍教生某拜

官曆 新書一冊 香 息香百枚 合香 合香一袋 肥

皂 七容一匣 扇 輕蓮一青 抬 玉板一副 枕 藤枕一筍

妻母 姨丈

襟姪婿某頓首拜

親屬通用帖式

尊與卑

眷生某頓首拜

眷晚生某頓首拜

李目支棱

朋友通用

通家眷弟某頓首拜

三

席 粗席一床 鏡 水鏡一員 針 綉針一包 梳

骰子 彩骰一副 骨牌 雙陸

篦 粗篦一副 劍 青萍一 箭 約干十枝 簫 一枝 干只簫

笛 竹笛一枝 箸 牙箸一副 拜盒 一枚 茶匙

華匙一副 圍屏 錦屏全副 香爐 香爐一品 茶壺

茶罐 一茶日

衣服稱呼

紬 粗紬一端 緞 雲緞一端 絹 色絹一疋 紗 綢紗一端

羅 綺羅一疋 巾 元服一頂 衣 色衣一件 被 粗衾一床

梭布 梭布一疋 葛布 夏縜一疋 帶 系條一副

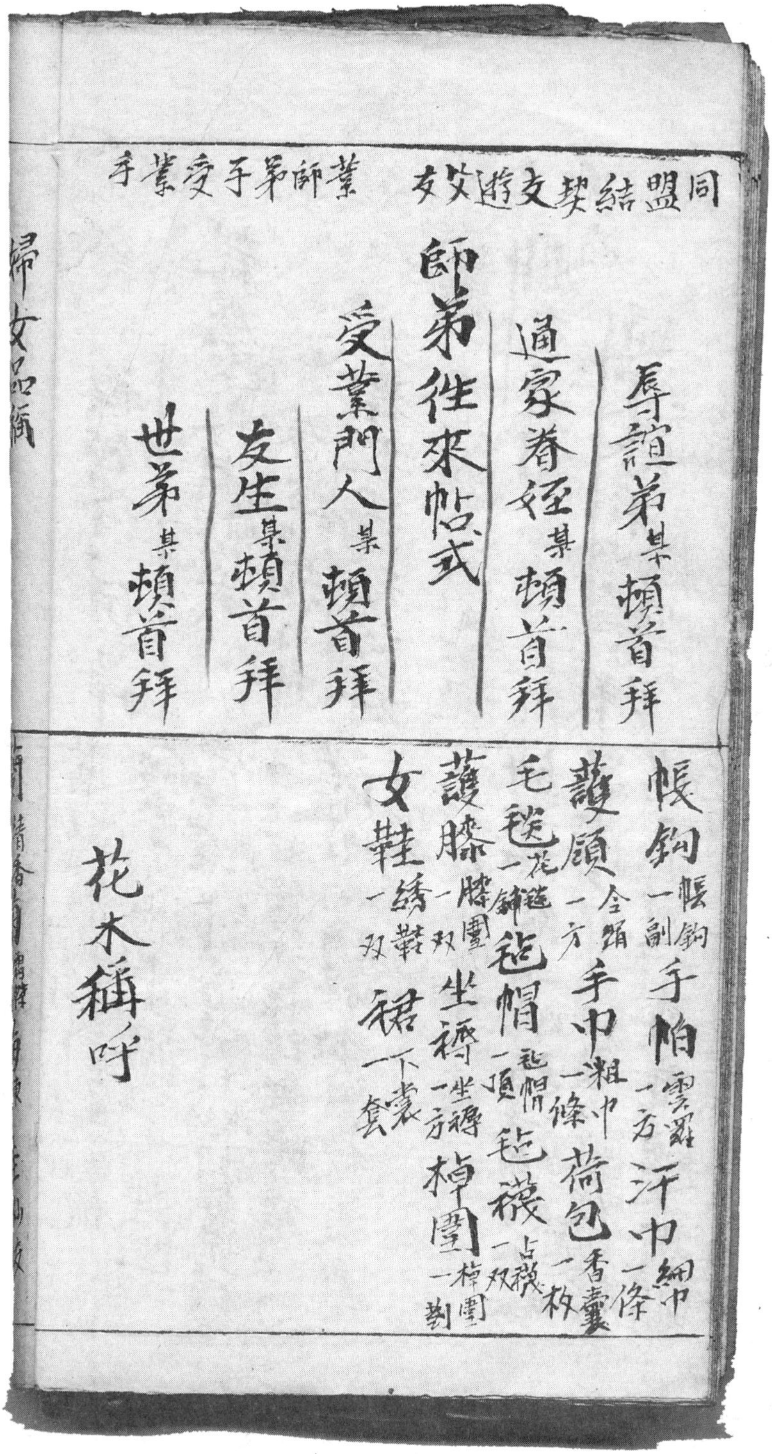

同盟 結契 文遊 笑友　　業師 弟手 受業 手

尊誼弟某頓首拜

通家眷姪某頓首拜

師弟往來帖式

受業門人某頓首拜

友生某頓首拜

世弟某頓首拜

婦女品銜

帳鈎一副帳鈎　手帕一方雲羅　汗巾一條細巾

護領一方全絹　手巾一條粗巾　荷包一枚香囊

毛毯一鋪花毯　毡帽一頂毡帽　毡襪一双占襪

護膝一双膝圍　坐褥一方坐褥　棹圍一劃棹圍

女鞋一双綉鞋　裙一套下裳

花木稱呼

段莘乡阆山村 B 5-16 · 贴式

手業……

世弟某頓首拜

婦女品稱

大人一品二品　淑人三品

恭人四品　宜人五品

安人六品　孺人七品

婦女稱呼

大懿德　大淑德　大閫範

大慈範

某府　夫人　粧次

某門某氏斂衽拜

居喪自稱

文一

花木稱呼

蘭清香一種　菊霜傑一盆　梅東一種　桂仙友一種

芙蓉天葉一種　牡丹天香一種　芍藥吐錦一種

瑞香世英一種　荀藥玉韻一種　海棠醉春一種

石榴火珠一種　青松雅友一種　薔薇錦衣一種

杏花麗色一種

禽獸稱呼

鶴仙胎一对　鶯金鶯兩晝　鵲報喜一对　鳩錦翚一對

鸚鵡綠衣一对　鷺鷥霜夜一对　孔雀南禽兩翚

馬駑駘一乘　驢蹇驢一頭　騾步騾一足　鹿御芝一隻

兔狡兔一隻　貓家貓一口　犬吠獒一口　牛大牢一乘

段莘乡阆山村 B 5-17 · 贴式

裒父表母伯表百日外孝孫用

不孝孤子某泣血稽顙拜

不孝哀子某泣血稽顙拜

某生制姓名稽顙拜

重孫某泣血稽顙拜

期服孫某某稽顙拜

長孫無父祖卒代父服用承重泣血稽顙拜孝子同期服

孫謂衆孫也止用稽顙拜

居喪帖式

報訃

先嚴慈以某月某日壽終正寢

不孝男某罪孽深重禍延

[illegible]

○陳設類

○時令稱呼

正月端月 二月花月 三月桐月

四月梅月 五月蒲月 六月荔月

七月瓜月 八月桂月 九月菊月

十月陽月 十一月葭月 十二月臘月

○行柬通用異語

即辰 即午 即日 即晚本日

翌日 明午 來辰 翌晚明日

寅詹某日 寅諏某日

蔡卜某旦 先几日用

段莘乡阆山村 B 5-18 · 贴式

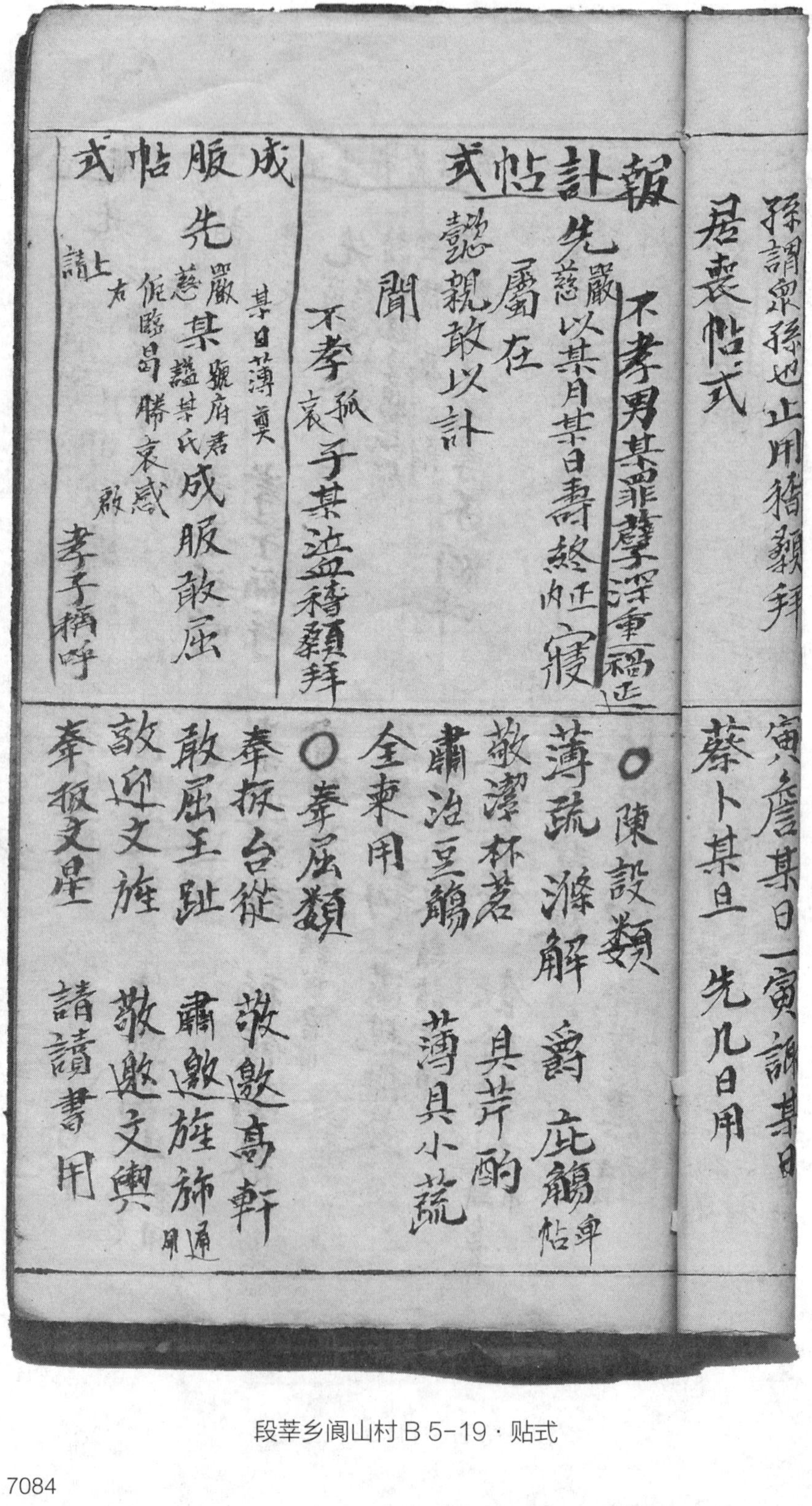

孫謂衆孫也止用稽顙拜
居喪帖式
寅詹某日一寅諏某日
蔡卜某旦 先几日用

報訃帖式
不孝男某罪孽深重禍延
先嚴慈以某月某日壽終內正寢
屬在
懿親敢以訃
聞
不孝孤哀子某泣血稽顙拜

成服帖式
某日薄奠
先嚴慈某諡某府君某氏成服敢屈
伲臨曷勝哀感
啟
右
上請
孝子稱呼

○陳設類
薄疏滌解爵 庀觴 卑帖
敬潔杯茗 具芹酌
肅治豆觴 薄具小蔬
全柬用
○奉屈類
奉扳台從 敬邀高軒
敢屈玉趾 肅邀旌旆 通用
敬迎文旌 敬邀文輿
奉扳文星 請讀書用

段莘乡阆山村 B 5-19 · 贴式

百日帖人
先人几句敢居
某日薄奠大
低臨无任哀感
右
敢
上請 孝子稱呼
孝子稱呼

不受帛義帖式
謝承
先慈嚴遺命凡
請懿親厚賜祇領
盛情厚 附
璧容謝未人 孝子稱呼

全受帖
謝人
堂尊敬領
盛儀尚容辭
謝

祇迎慈輿 奉邀香車
儼扳蓮步 奉邀鸞驂 請女客用
○過邀類
素邀清誨 祇領鴻教
肅領清誨 請衆客用
欽領矩誨 肅覲稚教
素承文教 請讀書用
快覿令儀 欽聆懿訓 請女客用
○伏冀類
伏惟寵臨 仰冀惠顧

領胙
謹具
豬肝几觔
俯垂寵賁 惠祈光降

段莘乡阆山村 B 5-20 · 贴式

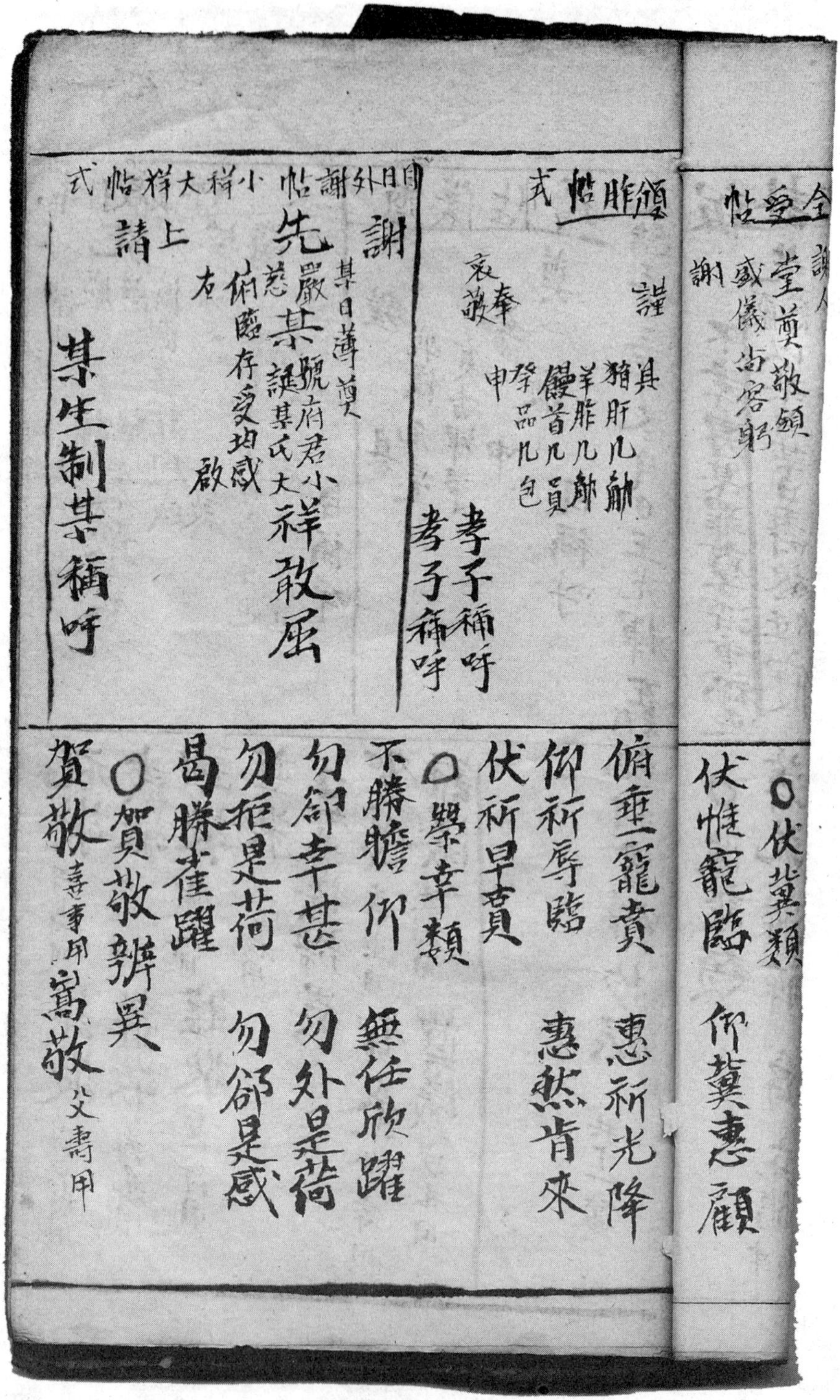

全受帖

謝人

堂奠敬領

盛儀尚容躬

謝

○伏冀類

伏惟寵臨

仰冀惠顧

領胙帖式

謹具

猪肝几觔

羊胙几觔

饅首几員

祭品几包

申

哀敬奉

孝子稱呼

孝子稱呼

日外謝帖　小祥大祥帖式

謝

某日薄奠

先嚴某號府君小祥敬屈

慈誕某氏大

俯臨存受均感

右

啟

上請

某生制某稱呼

俯垂寵賁　惠祈光降

仰祈辱臨　惠然肯來

伏祈早賁

○榮幸類

不勝瞻仰　無任欣躍

勿卻幸甚　勿外是荷

勿拒是荷　勿卻是感

曷勝雀躍

○賀敬辨異

賀敬 壽事用　嵩敬 父壽用

段莘乡阆山村 B 5-21 · 贴式

常特忌晨帖式

某日
先嚴慈諱誕晨敢屈
俯臨存殁均感
右啟
上請

壽晨者父母卒日也
誕晨者父母生日也

自稱呼

奠儀帖式

謹具
牲儀几星
奠香肆事
奉申
奠敬

自稱呼

光緒三十三年冬月日王光輝在段莘鮑村書館抄録

共十一篇

祝敬 母壽用　節敬 送節用

歲敬 送年用　贄敬 拜見用

謝敬 謝人用　贐敬 送行用

奠敬 弔喪用

〇賀儀辨異

賀儀 喜事用　賀金 賀壽用

節儀 送節用　奠儀 送祭用

段莘乡阆山村 B 5-22 · 贴式

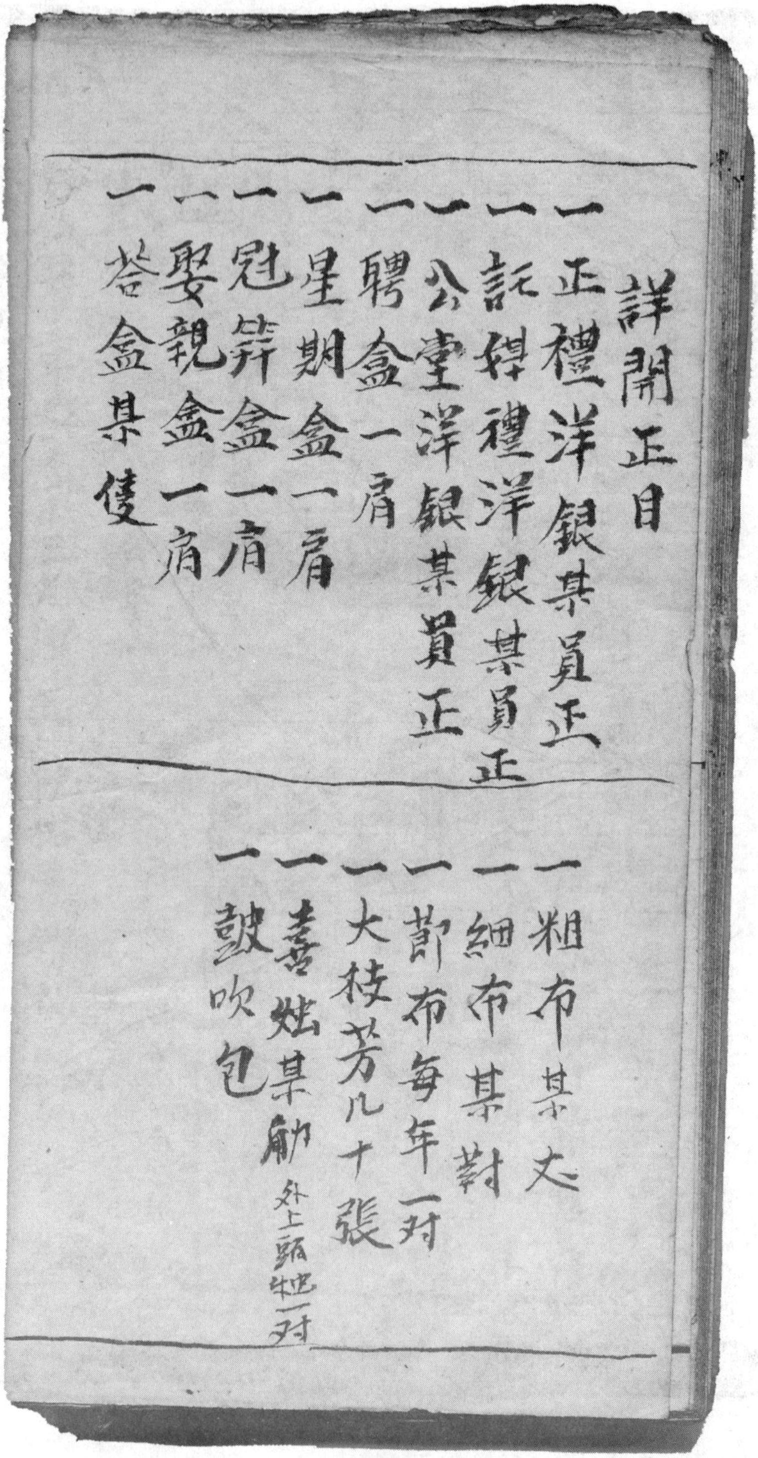

詳開正目

一正禮洋銀某員正

一託得禮洋銀某員正

一公堂洋銀某員正

一聘盒一肩

一星期盒一肩

一冠笄盒一肩

一娶親盒一肩

一荅盒某隻

一粗布某丈

一細布某對

一葛布每年一对

一大枝芳几十張

一喜燭某斤 外上頭燭一对

一鼓吹包

段莘乡阆山村 B 5-23 · 贴式

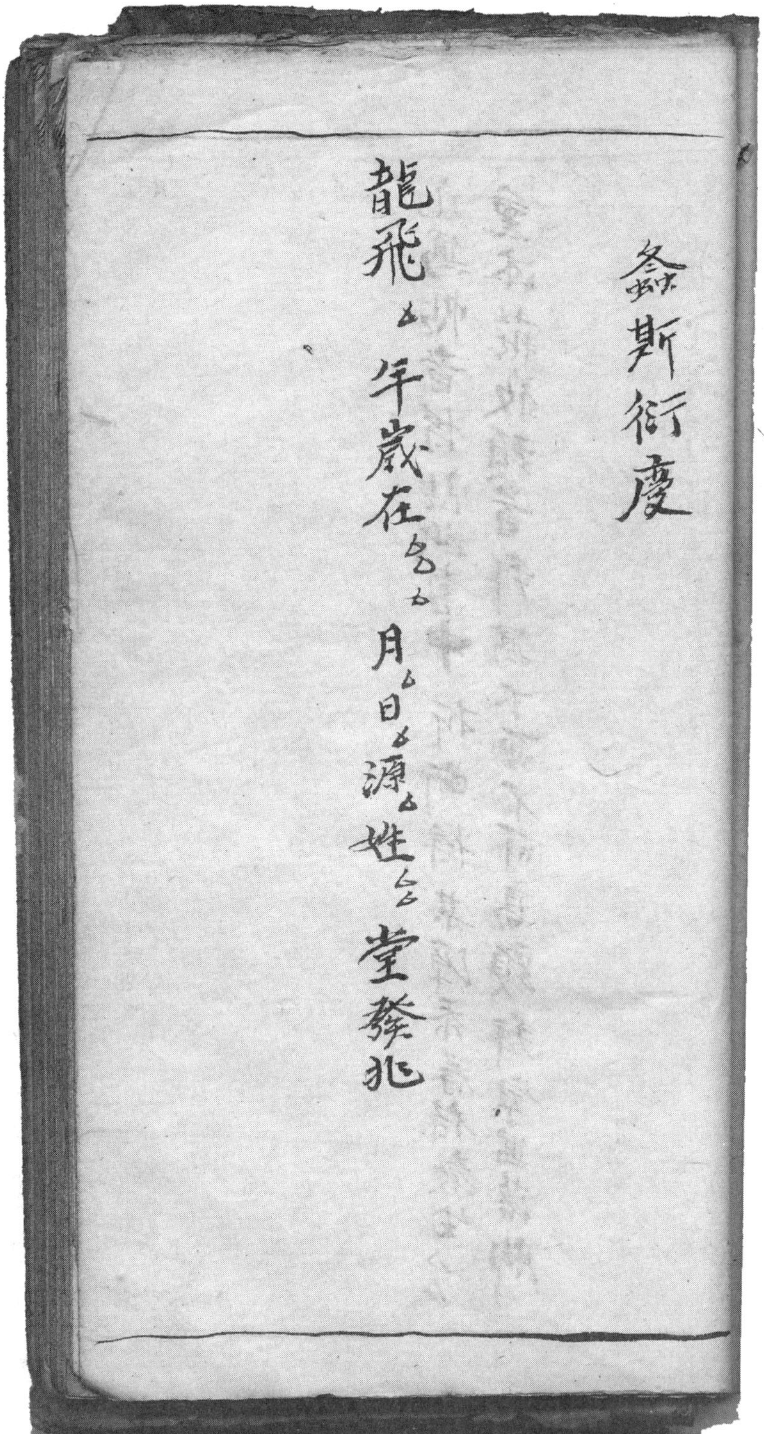

段莘乡阆山村 B 5-24 · 贴式

凡寫帖者將帖紙當中折斷將某源忝眷侍教生△△
熏沐莊敬頓首拜寫下面不可高頭拜字寫落脚

段莘乡阆山村 B 5-25 · 贴式

聘敬 下定帖面上正字一个

正

段莘乡阆山村 B 5-26 · 贴式

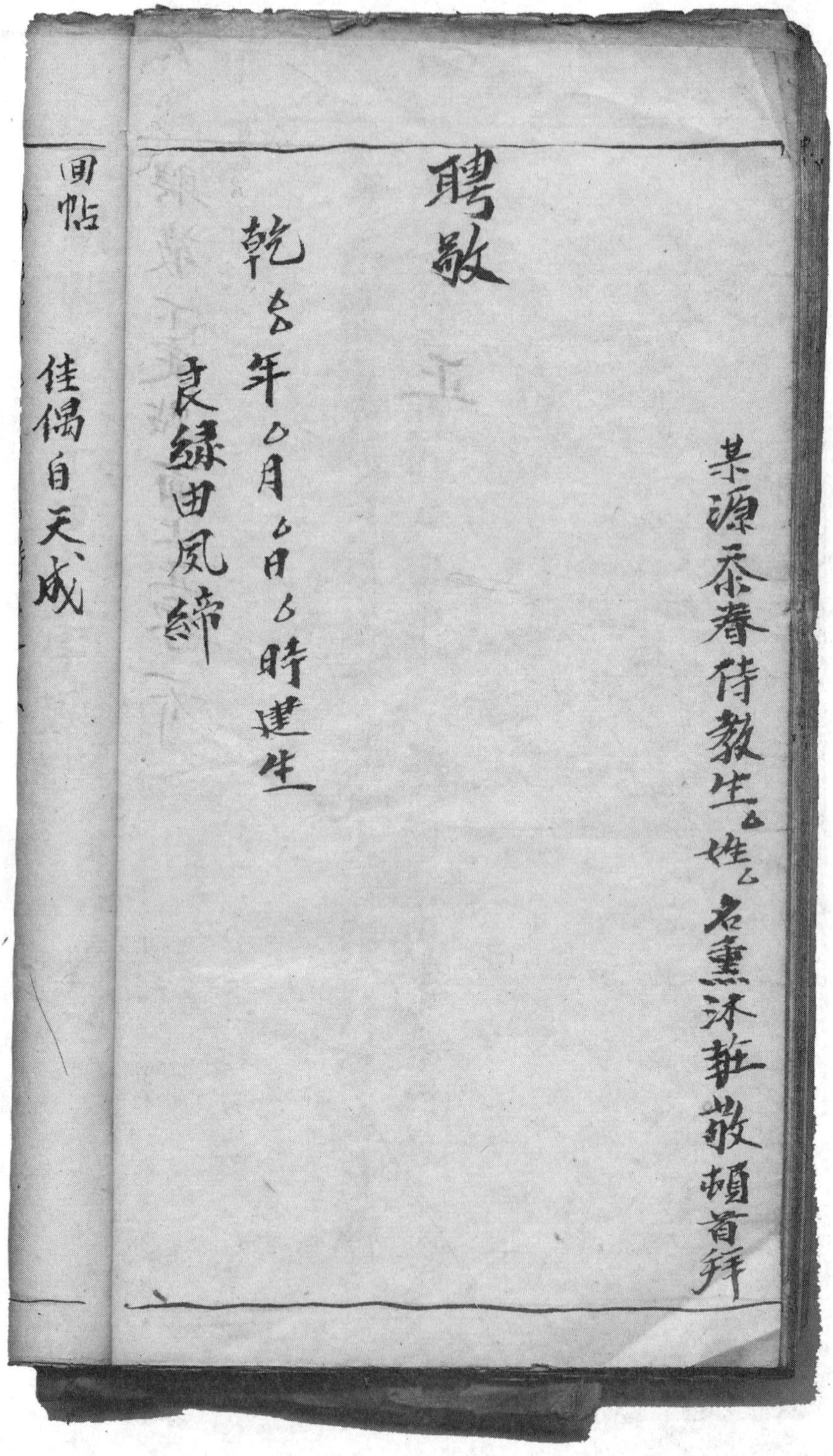

某源忝眷侍教生乙姓乙名熏沐莊敬頓首拜

聘啟

乾乙年○月乙日乙時建生

良緣由夙締

回帖

佳偶自天成

段莘乡阆山村 B 5-27 · 贴式

良緣由夙締

回帖

佳偶自天成

坤△△年△月△日△時建生

嘉敬

某源泰眷侍教生△姓△名熏沐莊敬頓首拜

段莘乡阆山村 B 5-28 · 贴式

星期帖送日子面上正字一介

正

段莘乡阆山村 B 5-29 · 贴式

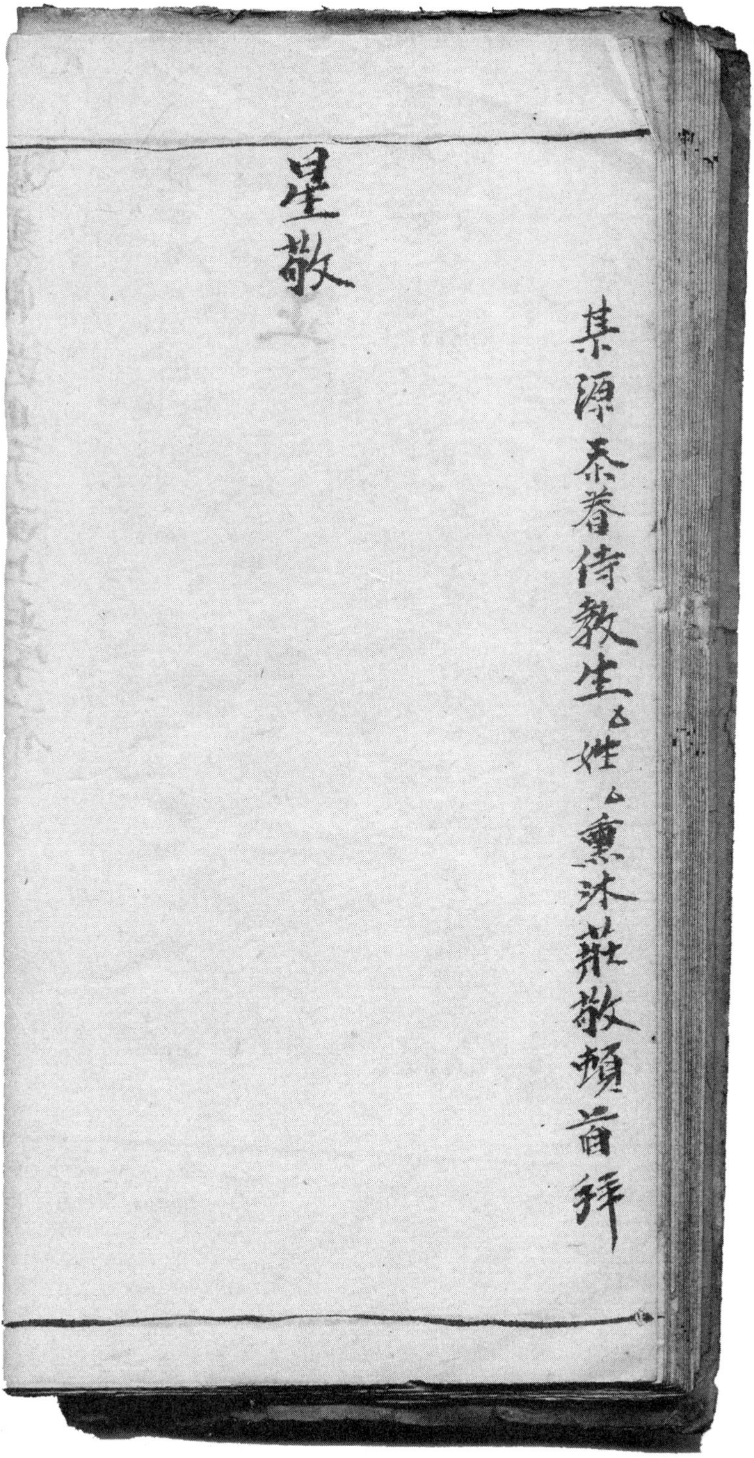

星敬

某源泰眷侍教生△姓△熏沐莊敬頓首拜

段莘乡阆山村 B 5-30 · 贴式

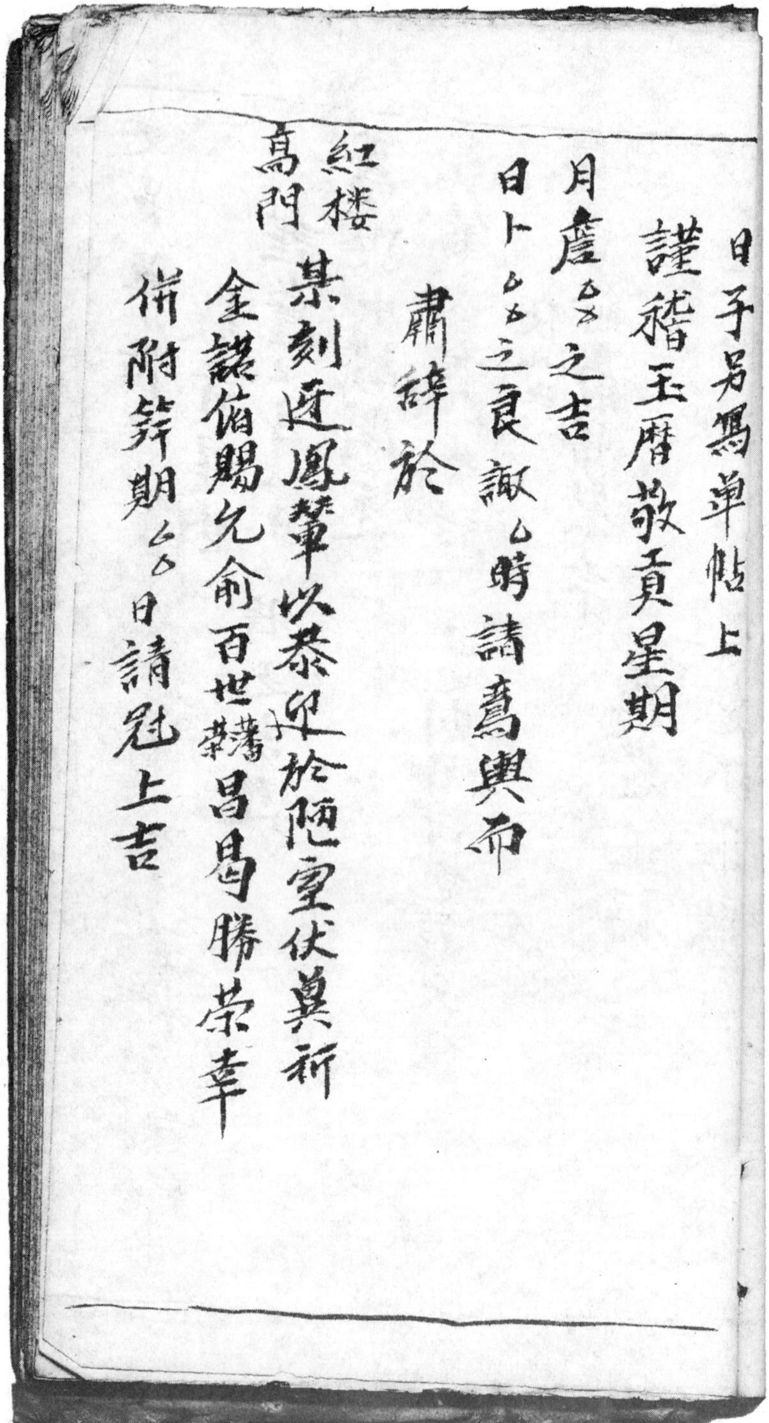

日子另寫单帖上
謹稽玉暦敬貢星期
月詹○○之吉
日卜○○之良諏○時請鳶輿而
肅辞於
紅楼某刻迓鳳輦以恭迎於陋室伏冀祈
高門金諾俯賜允俞百世荣藩昌昌勝荣幸
併附辞期○○日請冠上吉

段莘乡阆山村 B 5-31 · 贴式

又另单帖

敬貢星期

謹詹厶月厶日厶時之吉迎

鸞輿出繡閣迓

鳳輦入蓬門先於厶厶日之期用行冠笄大禮

伏冀

允俞曷勝榮幸

肅名正福

恕不莊啟

回帖

段莘乡阆山村 B 5-32 · 贴式

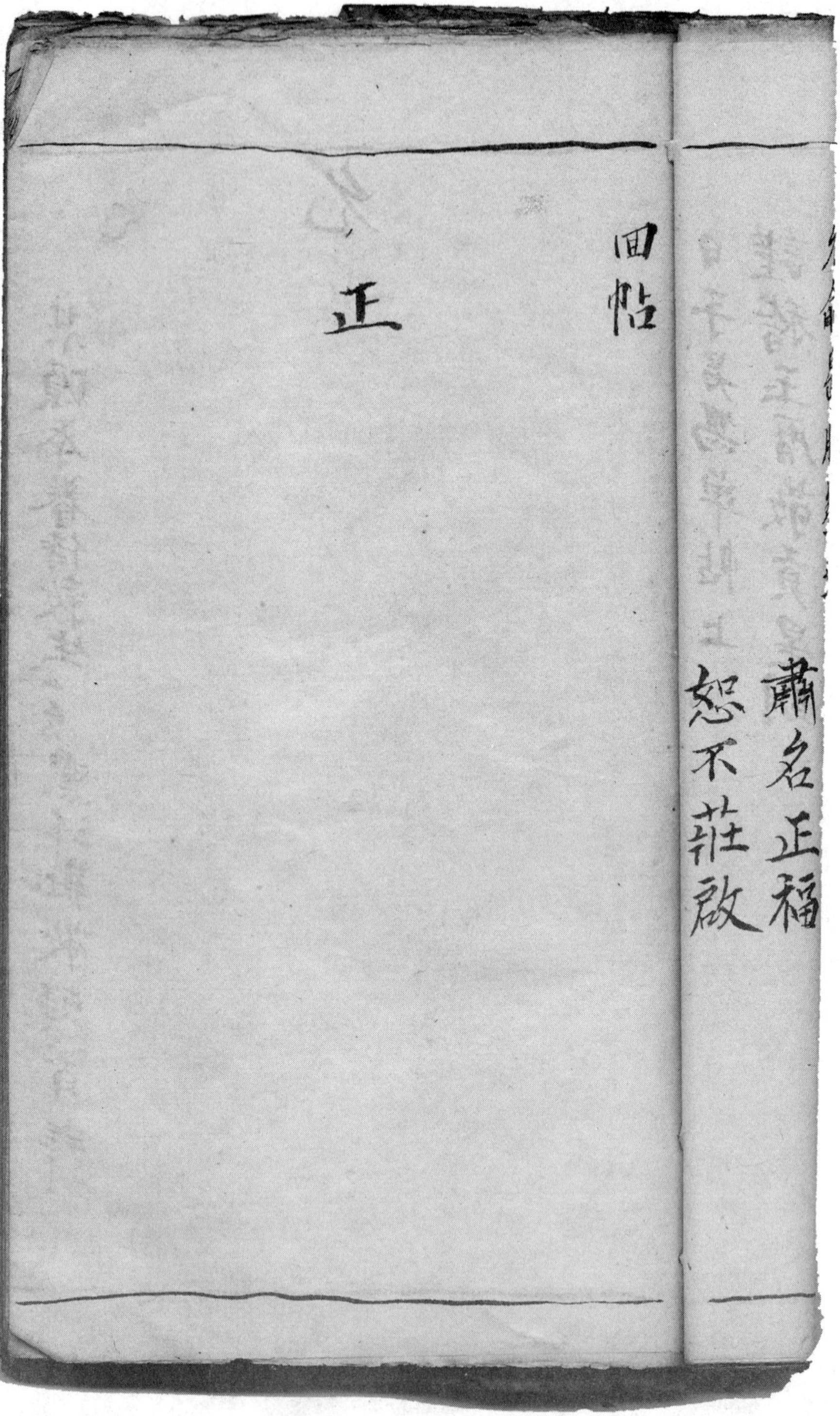

肅名正福
恕不莊啟
回帖
正

段莘乡阆山村 B 5-33 · 贴式

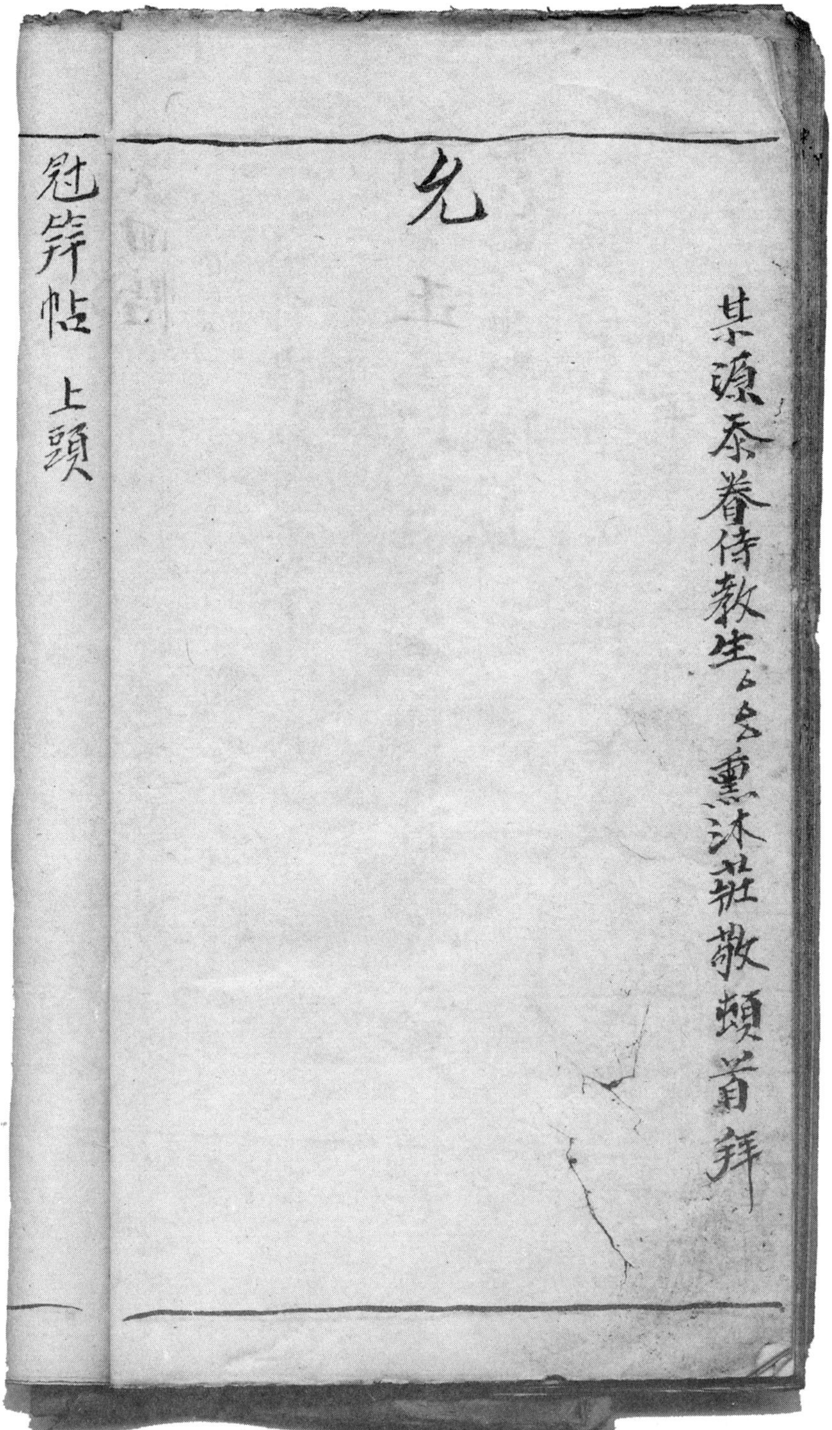
某源忝眷侍教生〻〻熏沐莊敬頓首拜

允

冠笄帖　上頭

段莘乡阆山村 B 5-34 · 贴式

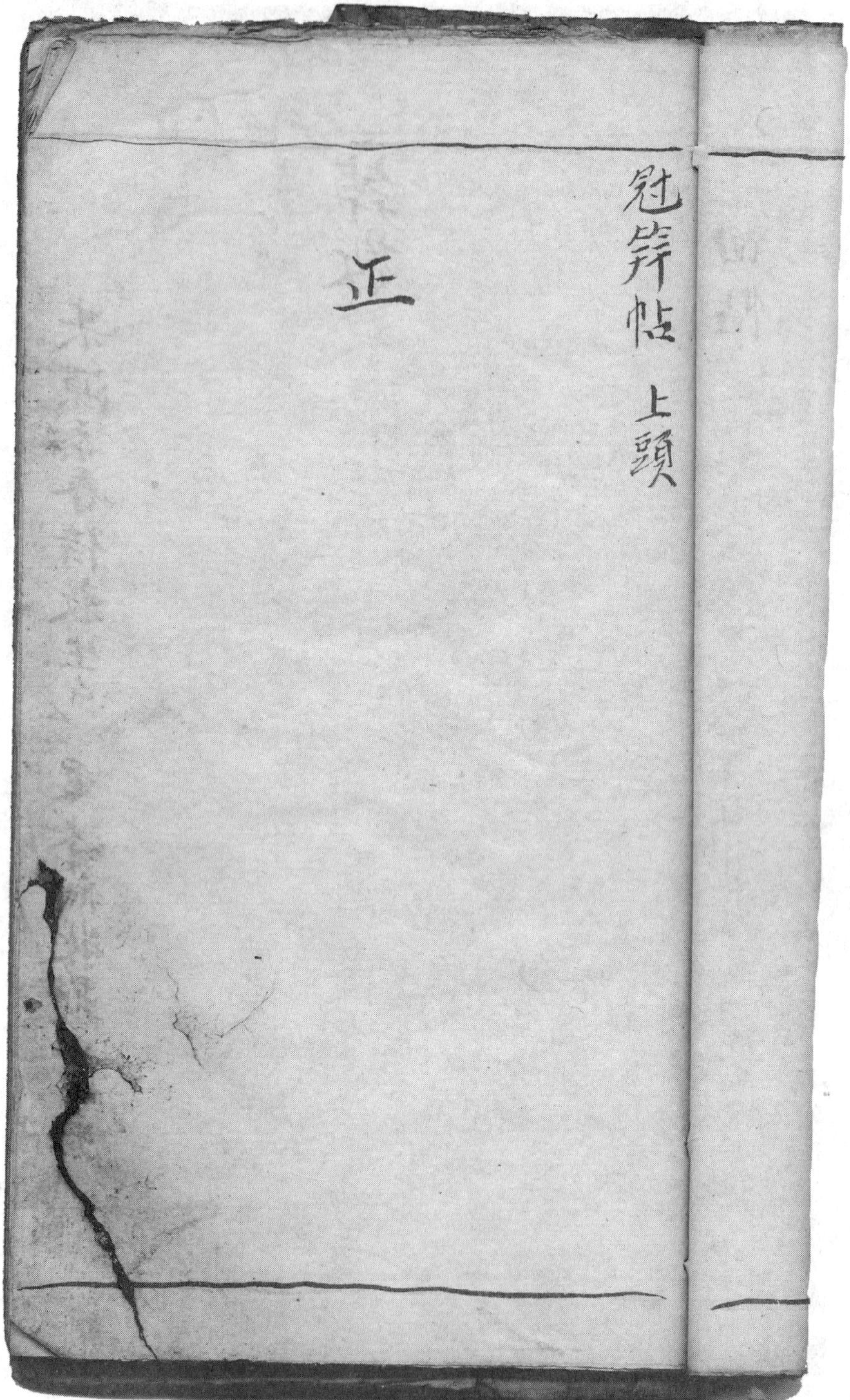

冠笄帖　上頭

正

段莘乡阆山村 B 5-35 · 贴式

段莘乡阆山村 B 5-36 · 贴式

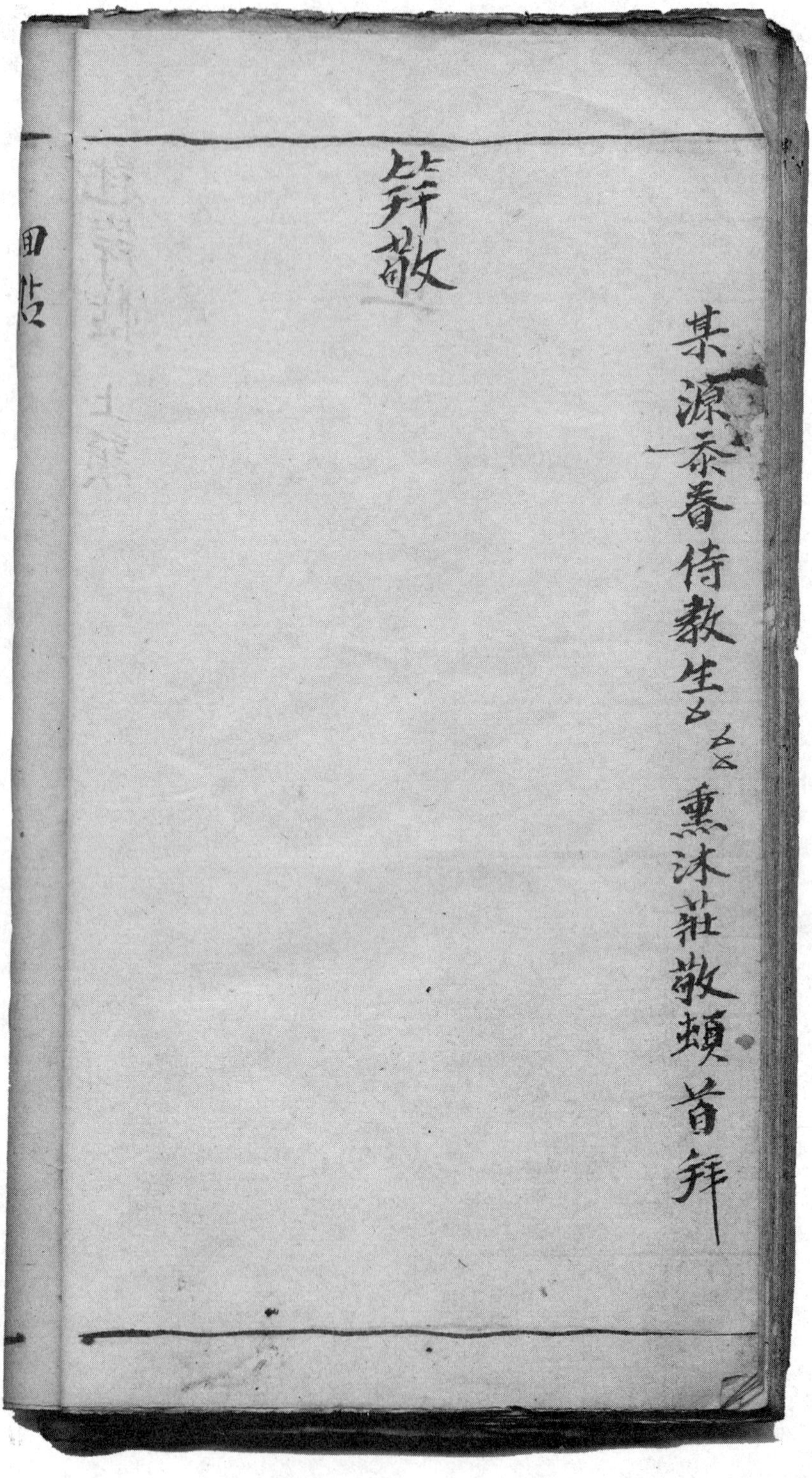
拜敬

某源忝眷侍教生么么熏沐莊敬頓首拜

段莘乡阆山村 B 5-37 · 贴式

某源忝眷侍教生某姓乙乙名熏沐莊敬頓首拜

嘉敬

通門帖

段莘乡阆山村 B 5-38 · 贴式

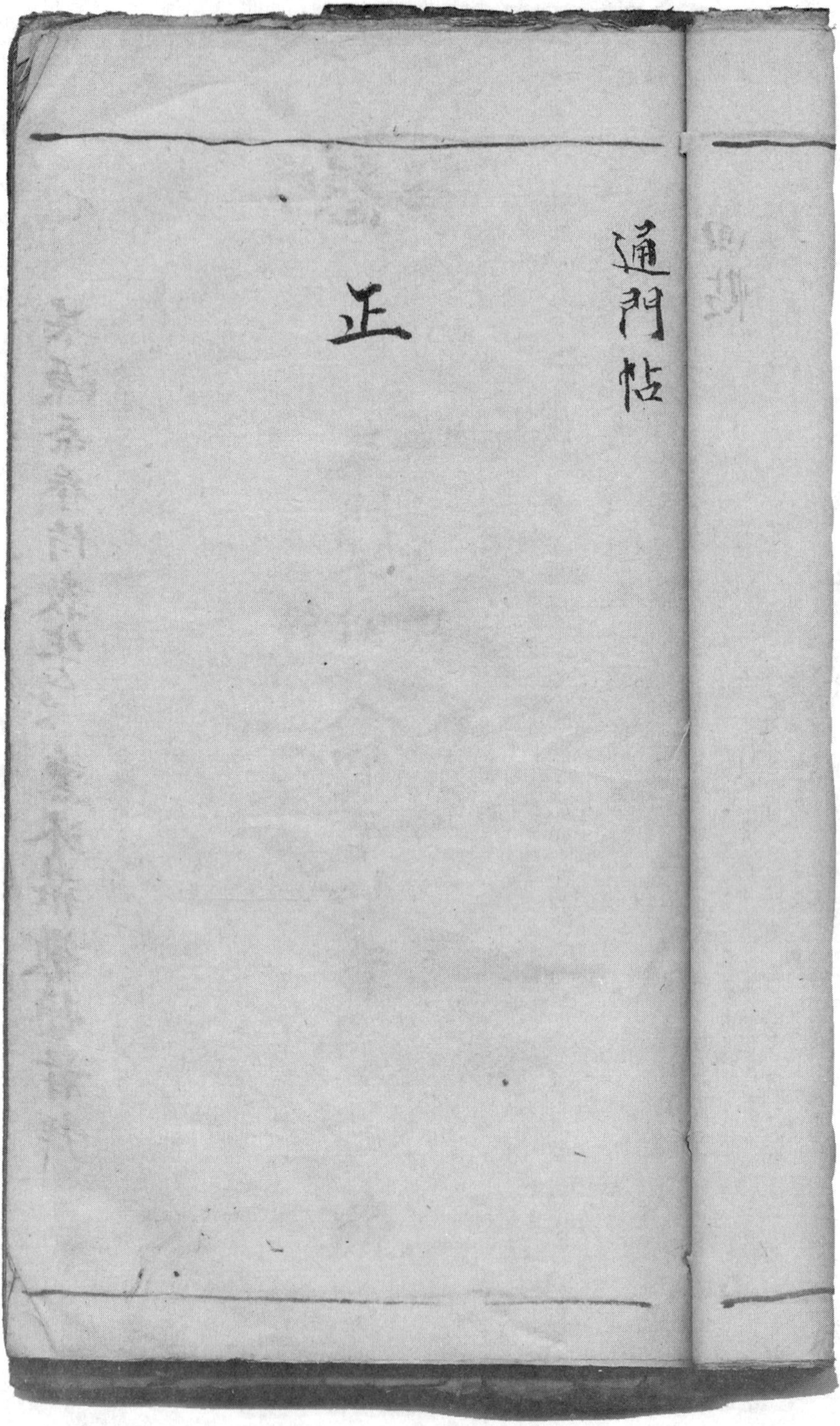
通門帖

正

段莘乡阆山村 B 5-39 · 贴式

叅辞謝帖　此帖用本紅紙单帖

懇

某源恭眷侍教生△△熏沐莊敬頓首拜

段莘乡阆山村 B 5-40 · 贴式

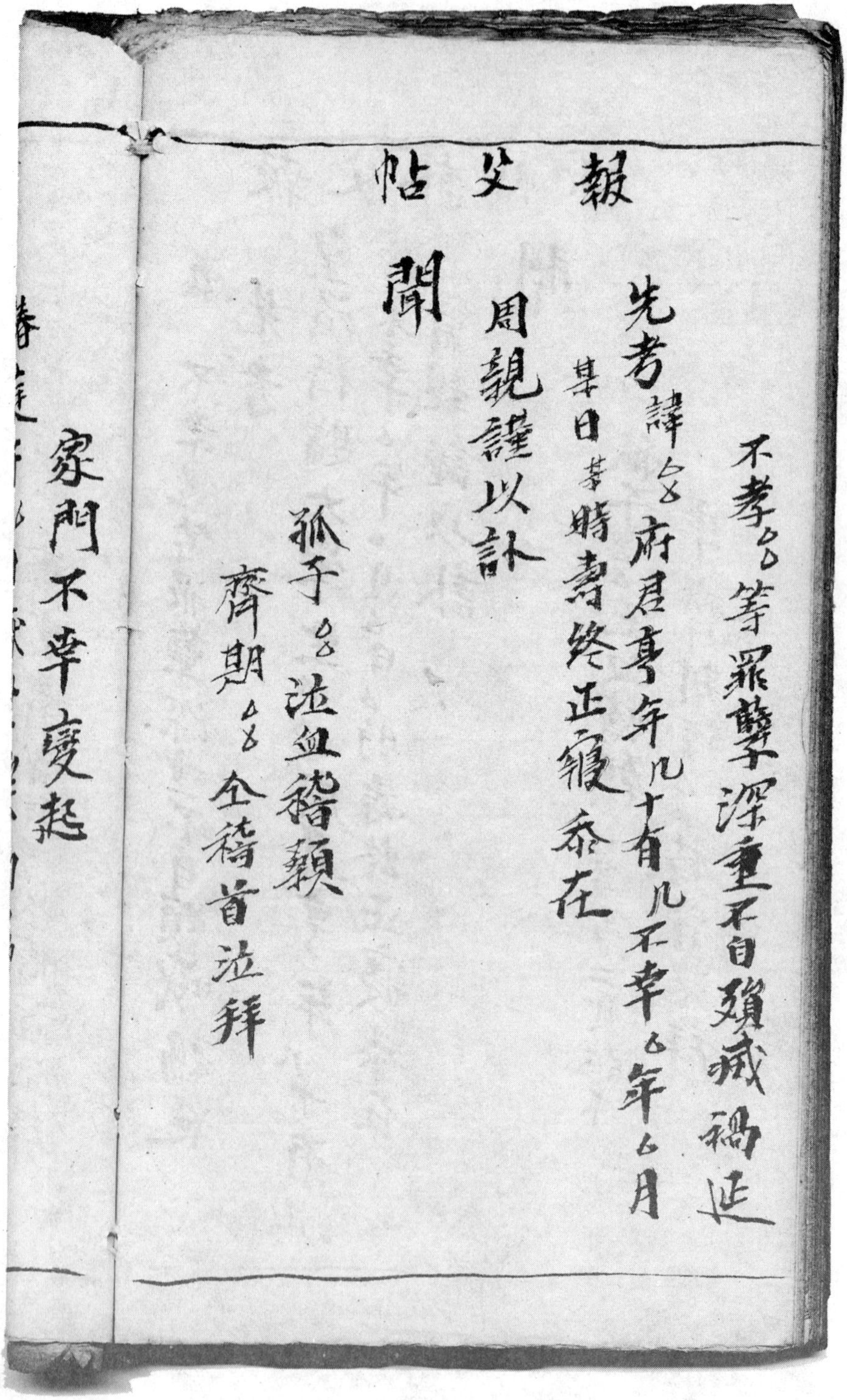

報父帖

不孝〇〇等罪孽深重不自殞滅禍延
先考諱〇〇府君享年几十有几不幸〇年〇月
某日某時壽終正寢忝在
周親謹以訃
聞
孤子〇〇泣血稽顙
齊期〇〇仝稽首泣拜

家門不幸變起

段莘乡阆山村 B 5-41 · 贴式

報父帖

家門不幸變起
椿庭于〻日厭世矣切屬
至戚敢以告
孤子〻〻泣血稽顙

段莘乡阆山村 B 5-42 · 贴式

某源忝眷侍教生〻〻熏沐莊敬頓首拜

公敬

禮洋某員正

子婿拜帖

段莘乡阆山村 B 5-43 · 贴式

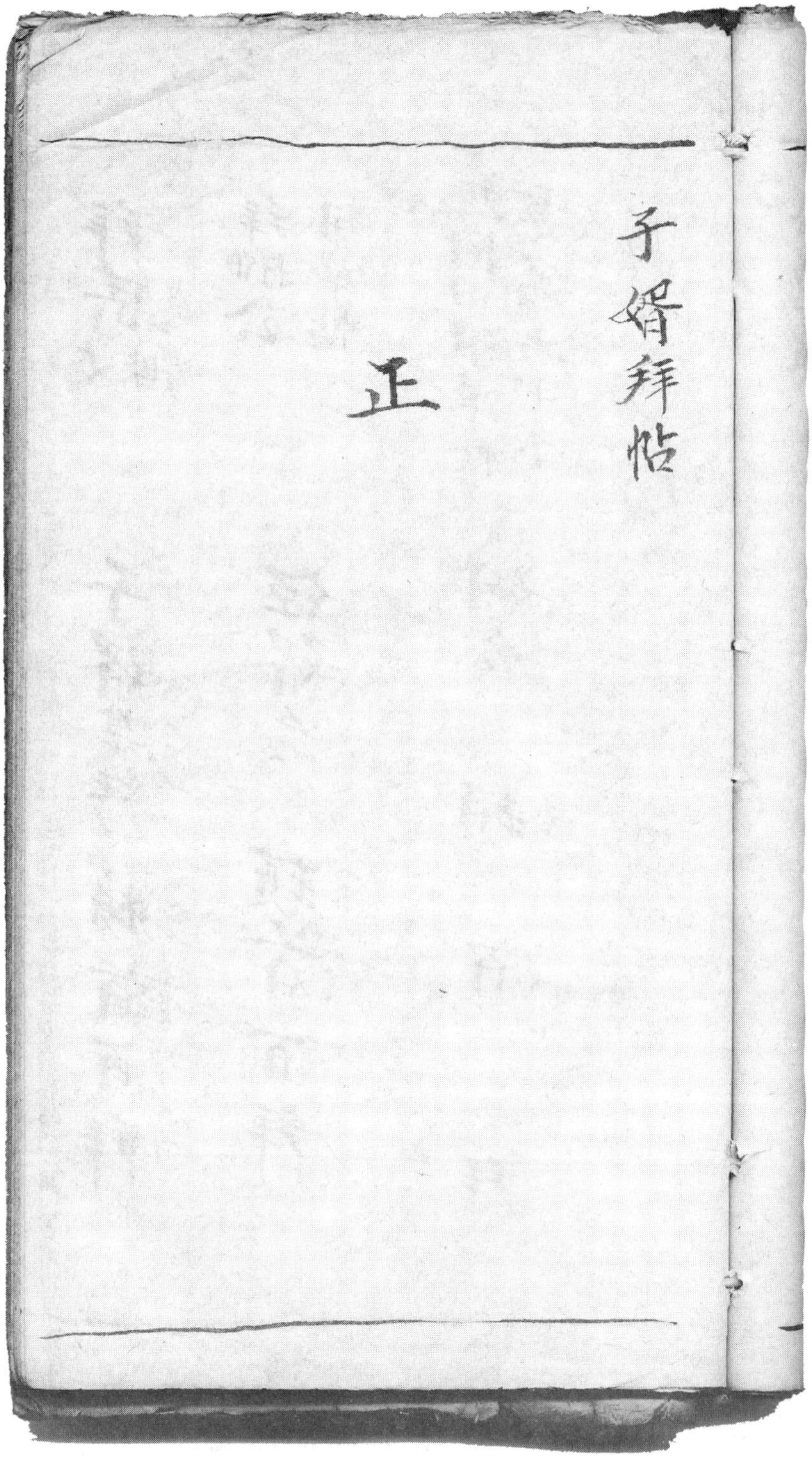
子婿拜帖

正

段莘乡阆山村 B 5-44 · 贴式

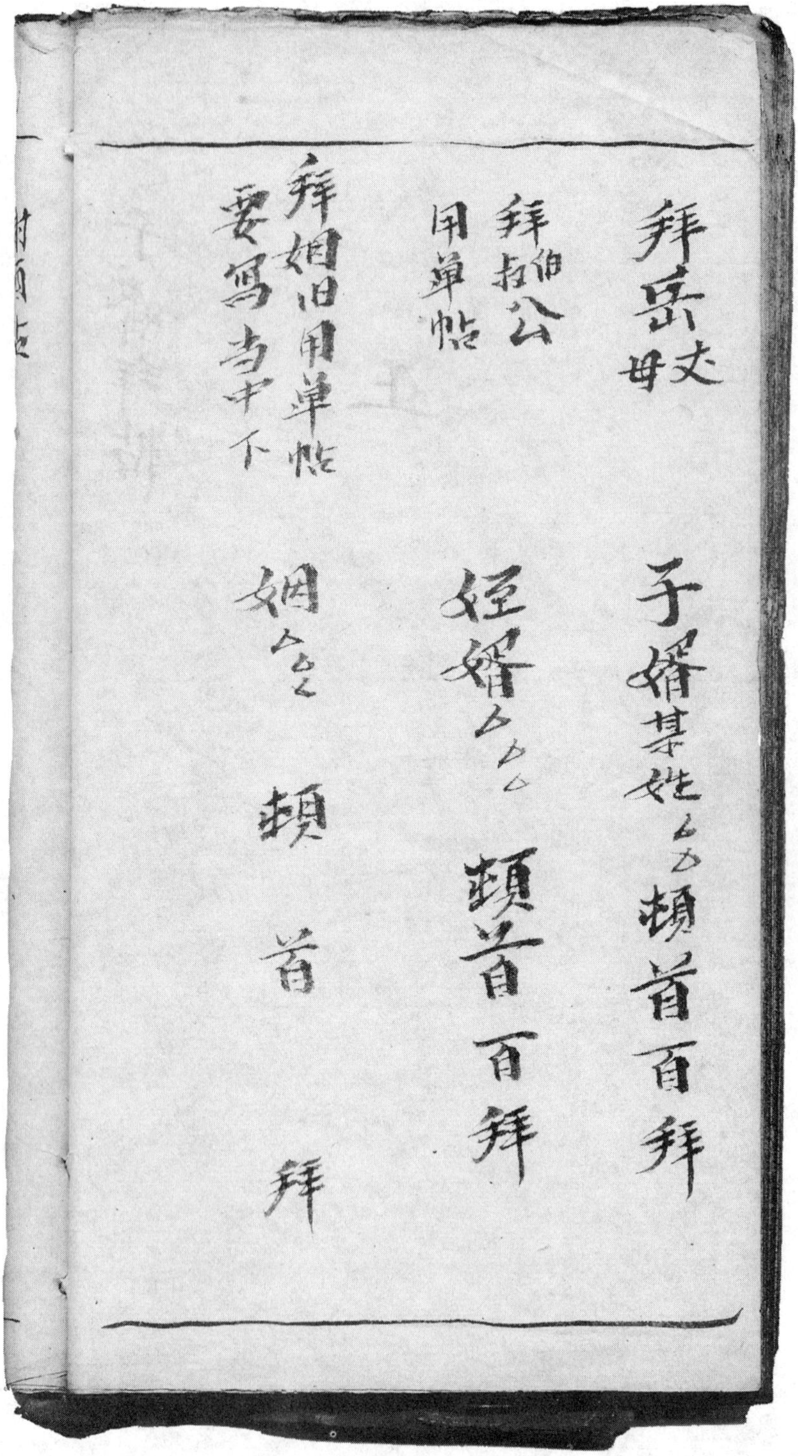
拜岳丈母

子婿某姓ㄙㄙ頓首百拜

拜伯叔公
用单帖

侄婿ㄙㄙ頓首百拜

拜姻旧用单帖
要寫当中下

姻ㄙㄙ頓首拜

段莘乡阆山村 B 5-45 · 贴式

謝酒帖

謝

某源泰眷侍教生姓厶厶熏沐端肅頓首拜

段莘乡阆山村 B 5-46 · 贴式

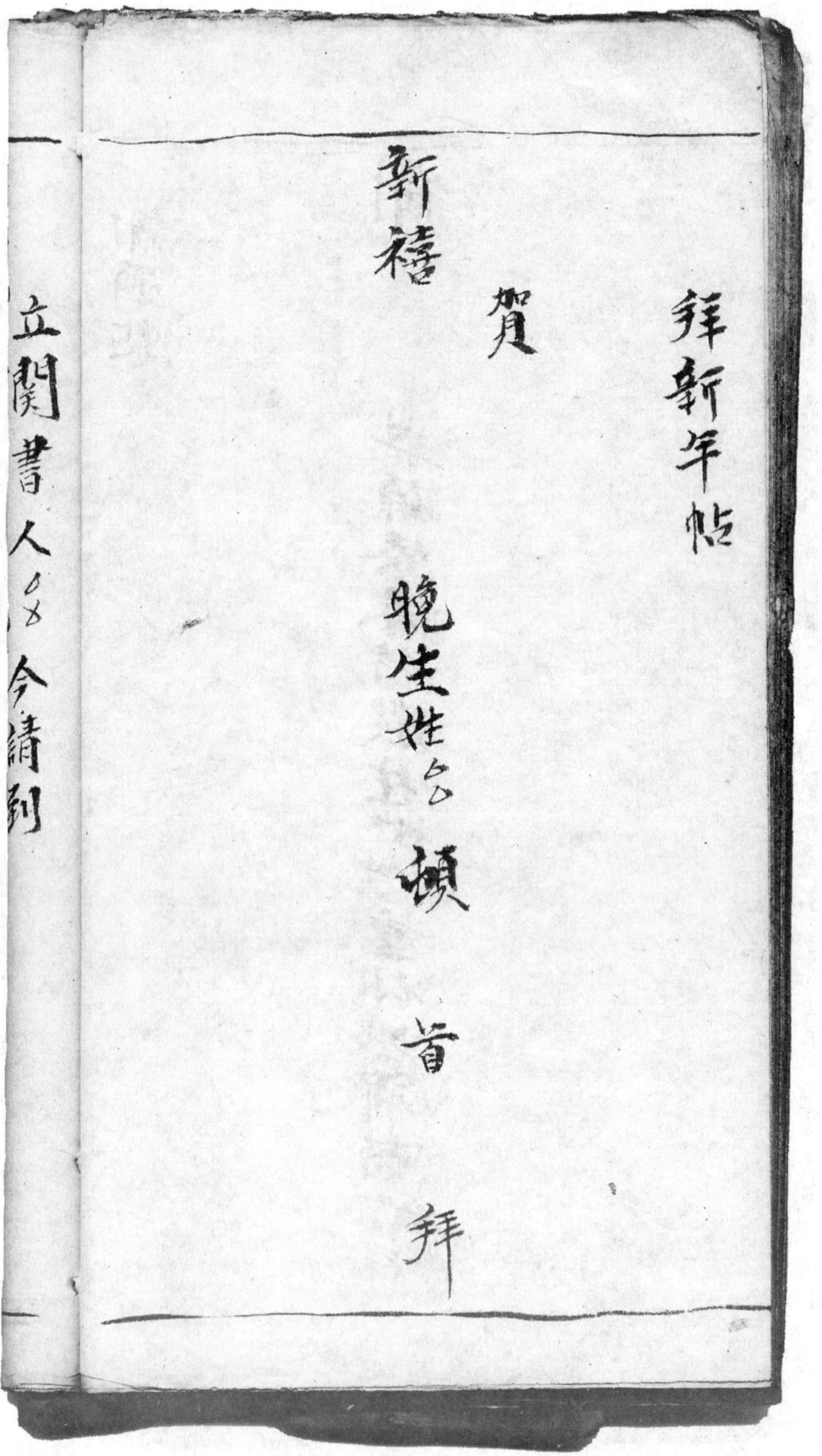

拜新年帖

賀

新禧

晚生姓〇〇頓首拜

立關書人〇〇今請到

段莘乡阆山村 B 5-47 · 贴式

立關書人〇〇今請到
某姓先生佈種天花平安慶壽
一員男童〇〇

段莘乡阆山村 B 5-48 · 贴式

星期不用啟式

荷蒙不鄙謹真
星期月詹々日卜々吉特懇發
鸞輿々刻恭迎
鳳輦仰祈
金諾俯賜
鸞盟恕不莊啟
吉敬 此二字寫第頁中間下
第二頁張下寫々々熏沐具拜

段莘乡阆山村 B 5-49 · 贴式

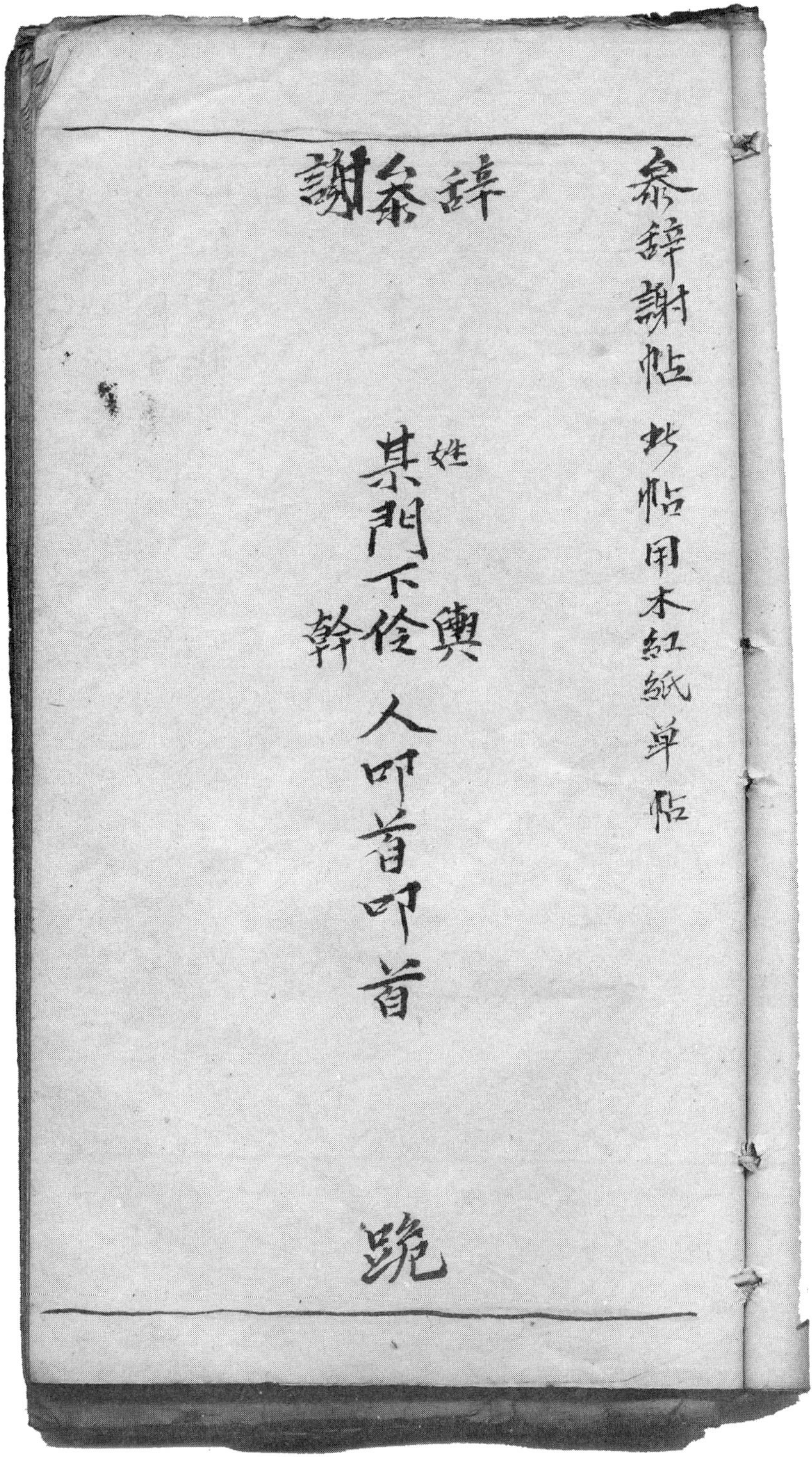

叅辞謝帖　此帖用木紅紙单帖

辞叅謝

與

某姓門下伇

幹

人叩首叩首

跪

段莘乡阆山村 B 5-50 · 贴式

段莘乡阆山村 B 5-51 · 贴式

閱書帖式

立閱書人厶厶今請到

某姓厶厶先生函丈訓課一載務求講學無私絳

帳臺中春滿談經有要準比席上陽和聆木鐸于

几前均叨警覺仰泰山于座右共樂依归乞毋金玉

其音莫將桃李是樹所有修敬交讀生名開列于

後

一員李生厶厶

寄在帖式

段莘乡阆山村 B 5-52 · 贴式

段莘乡阆山村 B 5-53 · 贴式

某源忝眷侍教生〻〻〻熏沐莊敬頓首拜

懇

上

回帖式

段莘乡阆山村 B 5-54 · 贴式

回帖式

嘉敬

某源忝眷侍教生△△△熏沐莊敬頓首拜

段莘乡阆山村 B 5-55 · 贴式

寄名帖式

具投弟子〻處姓〻〻今將長次子投寄

某〻大老爺座前為子取名〻〻嗣今投拜之後祈保

此子関煞消除星辰〻〻順適身如華樹百病不生

佈種天花十全其美日無驚惶之變夜無啼哭之

憂八節災消无妄四時慶叉有餘東西南北咸宜

春夏秋冬皆吉凡有所求悉蒙

尊神庇佑〻〻弟子不勝感激屏营之致謹帖以

以聞

旹皇清〻〻年〻月〻日弟子姓〻〻百拜具帖

段莘乡阆山村 B 5-56 · 贴式

遭火帖式

昨日/夜隣遭回禄之灾承蒙

親朋極力救保無虞理應登門叩

謝　誠恐不週反致開罪　姓么么全拜叩

肅此佈

求雨帖

旱魃為祟禾苗受灾

恭請

○○祈求甘霖以甦禾稼　儆道

貴宅幸祈原諒　○御么姓衆等拜

詰朝往么迎請

段莘乡阆山村 B 5-57 · 贴式

厶厶祈求甘霖以甦禾稼假道

貴宅幸祈原諒

厶鄉厶姓衆等拜

詰朝徃厶厶迎請

聖水

道經

幸勿誼譴

某厶衆等拜

段莘乡阆山村 B 5-58 · 贴式

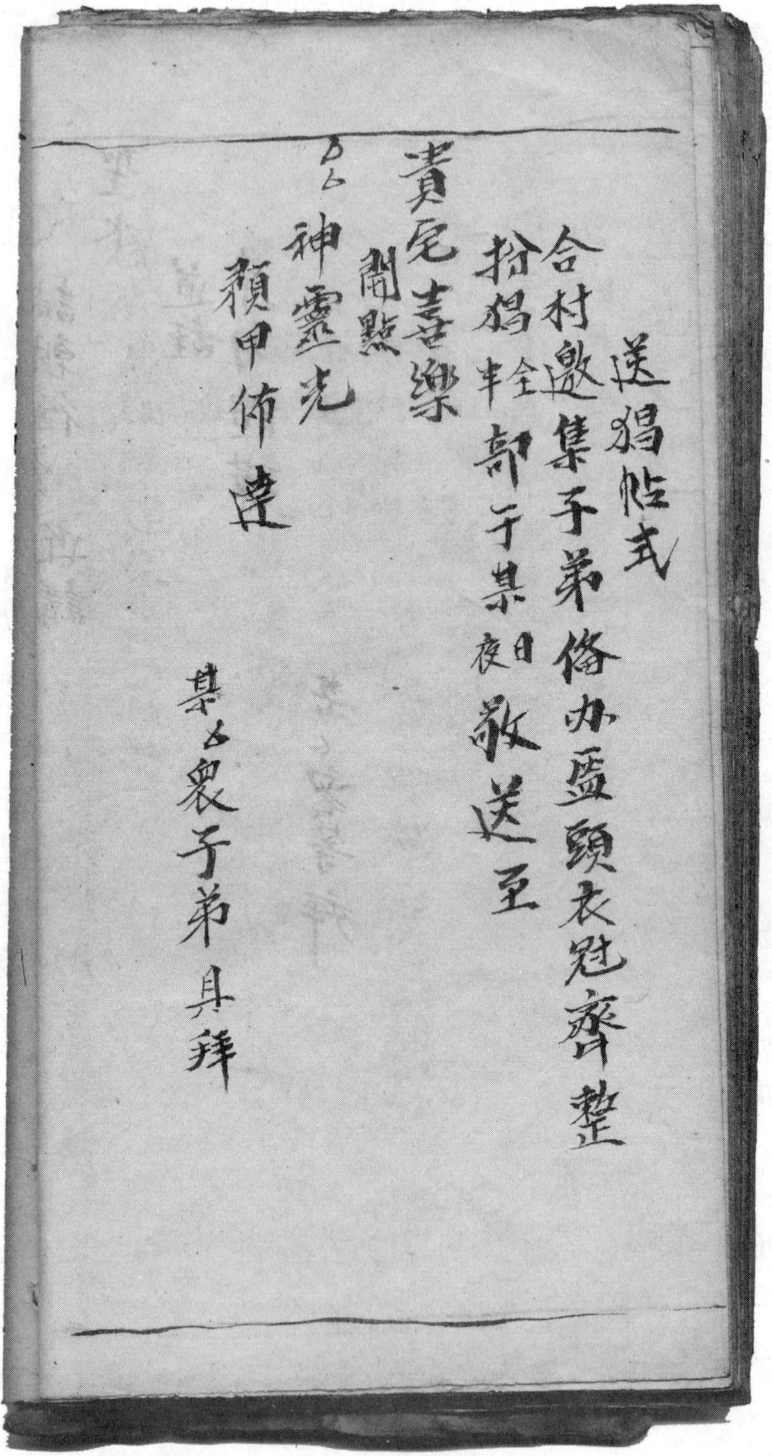

段莘乡阆山村 B 5-59 · 贴式

求雨帖

天逢亢旱禾苗枯槁　翌日

迎請

厶厶名山聖水

道經

貴宅一行謹以告

聞

某源厶社衆等拜

段莘乡阆山村 B 5-60 · 贴式

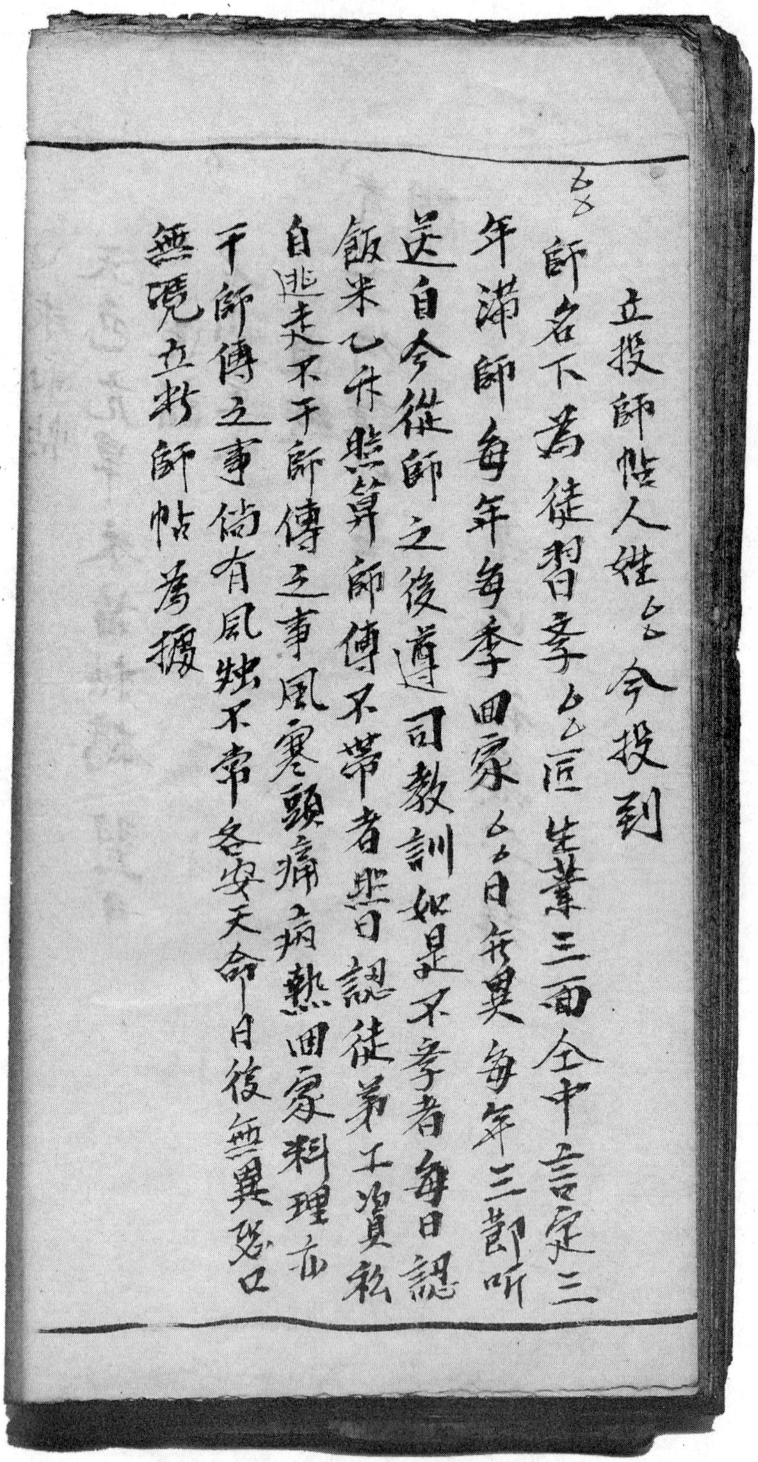

立投師帖人姓某某今投到
某某師名下爲徒習學某某匠生業三面仝中言定三
年滿師每年每季回家某某日每年三節听
從自今從師之後遵司教訓如是不孝者每日認
飯米乙升照算師傅不帶者照日認徒弟子資私
自逃走不干師傅之事風寒頭痛病熱回家料理亦
干師傅之事倘有風燭不常各安天命日後無異說口
無憑立此師帖爲據

段莘乡阆山村 B 5-61 · 贴式

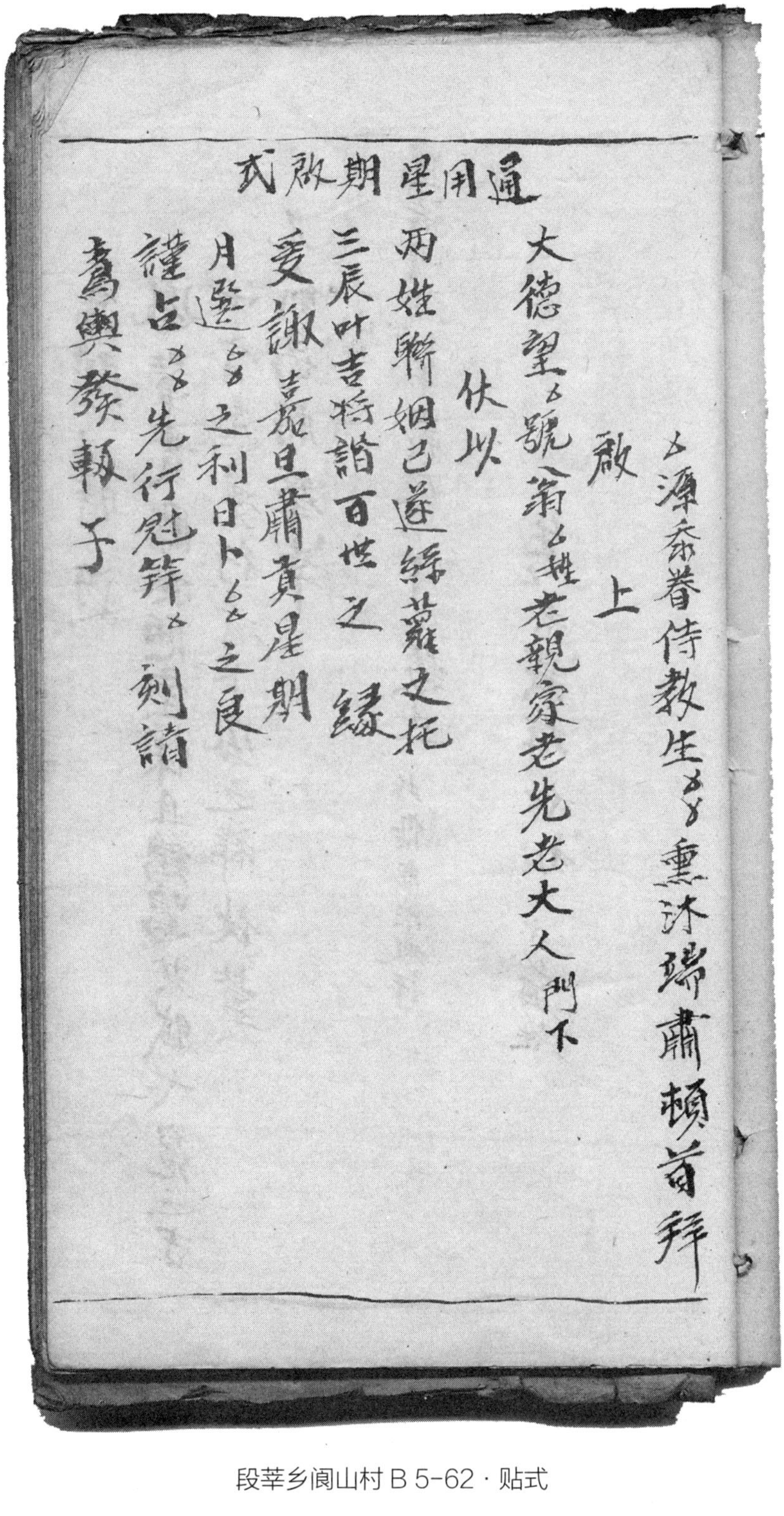

通用星期啟式

〻源忝眷侍教生〻〻熏沐端肅頓首拜

啟　上

大德望〻號〻翁〻姓老親家老先老大人門下

伏以

兩姓聯姻已遂絲蘿之托

三辰叶吉將諧百世之緣

爰諏嘉旦肅具星期

月選〻〻之利日卜〻〻之良

謹占〻〻先行冠笄〻刻請

鸞輿發軔于

段莘乡阆山村 B 5-62 · 贴式

高門厶時迓

鳳輦貴臨於陋室昧且鷄鳴共賦弋鳧之吉

中宵熊夢行看卜鳳之祥伏冀

允俞曷勝榮幸

旨

皇清同治厶年歲次厶月　穀旦　此帖每作双行

生厶名載拜如初　不必写姓

段莘乡阆山村 B 5-63 · 贴式

文星期式

敬達

星期仰祈

電覽月消△△月建之吉

日諏△△日辰之良

鸞輿而出

繡閣△刻遅

鳳輦以降蓬門伏冀

允俞昌勝榮幸

第二頁弦下具拜

段莘乡阆山村 B 5-64 · 贴式

又星期式

榮笄
迎壽

謹詹
月在壬子
候届仲冬
叶壬申之吉
諏乙亥之良
特占己卯
駕盈蓬門
恕不莊啟
統祈包容

段莘乡阆山村 B 5-65 · 贴式

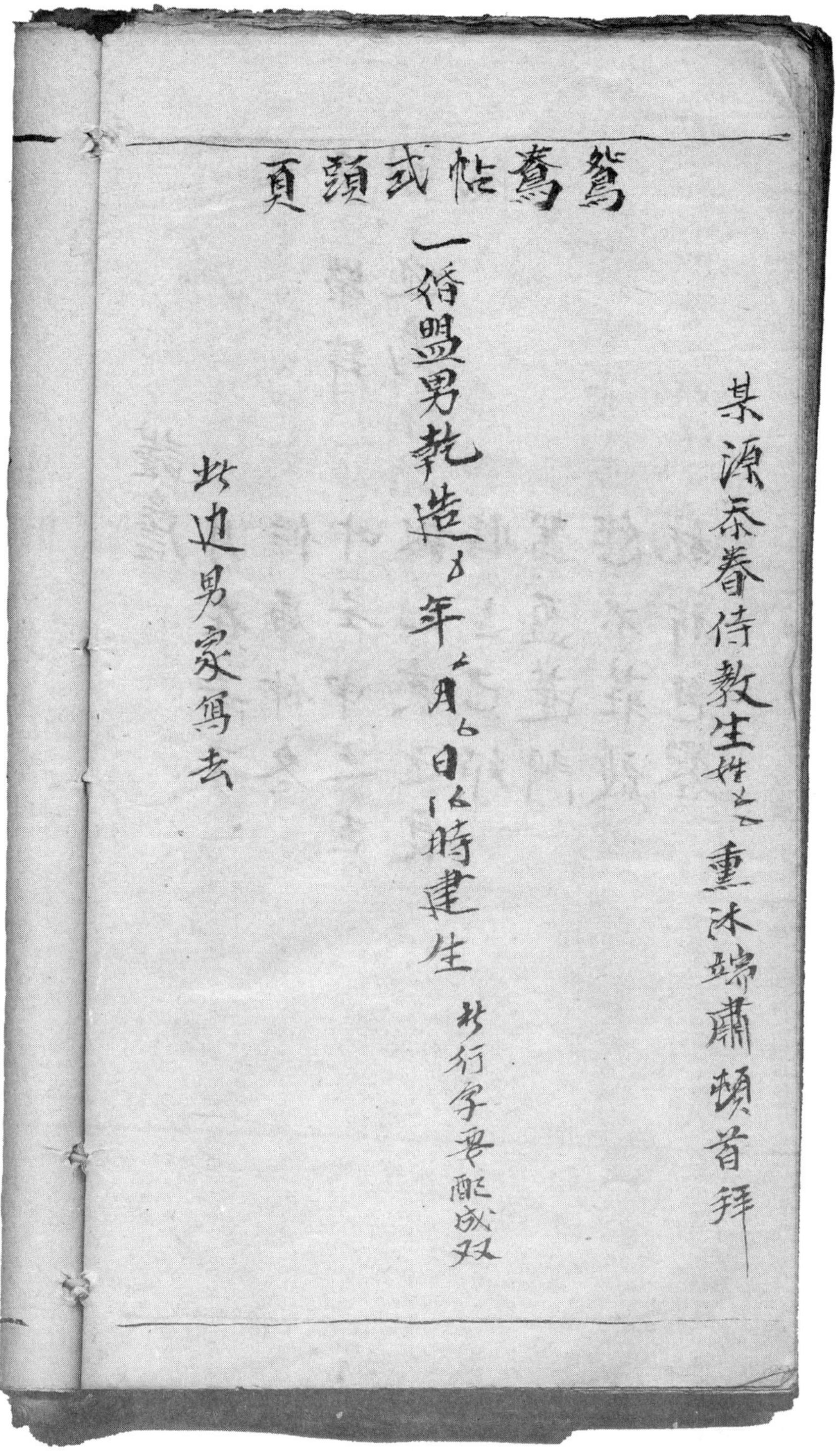

鴛鴦帖式頭頁

某源忝眷侍教生姓〻〻熏沐端肅頓首拜

一婚盟男乾造〻年〻月〻日〻時建生

此行字要配成双

此边男家寫去

段莘乡阆山村 B 5-66 · 贴式

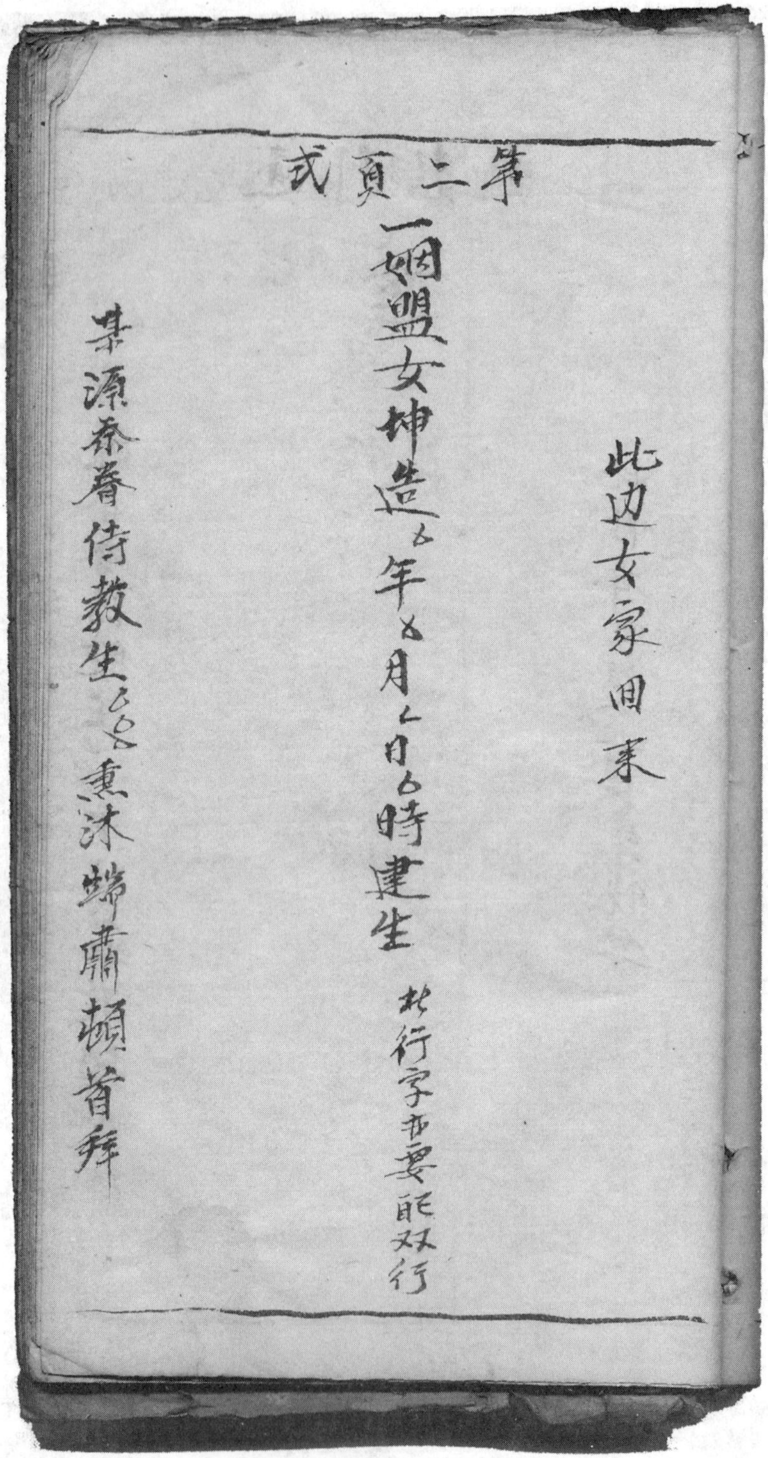
第二頁式

此边女家回来

一姻盟女坤造〻年〻月〻日〻時建生

此行字书要能双行

某源忝眷侍教生〻〻熏沐端肅頓首拜

段莘乡阆山村 B 5-67 · 贴式

通門懇帖

懇

某源恭春侍晚生ㄙㄙ熏沐莊敬頓首拜

此帖有二隻一隻無晚字

段莘乡阆山村 B 5-68・贴式

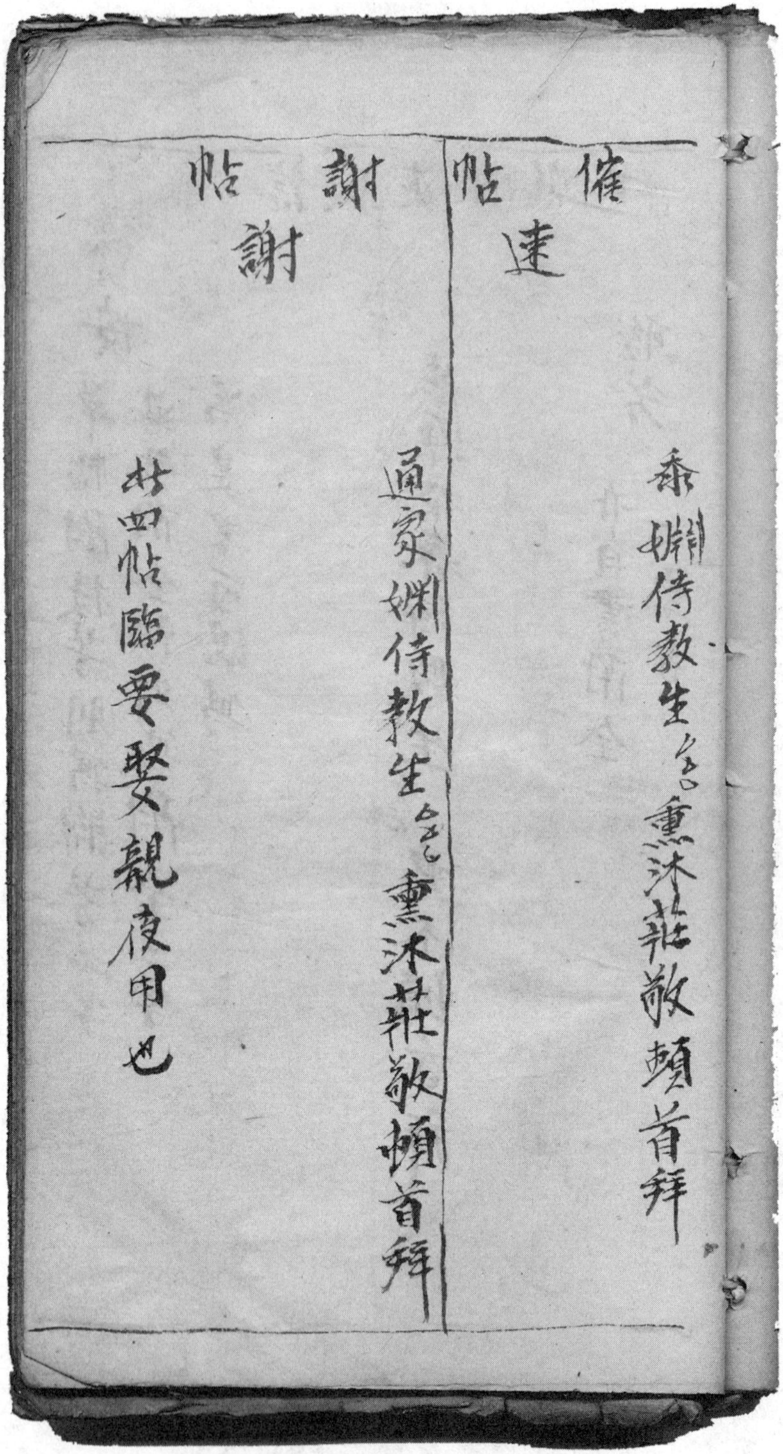

倩帖
速

忝姻侍教生名乙熏沐莊敬頓首拜

通家姻侍教生名乙熏沐莊敬頓首拜

謝帖
謝

此四帖臨要娶親夜用也

段莘乡阆山村 B 5-69 · 贴式

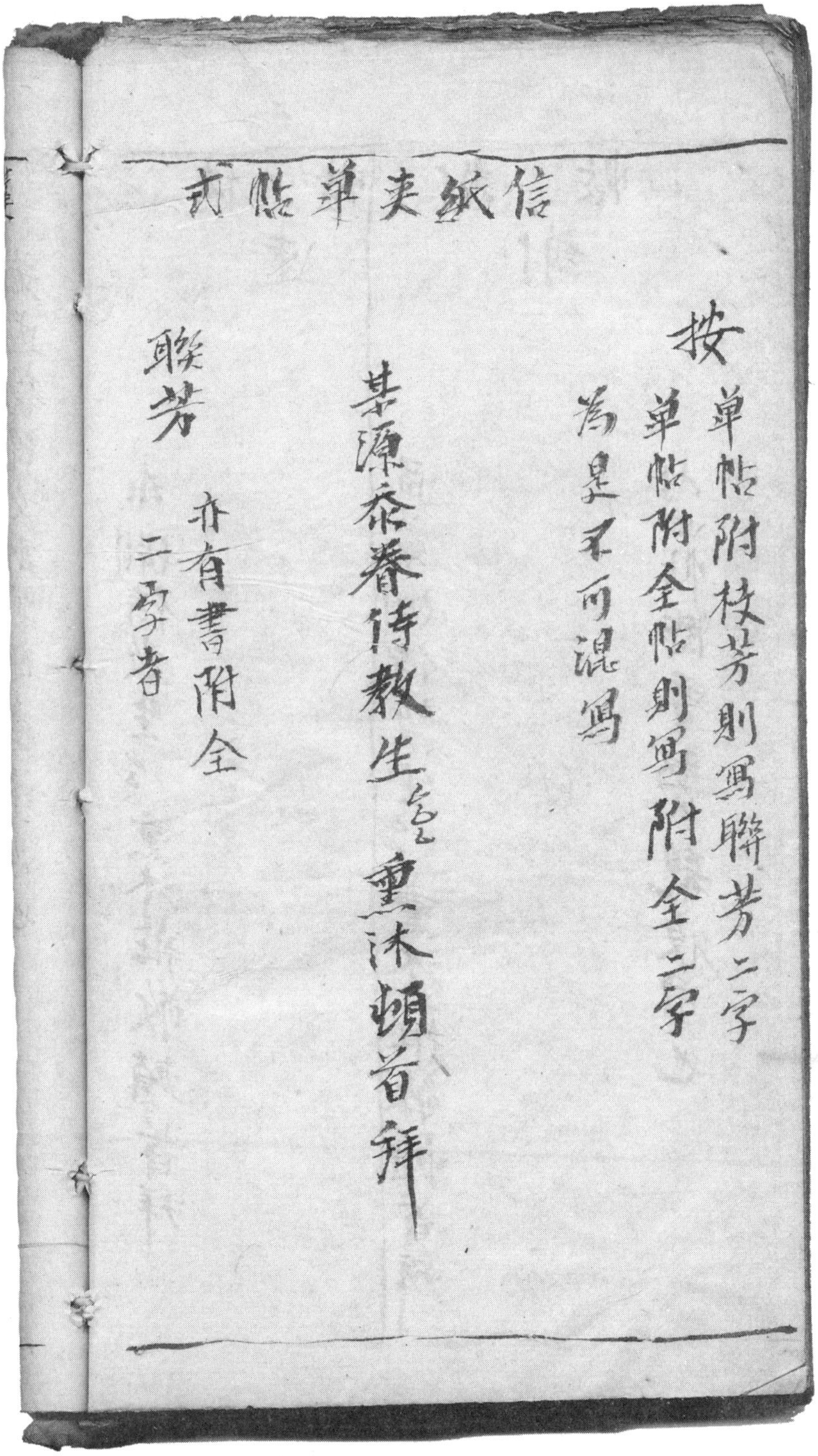

信紙夾單帖式

按　單帖附枝芳則寫聯芳二字
單帖附全帖則寫附全二字
為是不可混寫

某源忝眷侍教生名熏沐頓首拜

聯芳

亦有書附全
二字者

段莘乡阆山村 B 5-70 · 贴式

僕人叅帖

某門下幹人名叩首叩首 跪

輿人叅帖

某門下幹人名叩首叩首 跪

段莘乡阆山村 B 5–71 · 贴式

樂人叅帖

叅

厶門下樂人厶厶等叩首叩首跪

婢女叅帖

叅

凷門下迎鸞婦厶厶叩首叩首

此帖其名字听敢俱不必寫姓 字再叩首跪字在脚

若送親婢女則寫随鸞婦是也

段莘乡阆山村 B 5-72 · 贴式

僕人叅辞单帖式

此单帖若用全帖吉事

則倣全帖拜帖式写在

右边諸下叅辞字写在

上半頁中心其帖不写

姓亦可

叅帖写叅字　辞帖写辞字

樂人〻〻

輿人〻〻

叅〻門下幹人〻〻等叩首叩首跪

迎喜婦〻〻

隨喜婦〻〻

婢女一人不必用等字

又不用跪字

式辞字速字谢字叅字

隨時調換餘下每文法俱是一樣

段莘乡阆山村 B 5–73 · 贴式

定親禮帖全柬頭頁式

謹具

金釵壹對

耳環壹對

戒指壹對

銀鐲成双

金花成對

鬢簪成副

禮銀若干

聘書壹函

錦鱗弍尾

德禽肆翼

鮮彘壹蹄

果品滿槖

奉申

各項礼物臨時詞述酌作成双行　俱是寫在頭頁上

段莘乡阆山村 B 5-74 · 贴式

禮帖全東第弍頁

聘敬

此二字用紅紙篆寫

某源泰春侍教生厶〻熏沐頓首拜

段莘乡阆山村 B 5-75 · 贴式

年家眷弟有功名紳衿之家稱呼 眷教弟友親疏遠

之親友平常交甬稱呼

送書帖式

外祖父母
母舅
舅婆
姑夫
伯父母
兄
弟
祖父母
父
母

晚生姓名 熏沐莊敬頓首拜
婦〻門〻氏 莊敬稽衽拜
姻教弟
婦〻門〻氏 男用熏沐端肅
姻教弟 女用熏沐稽衽
姻教弟
婦〻門〻氏 某門用夫姓家
姻教弟 某氏用女家姓
姻晚生 平常用稽衽用於親友 于尊者要用端肅二字
姻教弟 但依媳家之稱

段莘乡阆山村 B 5-76 · 贴式

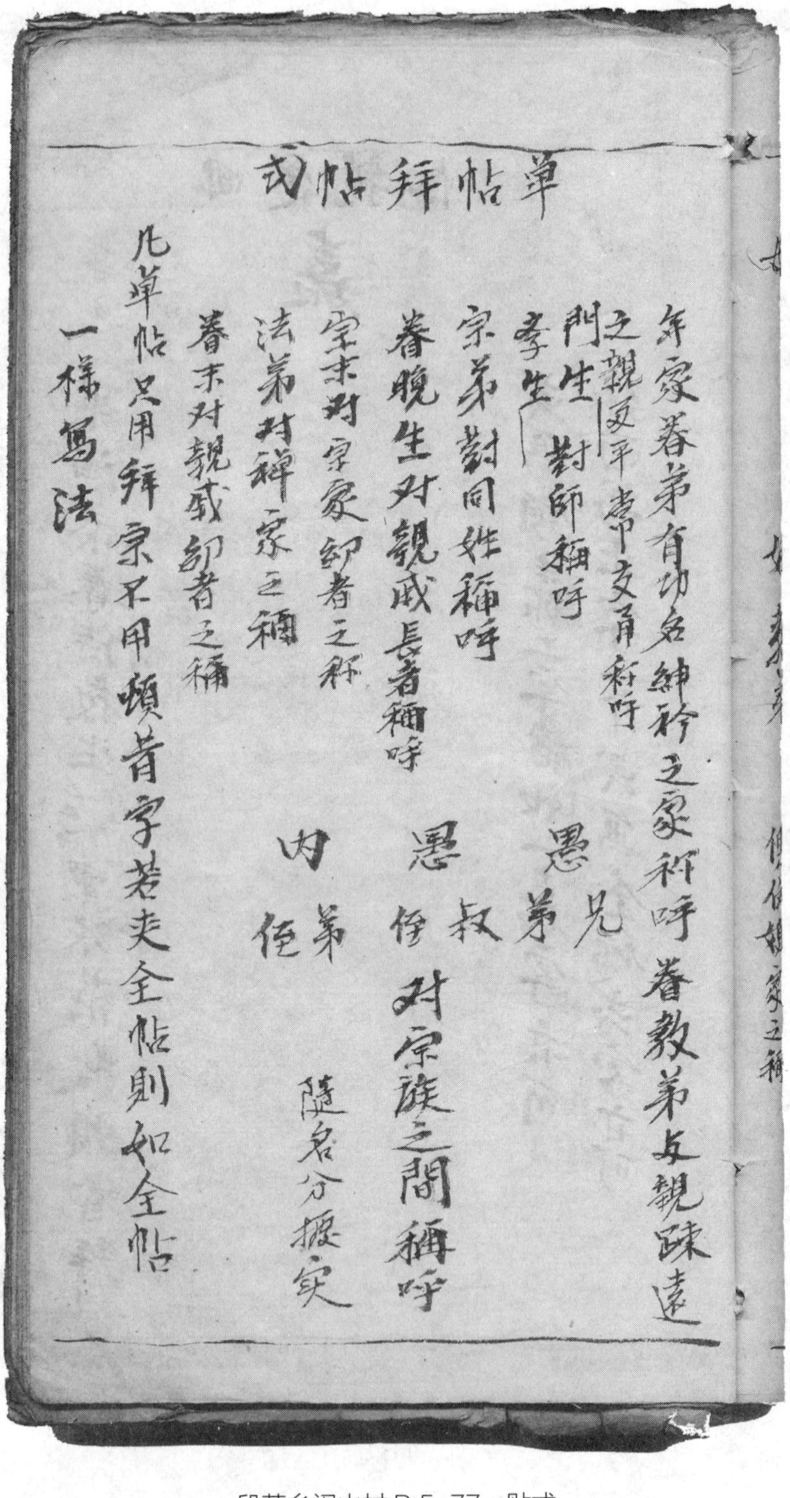

單帖拜帖式

年家眷弟有功名紳矜之家稱呼　眷教弟友親疎遠之親及平常交首稱呼

門生
學生　對師稱呼

愚兄
愚弟

宗弟對同姓稱呼

愚叔
愚侄　對宗族之間稱呼

眷晚生对親戚長者稱呼

宗末对宗家卑者之称

法弟对禅家之稱

眷末对親戚卑者之稱

內弟
內侄　隨名分擬実

凡單帖只用拜宗不用頓首字若夾全帖則如全帖一樣寫法

段莘乡阆山村 B 5-77 · 贴式

回定覲帖

嘉

某源忝眷侍教生厶厶熏沐莊敬頓首拜

或寫顧嘉二字者如一嘉字亦可

外面寫正字一个式寫全福式字亦可

段莘乡阆山村 B 5-78 · 贴式

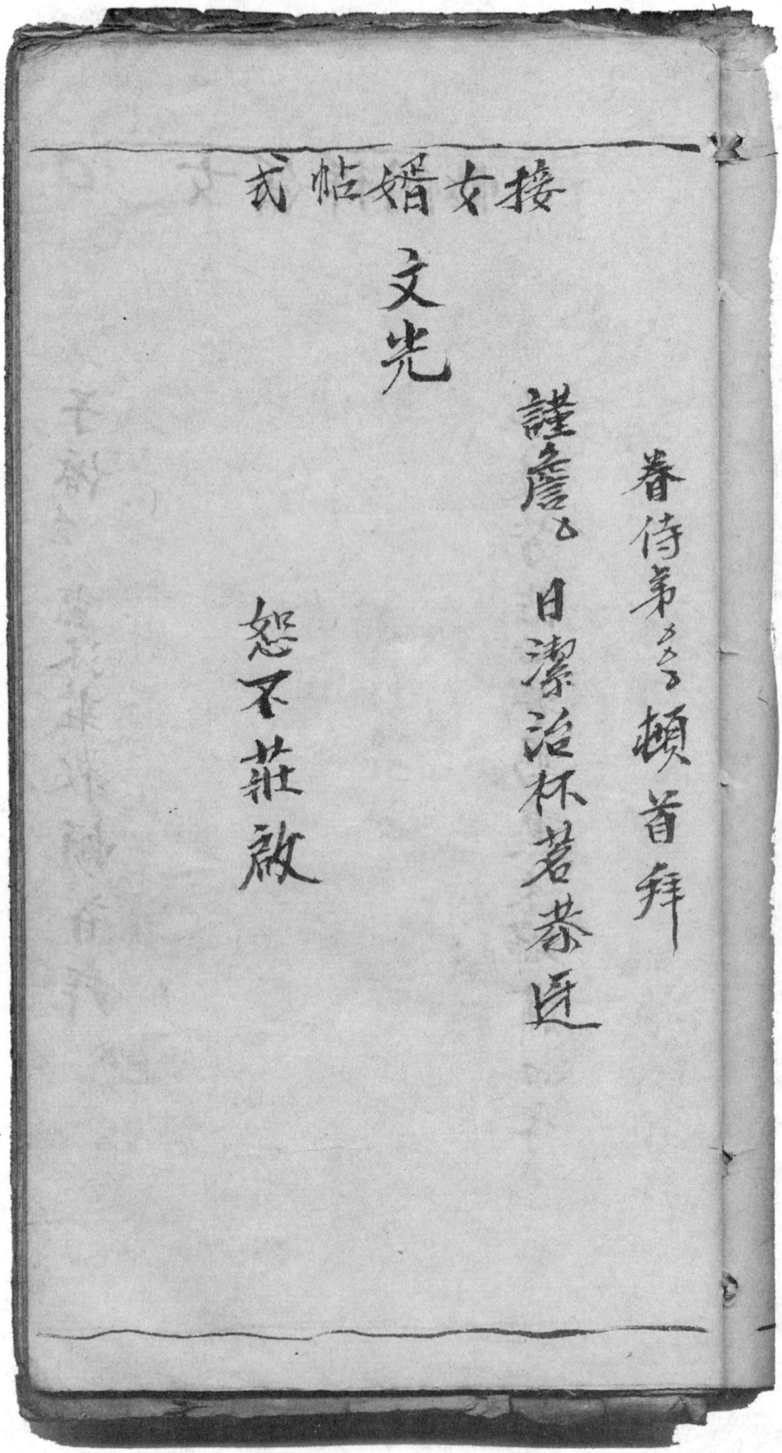

接女婿帖式

眷侍弟〻〻頓首拜

謹詹〻日潔治杯茗恭迓

文先

恕不莊啟

段莘乡阆山村 B 5-79 · 贴式

女婿拜門帖

子婿厶厶熏沐莊敬頓首拜

凡枝芳帖必要寫熏沐端肅四字

段莘乡阆山村 B 5-80 · 贴式

拜門帖

太丈人　孫婿〃〃熏沐莊敬頓首拜

伯公 叔公　侄婿

太伯公　侄孫婿

妻舅　眷弟

妻侄　眷侍教生　俱用頓首拜

襟兄弟　襟弟

单帖附枝芳寫聯芳二字内单帖附全帖

寫附全二字外面寫正字

段莘乡阆山村 B 5-81 · 贴式

接

回拜門帖

大ゝ伯叔公　眷侍教生△△

伯叔公　眷侍生△

妻舅　內弟△△

妻侄　內侄

襟兄弟　襟弟

单帖寫全福二字回

謹卜某日潔治蔬酌奉迓

段莘乡阆山村 B 5-82 · 贴式

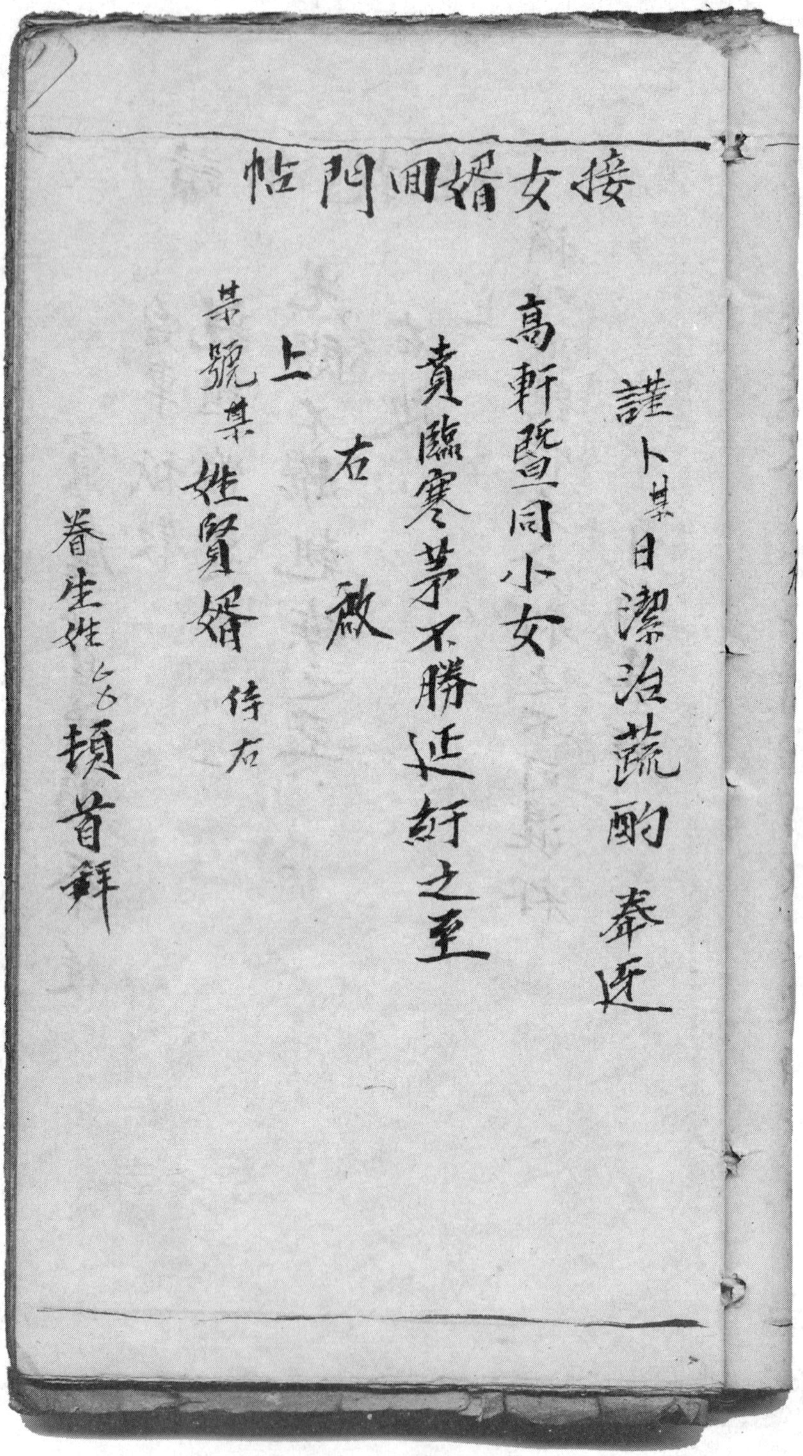

接女婿回門帖

謹卜某日潔治蔬酌 奉迓

高軒暨同小女

貴臨寒茅不勝延紆之至

右 啟

上

某號某 姓賢婿 侍右

眷生姓名 頓首拜

段莘乡阆山村 B 5-83 · 贴式

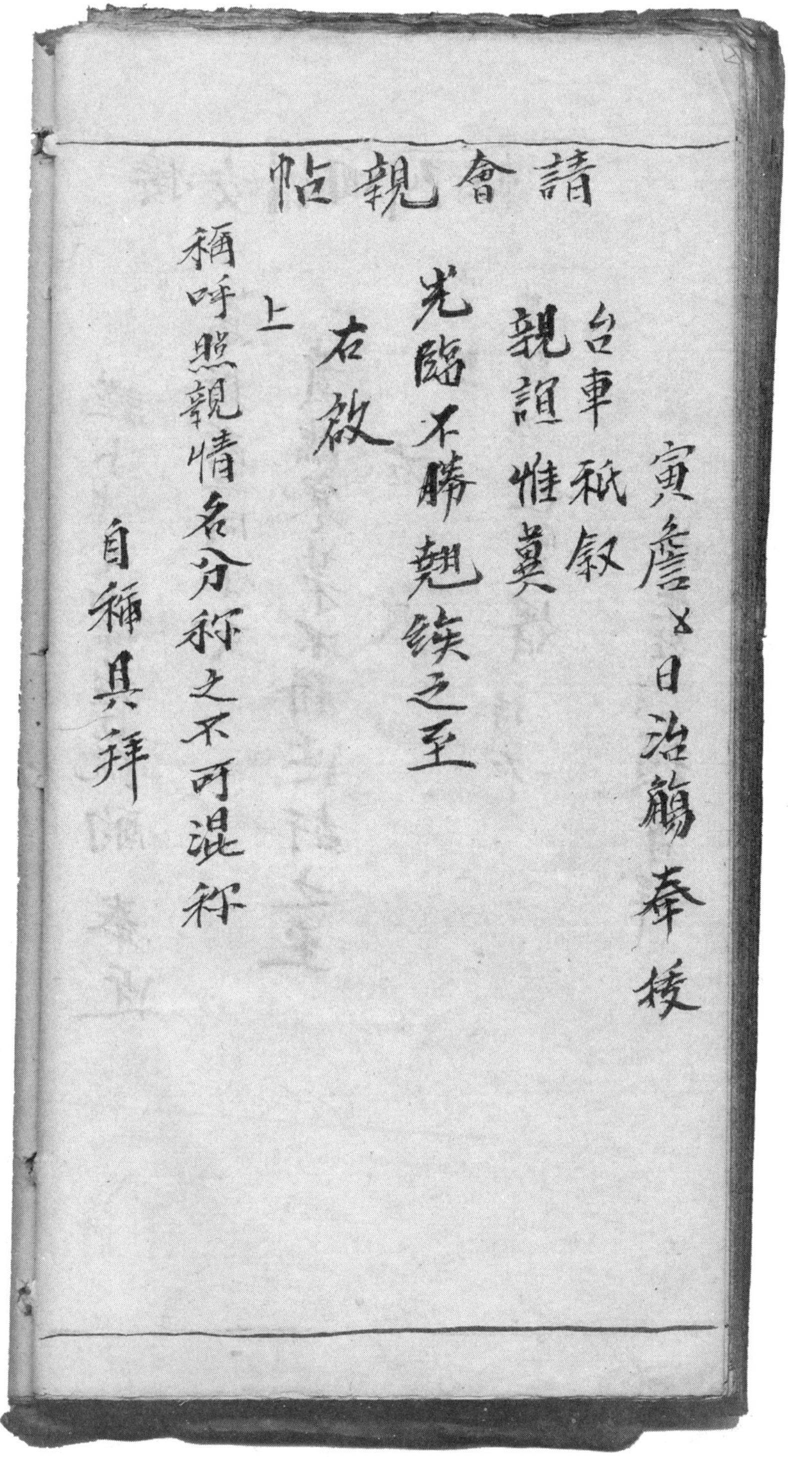

段莘乡阆山村 B 5-84 · 贴式

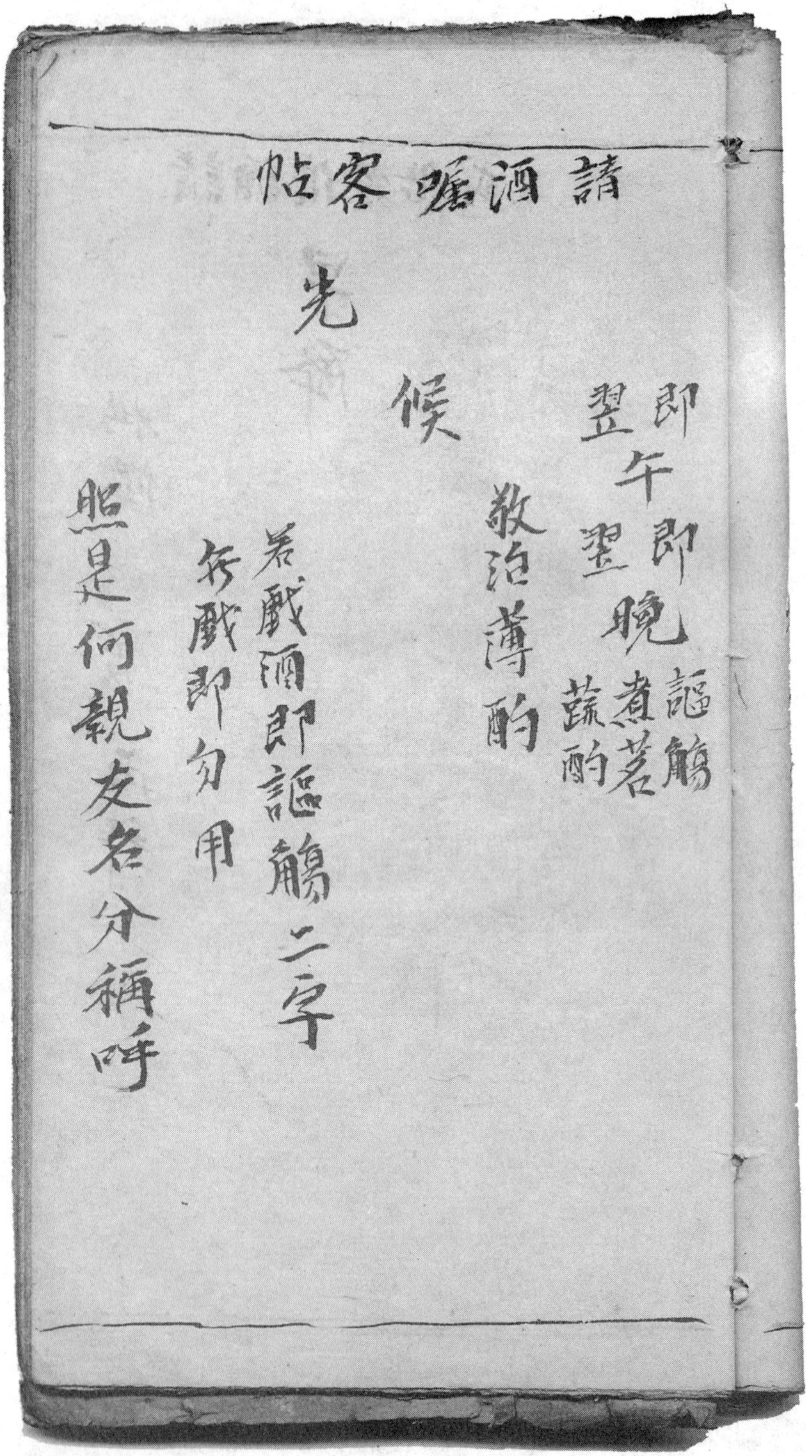

請酒謳客帖

即　翌午　即　翌晚　謳觴　煮茗　蔬酌

敬治薄酌

候

光

若戲酒即謳觴二字

無戲即勿用

照是何親友名分稱呼

段莘乡阆山村 B 5-85 · 贴式

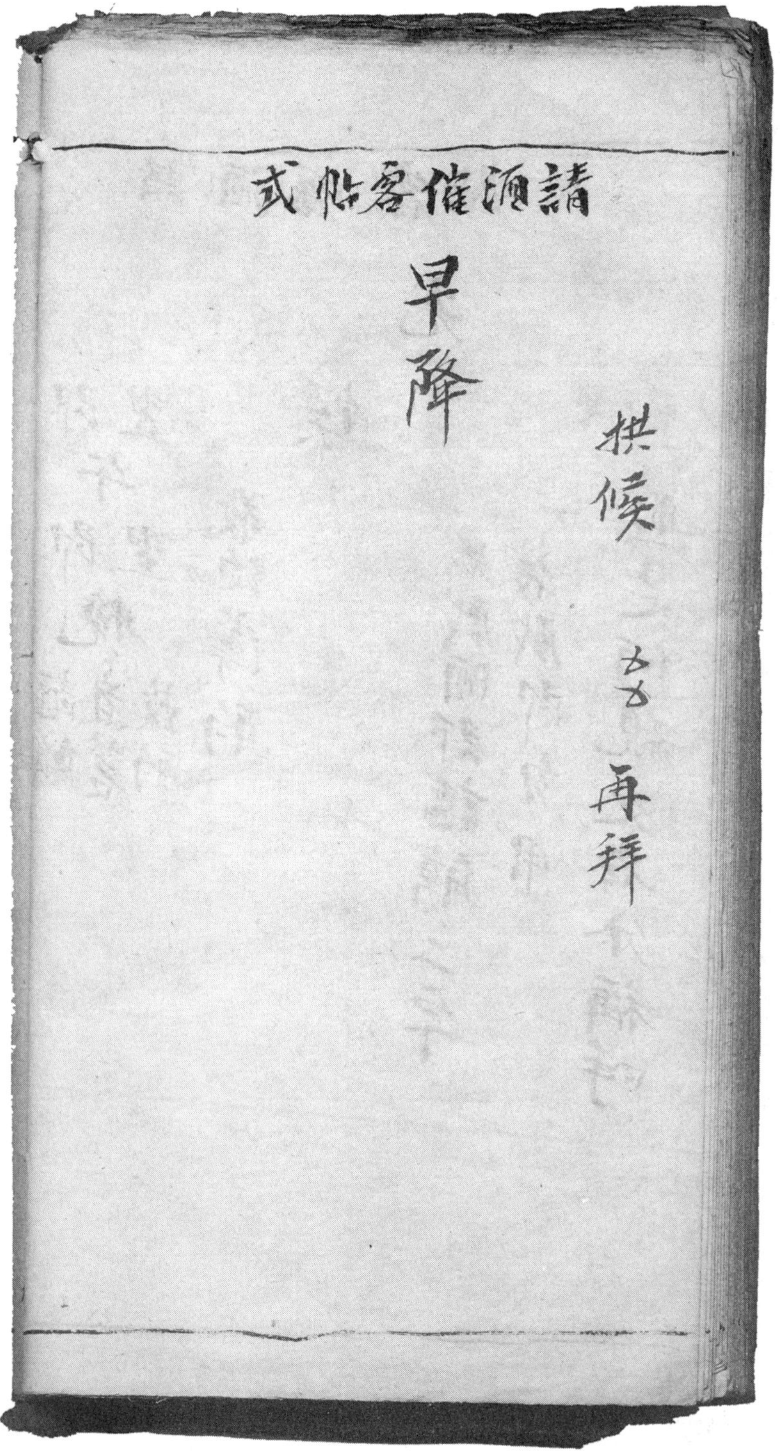

段莘乡阆山村 B 5-86 · 贴式

辭不赴席帖
謝

承
召赴
華筵奈偶事絆敢以佈辭
炳原為幸
辭
眷教弟名拜
宗

段莘乡阆山村 B 5-87 · 贴式

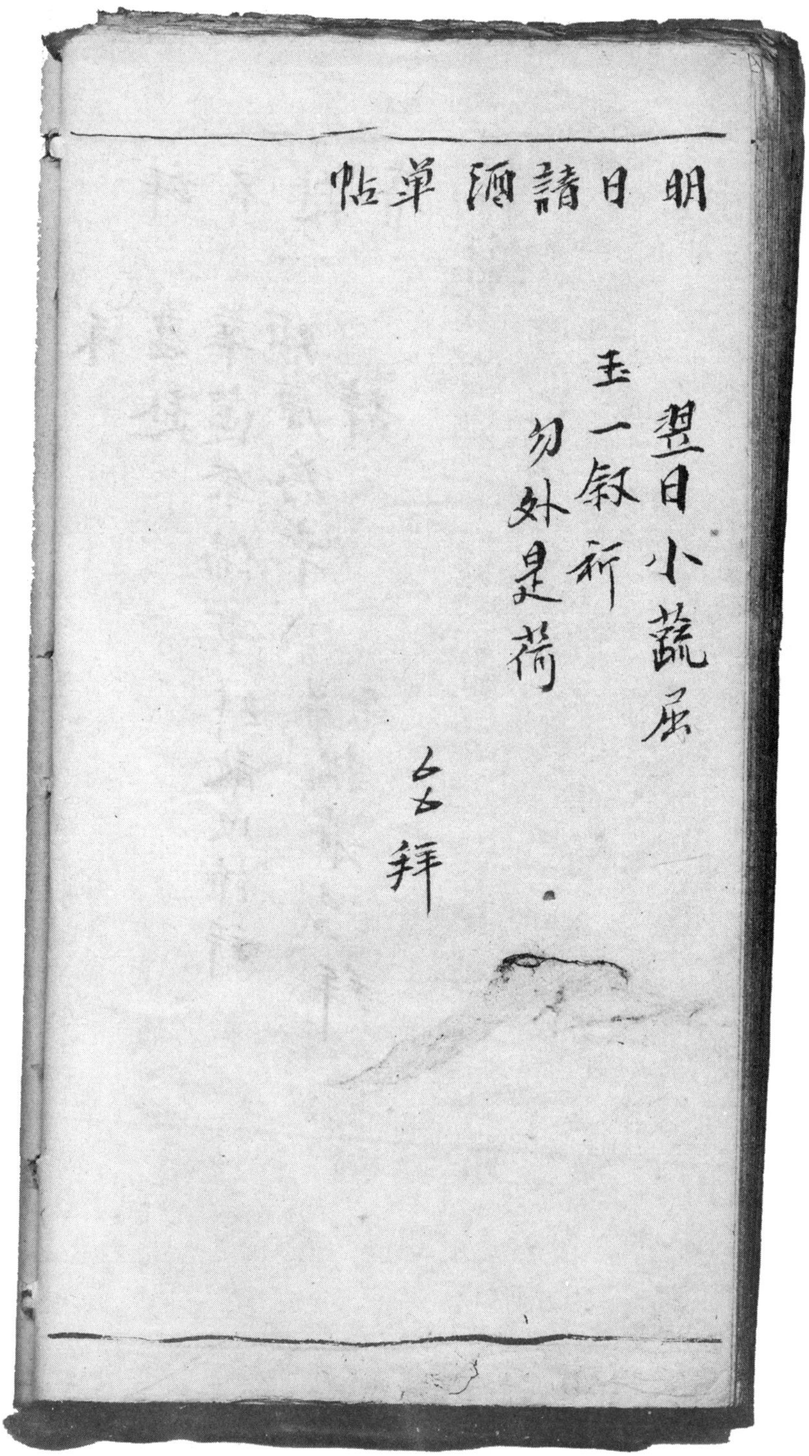
明日請酒單帖

翌日小蔬居
主一叙祈
勿外是荷

厶厶拜

段莘乡阆山村 B 5-88 · 贴式

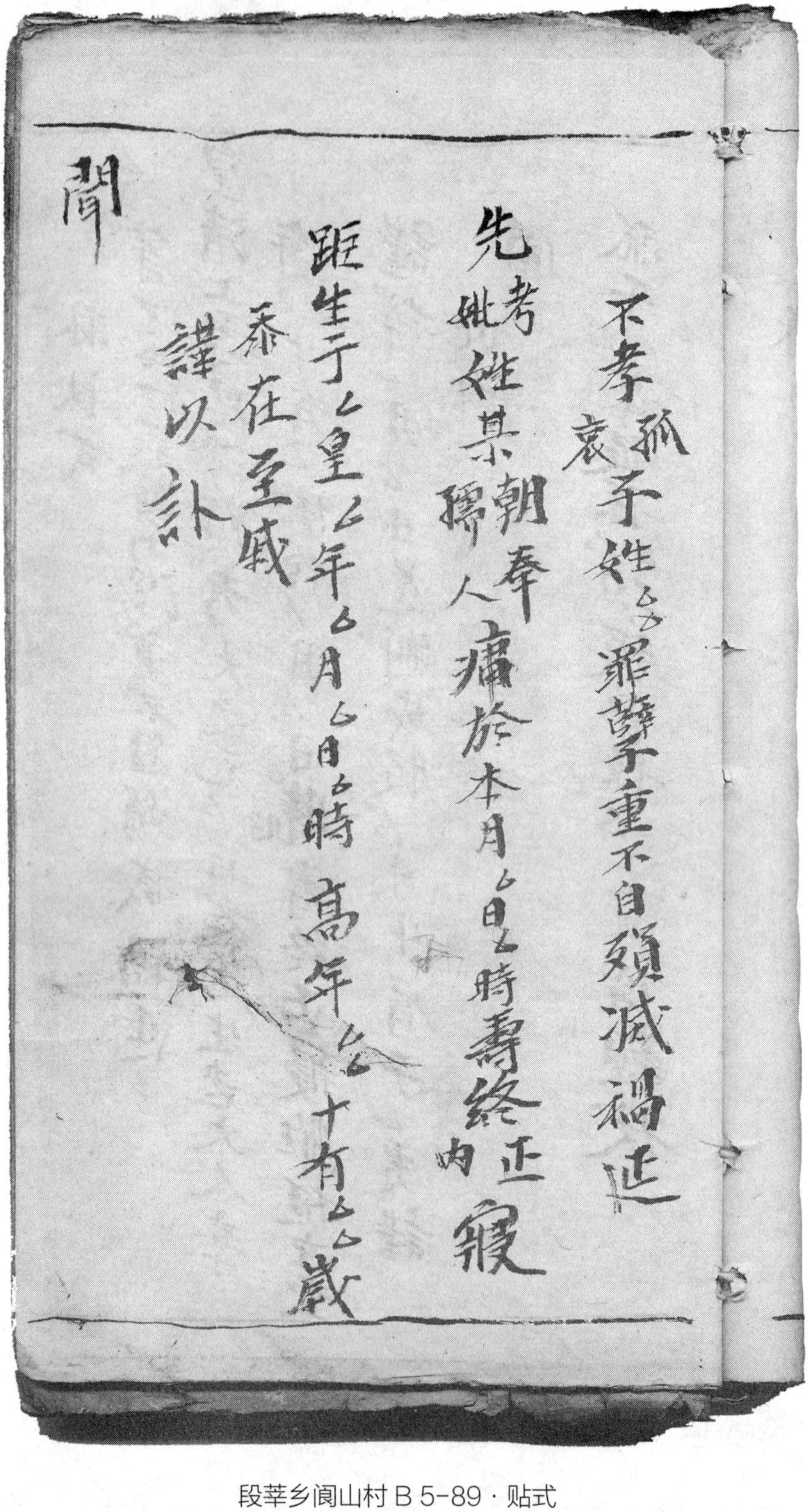

不孝孤哀子姓厶厶罪孽重不自殞滅禍延
先考妣姓某朝奉孺人痛於本月厶日厶時壽終正寢内
距生于厶皇厶年厶月厶日厶時高年厶厶十有厶厶歲
忝在至戚
謹以訃
聞

段莘乡阆山村 B 5-89 · 贴式

訃狀式

〇〇等不孝罪孽深重不自殞滅禍延

皇清上壽恩深顯考大文元〇〇翁老先生老大人享

年〇〇十有〇慟於〇月〇日〇時壽終正寢惟柩在堂

謹擇〇月〇日遵制成服〇日出厝于〇處謹

此訃

聞

孤子〇〇期服孫〇〇功服曾孫〇〇泣血稽顙狀

〇不孝〇〇等罪孽深重不自殞滅禍延

段莘乡阆山村 B 5-90 · 贴式

報父訃帖式

厶不孝△△等罪孽深重不自殞滅禍延

先考

皇清待贈大學生△△府君享年八十有八

不幸△年△月△日△時壽終正寢奉在

周親謹以訃

聞

孤子△△泣血稽顙

寫第二頁張下

幸齊期孫△△稽首泣拜

段莘乡阆山村 B 5-91 · 贴式

報母訃帖式

不孝○○罪孽深重不自殞滅禍延

先慈

皇清待贈○氏安人享年九十有九不幸○年

某月○日○時壽終內寢

用親謹以訃

聞

哀子○○泣血稽顙

齊衰期服孫○○泣血稽顙

第二頁帖

齊衰五月曾孫○○全稽首泣拜

段莘乡阆山村 B 5-92 · 贴式

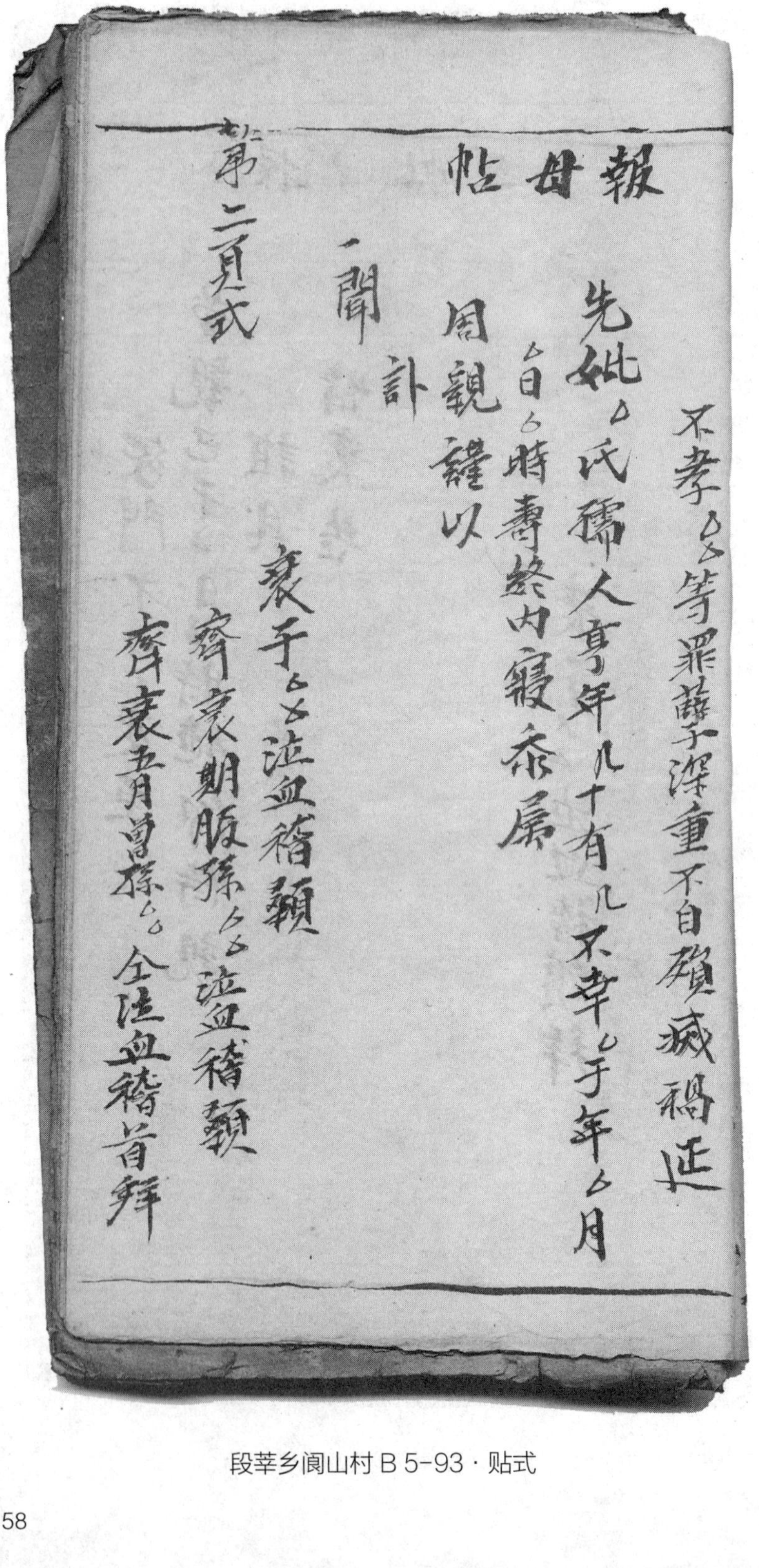
报母帖

不孝○○等罪孽深重不自殞滅禍延
先妣○氏孺人享年几十有几不幸○于年○月
○日○時壽終内寢叅屏
周親謹以
訃
聞
衰子○○泣血稽顙
齊衰朞服孫○○泣血稽顙
齊衰五月曾孫○○仝泣血稽首拜
第二頁式

段莘乡阆山村 B 5-93 · 贴式

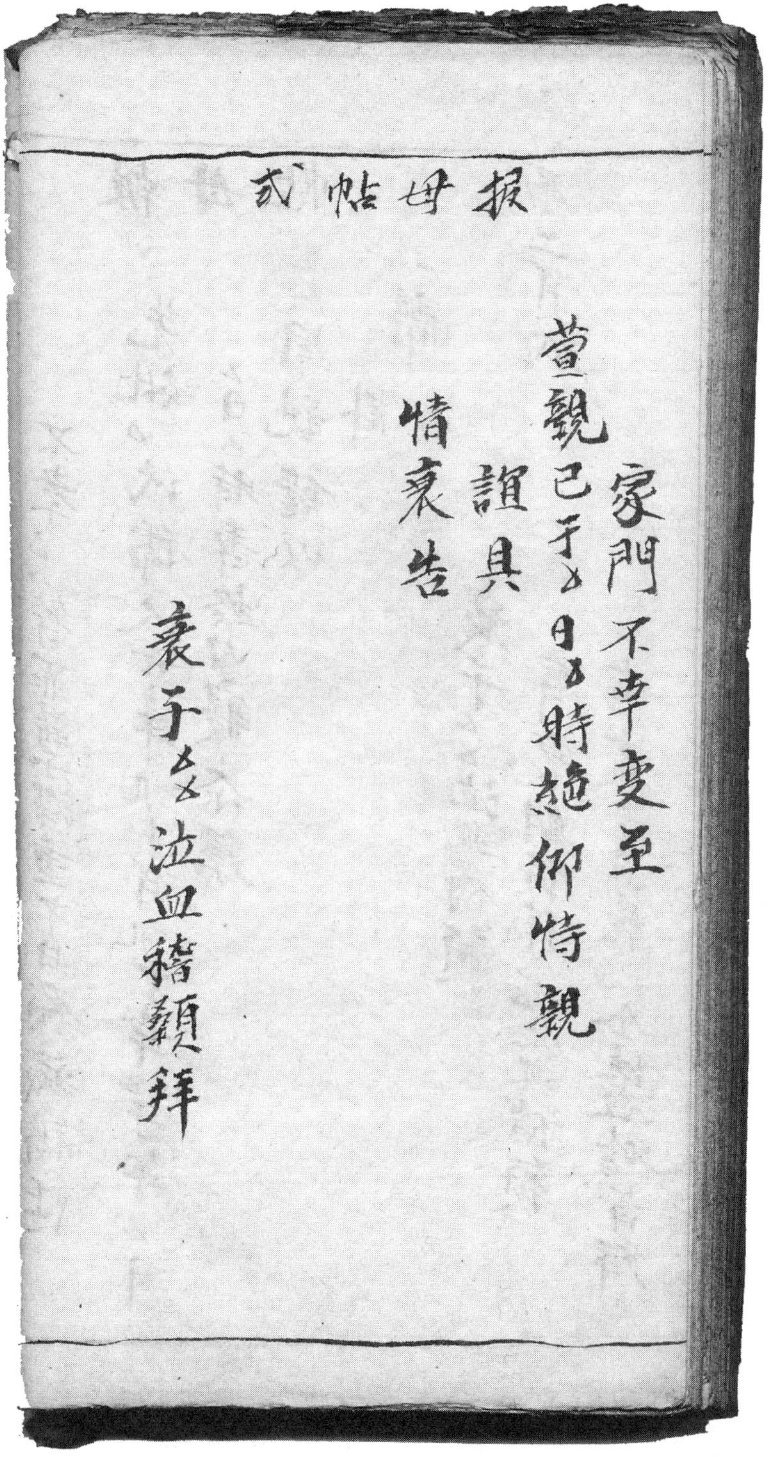

報母帖式

家門不幸變至
萱親已于〻日〻時逝仰恃親
誼具
情哀告

哀子〻〻泣血稽顙拜

段莘乡阆山村 B 5-94 · 贴式

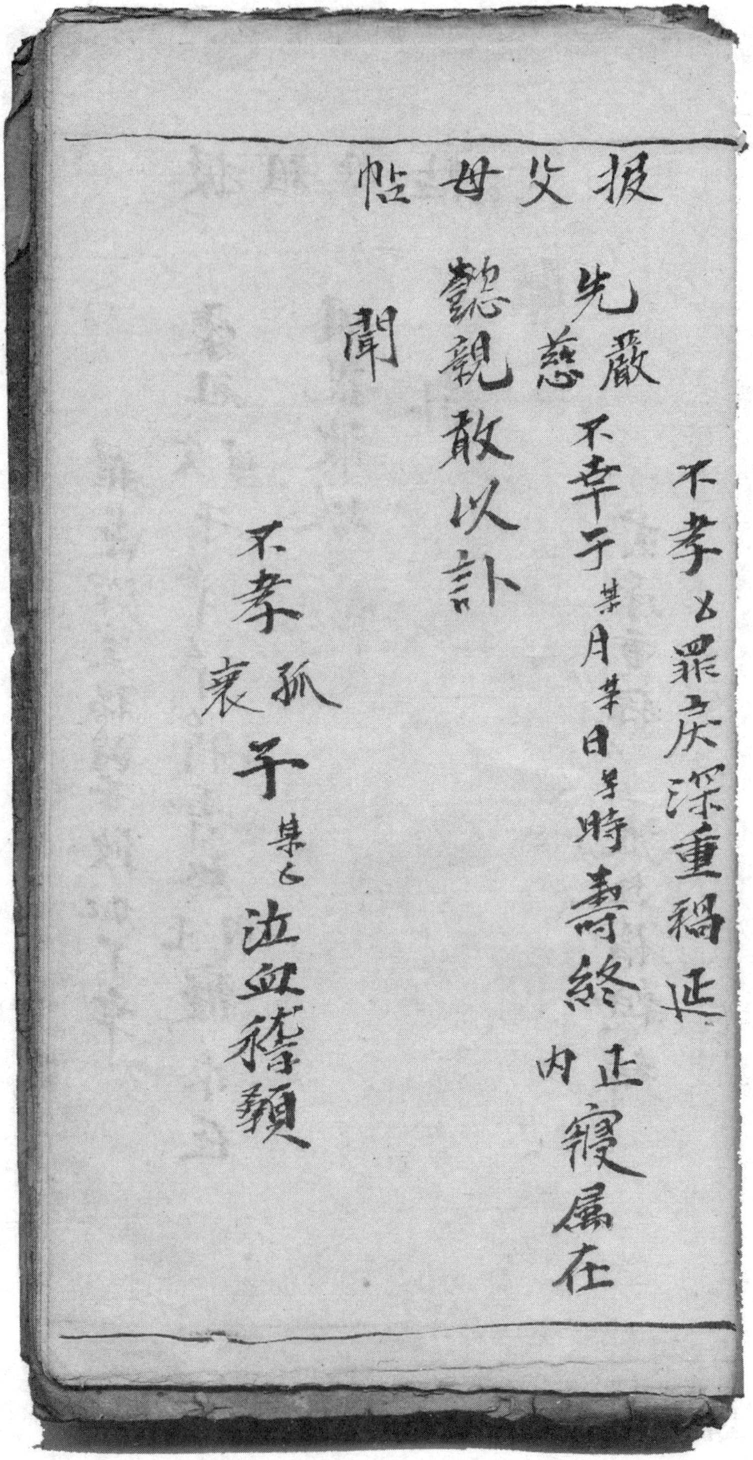

报父母帖

不孝〻罪戾深重禍延

先嚴
先慈 不幸于某月某日某時壽終 正
內 寢屬在

懿親敢以訃

聞

不孝 孤
哀 子某〻泣血稽顙

段莘乡阆山村 B 5-95 · 贴式

报祖母帖

罪逆深重祸孽攸加不幸
家祖父母于〇月〇日〇時壽終正内寢忝在
周親敢以
訃
聞
忒承重孫〇〇泣血稽顙拜

段莘乡阆山村 B 5-96 · 贴式

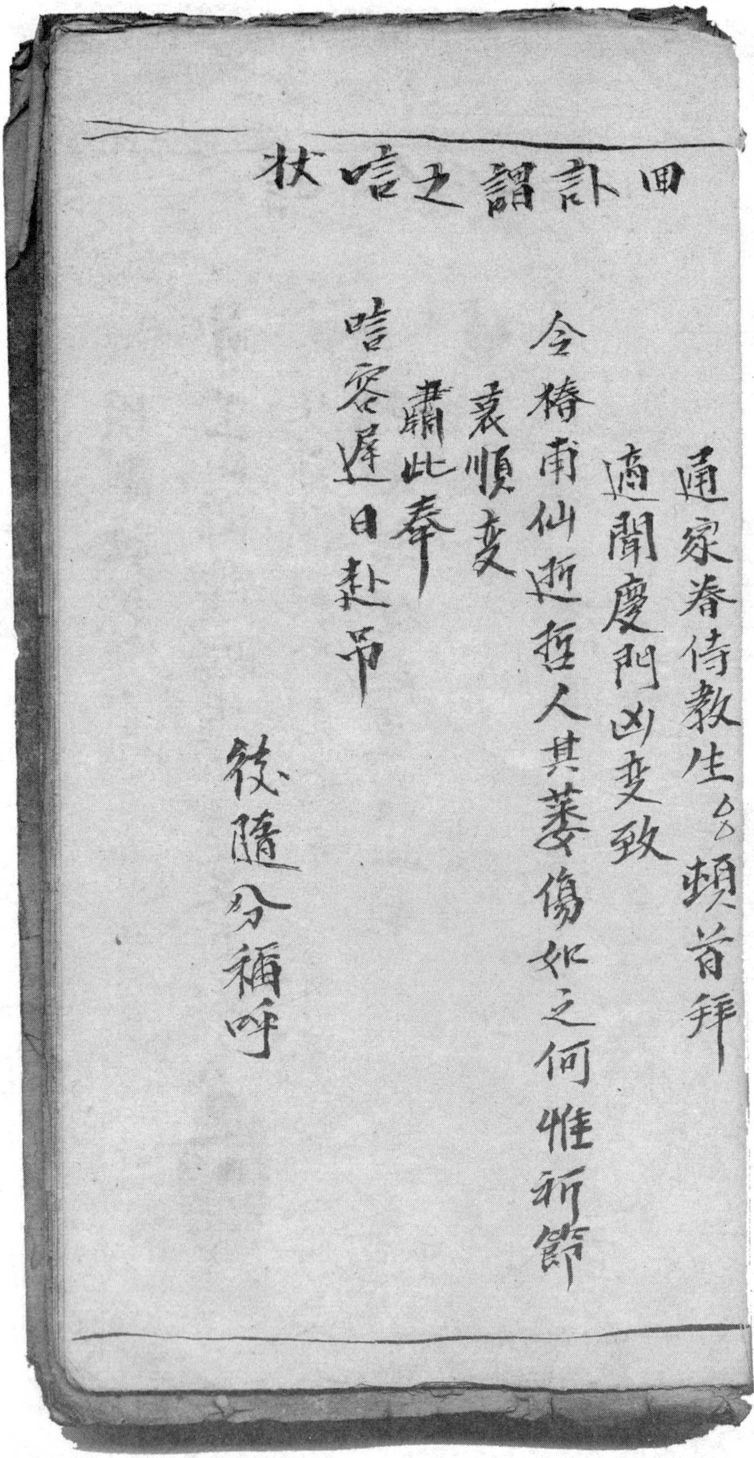

回訃謂之唁状

通家眷侍教生〇〇頓首拜
適聞慶門凶变致
令椿甫仙逝哲人其萎傷如之何惟祈節
哀順变
肅此奉
唁容遲日赴吊
銜隨分稱呼

段莘乡阆山村 B 5-97 · 贴式

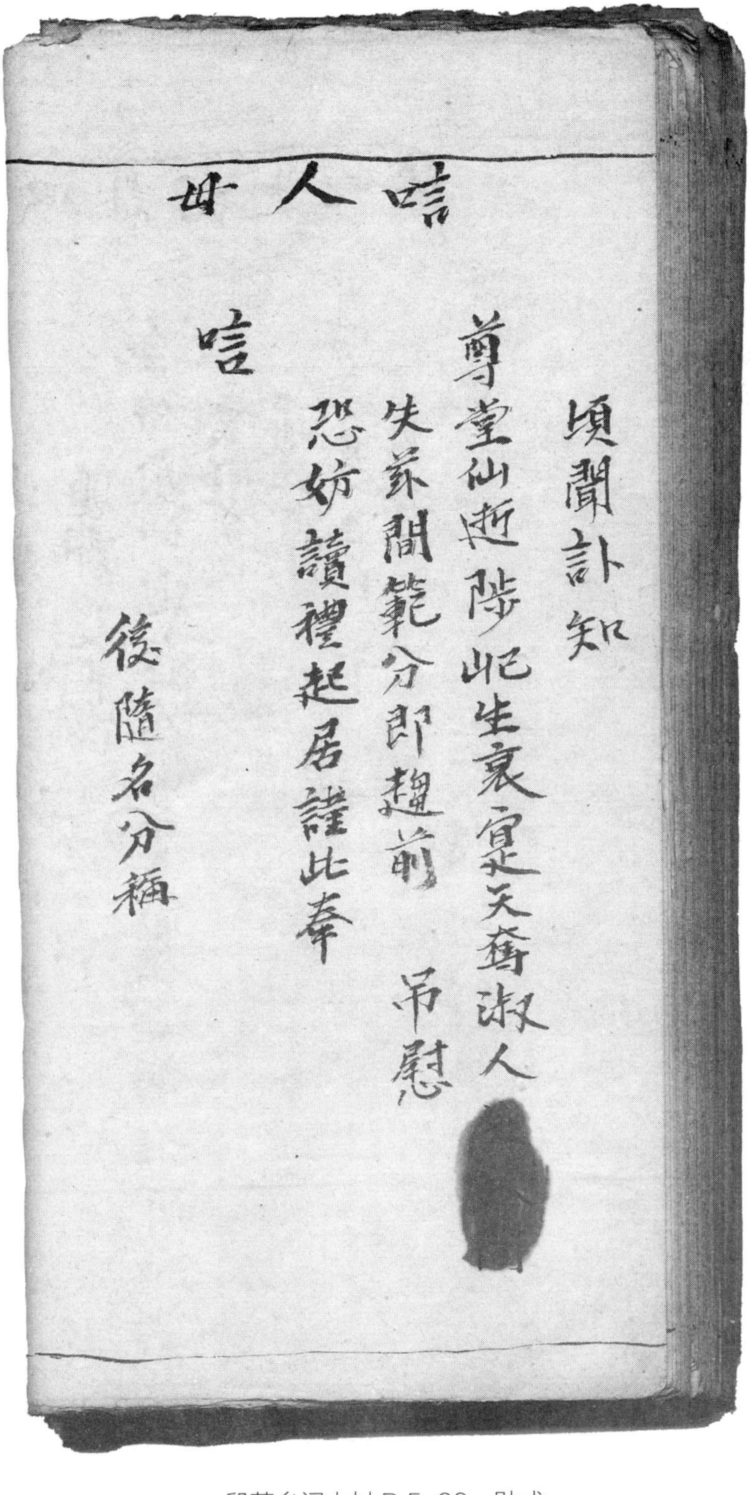

段莘乡阆山村 B 5-98 · 贴式

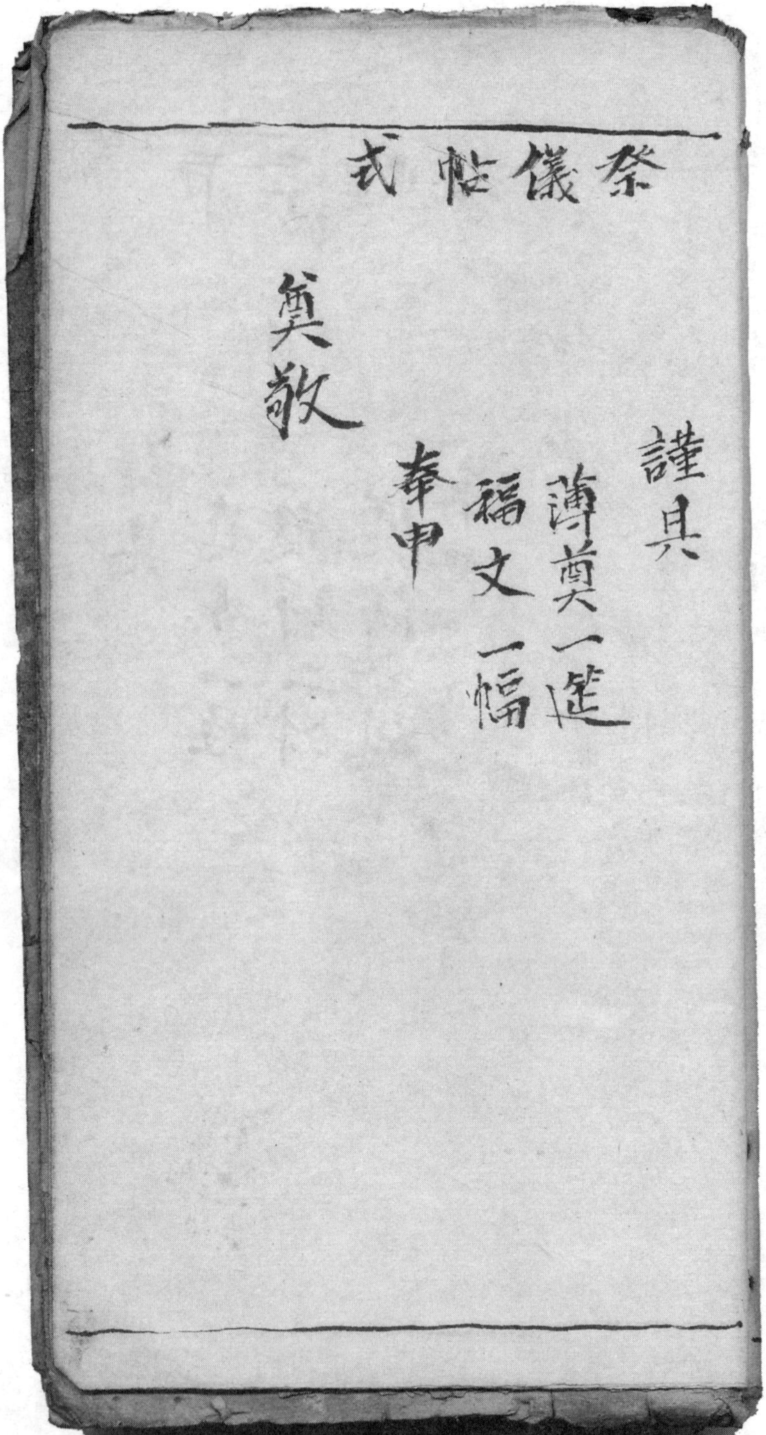

祭儀帖式

謹具

薄奠一筵

福文一幅

奉申

奠敬

段莘乡阆山村 B 5-99 · 贴式

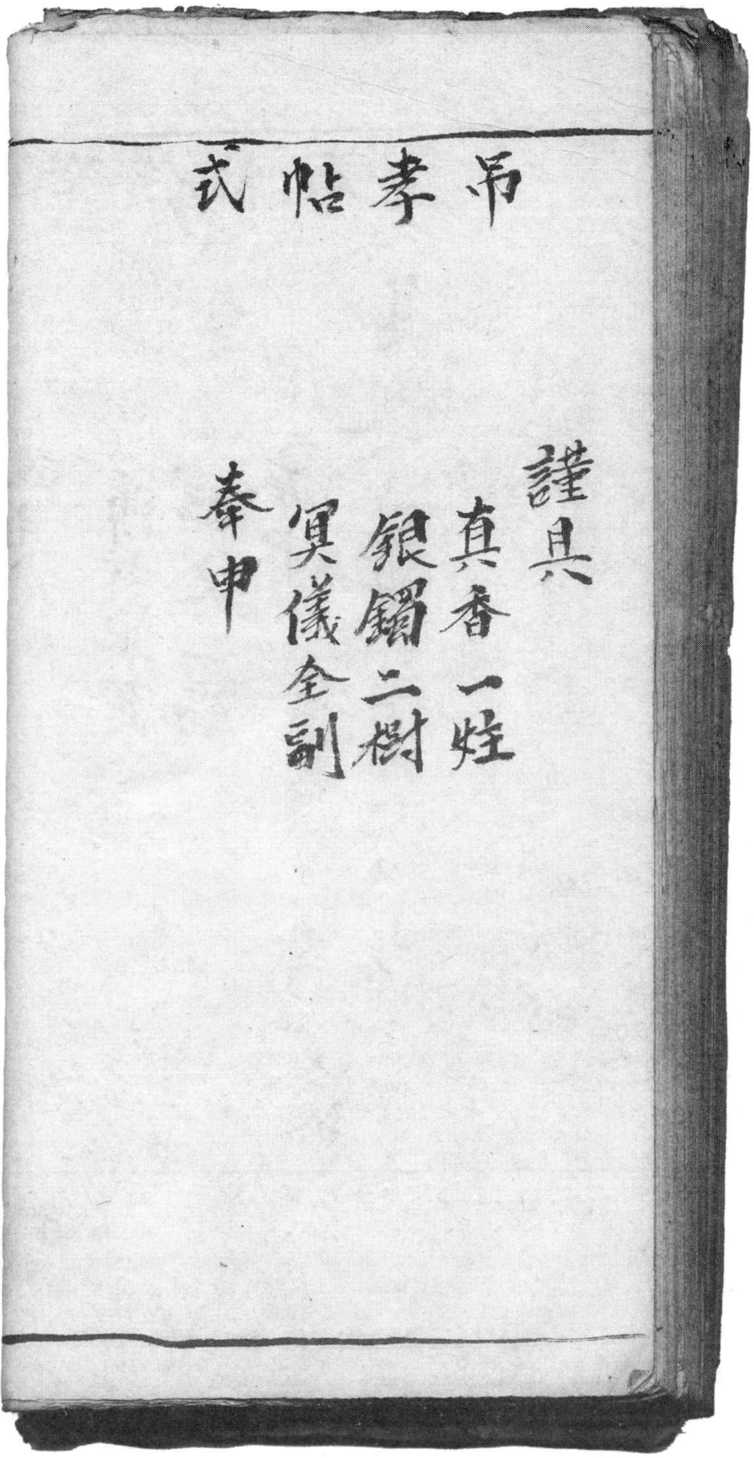

段莘乡阆山村 B 5-100 · 贴式

吊敬

此二字用藍紙簽

外面寫正字如吊帖照死是何人依死

之人与他是何親朋友依此而之据云

吊死不吊生也

此行叙名分称呼某某頓首拜

段莘乡阆山村 B 5-101 · 贴式

不受吊儀帖式

孝子自稱拜

先嚴
慈遺命凡

諸懿親賜唁祇領

盛情

璧各

謝未旣

段莘乡阆山村 B 5-102 · 贴式

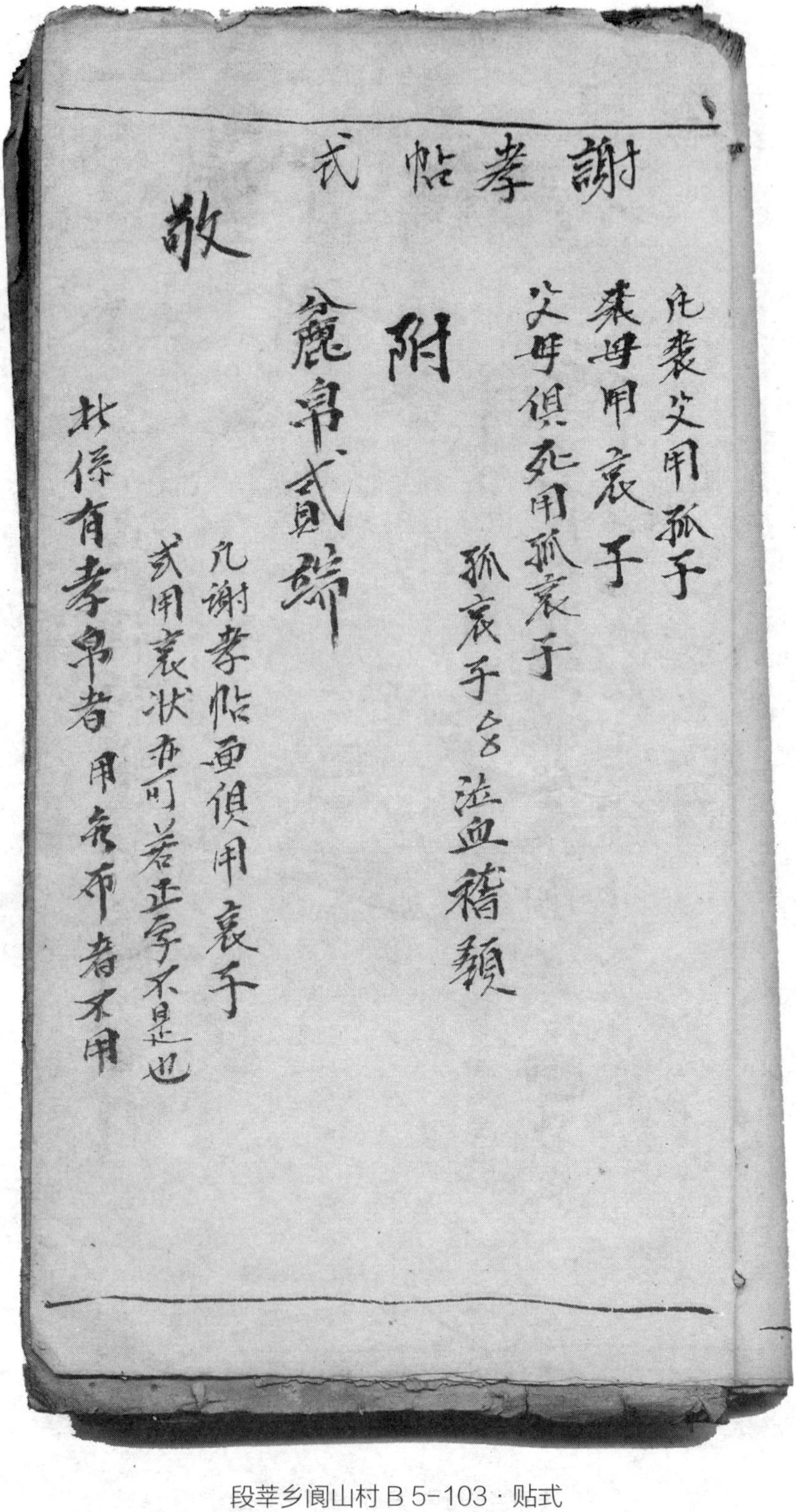

謝孝帖式

凡喪父用孤子
喪母用哀子
父母俱死用孤哀子
孤哀子厶厶泣血稽顙

附
麄帛貳端

凡謝孝帖面俱用哀子
式用衰狀亦可若正孝不是過

敬

執係有孝帛者用青布者不用

段莘乡阆山村 B 5-103 · 贴式

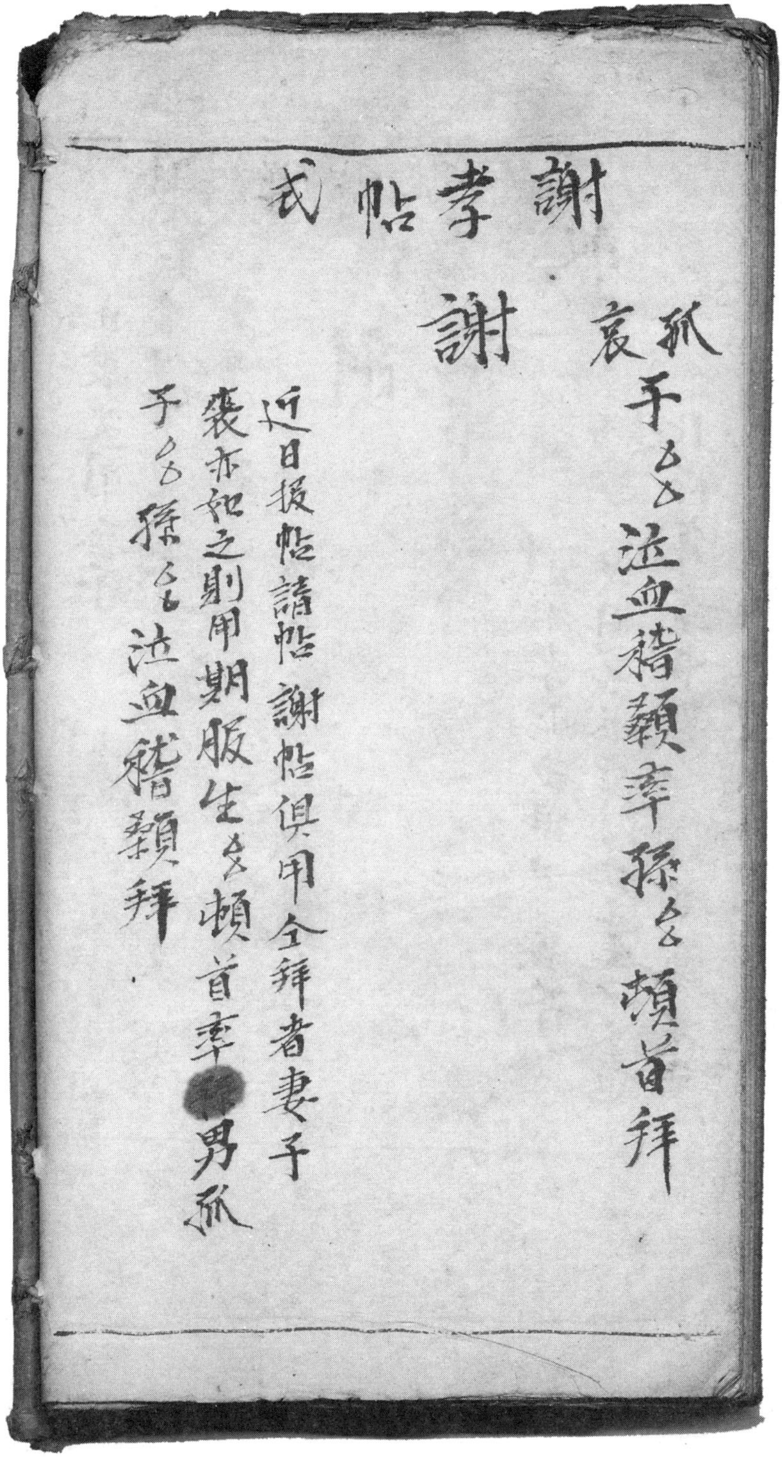

謝孝帖式

孤哀子々々泣血稽顙率孫々頓首拜

謝

近日拔帖請帖 謝帖俱用全拜者妻子
衰亦如之則用期服生々頓首率[illegible]男孤
子々孫々泣血稽顙拜

段莘乡阆山村 B 5-104 · 贴式

段莘乡阆山村 B 6-1 · 书信活套

妻寄夫書

刘志南乃良人也賢夫自别之後終朝寝寞之期堂上
双親倚門而望古云窨老送嬰兒一去不回來孔子云
父母在不遠遊〻必有方想賢夫詩書廣達能之此理
乎且夫當日臨行之際三回四轉囑咐奴之言遠別一
載近別半週妾切託向日之語夫竟忘枕邊之言一去
六載竟不思歸雖然買賣多端淂利何雖苦〻貪求且
屬江西郡内為名者多〻少〻為利者萬〻千〻為官
者以忠侍君為商者以孝侍親此乃夫丈夫所當行之

段莘乡阆山村 B 6-2 · 书信活套

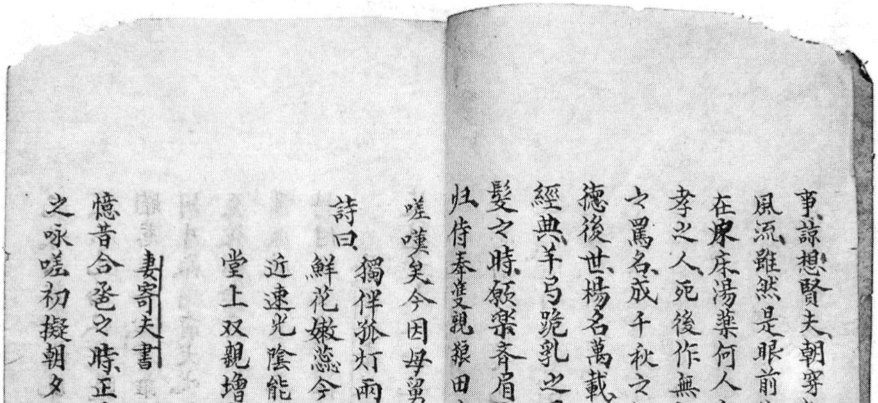
事、諒想賢夫、朝穿柳巷、夜宿尤街、貪歡買笑、自歡樂以
風流、雖然是眼前快樂、只恐青春不久、倘爲一日卧病
在牀床湯藥何人迎送、父母妻子不能相見、夫在生不
孝之人、死後作無祀之魂、身喪他鄉、骨埋異地、苗萬代
之罵名、成千秋之怨鬼、昔有董永、王祥孝感於天、流傳
德後世、揚名萬載、此乃大孝人也、愚妾嫩頗讀聖人之
經典、羊爲跪乳之恩、鴉爲反哺之義、何况人乎、妾想結
髮之時、歡樂齊眉之春、生則同衾、死則共血穴、今不思
归侍奉雙親、粮田弃作荒坵、住屋化成冷廟、到致行人（使）
嗟嘆矣、今因毋舅之便、燈下聊終數字、并詩一首、奉上
詩曰、
獨伴孤灯兩淚流。幾番春去又逢秋。
鮮花嫩蕊今時去。欢葉残枝誰覆收。
近速光陰能幾度。田無主會祖宗休。
堂上双親增白髮。枉使如家夜狂憂。
妻寄夫書
憶昔合巹之時、正是桃夭之鶴、頌思君離別後、將標梅
之咏、嗟初擬朝夕唱隨、豈料衾幃冷寂、覩然長往奐屋

段莘乡阆山村 B 6-3 · 书信活套

况晋只顧容地風光、不思終身事業、使萱堂土倚门而
望不見而归、致賤妾、拊桃長思、圖歡夢寐、每見芳菲蝴
蝶惹人春心、有誰知知夜月孤燈、無数幽懷何處訴、年
朝月節门前犬吠、望夫見来、刺繡樓臺、忽聞鵲噪、疑夫
至、從不念妾之紅顏、應當思親之白髪、惟祈早归、重登
鸞鳳凰、無負青春白頭之嘆、則妾身幸甚〻〻、今因鴻便
特付鱗音、惟冀祥察
子在外奉父母
父親老大人知之、不肖自離家後、一路托天平安到店
勿勞遠慮、但不知大人起居、合家大小平安否、俾不肖
時切懸念、心頭今寄足人之便、來銀若干、望家中收明、
暫應燃眉之急、以解緊急債負、外面生意不遇、行情归
期難定、家下事務、俱望大人依時料理、支用不敷、趲挪
應去、客後有便、自當設法寄回、毋多慮、不肖奔逐他鄉、
不能菽水承歡、惟祈加飡自愛、併請近安、只此奉上
父在家寄子信
接吾兒寄某人來信、俱以收明、知吾一路到店、托天平
安、不勝忻慰、所幸者、家中事務雖逈而大小清安、所謂

段莘乡阆山村 B 6-4 · 书信活套

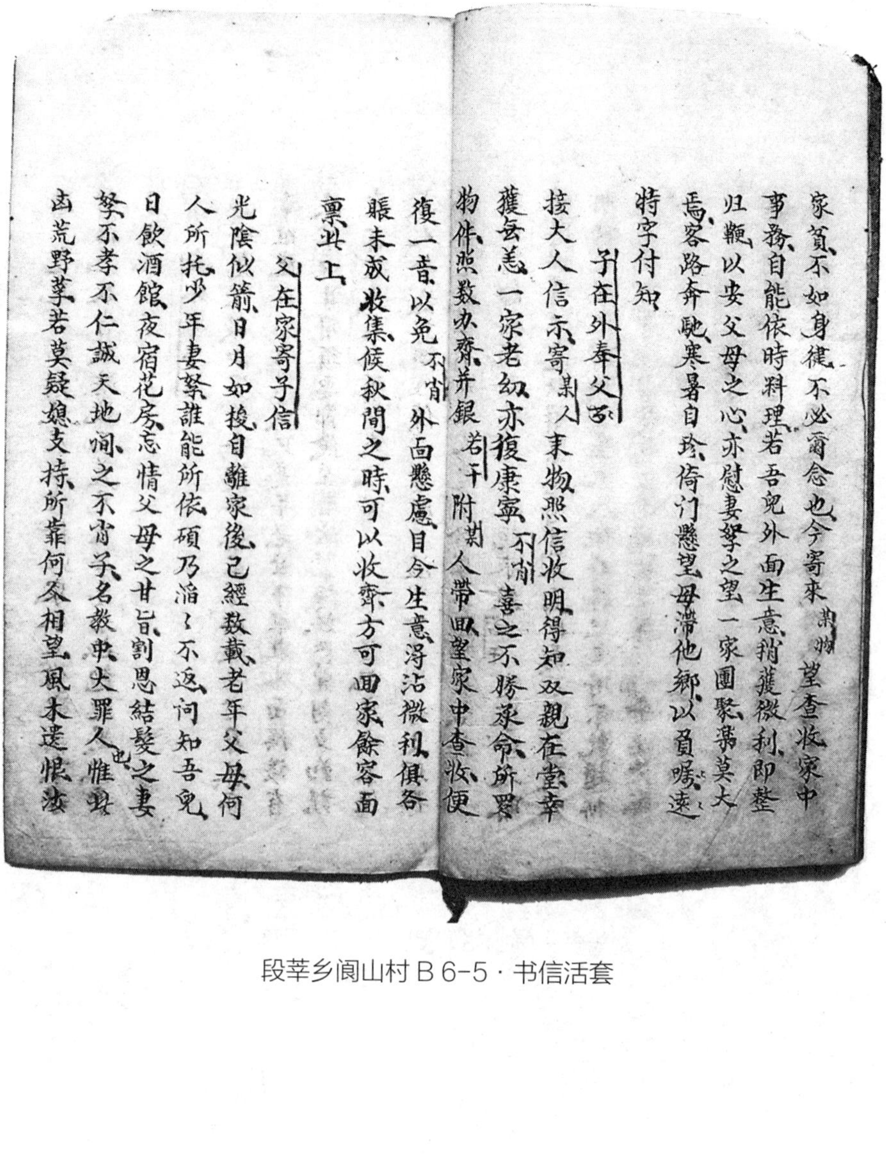

家貧不如身健不必爾念也今寄來 某物 望查收家中事務自能依時料理若吾兒外面生意稍獲微利即整归鞭以安父母之心亦慰妻孥之望一家團聚為莫大焉客路奔馳寒暑自珍倚门懸望毋滯他鄉以負暌遠特字付知

子在外奉父函

接大人信示寄 某人 來物照信收明得知双親在堂幸獲無恙一家老幼亦復康寧 不肖 喜之不勝承命所嘱物件照数亦齊并銀 若干 附 某人帶回望家中查收便復一音以免 不肖 外面懸慮目今生意淂沾微利俱各賬未放收集候秋間之時可以收齊方可回家餘容面禀此上

父在家寄子信

光陰似箭日月如梭自離家後已經数載老年父母何人所托少年妻孥誰能所依碩乃滔滔不返向知吾兒日飲酒館夜宿花房忘情父母之甘旨割恩結髮之妻孥不孝不仁誠天地間之不宵子名教中大罪人也雖田荒野草若莫疑媳支持所靠何处相望風木逮恨滋

段莘乡阆山村 B 6-5 · 书信活套

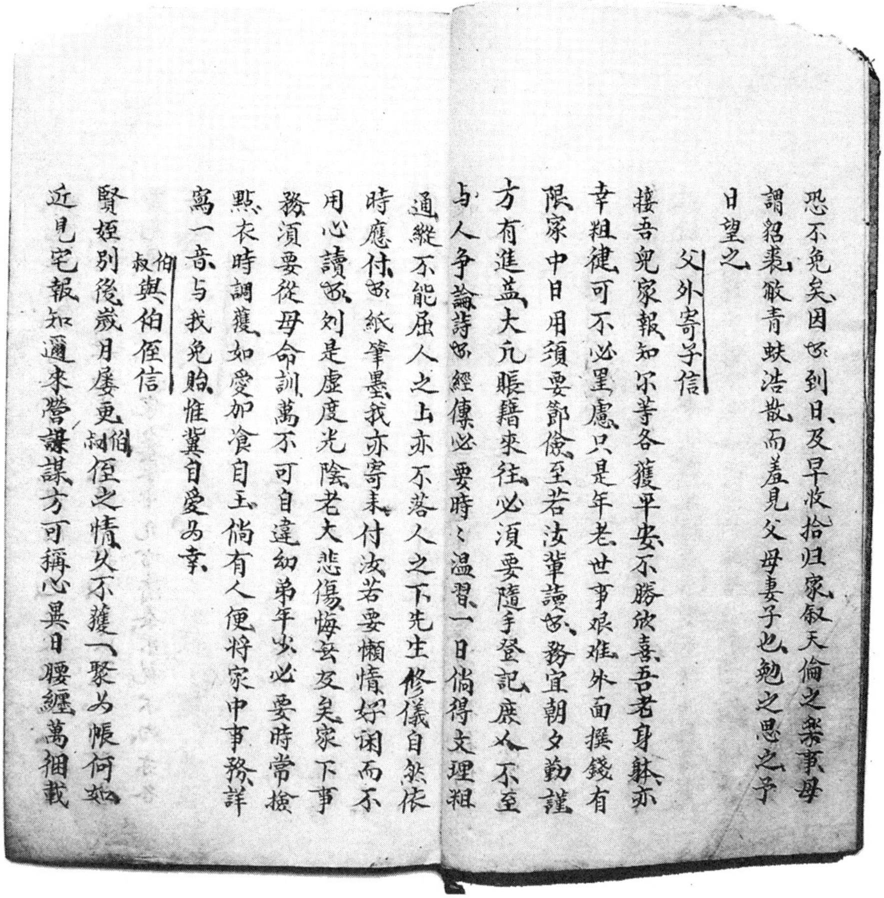

恐不免矣因書到日及早收拾归家叙天倫之楽事母
謂貂裘敝青蚨浩散而羞見父母妻子也勉之思之予
日望之

父外寄子信

接吾兒家報知尔等各獲平安不勝欣喜吾老身躰亦
幸粗健可不必罣慮只是年老世事艰难外面撰錢有
限家中日用須要節儉至若汝輩讀書務宜朝夕勤謹
方有進益大凡賬籍来往必須要随手登記庶𠀾不至
与人争論詩書經傳必要時時温習一日倘得文理粗
通縱不能屈人之上亦不落人之下先生修儀自然依
時應付書紙筆墨我亦寄来付汝若要懶惰好闲而不
用心讀書刻是虚度光陰老大悲傷悔無及矣家下事
務須要從母命訓萬不可自違幼弟年少必要時常撿
點衣時調獲如愛加飧自玉倘有人便将家中事務詳
寫一音与我免貽惟冀自愛為幸

伯叔與伯侄信

賢姪別後歲月屡更伯叔侄之情久不獲一聚為悵何如
近見宅報知邇来營謀謀方可稱心異日腰纏萬貫細載

段莘乡阆山村 B 6-6 · 书信活套

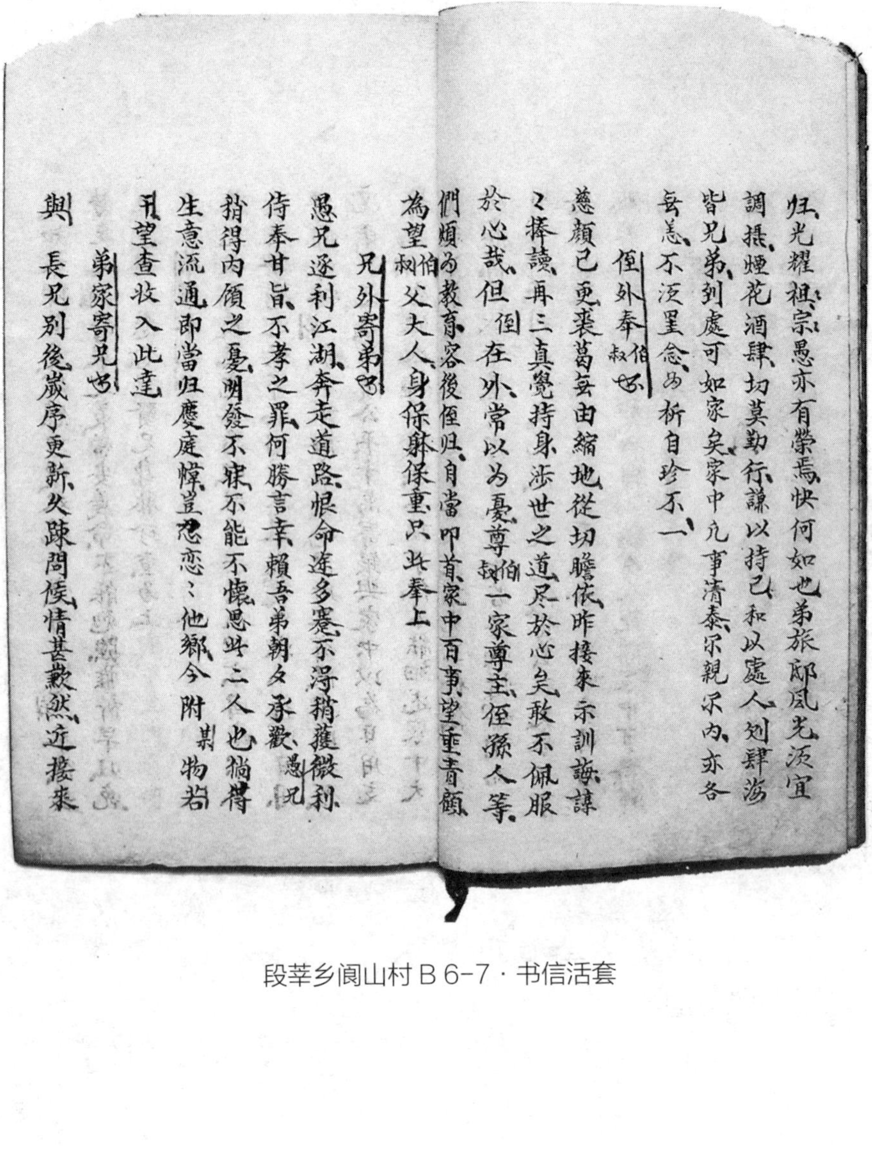

归光耀祖宗愚亦有榮焉快何如也弟旅邸風光湏宜
調攝煙花酒肆切莫勤行謙以持己和以處人勿肆傲
皆兄弟到處可如家矣家中凡事清泰宗親宗內亦各
無恙不湏罣念為祈自珍不一

侄外奉伯叔书

慈顏已更裘葛無由縮地從切瞻依昨接來示訓誨諄
諄捧讀再三真覺持身涉世之道盡於此矣敢不佩服
於心哉但侄在外常以為憂尊伯叔一家尊主侄孫人等
們頗為教育客後侄归自當叩首家中百事望垂青顧
為望伯叔父大人身保躰保重只此奉上

兄外寄弟书

愚兄逐利江湖奔走道路恨命運多蹇不得稍獲微利
侍奉甘旨不孝之罪何勝言哉賴吾弟朝夕承歡愚兄
稍得內顧之憂明發不寐不能不懷愚此二人也猶待
生意流通即當归慶庭幃豈忍戀戀他鄉今附某物若
干望查收入此達

弟家寄兄书

與長兄別後歲序更新久疎問候情甚歉然近接來

段莘乡阆山村 B 6-7 · 书信活套

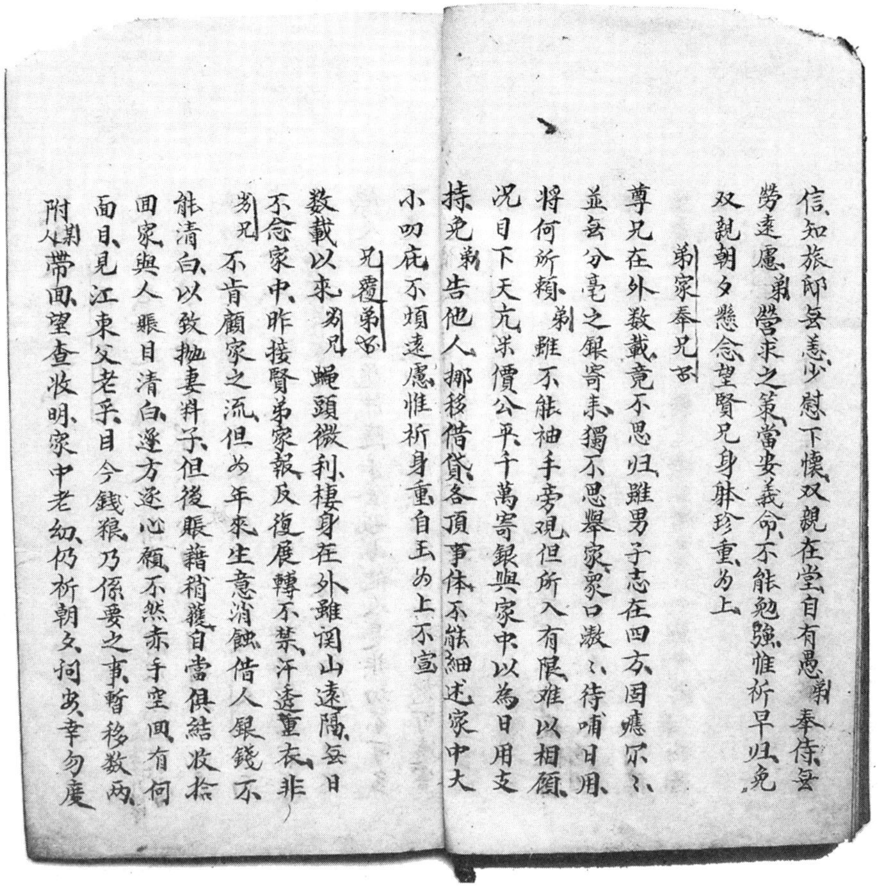

信知旅邸無恙少慰下懷双親在堂自有愚弟奉侍無勞遠慮弟營求之策當安義命不能勉強惟祈早归免双親朝夕懸念望賢兄身躰珍重為上

弟家奉兄函

尊兄在外數載竟不思归雖男子志在四方固應尔〻並無分毫之銀寄来獨不思舉家衆口嗷〻待哺日用將何所賴弟雖不能袖手旁觀但所入有限难以相顧況目下天亢米價公平千萬寄銀與家中以為日用支持免弟告他人挪移借貸各項事体不能細述家中大小叨庇不煩遠慮惟祈身重自玉為上不宣

兄覆弟函

數載以來劣兄蠅頭微利棲身在外雖阻山遠隔無日不念家中昨接賢弟家報及復展轉不禁汗透重衣非劣兄不肯顧家之流但為年來生意消蝕借人銀錢不能清白以致抛妻拌子但後賬籍稍獲自當俱結收拾回家與人賬目清白遂方遂心願不然赤手空回有何面目見江東父老乎目今錢粮乃係要之事暫移数兩附弟帶回望查收明家中老幼仍祈朝夕问安幸勿慶

段莘乡阆山村 B 6-8 · 书信活套

外、为敢不一 老達
父在外寄子信
我当年老、奔逐江湖不敢少懈者，無非謂尔等（衣食之計尔等）在家當
亦念父母劬劳立志好豪成心向上做個頂天立他男
子、切勿遊手好閒浪蕩無成（做）個土牛木馬古人云然而
床頭金尽壯事無顏囊内錢空少壯不努力老大徒傷
悲、玷辱祖宗當自警警耳家内事務必須細心料理與
他人往來必要逐件隨手登賬与他人是非切不可多
言遇正經事務切不可懶惰若能語我所言恕可遠害
無防患且看多少王孫公子終日以嬉戲遊湖賭博焉
能成家者皆因蕩産傾家古云常将有日思無日莫道
待無時思有時與祈多進一分莫若少出一文治家之
道再要勤儉今寄来銀（若干）可收暫用倘与人便即當
付信以免我慮餘無多嘱特（字）付知
子在家奉父書
字奉父親老大人知之家中托庇均安不必星慮昨接
尉人来銀信收明知大人在外清安不勝忻喜不肖在
家不不能抽身出外使大人受尽風塵之苦不肖之罪

段莘乡阆山村 B 6-9 · 书信活套

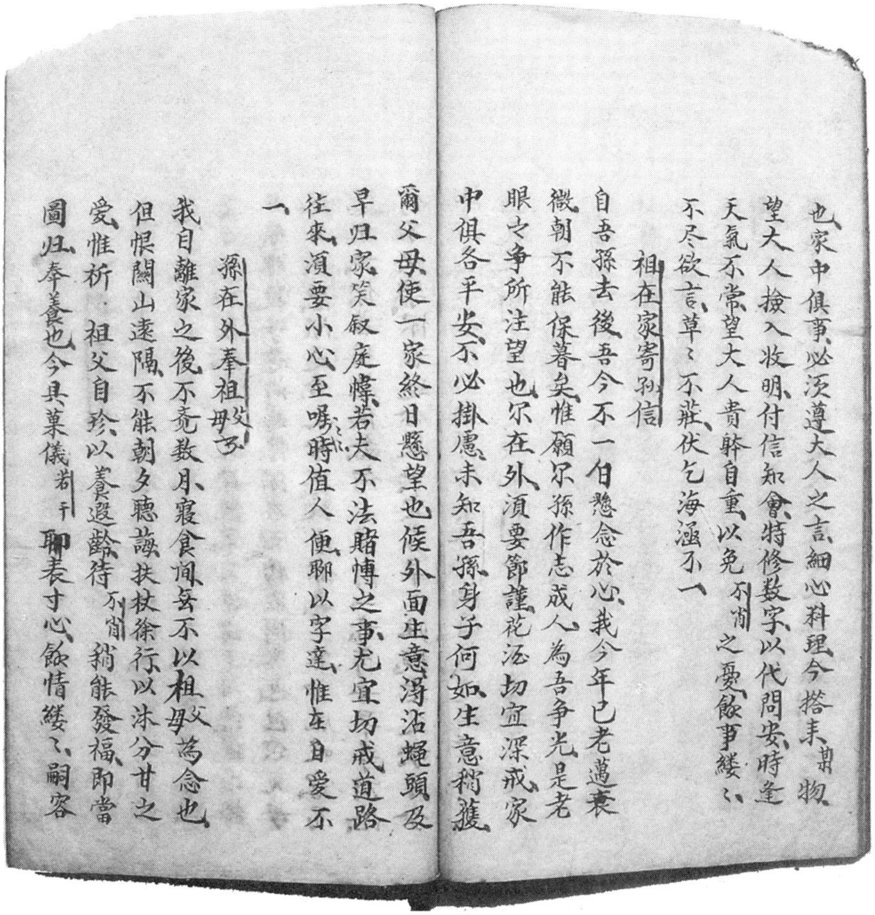

也家中俱事必須遵大人之言細心料理今搭來某物
望大人撿入收明付信知會特修數字以代問安時逢
天氣不常望大人貴體自重以免不肖之憂餘事縷〃
不盡欲言草〃不莊伏乞海涵不一

祖在家寄孫信

自吾孫去後吾今不一日懸念於心我今年已老邁衰
微朝不能保暮矣惟願爾孫作志成人為吾爭光是老
眼之所注望也爾在外須要節謹花酒切宜深戒家
中俱各平安不必掛慮未知吾孫身子何如生意稍獲
爾父母使一家終日懸望也倘外面生意得沾蠅頭及
早歸家笑叙庭幃若夫不法賭博之事尤宜切戒道路
往來須要小心至囑〃時值人便聊以字達惟在自愛不
一

孫在外奉祖父母

我自離家之後不覺數月寢食間無不以祖父母為念也
但恨關山遠隔不能朝夕聽誨扶杖徐行以沐分甘之
愛惟祈祖父自珍以養遐齡待不肖稍能發福即當
圖歸奉養也今具菓儀若干聊表寸心餘情縷〃嗣容

段莘乡阆山村 B 6-10 · 书信活套

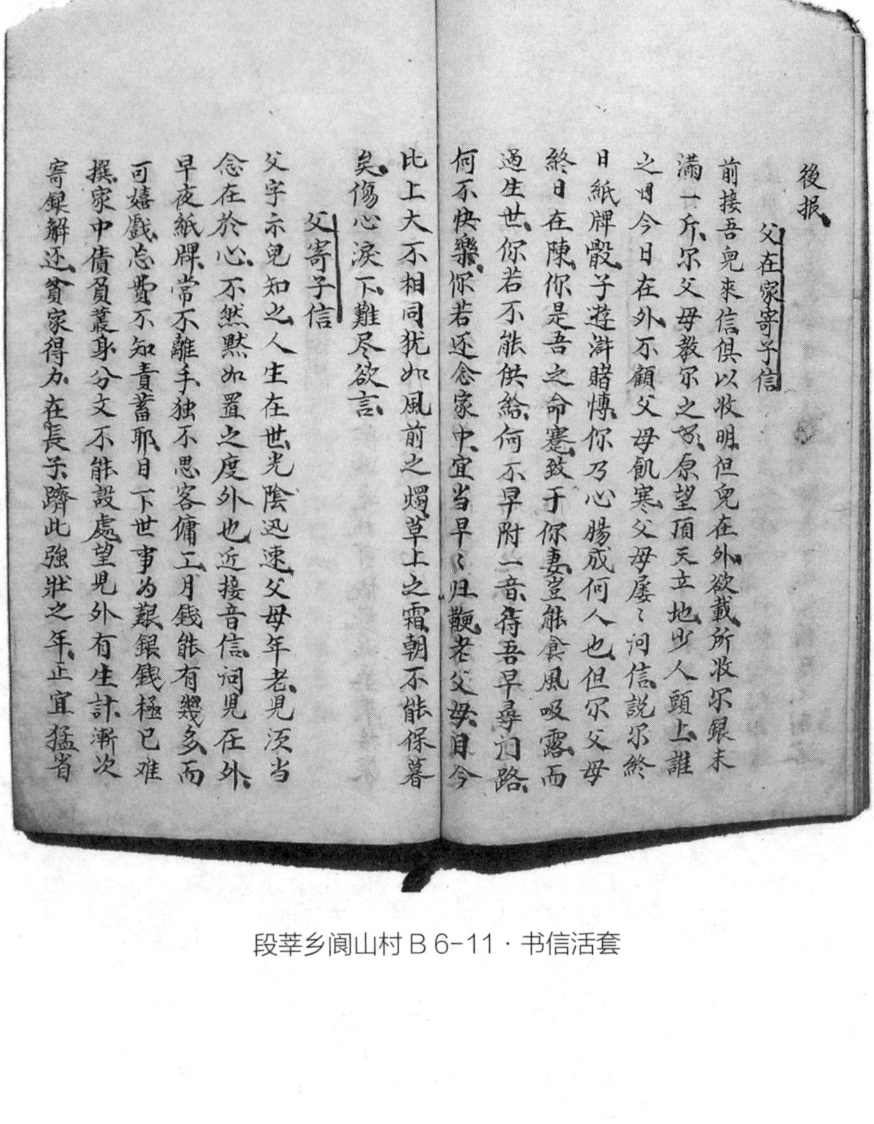
後报
父在家寄子信
前接吾兒来信俱以收明但兒在外欲載所收尔銀未
滿一斤尔父母教尔之心原望頂天立地步人頭上誰
之日今日在外不顧父母飢寒父母屡〻问信説尔終
日紙牌骰子遊淌賭慱你乃心腸成何人也但尔父母
終日在陳你是吾之命蹇致于你妻豈能食風吸露而
過生世你若不能供給何不早附一音待吾早尋门路
何不快樂你若还念家中宜当早〻归覷老父母目今
比上大不相同犹如風前之燭草上之霜朝不能保暮
矣傷心淚下難尽欲言
父寄子信
父字示兒知之人生在世光陰迅速父母年老見淚当
念在於心不然黙如置之度外也近接音信问見在外
早夜紙牌常不離手独不思客傭工月錢能有幾多而
可嬉戲恣費不知責蓄耶目下世事為艱銀錢極已难
撰家中債負叢身分文不能設處望兒外有生計漸次
寄銀解还貧家得力在長子躋此強壯之年正宜猛省

段莘乡阆山村 B 6-11 · 书信活套

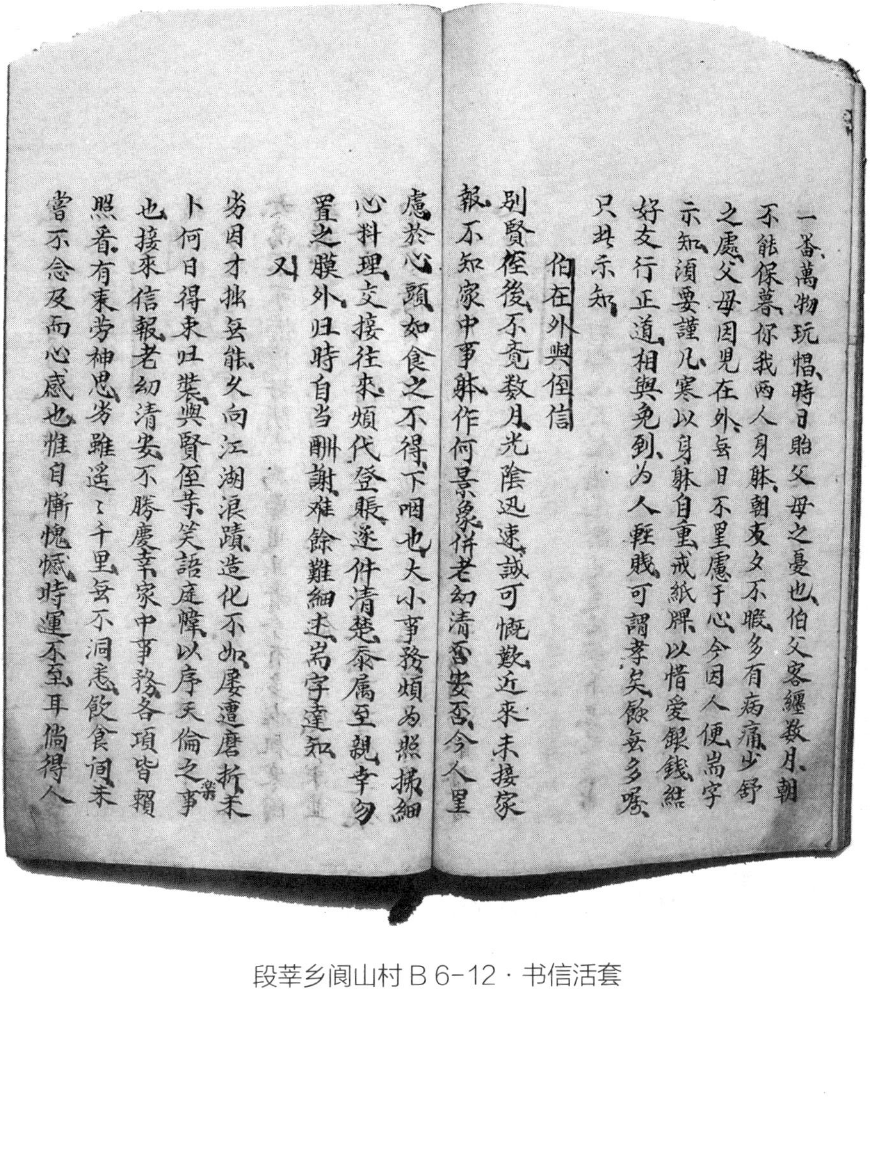

一番萬物玩愓時日貽父母之憂也伯父客纏数月朝
不能保暮你我两人身躰朝夕不暇多有病痛少舒
之處父母因見在外無日不罣慮于心今因人便𡴰字
示知須要謹凡寒以身躰自重戒紙牌以惜愛銀錢結
好友行正道相與免到為人輕賤可謂孝矣餘無多囑
只此示知

伯在外與侄信

别賢侄後不覺数月光陰迅速誠可慨歎近来未接家
報不知家中事躰作何景象併老幼清吉安否今人罣
慮於心頭如食之不得下咽也大小事務煩為照撫細
心料理交接往来煩代登賬逐件清楚忝属至親幸勿
置之膜外归時自当酬謝难餘難細述𡴰字達知

又

劣因才拙無能久向江湖浪蹟造化不如屢遭磨折未
卜何日得束归梁與賢侄等笑語庭幃以序天倫之事
也接来信報老幼清安不勝慶幸家中事務各項皆賴
照看有柬劳神思劣雖遥遥千里無不洞悉飲食间未
嘗不念及而心感也惟自慚愧憾時運不至耳倘得人

段莘乡阆山村 B 6-12 · 书信活套

便、仍祈依時付信、以慰鄙懷、滿腹餘情、莫能筆罄、惟冀
自玉、加飡不一
夫外寄妻书
接荆人來信、知家內清安、令人忻慰、外面身躰亦平安、
毋勞遠慮、但世事艱难、萬狀須要勤儉、持家恩兒愛兒
女、萬不可懶惰好閑、亡為費用、且看今有多少飢寒困
苦者、皆因以肥口、懶惰而然也、雖向他人借貸、哀求並
毋分文出手、人情冷暖、始此、豈可因眼前、有可借之銀
而遂多借、有可賒之貨物、而遂多賒乎、若不思前、笑後
不日即要矣、此時再求粗衣粗食、尚不可得矣、而況於
他人之物、且為鄉隣耻笑、不笑我之造化命運、而笑你
之毋好家婆也、須宜勤儉、以圖長久之計、万物懶惰
放手、少致多費、則幸甚矣、餘言不尽、只在自己、争氣為
上、
又
别後身躰毋恙、勿為眷念、迩年來、因造化不如、經營未
遂、遂到你家內、飢寒困苦、我非不費結心懷、但自今時
歲艱难、大概如此、非我壹人為然、惟望自看自解、且咬

段莘乡阆山村 B 6-13 · 书信活套

些菜根度過時光倘我運氣稍轉或蒙天庇得沾微利
以整歸裝則因於前猶免飢寒於後也今寄來銀若干
可收應用所該各項債負須要好言回覆俟後寄上餘
难筆悉致家中事業總在爾心中亦不待吾多囑千祈
珍重以慰遠懷
夫寄妻
為利遠遊忽經數月思念家中心醉神飛家中百凡事
務全扶賢妻維持父母在堂子女在育千萬侍奉調護
勿使父母有不孝之嗟兒女有不教矣則吾妻之恩
矣今搭來銀若干暫收支費若有人便容後寄歸餘種
種統冀亮原
妻在家寄夫
男子四方遠遊豈為奇事惟願財利如心貿易稱懷妾
之幸也家務紛紜妾當自理侍奉高堂撫育子女但芳
可嗟遠隔流光易逝青年不再倘經營稍有餘積即當
早歸養親訓子勿使萱堂倚門之望妾有白頭之吟也
旅邸寒暑惟祈自珍臨楮神馳欵言難盡
兄家寄妹親娶信

段莘乡阆山村 B 6-14 · 书信活套

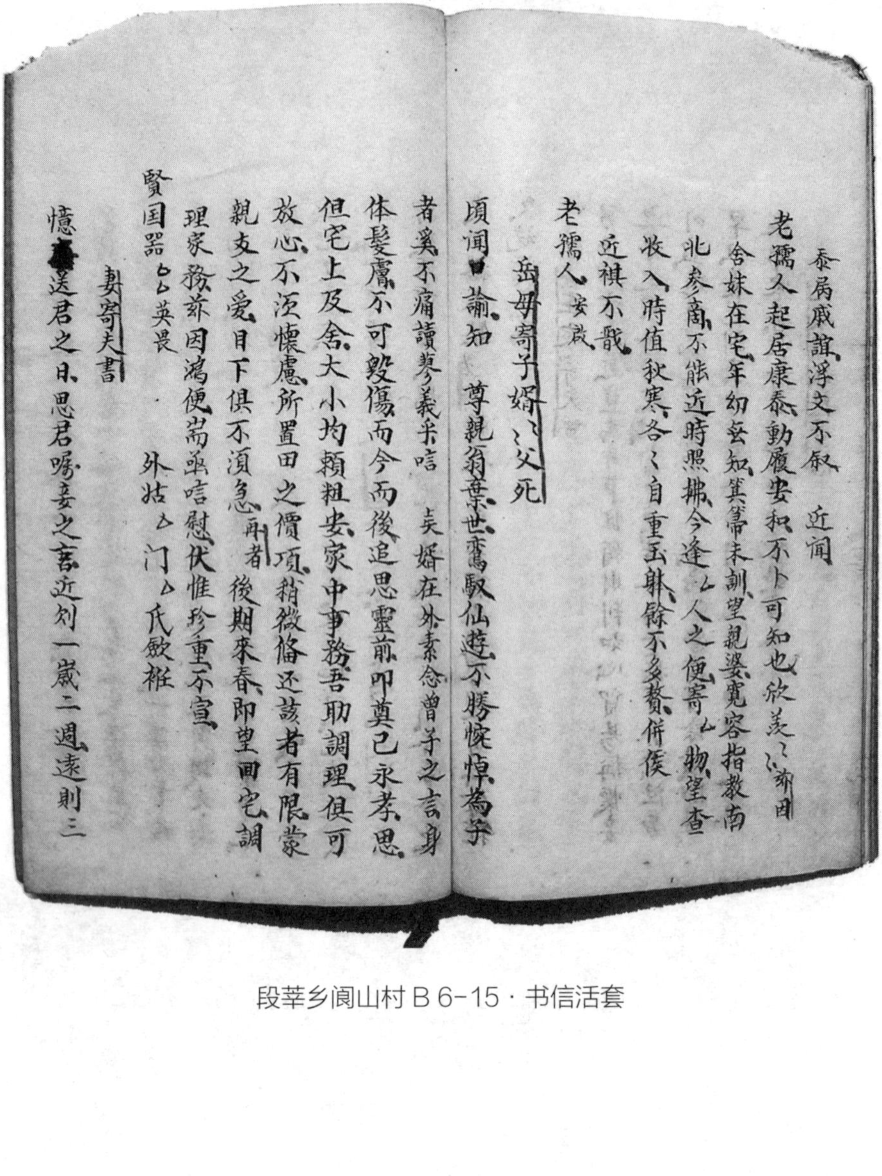

段莘乡阆山村 B 6-15 · 书信活套

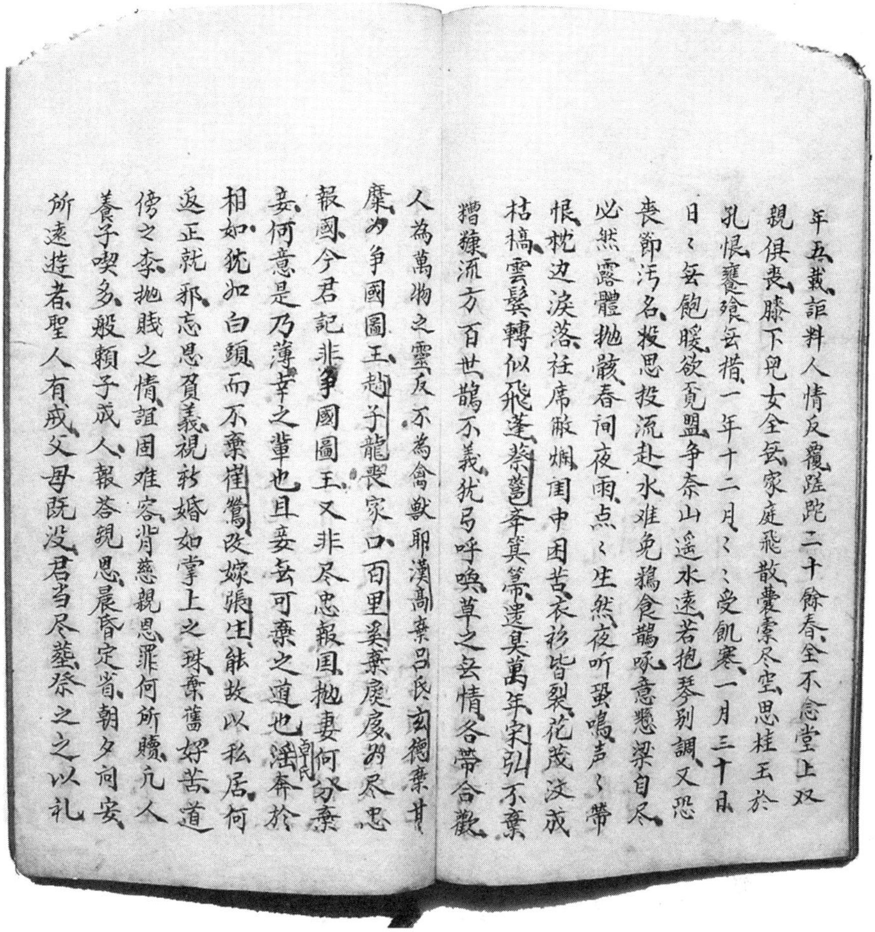
年五載詎料人情反覆蹉跎二十餘春全不念堂上双
親俱喪膝下兒女全無家庭飛散囊橐尽空思桂玉於
孔恨饔飧無措一年十二月〻〻受飢寒一月三十日
日〻無飽暖欲覔盟争奈山遥水遠若抱琴别調又恐
喪節污名擬思投流赴水难免鵜食鵲啄意懸梁自尽
必然露體抛骸春间夜雨点〻生然夜听蛩鳴声〻帶
恨枕边淚落衽席敝烱闺中困苦衣衫皆裂花茂汶戒
枯槁雲鬓轉似飛蓬蔡邕弃糞箒還冥萬年宋弘不棄
糟糠流方百世鵲不義犹号呼喚草之無情各帶合歡
人為萬物之靈反不為禽獸耶漢高棄呂氏玄德棄其
糜氏为争國圖王趙子龍喪家口百里奚棄扊扅为尽忠
報國今君記非争國圖王又非尽忠報国抛妻何分棄
妾何意是乃薄幸之輩也且妾無可棄之道也淫奔於
相如犹如白頭而不棄崔鶯改嫁張生能故以私居何
返正就邪忘恩負義視新婚如掌上之珠棄舊好苦道
傍之李抛賤之情誼固难容背慈親恩罪何所贖凡人
養子喫多般賴子成人報荅䙆恩晨昏定省朝夕问安
所遠遊者聖人有戒父母既没君当尽塋祭之以礼

段莘乡阆山村 B 6-16 · 书信活套

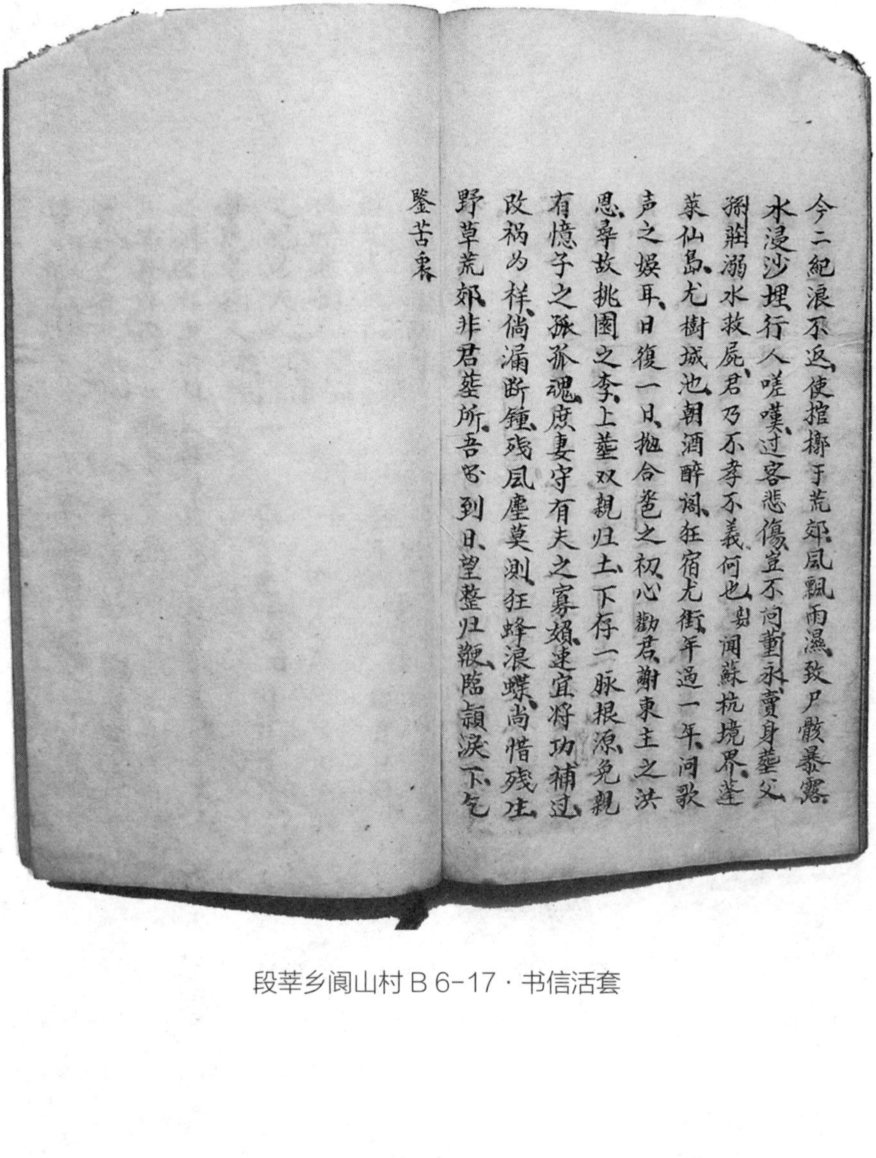

今二紀浪不返，使搉擲于荒郊，風飄雨濕，致尸骸暴露，
水浸沙埋，行人嗟嘆，过客悲傷，豈不问董永賣身葬父，
猻䑐溺水救屍，君乃不孝不義何也。爰闻蘇杭境界，蓬
萊仙島，尤樹城池，朝酒醉闼，狂宿尤街，年過一年，问歌
声之娱耳，日復一日，抛合巹之初心。勸君謝東主之洪
恩，尋故挑園之李，上塋双親归土，下存一脉根源，免親
有憶子之孫爺魂，庶妻守有夫之寡娟，速宜将功補过，
改祸為祥。倘漏断鍾残，風塵莫測，狂蜂浪蝶，尚惜残花，
野草荒郊，非君塟所。吾字到日，望整归鞭，臨頴淚下，乞
鑒苦衷

段莘乡阆山村 B 6-17 · 书信活套

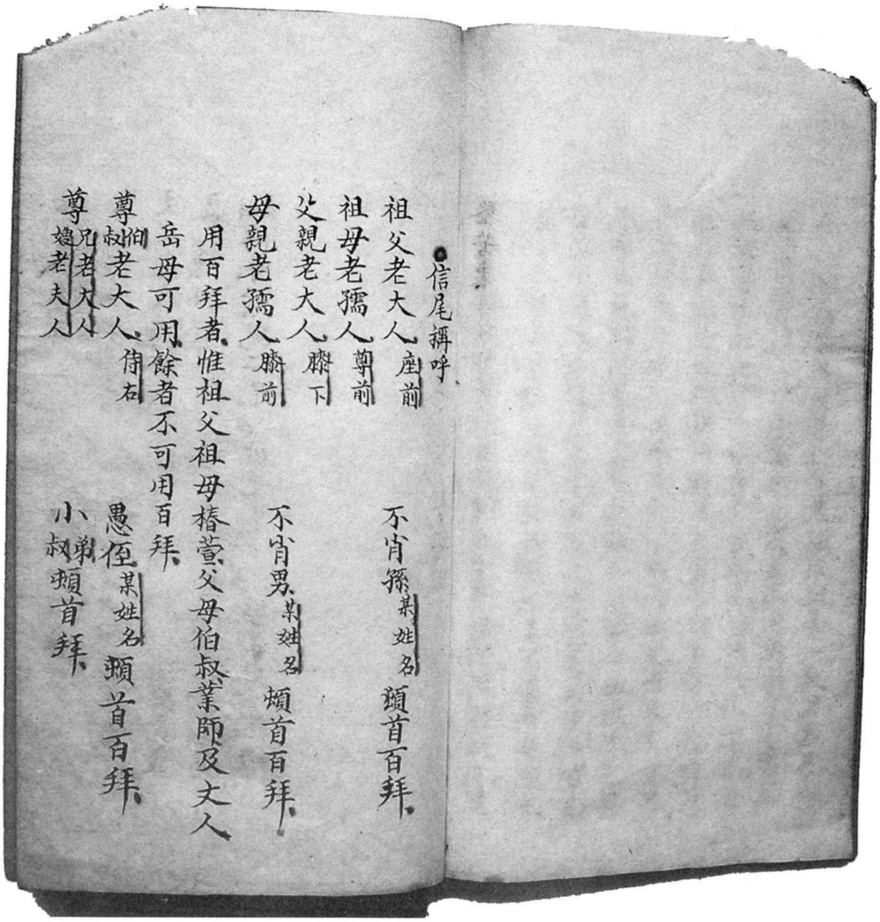

信尾稱呼

祖父老大人座前　不肖孫某姓名頓首百拜

祖母老孺人尊前

父親老大人膝下　不肖男某姓名頓首百拜

母親老孺人膝前

用百拜者惟祖父祖母椿萱父母伯叔業師及丈人

岳母可用餘者不可用百拜

尊伯叔老大人侍右　愚侄某姓名頓首百拜

尊兄嫂老大人老夫人　小弟叔頓首拜

段莘乡阆山村 B 6-18 · 书信活套

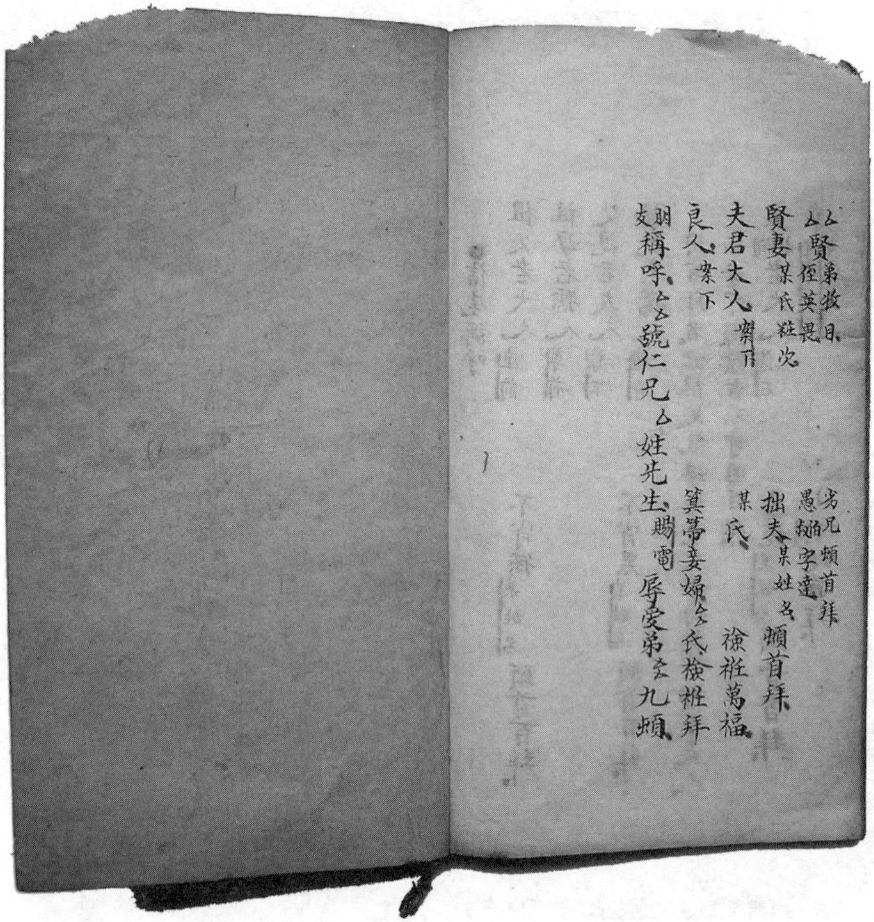

段莘乡阆山村 B 6-19 · 书信活套